国家出版基金项目
NATIONAL PUBLICATION FOUNDATION

中国社会科学院近代史研究所中华民国史研究室

总编 李 新

中华民国史

第五卷

(1924—1926)

罗志田 杨天宏 冯筱才 何艳艳 著

中 华 书 局

北京政府临时执政段祺瑞。

溥仪、婉容和日本驻天津部队司令官等合影。

五卅运动宣传品。

全国响应五卅运动。

善后会议。

法权会议。

1924 年 1 月，孙中山等步出国民党"一大"会场。

1924 年 5 月，国民党上海执行部成员合影。

1924 年 6 月 16 日，孙中山等出席黄埔军校开学典礼。

孙中山、宋庆龄、蒋介石、廖仲恺在黄埔军校阅兵。

孙中山与蒋介石、何应钦、
王柏龄在黄埔军校。

黄埔军校第一期学生毕业证书。

孙中山与苏联顾问等步出黄埔军校。

黄埔军校政治部主任周恩来。

1924 年 11 月，孙中山北上途中在天津。

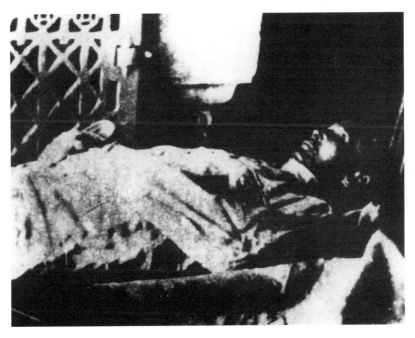

孙中山逝世。

孙中山遗嘱。

宋庆龄、孙科在孙中山灵堂。

1925 年 4 月 2 日，孙中山灵柩在移往北京西山途中。

1925 年 3 月 20 日，蒋介石、周恩来等出席东征军纪念孙中山大会。

1925 年 7 月 1 日，广东国民政府成立时合影。

国民政府委员合影。

北伐前的蒋介石。

廖仲恺。

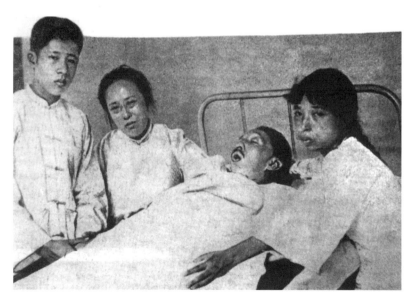

1925 年 8 月 20 日，何香凝、廖承志、廖梦醒守护在廖仲恺遗体前。

1925 年 11 月，国民党部分成员在北京召开西山会议。

1926 年 1 月，国民党"二大"代表在广州合影。

目　录

前　言

　　黎澍先生曾总结 20 世纪 50 年代以来大陆中国近代史研究的四个缺点,其中之一就是在一些方面追随"国民党观点",表现为不从历史实际出发,不充分研究材料,而以领袖、党派划线,跟着国民党人云亦云①。实际上,追随"国民党观点"这一倾向在西方也多少存在(未必是有意的),在其民国史研究中尤其明显②。更广义地看,也许是受到中国传统的"胜者王侯败者贼"观念的潜在影响,也可能是受近代西方"优胜劣败"这一进化史观的影响,中外过去对近代中国政治史的研究,都相对更注重研究和论证历史发展中取得胜利的一方(或是接近取胜一方)的人与事,而对失败的一方,则或简单一笔带过,或竟视而不见③。

　　这样一种研究倾向形成思维定式后,即使是最注重史料和讲究"客观"的史家,无意中受此影响,其重建出的史实反可能距原状更远。本卷的研究和撰写,特别注意到黎先生上述睿见,希望能对类似的"国民党影响"稍有突破;在布局上较既存研究更多论及北方的军

---

　　① 黎先生的原话是:"不充分地研究材料,人云亦云,国民党反对立宪派,也跟着反对立宪派,以领袖划线,以党派划线,不从历史实际出发。"引自耿云志:《回忆黎澍同志》,收入黎澍纪念文集编辑组编:《黎澍十年祭》,中国社会科学出版社 1998 年版,第 294 页。

　　② 参见罗志田:《民国史研究的倒放电影倾向》,《社会科学研究》1999 年第 4 期。

　　③ 中国史学中早有不以政治竞争的胜负为叙述之取舍标准的传统,观司马迁对"灭秦"这一政治鼎革中陈涉、项羽和刘邦的处置,可知他在承认竞争结果的同时,更重视的是历史进程中各参与者的实际作用和影响。

政演变,特别是北洋体系文与武两方面的内在变化。整体而言,本卷重点梳理北伐前数年中国政治军事的变化,其核心内容是北洋体系的崩溃与南方新势力的兴起,而以第二次直奉战争与五卅事件为中转。

在国民党象征性地统一全国之前,对当时大多数关注政治的中国人来说,政治军事方面主要的区分恐怕是北南即北京政府与国民政府的对立,这也是那时中外舆论关注的重点。然而,不少关于这一时段的既存中外研究,却较多倾向于从后来国共两党成为中国主要政治力量的角度来反观历史,仿佛20世纪20年代一直就是国民党和共产党两大力量在进行斗争。实际上,国民革命运动内部的国民党派系之争和国共之间的斗争,只是在1926年3月的"中山舰事件"后才引起外间关注,到1927年武汉与南昌及南京的对峙明显后逐渐广为人知;此前既不为许多人所了解,也未引起时人的充分注意。

只有对北洋和国民党(在一定时期内包括与之联合的共产党)双方的心态、观念、行为及其互动有比较深入而接近原状的认识,我们才能对以北伐为表征的国民革命这一近代中国极为重要的政治转折有更为清晰的了解。而且,对失败的北洋军阀一方作深入的考察,予其以发言权,反可以对北伐如何发生、国民党何以能在短期内以弱胜强等问题得到更接近原状的认知。更重要的是,历史上政治竞争的胜败是治史者研究和论述的对象,而不是其历史叙述的取舍标准;胜者固以其取胜而赢得在历史叙述中的一席之地,败者却不必因其败落而失去其在历史叙述中的地位。

因此,本卷的论述乃从当时的北京政治运作入手。在军人当政的时代,行政的变化、文武之间的关系及各类党派团体的具体政治活动,我们过去的通史相对较忽略;尤其是当年议会之中的政争,论者或以其"肮脏"、或以其受军人控制而无关大局,较少深入认真的探讨。然而马君武在北伐后感觉到:"当日有国会时,我们只见其恶;现在回想起来,无论国会怎样腐败,总比没有国会好。究竟解决于国会会场,总比解决于战场好的多多。"①这类当事人的后见之明固然有其特定的背景,即针对国民党的新型政治模式而反思过去,仍值得后之研究者深省。本卷特设"北京政治"一章,以较多的篇幅论述时人关心的法统、政制以及国会的演化,惜对行政一方各部会实际怎样"执政"这一大领域几未涉及,将来仍需继续探讨。

不过,本书毕竟是断代通史的一卷②,且多少带有"一家之言"的意味,至少许多技术性的考虑应遵循总主编李新先生的设想。这样,对于这段历史不可不述的"国共合作"这一内容,本卷注意到也为李新先生主编的《中国新民主主义革命史长编》之《国民革命的兴起》一卷已用了八万字的篇幅论述同一主题③。因两书主编同为一人,凡与该卷见解相近的内容,本卷皆简略出之;而更多利用后出的原始资料,尽量多从国共两方面而不是从共产党一方面去考察,同时较多侧重苏俄带来的新型政治运作方式对中国政治的整体影响。

如果说1924年至1926年见证了北洋体系的崩溃和南方新势力的兴起这一南北军政格局大转折,第二次直奉战争就体现了北方局势的逆转。不仅战争的规模扩大——动员的兵力是此前战争的数倍,而实际伤亡数量则达数十倍;在作战的方式上,从兵员、装备的运输、使用武器的种类到战术的运用,都呈现明显的"现代化",特别是海、空军实际参与作战的程度为前所未有。但是,正因战争现代化程度的提高,战斗多发生在交通最发达、可迅速调动军队的东部省区,

---

① 马氏进而提出:"此时应有一个大运动起来,明白否认一党专政,取消现有的党的组织,以宪法为号召,恢复民国初年的局面。"胡适补充说,民初贿选,至少还看重和承认议员"那一票所代表的权力,这便是民治的起点。现在的政治才是无法无天的政治"。参见《胡适日记全编》(曹伯言整理,安徽教育出版社2001年版),1929年4月26日,第5册,第402—403页。

② 在章学诚看来,"通史"就是区别于断代史的。这里所谓"断代通史",更多是区别于"专著"意义而言的通论性史著。

③ 参见李新主编、萧超然等编著:《国民革命的兴起,1923—1926》(《中国新民主主义革命史长编》第2卷),上海人民出版社1991年版,第1—112页。

致使这些中国最富庶的地区遭受战争重创,民生被严重扰乱,社会元气大伤,这对掌握着全国和多数地方政权的北洋体系非常不利。

假若大规模战争的结果是一方取胜,预示着此后的相对安宁,则主政者或可为战争的正当性申辩,而民众虽勉强然尚可能接受这一代价。第二次直奉战争的确可以视为北方进行武力统一的最后一次尝试,却未能产生出一个明确的赢家,这就意味着战乱的延长并且可能进一步扩大,其自然的后果便是民心的不稳。吴佩孚督师北京之时,黄节曾赋《甲子中秋》一诗:"云意深阴失月明,始知兵气满秋城。十年北客唯伤乱,双枏南街不断声。"①诗中实际描绘和隐喻兼具,表明士人已因当下致乱的"兵气"反思到十年来京城的不安宁,中央政府渐失其应有的权威,中国政治权势的空缺日益明显。

北方武力统一的失败提示出南北和平统一的可能,1925 年的"善后会议"正可视为朝着这一方向的努力。以前对"善后会议"的研究明显受到后来国民党观念的影响(尽管可能是无意识的),其预设的负面评判常先于研究的结果,述及此事往往简单带过,认真具体的研究实不多见。如果视其为南北和平统一的最后一次努力,则"评判"或会不同。盖后之北伐不论具有多强的政治正当性,大型战争对一般百姓而言终属"生灵涂炭"。史家固不能自诩其所述为"千秋定评",总宜多以其研究时段的人民为念,至少当尽量再现和平的可能性及各方为此付出的努力。

本卷第二章对"善后会议"的论述已可见对既存研究模式的明显突破,但仍有不少可以深入发掘的余地。重要的是,善后会议所包容的政治力量越广泛,对时任执政的段祺瑞就越有利,故其希望会议成功的动机及其为此做出的让步,似均超出既存的认知。而孙中山以病危之躯携国民党众多要员长途跋涉,当然也不会仅仅为了"揭露"北京政府的

---

① 黄节:《甲子中秋》,转引自黄濬:《花随人圣庵摭忆》,上海古籍书店 1983 年版,第 38 页。

缺乏诚意,实具有为人民争安宁的苦心。从现存阎锡山档案的大量文献看,当时段、孙妥协似已基本达成,而孙中山忽然弃世,其余在京国民党人的威望恐怕对内对外均不足以确保与北方的协议得到落实,其中一些人的个人态度也不倾向于和平解决问题,终使这一和平努力未获成功。

　　两次统一努力的失败凸显出北洋体系在收拾政局方面已呈技穷之相,也使时人感觉到北京政府统治正当性的丧失①。在政治局势逆转的同时,已成为中国权势结构一个组成部分,外国在华势力的构成也发生了激变。第一次世界大战中,德国与中国之间的所有不平等条约已被中方废除,战后出现的社会主义国家苏联也表示愿意废除沙皇俄国与中国缔结的不平等条约,这就意味着在中国已经运作多年的“条约体系”出现了巨大的缺漏。实际上,德国和苏联这两个大国在整个20年代也确实推行着相对独立的中国政策,对“条约体系”形成了有力挑战②。

　　1921年5月,德国与中国在战后签订了平等的《中德协约》,这虽仅临时协定而非正式条约,毕竟是鸦片战争以来中国与西方大国签订的首个平等条约,也是中国与他国签订的条约中对中国最有利的一次。1924年5月,中苏两国签订《中俄解决悬案大纲》等系列文件,正式恢复了外交关系。两个条约都是通过基本平等的谈判所缔结,可以说开启了近代中外关系史上新的一页。德、苏两大国对领事裁判权的放弃,以及苏联承认与中国订立关税条约时采用平等互让的原则,大大强化了中国与其他列强谈判的立场。

　　由于条约性质的关系,德、苏两国在北京外交使团中的地位已与前

---

　　①　更详细的讨论参见本卷第七章。

　　②　参见 Akira Iriye, *After Imperialism: The Search for a New Order in the Far East, 1921-1931*, Cambridge, Mass.: Harvard University Press, 1965, pp. 20-21; Warren I. Cohen, *America's Response to China: An Interpretative History of Sino-American Relations*, New York: John Wiley, 2nd ed., 1980, pp. 105-107.

不同。更具象征性的是,一向被激进者视为北洋"太上政府"的外交使团中首次出现了一个共产党国家的代表。且因苏联派驻的是大使,而其他国家皆公使,理论上苏联应为外交使团首领。这样,驻华外交使团采取一致行动的方式已很难继续。以不平等条约为基础的外国在华势力不复为一个整体,中外关系的格局出现了革命性的转变,奠定了此后南北两政府努力修订中外不平等条约的基础。

不过,当年中苏条约的谈判进程具有相当的特殊性,苏俄代表加拉罕曾提出以"中国人民"为外交对象这一违背国际外交谈判常规的口号,却相当符合当时中国各界民众要求参与外交的心理,在不同程度上得到从激进到保守的各类中国人士的应和,使本来处境艰难的北京政府不得不在一种非常特殊的政治氛围下进行外交谈判①。因此,中苏谈判不仅是一次外交活动,谈判进行中各方面的社会反响从一个侧面反映出当时中国社会、特别是知识界的激进化已走得相当远,这样的世风必然影响到此后的政治运作。

正是在这样一种特殊的政治氛围中,上海的五卅事件引起了一场声势浩大的群众运动。这一运动的规模,从参与的人数、波及的地域和持续的时间等方面看,都是前所未有。但更重要的新事物也许是运动的方式,即政党组织正式参与,既"发动群众",更在运动进行中实际维持参与者及其家庭的基本生活需求,以保障运动的进行②。同时,这一事件和运动所牵涉的从中央到地方的中外交涉及其对中国内部政治的影响都极为广泛,既可见民族主义情绪的自然迸发,也可见各政治力量对民族主义的政治性运用,而中外交涉的成败又直接影响到国内的政治的演变。

---

① 参见本卷第五章第二节。

② 从社会史角度重建各类"群众"怎样被动员,他们如何"运动",特别是运动的发动者和参与者平日的生活及具体活动等,似尚未见令人满意的研究。窦红玉的未刊论文稍微涉及了一点这方面的内容,参见其《上海民众在五卅运动中的具体活动述略》,四川大学历史系硕士论文,2003 年 5 月。

梁启超当时就指出:"这回上海事件,纯是共产党预定计划,顽固骄傲的英侨和英官吏凑上去助他成功。真可恨。君劢、百里辈不说话,就是为此。但我不能不说,他们也以为然(但嫌我说得太多了)。现在交涉是完全失败了,外交当局太饭桶,气人得很。将来总是因此起内部变化。"①当时人所说的"共产党",含义并不精确,常常是包括(或根本就是指)左派国民党人及苏俄在华的影响。张君劢和蒋百里等,在民族矛盾与其本派势力及观念发生冲突时,显然更多顾及其利益与观念,而梁启超作为一国之士,却不能不站在"中国"的立场上说话。

当时反对联俄的章太炎,其心态和见解与梁启超相近,他在给黄郛的信中说,"(孙)中山扩大民族主义,联及赤俄,引为同族,斯固大谬。惟反对他国之不以平等遇我者,是固人心所同。沪汉变起,全国愤慨,此非赤化所能鼓吹。斯时固当专言外交,暂停内哄。大抵专对英人,勿牵他国",以争取交涉的胜利。他最担心的,一是"当局藉交涉为延寿之计,国民军恃交涉为缓兵之策,惟以延长时日为务"②;二是"学子受赤化煽诱,不知专意对付英国,而好为无限制之论"。由于整个事件中上下未能一致,中外交涉进展不大,"徒伤无事之人,而赤化家乃得阴受金钱,真可恼亦可丑也"③。

章、梁两人都感到说不出口的"气人"和"可恼"之处,即明知五卅事件引起的群众运动中有改组后的国民党的努力,且国民党和共产党也因此运动而得势,但作为"国士",在中外矛盾之前只有义不容辞地站在祖国一边说话,结果等于间接支持国民党或共产党。当时中国的政治

---

①　梁启超:《给孩子们书》(1925 年 7 月 10 日),收在丁文江、赵丰田编《梁启超年谱长编》,上海人民出版社 1983 年版,第 1048 页。

②　章太炎致黄郛,1925 年 7 月 3 日,收入沈云龙《黄膺白先生年谱长编》,台北联经出版公司 1976 年版,上册,第 232－233 页。并参见沈亦云(黄郛夫人)《亦云回忆》,台北传记文学出版社 1968 年版,第 226－227 页。

③　汤志钧编:《章太炎年谱长编》,中华书局 1979 年版,下册,第 778－779、794－795、808－811 页。

格局至为复杂,章太炎最不欣赏的"赤俄"同样希望将中国的反帝运动引向"专对英人"的方向,故太炎对中外"赤化"力量的无意识支持恐怕超出其所认知的程度。更重要的是梁启超已看出,若对外交涉不成功,"将来总是因此起内部变化",亦即中外矛盾的缓解或激化都可能引起中国内部政争的不同变化。

北京政府在对外交涉方面的无力表现再次凸显了其难以行使中央政府的职能,给试图填补权势空缺的各政治派别提供了机会。本来中国民族主义就有对外抗议和民族国家建构的两面性,一旦民族主义情绪的高涨与新兴的群众运动方式相结合(这一结合可以是但不必是人为推动的),又恰遇上前述中国政治权势的明显空缺,三个因素的关联互动,将使中国政治运作方式产生极大的改变。而中国政治运作的变化本由从苏俄传承了政治动员和组织方式的国共两党所推动,它们显然表现出比北方更能适应变化了并仍在继续变化中的中国社会和政治情势。

这一发展趋势要稍后才变得明显,像梁启超那样能看到外交对内部政治影响的人尚少,更多的人此时看到也更关注的还是怎样解除帝国主义的压迫。不仅国共两党认为五卅事件的根源在不平等条约,中国社会整体上确如章太炎所说,"反对他国之以不平等遇我者,是固人心所同"。一向被认为不怎么反帝的胡适就提出,应"要求于最短时期内开一个根本修改一切不平等条约的会议,以铲除一切冲突的祸根"。这一要求不仅是"极正当的","在理论上事实上"也都有必要,应尽快落实之。他认为全面修约不仅"很有可能的性质,而时机还算成熟了"。这部分因为"美国也有人主张修改条约,而俄国自是赞成的了"①。

胡适提到俄国恐怕是一种惯性思维,因为中苏条约一年前已经签订,此时"赞成"中国修订与他国之约正是苏俄反帝主张的一部分,然他表述的口吻则说明苏联政策和宣传的成功仍在继续。美国方面在五卅

---

① 胡适:《对于沪汉事件的感想》(1925年6月),《胡适全集》(21),安徽教育出版社2003年版,第346—347页。

事件后确实有新表现,美国在华各教会团体及燕京大学全体教授都发表声明,指出解决中外紧张局势的唯一办法是修改不平等条约。在美国国内,参议院外交委员会主席波拉(William E. Borah)于 6 月正式声明赞成尽快撤销治外法权。以传教士和教授为主的三百多在华美国人以署名电报和信函支持波拉,而汉口美国商会则对其声明提出抗议。波拉的反应是指出在华美国商会本是"帝国主义集团的一部分",正是"目前中国动乱的真正原因之一"①。

可以看出,此时中国朝野以及国际舆论对中外关系的思考与前已有很大的不同。列强在一定程度上已承认中外关系中存在不平等成分并表示愿意修订之,但各国之间以及各国政府内部对怎样修订及修订的限度等仍存较大的歧异。中国各政治力量及舆论界思想界对同类问题的观念歧异也不稍减,各方的共识大体上仅达到章太炎所说的"反对他国之以不平等遇我",至于怎样处理和解决这一问题,则言人人殊。而中苏谈判时已出现的"国民外交"势头仍在增强,各社会团体和政治力量在中外关系方面的"参与意识"空前高涨。具体的中外交涉正是在这样纷歧的中外观念竞争下展开,的确可以说是一种新型的外交②。

在这样的大环境下,列强于 1925 年 9 月照会中国政府,同意召开关税会议和治外法权会议。值得注意的是,尽管"治外法权"对中国主

---

① 参见 Dorothy Borg, *American Policy and the Chinese Revolution*, *1925 - 1928*, New York: Macmillan, 1947, pp. 20 - 28, 68 - 94; Warren I. Cohen, *The Chinese Connection: Roger S. Greene*, *Thomas W. Lamont*, *George E. Sokolsky and American East Asian Relations*, New York: Columbia University Press, 1978, pp. 121 - 131; Marian C. McKenna, *Borah*, Ann Arbor: University of Michigan Press, 1961, pp. 233 - 234.

② 曾在欧洲长期受教的国际法专家周鲠生,后来正式提出不按既存外交规则行事的"革命外交"口号,主张"利用民众势力",以"遇事生风"和"小题大做"为外交的"要诀",认为"流氓的方法,实在是对待帝国主义列强政府最有效的外交方法"(周鲠生:《革命的外交》,上海太平洋书店 1928 年版,第 1—11 页),大致即是这一趋势的自然发展。

权的侵犯和挑战的严重性显然超过关税的不平等，当时中国朝野却相对更重视牵涉到直接和实际利益的关税会议；而列强明显更愿意在关税方面做出让步，对于治外法权的放弃则持强烈的保留态度。双方可能达成协议的领域相同，其所重视的方面却截然相反。从 10 月到 12 月，关税会议通过以裁除厘金为条件给中国以关税自主后休会。次年 2 月复会讨论具体事宜仅一个多月，段祺瑞政府即被推翻，与其有关系的中国代表大半逃往租界，会议实际中止。后来虽有复会的尝试，但列强间并不能就具体条款达成一致，中国关税自主仍悬而未决①。

　　1926 年 1 月召开的法权会议面临着更为动荡的中国政局，而各国的态度也明显更消极，只有美国比较认真，向会议提交了 482 项涉及美国在华权益的案例，英国只提出了很少的案例，日本则根本没有提交任何具体案例。会议决定 5 月间到中国各地调查司法情形，实际上调查委员们尚未出发，美国代表史注恩（Silas Strawn）已于 4 月 16 日基本根据美国的材料起草了一份报告纲要，后来委员会的决议报告即按此纲要写出，一向对外交条款斤斤计较的英、日外交官并未提出多少修改意见。报告更多是关于中国改革现状的建议，以此为列强取消治外法权的前提②。

　　两次会议虽然未能产生实际的结果，却揭示了列强之间的明显歧异，从 1922 年"华盛顿会议"召开以来西方列强间合作共同对付中国的局面已被打破。同时，中国内政的不稳定也是导致会议流产的重要因

---

　　①　参见 Borg，*American Policy and the Chinese Revolution*，*1925 - 1928*，chapter 6；Thomas Etzold，"In Search of Sovereignty：The Unequal Treaties in Sino - American Relations，1925 - 1930"，in F. Gilbert Chan and Etzold，eds.，*China in the 1920s*：*Nationalism and Revolution*，New York：New Viewpoints，1967，pp. 176 - 231.

　　②　参见 Strawn to Kellogg，May 12，1926，the John V. A. MacMurray Papers，the Seeley G. Mudd Library，Princeton University；Wesley R. Fishel，*The End of Extraterritoriality in China*，Berkeley：University of California Press，1952，p. 112；Borg，*American Policy and the Chinese Revolution*，*1925 - 1928*，chapter 8.

素,顾维钧稍后指出:"对外交涉,固恃有激昂之民气为后援,尤赖有健全之政府为主宰。今日中央政局瑟缩飘摇,不言可喻。在我纵欲粉饰高埠,而在人早已洞穿后壁。一遇交涉发生,每致恃为口实。例如关税会议,各方久愿观成,迄今尚难就绪。推厥原因,无非借口于政局无常,号令不一之故。维钧口虽博辩,心实怀疑。"①顾氏自己也"心实怀疑"一点尤其说明当时谈判的难度,中国之外交官恐怕也只能以"知其不可而为之"的精神继续努力而已。

从中苏条约、五卅事件到关税、法权会议,处处可见内政与外力的纠结与互动,最能体现外国在华势力已成中国权势结构的一个组成部分。南方的联俄及此后的南北之争,皆与此关联密切。本卷最后一章的写法与前几章不甚同,它带有一些总结的意味,又不全是总结,既要叙述不少前面未曾述及的内容,又不时涉及前面各章已有所陈述的内容。不过后者不是"重复",而更多类似章学诚所说的"互见";前后所述不仅详略不同,有时所持见解也未必一致(对此后面还要论及)。

大体而言,1924 年至 1926 年间北洋军阀体系的新陈代谢造成的权势更迭相当快速激烈,出现了正统衰落、边缘兴起的趋势。类似趋向也体现在北洋体系演化的地缘分布之上,第二次直奉战争因冯玉祥倒戈促成直系垮台,吴佩孚稍后复出,却挽救不了直系的崩解;段祺瑞虽出山,皖系也未能再起;北洋体系中原较边缘的西北各军和阎锡山的晋军应运而出,一度颇能影响国是,而后起的奉系和新兴的国民军渐成政治军事的大主角。北伐结束后还能长期存在的北方军事力量,正是北洋系统内非正统的东北军、西北军和晋军三部分,故后来的北方军事格局其实先已奠定。

五卅后出现的"反赤"倾向,一度给北洋体系提供了新的整合机会。在"反赤"旗帜之下,北方政治和军事皆曾有实际的整合尝试,但基本未

---

① 顾维钧致张作霖等电报,1926 年 11 月 9 日,章伯锋主编:《北洋军阀》,武汉出版社 1990 年版,第 5 卷,第 386 页。

能成功。与此同时,南方的局势也发生较大变化。1925年3月孙中山弃世意味着国民党革命事业之孙中山时代的结束,经过一年多"后孙中山时期"的短暂过渡,开启了蒋介石时代,确立了以孙中山的少壮幕僚和亲属为核心的派系在国民党和国民政府中的领导地位。

当时广东的权势竞争固然包括过去较重视的国共之争和国民党左右派之争,而各类"土客矛盾"更相当严重,从英、俄两国到众多"客军"等饱含冲突对立的外国和外省新老因素聚集于广东一隅,彼此相互缠斗,复与原处竞争中的各类新旧本土成分竞争,地方意识和国际冲突的奇特结合使广州政局的纠葛至为错综复杂。各方的矛盾显然更多是实际利益的冲突,但权势争夺的表述却往往回避实质性内容,而诉诸民族主义等更为高远的政治理念,是为当日政治运作的特色。

从地缘角度看,唐生智武装盘踞湘南,李宗仁、黄绍竑、白崇禧成功控制广西;两省军事整合的一个共同倾向,即以保定军校毕业生为主而层次相对偏低的新兴少壮军人取代偏"旧"的既存上层势力。面目一新的广西进而与刚获统一的广东实行两广结合,复与湘南一起联合在三民主义旗帜之下,形成一个国民政府治下的数省势力范围,提示出武装统一全国的可能性,对久乱思安定的中国社会颇具吸引力。适逢北京政府表现出明显的"失道"现象,反衬出国民革命的合道性,遂为后来北伐的取胜打下了基础。

以目前的研究现状看,我们对20世纪20年代人与事(特别是人)的认识仍停留在相对浅表的层面,最多可以说是骨干已粗具而血肉尚模糊;对那段时间社会的动与静、各社群的升降转换、人们的生活苦乐(尤其一般老百姓在干什么及关心什么)、不同人物的心态、思潮的兴替(特别是相对边缘者)以及学术界的主流与支流等面相,我们的了解都还相当不足。

当时的社会变迁、集体心态和思想、学术等方面的演变,其实都与政治活动关系密切。民国前期政治参与者的更易,即商人和边缘知识青年在政治活动中的兴起,显然是以社会演变为基础的;而苏俄新型政治运作方式的引进所带动的政治运作方式的变化,尤为醒目。这些均为影响此后许多年中国政治行为的要素,也是理解国民革命何以能够得到支持及其在全国范围内实际得到多少支持的重要面相。不过,为了不与整个《中华民国史》的体例和论述重心疏离,本卷对这些因素基本略过,偶有述及,也仅点到为止①。

就是在相对狭义的政治层面,本卷也有未写到或虽写而尚可进一步论述的部分。如联省自治运动以来地方意识的进一步兴起(北伐前"保境安民"口号的蜂起与此直接相关),就提示出中国政治的区域化走向,与希望统一的强烈社会要求相辅相成,到北伐之后一段时间仍有力地影响着中国政局的演变。另外,对于当时试图填补政治权势空缺的各政治力量的努力,如影响较大的国家主义派和其他较小党派向往权力核心的活动,本卷也基本未能涉及。甚或郭松龄反奉这样影响重大的事件以及广州国民政府镇压商团的活动,所论也远不够详尽。

昔章太炎论著史说,读"纪事本末比看编年体更简便";问题在于,"要紧的事,并不在事体大小;纪事本末只有大事,没有小事,就差了"②。这真是卓见! 历史上"事"的重要与否本不取决于其"大小",且什么事"重要",甚至事的"大小"本身,也都是发展变化的;不同时代的人,其眼中的大小轻重,固可以有很大的不同;同时同代的研究者,其视野中研究对象的大小轻重,也可能有较大的不同。所以至少相对而言,纪事愈多,则愈能兼顾事的大小轻重。本卷纪事或有明显的"遗漏",这

---

①　本卷的最初设计包括稍多思想、社会、教育和学术方面的内容,但李新先生在1996年面示:本书只写政治,其余留给别的专史去论述。我的理解,李新先生所说的"政治"不是从文化、社会、思想、行为等视角进行观察的广义政治,乃将相关的五章尽行删去,今后或当以专书形式陈述之。

②　章太炎:《中国文化的根源和近代学问的发达》,《章太炎的白话文》,陈平原选编,贵州教育出版社2001年版,第66页。梁启超也有类似看法,他认为历史研究不能仅关注大事,盖"社会活动状态,原不仅在区区数件大事",故纪事本末"纪事纵极精善,犹是得肉遗血、得骨遗髓"。梁启超:《中国历史研究法》,《饮冰室合集·专集之七十三》,中华书局1989年影印,第34页。

是必须向读者致歉的。

出现这样的情形，部分由于本卷是集体写作，各章作者对"通史"的写法显然有着自身的理解，写作风格也不尽相同。是否对其进行整合性的"通稿"，颇费斟酌。盖各章文风固异，识见亦深浅不一；若要"统一"，是"就高"还是"就低"？前者或势有所不能，后者恐情有所不甘。且本书不过是阶段性的研究结果，原不奢望为这段历史下定论。根本是盖棺也难论定，历史事件可以有边界有始终，而历史研究和史学表述则似无涯之旅，惟期于茫无垠际间渐入佳境而已①。故只要不涉及与史实相关的重要冲突，编者对各章陈述，基本不作大的处理。好在读者既知此为集体著作，则各有其特色反体现出史学表述的多样化。

尽管许多学者主张通论性著作的撰写应建立在专题研究的基础上，但20世纪中国新史学则可见一个几乎完全相反的现象，即通史常领先于专题论著②。在新学术典范草创的初期，出现这样的现象可以理解；以后当如何做，似乎仍是一个先有鸡还是先有蛋的无答案问题。就像穷尽史料几乎不可能一样③，先完成"所有"的具体人物、事件的研究再进行通论性陈述固然显得更理想，在操作上实不可能；但如果没有相当数量具体研究的积累，便贸然进入通史的写作，一般人恐怕也难有所成。

我的想法，通史著作与一般专著和论文都不同，要尽可能充分容纳既存的学术成果，但又不能止于仅仅整合既存研究，因为它本身也是一项研究性的工作，应当言人所未言，针对学界忽视或重视不足的面相写

---

① 章开沅先生多次说过："历史是已经画上句号的过去，史学是永无止境的远航。"见《章开沅学术论著选·自序》，华中师范大学出版社2000年版，第3页。

② 参见罗志田为其主编的《二十世纪的中国：学术与社会（史学卷）》所写的《编序》，山东人民出版社2001年版，第13—14页。这样一种由通向专的发展趋向在该卷的《史学学术编年》中可以清楚看到。

③ 唐以前的古代史或能相对地"囊括"所有史料，宋以后到近现代史则少有人敢作此想。当然确有人不仅敢想，而且敢说，或不过体现其胆量过人而已。

出研究者自身的见解,以补充、推进和发展现有的学术见解。对具体人物事件的表述,通史应尽可能铺陈那些基本得到学界普遍认可的内容,但也不妨提出一些尚待进一步研究的问题和思路,为有兴趣的读者或潜在的后之研究者提供思考的余地。

另一方面,通史的写作更要为读者考虑。陈训正以为,"纪事之作,要以文不亡质、朴不失陋为贵"。史作"为行远计,不可入俚语;为通俗计,不可使奥辞"①。这是针对非专业读者的美意,但从研究的角度言,若所及对象本身或常用俚语(如民众生活史或像元代这样的特定时段)、或习于奥辞(如治经学、小学及思想史、学术史),则回避俚语、奥辞的结果似可能造成后之史著与所述时代之人、事的疏离。故陈寅恪提出,"解释古书,其谨严方法,在不改原有之字,仍用习见之义"②。

为忠实于往昔之人与事,当尽量接近历史原状;但为读者特别是后之读者计,又应争取超越撰史者所处之当世。今人不能离今世,故史家面临的现实是不能不运用后起概念作为诠释历史的工具,但必须强调以历史当事人的时代关怀和当时的概念工具为基础。同时,任何著作都不能避免所处时代的印记,若放眼未来,多为后之读者着想,又似应从主观层面尽量争取少受研究者时代学术观念的束缚;比较理想的是在充分整合既存成就的基础上写出具有"跨时代"意味的历史叙述,以延长史书本身的生命力。这或者即是我们努力的方向吧。

本卷的作者是:前言、第五章第一节、第七章为罗志田,第一至第三章、第五章第三至第五节、第六章为杨天宏,第四章冯筱才,第五章第二节为何艳艳。

本卷的前期编务,从章节设计到联络作者,我个人参与较多。此后

---

① 　陈训正:《国民革命军战史初稿·叙》,沈云龙主编《近代中国史料丛刊》第79辑,台北文海出版社(未著出版年),第3页。

② 　陈寅恪:《"蓟丘之植,植于汶湟"之最简易解释》,《金明馆丛稿二编》,上海古籍出版社1980年版,第262页。

的联络、推动工作,包括不少文稿的审订修改,则基本由汪朝光先生一手操办。由于种种原因,一些章节的写作迁延时日,此时撰写序言,颇感分寸较难把握:因为是集体合作,且个人在其中所占比重不甚大,自不能不代言各作者之成绩,似不应太过谦退;然自己毕竟是参与者,且比本卷多数作者参与时间更长,又不宜有较多的"豪言壮语"。上面若有"大言不惭"之处,敬祈见谅;所述若有违各作者之原意,自然由我负责。各位作者皆受到不少学术机构和学人的鼎力相助,谨申谢忱!至于具体的机构和学人,则因篇幅所限,此处不赘,各作者在其所撰章节中业已鸣谢。

我可以说的是,每一位撰写者皆相当认真努力,但每一特定章节都不过是阶段性的尝试结果,不仅资料远未能穷尽,国外的相关论述参考明显不足,就是海峡两岸一些新近的研究成果,我写此序言时已看到,也未及吸纳(本卷大部分章节完成较早,本次出版时未及再改),可以说都还需要进一步深入探究。本卷若能真正起到引玉之砖的作用,推动学界对这一重要转折性历史时段的关注和研究兴趣,相信参与者都会感到欣慰。

2010 年 10 月谨序

第一章　第二次直奉战争后的
北京政治

　　1924 年春至 1926 年夏是近代中国政治发生重要转变的时期,北、南两方的政治军事力量在此期间呈现出此消彼长的变化。曹锟以贿赂当选总统,取得统治的"合法"地位之后,直系的统治地位得到加强。自是以还,吴佩孚依靠英、美借款的帮助,整军经武,扩充实力,进一步实施"武力统一"的政策。但反直浪潮亦随之而起,并演化成奉张、浙卢、粤孙"三角同盟"共同推倒曹、吴的第二次直奉战争。直系在中央的统治结束后,韬光养晦的段祺瑞应运而出。段氏担任"临时执政"之初,曾企图通过善后会议,联络各方实力派,推进"和平统一",试图利用军阀之间的暂时"均势",对北洋体系从内部作一番整合。在此期间,中国政治发生了一系列令人瞩目的重要变化:由于段祺瑞在否定旧的"法统"和国会之后未能如愿召开国民会议,实现国会制度的新旧过渡,民元以来国人追求的议会民主制度寿终正寝。中国政治中的文武关系亦呈现出弛张变化,既存政治力量中的"文治派"逐渐兴起,军人不得干政的呼声越喊越响亮,"武力中心主义"开始失去信仰。随着中央政权支配力量减弱,地方意识逐渐增强,中国政治呈现出区域化的明显特征,这反过来又进一步削弱了中央政府的统治力量。中央政府曾做出努力,试图改变这一状况,但事与愿违。由于段祺瑞政府整合北洋体系的努力未著成效,"和平统一"失败,军阀间又重启战端。国民党在这一阶段的国内战争中基本上置身事外,致力于自身的建设及根据地的巩固,养精蓄锐,而北方军阀却因征战而彼此削弱,逐渐走上末路①。后来国民党以相对弱小的军事力量取得北伐的巨大成功,大致可以从这一阶段中国政治的变化中得到解释。

第一节　变动不居的中央政相

一　中央政府及政制的更迭

第二次直奉战争以直系祸起萧墙的北京政变而告结束。政变之后,冯玉祥即按照北苑会商之法,筹组摄政内阁。但冯氏对于政治并无明确主张。政变之初,冯与英文导报主笔柯乐文谈话,曾表示发动政变系"革军权万能之命,非革政治之命,故曹总统之地位,吾并未推翻"②。在中枢无主的情况下,主张由现内阁摄政。但商之国务总理颜惠庆,颜不之许,且辞总理职。冯玉祥只好决定由与冯夙有联系的黄郛暂行组阁摄政,阁员包括黄郛、王正廷、杜锡珪、李书城、王永江、易培基、王乃斌、李烈钧等,仍以曹锟总统"任命"的方式发表③。以冯作后盾的黄郛摄阁显然只是政治上的短暂过渡。时人批评冯氏,说他"对付政局之手续,始终承认历年之法统",故将政变之后的北京政局弄得"似革命非革命,似依法非依法"④。奉张则自恃"百战入关",对冯氏"未折一矢,……反占中枢,发号施令"表示不满,谋"有以挫折之"⑤。在奉张的压力下,黄郛摄阁成了名副其实的过渡政权,存在时间只有24天。曹锟在黄

①　李剑农:《中国近百年政治史》,商务印书馆1948年版,第602页。

②　《冯玉祥与柯乐文谈话》,《申报》1924年11月8日。

③　沈亦云著:《亦云回忆》上册,传记文学出版社1968年版,第202—203页;《袁良致褚辅成函》,《申报》1924年1月22日。

④　《易培基长教之由来》,《申报》1924年11月16日;《北京通信》,《申报》1924年11月13日。

⑤　尧日:《天津特约通信》,《申报》1924年11月27日。

郏摄阁成立之后三日被迫辞职。取代曹、吴统治的政治形式是由"执反直同盟之牛耳"①，在当时最具实力的奉张在天津会议上操纵决定的。

冯玉祥在北京政变之后，曾邀请孙中山北上，主持大计。孙接到邀请，复电允即北上。但当时的局势似乎对段祺瑞更加有利。多数地方实力派都把收拾局面的希望寄托在段身上，造成一种"非段莫属"的政治气氛②。对于段祺瑞出山，冯玉祥与奉张也示以支持，不过用心颇为复杂。时论尝分析说：冯玉祥虽一时入京握有中央政权，然只拥兵数万，且仅限于近畿地方而无支撑地盘，知难长久维持，乃求段氏出山，权依其名号令天下，俾能收拾时局。张作霖之目的，在歼灭直系势力，不予吴佩孚以再起之余地，其所惧者为吴氏纠合长江势力，持拥段之态度。冯等欲利用段氏以巩固本派之地位，奉张亦欲利用段以收战胜之全功③。因此，政变之后不久，冯玉祥、胡景翼、孙岳等即电请段祺瑞出任国民军大元帅，而张作霖、卢永祥以及镇威军各将领则联名发出通电，推段为联军统帅。

由于各方"拥戴"，段祺瑞表示愿意出山收拾局面，各政治军事势力的代表遂云集津、沽，天津一时成为中国"政治重心"之所在。政制问题的讨论很快提上议程。1924 年 11 月 13 日，天津会议召开，列席者有张作霖、冯玉祥、卢永祥、李景林、吴光新、张宗昌、贾德耀、陆宗舆、王芝祥、陈宧、章士钊、段芝贵等四十余人。会议讨论了包括国会存废、战争

---

① 《东三省要人为张办寿》，《大公报》1925 年 3 月 6 日。

② 如山西的阎锡山，广东的陈炯明，西南方面的唐继尧、熊克武、石青阳、但懋辛、刘湘、刘成勋、赖心辉，甘肃督军陆洪涛，陕西的刘镇华，山东的郑士琦，浙江的孙传芳，湖南的赵恒惕，安徽的马联甲，热河的米振标，察哈尔的张锡元等，都电请段祺瑞出山。当时的一篇报道曾明确指出："此后可代曹吴政府之联合势力中心人物，除合肥之外，当无它属。此乃中外所公认者也。"（《段合肥与本报记者论时局》，《顺天时报》1924 年 10 月 24 日）

③ 《论段冯的外交战》，《日日新报》（日文）1924 年 11 月 19 日，引自中国社会科学院近代史研究所中华民国史研究室编《中华民国史资料丛稿·大事记》第 10 辑，中华书局 1986 年版，第 201 页。

善后等问题，但与会者首要关注的则是"将来政府之组织，采何种制度"①。

在这个问题上，各方意见分歧颇大。政变之初，北方国民党人徐谦等曾提出废除总统制，改行委员制的主张，得到冯玉祥及其国民军的赞同②。唐绍仪也主张实施委员制，由各省区"各举一人，组织委员会"，然后由委员互选一人为委员长，主持政务，但其职权较总统为小③。与唐联系密切的章太炎从言论上予以配合，发表《改革意见书》，认为实施委员制，"以合议易总裁，则一人不能独行其北洋传统政策"，有利于结束北洋派的武力统一政策，实施"分立数国"的地方自治主义④。当时曾议及一旦实施委员制，当以孙中山、段祺瑞、张作霖、冯玉祥为骨干，再加入若干社会名流，共同执政⑤。

段祺瑞、孙中山等人的意见则相反。天津会议上，段身边的人曾主张实施总统制，甚至提出"推孙为总统出洋，段为副座兼阁"的意见⑥。推孙为总统虽未必出于真意，欲维持总统制则是事实。孙中山及南方国民政府亦主张实施总统制。早在反直军事行动开始之前，汪精卫、廖仲恺、许崇智就曾与在段祺瑞身边担任联络工作的邓汉祥，为曹、吴倒后究竟由孙中山还是段祺瑞担任总统进行磋商。当时曾提出两种方案：一是孙中山任总统，段祺瑞任国务总理；一是段任总统，孙任总理。邓汉祥的意见是"孙先生任大总统最为合适"，他曾承诺将国民党的意见转告段⑦。在孙命胡汉民起草的致段祺瑞的电文中，有"国以内，兄

————————

①　《政治重心之天津》，《申报》1924 年 11 月 18 日。

②　《北京电》，《申报》1924 年 11 月 1 日。

③　《唐绍仪主废总统制》，《顺天时报》1924 年 10 月 31 日；《唐绍仪对于时局之谈话》，《申报》1924 年 11 月 5 日。

④　《章太炎再发表改革意见书》，《申报》1924 年 11 月 15 日。

⑤　李剑农：《中国近百年政治史》，商务印书馆 1948 年版，第 654 页。

⑥　《国内专电》，《申报》1924 年 11 月 13 日。

⑦　详见季宇著《段祺瑞传》，安徽人民出版社 1998 年版，第 415 页。

主之；国以外，弟主之。在津候弟到，同入北京，商定国基"之语①，与段氏左右之言异词同义，可见南方国民党人亦主张总统制。

不过，两种政制的实施均有困难。总统制容易导致集权，与甚嚣尘上的自治思潮颇显枘凿，被滇唐等联治派称为国之"祸水"②。另外，在国会已名存实亡的情况下，"合法"总统如何产生也是问题。一些国会议员召开非常会议，企图选举临时总统未能遂愿③，即表明了这一点。委员制的实施障碍亦复不少。由于国民党"联俄"政策已大白天下，冯玉祥与北京俄使馆人员的联系为人所知；而苏俄政府的组织形式，按照时人的理解，正是一种委员制④。于是反对该制度的人便利用人们畏惧"赤化"的心理，说主张委员制的人有"赤化"倾向。西方国家外交团出于反对苏俄的政治需要，亦如此认识问题，致使主张委员制的人士不敢坚持此议⑤。

政制问题的解决因此陷入两难境地。此时孙中山尚在北上途中，段氏为争取西南方面支持，曾作出"非俟中山北上不商建国大政"的表态⑥。但曹锟去位之后长江流域各督的态度，使政制问题的解决刻不容缓。11月10日，齐燮元、孙传芳、萧耀南、周自齐与蔡成勋、马联甲、刘镇华、李济臣、杜锡珪等联名通电拥戴段氏。13日，该各督再次通电，声言中央政府已经中断，对北京所发命令，概不承认。从而形成"非暂定一总揽权责之名称，不足以支变局"的局面。这就迫使天津会议必须尽快解决政制问题，以便建立为各方承认的中央政府。由于不慊于

---

①　刘成禺：《先总理旧德录》，见尚明轩等编《孙中山生平事业追忆录》，人民出版社1986年版，第681页。

②　《滇唐对于时局之谈话》，《申报》1924年11月27日。

③　《国会开非常会议之猛进》，《顺天时报》1924年11月24日。

④　《天津特约通信》，《申报》1924年11月27日；《执政府与委员制》，《申报》1924年11月26日。

⑤　李剑农：《中国近百年政治史》，第654页。

⑥　中国社会科学院近代史研究所中华民国史组编：《中华民国史资料丛稿·大事记》第10辑第202页。

委员制,总统制又因缺乏国会,无由产生,张作霖、卢永祥、冯玉祥等人乃决定采取"中华民国临时执政"的名目,以为过渡①,得到段祺瑞首肯。所谓"执政",按照李剑农的说法,一方面是表示已废除崇高的大总统,一方面又表示不是委员制②。

段氏表示同意接受"临时执政"职,却不愿立即晋京就职,而是故作姿态,"不得全国一致之拥戴,决不率尔登台"。直到"拥戴之电文,如雪片飞来,迎驾之代表,亦联翩苍止"③,方于11月22日晋京。晋京前一日,段祺瑞发表"马"电,标示政见。宣称曹锟贿选,已将"法统"破坏,无可因袭,惟有"彻底改革,方足以定一时之乱,而开百年之业"。基于这一考虑,段提出召开善后会议以解决"时局纠纷",开国民会议以解决"一切根本问题"的主张④。

1924年11月24日,段祺瑞在北京就任中华民国临时执政。在就职宣言中,段作出"誓当巩固共和,导扬民志,内谋更新,外崇国信"的表态。随即公布《中华民国临时政府制》,规定国家政权由临时总执政、国务员、国务会议组成。临时总执政总揽军政、民政,统帅陆海军,对外代表"中华民国";国务员由临时执政任命,分掌政府各部,襄赞临时总执政处理国务;国务会议由临时总执政召集,临时总执政发布命令及国务文书,由国务员副署。根据这一政制,段祺瑞任命唐绍仪为外交总长,龚心湛为内务总长,李思浩为财政总长,吴光新为陆军总长,林建章为

---

① 《张作霖等人通电》(1924年11月15日),见中国第二历史档案馆编《中华民国史档案资料汇编》第三辑政治(二),江苏古籍出版社1991年版,第1477—1478页。

② 李剑农:《中国近百年政治史》,第655页。

③ 截止11月6日,已有21省区疆吏通电拥戴段祺瑞出山,奉张、国冯及其主要将领,亦通电敦促,造成在拥段问题上"全国一致"的形势。(尧日:《段祺瑞应时而兴》,《申报》1924年11月14日;费保彦:《善后会议史》,第20—21页,北京寰宇印刷局1925年版)

④ 《段祺瑞就任临时执政并发表国是主张通电》(1924年11月21日),见《中华民国史档案资料汇编》第三辑政治(二),第1478页。

海军总长，章士钊为司法总长，王九龄为教育总长，杨庶堪为农桑总长，叶恭绰为交通总长。另外，在宣布"革新政治，与民更始"的同时，还规定"所有从前行政司法各法令，除与临时政府制抵触或有明令废止者外，均仍其旧"①。

为筹备建设，厘定制度，段祺瑞就职之后，于 12 月 4 日下令设立临时法制院，任命姚震为院长。临时法制院由院长、评议、参事组成，内设事务厅及四处两股，负责有关法规命令的拟订，审查条议有关宪政的制度、典章及临时政府特交审议的事项，收受审定有关法制的条陈，以及保存临时政府发布的有关法规性质命令的正本，等等②。

1925 年 4 月 7 日，段祺瑞召集国务会议，制定《临时参政院条例》，随后颁布《各省区法定团体会长互选参政程序令》，规定了临时参政院的职能及"参政"的选举办法。临时参政院的权限主要有两项：一是议决权，包括省自治促成及国宪实施前规定省自治条例，善后会议及军事、财政两善后委员会决议执行事项，调停各省间及各省内部的纷争，对外宣战媾和及缔结条约，募集内外债及增加租税，等等。一是建议权，将行使上述权限时所议决者，向临时执政建议，经采纳后交主管机关执行③。

段祺瑞就任执政之初所作政治建设，将民国肇建时所设政制中的府、院权力集于执政一身，体现了一定的集权倾向。段在"马"电中表示，自己只是暂时承乏，一旦收束局面的善后会议结束，自己就将"卸责"④。似乎也承认临时执政只是政治上的一种过渡。但就职将近一年，执政集府、院权力于一身的局面仍未改变。这使执政府招致许多批

---

① 《中华民国临时政府制》，《北洋政府公报》1924 年 11 月 25 日。

② 《临时法制院官制》，《北洋政府公报》1924 年 12 月 3 日；《临时法制院办事细则》，《北洋政府公报》1925 年 1 月 12 日。

③ 《临时参政院条例》、《修正领事参政院条例》、《各省区法定团体会长互选参政程序令》，《北洋政府公报》1925 年 4 月 14 日，5 月 2 日、4 日。

④ 费保彦：《善后会议史》，第 23 页。

评,褚辅成等在善后会议上甚至提出《修改临时政府制》议案,非常国会亦频繁活动,企图恢复"法统",给段祺瑞政府造成极大压力。

1925 年 12 月下旬,迫于浙奉战争郭松龄倒戈后国民军控制直隶全省的形势,在社会各界纷纷提出恢复责任内阁的呼声中,为争取冯玉祥的支持,段祺瑞被迫宣布改组政府,修订《中华民国临时政府制》,增设国务院,国务会议改由国务总理主持,国务文书改由国务总理和各部总长副署。12 月 31 日,段任命许世英为国务总理,王正廷为外交总长,陈锦涛为财政总长,贾德耀为陆军总长,杜锡珪为海军总长,寇遐为农商总长,龚心湛为交通总长。国民党人于右任、易培基、马君武分别被任命为内务、司法、教育总长。由于孙中山去世前曾发布国民党人不得出任临时政府职务的命令,于、易、马等人未就职,许世英也不愿就任国务总理,只好由陆军总长贾德耀代理。此外,段祺瑞还指示国宪起草委员会拟订国会组织法、总统选举法和宪法。国会拟采参、众两院制;总统选举法规定以县为基本选区,由省选举会选举总统;宪法亦在国宪委员会三读通过①。

这次改制,恢复了民元以来府、院分立的政制,对于国会政治的价值重新予以承认并作出重建国会、实施宪政的姿态,民国政制史上短暂的没有分权制衡机制、被批评为"狄克推多"的政权形式似乎又出现了为"民主"政制取代的可能。但是,由于这次改制发生在执政府统治已经日暮途穷之时,很大程度上已被执政府当成应付统治危机的手段,而导致危机的内外因素并没有排除。在政权生存已成为问题的情况下,改制措施的命运前途,可想而知。段祺瑞之后主政的颜惠庆、杜锡珪及后续内阁均受直、奉军阀左右,有职无权,且因时值非常,在政治上仍然只能起过渡作用,没有建树。

二　段祺瑞整合北洋体系的努力

直系控制的北京政权倾覆之后，反直三角同盟不复存在。此时国内政治、军事力量形成相对独立的五支：一是以张作霖为首的奉系，二是冯玉祥及其国民军，三是长江一线的旧直系残余，四是滇唐为代表的西南势力，五是孙中山领导的两广革命势力[①]。就相互关系而言，本来奉张、国冯及孙中山领导的两广革命势力系反直战争中获胜的一方，与战败出亡的吴佩孚及其亟欲联络的长江各督处于敌对位置。但是就政治分野及派别的历史渊源而言，奉张、皖段、旧直系以及从旧直系分离出来的冯玉祥及其国民军，均属北洋统系，从这个角度看，他们之间又有着某些共同利益。孙中山领导的广东国民政府以及滇唐、湘赵、粤陈等"联治派"，则属于（或至少是被时人视为）"国民党系"[②]。两派相争具有政治上新、旧之争的色彩，但有时出于利益的需要，不仅新、旧内部发生分裂，即新与旧之某一部分亦可能暂时结成同盟，反对共同的政治敌人。这就使得中国政治呈现出极为错综复杂的局面。

段祺瑞就任临时执政之后面临的最大政治难题，是如何实现国家统一。北伐之前，由于国民党人在事实上未能占居政治中心地位，加之民众尊崇正统的心理作祟，北洋势力依然是解决中国政治问题的重心所在。所谓"北洋为世所重，民党为俗所轻"[③]，即客观反映了这一政治形势。因而对段祺瑞而言，实现统一的基本前提，就是对早呈四分五裂

[①]　参阅诚夫《收拾时局与环境》，《国闻周报》第2卷11期，收入沈云龙主编《近代中国史料丛刊》第3编第5辑，文海出版社有限公司1985年版，第114页。诚夫将孙中山的革命势力与唐继尧等为代表的西南军阀视为一派，似不恰当。本书根据派系分野的实际情况，作了适当调整。

[②]　《王吉占之〈对时局下一观察〉》，《国闻周报》第2卷7期，收入《近代中国史料丛刊》第3编第5辑，第97—98页。

[③]　吴虬：《北洋派之起源及其崩溃》，《近代稗海》第6辑，第282—283页。

之像的北洋集团进行整合，使之集于自己麾下，形成一个新的政治共同体和权势中心。这样，占据两广的国民党和僻处西南一隅的唐继尧等将不难对付。

　　为达到这一目的，段祺瑞作出的第一个表示就是摆脱安福系的政治窠臼，使自己以天下"共主"的身份出而治世。安福、政学两系曾经是段祺瑞重要的政治力量，"段氏入京后，安福系、政学会等〈政团〉人物，集于其左右"①。段祺瑞曾多次电请安福系政治首领王楫唐来京，"倚王为东南锁钥"，并有由王氏组阁之议，后来又任王氏为安徽督办②。以致时论有"段派除以全力占领北京之各部署局所，以期恢复安福全盛之势而外，并无深合于人心之设施"的尖锐批评③。张作霖对此也深为不满。为摆脱政治窘境，段派要人在段就职后不久公开通电，作出取消安福系的表示④。

　　接着，段祺瑞开始以超党派政治领袖的姿态处理政务。首先是平衡各实力派之间的关系，避免冲突的发生。其中最麻烦的是处理国民军与奉张的关系。国、奉为当时最有实力的两派，均力图左右中央政治，使段深感棘手⑤。段氏曾向各方作出驻守原防，保土安民的要求。但奉张以齐燮元通电长江各省独立，且需护送倒直一役在江南发难有功的卢永祥南归就任苏皖宣抚使为由，力主沿津浦线南下，驱齐刻不容缓⑥。虽奉系内部"稳健派"如王之江等持"自重主义"，但"激烈一派"

---

　　① 《奉张对中央政局之悲观》，《顺天时报》1925年1月18日。

　　② 《国内专电》，《申报》1925年2月26日。

　　③ 《时局中之悲观》，《益世报》1924年12月4日。

　　④ 《王楫唐通电取消安福党》，季啸风主编《中华民国史史料外编》第7册，广西师大出版社1997年版，第239页。

　　⑤ 这一点，连冯玉祥自己也有所感受，他在日记中写道："段公上台对军事不敢以命令式指挥，所以他夹于两大势力之间，凡事均不好办。"（中国第二历史档案馆编：《冯玉祥日记》第1册，江苏古籍出版社1988年版，第667页）

　　⑥ 《张学良对日记者团之谈话》，《申报》1925年2月13日。

则主张"乘此机会,最少限度,亦须将黄河以北,收归奉天范围之内"①。国民军不甘落后,也借机向河南等地扩充势力。迫于压力,段祺瑞同意了奉张等提出的重新划定各方军队驻防区域的要求。其区划大致为:京奉线、奉天廊坊间、津浦全线归奉军守备;京绥线、京汉线、廊坊北京之间,则暂归冯、胡、孙各军驻守②。这就打乱了段氏最初的设想,为奉军沿津浦线南下山东、安徽、江苏,最终引发新的军事冲突埋下隐患。只因国民军控制着政治中枢北京,且军队数量已大大扩充,国、奉之间的平衡尚暂时维持着③。

在对待吴佩孚及长江各督的问题上,奉张、国冯均主张用武,以便彻底打垮曹、吴④。奉军在吴败退之后,仍不废军事布置,大举入关,即出于这一考虑。冯玉祥甚至悬出赏格,无论军民,凡活捉吴佩孚,赏 10 万元,击毙赏 5 万⑤。尽管在对待吴的问题上,奉张与国冯曾有一段时间的"弃嫌结合"⑥,但段祺瑞却有自己的打算。一方面,由于尚未占据稳固地盘的国民军在力量上不足与奄有富庶的东三省作为根据地的奉张长期抗衡,国冯与奉张之间暂时的平衡势必很快被打破。在奉张咄咄逼人的攻势下,冯玉祥被迫三上辞呈,即平衡将打破的最初表征。在这种情况下,段不得不寻求新的政治平衡机制。另一方面,就个人的历史记录而言,冯氏曾数次反戈,在政治上反复无常,他的"拥戴"是否可

①　《天津会议正讨论军事》,《顺天时报》1924 年 11 月 15 日。

②　《王楫唐通电取消安福党》,《中华民国史史料外编》第 7 册,第 239 页。

③　据丁文江统计,截止 1925 年 9 月,冯玉祥所部国民军已达 8 万,加上岳维峻及孙岳部下,全部国民军的人数,应不下 30 万人,而奉军 8 部,共计 35 万人,从数量上看双方已较为接近。(丁文江:《民国军事近纪》,《近代稗海》第 6 辑,第 407 页)

④　何柱国:《孙段张联合推倒曹吴的经过》,全国政协文史资料研究委员会编《文史资料选辑》(合订本)第 18 册,中国文史出版社 1986 年版,第 28 页。

⑤　《捉拿吴佩孚之代价》,《顺天时报》1924 年 10 月 31 日。

⑥　《北京通信》,《申报》1924 年 11 月 24 日。

靠在时人看来也成问题①,因而不能不加防范。此外,由于直系将领普遍将己方的失败归咎于冯"背信弃义",坚持对任何人均可宽恕,唯独不宽恕冯的立场,冯在段氏身边的活动遂成为旧直系及吴佩孚承认中央政府的一大障碍。反过来说,冯提出辞职,也就向吴等提供了拥段的机会②。段氏清楚地意识到了这一层,在冯氏数次递交辞呈之后,同意"给假一个月",之后又尽量避免让冯氏身居要津,从而为接近吴佩孚及长江各督铺平了道路。

段祺瑞对付吴佩孚及长江各督的手法可谓刚柔并济。就职不久,段曾做出"强硬"姿态,令刘镇华、憨玉琨部"以兵逼吴"③。与此同时,段又"迭与吴佩孚信使往还",主动进行联络。吴为保存实力,争取地盘,派代表进京请段将河南军政民政,交其掌管。段虽未应允,但派人向吴表示,"除地位问题外,举凡生命财产自由等,允为充分之保障",且邀其来京,以面商善后。对于吴之过去,仅责以"拥戴非人",而未及其他。段祺瑞的软硬两手,使业已穷蹙的吴佩孚不能不暂时就范。11月24日,吴复电政府,表示"解决大局办法,当与芝老(段)共趋一致"④。而其他直系将领,慑于奉张之威,以为曹、吴虽败,北洋领袖尚有段在,

---

① 　冯玉祥亦意识到张作霖对自己不放心,他在日记中写道:"吴佩孚与我为良友,我既将其推倒,张雨亭何能放心于我? 若不放心,将来尚不知发生何事。"(《冯玉祥日记》第 1 册,第 659 页)

② 　《吴佩孚致冯玉祥书》,《申报》1924 年 11 月 29 日;《冯辞后之中国时局观》,《申报》1924 年 11 月 29 日。昔日吴虽参与倒段之役,"然平居恒认段为中国唯一之当国人物",其效忠曹锟,系束缚于旧礼教之缘故,而非敬重曹之才能。故只要冯辞职,其拥段是完全可能的。

③ 　《段对吴刚柔并施》,《晨报》1924 年 12 月 6 日;《中华民国史史料外编》第 8 册,第 274 页。

④ 　《吴佩孚对于时局之表示》,《晨报》1924 年 11 月 28 日;《中华民国史史料外编》第 8 册,第 251 页。

可借以自存，又何必陪曹、吴同归于尽①? 故苏齐(燮元)、赣蔡(成勋)、闽周(自齐)、浙孙(传芳)、鄂萧(耀南)、鲁郑(士琦)陆续表态拥段。尽管这些表态大多停留在口头上，但也加重了段祺瑞制衡奉张的政治砝码②。

完成"以直制奉"的部署之后，段亟须对付的是西南实力派及孙中山领导的国民党。西南实力派力量小而分散，滇唐(继尧)、湘赵(恒惕)、粤陈(炯明)在地理上彼此相隔较远，难以在军事行动上相互配合，"会师武汉"之说始终停留在口头上③。孙中山穷于应付商团的敌对行动，且与陈炯明关系紧张，自顾不暇。纯粹从力量上分析，西南实力派受中央重视的程度应稍逊北方实力派。但西南方面注重打政治牌。滇唐、湘赵、粤陈极力鼓吹"联治"，与上海方面的唐绍仪、章太炎等在政治主张上同调④，政治影响力不小。孙中山在反直军事行动中虽作用不大，但毕竟是构成反直三角同盟的一方，加之曾任临时大总统，又有"三民主义"相号召，政治影响力实不在段祺瑞之下。这就使得段祺瑞不能漠视西南实力派尤其是孙中山领导的南方革命势力的存在。

应付西南的功夫是从孙中山及国民党方面做起的。天津会议上，段祺瑞曾表示一切大政方针须待孙中山进京后共同商议决定。后因形势急迫而提前登上临时执政位置，在安排政府各部官员时，段亦充分考虑了孙派代表。在政府新设立的九个部当中，与国民党有直接关系的有唐绍仪、杨庶堪、叶恭绰三人。李烈钧被任命为参谋总长，更是段政府对国民党作出的一种姿态。段氏对孙中山及其领导的国民党实施安

---

①　杜春和等整理:《白坚武日记》第 1 册，江苏古籍出版社 1992 年版，第499 页。

②　《最近的政局》，《中国青年》第 54 期，1924 年 11 月。

③　诚夫:《西南大局之趋势》，《国闻周报》第 2 卷 7 期。

④　滇唐、湘赵等与在上海的唐继尧、章太炎等在联治问题上的呼应，可参阅汤志钧著《章太炎年谱长编》中收录的有关章氏的言论及时论，见该书下册，中华书局1979 年版，第 769—804 页。

抚,乃是出于争取西南实力派支持的考虑。时论曾明确指出:"惟统一西南事,须征中山意见,元帅推重中山以此;在中山未到津前,一切事未能决定,段颇为然。"①这一做法的"示范"效果很快显示出来。当孙中山表示出与段"合作"的意向后,西南实力派的表态也都差强人意。孙中山去世后,国民党一度因内部分歧而呈现乱象,内部关系亟须整合,在国内政治中的地位亦因此削弱。段祺瑞遂将重点移至维系与滇唐及四川实力派的关系上。

与平衡各派势力相关的政治举措是大批疆吏的任命。围绕这一问题,各方明争暗斗异常激烈。执政府成立之初,张作霖曾声言,"对于执政府,不荐举奉系一人"。但实际上,其向执政府举荐之奉系官员为数不少②。冯玉祥不甘落后,也尽可能地举荐自己的人,主张胡景翼、孙岳等,"必尽先与以好位置"③。不过,由于多数省区表示拥戴中央,执政府又颁布了"文武百官照旧供职"的命令④,故争夺范围主要集中在原先由直系控制的直隶、江苏、安徽、陕西、甘肃五省。

直隶屏蔽京师,在中国政治中地当冲要,历来都是政治家必争之地。该省在战前系由直系将领王承斌控制。王的督办位置虽系曹、吴安排,但王毕竟与冯玉祥一起发动了北京政变,系推倒曹、吴的有功人员⑤。但直省这样重要的位置,奉张不放心让王继续留任,加之王与冯关系密切,故奉张千方百计进行排挤。王对此不能没有感受,遂以收束军事为名,召集残部,驻扎天津,以谋抗争。正当王氏收编残部时,张作霖以迅雷不及掩耳之势,重兵压境,勒令王部缴械。王不安于位,于11

---

①　《北京电》,《申报》1924 年 11 月 16 日。

②　截止 1925 年 1 月上旬,奉张向段政府举荐之人有:于冲谟,荐为驻日公使;朱庆澜,荐为直省省长或京兆尹;王大中,周大文,所荐职官不详,然其受张推荐则属实。参阅《张作霖向段举荐之人员》,《申报》1925 年 1 月 10 日。

③　《国内专电》,《申报》1925 年 1 月 1 日;《冯玉祥日记》第 1 册,第 645 页。

④　《昨日之三道执政命令》,《顺天时报》1924 年 11 月 25 日。

⑤　公展:《北京政变记》,《北洋军阀》(1912—1928)第 4 册,第 972—973 页。

月 11 日避入日租界,通电辞去本兼各职①。

　　王被迫辞职,对冯是一个明显信号。冯在日记中写道:"因张雨亭将王之军队解散,王即通电辞职。张之背约负友,其端已见,余亦寒心矣。"②随后,奉张与国冯为直省督办一职展开了激烈争夺。本来冯玉祥之意,是要让孙岳接替王承斌长直,段似已同意,故有派人向奉张疏通之举③,但未得奉张方面同意。张作霖最初曾有以张学良督直之议④,后出于与国冯竞争的考虑,又打出"直人治直"的口号,企图以此作掩饰,将奉系骨干、时任奉军陆军第二军军长的李景林安置在直隶督军兼省长的位置⑤。段不得已而偏袒奉张,使李得补直督缺⑥。好在李与冯关系尚可,而奉张不知,故能接受这一安排。后来郭松林与国民军联合发动反奉战争,李倒向郭、冯一边,其与冯早有接洽,或即原因之一⑦。

　　安徽省长一职最初蚌埠诸将拟推倪道烺出任,但段不之许,而任命王揖唐担任,并以王兼督办军务善后事宜⑧。段氏此一任命,用意甚深。盖王氏控制皖省军、民两政,可以为段在其家乡植一稳固地盘。且皖省位于苏、鄂之间,于长江统一前途,关系甚大。王与长江各督一向颇有联络,以王长皖,可望在政治上有所建树⑨。这一任命没有遇到多大麻烦。但王任职不到半年即辞职,幸其后任吴炳湘仍属皖系骨干,尚

---

　　① 《北京特约通信》,《申报》1924 年 11 月 22 日。

　　② 《冯玉祥日记》第 1 册,第 654 页。

　　③ 《国内专电》,《申报》1925 年 1 月 1 日。

　　④ 《奉张无更易直督意》,《顺天时报》1925 年 7 月 20 日。

　　⑤ 《北京特约通信》,《申报》1924 年 11 月 22 日。

　　⑥ 《张宗昌督直与李景林长直》,《顺天时报》1924 年 11 月 14 日;《李景林就任直长》,《益世报》1924 年 11 月 18 日。

　　⑦ 《李景林作战之前因后果》,《市声周报》第 4 卷第 1 期,《北洋军阀》(1912—1928)第 5 卷,第 280—281 页。

　　⑧ 丁文江:《民国军事近纪》,《近代稗海》第 6 辑,第 407 页。

　　⑨ 《新皖长王揖唐昨日抵京》,《顺天时报》1924 年 11 月 30 日。

能贯彻段之旨意。

江苏军、民长官的任命相对棘手。先是卢永祥由奉军"护送",以宣抚使名义南下驱齐,段对卢曾有苏督的任命。但卢表示不要地盘,且发表废督主张,故于苏省督办一职迟迟不就。至于省长一职,奉张早有以郑谦担任之议并征得段同意。嗣因郑一时难以南下,卢之左右遂联络苏绅,主张以卢代理①。直至段祺瑞以政府命令,敦促卢氏就职,卢方遵命兼办江苏军务。但在郑谦南下接替韩国钧任江苏省长之后不久,卢又辞去本兼各职。卢被时人视为"军人中之一政治家",颇具时望,反直战争以来,注重调停奉张与皖段之间的关系,他的引退,使"此后可当疏通执政府与奉天间意见者,不复有其他适当人物"②。

8月底,执政府又任命冯玉祥为西北边防督办兼甘肃督办,孙岳为陕西督办,杨宇霆为江苏督办,以填补卢永祥辞职之后形成的空缺,姜登选为安徽督办,以接替前任皖督③。加上早些时候作出的张作霖、张作相、吴俊陞等分任督办奉天、吉林、黑龙江军务善后事宜,以及李烈钧长赣、方本仁督赣等决定,段祺瑞初步完成了战后疆吏的人事调整。

段祺瑞对北洋体系"整合"的基本手段,是利用北洋各派系之间的矛盾,促成各派之间形成"均势",并利用势均力敌造成各派力量之间的制衡,来维持自己的统治。段苦心为冯、张分配地盘,将苏、皖畀张,陕、甘界冯,目的全在于此。在段的政治棋盘上,不能没有冯,否则无以制张;也不能没有张,否则冯将无法驾驭而对自己构成威胁。但又不能过于接近张、冯,近冯则长江方面将为之却步,如是,则统一将化为泡影;近张则难免为其傀儡,且可能与控制京师的国民军发生对抗,从而祸生肘腋。而长江、西南各方,也都成为砝码,被段氏用来搞政治平衡。段

① 《苏长问题内容尚极复杂》,《晨报》1925年3月21日;《苏绅之拥卢电》,《顺天时报》1925年3月22日。

② 《卢永祥辞呈昨日送府》,《顺天时报》1925年7月15日。

③ 《大批疆吏发表之经过》,《晨报》1925年8月31日。

氏为维持各方关系,煞费苦心,但其效果,正如吴虬分析的那样:"俨比老妇分苹果饵,务求燕雀均衡,以免群儿相斗。谁知国库帑藏有限,疆圻究有肥瘠,虽予取予求,不敢瑕疵,而馋吻并张,焉能悉偿其愿?"①

　　问题的症结在于,段祺瑞虽然得到多数省区实力派的通电拥戴,组成了形式上的中央政府,但其政治权势的中心地位并未形成。

　　奉张系反直三角同盟中"执牛耳"一方②,战胜之余,当然不愿听命他人。其表示"拥段",不过是因为自己在政治上缺乏号召力,推出段氏,既有利于稳定局势,又便于奉方幕后操纵。国民军方面拥段,系感受到奉张的压力所致,联段则可造成国、奉之间的平衡,扩大自己的生存空间。其在联段同时,极力渲染与孙中山及国民党的关系,亦同出一种考虑。长江各督的"拥段"则带有明显的功利色彩。盖长江各督多属直系,曹、吴倒后处于难以自立门户又无所归属的游离状态。吴佩孚在白坚武的策划下,打出"护宪军政府"的旗号,企图将长江各督纠集在一起③。而齐燮元、孙传芳、萧耀南、周荫人等,既不愿降服于奉张,又感到吴佩孚的实力已被抽空,不足依靠。在这种情况下,唯一可以兼顾维持各方关系并能顾全面子的办法就是"拥段"。至于吴佩孚,以直奉交战故,视奉张为"公敌",复以冯玉祥背叛曹、吴,反目倒戈,视之为"私敌"④,因国、奉两大敌对势力的存在,自然以"两害相权取其轻"的考虑待段。对段表示"拥戴",可以借段之斡旋暂时避开奉张、国冯的军事压力,并借此寻求新的生存空间。

　　段的尴尬地位,与其手中缺乏实力有关。盖"段在今日,可谓毫无凭藉,其部下只有德州胡翙儒之一旅,兖州吴长植之一旅,为心腹

---

　　①　吴虬:《北洋派之起源及其崩溃》,《近代稗海》第6辑,第256页。

　　②　《西报论中国内乱》,万仁元、方庆秋主编《中华民国史史料长编》第23辑,南京大学出版社1993年版,第748页。

　　③　《白坚武日记》第1册第499页。

　　④　《旧直系之现在与将来》,《顺天时报》1925年8月19日。

军队"①。可以说,蛰居复出的段氏,已近乎"手无寸铁"②。奉军将领何柱国说:"段以北洋元老的资格,对于北洋军阀,无论那一个,虽然都吸不住,却都罩得下。"③所谓"罩得下",是说在特殊情况下各方均能接受他;所谓"吸不住",指自身缺乏实力的段祺瑞,已经不能臂使指应地调度指挥各路人马。在这种情况下,要想段政府成为袁世凯政府那样可以对全部北洋军人发号施令的政治权力中心,几乎不可能。

国内各实力派之间的"均势"被段祺瑞维持了将近一年。在这期间,局部的战争与冲突依然不断。其中包括南下奉军与浙江方面的矛盾,国民军与奉军在京津地区的争夺,河南的胡、憨之争,西南的滇桂战争,等等。虽然这些军事冲突尚未严重到足以动摇执政府统治的地步,其中一些冲突,如河南的胡、憨之争和奉、浙之间形成的紧张局势,经斡旋与调停,也平息下来,但导致国内武装冲突的因素依然存在。尤其是浙、奉矛盾及国民军与奉军的矛盾,稍有处理不慎,就可能牵动全局。段祺瑞为平衡各方关系,绞尽脑汁,但收效甚微。

1925 年 10 月,以孙传芳为总司令的浙、闽、苏、赣、皖五省联军,以"拥段反奉"相号召,不顾段的调停,断然向奉军发起总攻击,浙奉战争爆发。国民军方面以为时机已到,开始与孙传芳密商反奉计划。不久又与奉军第十军军长郭松龄订约,建立反奉同盟,并暗约李景林加盟。奉张为对付国民军,决定暂弃前嫌,与吴佩孚结成直奉联盟。之后各派政治势力怀抱不同目的,彼此大动干戈,战场上的形势变化莫测,政坛局面亦波诡云谲。浙奉战争的爆发,宣告了段祺瑞整合北洋体系努力的失败。建立在各方"均势"之上的执政府的生命,也因这场战争的爆发临近结束。

---

①　随波:《段祺瑞入京前之津讯》,《申报》1924 年 11 月 25 日。

②　《北京通讯》,《申报》1925 年 1 月 16 日。

③　何柱国:《孙段张联合推倒曹吴的经过》,《文史资料选辑》(合订本)第 18 册,第 28 页。

第二节　国会制度在中国政治中消亡

一　贿选之后国会的党派构成及运作状况

1923 年秋，曹锟以重金贿赂议员，当选总统。内幕揭开后，讨伐之声腾起，国会地位一落千丈，社会舆论中甚至出现了解散国会的声音。尽管全国范围盛极一时的反贿选运动未能改变曹锟当选总统的既成事实，但国会因此蒙受的损失却是巨大的①。

贿选对国会的直接影响是导致其内部分裂。当贿选紧张进行时，参、众两院部分议员，鉴于北京已成直系的势力范围，发起"国会南迁运动"，以为阻止直系操纵大选之计。于是国民党、政学系、安福系多数议员及民八护法议员，相继离京至沪，以上海湖北会馆为国会移沪集会筹备处，以"大寿第"为办事处，展开政治活动。反直议员本欲使北京国会因不足法定人数而不能开会，并以此阻止直系控制总统选举，但因南下议员人数有限，且一些议员南下之后复被拉拢北上，未能遂愿②。其在南方从事政治活动的初衷亦没能实现，因为江浙人士担心在上海从事反直政治活动，将招致战祸，出面反对，松沪护军使何丰林亦不赞成在上海从事组织政府的活动。结果，"国会南迁运动"只是部分议员南下，没有获得预期成功③。

留在北京的国会议员在曹锟贿选之后，继续其政治生涯。此时，由于曹锟控制操纵，国会内的政党及政治团体开始了新一轮的分化组合。变化的契机在于众议院议长吴景濂失势。在曹锟贿选过程中，吴景濂

---

① 管美蓉：《吴景濂与民初国会》，台北"国史馆"1995 年版，第 230 页。

② 《褚辅成等出京之宣言》，顾敦鍒《中国议会史》，《民国丛书》第 3 编第 21 辑，上海书店据苏州溁心正堂 1931 年版影印，第 368 页。

③ 韩玉辰：《政学会的政治活动》，《文史资料选辑》第 48 辑，第 209—210 页；陈九韶：《众议院十二年亲历记》，《湖南文史资料选辑》第 8 辑，第 237 页。

出力甚多,选举前曹曾有将第一任正式内阁总理许与吴氏之表示。但贿选成功之后,曹锟却幡然变计,提名颜惠庆与孙宝琦,令与吴斗。嗣又散布由孙洪伊组阁,助长王家襄、王湘、牟琳选任议长之空气,挑起吴派内争。与此相配合,保派党徒更于甘石桥组织宪政党,以推进实施宪法为名目,吸收反吴派议员,甚至采取停止各小政团津贴的办法,"俾令窜狙来归"。其目的在于推倒吴景濂,使之非但不能担任阁揆,且连议长席位亦不保,丧失在国会的地盘。吴派则拉拢政团协商会中各中立派别,不遗余力,如励治社之叶夏声、法治促进社之李载庚等,允力予维持。吴氏还有组织统一党之准备,力图形成与宪政党对峙的局面,但未著成效①。当时国会内的政党构成状况大致如下:

贿选之后国会内政党构成状况表

党派名称	领袖	关系人	政治关系分析
石驸马大街三号	吴莲炬、赵时钦	王毓芝	左列五团体与保派联系密切,系宪政党的骨干人物。
宪友俱乐部	王谢家	陆锦	
报子街十八号	常璋	王毓芝	
宪法学会	邓毓怡	刘梦庚	
化石桥五十六号	彭占元	刘梦庚	
漠南寄庐	诺门达赖	原属保派	左列七党团系保派极力接洽的社团。
西北议员俱乐部	董士恩		
宏庙二十三号	李春荣	原属保派	
新民社	张伯烈		
颐园	黄赞元	原与黎元洪接近	
壬戌俱乐部	张汉、冯振骥		
政社	恒诗峰		

---

① 谢彬:《民国政党史》,《近代稗海》第6辑,第91—94页。

（续）

均社	钱崇恺	全民社分裂	左列各政党团体以保派为后盾，但因人数较多，欲独立撑持门面，不愿并入宪政党。
全民社	温世霖		
宣外二百号	任焕黎		
观音堂十号	董庆余		
西河沿一百八十六号	景耀月		
香炉营头条十六号	易次乾		吴景濂以民宪同志会为基本力量，左列党团系其可拉拢者。
西交民巷七十四号	籍忠寅		
诚社	骆继汉		
匡庐	叶夏声	后分裂为励治社	
民治社	王湘	孙洪伊	左列党团与匡社分裂后叶夏声新组建的团体联络。
南庐	杨诗浙		
顺城街三十三号	刘可均		

说明：1. 此表系据谢彬《民国政党史》（《近代稗海》第 6 辑）第 92—93 页所列 1923 年 11 月底党派变迁表改制。2. 一些党团当时系以其活动场所为人所知，未见打出政党招牌。3. 由于表内多数政党均在国会内占有席位，故可据此略窥国会内党派的构成状况。

　　除了表列各党派之外，尚有群治社、法治统一会以及由研究系分裂的小团体如适庐、乐园等，数不胜数。但因力量微弱，贿选成功之后，保系津贴停止，无法维持独立，不得不另谋出路。

　　不难看出，在贿选之后的国会内，吴派实力相对弱小。面对党派分化组合的新形势，吴景濂与内务总长高凌霨"各挟其财力，竞争组党，各党首领人物，认为奇货可居，狡猾者且向两方活动，一如市场之标卖底货，故其态度游易不定，最后仍看两派财力之贫富如何耳"[1]。不过吴派终难与有保派作后盾的宪政党抗衡，结果吴景濂不仅没有当上内阁

---

[1]　谢彬：《民国政党史》，第 94 页。

总理,就连众议院议长之职,亦不被继续承认。1923 年 12 月 18 日众议院召开临时会议时,反吴派借口议长资格问题,发难攻吴,演化成众议院内的大斗殴。内务部遂以众议院警卫受吴控制为由,下令强行解撤众议院警卫,逼走吴景濂。吴之出走,表明津派在政治上的失势。其后,众议院事实上已为保派支持的宪政党控制,众议院秘书厅也为宪政党接收①。

宪政党在国会中绝对优势地位的确立,使曾经存在于国会内的政党相互制衡机制开始丧失。这对国会的存废影响甚大。因为在民初国人的政治理念中,国会政治应当是政党政治,而政党政治应为两党或多党在制衡的形势下共同维持的民主政治②。如果说民初国会政治尚能勉强成立,很大程度上是因为国会内已初步形成两大对立的政党。袁世凯破坏国会,正是从取消反对党或将反对党的力量削弱到不能与政府党相互制衡开始的。梁启超等人捍卫国会政治,亦紧紧抓住保存反对党这一关键③。民初的"超然内阁"难以长期存在,其原因亦在于此。现在,经曹、吴操纵控制,国会内党派构成丕变,出现宪政党独领风骚而其他政党几无立足之地的局面。这不仅使国会的运作失去政党政治的必要内涵,更重要的是,它使"立法"在很大程度上与"行政"在人员构成上连为一体,严重削弱了国会自身存在的基础。

1924 年元旦,曹锟政府正式颁布下届众议员改选令,规定各省众议院议员初选于 4 月 14 日举行,复选于 5 月 14 日举行,蒙、藏、青海于

---

①　《内务部强制执行撤换众议院警卫》,北京《晨报》1923 年 12 月 21 日;《吴景濂昨日出京》,《顺天时报》1923 年 12 月 22 日;《吴景濂出京》,《益世报》1923 年 12 月 22 日。

②　宋教仁:《致北京各报馆书》,《宋教仁集》下册,中华书局 1981 年版,第 421 页;梁启超:《莅民主党欢迎会演说辞》,《饮冰室合集》文集之二十九,中华书局 1981 年版,第 21 页。

③　杨天宏:《梁启超与宋教仁议会民主思想异同论》,《战略与管理》1996 年第 5 期,第 91—99 页。

5月20日举行①。改选令颁布后,不少议员回到原籍活动新一轮选举,本届众议院的工作因此大受影响。参议院也因议长出缺,陷于无休止的纠纷之中。

在这种情况下,国会参、众两院对于政府的监督职能受到严重干扰,涉及政府监督方面的立法工作更是难以正常开展。以参议院的运作为例:从1924年1月1日到5月31日,将近五个月的时间,该院共召开临时会议十五次,院内临时委员会会议二十九次,发出公文四十九件,其中就政治、法律、外交等问题向政府提出的"质问文"二十六件。另外,参议院在这一时期还提出法律案十件,提议案五件,建议案五件②。兹将参议院这一时期在立法及政府监督方面所做工作择要著录于下:

(一)制定弹劾总统及国务员的审判程序,确立立法机构对于行政的监督制度。参议院弹劾总统及国务员的权力,早在民国建立之初制定《临时约法》及《议院法》时,就有明确规定,曹锟当选总统后颁布的《中华民国宪法》,亦重申了国会这一权力③。国会有权弹劾总统与总统有权解散国会,是立法与行政互相制约的两个方面。以前《临时约法》只制定出国会对于行政领袖的弹劾权,未对总统解散国会的权力作出相应的规定,造成立法与行政权力失衡,曾遭到一些政治学者的批评④。《中华民国宪法》对两方面都作了规定,在法理上应为一种改善。但"宪法"与"院法"对于总统及国务员的弹劾及罪名认定程序均无明确规定。在不具备程序法的情况下,实体法亦无由生效。故当众

----

① 《众议院议员选举日期令》,《政府公报》1924年1月6日。

② 根据《参议院公报》第3期第15—19册"议事录"、"委员会记事"、"速记录"、"公文"、"建议案"、"法律案"、"提议案"统计。

③ 《中华民国临时约法》及《议院法》中有关国会弹劾总统、国务员的规定,以及《中华民国宪法》对于议会这一权力的重申,见《北洋军阀》(1912—1928)第1卷,第682、707、737页。

④ 梁启超:《同意权与解散权》,《饮冰室文集》之三十,中华书局1989年版,第1—5页。

议院对内务总长王克敏实施弹劾之后,制定审判程序的问题便提了出来。

1924 年 2 月 18 日,由议员黄佩兰提出,并有三十六名议员连署的《参议院审判规则案》交参院审议。稍后,又有议员萧辉锦提出的《参议院审判委员会组织规则案》和议员何畏提出的《参议院审判法案》。三个法案对审查国务员的"特别法院"或"特别审查委员会"的组织、职能、被弹劾者的申辩权利,特别审查委员会的内部监督以及相关审判程序等作了规定①。虽然这些法案在交付法制股审查之后未提出表决,但参议院议员力图实施国会对政府监督的意图,却通过这些议案的提出,得以表露。

(二)提出《省议会议员选举法案》。该案提案人为楚纬经,有二十一名议员连署。其基本理由在于,既有的省议会选举法系复选法,与宪法规定的直接选举法相抵触。这个问题直接牵涉到新宪法公布之后,制定省议会议员选举法之"立法权"应属于中央抑或地方。宪法虽未对此作明确规定,但按照宪法第一百二十五条"各省得自制定省自治法"的规定,附属于省自治法之省议会议员选举法自应由制定省自治法之机关制定。但提案人认为,多数省区并不具备组织自治法会议的条件,且各省省议会会期大多届满,无法制定省议会选举法,"而各省立法机关又不可一日中断",故提出该项法案②。一些议员欲省自治法成立,甚至有恢复县议会的主张③。4 月 9 日,参议院召开会议,会上展开激烈讨论。争论的焦点在立法权的归属上。意见未能统一。后经表决,议定将该法案交付法制股审查。

---

① 《参议院审判规则案》,《参议院公报》第 3 期第 15 册"法律案",第 1—4 页;《参议院审判审判委员会组织规则案》、《参议院审判法案》,《参议院公报》第 3 期第 16 册"法律案",第 1—8 页。

② 《省议会议员选举法案》,《参议院公报》第 3 期第 17 册"法律案",第 9—22 页。

③ 《张树枬议员之发言》,《参议院公报》第 3 期第 17 册"法律案",第 9—22 页。

　　（三）反对政府对"金佛郎案"的处理，并就该案质问政府。"金佛郎案"在中国政坛早已激起波澜，在舆论的强烈谴责下，主张接受法国要求的外交总长黄郛被迫辞职①。曹锟当上总统之后，迫于列强压力，曾打算绕过国会，通过秘密谈判承认此案，因遭到国会议员的反对和质问，未能遂愿。1924 年 2 月 8 日，各国公使联合驳复中国方面拒绝各国关于"金佛郎案"处理办法的照会，对北京政府进行恐吓与劝诱。曹锟为寻求各国支持，乃密电各省直系军阀通电赞成政府承认"金佛郎案"，并企图收买议员通过此案。结果遭到国会参、众两院议员的反对和质问②。

　　国会议员从两方面对政府进行了抨击：一、指出政府若承认"金佛郎案"，"在政治上说，是卖国行为"；二、强调政府对国会要求总理及国务员出席国会会议接受质询置之不理，"在法律上说，是违法行为"③。为寻求问题的根本解决，国会议员坚持政府必须出席国会并就此问题接受质问，主张"以后本院开会一次，即咨催一次，非出席不可，……不能听政府始终如是之违抗宪法也"④。在国会议员的压力下，新任国务总理孙宝琦到参议院对政府行为作出解释，表示"绝无承认金佛郎之事"⑤，此案方暂时搁置。

　　（四）提出《片马救济建议案》咨达政府。片马问题是中、英两国外交上搁置多年的悬案。早在 1894 年，中英双方就开始为片马问题展开

---

　　①　中国社会科学院近代史研究所译：《顾维钧回忆录》第 1 册，中华书局 1983 年版，第 320 页。

　　②　当时的国会文件表明："参、众两院对于此事，均提有质问书，而国务院迄未答复。"《参议院公报》第 3 期第 15 册"速记录"，第 31 页。

　　③　《陈寿如议员发言》，《参议院公报》第 3 期第 15 册"速记录"，第 14 页。

　　④　《郑江灏议员发言》，《参议院公报》第 3 期第 15 册"速记录"，第 16 页。

　　⑤　《国务总理孙宝琦答国会质问》，《参议院公报》第 3 期第 15 册"速记录"，第 32 页。

交涉。1911年,英国殖民者不顾成约,强占片马①。民国以还,中国政局动荡,片马问题虽经数度交涉,一直未能解决。参议院认为片马问题关系重大,故重提该案。提案人认为,解决片马问题须从外交和内政两方面入手。外交方面,片马交涉应根据光绪二十年中英续议滇缅条约第五款,向英方索还被强占的北丹、科干、孟连、江洪各地;滇缅界务须重新勘定,以保全领土主权。内政方面,主张设立边务督办,实施屯垦,以阻止英人由片马入藏;滇西各属土司宜改设县治;滇西应另设行省,省会设在大理②。议案提出后,得到多数议员支持。1924年2月18日,议案在参议院表决通过并咨达政府③。参议院的议案,受到政府和社会舆论的重视和支持,加上当地民众武装抵抗,1926年英国被迫承认片马属于中国④。

　　上述议案的提出表明,国会议员特别是非政府派议员在曹锟贿选之后一年多时间里,为履行国会的立法监督职能,曾做出努力。一般而言,国会就外交问题发表的意见大多产生了一定效果。片马问题的初步解决和促成"金佛郎案"搁置就是显例。但国会就内政问题发表的意见则收效甚微。一个重要原因在于,国会内部党派构成变化,主要派系已基本为政府控制,失去了原先的制衡机制,反对派难以继续对政府实施有效监督。《参议院审判规则案》没有顺利通过就明显受到这一因素制约。当时,参议院会议已表决将议案交法制股审议,但法制股多次召开选举委员长会议,均因人数不足而流会,该议案的审议因此搁置。据时论分析,这一结局的造成,与参议院弹劾国务员王克敏引起政府不

---

　　① 《续议滇缅界、商务条款》,王铁崖编《中外旧约章汇编》第1编,三联书店1957年版,第577页。

　　② 《片马救济策建议案》,《参议院公报》第3期第15册"建议案",第1—8页。

　　③ 《咨国务院送达议员何畏等片马救济策建议案文》,《参议院公报》第3期第16册"公文",第3页。

　　④ 参阅刘培华:《近代中国外交史》下册,北京大学出版社1986年版,第286—292页。

满，支持政府派的宪政党议员多不愿出席有关①。

国会在内政问题上难以发挥立法监督作用，表明其职能已严重削弱。而国会议员自身的缺陷也在此时充分暴露出来。以参议院为例。由于内部没有约束机制，每次开会，都有众多议员迟到、早退、缺席。一些议员到会，只是为了领取"岁费"，报名之后，便提前退席。以致秘书厅不得不采取发放"出席证"和"支付证"的办法，以维持开会人数②。有时出席人数不足法定的三分之二，秘书厅做了手脚才使会议得以召开。社会舆论因此对议员的人格表示蔑视，一些正直的议员也深感痛心，主张取消"两证"。为此参议院多次开会研究办法，均因担心与会人数不足而不能决断③。国会运作到了靠支付"岁费"来维持的可悲地步，其前途命运，可想而知。

二　实力派的政治决断与国会议员的抗争

1924年10月直奉战争爆发之后，曹、吴政权崩溃，段祺瑞重新执政，国会的命运因此到了生死存亡的关键时刻。在直系的政治统治业已推倒的形势下，废除旧国会，对反直各方而言，本是顺理成章之事，当时舆论也不乏这样的主张④。然而，在联合推倒曹、吴之初，反直各实力派领袖对国会存废问题，大多举棋不定。

冯玉祥在政变之初，曾打算将国会一举扫灭，故其第一次通电，并无参、众两院之衔。起事当天下午，冯派兵驻守两院之侧，跃跃欲试，做好了取缔之准备。嗣经商询王正廷、张耀曾等，究竟可否解散。王、张皆主慎重，认为此番班师主和，当以改良政治为立足点，不可自居"革

---

① 《参议院公报》第3期第17册"速记录"，第5页。

② 《议员潘江、陈铭鉴、郭步瀛等发言》，《参议院公报》第3期第17册"速记录"，第19—22页。

③ 《议员龚焕辰发言》，《参议院公报》第3期第17册"速记录"，第29—30页。

④ 诚夫：《处置贿选议员之我见》，《国闻周报》第1卷第19期。

命"地位,认为通过"革命"建立的新政府,将面临外交承认问题。如果对于政府只采取政治改良的姿态,对于政府所由产生的国会,自应保全。至于国会是否过期或是否合法,那属于法律问题。"如欲加以解散,无论如何借口,必须正式政府,始有此权力。否则只凭武力之强迫,则国民军无异自承为革命,此诚不可鲁莽轻率,致招外交上之烦扰也"①。冯氏闻之,认为有理,乃命将主和通电补送两院。后来黄郛代阁成立,仍经曹锟任命,而胁迫曹锟退位,亦令其向国会辞职,均系采纳王、张意见的结果。

段祺瑞对于国会问题最初没有明确表示意见。其左右多主"迁就法统之说",并以此向段进言。段受其影响,表现出模棱两可的姿态②。段出山时之"马"电,有"法统已坏,无可因袭"一语③,表明段氏最初并不承认旧国会的合法性。但段氏在会见拒贿议员范熙壬、彭养光等时,又强调对国会问题"不偏于法律,须与政治相提并重"④。同时考虑法律与政治,表明段氏在国会问题上游移不定。段后来认定"革命、改造"四字,与张作霖极力主张否定法统有关⑤。在对待国会问题上,张作霖最有实力,态度也最为强硬。政变不久,他便主张将包办贿选的吴景濂捉拿归案,予以严惩⑥。当时报上多见"天津某强有力人物"反对恢复法统的记载,所指即张作霖。但段、张主张废除旧"法统",目的在于建立自己的新"法统",殊难据此得出欲根本废除国会制度的结论。

孙中山及其领导的国民党人大多倾向解散旧国会。孙中山北上途中,在回答日本大阪《每日新闻》记者"对北京国会的感想"的提问时说:

---

① 《冯玉祥对国会之措置难》,《申报》1924 年 11 月 16 日。

② 《北京电》,《申报》1924 年 11 月 25 日。

③ 《段祺瑞就任临时执政并发表国是主张通电》,《中华民国史档案资料汇编》第三辑政治(二),第 1478 页。

④ 《段合肥对非常会议之意见》,《顺天时报》1924 年 11 月 27 日。

⑤ 《段祺瑞就职情形》,《申报》1924 年 11 月 30 日。

⑥ 《北京电》,《申报》1924 年 11 月 14 日。

"余对于现在北京之国会主张解散,因年来所有战事皆为不良国会所酿成。非去此不良之国会,中国殆无统一之希望。"①他在给徐谦的电文中指示:"旧国会须解散,宪法须改订,革除弊政宜严,对待政敌宜恕。"②孙氏认为,国会之所以不良,在于"选举议员的方法太草率",议员道德低下,只顾私利,不顾公利,闹出贿选丑闻,致使国民对议员完全失望。"要解决国事,便不能靠那些议员,要靠我们国民自己"③。因此孙极力主张召开国民会议,以取代既有国会。

反直各实力派领袖虽未明确提出废除国会制度,但对既存国会所持否定态度及在国会制度应否继续存在问题上的暧昧表示,已在很大程度上决定了旧国会和国会制度的未来命运。

面临如此严峻的形势,国会参、众两院为维持自身的存在作了最后的努力。此时的国会实际上已分裂为留在北京的旧国会议员和因反对贿选而南下驻沪的议员两个部分。在举国上下对贿选的讨伐声中,拒贿议员为避免玉石俱焚,一方面极力与曹锟划清界限,一方面设法活动反直各方实力派,寻求支持。1924 年 11 月 4 日,参、众两院拒贿议员吕复等八十余人,在聚会之后发出通电,声称曹锟贿选,"论法律则干犯国家刑章,言道德则破坏社会廉耻,此次擅开战祸,牺牲国家人民生命财产,更难数计,仅令退避,不足蔽辜,应行严加监视,依法诉追,方足以伸纲纪而正人心"④。10 日,移沪国会议员召开会议,作出三项决议:一、贿选分子及"伪会"应即驱除;二、在津速设反对贿选议员办事处;三、响应天津同志会电召,陆续北上⑤。23 日,国会反贿选议员在北京

---

① 《与日本大阪〈每日新闻〉记者的谈话》,《孙中山全集》第 11 卷,中华书局1986 年版,第 290 页。

② 《北京电》,《申报》1924 年 11 月 9 日。

③ 《在上海招待新闻记者的演说》,《孙中山全集》第 11 卷,第 333 页。

④ 《时事日志》,《东方杂志》第 21 卷第 23 号,第 139 页;《国会议员请监视曹锟》,《申报》1924 年 11 月 13 日。

⑤ 《移沪国会议员昨日开会》,《申报》1924 年 11 月 11 日。

召开非常会议，推章杭时、范熙壬、彭养光、张瑾雯、王家襄、韩玉宸为代表，谒见段、张、冯等，表示："当此政变之际，非有一民意机关，不足以维持一切。将来临时政府与国民会议之组织法，希望由非常国会制定，纵或不能，亦须经国会通过。庶政府一切行动，尚有轨范。"主张由非常国会"选段为临时总统"①。

北京的旧国会议员因涉嫌受贿，对自身命运更为关注。政变不久，众议院便召开秘密会议，讨论"国会自卫"问题②。"议员为保持饭碗计，一方主张选议长，以固对外势力，一方主联络南派议员，在条件中互相迁就"③。11月5日，众议院召开紧急会议，出席议员共301人，会议提出由两院院内行政委员会先行商定召开两院协商会的建议。因曹锟辞职文到院，讨论总统去留问题须合法议长主持会议，而吴景濂因躲避缉拿出走，会议讨论了议长问题，因内部分歧，无果而终④。次年1月中旬，众议院因拒贿议员领到400元补贴，而一般议员的"岁费"未能发给，遂推举代表向政府索取。其理由是，国会乃一国之最高机关，既然"未经明令解散，当然照各机关一律发款"，经交涉未获结果。由于政府未拨经费，众议院被迫"仿照参议院秘书厅一律自十四年一月一日停止薪俸，以期告一结束"。22日，众院职员、警卫、茶役等约四百人，包围秘书长李汝翼办公室，要求再与政府交涉。李遂致函财长李思浩，详陈各种艰难情形，要求拨给六万元经费，以作结束众议院秘书厅之用，未获照准⑤。

尽管国会作了最后的努力，仍回天乏术。1924年11月19日，参与天津会议的反直各实力派代表议决解散旧国会，决定"现在将办未办

<hr/>

① 《国会开非常会议之猛进》，《顺天时报》1924年11月24日。
② 《北京电》，《申报》1924年11月7日。
③ 《北京电》，《申报》1924年11月12日。
④ 《众院紧急会议无结果》，《申报》1924年11月14日。
⑤ 《北京电》、《众院向财部索薪》，《申报》1925年1月15日、31日。

之选举,一律停止,并议剥夺第一届贿选议员选举权与被选举权"①。
与此同时,临时执政府司法部敕令逮捕贿选议员。11 月 30 日,地方检
查厅派出大批司法警察,分头会同各区巡警大捕贿选议员。受贿议员,
人人自危,纷纷逃避。被出票捉拿者,共百余名,已有彭汉遗、陈家鼎等
十余名议员被捕②。12 月 8 日,地方检查厅检查官率同法警至众院搜
索贿选证据③。12 月 14 日,北京临时执政府会议正式作出推翻"法
统"的决定,并拟就三项命令:(一)"去年十月所公布之伪宪法,兹撤销
之";(二)"民国元年,临时约法,失其效力";(三)"参、众两院除拒绝贿
选议员,参与建国大计外,所有两院机关,应即消灭"④。

但上述命令未能即时发表,原因在于各方反对意见十分强烈。执
政府内亦有不少人感到事关重大,主张交由将来的国民会议解决,"不
必由临时政府负此重大责任"⑤。12 月 15 日,段祺瑞在吉兆胡同召集
临时法律会议,就此问题展开讨论。列席者有司法总长章士钊、财政总
长李思浩、法制院长姚震、前司法总长朱深、前宪法起草委员会委员长
汤漪及执政府秘书长梁鸿志等。所有列席者均发表了意见,分歧颇大。
章士钊认为,"国会、宪法、约法三者,在现时革命政府之下,无一可以倖
存。如稍持调停迁就说,或变相保留之说,则现在革命政府,失法律上
之根据,非驴非马,徒与反对者以口实。故为巩固现政府地位起见,非
首先打破法统不可。欲打破法统,则国会、宪法、约法三项,绝对不可存
在。"李思浩力持异议,反对废除"法统",认为现在的执政府系临时性
质,"并非国家之主人",譬若看房人,断无主人外出未归即越俎代庖,主
动更改房内陈设布置之理。认为此事"须决之于国民会议,以免徒增

①　《北京电》,《申报》1924 年 11 月 19 日。

②　《昨日大捕贿选议员》,《晨报》1924 年 12 月 1 日。

③　《法庭昨日实行检查众院》,《顺天时报》1924 年 12 月 9 日。

④　《执政府表示革命行为》,《顺天时报》1924 年 12 月 15 日。

⑤　《推翻法统之三令尚难即下》,《顺天时报》1924 年 12 月 16 日。

纷扰"①。

　　在取消法统问题上，当时国内政治力量已形成"绝对主张公布与绝对反对公布两派"。段派要人王印川曾晋谒段祺瑞，"陈说利害，力谏勿发表此三项命令"。许世英在天津致函段祺瑞，反对公布三项命令。在天津的国民党人士，亦持此意见，彭养光甚至致电政府，阻止发表命令，并表示要进京面陈理由。其实，包括国民党在内的不少人士所争只在约法是否废除。对于曹锟宪法，一般都指为"伪宪法"，应该废弃，自不待言。第一届国会早已届满，且多数议员参与贿选，不应继续存在，也无太大争议。但约法系规定中华民国国体与政体的根本大法，若轻易废除，在反对派看来，则不仅"中华民国"四字不能继续使用，即根据约法产生的政府各部及国务会议等，亦不能继续沿袭。此外，考虑到国民党方面视约法为生存依据，曾数度发动"护法"运动，反对派担心若执意废除约法，势必再次激起运动，"则于时局收拾上益增一层困难"②。

　　在这种情况下，出现了"调停派"，主张不明言解散国会取消约法宪法，"只以此次临时执政府，既由革命成立，则以前之行政权立法权，当然失其效力立言"③。然而，由于政府内外反对公布者占相对优势，推翻法统命令的发表搁浅。直到1925年4月24日，因善后会议通过国民会议条例，国民会议的筹备工作已提上议事日程，执政府才最后下令取消法统，明确宣布"民国法统，已成陈迹"④。约法既废，旧议员的法理依据不复存在，国会非常会议亦因政府压迫陷于停顿⑤。不久，参、众两院院址，由内务部接收，移交法政大学作为校址，随后又将参议院院址拨给女子大学作为校址⑥。

---

①　《取消法统命令已搁浅》，《顺天时报》1924年12月17日。
②　《取消法统命令已搁浅》，《顺天时报》1924年12月17日。
③　《取消法统令解决有待》，《晨报》1924年12月3日。
④　《政府公报》1924年4月25日。
⑤　《非常国会不能自由开会矣》，《晨报》1925年4月28日。
⑥　顾敦鍒：《中国议会史》，《民国丛书》第3编第21辑，第407—408页。

尽管如此,执政府的举措,也只在废除既存国会,并不具有废除国会制度的含义。段祺瑞在执政之初,曾宣告将通过召开国民会议解决国家根本建设问题,并任命林长民为宪法起草委员会委员长,负责制定新的宪法。之后又设立了参政院,作为临时立法机构。1925 年 12 月11 日,国宪起草委员会以逐条表决的方式,通过《中华民国宪法案》,并咨达临时执政府,提交国民会议讨论通过。由宪法草案可知,在未来的正式国家机关中,国会制度仍将保留。未来的国会“仍采两院制,然参议院颇近似与普通上院性质迥异之德国新宪法之联邦参议院”①。1926 年以后,段祺瑞政府面临统治危机,国民会议没能如愿召开,新宪法无法通过,从而形成旧国会废除,新国会的产生没有法理依据的局面。“至是人琴俱亡,议会完全消灭,民国初期之议会政治,乃告一段落”②。

三　民初国会制度消亡的政治语境

段祺瑞曾有制定新宪法并依法重新组建国会的打算,其他政治家虽对旧国会持否定态度,却没有明确主张废除国会制度,只是由于段祺瑞政治统治面临危机,无暇他顾,国会制度才消亡于无形。从这一事实看,民初国会制度消亡具有一定的偶然性。但是,段祺瑞之后的北京及南京政府都没有致力于国会的重组工作,这样的事实能够为国人安然接受,其中又包含了国会制度不得不走向消亡的必然因素。在这些因素中,当时一般国人对国会的认识与国会的存废关系最为密切,它成了政治家可以任意处置国会的思想及政治语境。

贿选被揭露之后,国会很快成为众矢之的。当时国人对国会的批评主要集中在腐败问题上,认为贿选乃国会腐败的露骨表现,因而对之

---

①　《林长民之宪法起草谈话》,《顺天时报》1925 年 10 月 15 日。

②　顾敦鍒:《中国议会史》,《民国丛书》第 3 编第 21 辑,第 407—408 页。

大张挞伐。段祺瑞临时执政府建立之后，舆论对国会的攻击更呈现高潮。《国闻周报》当时曾发表社评，主张对受贿议员从国家和社会两方面予以制裁。"关于国家者，司法官厅于检查之后，自应次第逮捕，依法审判，分别定罪，褫夺公权，追缴所受之贿赂……。至于社会方面，则有更严之制裁方法：贿选议员徒刑期满，释放回里之后，凡社会上之各种公私团体，概不许其揽入，公共事业，概不令其参加。如是贿选议员在政治上社会上，乃绝无活动之地"①。上海总商会在其时局通电中指出，贿选议员，"长恶助乱，百喙难辞，应予按名诉追惩治，借伸法纪"②。北京公联会更是历数国会十大"罪恶"与"万万不能存立"之十大理由，主张此番推翻曹、吴之后，"国家所有政治事项，宜从根本着手，必须恰乎人情，当乎事理，庶足以收拾人心，完成伟业。国会既为祸乱之媒，最好乘此机会，任其消灭"③。

　　国会政治是一种民众普遍参与的政治，当多数本应参与其中的人形成国会"万万不能存立"之共识，国会制度赖以生存的社会基础已变得十分薄弱。民初国会制度消亡，此实关键因素。这种共识的形成，既与民初国会政治实验不成功有关，也与当时国人思想日趋激进，对于在中国仅仅试验了十三年的议会民主政治的可期成效失去了信心和耐心有关。清季以还，国人思想日趋激进。与此同时，西方各种政治思潮大量涌入，让人目不暇接。于是"专制"变成立宪，立宪变成共和，向西方学习变成了"走俄国人的路"。当时国人急于向国外学习"最新最好"的东西，出现了被学者称为"新的崇拜"的思想及政治权势转移④。在此特定语境下，一切新的东西尚未发展成熟就被视为落伍陈旧而遭抛弃。

　　在国人从政治上追求"新事物"的过程中，1924 年堪称重要的转折

　　①　诚夫：《处置贿选议员之我见》，《国闻周报》第 1 卷第 19 期。
　　②　《总商会对于时局之两电》，《申报》1924 年 11 月 17 日。
　　③　《北京公联会对于国会问题之通电》，《申报》1924 年 11 月 27 日。
　　④　参阅罗志田著《新的崇拜：西潮冲击下近代中国思想权势的转移》，《权势转移：近代中国的思想、社会与学术》，湖北人民出版社 1999 年版，第 18—81 页。

点。这一年,苏俄与北京政府签订了《中俄解决悬案大纲协定》,表示放弃帝俄时代所获得的条约权利,得到国人的极大好感。列宁在国人(至少是知识精英)心目中的地位一举超过威尔逊,跃居"世界伟人"之首①。与这一转变几乎同时发生的,是国人在政治上对西方的疏离和向苏俄的接近。主张废除旧国会并且对国会制度消亡应负重要责任的国民党领袖中,相当一部分人具有与苏俄接近并效仿其制度的倾向②。就是段祺瑞左右,亦不乏极力主张采纳苏俄制度者③。以后,在苏俄影响下,激进化的步伐越迈越大,"打倒帝国主义"的呼声越喊越响,以英、美作为样板的"西方的"代议制度的价值自然会被国人"重新估价"。

国人政治思想激进,在审视政治现象时,很容易简单地将人的问题当成制度的缺陷,从根本上予以否定,而不知道一种制度从建立到成熟完善需要经历一个漫长的过程。国会政治的弊端并非中国独有,在世界政治史上,各国代议制的实施也都出现过许多不尽如人意的现象④。值得注意的是,尽管意识到有严重弊端,西方国家仍通过改良,保留并

----

① 1923年12月,北大进行民意测量,投票选举世界第一伟人。在497票中列宁独得227票居第一,威尔逊得51票居第二。这一投票结果很能反映出中国思想及政治权势的转移。北大民意测量的情况参见上引罗志田书第72页。

② 例如,国民党元老胡汉民1925年12月12日在莫斯科与拉菲斯谈话时,曾明确指出"君主制度"与"议会共和制"均不适合中国,提出要在中国建立"人民专政"的政权统治形式:"这种政权组织形式有点像苏维埃,但它所包容的阶层比苏联的苏维埃所包容的要多一些。"胡氏在国民党内属于政治立场偏右的一派,尚且如此,其他国民党人士可想而知。(中共中央党史研究室第一研究部译:《联共(布)、共产国际与中国国民革命运动(1920—1925)》第1册,北京图书馆出版社1997年版,第765—766页)

③ 《天津特约通信》,《申报》1924年11月27日。

④ 以选举为例,就是在代议制发展最为成熟的英国,也一度出现"贿赂公行",选票"涨价"的现象。参阅邱昌渭:《国会制度》,上海书店据世界书局1933年版影印,第81—82页,第399—402页;(美)威尔逊著:《国会政体－美国政治研究》,商务印书馆1989年版,第45、130页。

完善了代议制度。中国政治家和民众对议会的批评主要集中在人的道德这一层面，基本没有就制度的弊端作深刻分析，却率尔废除既有国会，并在事实上否定这一制度。这种因噎废食的做法在当时便曾受到质疑①。

其实就是人的问题，也应具体分析，未便一概而论。揆诸史实，当时确有不少出卖道德良心，接受贿赂，甘当曹锟政治工具的议员。但也有相当一部分议员，以为曹氏既无袁、段之凶，亦无袁、段之才，推为总统，有利于国会对政府的监督，并借此完成制宪，将国家带入宪政轨道②，其"选"与"贿"没有多少关系。在这些议员中，有一部分人系不满政府多年欠其"岁费"，希望有所补偿，将所得"行贿"经费当成了政府补发的"岁费"③。

国人因议员个人行为不端而对国会制度加以否定，明显暴露出对国会在近代民主政治中的地位与作用缺乏认识。顾维钧对此深有感触，他回忆说："（当时）我的同事们——有些是我的至交好友，有些亦曾在国外留学——一般地不像是能理解国会是整个政治制度的必要部分，而且它的地位为宪法所保证。相反，他们把国会看作是令人厌恶的东西。"他特别就国人公开称议员为"猪仔"提出批评，将这种做法视为不能理解"国会是整个政治制度的必要部分"的例证④。顾氏所言，对于认识民初国会制度消亡的原因，应有所启发。

正是在一般国人对国会乃近代民主制度的"必要部分"缺乏认识这一思想及政治语境下，当时的政治家得以毫无顾忌地根据自身的利益来处置国会，国会制度在民初政治舞台上消亡遂在很大程度上成为实力派考虑政治利益得失的结果。

---

①　刘以芬：《民国政史拾遗》，上海书店出版社 1998 年版，第 49 页。
②　陈九韶：《众议院十二年亲历记》，《湖南文史资料选辑》第 8 辑，第 238 页。
③　汪建刚：《国会生活的片段回忆》，《文史资料选辑》第 82 辑，第 191 页。
④　《顾维钧回忆录》第 1 册，第 371 页。

从反直各方政治关怀角度观察，段祺瑞具有集权倾向，向来不喜欢国会捆绑手脚。担任临时执政之后，为解决财政困难并示好各国，段曾在答应法国要求的前提下解决"金佛郎案"并召集关税会议，但遭到国会议员反对。一些议员甚至反对段祺瑞担任执政，认为段氏执政"在国法上毫无依据"①。段氏最终决定以"革命"手段解决国会问题，议员的"不合作"应是重要原因。孙中山在经历长期"护法"之后，此时已放弃"法统"论，主张召开国民会议寻求"根本解决"。孙氏之所以放弃"法统"论，一个重要原因在于，此时国民党议员在国会中的人数已十分有限，国会议席对国民党实现自己的政治理想已无多少价值，而召开国民会议，国民党则可用党团操纵的方法，对之加以控制②。因此，孙中山对国会持极力否定的态度。奉张则于此问题，素不十分重视，其看重的是实际政治权力，无国会可随心所欲，有国会亦可凭借实力实施操纵。反直三角同盟首脑的利益关怀，从政治上决定了旧国会的命运和国会制度的前途，而在舆论上对这一政治决策提供支持的，则是民众业已形成的国会当废的认知。正如国会议员刘以芬事后分析的那样："三角同盟之领袖，其态度既已如此，即令无贿选罪名，而国会能否保存，尚属疑问，况自贿选以后，又为全国所共厌弃乎？"③

不过在近乎举国一致的对国会的唾弃声中，也偶尔可以听到一些"国会改良"的议论。1924年初出任国务总理的孙宝琦，面对国会摇摇欲坠的形势，曾明确表示，"立宪国家断不能无国会"④。就连早就"逆知代议制度不适于中土"，认为"今国会恶名，播于远近，亦无再成之势"

①　《汉口国会议员反对段祺瑞出任执政并对其私自与外国缔结之各项条约概为无效电》，《中华民国史档案资料汇编》第3辑政治（二），第1482—1483页。

②　李剑农：《中国近百年政治史》，第660—661页。

③　刘以芬：《民国政史拾遗》，第48—49页。

④　《参议院公报》第3期第15册"速记录"，第28页。

的章太炎,亦不以废除国会为是,而主张"改革国会"①。他们的主张也反映出当时社会上一些知识人士的思考。他们不满意无所作为、名存实亡的国会,但是又担心没有国会更不利于宪政,不利于中国政治的良性发展,所以主张改良国会而非废弃国会。

在当时国人有关"国会改良"的议论中,毛以亨的主张最具代表性。1924年11月,毛氏发表了《代议制革新议》一文。该文首先分析了代议制面临的风雨飘摇的政治形势,对其弊端进行了批评。指出:"代议制之在今日,已岌岌不可终日,革新之议大起。……代议制之见采于吾国,十数年于兹矣。民意既不能代表,徒为少数人捣乱政局之机关与夫升官发财之利器;遂令一般顽民,重兴故国之思,因以启复辟之祸。代议制之飘摇于风雨中也,有自来矣。"但毛氏并不主张废除代议制度。他认为,代议制日久弊生,无可讳言,但是代议制仅仅是一种政治形式,其内容实质是民主政治。从世界历史的发展趋势上看,民主是一种不可抗拒的潮流,它所体现的基本政治原则,"不容立异"。"苟欲废民主而返诸君主或采无产阶级专制则已;若仍欲保持民主主义也,则舍保留代议制外,实无它法可以代之者"。毛氏专门就人们仰慕的苏俄制度进行了分析,认为苏俄的制度绝不可取。因为俄国的共产制度已告失败,现在实施的以无产阶级操纵政权,以政党机关代行议会职能的统治形式,不过是一种"狄克推多"制。基于这样的认识,毛氏提出了他的议会革新方案:一是被选举人的资格宜加限制,以改变议会成员不良的状况;二是放宽选举人资格,使妇女劳动二界,均得参与;三是议会应按各种专门议员,分股组织,以便提高议事效率;四是设立立法行政委员会,以寻求两者之间的一致②。

---

①　章太炎:《与章行严论改革国会书》,汤志钧编《章太炎政论选集》下册,中华书局1977年版,第788—792页。

②　毛以亨:《代议制革新议》,《东方杂志》第21卷第23号,第17—26页。

毛以亨曾是北大学生并留学国外，和梁启超有一些接触，政治上受过梁启超的影响。刊登其文章的《东方杂志》在政治立场上相对"保守"，就是毛所推崇的梁启超，此时也因政治上"落伍"而不被看好。因此，毛氏的"国会改良"主张没有得到政治家和一般社会人士的重视。孙宝琦因曾任前清官员，其主张无人理会，自不待言。就是在舆论界有一定影响的章太炎，亦被多数政治上的新进视为古董，加之章以古代职官来代行国会议员职能的办法，不伦不类，因而其"国会改良"主张，也没有引起共鸣。而另一方面，国会自身的缺陷，国人急激躁进的政治要求，以及实力派的现实政治关怀却在当时的思想及政治语境中被格外凸显出来，形成对国会生存极为不利的政治条件。于是，仅断断续续在中国进行了十三年的国会政治实验也就被淘汰出局，而为内容和形式都截然不同的其他政治实验所取代。

第三节　直奉战后政治格局的变化

1924 年初至国民革命军北伐前的两年半时间里，中国政治呈现极其复杂多变的状况。这期间，段祺瑞被推到权力中心的重要位置，又从政治的中心，再度推向边缘。从某种意义上讲，段之显隐起落，成了这两年半中国政治变化的晴雨表。段氏个人在政治上的起落，事事关乎奉张、国民军及旧直系力量的消长，关乎北、南两方及各自内部的形势变化，关乎中央与地方关系及文武关系的变动。段祺瑞不能很好地处理所面临的复杂政治关系，而外国势力深深卷入中国政治，成为中国政治变动的重要因素，又大大加深了中国政治的复杂性。在这种情况下，没有军事实力作为凭借的段祺瑞临时执政府仓促地结束自己的政治使命，实在是十分自然的。

一　中国政治中文武关系的变化

在政治传统上,中国是一个重文轻武、标榜文治的国家,延续千年的科举制度丰富了这一传统的内涵与底蕴。清季内忧外患频仍,国人亟欲寻找应付方略,尚武倾向开始出现。甲午战争以后,国民性改造主张在中国兴起。在稍后的改良运动中,"鼓民力"开始与"开民智"、"新民德"一样受到重视,从而开启了20世纪初国人鼓吹"力本论"的先河。为找回国人丧失殆尽的尚武精神,梁启超专门写了《中国之武士道》一书,希望中国的武士"魂兮归来"①。此后二十余年里,中国人从观念到行为方式都发生了近乎根本性的变化,尚武之风盛行,军人地位飙升。1914年11月12日,原先只是为民间崇奉的关羽、岳飞正式被北京政府尊为"武圣",与"文圣"孔子同列。与此相对应的,是文人实际地位的下降。20年代初,鉴于文武关系变化的现实,于右任尝对冯玉祥感叹说:"在中国,只有在要作对联、祭文、通电时,才想到文人,平时哪个把他们瞧在眼里。"②

然而,由于第二次直奉战争的爆发,中国的政治语境出现了新的变化,文武关系在清末民初走了一段脱离传统的"新路"之后,明显表现出回归传统的迹象。

首先是战争造成的巨大破坏使国人普遍产生了厌战甚至反战的情绪。通常,战争的破坏程度与武器装备的"现代化"水平成正比。第二次直奉战争使用了当时最先进的作战手段而且规模宏大,给社会造成的灾难空前严重。《国闻周报》当时的一篇社评揭露说:"此次东南东北之战事,杀人盈野,耗财千万,历时及两月,牵动遍全国。人民穷于

---

① 梁启超:《中国之武士道》,《饮冰室合集·专集》之二十四,中华书局1989年版,第1—61页。

② 冯玉祥:《我的生活》,黑龙江人民出版社1981年版,第474页。

供应，输卒毙于转徙，加以战地人民生命财产之丧害，与商业交通机关之损失，综其总数，殆不下数亿万元，元气斲丧，非一二十年不能恢复。"①

其次是直系在战争中的失败使人们对"武力统一"政策能否产生预期效果产生了怀疑，有了新的觉悟。当时有人这样分析："自民国成立以还，政治界有两大思想，一主中央集权，一主分权自治。自民国六年以后，政治界又有两大思想，一主武力统一，一主和平统一。当其初主张自治与和平者不过少数政客，寝假而得国民之同情，成为国民之一般心理。袁段之失败，实由于此。吴佩孚之崛起，亦全赖当时迎合国民之思潮，反对武力统一，故得打倒皖派，进握重权。惜乎吴氏一统成功，顿改面目，中央集权武力统一之思想，变本加厉。用兵川湘，扰乱粤桂，以无数万人之生命财产，供个人幻想之牺牲。今且以一念之私，蹂躏东南，破坏东北，连天烽火，举国骚然。武力统一之妄想，为祸之烈，至于如此。袁世凯地下有知，当亦自悔作俑之罪也。"②

在这种语境下，文治主义思潮再度兴起。本来，北洋集团中就有主张"文治"的一派。"语其渊源，则肇始于北洋幕府"。袁世凯当政时，标榜"军人不得干政"，遂使幕中有政治才干者得以登进③。王士珍、徐世昌就被视为北洋集团中"文治派"的代表④。不过因为军阀实力过于强大，王、徐辈即便是在被推上总统和总理位置的情况下，也未能真正主政。现在，武力统一政策遭受重大失败的现实终于使国人认识到国家实施"文治"的重要性，偃武修文的呼声由是再度高涨。

---

① 诚公：《国人对时局应具之感觉》，《国闻周报》第1卷第16期。

② 政之：《战争与国民思想之趋势》，《国闻周报》第1卷第10期。

③ 吴虬：《北洋派之起源及崩溃》，《近代稗海》第6册，第272—273页。

④ Wou Odoric Y. K. *Militarism in Modern China*：*the career of Wu P'eifu*，1916-1939. *Studies of the East Asian Institute*，Columbia University. 1978，p. 83.

　　文化教育事业的发展进步也在一定程度上促成了文武关系的变化。不仅受过现代高等教育的知识分子群体在这一时期明显壮大，更重要的是，这一时期的学校教育已经具有鲜明的"国民教育"特征，它在给学生传授现代科学及人文知识的同时，亦注重近代民主意识的培养。从观念更新的角度分析，军阀统治虽然给中国带来了基于武力的政策，但由于思想意识领域"大一统"的局面不复存在，也带来了相对理性的争论与宣传。大量的报纸杂志得以发行流通，民主政治的观念为越来越多的人所接受。吴虬"中外大学专门学生，年有增进，革命性的人物日多，即北洋派潜势力日减"一语①，清楚说明了当时文武势力消涨变化的原因。

　　这种文武观念变化的特殊语境使军阀不得不注意自己的身份认同，避免给人造成"干政"的印象，主张由政治家来决定国家政治问题。例如，曾经是"中国最有实力的军人"的吴佩孚，就一再宣称自己"只是个军人，不懂政治"，主张将政治问题交由政治家解决。1924 年 10 月，正当势力如日中天之时，吴在参议院的宴会上表示，愿国会为之记名"入武庙"而不入"文庙"，以示不争政权之意，其军人的身份认同十分明确②。正因为如此，在对奉张作战过程中，"洛阳的军事领袖极力证明汰除军人政府、恢复议会控制下的文官政府这一努力的正当性"③。值得注意的是，军人注意自己的身份认同在当时并非个别现象，曹锟、段祺瑞、张作霖等人都有类似表态④。

　　①　吴虬：《北洋派之起源及崩溃》，《近代稗海》第 6 册，第 283 页。
　　②　鲍威尔著、邢建榕等译：《鲍威尔对华回忆录》，知识出版社 1994 年版，第 89 页；《白坚武日记》第 1 册，第 494 页。
　　③　Lucian W. Pye *Warlord Politics*：*Conflict and Coalition in the Modernization of Republican China*，p. 124，Praeger Publishers，Inc. ，1971.
　　④　*Warlord Politics*：*Conflict and Coalition in the Modernization of Republican China*，pp. 123 - 124；《张作霖关于政府主政人选问题主张军人不干政公开讨论为原则通电》，1926 年 5 月 1 日，《中华民国史档案资料汇编》第 3 辑政治（二），第 1502—1503 页。

　　国人在观念上由一段时间极度"尚武"到"右文"转变或回归的趋势，从这一时期军阀的大量通电中可以清楚地看出。几乎没有哪个军阀在攻击自己的对手时会为军人干政辩护，而拥护民主共和、要求实施宪政、呼吁文官政治、反对"黩武主义"、要求废督裁兵、呼吁国家统一则成了军阀"电报战"的主题。美国学者拜耶(Lucian W. Pye)曾经对当时督军相互攻击的三百份通电、公共演说、公告以及谈话的内容作了分析统计，其中呼吁道德规范的有三十份(次，下同)，拥护民主共和的有三十七份，要求实施宪政的有十九份，反对专制独裁的有二十六份，主张联省自治的有十一份，呼吁文官政治的有十份，反对"黩武主义"的有三十二份，要求废督裁军的有二十七份，呼吁国家统一的有三十八份，主张建立法律秩序的有三十七份，主张实践民权的有九份。总计可以划归"文治"类的主张交叉重复出现了近三百次，也就是说，几乎每次"军阀"的通电、布告、讲话，都在攻击对手的同时提出某些属于"文治"的政治主张①。

　　一般认为，军阀往往是赳赳武夫，穷兵黩武，然而一个颇为诡谲的现象是，此时军阀似乎更加注重"文斗"。每次对其他军阀作战之前，都要打很长时间的"电报战"，攻击对方。如直皖战争实际战事不过数日，但战前双方的口舌笔墨之战却长达数月。第二次直奉战争前后战事也不过月余，但如果从曹锟贿选开始算起，"文斗"的时间至少延续了一年半。攻击对手是为了"师出有名"，而这个"名"被落实在维护"文治"上，且经常出现"文斗"比"武斗"更加激烈、持续时间更长的现象，这就有些耐人寻味。它说明至少在观念上，被称为"军阀"的地方实力派不得不以"文治"为国家政治的正常操作模式。

　　军阀在公开场合承认军人不宜干政，原因十分复杂。中国悠久的文治传统的作用与影响应该是一个重要原因。另外，一些"军阀"毕业于国内外近代军事学堂，受到西方军政分途制度及观念的影响，亦有以

---

　　①　*Warlord Politics：Conflict and Coalition in the Modernization of Republican China*，pp. 115 - 116.

致之。军阀具有左右局势的实力,其是否真正愿意超越于政治当然存在疑问,但既已公开承认这一政治游戏规则,"文治主义"就不可能没有相应的实际内容。

在地方层面,"文治"倾向表现得十分明显。例如,在湖南,赵恒惕为"澄清吏治,昌明内政",在长沙举行县长考试。初试科目为宪法大纲、现行行政法令、设案判断、草拟文牍四项;复试由主试委员任意口试。特邀章太炎担任考试委员长。初试题目之一是:"联治实行,制定国宪,对于国会制度,应采两院制乎? 抑采一院制乎? 试说明之。"体现出明显的"文治"意图①。在四川,刘湘于1925年岁末召开了著名的成都会议,除军界人士参加之外,会议章程还规定四川148个县每县都有一个文职代表与会。会议最后通过的一项重要决议规定,省内实施文武分途、军民异治,军事领袖不能干预民政,并限制军人以各种借口对人民的自由权利横加干涉。会议虽然没能限制作为军人的刘湘本人对政治的"干预",但至少对其下属作了某种限制,从而助涨了"文治"的空气②。就是在奉张当道的东三省,从1925年2月起亦宣布实行"军民分治"③。

中央虽然无力实施像省级政权那样的对于基层政权的控制,但也尽量作出姿态,采取措施,恢复"文治"。1925年2月,执政府通饬各省长官严格考核吏治,规定按《县知事任用条例》,对县知事进行考试,以觇学识,表示"果能认真甄别,不难拔选真才。地方长官用人行政,本有专责,其他军事机关,非职权内所应管者,一概不得干预,以清权限"④。对于国家根本建设问题,段祺瑞力主采取和平方式加以解决,就是基于

---

①　《湖南考试县长之初复试》,《申报》1925年10月5日。

②　Robert A. Kapp, *Szechwan and the Chinese Republic : Provincial Militarism and Central Power*, *1911 - 1938*, New Haven and London, Yale University Press, 1973, pp. 21 - 23.

③　《东三省实行军民分治》,《大公报》1925年2月16日。

④　《通饬各省长官考核吏治》,《中华民国史史料长编》第19辑,第195页。

对文武关系变化的认识。他在一份通电中说："历年屡试屡败之武人中心主义,心劳日拙之命令政策,愚者犹知其不可,于此而欲改弦更张,别辟径途,以挽末流之失,用成中兴之治,则舍会议解决而外,无他道也。"①旨在处理直奉战争遗留问题并谋求和平统一的善后会议之所以能召开,这应该是重要的原因。

在用人方面,这一时期多数军阀都比较注意网络知识人才,为其所用。例如1924年至1925年进占成都,担任督理四川军务善后事宜兼摄民政的杨森,"其用人也,喜欢用一般持手杖穿洋服的青年,只要说是何处毕业,便可立地收入夹袋",挂上秘书职务,进入智囊团②。在浙江,孙传芳礼聘丁文江担任淞沪商埠督办公署全权总办之职就是典型的例子。在中央,政府各部更是充斥着众多的专业人才。例如外交部,就几乎一直是由在国外接受过现代教育,谙习外交事务及外交技术的顾维钧、颜惠庆、王正廷、施肇基、唐绍仪、黄郛等人主持部务。顾维钧能够在民初七届内阁中担任外长,并能被不同的政治家接受,显然与他的"专业人才"身份分不开。顾氏记录吴毓麟对唐绍仪的一段谈话,用以说明顾氏自己,也大体适合:"少川,因为你在国内、国外受过教育,并且已经建立了你现在的声望,无论哪个派系当权,都会邀请你参加政府工作。但对我们来说,情况就不同了。如果曹三爷(曹锟)下台,我们就要失业。"③

军阀任用知识分子尤其是其中的精英人物,一个重要的原因在于现代外交、经济等方面的事务极其复杂,非单纯具有军事实力的人所能应付。曹锟在一次政治会议上反对吴毓麟等政府成员插手某驻外使节之任命时说:"因为我不懂外交,才请顾先生来当外交总长。顾先生办外交有经验,我把这摊工作完全委托给他,你们为什么要来干预? 这件

---

①　《中华民国史史料长编》第19辑,第141—142页。

②　《杨邓交恶之由来》,《申报》1924年9月3日。

③　《顾维钧回忆录》第1册,第266页。

事应该完全由顾总长决定。"①

不过军阀任用知识分子,大多只是看重他们的一技之长,将他们当作"技术型"人才,安排在专业性很强的部门,而不大愿意让他们参与政治。这在相当程度上限制了知识分子发挥自己才智的机会。有意思的是,被军阀任用的知识分子中的许多人的自我身份认同却与军阀对他们的看法相近。顾维钧就承认:"这些年来,像我、王宠惠博士、汤尔和先生、罗文幹博士这样的人一直努力保持我们的独立地位,我们自己没有分外之想。也正因为外界认为我们超然于政争之外,不依附任何政治派系和任何军事集团,所以他们都愿意延纳我们。"②超出这一领域,情况就不一样了。例如,当丁文江担任淞沪总办时,孙传芳"居然能完全信任他,给他全权,在他八个月任内从没有干预他的用人行政",大体接受了他提出的建设"大上海"的计划。但当丁向他提出改革中国高等军事教育的建议时,孙传芳却拒绝说:"丁先生,你是个大学问家,我很佩服。但是军事教育我还懂得一点——我还懂得一点。现在还不敢请教你。"③

更有甚者,一些军阀在公开场合主张恢复文治,实际上仍牢牢操纵着政治的决定权。临时执政府建立之初,不断唱军人不干政高调的张作霖,在现实政治中始终是"外避干政之名,阴行干政之实"。段祺瑞担任临时执政之后,"奉张虽宣言不干涉政治,但彼之意旨,又处处托卢(永祥)转达,请段依照施行,致段每生困难之感"④。因此尽管文人成为军阀延揽的对象,也能够被任用,但所从事的工作却难著成效。文人以超越政治的姿态去为政府效力,"并不能制止那些认为只有战争才能

①　《顾维钧回忆录》第1册,第268页。
②　《顾维钧回忆录》第1册,第264页。
③　胡适:《丁文江传》,欧阳哲生编《胡适文集》第7卷,北京大学出版社1998年版,第475页。
④　《冯玉祥辞职之原因》,《中华民国史史料长编》第18辑,第1613—1614页。

解决问题的军事集团"①。而政府中的文职人员为协调与军阀的关系，也尽可能地对他们实施优待。例如，1925 年夏秋之际，政府财政困难，支出告竭，军人索饷风波迭起。中秋前，政府通过几家银行筹集到一笔款项用于支饷。在分配这笔钱时，政府部门只得到应得款项的 40％，而军人则得到应得款项的 70％②。

这种状况的存在，说明对这一时期文武关系发生的变化，尚不宜估计过高，至少在军阀统治区域内是这样。在军阀统治区域内任职的知识分子的地位，即便是其中最优秀者如顾、王、丁、颜之流，也只不过相当于旧时官僚机构内"吏"的角色，而不是能够对政治作出最终决策的"官"，等而次之者则只能充当类似"幕僚"的配角。因而，尽管文武关系发生了明显的弛张变化，文治呼声日益高涨，甚至有人提出"以文吏驾武人"的主张③，但许多人仍不敢奢望通过政治家或通过国民会议的方式完全实施文治，因为武人在中国政治中的实际地位与作用仍十分突出。

1923 年《密勒氏评论报》作"中国当今十二位伟人"（the twelve greatest living Chinese)问卷调查，结果侧身前十二名的人当中竟有冯玉祥、吴佩孚、阎锡山、黎元洪等四位军阀出身的人。陈炯明排名第十五位，段祺瑞排名第十六位。进入前十二名的尚有孙中山、顾维钧、王正廷、王宠惠、蔡元培、张謇、胡适、余日章等八位文人及政治家④。这次调查表明，虽然国人在观念上已更加认同文士，但武人的地位仍不可低估。章太炎在给《癸亥政变纪略》一书写序时说："承平者尚文，处乱

---

①　《顾维钧回忆录》第 1 册，第 297 页。

②　《顾维钧回忆录》第 1 册，第 290 页。

③　杨荫杭：《老圃遗文辑》，长江文艺出版社 1993 年版，第 552 页。

④　*The Twelve Greatest Living Chinese*，*The Weekly Review of the Far East*，January 6，1923. pp. 224 - 226.

者任武,无中坚爪牙之力,而倔居于骄将乱卒之上,虽唐尧不能终日安也。"①这应该是比较现实的考虑。

这就提出了废督裁兵、实施文治的条件是否已经成熟的问题。从政治运作的角度分析,正如学者指出的那样,当军人干政的政治局面形成之后,有时军人暂不干政,政局尚有难以维持之虞②。另外,主张文治者提出"废督裁兵",用意虽好,但被裁之"兵"通常都转变成匪。兵虽作恶,毕竟有所节制,若沦为匪,危害更大。尽管主张文治者提出了"化兵为工"的办法,但限于资金及环境等方面的因素,可操作性也不大。

于是主张文治的人只好退而求其次,将实施文治的希望寄托在一些多少具有书卷气的军阀身上,企图通过这些介于文武之间的政治角色,达到实施文治的政治目的。在湖南,从 20 年代初开始,人们经常可以听到"三个秀才携手合作,可以统一中国"的说法。三个秀才分别是指具有"秀才"和"军阀"双重身份的吴佩孚、赵恒惕和陈炯明③。杨荫杭曾把尚文的军人称作"有力之优秀分子",认为解决中国面临的问题,"除南北两方有力之优秀分子互相提携外,实无他法"④。当时不少文人都在致力于争取"有力之优秀分子",像胡适、丁文江等人提出"好人政府"的主张,很明显就包含了这样的用意。甚至共产党的早期领导人李大钊和陈独秀,也在共产国际和苏俄的指示下,在南、北分别做吴佩孚和陈炯明的工作。

而军阀也纷纷做出"文"的姿态,以争取得到社会舆论的青睐。张作霖、张宗昌等没有现代文、武学堂背景的武夫固然无法附庸风雅,稍有这方面背景者,都尽量表现自己。例如段祺瑞当上临时执政之后,曾

　　①　章太炎:《癸亥政变纪略序》,《章太炎全集》(五),上海人民出版社 1985 年版,第 141—142 页。

　　②　罗志田:《五代式的民国:一个忧国知识分子对北伐前数年政治格局的即时观察》,《近代史研究》1999 年第 4 期,第 65—66 页。

　　③　陶菊隐:《记者生活三十年》,中华书局 1984 年版,第 56 页。

　　④　杨荫杭:《老圃遗文辑》,第 601 页。

作《内感篇》,用半文半白的语言,表明政见及心迹,虽然遭到一些人挖苦嘲笑,但也赢得了慷慨赠送谀词、称之为"武人中之能文者"的个别捧场者①。

这种情况自然的逻辑结果,是中国政治出现了军阀、政客两相勾结,共同为恶的局面。《国闻周报》发表社评指出:"今蠹国之物有二,即军阀与政客是也。军阀已至末路⋯⋯而政客之掀风作浪,尚未有已。政客依军阀为活,复乘军阀之弱,利用甲军阀打倒乙军阀,而居中渔利焉。东南之事,自齐燮元投奔上海,本可暂告段落,孙传芳苟延浙江,亦不至遽敢兴戎,而彼辈政客,日事包围怂恿,⋯⋯于是无端风浪,复起上海。人民罹难,政客实为之祟。⋯⋯军阀政客,相依为命,我民苟能致力于推倒军阀,则政客亦将失所凭依,而欲速推倒军阀之成功,则政客毒物,尤当有以惩创也。"②这段评论的提示性含义在于,中国革命不仅要打倒军阀的黩武政治,对于"文治",也应当在内涵上有所选择。

值得注意的是,此时南、北两方在这一问题上已开始出现某些重要差别。在北方,在旧北洋系统的权力范围内,尽管文治呼声再度兴起,但文武关系并没有转变到政治可以由政治家来讨论决定的程度。然而在南方,尤其是在广东国民政府的统辖区内,情况却有异于斯。从国外归来的留学生大多被委以重任,直接参与政治军事决策。正如任职北方的顾维钧所言:"作为对手的国民党方面情况就不同了,他们是文武双方密切配合,都是同一党派的一部分。"③

国民政府统治区域内"文武合流"这一变化的出现,使"文治"开始有了某些实质性的内容。这主要表现为国民政府已设法改变军队的性质,使之成为一支承认中国文官政治传统,在体制上从属于文官政府的军队,将"武功"仅仅视为恢复"文治"的手段。为区别于军阀

①　《段祺瑞作内感篇》,《中华民国史史料长编》第 23 辑,第 626—632 页。

②　慎之:《军阀之崩溃》,《国闻周报》第 2 卷第 3 期。

③　《顾维钧回忆录》第 1 册,第 297 页。

单纯的军事力量，"民军"、"党军"乃至"国军"的概念被郑重地提了出来。

　　曾经担任国民革命军总司令部政治部主任的邓演达对此作了明确的表述。他在一次演说中强调，要"使军队受党的指挥，使军事的训练和政治的训练并重，使革命的武力与民众结合"。在稍后发表的一篇文章中，他再次强调军人必须"无条件的听从党的决定，接受党的制裁"①。李宗仁在九江牯岭与蒋介石讨论革命方略时，亦申论了这一问题的重要性，主张"扫除中国军队传统以个人为中心的恶习，使全国军队一元化，使革命军成为单纯党的军队，庶几将来可蜕变为国家的军队，为三民主义建国而奋斗"②。为实施党对军队的领导，国民革命军推行了党代表制度、政治工作制度，设立了政治部。虽然在国民政府统治下，南方军队始终未能真正如李宗仁所愿，由"党军"蜕变为"国军"，但"党军"较之同时代军阀的私人武装，差异亦是实质性的。

　　当然，国民党意识到这一点也经历了一个过程。最初国民党一直将大部分精力用于从事军事行动。在"联俄"过程中，孙中山曾希望说服苏俄支持其在蒙古建立反对军阀的根据地，组织新军，但遭到苏俄拒绝。莫斯科甚至认为孙中山领导的军事斗争的失败是中国国民革命的"福音"，要求孙中山将主要精力用于从事"政治斗争"③。俄国的意见，虽然有自己国家利益的考虑，但毕竟说到了中国国民革命的要害，是符合当时中国文武关系转化的特殊语境的。受苏俄影响，也鉴于单纯军事斗争一再失败的教训，国民党最终接受了苏俄的意见，在从事军队建设的同时，将更多的精力用于政党建设和"主义"的宣传。这一变化，使

　　① 引自曾宪林等：《北伐战争史》，四川人民出版社1990年版，第207页。
　　② 《李宗仁回忆录》上卷，华东师范大学出版社1995年版，第310—311页。
　　③ 《斯列帕克给维经斯基的信》，《联共（布）共产国际与中国国民革命运动（1920—1925）》第1卷，第322—324页。

南北双方斗争的整体态势为之改观。

如果单就军事力量而言，广东国民政府方面显然居于劣势。但北伐并不是一场单纯的军事较量，在北伐的刀光剑影背后，还隐伏着一场激烈的政治上的高下之争，这就是近代的"黩武主义"与传统的"文治主义"的较量。南方要想在军事力量不及敌军的情况下获胜，其克敌制胜的"法宝"显然只能到军事领域以外去寻找。在这方面，国民党人实实在在地做了许多工作，尤其是"打倒军阀"、"打倒列强"一类宣传，不仅使国民革命军在民众心目中树立起"有主义"的军队形象，而且起到了动员民众的社会效果。北伐能够以少胜多、以弱胜强，可以从南、北双方在这一问题的差别上获得部分解释。

二　地方意识兴起与中国政治的区域化

清季以还，中央与地方的关系一直是政治家深感棘手的问题。清末实施立宪，地方成立咨议局议决地方事务，使乡土观念本来就很强的国人愈发看重地方利益。武昌起义发生后，各省以宣布"独立"的方式响应，事后虽建立了临时中央政权，但各省的"独立"已显示出地方意识的潜滋暗长。民国肇建之初，因袁世凯北洋势力强大，中央积极有为，地方势力暂时受到压抑，没有多少表现自身意志的机会。袁世凯死后，北洋集团分裂，强大的中央政权不复存在，地方政权在很大程度上得以自行其是，呈现出类似"五代"时期的分裂局面，而掌握中央权柄的军阀政客又不甘心政权虚设，极力奉行不同形式的"统一"政策，致使中央和地方的关系呈现极其复杂的局面。

1923 年 10 月，曹锟以贿赂当选总统，使本来就存在的中央与地方的紧张关系进一步恶化。且不论不承认曹、吴统治合法性的奉张、浙卢、皖段和广东国民党政府（曹、吴将他们视为"地方"，力图将其纳入统治的范围；他们却自视为"敌体"，试图取而代之，根本就没有将曹、吴政权视为中央政府），就是暂时聚集在直系麾下的各省军阀，亦各自为政，不听中央使唤,地方与中央的离心倾向十分明显。

　　为了安抚内部,同时为了对付东北及西南等方实力派,就任之后,曹锟即"重以职权",将酝酿多日未决的直鲁豫、两湖、苏皖赣三巡阅使分别让吴佩孚、萧耀南、齐燮元担任,加上同年任命的热察绥巡阅使王怀庆,闽浙巡阅使孙传芳等,直系的统治区域实际上已形成"列土分封"的局面①。

　　在这种情况下,中国政治表现出明显的区域化特征。每个巡阅使都力图对中央行政具有一定的支配权,也就是说,他们都希望成为政权中枢的主体。但在自己的统治区域内又独自构成一个政治、经济及军事单元,彼此为发展势力而争夺,各自确定势力范围。1924年直系统治范围内的吴佩孚、齐燮元之争即凸显了这样的特征。《甲子内乱始末纪实》的作者分析说:"吴氏握有黄河流域,而扩其实力于长江上游,日为武力统一之计划,对西南做功夫,谋粤、谋川、谋湘,到底不懈。齐氏以后起之人,欲加吴而上之,故年来对闽对粤下功夫不少。前此王永泉在闽,齐为援助,今又谋利用孙传芳,而陈炯明方面齐亦与往来,匪伊朝夕者。其欲与吴平分西南之功业所不待言,而其对浙计划,则一面谋扩张长江上游之势力,以与吴抗衡;一面有以今之反直者为浙与奉,奉事吴任之,而急切不能下手且奏功较难,齐遂欲先取两浙,自建大功,而又成于吴氏取奉之前,以为驾吴而上之计。江西一隅既划入彼之巡阅区内,亦欲实行统一,以与吴氏属下之湖北划一鸿沟。此齐不甘居吴下之雄心,即吴之所大忌也。"②

　　第二次直奉战争之后,曹锟统治被颠覆,段祺瑞在反直三角同盟的"拥戴"下登上临时执政的位置,中央与地方的关系进一步变化。这时,段祺瑞已丧失早先所具有的军事政治实力,拥戴他的各方也没有一方

---

　　①　刘寿林等编:《民国职官年表》,中华书局1995年版,第376页;古蒋孙:《甲子内乱始末纪实》,《近代稗海》第5辑,第261页。
　　②　古蒋孙:《甲子内乱始末纪实》,《近代稗海》第5辑,第272页。

像吴佩孚对待曹锟那样有着至少能尽其"愚忠"的"臣属"的自我定位。所谓"非段莫属"的表态很大程度上乃各方相持不下时达成的妥协。因而段祺瑞当上临时执政之后，很快就发现自己处于类似他人政治傀儡的尴尬地位。段具有政治抱负，当然不甘受人支配，曾竭尽全力确立中央政权的名份与地位。召开善后会议就是他整合北洋各派系使之重新纳入自身权力体系的一次努力，但未著成效①。此后段氏只得依靠实力派之间的"均势"来维持统治，这使中央政府进一步丧失了对地方政权的支配力量，形成中央权力弱小而地方权力偏大的政治格局。

在此政治格局下，中国的政治权力重心发生转移，北京所具有的俯视天下的崇高地位迅速下降，国内政治家对它的重视程度远不如前。过去北京乃京师重地，是中国政治权力的重心所在，一切上升性的社会流动都指向北京。到北京去的人总不免怀着某种"朝圣"心态，历朝历代的"觐见"制度，就是利用臣民对于"圣上"和"京师"的敬畏而制定的。然而这种状况在几年间就变成了昔日的辉煌，20世纪20年代的北京已经暮色笼罩，紫禁城更是夜色惨淡。唐绍仪1924年11月27日的一次谈话清楚地说明了这一点："北京所发生之事实，于全国无重大影响，北京乃一隅，而非全国，且不能统治全国。当今急务，在乎联合各省成就一种结合，庶日后渐能遵从合宜之当轴。历来北京政府从未为此，且亦未尝图及，不过推翻某某军阀，迎入某某军阀，以暴易暴，徒事激起内争而已。"②

与北京地位下降相对应的是地方在国家政治中发言权的扩大。其中东北地位的上升尤为引人注目。控制东北的奉系原先不过是直系旁支，第二次直奉战争之后，一跃成为最大的实力派。张作霖在战后虽曾表示，"既〈负〉助段氏出任以收拾时局之责，则三省之取消独立，服从中

---

① 参见费保彦编《善后会议史》；详见本书第四章《善后会议》。

② 《唐绍仪与外报记者谈话》，《申报》1924年11月27日。

央,是当然之事"①,并作出返回奉天,避开政局中心的姿态。但他对中央政局的操纵控制是路人皆知的。首先是派奉军入关,并指示高维岳统帅的第七师进驻北京,名曰"拱卫京师",实则要挟中央②。其次是对中央财政实施监督控制。先拟改组财政中枢,以熊希龄担任财政总长,未成;又以东北"某案"为借口,提出收回巨额现款的要求,甚至向中央提出"彻查收支"的恐吓,迫使财政总长李思浩托曹汝霖"携带财政部帐簿赴奉",说明情况,以求奉张谅解③。加上早先就已存在的对于中央的"司法独立"④,事实上出现了东北可以干预中央,而中央却不能反过来过问其境内事务的局面。邓如琢通电指责奉张"挟执政以令藩封"⑤,堪称言中窾要。

　　其他地区的实力派亦纷纷实行与中央若即若离的区域性统治,所提口号体现了强烈的地方意识。例如,孙传芳曾以"尊重浙人公意"为由,提出"保境安民"的口号。作为地方建设的一部分,孙传芳还雄心勃勃地提出了"大上海计划",要将租界之外的上海地区建设成一个可供其他地区效法的"模范城市"以及远离国内战火的"非战区"⑥。在四川,至迟在1926年,青年军人及知识界人士提出的"川人治川"口号得到了实现。"虽然不能说四川人完全统治了自己的省份,但至少那些掌权者都是四川人。自治理想已成为现实:四川出生的领袖确实掌握了本省事务,并且将这一权力行使近十年之久,尽管这并不意味着四川已

　　①　《张作霖关于时局之谈话》,《申报》1924年11月9日。

　　②　《奉军将实行拱卫京师》、《奉军拱卫京师之实现》,《顺天时报》1925年5月13、24日。

　　③　《奉方监视中之中央财政》、《财部帐簿出关》,《顺天时报》1925年5月21、22日。

　　④　《奉天对北政府实行司法独立》,《中华民国史史料长编》第18册,第1069页。

　　⑤　《邓如琢通电》(1925年10月24日),《北洋军阀》(1912—1928)第5卷,第261页。

　　⑥　胡适:《丁文江传》,《胡适文集》第7卷,第477页。

从中国的国家政治中正式退出"①。担任西北边防督办的冯玉祥,此时亦积极致力于筹划地方建设,奉行"大西北主义",力图将陕甘建成独立行使权力的区域②。一些地方实力派为寻求统治的稳定,要求各方严守疆界,公开提出"人不犯我,我不犯人"的口号③。更有甚者,由萧耀南、岳维峻等发起召开的旨在洽商"联防"的鸡公山会议,打出"保境安民"的旗号,居然被北京国务会议视为"宗旨正大",主张"不必干涉"④。

作为中国政治区域化的重要表征,政治权力分配上的地域排他性也逐渐凸显,一些实力派人士提出的"由某省人督某省"的口号开始在较大范围内被接受。北京政变不久,陕督刘镇华即致电段祺瑞,请调河南,而以胡景翼督陕,其理由是自己为河南人,胡为陕西人。另外,李景林继王承斌督直,亦以其为直隶人。张作霖派张宗昌赴山东接受德州兵工厂,因张宗昌系山东籍,故张作霖决定以之督鲁⑤。这种观念甚至在孙中山身上也有体现。在与方本仁争江西时,孙派江西籍的李烈钧"回赣"主持军政,理由是李与"赣中诸将甚稔"⑥。这表明他多少认同(或是有意识地利用)了当时人们的地方意识。这种"由某省人督某省"的主张及其在政治中的实施,对旨在加强中央集权、避免因裙带关系而产生政治腐败的传统"避亲避籍"制度,是明显的突破,它有利于地方势力的增强,却进一步削弱了本来就软弱无力的中央对地方的控制。

一些有"问鼎"之志的"地方政权"完全独立于中央之外,更加剧了这一时期政治区域化的特点。广东是在1925年7月1日宣布成立"国

---

① Robert A. Kapp, *Szechwan and the Chinese Republic*:*Provincial Militarism and Central Power*,*1911－1938*,New Haven and London,Yale University Press,1973,p. 21.

② 《国民军欲夺陕西地盘》,《顺天时报》1925年9月7日。

③ 《鄂督通电辟谣》、《姚震口中之时局形势》,《顺天时报》1925年10月2、10日。

④ 《昨日国议内容》,《中华民国史史料外编》第8册,503页。

⑤ 《占领地盘之新标帜》、《刘镇华谋督豫》,《晨报》1924年11月13、18日。

⑥ 《孙段电商赣局》,《民国日报》(上海)1924年12月25日。

民政府"的，虽然在此之前，它"没有明明白白与北京脱离关系"，实际上仍然处于"地方政府"的地位①。但是，广东政权在政治、经济及军事上已经完全自行其是。此后直至1926年北伐之前，国民政府都一直致力于两广地区的建设，使该地区在事实上脱离了中央政府。顾敦鍒说，当时"不但独立各市，在事实上都脱离中央政府的关系，而以省政府为最高的监督机关，在法律上也进一步取得同样的地位"②。这种说法，可以通过段祺瑞担任临时执政之后一年多时间里的政治状况，得到证实。

随着地方势力日益强大，中央权力逐渐被抽成真空。此时，严格意义上的中央军权已不存在，掌握军权的是分散各地的实力派。陆军部和海军部不仅没有直接统辖的军队，对各省军队也没有调度指挥权。孙中山指示李烈钧不就执政府的参谋总长职而争江西地方职务③，充分说明中央军事职能部门在地方实力派人士心中的地位。

地方权力的分配也体现了实力派的操纵控制，争执异常激烈。像苏、直、豫、鲁、赣等省军民两政长官的任命，与其说是中央的安排，不如说是地方实力派意志的体现。更有甚者，一些地方实力派无视中央，自我委任，陈调元宣布自任苏督，王桂林宣布自任江苏省长就是典型事例④。在财政方面，地方更是自行其是。1925年1月，段祺瑞通电各省，要求务于旧历年内酌解款项至京，以济中央要需。除了山西的阎锡山汇解60万元，山东的郑士琦承诺"即解数万"之外，多数省份对电令都置之不理⑤。不仅如此，地方实力派还纷纷截留本应交纳中央的税

---

①　孙中山：《关于组织国民政府案之说明》，《孙中山全集》第9卷，第102页。

②　顾敦鍒：《中国市制概观》，《东方杂志》第26卷第17号。

③　参阅杨天宏《国民党与善后会议关系考析》，《近代史研究》2000年3期，第106—108页。

④　《陈调元自称苏督说》，《益世报》1925年10月22日。

⑤　《国内专电·北京电》，《申报》1925年月18日。

款,段政府虽甚为不满,却无计可施①。到了这年年底,财政部穷敝到了连"一百元之款亦不能开出"的可悲地步②。

中央政府处于虚置状态,国家政局遂以地方实力派的意志为转移,直接受到地方的支配。在北方,近两年的时间里政治的焦点都集中在张作霖与冯玉祥的关系上。冯玉祥为反张而运动郭松龄倒戈,同时欲与吴佩孚捐弃前嫌,共谋大计。出于"非倒段释曹,不足以迎合吴氏而得其欢心"的考虑,冯采取了包括政变在内的一系列"倒段"措施,殊不知却促成了奉张与旧直系的"合作"③。在南方,则有孙传芳起兵讨奉。这两起事件,使标榜和平统一的段祺瑞执政府威信扫地。萧耀南鉴于段不能继续利用,对于吴佩孚不再继续排拒,吴遂得以从岳州而至汉口,在查家墩设立"讨贼联军总司令部",借此东山再起④。之后,直系政客形成"拥曹"与"护宪"两派。吴派政客提出"大帅所在,即中央所在"之说⑤,使原先就复杂的中央与地方关系更加复杂化。吴佩孚采纳护宪之说,与张达成"吴不拥曹,张不戴段"之约⑥,于是形成冯玉祥和奉张都不再拥段的局面。显然,北京政变后两年的中国政局,都是在地方实力派的操作下发生变化。本应在政治上"执牛耳"的临时执政段祺瑞,此时只能依违在各地方实力派之间,作需要他人驱动的木偶式的政治表演。

如果说,19世纪末,中国的地方主义是一种"分"在客观上有利于"合"的"中央方向上的地方主义"(center oriented regionalism)⑦,那么

---

① 《浙孙强截税款》,《顺天时报》1925年5月5日。
② 《冯玉祥派员来京接洽与奉合作》,《中华民国史史料外编》第9册,第490页。
③ 吴虬:《北洋派之起源及崩溃》,《近代稗海》第6册,第256页。
④ 《白坚武日记》第1册,第500—501页。
⑤ 吴虬:《北洋派之起源及崩溃》,《近代稗海》第6册,第258页。
⑥ 政之:《北京政坛蜕嬗纪》(下),《北洋军阀》(1912—1928)第5卷,第355页。
⑦ Harold Z. Schiffrin, *Military and Politics in China：is the Warlord Model Pertinent？Asia Quarterly：A Journal from Europe*,3(1975),pp. 196‑197.

此时的地方主义显然已经偏离了以前具有的"中央方向"。这使政局呈现极为动荡不稳的状况。大局变化的周期由民国初期的三四年变成两年甚至一年①。段祺瑞很快陷入统治困境。执政不到两个月,便有人将其与徐世昌相比,指出段氏"已入十年东海境地"②。时论也将北京政府视为"世界政治史上……最无权能之政府"③。以后段的处境越发困难。从1925年下半年开始,北京频频发生民众"驱段运动",地方实力派尤其是南方国民党人开始利用时机,以实现自己的目的④。"三一八"事件之后,段祺瑞的执政府统治更加穷途末路,中国事实上已处于无中央政府状态,成为地方实力派的天下。1926年4月20日,临时执政府统治宣告终结。

段祺瑞临时执政府被推倒之后,张作霖、吴佩孚暂时保留了临时执政府的统治形式。北伐前夕中国的政治格局,就派系而言主要有奉张、冯玉祥及其国民军、重新崛起的旧直系,以及占据两广的国民党系四支力量的对垒;就政权而言,除了由颜惠庆主阁、被奉张操纵的"中央"政府之外,尚有江苏的孙传芳政府、武汉的吴佩孚政府、湖南的赵恒惕政府,以及广东国民政府等多方政府、多种政治力量。经过一年多时间的养精蓄锐,广东国民政府逐渐巩固了后方,力量壮大。而北方军阀则在频繁的战争中消耗了实力。南北对峙的局面再度形成。此时,北方政局之支离破碎,达到民国以来最甚程度,这为国民政府北伐的成功,提供了有利的外部条件。"盖不待北伐军起,北洋军人政府,已自行瓦解矣"⑤。

---

①　《暂时的相忍为国之政局》,《申报》1925年1月16日。

②　《国内专电·北京电》,《申报》1924年1月7日。

③　《王吉占之〈对时局下一观察〉》,《国闻周报》第2卷第8期。

④　《中国国民党第二次全国代表大会会议记录》,中国第二历史档案馆编《中国国民党第一、二次全国代表大会会议史料》上册,江苏古籍出版社1986年版,第201页。

⑤　吴虬:《北洋派之起源及崩溃》,《近代稗海》第6册,第258页。

三　外交与内政混一政治格局的形成

北伐前夕,中国政治形成外交与内政交织甚至混一的特殊格局,外国势力的存在已经成为中国政治变化重要的有时甚至是决定性的因素。导致这一现象的原因在于利益上的关联。北京《远东时报》主笔当时所说的一句话,"如在中国的中心要开一枪,没有不射着外国的利益的"[1],堪称这一政治现象深刻而又形象的说明。

20世纪20年代的中国是列强新一轮争夺的场所。当时在华争夺的国家,"大抵英、美为一团,日、法为一团,俄国则异军突起,另造一特殊地位"[2]。日本与英、美利益不能协调,是当时列强在华争夺的症结所在。日本在经济上将中国东北三省作为根据地,却并不以此为满足,在华南和长江流域它与英国的利益发生冲突,在北部"政治中心"地区则与美国是"死敌"。日、美两国在诸如移民问题上的矛盾,以及在中国问题上的矛盾越来越尖锐,"几年以来曾经有好几次的显露冲突,常引起世人所谓'太平洋上之大战的幻想'"[3]。俄国则因革命后在政治上自成一体,与几乎所有"帝国主义"国家都存在矛盾和利益冲突。

这种本属各国之间在华的外交争夺,很快就演化到中国的内政上。1924年9月发生的江浙之战,一个重要原因在于,在曹锟贿选之后大约一年时间里,江苏虽在直系支配之下,但上海却为日本支持的浙江军阀卢永祥控制。这显然是英、美和直系都不能容忍的[4]。卢永祥兵败之后逃到日本,随后张作霖入关与直系争雄,于是爆发第二次直奉战

---

①　孙铎:《中国改造之外国援助》,《向导》第29期。

②　政之:《世界大势之逆转与中国之国际环境》,《国闻周报》第2卷第2期。

③　士炎:《国际情势与中国时局》,《政治生活》第22期,1924年11月23日。

④　胡绳:《帝国主义与中国政治》,人民出版社1978年版,第188—189页。

争。关于这次战争的爆发及其结果与参战双方背后列强之间争夺的联系，中国共产党1924年9月发表的时局宣言指出："我们可以推定这次战争之结果：第一，直胜，则美国将扶助直系在中国政治的统一压制，以成就美国在中国经济的统一侵略。第二，直败，则为日本势力结合安福奉张，支配中国的政治经济。"①

事实上，不仅战争的结局会造成列强中的一方支配中国政治，在整个直奉战争中，列强都扮演着十分重要的角色。按照赵世炎的看法："北京事变明明是日、法帝国主义外交之胜利，是日、法与英、美两派帝国主义在中国造成战争，继而因日、法援助张作霖军事而得胜利，结果英、美帝国主义对日、法妥协，弄成了现在的局面。"②作为战败的一方，吴佩孚辗转退到长江中游一带，最终也在英、美支持下，获得东山再起的机会。对此孙中山分析说："吴佩孚这次在山海关打败仗之后，退到天津，本是途穷末路，国民军本可一网打尽，战事本可以结束。但是有某国人对吴佩孚说：'长江是我们的势力，如果你再退到那里，我们帮助你，你还是很有希望。'所以吴佩孚才再退回长江。"③

事实表明，军阀之间的争斗在很大程度上也就是列强之间的争斗。时人批评中国军阀驱使士兵在战场上交锋"公然像'两国相争，各为其主'"④，言词虽稍嫌激烈，却也反映了相当一部分事实。

第二次直奉战争结束后，段祺瑞组建临时执政府时，外国因素的影响亦十分明显。政变不久，列强就在巴黎开会，"讨论中国新政府问题"⑤。段祺瑞后来以临时执政身份入主北京，身后就有日本支持，英国方面也是默认了的。差别在于日本人所需要的是段祺瑞的"狄克推

---

① 《中国共产党对于时局的宣言》，《向导》第82期。

② 《冯玉祥配称革命么》，《政治生活》第20期，1924年11月7日。

③ 《在上海招待新闻记者的演说》，《孙中山全集》第10卷，第340页。

④ 《国际情势与中国时局》，《政治生活》22期，1924年11月23日。

⑤ 《国内专电·北京电》，《申报》1924年11月22日。

多";而英国人则倡导"和平会议",亟欲使"道威斯计划"在中国实施①。在段祺瑞就任临时执政之后的"外交承认"问题上,列强插手中国内政的意图更加明显。曹段代谢本来只是政权转移,并非国体变更,中华民国依然存在,原无所谓外交承认问题。外交团所谓"承认",是企图要挟中国对"金佛郎案"作出让步。恰恰孙中山此时应段祺瑞之邀北上,极力宣传打倒帝国主义,声望日高,形成在政治上压倒段祺瑞的优势。列强虽不愿失去要挟段祺瑞的机会,但更不愿孙中山掌握政权,于是本来准备采取拖延方式以要挟段祺瑞的"承认"问题,遂因孙中山宣传"反帝"而得到顺利解决。其间外国对中国政治的干预十分明显②。

后来郭松龄反戈之"奉变"发生,在冯玉祥的主张下,段祺瑞拟修改临时政府制,设责任内阁,并做出准备"通电下野"的姿态。在此形势下,委员制呼声又起。因委员制多少带有"苏俄政制"色彩,列强表现出强烈的反对态度。"外交团对黄郛声明,如中央政府采用委员制,即下旗回国"③,致使委员制主张很快销声匿迹。就是直接导致段祺瑞政府垮台的"三一八"事件,也是因为列强在国民军与奉、直军阀的战争中,支持后者,引发大沽炮击事件,八国公使团联合向中国政府发出最后通牒,激起中国各界的愤怒,与执政府卫队发生冲突所致④。

中国政治中外交与内政交织甚至混一的特征,《国闻周报》当时的一篇社评分析得十分透彻:"民国十三年,战乱相寻,杀戮无穷,百业凋敝,民不聊生,国人但知由于军阀之攘权夺利,而不知尚有由于外人之竞争势力;但知军阀与军阀相争,而不知尚有某国与某国暗斗;但见国内军阀之此起彼仆,而不知尚寓有外国势力之互为消涨。……即如最近战事,说者谓江浙之役,促成于导淮借款,金佛郎案若成,曹吴之败,

---

①　《国际情势与中国时局》,《政治生活》第 22 期,1924 年 11 月 23 日。

②　《外交团与临时政府》,《国闻周报》第 1 卷第 21 期。

③　《北京政局》,《国闻周报》第 2 卷第 47 期。

④　段永林:《三·一八惨案与执政府的垮台》,王维礼等主编《中国现代史大事纪事本末》上册,黑龙江人民出版社 1987 年版,第 374—379 页。

不至若是之速。北方局面之变换，无异于某国战胜它国。扬子江流域，以英人之势力范围，而竟成护宪政府之策源地。战事中，英美与日法新闻机关之针锋相对之宣传，无不显示列强对华外交方针之分歧。而内争中搀杂外交意味最浓者，亦当以此次为甚。外人既亲投火种于中国，致招焚如，则复转而科主人之责任，勒索其赔偿，要挟其利权，既乘风打劫于烈焰之中，复多方刁难于灰烬之余。……民国以前之痛史，无不因内乱而招外侮，民国以来之痛史，则因外交而致内乱不戢，复因内乱而致外侮迭来。外交乎，内乱乎，国人固当知所注意，而今后政府之外交政策如何，尤当为将来内乱与否之关系所在矣。"①

　　外国因素在中国政治中的存在从两个方面导致了中国政治内涵的改变：一方面是外国极力干预中国政治，将列强的意志强加于中国政治的实践；另一方面，由于力量有限，中国政治家在实际政治中往往寻求外国的支持与帮助，南北皆然，于是造成外交与内政混一的奇特状况。《市声周报》时评结合郭松龄倒戈后日人助张抑郭，致使张作霖转败为胜一事，将此情状一语道破："吾人以帝国主义存在，改革内政必无希望。盖内政与外交，在我国今日实已打成一片，不可复分。"②

　　这种外交与内政"打成一片"的特殊政治语境极大地刺激了中国民族主义的高涨，使不少政治家、思想家意识到"反帝"对于中国命运前途的重要性。"五卅"前后一波接一波反对帝国主义的运动，即其表征。当时，孙中山及其领导的国民党在反帝问题上表现最为激进。从发表《北上宣言》起，直到去世，孙中山北上途中所发表言论的基调几乎都是"反帝"，并明确提出取消一切不平等条约，收回海关、租界和领事裁判权，变更外债性质，使列强不能利用外债将中国置于"次殖民地之地位"

---

　　① 　天生：《外交与内乱》，《国闻周报》第 1 卷第 19 期。
　　② 　平：《内乱与外患》，原载《市声周报》4 卷 2 期（1926 年 1 月 3 日），《北洋军阀》（1912—1928）第 5 卷，第 255—267 页。

等具体主张①。

　　由于外国势力对不同政治军事集团的支持,当时中国已呈现类似五代的分裂气象,国家的独立与统一成为急务。于是"攘外"与"安内"或"废约"与"统一"孰先孰后、孰重孰轻的问题尖锐地摆在国人面前,引出各种不同的回答。《国闻周报》社评指出:"近代国家,内政与外交常互相维系,不能分离。故善于谋国者,首务修明内政,然后折衷撙俎,乃有所恃而立于不败之地。"②孙中山也主张先安内后攘外,这一权衡使他不惜在谋求统一的政治军事斗争中寻求外国尤其是俄国和日本的援助。

　　章太炎一类思想家却选择了借"攘外"以"安内"政治取径,认为中国问题的关键是要"攘外",因为这一努力的成功有助于在国内建立统治威信。章氏很早就意识到,在列强环伺的形势下,中国国内处于角逐状态中的实力派不用说将列强全部打倒,只须战胜其中一国,"则大号自归,民间焉有异议"③。这一思想被章氏贯彻始终,但其"安内"的手段不是实现大一统,而是地方自治。"五卅"之后,章氏将"攘外"上升到更加突出的地位,以致为达目的不惜暂时支持自己并不拥戴的中央政府及段祺瑞。当唐绍仪与章太炎商量倒段时,章太炎态度十分明确:"外交紧急,须外人承认者方能与开谈判。若贸然倡议倒段,人将以不恤外患、好兴内争相訾,必无与吾党表同情者。"④

　　由于国民党方面在高扬打倒帝国主义旗帜的同时,积极从事"联俄"的工作,这就在"攘外"与"安内"孰先孰后的讨论中派生出一场有关苏俄问题的争执。辩论的中心问题是苏俄究竟是不是帝国主义,中国

----

　　①　《北上宣言》、《在上海招待新闻记者的演讲》,《孙中山全集》第11卷,第295、337页。

　　②　政之:《对内乎对外乎》,《国闻周报》第2卷第38期。

　　③　汤志钧编:《章太炎年谱长编》上册,第425页。

　　④　章太炎:《致李根源书》(1925年7月11日),《近代史资料》总36号,第144页。

究竟是应该"联俄",还是应当在"反帝"的口号下将苏俄一并加以反对①。

　　苏俄很明显已深深介入中国事务。据学者研究,20年代初,苏俄对华外交经历了由重视吴佩孚轻视孙中山,到同时联络吴孙、争取二者合作,再到弃吴取孙的转变②。在谋求北京政府的外交承认与北京政府举行谈判过程中,苏俄曾赤裸裸的干涉中国内政。例如在蒙古问题上,中国外长顾维钧坚持要俄军立即撤出蒙古,否则双方不展开谈判。苏俄代表越飞利用洛派对北京的影响,向吴佩孚表示顾维钧是无法对话的谈判代表,要求吴对政府施加影响,撤掉顾维钧,"起用另一个更适合的部长去代替他"。与此同时,苏俄又利用中国的南、北矛盾,加紧与在广东开府的国民党方面接触,希望孙中山"在尽快开始俄中谈判方面行使自己的影响"③。双管齐下的结果,迫使北京政府作出不将苏俄从蒙古撤军作为谈判先决条件的重大让步。

　　这一事实,使章太炎等强调民族主义的思想家、政治家认为有理由将苏俄视为"攘"的对象。由于当时不少人认为苏俄的"帝国主义"色彩是赤色的,故又引发了中国政治中"赤化"与反"赤化"之争。所谓"赤化"的内涵就是苏俄的"共产"制度,就是共产党正极力宣传的种种主义。由于国民党实施"联俄"与"容共"的政策,故国民党也沾上了"赤化"嫌疑。此外,同苏俄多有接触的国民军也被目为"赤化"。蒋介石与冯玉祥则被视为"南北二赤",就连张作霖对他们的攻击也打着反赤的旗帜:"冯玉祥、蒋中正等,勾结外援,侵略祖国,是石敬瑭何异。蒋中正复甘受鲍罗廷之指挥,则并石敬瑭而不若","吾人不爱国则已,若爱国

____

① 参阅罗志田《中外矛盾与国内政争:北伐前后章太炎的"反赤"活动与言论》,《历史研究》1997年,第6期。

② 参阅杨雨青《国家利益:苏俄对在华合作者的选择》,《历史研究》1999年第4期。

③ 《共产国际、联共(布)与中国革命文献资料选辑》第1辑,第106、156—157页。

则非信奉圣道不可；吾人不爱身家则已，若爱身家则非灭绝赤化不可"①。

　　章太炎等人没有看清楚，其实"赤化"在多数国民党领袖那里，也不被认同。孙中山与越飞发表的联合宣言曾明确宣称，苏俄的共产制度不适合于中国。因而国民党的"赤化"，最多只是一种表面现象。国民党表面上的"赤化"，在一定范围内可能构成对自身的伤害，故其自我保护手段之一就是为自己的"赤化"辩诬。但"赤化"的形象和色彩，又会对众多在北洋军阀统治下不得志的阶层（包括南方下层社会成员及青年学子，以及北方的部分知识精英）产生亲和力，从而造成"国内许多思想较新的人""集中在党军旗帜之下"的局面，这是北方实力派及反"赤化"人士始料未及的②。

　　不管各方存在多大分歧和误解，在外交与内政混一局面形成，民族主义高涨的形势下，中国需要"反帝"已成为社会多数群体的共同认知，少有歧议。而对当时国内政治力量中的任何一方来说，仅仅依靠自身的微薄力量去实现"反帝"和"统一"都不现实。因此，如何在"反帝"前提下争取来自境外的支持，处理好坚持"反帝"立场与争取外援这一矛盾也就成了问题的关键。这好比是一块政治平衡木，谁能在上面立住脚跟，谁就可能成为国内政治军事角逐中获胜的一方。

　　在这个问题的把握上，孙中山显得技高一等。十月革命成功之后，苏俄曾两次宣布将废除沙俄时代与中国缔结的不平等条约，这些外交宣言对中国产生了重大影响。在北京大学所作民意调查中，列宁取代威尔逊成为被调查者心中的"世界第一伟人"，清楚显示了这一做法的效果③。正是在这种形势下，孙中山鲜明地打出了"联俄"旗帜。鉴于

------

①　《张作霖宣言》(1926 年 12 月 6 日)，《北洋军阀》第 5 卷，第 383—384 页。

②　百忧：《以科学眼光解剖时局》，《晨报副刊》1926 年 10 月 5 日。

③　朱悟禅：《北大 25 周年纪念民意调查之分析》，《新民国杂志》第 1 卷第 5 期(1924 年 3 月 30 日)，第 1—8 页。

多数国人并不能将"联俄"的政治行为与军阀援引列强的举动加以区别，孙中山在实施"联俄"政策时十分小心。其具体做法是强调苏俄主张"废约"的一面，宣称苏俄是"平等待我之民族"，并高喊反对帝国主义的口号，以此淡化"联俄"在国人心目中的负面影响，同时又不至影响与苏俄的关系。

这一做法成效显著。众所周知，反对"帝国主义"不只是中国革命的一项基本任务，也是苏俄实现其国家利益的一项重要选择。苏俄谋求与广东国民政府"联合"的一个重要目的，就是要借中国的外交承认来打破帝国主义封锁，摆脱在国际上的孤立地位，并向其境外推进"世界革命"计划。因此，苏俄愿意有条件地向国民党提供经济及军事援助。孙中山准确把握了苏俄的意图，推出"联俄"政策，也就收到一举两得的功效，实现了坚持"反帝"立场与争取外来援助的统一。

但对其他政治力量来说，在将苏俄排斥在一边的情况下，将面临两难境地：要想得到外国人的支持援助，便可能因不能坚持"反帝"立场而丧失民众支持；而坚持"反帝"立场，又难以得到期望的外国援助。即便不将"外国"看成一个整体，而实施联络某一个或几个国家以反对另外的列强的策略，也同样会因为实际已丧失"反帝"立场而不能得到国内笃信民族主义的力量的同情，在实现统一的民众动员方面居于劣势。在这种情况下，既有"反帝"口号作动员并因此得到民众拥护支持，又有苏俄经济、军事援助的国民党在各派政治力量角逐中占据优势，是不难预见的。

第二章　善后会议：和平统一的最后尝试

第一节　善后会议的由来及各方的立场

一　直奉战争"善后"问题的提出

第二次直奉战争以直系的失败、反直军事同盟的胜利而告结束。从某种意义上讲，直系并非败在军事上，而是败在政治上。若从单纯军事上观察，江浙方面卢永祥的实力，实不足与吴佩孚较量；东北的张作霖较之直系亦略逊一筹；而广东方面相隔遥远，且因陈炯明及商团叛乱，有后顾之忧，一时也难抽出多少力量北伐。直系之败实败在冯玉祥的倒戈上，而冯之倒戈，在很大程度上是出于政治原因。直奉战争这种出人意料之外的结局，宣告了"武力统一"的中止。随后，以政治手段谋求战争"善后"问题的解决提上了议程。

北京政变之后，反直军事同盟取得胜利，但直系的军事力量并没有被歼灭。冯玉祥入京后，段祺瑞念北洋旧情，对曹、吴的处置难免手软。盖段之对吴，本主不为己用，但得彼表示拥护即可罢手，"有谓段顾全北洋统系，欲抚直系残部为己势力，以图国力之均势者"①。故吴佩孚虽

①　《段祺瑞与张作霖意见之冲突》，《重庆商务日报》1924 年 12 月 23 日，《中华民国史料长编》第 18 册，第 1580 页。

败走,但仍手握重兵,"长江势力未损秋毫",不久即成卷土重来之势①。而奉、浙、粤三角同盟在对直军事结束之后,内部矛盾急剧上升。广东方面亟欲将统治区域扩大到江西等省,这与段祺瑞分割地盘的初衷相忤。奉系企图染指苏、浙,又与卢永祥的利益发生冲突。冯玉祥虽然控制北京,并推出黄郛摄政,但冯与奉张有着尖锐矛盾。国民军势力逊于奉军,这使冯处于张作霖的军事压力之下;但国民军控制着北京,加之得到广东方面的响应,因而对奉系直接控制中央政权造成一定阻碍。冯、段之间也存在矛盾。"段于地方势力久已根绝","非冯之所重"②;而段则利用奉张与国民军的矛盾压制冯,黄郛摄阁为许世英取代,即为明证。被推到政治前台的段祺瑞与奉张亦存在利益冲突,所谓"张作霖与段干木貌合神离"③,应为符合两者关系实际的观察。段既与冯、张不协,又缺乏实力,只好"听信目光短浅之策士所谋,欲在'冯、张均势'之下,维系中央体面,以图自保"④。虽然"冯、张均势"未必真正存在,但彼此制约则是事实。在这种特殊形势下,任何一方要用单纯军事力量来解决时局纠纷,实现"武力统一",均难操胜券⑤。

　　在武力自身不能统一的情况下,要实现武力统一自然成问题。而武力自身不能统一的原因,在于袁世凯之后陷于四分五裂的北洋派"决不愿见其中有一人,势力特别强厚,将有支配全国之势。若为此兆,则必先群起暗中结合,谋有以推倒之"⑥。是以主张"武力统一"之军阀,屡致颠仆。段祺瑞如此,曹锟、吴佩孚也是如此。武力统一政策失败之后,段祺瑞曾表示,"纷争既久,渴望统一,革命告终,宜有建设,亦即全

　　① 无聊子:《北京政变记》,《近代稗海》第5辑,第438页;《西报论中国内乱》,《中华民国史料长编》第23辑,第749—750页。
　　② 无聊子:《北京政变记》,《近代稗海》第5辑,第438页。
　　③ 古蒨孙:《乙丑军阀变乱纪实》,《近代稗海》第5辑,第486页。
　　④ 吴虬:《北洋派之起源及其崩溃》,《近代稗海》第6辑,第256页。
　　⑤ 无聊子:《北京政变记》,《近代稗海》第5辑,第430—431页。
　　⑥ 无聊子:《北京政变记》,《近代稗海》第5辑,第434页。

国憬悟,心同理同矣。而历年屡试屡败之武人主义,心劳日拙之命令政策,愚者犹知其不可,与此而欲改弦更张,别辟径途,以挽末流之失,用成中兴之治。则舍会议解决而外,无他道也"①。冯玉祥亦有所觉悟,他在给段祺瑞的信中写道:"当代军人,非有真正之觉悟,不能祈向真正之和平,即无由措国家于治理。觉悟维何? 即武力终不可恃,当艰苦卓绝,就民治痛下功夫是也。"②就是"野心甚炽",暗中积极备战,"仍思继承吴佩孚之武力政策"的张作霖③,对于"和平统一"主张,亦不便公开反对。

从政治运作角度分析,倒直的胜利乃奉张、浙卢及粤孙三方联合加上冯玉祥倒戈的结果。此役既以数方合作而获胜,善后问题当然只能由各方共同协商解决。从段氏个人的处境来讲,他能够受到各方"拥戴",除了再造民国"元勋"的旧招牌外,主要还在于他体验了"武力统一"政策的失败,且已丧失实力,除实施"和平"之道外,别无选择。《申报》特约评论员的文章写道:"段祺瑞之被推(戴)也,则以标榜和平之故。以各方信其前此武力之失败,足以醒其(武力)统一梦之故。则段之不能再谈武力统一,非独以道德信段,实亦于事实可以信段也。"④"段在今日,可谓毫无凭藉,其部下只有德州胡翊儒之一旅,兖州吴长植之一旅,为心腹军队"⑤。失败的教训与无实力以为凭藉,使段不能不选择政治解决的方案。当时王士珍曾规劝段说:"君之得各省之拥戴者,以不拥兵也;国民军之受人民欢助者,以标榜和平也。长江及吴既

①　《重庆商务日报》1925年3月12日,《中华民国史料长编》第19辑,第141—142页。

②　《冯玉祥函段陈时局意见》,《中华民国史料长编》第28辑,第655—656页。

③　《冯玉祥自传》,军事科学出版社1988年版,第76页。

④　心史:《此后政府亦欲财政统一否》《申报》1924年11月23日。

⑤　随波:《段祺瑞入京前之津讯》,《申报》1924年11月25日。

尊重君,君宜摒除武力,则统一可期。"①此时已经"手无寸铁"②的段祺瑞,岂能不听从王士珍劝告。这是其召开天津会议,主张以和平方式解决直奉战争善后问题的重要原因。

　　善后问题在吴佩孚乘舰出走之后很快被提上日程。当时最为迫切的问题,一为收束军事,一为整理财政。军事问题虽因"均势"之出现而暂无在全国范围内重开战火之虞,但局部冲突仍难以避免。问题的关键在于未形成各方认同的权势中心,虽直奉战争结束,却未实现统一,重启战端的可能性依然存在。

　　财政问题更加棘手。1924 年,像在其他许多方面一样,战争的费用也标志了一个分水岭。盖此前的战争,参战人数有限,敌对活动持续时间一般较短,且往往在战后有一较长的和平时期。但 1924 年以后,战争连续不断,规模亦不断扩大,军费支出急剧上升,在地方及全国岁入中所占比例已经高到国家经济不能支撑的地步③。然而,地方军阀割据称雄,各自为政,要解决如此拮据的财政问题,极为困难。盖各地军阀为谋自身的发展,均以扩军为手段。兵多,必致军费增多;而兵多则战事必频,战争费用亦必剧增。财政上"入不敷出举债养兵"的状况在分裂割据的形势下是不可能解决的,故解决财政问题的先决条件为实现统一。

　　此外,执政府与地方的关系,国家的和平建设与发展,以及倒曹之后新中央政权的外交承认等问题,在在需要及时解决。在此情况下,决定出山的段祺瑞,于入京之前发出"马"电,标举宗旨,提出召开善后会议的政治主张。电文如下:"共和肇造,十有三年,干戈相寻,迄无宁岁。驯至一国元首,选以贿成,道德沦亡,法纪弛废,诛求无厌,户鲜盖藏,水

　　① 《国内专电》,《申报》1924 年 11 月 20 日。
　　② 《北京通讯》,《申报》1925 年 1 月 16 日。
　　③ 〔美〕齐锡生著,杨云若等译:《中国的军阀政治(1916－1928)》,中国人民大学出版社 1991 年版,第 161 页。

旱交乘,野多饿殍。国脉之凋残极矣,人民之困苦深矣。法统已坏,无可因袭,惟穷思变,更始为宜。外观大势,内察人心,计惟彻底改革,方足以定一时之乱,而开百年之业。……现拟组织两种会议:一曰善后会议,以解决时局纠纷,筹备建设方案为主旨,拟于一个月内集议。……二曰国民代表会议,拟援美国费府会议先例,解决一切根本问题,以三个月内齐集,其集会会章,俟善后会议议定后,即行公布。"①

1924年11月24日段祺瑞入京就职,宣言于一个月内,召开善后会议,解决与时局相关的一切重要问题。随即谕令临时法制院院长姚震草拟《善后会议条例》,并在吉兆胡同宅邸召开专员会议,就有关问题进行商议。会议就善后会议组织大纲草案展开多次讨论。其间经历反复,系因"天津方面之某实力派,对于草案之第二条所定委员资格一项,提出修改意见,拟将该条第二项(该项原文为'民国十二年大选守正议员互选十人')根本推翻,不承认拒选议员有列席之资格,并主张以此次讨伐贿选之各军首领,作为委员资格之一"②。最后达成妥协,在条文中取消了拒选议员的列席资格,但实际上仍准参加,其办法系由拒选议员互选十人,由执政聘任③。

与此同时,按照12月2日阁议,善后会议组织大纲须待孙中山同意后公布④,许世英遂将草拟的《条例草案》送往天津,呈孙中山"核阅"。孙未置可否。12月20日,经过修改的善后会议条例提交国务会议讨论⑤。23日,送交孙中山审阅的《条例草案》携回。当天下午五时,北京吉兆胡同段宅召集会议,与会者有善后会议筹备处长许世英与

① 章伯锋主编:《北洋军阀(1912—1928)》第五卷,武汉出版社1990年版,第6—7页。

② 《昨日段宅之特别会议》,《顺天时报》1924年12月24日。

③ 《急起直追之善后会议》,《顺天时报》1924年12月25日。

④ 《时事日志》民国十三年12月2日条,《东方杂志》第22卷第1号。

⑤ 费保彦编《善后会议史》称条例草案"几经讨论,几经修改,始于十三年十二月二十日提交国务会议通过",未言及23日段邸会议的修正。

各部部长及林长民、汤漪、朱深、曾毓隽、姚震等。会议由段祺瑞主持，讨论修正《善后会议条例》，主要就善后会议权限及列席代表资格进行磋商。

　　会议最后商定《善后会议条例》十三条。第一条阐明了"解决时局纠纷，筹议建设方案"之会议宗旨。第二条规定了会议之人员构成："一、有大勋劳于国家者；二、此次讨伐贿选制止内乱各军最高首领；三、各省区及蒙藏青海军民长官；四、有特殊之资望及学术经验，由临时执政聘请或派充者，但不得逾三十人。"第五条对会议"应行议决事项"作了如下规定："一、国民代表会议之组织方法；二、关于改革军事事项；三、关于整理财政事项；四、其他各案由临时执政交议者。"其它各条分别对会期、会址、议长副议长之选举、出席及投票之有效人数、秘书处之设置、议事细则等作了规定①。

　　12月24日，段政府以孙中山未表示反对为由，将《善后会议条例》明令公布。

二　实力派的态度及社会各方的立场

　　《善后会议条例》公布后，很快遭到社会舆论的批评。批评者认为，善后会议"无一真正人民之代表议员，而为四种特殊阶级之会议。从实质言，以执政一人而有操纵此项会议之可能。以此项会议而不必有强制各派军事之能力，则所谓解决时局纠纷之意，或不幸而为时局增长纠纷，亦未可知耳"②。故《善后会议条例》公布之初，社会各界"大半取静观态度，毫不表示，而咸料其不能有成"③。

　　地方实力派对召开善后会议之提议则反应不一，有反对的，有支持

---

　　①　《善后会议条例》，费保彦编：《善后会议史》，第25—27页。
　　②　《善后会议条例之一部观》，《益世报》1924年12月25日。
　　③　《暂时的相忍为国之政局》，《申报》1925年1月16日。

的，有抵制的，有"婉拒"的，也有抱着怀疑与希望，参与"尝试"的。大体言之，实力派中，奉张、滇唐、晋、鲁、苏、浙、皖、赣各省军政长官，以及四川之刘湘，驻藏办事长官陆兴祺，代理库乌科唐镇抚守使李垣等，对善后会议持赞成态度。其他实力派人物或依违两可，或表示有条件的赞成，或明确表示反对。

张作霖对善后会议最初不感兴趣，"以为此种组织，人数较多，彼之有力主张不易实现，而疑段之有意缩减其发言权"。但段以为"'善后会议'四字，在就职前之马电，即已发表，不便自食其言"，坚持己见。于是出现了"六头会议"之插曲。所谓"六头会议"，即段祺瑞、孙中山、张作霖、冯玉祥、卢永祥五人，加唐继尧共同会议①。此议在 12 月 10 日之前，已即将实现。时段拟"以六头会议解决一切重要事件，而于善后会议为形式之通过，则所谓善后会议者，又以六头为预备会"。但此议发出后，孙中山首不赞同，唐继尧复通电反对，西山之冯玉祥，亦不愿参与。六头而去其三，所谓"六头会议"只好作罢。最后在条例组织法中加入第二项，将张、卢、冯置于其中②。

对此，张作霖显然并不满意。其左右曾为之力争，"谓张作霖在此次讨伐贿选制止内乱上，固居第一功，而在历次有意义之战争上，亦未尝无功，故应将其列入有大勋劳于国家者"③。张氏亦公开表示不满。就在段祺瑞筹备善后会议期间，张由京返津，"谒孙谒黎，且发出我系抬轿，任谁可抬之语"④，对段进行威胁。不过张作霖也不能无所顾忌。段系其领衔推出，在奉系力图控制段的同时，冯玉祥也十分注意与段的关系。若奉张过分与段为难，则段可能会倚重冯玉祥甚至孙中山，这对奉张显然不利。故在善后会议问题上，张作霖对段的安排也不得不稍

---

① 《善后会议》，《东方杂志》第 22 卷第 1 号。
② 《善后会议前途之暗礁》，《申报》1925 年 1 月 4 日。
③ 《善后会议之前途》，《申报》1925 年 1 月 10 日。
④ 《暂时的相忍为国之政局》，《申报》1925 年 1 月 16 日。

事迁就。1月12日,即《善后会议条例》公布半月之后,张作霖致电会议筹备处,允派代表出席。与此同时,奉系另一核心人物杨宇霆致电许世英,称"善后会议东三省军民长官应派代表,日内雨帅回奉,即行会商遣派,准于开会期到京,特先奉闻"①。奉系表态支持,为善后会议的召开,创造了重要前提。

国民军方面态度则比较暧昧。冯玉祥在北京政变之后,即提出各方会议,解决国是。后来费保彦纂《善后会议史》,站在拥段之立场,述会议颠末,冯玉祥曾为之作序,序文曰:"共和而无宪法,非国矣;宪法而不出于民意,非宪矣。客岁以不得已之苦衷,改组临时政府者,实欲得真正民意之宪法,以为遵循之正轨耳。盖国民代表会议者,民意宪法之母;而善后会议者,又国民代表会议之母。兹幸以短少之时间,克成国民代表会议之条例。无此是彼非之私争,有和衷共济之公德,不可谓非会议诸君之热心毅力也。"②观此序文,可知冯氏于善后会议,并无不慊,且能像多数实力派人物一样,不将善后会议与国民会议摆在截然对立之位置。

但冯却不愿参与善后会议。尽管"段执政以特别请书致冯玉祥,邀其参与善后会议",冯仍表示拒绝③。段曾嘱薛笃弼探其缘由,冯称:"此事吾不能与闻,吾今唯知五次六次以至十次之辞呈,向段执政辞职耳。"④冯氏自1924年11月25日起,七上辞呈,并致电吴佩孚,请同时下野。究其原因,与发动政变之后冯之处境有关。盖政变之后,"社会上谅之者甚少",而在天津会议上,"冯奔走段、张之间,其中殆有不可告人之苦痛"⑤。可见冯本人拒绝与会,系出于政治上另谋出路的考虑,而不是针对善后会议作出的表示。时论称冯氏在观念上与善后会议处

①　《实力派之赞成善后会议》,《顺天时报》1925年1月13日。
②　冯玉祥:《善后会议史序》,见费保彦编《善后会议史》。
③　《外电之北京政局》,《申报》1925年1月8日。
④　《善后会议之前途》,《申报》1925年1月10日。
⑤　《冯玉祥辞职原因》,《申报》1924年11月13日。

于"不即不离之间"①，应为中肯之评价。后来冯氏派出陈金绶为代表与会②，证明冯于善后会议，并不根本抵触。国民军重要将领胡景翼派代表与会，从侧面证明了这一点③。

西南方面立场较为复杂，报载消息亦比较混乱。自段任执政以来，西南各省虽多持沉默，但滇唐代表王九龄始终未就教育总长之职，此中消息，可见一斑。故善后会议能否得到西南方面赞同，颇为各方关注。

为开成善后会议，段极力争取西南方面的支持，曾致刘显世"勘"（12月28日）电，请其表示同意。然刘之复电中，有"俟商取蓂赓（继尧）、竞存（炯明）诸公同意，即行通电表示"之语④。嗣因陈炯明于"冬"（1月2日）日通电反对善后会议⑤，刘遂与唐继尧、谭延闿、熊克武四人联名通电，示以反对。"该电大意，以为善后会议不脱民六徐州督军团会议之形式，不足以代表民意，且此项会议，类多军阀代表，发言吐语之间，更无民治观念，应请当局，从速召集国民会议，以定国是等语"⑥。《申报》亦载文指出："滇唐反对善后会议，理由谓临时政府为少数军人所戴，一切尚待国民会议。今发号施令，究少根据。唐以国民会议方拥戴中央。"⑦

其实，西南各实力派的立场并不一致，一些人的表态甚至前后矛

---

①　《段派激进之善后会议》，《中华民国史料外编》第5册，第70页。

②　《善后会议昨日公布之电文》，《大公报》1925年2月17日。案：冯氏先是派薛笃弼为代表，后因薛君"政武力殷繁，不能兼任，爰特改派陈君金绶接充斯席"。

③　《胡郑龚虞与善后会议》、《又一批善后会议之各省代表》，《大公报》1925年1月11、16日。

④　《刘显世与唐陈一致行动》，《益世报》1925年1月7日。

⑤　《陈炯明反对善后会议》，《益世报》1925年1月7日。

⑥　《善后会议之进行空气》，《顺天时报》1915年1月8日。该则报导称："闻执政府业已接到此项来电，以关系重大，决定暂不发表，秘而不宣云。"

⑦　《国内专电》，《申报》1915年1月7日。但据《顺天时报》载，唐继尧曾于1月11日通电，对善后会议"表示赞成之意"，史毓琨亦称"唐蓂赓（继尧）赞成此项会议"。（《实力派之赞成善后会议》，《顺天时报》1915年1月13日）

盾,声明与实际行动亦往往牴牾。据报载,西南代表曾在上海静安寺路贵州旅馆开会,商量赴京与会,列席者有云南、广东等省代表共十余人。陈炯明的代表刘亮称此次倒直成功,实南北统一之良好机会,现段氏召集善后会议,西南方面对此应竭力赞助,并声明"陈总司令对此会议,十分赞成"。云南方面的代表王竹村表示"绝对赞成此项会议,现在被邀之列,自当扶病出席"①。另据报载,四川的刘湘曾通电赞成善后会议,刘文辉则慷慨解囊,汇出四万元,以示赞助②。后来,包括滇唐代表在内的多数西南代表都赴京与会。但因步调不一,其与段、张立场难以协调,已露端倪。

与西南方面态度暧昧不同,晋、鲁、苏、浙、皖、鄂、直、闽、赣、湘等省实力派对善后会议大多表示支持。阎锡山、郑士琦、王揖唐、萧耀南、胡思义、孙传芳、卢永祥、杨以德、萨镇冰、赵恒惕、方本仁、龚积柄、韩国钧等先后致电善后会议筹备处,允将到会或允派代表出席。张学彦代表萧耀南致电段,表示"鄂萧对中央服从,善后会议解决时局"③。萧的慷慨解囊,更表明了对会议的支持态度④。尽管这些"支持"往往附有条件,有时甚至被当成自我保护的手段,但他们的表态,无疑壮大了善后会议的声势。

此时在政治上仍具潜在影响力的黎元洪、王士珍、唐绍仪、岑春煊等人的态度也受到广泛关注。黎对段祺瑞的邀请明确表示拒绝,但措词委婉,自称"坠露",不必附丽"龙、凤之会",在流露出政治上失落感的同时,力图表现其影响力犹在⑤。王士珍系北洋元老,与段关系甚深,

①　《西南与善后会议》,《顺天时报》1915年1月22日,《中华民国史史料外编》第5册,第88页。
②　《关于善后会议之消息》,《大公报》1925年1月12日;《筹备处所接之函电》,《大公报》1925年2月21日。
③　《面对善后会议之态度》,《中华民国史料外编》第5册,第75页。
④　《萧耀南筹助善会经费四万元》,《大公报》1925年3月1日。
⑤　《辞谢之各电》,《中华民国史料外编》第5册,第76页。

曾亲临善后会议筹备处访许世英,允届时出席,这对段是很大的支持①。蛰居上海、被段政府委以外长职务(未就任)的唐绍仪则不愿北上赴会。段派员持亲笔函至沪敦请多次,唐均表示拒绝,且对善后会议"用意不善"进行抨击②。曾经在政坛显赫一时的岑春煊,接到邀请后,致电段氏,主张"集各省区代表于一堂,雍容而议改定军制,裁兵理财"③。岑氏对善后会议的态度反映了政学系的立场,有时亦倾向西南方面,处于不稳定状态,故时人称之为"消极赞成"者④。

　　受"特聘"的会员有社会名流章太炎、梁启超、胡适等三十人。章太炎拥护黎元洪的"法统",政治上视黎之显隐为进退,此时固不愿意放弃拥黎,却同时站到了西南实力派的立场。1925 年 1 月 1 日,段祺瑞致章"东"电,"以善后会议相招"。6 日,李根源由天津来电劝进,章氏复函拒绝。在曾云沛前来为段说项时,章明确表示了与西南方面反对派一致的立场:"今之政府,本无法律根据,则与西南无异,西南、北京两政府乃敌体,而非主属,吾参与西南事已久,今日不能去一政府,就一政府也。"⑤26 日,章氏接善后会议筹备处邀其"速驾"之"宥"电后,再次复函表示反段、拥黎、支持西南反对派的立场,只是对西南一些人首鼠两端的做法,略示不满⑥。

　　胡适乃新文化健将、学界领袖,在政治上亦颇具影响力。以其对政治的理解,善后会议与国民会议并非方枘圆凿,故在受聘国民会议促成

---

①　《善后会议筹备处消息汇录》,《大公报》1925 年 1 月 13 日。

②　《唐少川对于善后会议之观察》,《申报》1925 年 1 月 10 日。

③　《北京通信》,《申报》1925 年 2 月 5 日。

④　《岑春煊致段祺瑞电》,《申报》1924 年 11 月 26 日。

⑤　章太炎:《致李根源等书四九》,汤志钧编《章太炎年谱长编》下册卷 5,第 789 页。

⑥　《章太炎反对善后会议》,《申报》1925 年 1 月 28 日。章氏复函称:"往者黄陂复位,法统昭然,以暴人把持国政,西南不肯从其命令。今之执政府,依法律既无依据,铢两相衡,视西南未有高下。是中国之在今日,实已有两政府也。故欲开善后会议,当择两政府交界之地,如武昌、岳州者,庶乎其可。若直开于北京,是乃曲一就一。纵西南诸省,或有一二卑屈者,亦非鄙人所敢附和也。"

会任组织法研究委员会委员的同时,又接受了段祺瑞参加善后会议的邀请。按他的说法,他是希望作一番和平解决时局问题的"尝试",在给许世英的信函中他这样写道:"执政段先生的东电,先生的毫电,都接到了。我是两年来主张开和平会议的一个人,至今还相信,会议式的研究时局解决法总比武装对打好一点;所以我这回对于善后会议虽然有许多怀疑之点,却也愿意试他一试。"①

梁启超曾经与段祺瑞合作,且有研究系背景,政治影响在章、胡之上。段召集善后会议,自然对梁期待甚殷。但梁氏归国后历尽宦海风波,壮志难酬,早已发表宣言,"毅然中止政治生涯"②,潜心从事学术研究与教育。此时虽议政癖好未改,但已不愿继续与闻政事。故对段之邀请,婉言谢绝。

尽管目的各不相同,响应方式与程度也有差异,但大体言之,多数受邀会员对善后会议都表示赞同,他们或亲自莅会,或委派代表参加,从而造成一定声势。段祺瑞政府对拟开之善后会议亦"颇抱乐观,盖因全国实力派已十九与会"③。在这种情况下,以孙中山为代表的国民党的态度与立场也就成为举国关注的焦点。

三　国民党方面欲迎还拒的姿态

(一)孙中山应邀北上及其主张的变化

直奉战争开始不久,孙中山即起兵讨伐直系,开始了第二次北伐。这表明此时国民党走的仍是"武力统一"路线。但是,要以武力完成革命大业殊非易事。由于军事力量薄弱,成败利钝难以逆料,加之广东根

---

① 《致许世英》,《胡适书信集(1907—1933)》上,第354—355页。
② 丁文江、赵丰田编:《梁启超年谱长编》,上海人民出版社1983年版,第868页。
③ 《善后会议与国民党》,《大公报》1925年2月5日。

据地尚不巩固，商团的敌对态度，陈炯明的反目为仇，使国民党时有萧墙之虞、后顾之忧。国民党所处艰难地位，使之在实施武装革命手段的同时，也有谋求和平统一的可能性。

对于段祺瑞政府拟议召开的善后会议，国民党反应十分复杂且几经变化，并非一开始就走到对立面。据《许世英传略》记载，1924年，当反直三角同盟酝酿倒曹之初，段祺瑞曾密派许世英南下赴粤，在韶关惕园谒见孙中山，提出"先开善后会议，继开国民会议"的主张。"（国父）嘉公（许世英）忠悫，欣纳其言，谓如芝泉朝有电来，夕即北往"。黄伯度《笃行实践的许静仁夫子》一文中有许氏"秉承国父指示，对韶关晤谈约定之善后会议国民会议，竭力规划，务求实现"一语①，表明孙、许当初确曾谈及善后会议，且已取得共识，亦表明孙中山最初是赞成善后会议的。故当冯玉祥发动北京政变，通电主和，邀请段、孙"入京主政"，孙中山很快表示"拟即日北上与诸兄晤商"②。对于张作霖、卢永祥、冯玉祥、胡景翼、孙岳等推戴段祺瑞为临时执政，孙中山虽未必能欣然接受，但其正式的表态则为："现在除合肥外，实无第二者可当此任，今后可全委诸合肥办理。"③而段祺瑞对孙中山北上也寄予厚望，在天津会议上，曾明确作出"非俟中山北上不商建国大政"的表态④。可见双方尽管有着潜在矛盾⑤，但最初的合作态势尚属良好。

---

① 黄伯度编：《许世英先生纪念集·传略》，商会衡：《许世英书生本色》，黄伯度：《笃行实践的许静仁夫子》，分别见沈云龙主编《中国近代史料丛刊》续编第49集，第2、284、252页。

② 《致冯玉祥等电》，《孙中山全集》第11卷，第252页。

③ 《与张作霖的谈话》，《孙中山全集》第11卷，第451页。孙中山北上途中经过日本，谈及国内形势时亦称："至于目下之北京政府，段祺瑞既出任执政，其资格良宜。予舍推崇之外，别无他见也。"北京《晨报》1924年12月5日。

④ 《中华民国史资料丛稿·大事记》第10辑，第202页。

⑤ 在启程北上之初，孙已经意识到，自己到北京去，"所主张的办法一定和他们的利益相冲突"。《孙中山先生由上海过日本之言论》，上海民智书局1925年版，第90页，转引自陈锡祺主编《孙中山年谱长编》下册，中华书局1991年版，第2069页。

　　孙中山决定北上之后，于11月19日发表《北上宣言》，明确表示："对于时局，主张召集国民会议，以谋中国之统一与建设。而在国民会议召开以前，主张先召集一预备会议，决定国民会议之基础条件及召集日期、选举方法等事。"①并就代表人选提出具体意见。孙中山此时不提善后会议，意味着对韶关之约，国民党已单方面作了改动。

　　11月24日，段祺瑞出任中华民国临时执政，随即依"马"电之承诺，筹备善后会议，任命许世英担任善后会议筹备委员会主任，并谕令临时法制院院长姚震草拟《善后会议条例》，未理会孙中山在《北上宣言》中发表的政见。

　　《北上宣言》的发表和《善后会议条例》的拟订，使国民党与段祺瑞的分歧开始凸显。分歧集中体现在两个方面：一是会议的"名目"，即究竟是召开"善后会议"还是召开"国民会议预备会议"；二是会议的人员构成，即会议究竟是以"实力派"为主还是以"人民团体"代表为主。

　　在会议名目问题上，段祺瑞坚持冠以"善后会议"。依其设想，善后会议可兼顾直奉战争军事及财政的后续事项处理和国民会议的组织筹备两方面，其职能范围应较单纯的国民会议预备会议宽泛。但国民党方面认为，既然段氏主张以国民会议"治本"，则召开"国民会议预备会议"为之作准备即可，没有召开善后会议的必要。在会议的人员构成上，段祺瑞政府偏重实力派的参与。而国民党方面则偏重"人民团体"代表，主张国民会议预备会议由实业团体、商会、教育会、大学、各省学生联合会、工会、农会、共同反曹吴各军及政党九方面代表组成。尽管双方存在差异，但由于尚未看到《善后会议条例》草案，不清楚段祺瑞究竟将如何筹划善后会议，国民党方面最初只是正面阐述国民会议主张，对善后会议未提出批评意见。

　　12月10日，段祺瑞派人将《善后会议条例》草案送交孙中山参酌。18日，许世英、叶恭绰等谒见孙中山，征询意见，孙仅对段政府"外崇国

――――――――――

　　①　《北上宣言》，《孙中山全集》第11卷，第294—298页。

信,尊重条约"的外交保证表示不满①,未对善后会议提出异议。同日阅李烈钧带来的《善后会议条例》草案,作出暂缓入京的决定,但对条例内容也未置可否②。孙未就《善后会议条例》及时发表意见,可能因国民党内部意见分歧,一时难以统一认识所致,也可能是碍于韶关之约,不便公开提出异议。富于政治经验的段祺瑞抓住机会,于 24 日公布《善后会议条例》,随后通电全国,宣布于次年 2 月 1 日正式召集善后会议,争取到了政治上的主动。

《善后会议条例》公布后,国民党发现已经处于被动地位。为改变局面,国民党中央执行委员会发表《敬告国民书》,说明解决国是须以人民团体广泛参与之预备会议为前提,用以决定国民会议之基础条件。随侍孙中山的在津国民党要员汪精卫、邵元冲、戴季陶、张继等十一人亦召集会议,作出"一切善后问题应由国民会议解决,无必要另行召集善后会议"之决议③。12 月 26(寝)日,国民党通电反对段政府召集善后会议,表现出与段祺瑞政府分道扬镳的倾向。

国民党与段祺瑞政府的分歧引起社会广泛关注。当时,社会舆论更多是站在同情孙中山及国民党的立场。段祺瑞筹备善后会议期间,各地成立的国民会议促进会大多支持孙中山的主张,对段祺瑞政府形成巨大压力。但是也有人注意到,国民党的主张虽然迎合了"民众"的心理,也符合"主权在民"的政治理念,却没有注意辨析两种会议的不同性质,也较少考虑政治操作的可行性。北京律师公会会长、法律专家陈炳堃曾发表通电,认为站在国民会议的立场批评善后会议,系未辨两种会议的性质所致④。从会议的性质上分析,国民会议主要解决制定宪法等有关国家根本建设的问题,有类美国的费城会议,具有"立法会议"

① 《与叶恭绰许世英的谈话》,《孙中山全集》第 11 卷,第 500—501 页。
② 《民国日报》(上海)1924 年 12 月 30 日,转引自陈锡祺主编《孙中山年谱长编》下册,第 2096 页。以下《民国日报》消息皆引自陈锡祺同书,不再一一注出。
③ 陈锡祺主编:《孙中山年谱长编》下册,第 2091 页。
④ 《陈炳堃解释善后会议之通电》,《大公报》(天津)1925 年 1 月 14 日。

的性质。而善后会议主要解决时局纠纷及直奉战争之后国家所面临的军事、财政善后问题，具有"行政会议"的性质。借用《大公报》当时一篇评论的话来说，"善后会议从事实上谋收束，国民会议从法制上以图创造"①。两个会议性质互不相同，所欲解决的问题各有侧重，并不一定构成对立关系。

　　还有人从政治操作的角度对国民党的主张提出不同看法，认为虽然国人已经认识到国家混乱与军阀政治的关系，但在军阀未被彻底"打倒"之前，欲将其撇开，而以"人民团体"为主，召开会议，解决国是，未必现实可行。《大公报》一篇署名文章就提出质疑，认为若不屈就现实，先召开以实力派为主的善后会议，使实力派之间达成妥协，"岂国民会议以一纸决议，遂能强某某军阀裁兵若干万乎？遂能令某某各省不得截留中央款项乎？……遂能举军民分治之实乎？……遂能期废督裁兵之效乎"②？

　　段祺瑞政府对善后会议偏重实力派的原因曾作出与上引《大公报》评论类似的解释。当国民党通电反对善后会议之后，段祺瑞紧急召集许世英、林长民、汤漪、章士钊、屈映光、龚心湛、梁鸿志等开会，商量对策。会后汤、梁等召开记者招待会，表示了以下意见：其一，《善后会议条例》未公布前一旬，段执政曾先后命李烈钧、许世英、叶恭绰赴津征求孙中山的意见，"彼时中山虽无赞成之表示，但亦无反对之表示，可见中山彼时实曾默认善后会议之条例，中山彼时既默认之，则此时实无提议修改条例之余地"；其二，国民党称段祺瑞派人送呈《善后会议条例》供斟酌时，孙中山因病不能考虑，故未发表意见，"然中山彼时对于李烈钧回赣一事，既能有所主张，则可见中山彼时尚能考虑，且确已加以考虑者"；其三，善后会议筹备多日，"已成将熟之饭"，断难另起炉灶，修改条例，将国民党所主张的九法团代表同时纳入会议成员之理。因此，段政

---

① 春木：《善后会议与国民会议》，《大公报》（天津）1925 年 1 月 10 日。
② 春木：《善后会议与国民会议》，《大公报》（天津）1925 年 1 月 10 日。

府认为,若孙中山不能谅解,对善后会议固然是一种遗憾,"而责任固不全在政府也"①。段政府的强硬态度,当然无助于化解分歧,争论很快陷入僵局。

(二)善后会议背后的权力之争

国民党与段祺瑞政府的分歧,就其反复强调会议应当具有社会团体参与系本于民国应当"主权在民"而言,可以说具有某种"主义"之争的色彩。在不具备军事优势的情况下,国民党以"主义"来邀结民心,无疑是一种明智之举。该党后来的成功,在很大程度上正是得益于"主义"(尤其是民族主义)的宣传②。

但是,如果仅仅从政治主张的异同去诠释国民党与北方实力派就善后会议所发生的争执,问题的研究将流于表浅。事实上,在围绕善后会议不同"主义"之争背后,有着十分尖锐表现却异常隐曲的利益之争。对于政治斗争中的实际利益,国民党方面的重视程度,并不亚于对"主义"的重视。当时一些揣测,有堪记录以备参考者:"或谓段本自恃不菲,安福系又欲大有为于将来,因中山在民众方面之势力不可侮,恐国民会议召集之日,即中山被推为总统而率其党员占领政治舞台之日,故殊不欲见国民会议之开幕。……至于反侧(民党方面),则亦有其计划。一则以段乃一军阀之领袖,在民众方面全无潜势力之可言。故国民会议之列席者资格愈泛,国民会议之任务愈重,则民党在会议席上即可愈得势。而未来之组织政府者,亦除却国民党而莫属。因之对于本问题,乃不惜力持到底,以博全国之同情,为将来挟国民作后盾,以组织民党政府之计。故双方目下之所争,质言之,乃争组织未来之政府耳。"③

从反直各方领袖的地位与政治影响来看,孙中山是最有资格在倒

①　《善后会议与孙中山》,《申报》1925 年 1 月 28 日。

②　C. Martin Wilbur ,*Military Separatism and the Process of Reunification under the Nationalist Regime* , *1922 - 1937* , in Ho P'ing-ti and Tsou Tang , eds. *China in crisis* , vol. 1, p. 221, Chicago University Press, 1968.

③　《段孙意见不同之点》,《申报》1925 年 1 月 6 日。

曹之后出任总统的人选之一。奉张虽于推倒曹吴有"武功",且最具实力,但只一介武夫,缺乏政治号召力。冯玉祥发动北京政变,虽直接控制北京,但政治影响最多不过等同奉张;且因数次"反戈",在操守上颇遭谴责,"社会上谅之者甚少"①,不至遽有总揽国家政治的奢望。黎元洪在反直军事行动中置身事外,虽有主张恢复"法统"的章太炎等捧场,但于善后事宜,亦基本无与。真正有资格与孙中山竞争总统者只有段祺瑞。段氏为"北洋三杰"之一,且有"三造共和"的声誉。如果曹、吴倒台系中国政治在广泛的社会层面变革的结果,当然孙中山是最理想的总统人选;但如果仅仅是一次北洋军阀政治权力体系的重新"整合",则段祺瑞出而执政应当是合适人选。

当是之时,中国的政治统治已严重失序,呈现出"五代"式的分裂局面,寻求和平统一成为中国政治的急务②。但是,由于中国政治并未形成一切推倒重来的格局,北京政变之后的变化就只能是北洋军阀权力体系的重新"整合"。事实上,也只有这种局部动手术的方式,才可能将分散的军阀派系暂时维系在一起,尤其是使已经退到长江、企图卷土重来的吴佩孚表态"拥护"中央,不至重启战端。在当时,能够膺此重任者,非段莫属。孙中山在段就执政之职后说,整理时局之人,"除段祺瑞氏而外,无适当人物"③,应为审时度势的表态。

然而这并不意味着孙中山没有领袖全国和为国民党谋求参与全国政权的深谋远虑。在天津会议上,段祺瑞只是被推举出任"临时执政",并未取得统治的合法性,其职责也仅仅是"善后"而已,故其"马"电中有"(善后)会议完成之日,即祺瑞卸责之时"一语④。孙中山对段的承认,

　　①　《冯玉祥辞职原因》,《申报》1924 年 11 月 13 日。

　　②　Harold Z. Schiffrin ,*Military and politics in China ：is the warlord mold pertinent ？Asia Quarterly ：A Journal from Europe* ,3 (1975)pp. 199 -200.

　　③　《广东七十二行商报》1924 年 12 月 22 日,陈锡祺主编《孙中山年谱长编》下册,第 2082 页。

　　④　费保彦编:《善后会议史》,第 23 页。

也仅限于出任"临时执政"。中华民国的合法"总统"，按照多数国人认同的程序，应根据国民会议通过的总统选举法由国民选举产生。段祺瑞当然想在就任执政之后顺利地登上总统位置，他极力将善后会议开成实力派控制的会议，并企图以善后会议产生国民会议，这应当是原因之一。但如果以国民党设想的程序召开国民会议并选举总统，曾经担任中华民国第一任临时大总统的孙中山则更有可能当选。

国民党敏锐地看到了这一可能的机会。故冯玉祥电邀孙中山北上不久，广东方面便有不少人认为，孙中山这次进京，"一定可以握大政权"①，并对此寄予厚望。在天津会议上，段之左右也曾提出"推孙为总统出洋，段为副座兼阁"的建议②，两者若合符节。

孙中山的公开表态则比较低调。针对他一定可以握"大政权"的说法，他表示说："其实我并没有想到握大政权，就是他们要我办，我也是不能答应的。"③但这并不表明孙中山没有出任总统的想法。退一步说，即便孙中山没有为自己谋求总统位置的想法，作为国民党领袖，他也不能不为国民党的利益及前途设想。他之所以坚持以国民会议决定国是，反对以善后会议产生国民会议，就是出于在政权问题上为国民党争一席之地的考虑。

其实不独国民党欲争未来合法政府的控制权，皖段奉张亦无不争。争乃政治斗争中的正常现象，不争倒才不可思议。对国民党来说，问题的关键不在争还是不争，而在如何去争才对自己有利。在"联俄"、"容共"的过程中，国民党积累了政党建设和民众动员的经验④。相对国内其他政党或社会团体而言，此其优势，当然会想方设法加以运用发挥。李剑农对此所作分析颇具启发性，他认为，说善后会议系以军阀实力派

① 《民国日报》(广州)1924年11月5日、6日。

② 《国内专电》，《申报》1924年11月13日。

③ 《民国日报》(广州)1924年11月5日、6日。

④ Donald A. Jordan, *The Northern Expedition: China's National Revolution of 1926 - 1928*, pp. 5 - 6, The University Press of Hawaii, Honolulu, 1976.

为主要成分,国民会议预备会则以公民团体为主要成分,这只看到了事物的表象。"骨子里面,中山是代表当时有严密组织的中国国民党,党员的潜势力已经钻入各公民团体中,若依中山的组织,国民党用党团操纵的方法,这个会议便可由国民党宰制;执政政府的生命,托于实力派的军阀,对于各公民团体无深切的关怀,岂能容纳中山的主张"[1]? 李氏所言,堪称切近事理。

国民党与段祺瑞的矛盾不仅表现在中央政权的组建上,在地方权力分配尤其是地盘划分问题上,双方同样进行着激烈的争斗。自段祺瑞入京主政之后,各实力派便开始争夺地盘,并形成"临时防区"之协定[2]。对此,段政府分别给予了承认。孙中山作为三角同盟的一方,局促广东一隅,难纾抱负,故继续挥师北伐,亟欲夺得江西。但在北伐军进入江西时,段政府却致电孙中山,内有"南军师出无名"之语,请电令北伐各军停止攻赣,并任命方本仁督办江西军务,主持赣事。方素与国民党方面不协,曾四次发兵犯粤。孙中山对方受命督赣极为不满,在方本仁击退谭延闿所部北伐军,重新占据吉安之后,孙中山要求段任命李烈钧为江西省长,以抵制部分拒贿议员以方取代省长胡思义的企图,段未照允。孙旋命李烈钧回赣,与"赣中诸将"共同应付局面,是即举国关注的"江西地盘之争"[3]。

值得注意的是,正是在要求李烈钧长赣受阻之后,国民党对段祺瑞政府及善后会议的态度发生明显变化。段祺瑞与孙中山电商赣局是1924年12月17日的事。19日,孙中山即特派宣传员赴北方十三省区宣传国民会议,表示出欲自行其是的政治倾向。20日,国民党党员接

---

①　李剑农:《中国近百年政治史》,第 660—661 页。

②　《天津通信》,《申报》1924 年 11 月 30 日。

③　《孙段电商赣局》,上海《民国日报》1924 年 12 月 25 日;《时事日志》1925 年12 月 27 日条,《东方杂志》卷 22 第 2 号;《赣局收拾之不易》,《申报》1924 年 2 月 9日;《李烈钧即日入赣》,《晨报》(北京)1924 年 12 月 21 日。

到不得在段政府下取得任何职位之训令①。26 日,国民党首次发出反对段祺瑞在京召集善后会议的通电。这一系列非常举措均在段、孙电商赣局之后一周内发生,其间的逻辑联系清晰可见。对此,当时有人分析说:"善后会议问题,只可谓为表面的,实则孙文方面最重视者,仍为江西地盘问题也。盖孙中山曾要求执政府任命李烈钧长赣,执政府方面对之以目下情形,万难即允。执政府倘因孙之要求,即任命李烈钧长赣,势必遭方督之反对,且与方督有联络之陈炯明,亦必继起反对也。"②

(三)国民党内部分歧的表面化

尽管善后会议遭到国民党通电反对,段祺瑞政府仍然争取到多数实力派的"支持",并最终造成"全国实力派已十九与会"的局面③。在多数实力派已决定参与善后会议的情况下,国民党方面若为会员构成及江西问题与段政府僵持,结果对自己并不一定有利。段政府方面则作出姿态,不将国民党的通电反对视为决裂的表示,再三邀请孙中山出席善后会议。在这种情况下,国民党内部的左右分野再次凸显。

黄郛(膺白)称:"随中山先生北来的同志,其时亦左派右派各不相容。北京城里从来少有如此多的同志,亦从来未有如此多的龃龉。"④张继、孙科与汪精卫等"积不相能","愤然去津南下"⑤,即国民党内出现裂痕的例证。而孙中山病重不起又加速了国民党的分裂⑥。在是否出席善后会议问题上,国民党内部众说纷纭:"反对参加者以此会与真

---

① 于右任就曾遵命拒绝段祺瑞要其担任内政部长之请,详见许有成、徐晓彬著《于右任传》,复旦大学出版社 1997 年版,第 147 页。

② 《民党对执政府不满之内幕》,《中华民国史史料外编》第 5 册,第 58 页。

③ 《善后会议与国民党》,《大公报》(天津)1925 年 2 月 5 日。

④ 沈云龙编著:《黄膺白先生年谱长编》上册,台北联经出版事业公司 1976 年版,第 244 页。

⑤ 《张继孙科南下之原因》,《中华民国史史料外编》第 5 册,第 311 页。

⑥ Ch'ien Tuan-sheng, *The Government and Politics of China*, Harvard University Press, Cambridge, Massachusetts, 1967, p. 91.

正民意无涉,吾党不宜参与;主张参加者以必须加入方可防止其包办国民会议,且对各省军事财政为报告之性质,亦有益。"①激进的左派人士主张对段、张强硬,坚决抵制善后会议,而温和派则希望维持与段、张之关系,参与善后会议。孙中山的秘书黄昌谷在回忆此事时说:"当时最大的时局问题,就是本党是否加入善后会议。因为善后会议不久就要召开,所以本党是否加入的态度,应该要赶早决定。为这个问题,有许多人和大元帅研究过,总是主张加入的多。"②

　　其实不仅国民党内多数人主张加入善后会议,就连孙中山本人对于段祺瑞亦不抱成见,"仍期贯彻段孙合作之旨"③。当孙进京时,一些国民党人在欢迎队伍中散发传单,鼓动"打倒某某",孙获悉后,立即训令国民党北京党部严加制止,称此番进京,对于段、张、冯均注重保持友谊,"若对于友军人物不能以诚恳之辞互相勉励,良非本党应取之态度"④。后来孙身边的激进派人士又以江西问题、善后会议条例及段承诺遵守条约三事为口实,"颇多劝中山南回,中山则不谓然"⑤。孙科自京返粤后发表谈话,亦称其父坚持国是唯有通过"全国代表大会"加以解决,"段执政对此完全同意,并无异议";至于善后会议,其父只是"因病体荏弱,不能活动参与"而已⑥。可见,孙中山在善后会议问题上实有与段继续合作的倾向。

　　在国民党出现严重分歧的形势下,作为领袖的孙中山不能不作出最后裁决。孙是讲求原则性但更加务实的政治家。"主义"使他坚持政治原则,但党的利益又使他对于"原则"的把握具有较大的灵活性。时

---

　　①　陈锡祺主编:《孙中山年谱长编》下册,第 2109—2110 页。

　　②　黄昌谷:《大元帅不北上患病逝世以来之详情》,尚明轩编《孙中山生平事业追忆录》,第 657—658 页。

　　③　尧日:《曹园张园之新讯》,《申报》1925 年 1 月 7 日。

　　④　《民国日报》(上海)1924 年 12 月 18 日。

　　⑤　尧日:《曹园张园之新讯》,《申报》1925 年 1 月 7 日。

　　⑥　《孙科之谈话》,《申报》1925 年 1 月 11 日。

论尝以"绝对不妥协,又不决裂"来概括孙中山的态度①,但最终孙中山还是为了不"决裂"作了一些"妥协"。1月17(篠)日,孙中山复电段祺瑞,表示可以接受善后会议,但提出如下先决条件:"善后会议于诞生国民会议之外,尚兼及于财政、军事之整理,其权限自较预备会议为宽,而构成分子则预备会议所列人民团体无一得与。……中国历来会议,人民无过问之权,故无良结果;此次善后会议构成分子偏重实力派一方面,忽略民意代表,恐不能矫往辙,成新治。……文筹思再三,敢竭愚诚为执事告:文不必坚持预备会议名义,但求善后会议能兼纳人民团体代表……。如是,则文对于善后会议及《善后会议条例》,当表赞同。至于会议事项,虽可涉及军制、财政,而最后决定之权,不能不让之于国民会议。"②

20日,汪精卫发表谈话,对孙的"篠"电作了详细解释。要旨有二:其一,国民会议的构成,应以士、农、工、商为主,方可名副其实。故产生此国民会议之会议,不应均为军政界及执政府指派之人,至少须令少数法团代表参与其间。其二,无论整理军政或财政,皆与人民负担有关,既谋解决人民负担,即不可不征求人民之意见。"质言之,即谓欲中山赞成善后会议,则必先修正善后会议条例"③。

国民党的上述表示无异赞成了段的主张。因为尽管该党要求人民团体代表参加,却并未提出代表人数的比例,因而即便获得采纳,未必能改变善后会议的性质。至于军政、财政诸问题留待国民会议作最后决定的要求,则主要是为了使广东政府的地位不致立时遭受打击而已④。对于国民党来说,这显然是一次重大让步。当时《申报》刊载的一篇文章评论说:"篠电所言,将预备会议与国民会议冶为一炉,实已迁就段氏,表示让步。在数十日【年?】笃信所抱主义之中山,向无所谓迁

---

①　罗敬:《北方最近之政情》,《向导周报》第98期。

②　《孙中山先生篠电》,善后会议秘书处编:《善后会议公报》第1期"公文·电三"。

③　《善后会议与孙中山》,《申报》1925年1月28日。

④　张国焘:《我的回忆》第1册,第380页。

就者,今已有破觚为圆之意,洵属难得。"①

　　段祺瑞接到孙中山"篠"电后,连日召开会议,筹商办法。但此时执政府内也形成了不同的意见:一派以许世英为代表,为"调停派","绝对不欲段孙破裂",主张部分采纳孙中山的意见,将各省垣教育会、农会、商会等"法定团体"的会长吸纳入会,而工会、学生联合会等团体因尚未成为法定社团,暂不加入。另一派以林长民、汤漪为代表,力持异议,认为这样做,会使加入善后会议的法团代表多达一百三十余人,占全部与会人数之半;这与善后会议偏重实力派以维持局面的做法颇形凿枘,势必引起"对于现在组织尚嫌人多"的奉张的反对②。由于两派背后分别有段祺瑞和张作霖的支持,意见相持不下,只好采取疏通民党人士、寻求共同对手让步的办法。

　　在与国民党人士的晤谈中,许世英听取了汪精卫的陈述,发现并无转圜余地,遂将该党意见报告段,"请容纳孙意"③。21 日上午,段祺瑞与许世英召集林长民、章士钊、屈映光、龚心湛、梁鸿志等开会,确定了"中山既有明白之表示,自不能不予以尊重;但中山之意见,固须尊重,而执政府之威信,亦必须保全"的原则④,并在激烈争论之后,最终采纳了许世英的折衷调和处理办法⑤。29 日,段祺瑞复电孙中山,正式表达了 21 日会议的意见。段在解释了不便修改条例、延缓会期的原因之后,允聘各省及特别行政区议会、教育会、总商会、省农会四会长,以及京、津、沪、汉四大商埠商会长为善后会议"专门委员"⑥。同日,段政府

①　《段侧对中山篠电之办法》,《申报》1925 年 1 月 31 日。
②　《段侧对中山篠电之办法》,《申报》1925 年 1 月 31 日。
③　《善后会议增添会员问题》,《顺天时报》1925 年 1 月 21 日。
④　《善后会议与孙中山》,《申报》1925 年 1 月 28 日。
⑤　当晚,记者采访许世英,问及执政府会议是否决定采纳中山意见,许答曰:"本日在执政府会议,对于中山之建议,大多数主张为相当之容纳",并详述了容纳方法。(《许世英关于善后会议之谈话》,《申报》1925 年 1 月 31 日)
⑥　《段祺瑞复孙中山之艳电》,费保彦编《善后会议史》,第 30—31 页。

通电各省区四法团，请迅速赴京与会。30日，下令于2月1日召开善后会议。善后会议开幕之后，法团代表的"表决权"问题，也以替补缺席会员的方式，部分（或象征性地）得到解决①。过去论者多谓以"四法团"代替"九法团"，是对国民党要求的敷衍。其实，如果考虑到政府内部的严重分歧，段祺瑞能做到这一步，已属不易。

段祺瑞政府作出的让步，一定程度上拓宽了善后会议的社会基础，用当时汇丰银行主席的话来说，这次会议"根据较从前所有之会议广大"②。但条例文本未改，允添四法团代表为专门委员与孙中山九法团代表作为正式会员的要求尚存在距离。国民党中央执行委员会认为段未接受所提出的先决条件，遂于1月30日发表宣言，命令全党抵制善后会议③。2月10日，国民党再次发出通电，主张由人民团体构成国民会议，以解决时局问题，反对以善后会议产生国民会议，并号召由人民团体制定国民会议组织法④。国民党的这些做法，完全否定了善后会议，孙、段合作至此结束。

但国民党内部的分歧并未消除。后来，一部分"急欲接近政权"的国民党人仍然参加了善后会议。从有关善后会议的报道来看，实际出席者计有彭养光、冯自由、马君武、石青阳，以及熊克武的代表张铮、樊钟秀的代表唐瑞铜、杨希闵的代表卢启泰、范石生的代表邓之诚、胡思舜的代表李岳渊等九人⑤。黄郛称："国民党议决该党党员概不参加善后会议，实则温和派之不遵命而依然出席者，固大有人在也。"⑥所言大

---

① 《各法团代表之暗潮》，北京《晨报》1925年4月14日。

② 《汇丰主席论中国事》，《申报》1925年2月23日。

③ 《民国日报》（上海）1925年2月5日。

④ 《国民党正式否认善后会议》，北京《晨报》1925年2月11日。

⑤ 《国民党与善后会议》，《大公报》（天津）1925年2月3日；《善会预备会开会纪》，《大公报》（天津）1925年2月10日；《国民党决定出席善后会议》，《顺天时报》1925年2月11日。

⑥ 沈云龙编著：《黄膺白先生年谱长编》上册，第229页。

体符合事实。

在国民党就善后会议与段祺瑞周旋期间,孙中山已卧倒病榻。由天津到北京之后,病势更显严重,难以亲自过问政事。这使国民党内部意见分歧益为明显,更难就善后会议达成共识。1925年3月12日,孙中山与世长辞。临终留下由汪精卫等代拟、有亲笔签名的国事遗嘱:"余致力国民革命凡四十年,其目的在求中国之自由平等。积四十年之经验,深知欲达此目的,必须唤起民众及联合世界上以平等待我之民族共同奋斗。现在革命尚未成功,凡我同志,务须依照余所著《建国方略》、《建国大纲》、《三民主义》及《第一次全国代表大会宣言》,继续努力,以求贯彻。最近主张开国民会议及废除不平等条约,尤须于最短期间促其实现。是所至嘱。"[1]孙中山去世后一段时间内,国民党"左派"实际操持党务,继续实施抵制善后会议的政策。

就段祺瑞方面而言,尽管遭到国民党的抵制,但多数地方实力派的表态仍差强人意。到会议开幕前夕,各方所派或允派之代表达一百三十余人。在全部拟聘会员中,段最为看重、认为最不可少的有七人,即代表国民党的孙中山,代表镇威军的张作霖,代表国民军的冯玉祥,代表西南联治派的唐继尧,代表旧直系的萧耀南,代表政学系的岑春煊,以及代表研究系的梁启超[2]。在这七人中,梁启超拒绝与会系已宣布脱离政治之缘故,并非故意与段为难,故于段氏方面并无影响。唐继尧虽曾表示不满,但因欲"平分政权"[3],故仍允派代表出席。岑春煊虽不主动,亦能"消极赞成"。而且,"关于人的问题者,中山虽决计不加入,各方面虽亦未表示十分热烈之欢迎,而在目下,亦并无一人欲出积极之手段,以破坏之"。这说明时人虽颇怀疑会议的最终结果,但抱尝试而

---

　　①　《国事遗嘱》,《孙中山全集》第11卷,第639—640页。
　　②　《善后会议之人的问题》,《申报》1925年2月5日。
　　③　罗敬:《善后会议中的北方政局》,《赵世炎选集》,四川人民出版社1984年版,第232页。

"乐观阙成"心理的人确实为数不少①。在这种情况下，段祺瑞终于可以抛开国民党，独行其是，按照预定计划召开善后会议了。

第二节　善后会议的召开

一　善后会议的筹备工作

《善后会议条例》公布之后，段祺瑞特派与之有"金兰之交"的许世英办理筹备善后会议事宜②。许受命之后，即在北京西堂子胡同设立筹备处，置总务、文牍、交际三股。各股设股长一人，下置主任、办事员及交际员若干，以张轸、费保彦、骆通、廖熙元、李其荃、邓子诚、李庆芳、乌泽声等八人为秘书。组织既定，乃召集职员会议，筹商一切，并编订筹备处章程七条，分别就筹备处的设立、隶属关系和权限、组织机构、文电处理、办事细则、竣会后器具之移交、章程实施日期作了具体规定。关于筹备处的隶属关系和权限，章程明确规定："本处直隶于执政，凡一切筹备事务，由处长秉承执政行之；遇有重要事件，由处长呈请执政，派员会商决定后呈核实行；关于善后会议各种议案，应请执政指定主管机关，或派员办理；善后会议条例发生疑义时，由临时法制院解释。"③

筹备处成立后，即根据章程规定的职权范围，开始邀请会员。最初拟定的会员合计一百三十二名，但因条例细则规定兼省长之督办及兼督办之省长等会员可派代表两名与会，全部应出席的代表为一百六十六名④。各军首领以及各省区及蒙、藏、青海军民长官大多派代表列席，特聘会员则亲自参会。

从政治关系上分析，善后会议列席者可分为四大派系：其一为安福

---

①　《北京通信》，《申报》1925年1月10日。

②　黄伯度编：《许世英先生纪念集·传略》，沈云龙主编《中国近代史料丛刊》续编第49集，第1页。

③　《善后会议筹备处章程》，费保彦编《善后会议史》，第27—28页。

④　费保彦编：《善后会议史》，第51页。

系。这主要是段祺瑞系统的人,另外还包括段欲拉拢或借重的人,计有赵尔巽、王士珍、熊希龄、乌泽声、周学熙、胡适、周作民等十余名,时人称之为"准段系"。其二为奉天系。凡东三省、直隶、热河之代表,皆包括其中,总数约在三十人上下,领袖人物为张作霖的秘书长郑谦及参谋长杨宇霆。东三省代表二十余人,与会前曾先在沈阳集合,召开预备会议,然后来京,足证奉天方面对此会的重视。其三为国民军系。包括察哈尔、绥远、京兆、河南省区代表,以及冯、胡、孙三部之军官代表,人数约有十八名,在三系之中势力较小。至各人之行动,则大体以薛笃弼为标准。其四为西南联治派之代表,约十余人,进退大体视唐继尧的立场为转移。其他各省区代表,皆不能团结一致,而往往附属于某一派。西藏的达赖喇嘛以及班禅额尔德尼的代表以西藏地区行政及宗教领袖代表的双重身份应邀,虽无派系分别,也十分引人注目①。

依《条例》规定,"特聘会员"系由临时执政聘请或选派有特殊资望及学术经验者担任,且人数不得超过三十名,颇不易确定,直到1925年元旦才最后落实。三十人中,十人为拒贿议员,其人选系奉张与各方妥协的结果。其余二十人,或代表各实力派,或代表各政党,或为商学界之闻人②。

――――――――――

　　①　遏密:《善后会议会员一览》,《申报》1925 年 2 月 7 日;随波:《正式开会中之善后会议》,《申报》1925 年 2 月 12 日;费保彦编:《善后会议史》第二章第五节"会员",第 37—44 页。

　　②　时人曾将全部特聘会员的派系作了如下分析:(1)民党派三人(汪精卫,"新文化健者";杨沧白、彭养光,拒贿议员);(2)段祺瑞派三人(刘振生、乌泽声、潘大道,拒贿议员,潘为章太炎弟子);(3)张作霖派三人(赵尔巽、杨宇霆;邵瑞彭,拒贿议员);(4)冯玉祥派二人(黄郛、张绍曾,原系直系,后因失意,立于冯系旗帜之下);(5)黎元洪派二人(李根源,原属政学系;饶汉祥);(6)唐继尧派二人(王九龄;褚辅成,拒贿议员);(7)熊克武派一人(李肇甫,拒贿议员,亦属政学系);(八)研究系三人(熊希龄、梁启超、林长民,"准段系");(九)旧交通系二人(朱启钤、梁士诒);(10)政学系一人(杨永泰,拒贿议员);(11)联治派一人(汤漪,拒贿议员,"准段系");(12)"西南名宿"三人(唐绍仪、章太炎、岑春煊);(13)北洋名宿一人(王士珍);(14)遗老一人(严修);(15)学界一人(胡适,新文化健者);(16)商界一人(虞洽卿)。(遏密:《善后会议之特聘会员》,《申报》1925 年 1 月 11 日)

自 1924 年 12 月 30 日段政府发出致各军首领及各省区及蒙、藏、青海军民长官通电，"请躬自出席善后会议或派代表出席"，迄于次年 2 月 1 日，筹备处接各方派代表或允亲自出席之函电，"计有三百四十六件之多"，"函电答复到会及派代表与会者，共计一百四十八人"①。

经费的筹集是颇让筹备处伤脑筋的事。为使会议顺利召开，许世英于 1925 年 1 月 26 日，缮具善后会议经费概算书，呈请段祺瑞提交国务会议议决。经费指拨分开办费和经常费，两项概算约五十万元②。经费来源一为执政饬财政部拨放，一为各省协济。然而，筹备处最初仅收到财政部拨发的开办经费二万元，实收各省协款，亦只七万元。临近会议开幕，会员纷纷由各地赴京，车马食宿，所费不赀，"告贷频繁"。许世英"苦无以应"，再三呈文段执政，请饬部紧急拨放经费，但部拨经费一直难以落实。经筹备处与财政部反复筹商，最后谈妥拨款，但此笔部拨"的款"仍须俟交通部允为代垫，始能兑现。在这种情况下，许世英只好让会计科向盐业银行"商垫"、"暂借"，以救燃眉③。

二　善后会议正式召开及通过的主要议案

经紧张筹备，善后会议于 1925 年 2 月 1 日如期开幕。会场设在以前的总统府大礼堂。上午 10 时许，俄大使馆参赞伊凤阁、美国使馆参赞斐克、英国使馆参赞台克海、法国使馆参赞韩德威、德国使馆参赞师谋、日本使馆参赞岩持成见等二十余人，"各以私人资格至会参观"。另有英、日、法及中国新闻记者若干人赴会采访。10 时 30 分左右，段祺瑞着大礼服莅会，随同与会的有侍从武官长卫兴武、执政府秘书长梁鸿

①　费保彦编：《善后会议史》，第 37、51 页。

②　费保彦编：《善后会议史》，第 45—49 页。

③　费保彦编：《善后会议史》，第 49 页；《善会之二月份经费》，《大公报》1925 年 3 月 2 日。

志、军务厅长张树元、编译处主任吴南如等。内务总长龚心湛、财政总长李思浩、海军总长林建章、司法总长章士钊、外交次长沈瑞麟、教育次长马叙伦、农商次长刘治洲、交通次长郑洪年等先后到会,签到会员共八十六名①。

10 时 50 分,善后会议正式开幕。西藏民政代表朱清华建议推举赵尔巽为临时主席,主持开幕式,获大会通过②。会议首先由许世英报告筹备经过,接着由段祺瑞及内务总长龚心湛分别致颂词。③ 颂词致毕,由主席赵尔巽致答词。上午 11 时零 5 分,开幕式结束。

同日,段祺瑞发表《建设宣言》,分发各会员并电达全国,提出“彻底改革中华民国之程序”。《宣言》重申“马”电提出的由善后会议解决时局纠纷,共谋和平统一,以及由国民会议解决一切根本问题的主张;申论了辛亥革命的意义,革命延长导致的危机,制定国宪促成省宪,善后会议与统一,国民代表会议与制宪,以及建设责任等问题④。

---

① 费保彦编:《善后会议史》第三章“善后会议之开幕”,第 51 页。《申报》引东方社北京电文称与会代表共 96 名。(《北京善后会议开幕》,《申报》1925 年 2 月 3 日)因费保彦氏为善后会议筹备处秘书,所录应较为准确,故从其说。

② 赵之被“推举”虽以“年长”为理由,实则另有原因。赵世炎在分析善后会议与北方政局之关系时引用时人之议论说:“善后会议……虽是段祺瑞的御前会议,内幕亦有困难。溥仪的臣子赵尔巽之所以成为善后会议议长,便是老奸巨猾的段祺瑞对付张胡子的手段。当初要使奉派代表早出席,现在要使奉派代表肯服从。原来‘赵大人’是张胡子当初的上司,受招安的恩官。去年张来北京,即登门拜谒行三跪九叩礼。故现时善后会议在奉张虽觉纯粹成为段氏的御前会议,但也只好暂忍着。这话言人凿凿,虽觉偏僻,但善后会议之不能满张意是不可讳言的。”(罗敬:《善后会议中的北方政局》,《赵世炎选集》第 231 页)另外还有“段意甚希黄陂(黎元洪)被举为会长”之说法。(《善后会议明日行开幕式》,《申报》1925 年 1 月 31 日)

③ 段祺瑞的颂词曰:“群治循化,环若转轮,挈其机括,厥为平均。惟十四年,万象璘斌,涤瑕荡秽,咸与更新。济济一堂,全国缙绅,综合群议,开心见诚。譬植嘉木,萌芽于春,柯条万亿,根本在民。”费保彦编:《善后会议史》第三章“善后会议之开幕”,第 52 页。

④ 费保彦编:《善后会议史》第三章“善后会议之开幕”,第 52—58 页。

2月3日下午，善后会议召开第一次谈话会，代表邵瑞彭建议先起草议事细则，再开正式大会。会议遂指定熊希龄、林长民、杨永泰、薛笃弼、汤漪、黄郛、胡适等七人为起草员，专司其事①。因善后会议已开幕，而各省区军事行动并未完全停止，这与善后会议解决时局纠纷、筹议建设方案的宗旨不相符合，经邵章提议，由与会74名代表签名，向政府提出意见书，请段执政于会议正式开议以前，"明令全国，所有各方一切军事行动，及其他敌对行为，均须完全停止。各方如有争执意见，均应由各方正式提出善后会议，听候解决，不得擅用武力，以滋纠纷，而长祸乱"②。

这次谈话会，与会代表仅七十七人。后经政府方面极力罗致，到9日召开预备会议时，列席代表达一百一十九人，已足法定人数（当时会员总数已增至一百七十人，三分之二法定人数为一百一十二人）。至13日召开第一次大会时，因国民党人马君武等到会，出席人数增至一百三十二人（会员总额此时已增至一百七十五人）。大会通过议事细则，推举赵尔巽为议长，汤漪为副议长。善后会议遂得以按照议程，渐次进行③。

善后会议从2月1日开幕，到4月21日闭幕，断断续续进行了两个多月。除去休会，正式会期为五十天。其间共召开大会二十二次，谈话会两次。会议共收到临时执政府提交的议案十四件，会员提议案二十五件，会员修正案六十二件，意见书三十一件④。正式列入议事日程的议案为十五件，其中两件在会议期间由提案人申请保留，三件被撤销。有关国民代表会议的议案和修正案单列，共十四件，列入"交付审查各案"一类⑤。会

---

① 《善后会议谈话会记》，《申报》1925年2月9日。

② 费保彦编：《善后会议史》第三章"善后会议之开幕"，第58—59页。

③ 《善后会议开会》，《东方杂志》第22卷第3号。

④ 《善后会议议事日程》，《中华民国档案史料汇编》第三辑政治（二），第1484—1491页。

⑤ 《善后会议议案总目》，《中华民国档案史料汇编》第三辑政治（二），第1492—1495页。

议主要对收束军事大纲案、国民代表会议条例草案和整理财政案进行了讨论。

（一）收束军事大纲案

段祺瑞政府最初提出的军事方面的议案为《整理军事大纲案》，该案被列入 2 月 19 日召开的第二次大会议事日程。但是会议秘书处分发的提案仅为《最近全国岁入数目与军费支出之比较表》①，并无议案本身。陆军部次长贾德耀在呈表时称，向善后会议呈递此表之目的，是为了"定将来议案之范围，而为讨论之标准"，显然也未视之为"议案"。故开议之后，即遭到林长民、张仁等代表非议。认为《整理军事大纲案》与该《比较表》，"标题与内容，完全不合，无从讨论"，且"观比较表之内容，多半根据民国八年之预算，而民九、民十一与民十三，三次皆发生国内战争，经此种变故之后，其军额军费两者之变动，当不可究诘，故此表仅可作为参考，不能作为准据"，建议将此"提案"暂时保留，俟政府提出具体议案，再付讨论。

因遭到非议，执政府不久又提出《收束军事大纲案》②。其纲要如下：（一）根据财政状况量入为出制定军费之标准；（二）依民国八年预算案以岁入三分之一之比例为军费；（三）暂定全国兵额为五十万人；（四）设立收束军事委员会，按上列各条，妥议办法，次第施行③。执政府以"理由书"的形式对大纲作了若干说明。关于军费标准之确定问题，"理由书"指出，各国财政收支，皆以量入为出为原则，中国财政状况恶劣，

① 费保彦编：《善后会议史》，第 71—75 页。

② 北洋政府筹备国会事务所等单位档案所藏《善后会议议事日程》中，同时列入了《整理军事大纲案》和《收束军事大纲案》，而所藏善后会议议案总目仅将《收束军事大纲案》列入，可见前者已被否决。详见《中华民国档案史料汇编》第三辑政治（二），第 1492—1495 页。

③ 费保彦编：《善后会议史》，第 96 页。

若不确定标准，将军费控制在一定范围，必然增加国民负担，窒碍难行①。

从 3 月 3 日召开第五次大会开始，与会代表就《收束军事大纲案》和朱清华提出的《整理现时陆军国防案》等议案展开讨论。到召开第七次大会时，部分与会者以"整理各案之手续"未能完竣为由，提议休会，以便利用一段时间，就有关问题进行协商。此时会议进行弥月，原定会期已满，经研究决定休会两周，并延会二十天。

休会期间，与会代表改以谈话会形式继续就整理军事案进行讨论。鉴于执政府已提出军事整理委员会组织条例与财政整理委员会组织条例，准备成立收束军事与整理财政机关，与会者认为下一阶段的会议只需讨论通过两委员会组织条例，"将来一切关于军事财政之案件，可由该委员会议决"，并建议将会员分为法制、军事、财政三组，分头进行。又因有关军事议案和修正案需相互容纳，谈话会决定由原提案人与修正者及自由认定之会员负责整理军事各案。

3 月 31 日复会后召开的第八次大会集中讨论了有关军事各案。按照议程，需要审查的议案包括执政府提出的《收束军事大纲案》、《军事整理委员会条例草案》，以及会员提出的议案及修正案共十七项。因议案众多，且交叉重复，张凤翙等建议将各案合并，分为两类，以执政府提出的《收束军事大纲案》、《军事整理委员会条例草案》为"讨论之标准"，融汇各修正案。然而，讨论中意见歧出。西南代表反对将军事纲要并入军事善后委员会议案，但林长民等认为"会议有规定军事善后纲要，并有规定军事善后委员会组织条例之必要"。东三省代表对此不满，"相率退席"，致使会议不足法定人数。为应付局面，许世英请王士珍出面调停，未能奏效。嗣由邵章提议将有关收束军事各案，作为"大

---

①　《收束军事大纲案》附"理由书及执政府秘书厅公函"，费保彦编《善后会议史》，第 119—120 页。

体成立"，合并审查表决，终以多数通过①。

4月2日，大会召集军事专门委员审查大会讨论之相关内容，并指定11名委员组织特别审查会。3日，特别审查会将全案审查完毕。4日复开审查大会逐条议决审查修正理由。4月15日，召开第十八次大会，决定将军事各案合并讨论，将合并后的议案改名为《军事善后委员会条例》，经逐条审查表决，条例获得通过。条例共十六款，确定了军事善后委员会的组织、应行议决事项、议事程序、会期、财政委员会召开联席会议的方式、事务处的设立等。然而，究竟怎样确保军事善后委员会解决收束军事的问题，会议并未讨论。事实上，在与会各方各自为政、政治军事力量重心尚未形成的情况下，即便会议作出有关规定，也难以解决军事善后问题。从这个意义上说，善后会议只是将军事善后这一难题，移交给了段政府拟成立的军事善后委员会，至于该机构能否完成会议赋予的使命，也就无暇顾及了。

（二）整理财政案

财政是执政府亟待整理解决的重大问题。因历经战乱，中央及地方财政已陷入严重困境。各省岁入之状况，由民国八年"全国岁入数目与军费支出之比较表"所列数据中，各省军费占了全国岁入之56.9%，财政入不敷出的省份多达十七个，可推知大概。中央财政状况因地方截留等因，极显拮据。就在善后会议开会期间，据段政府方面透露，"各机关各军队新欠旧欠，统计已有七百余万元之巨"②。当时舆论批评政府"恃债为生"③，实则连债也无可依恃。为解决燃眉之急，段政府拟发行2000万元"十四年八厘公债"，但发行之时，却因担保、利息、折扣等问题，屡遭反对。最后通过强摊各银行勉强发行出1500万元公债，但

---

　　① 费保彦编：《善后会议史》，第109－110页；《善后会议之第八次大会》，《晨报》1925年4月1日。

　　② 《中央财政之现状》，《大公报》1925年3月9日。

　　③ 《恃债为生之中央财政》，《中华民国史史料外编》第5册，第382页。

可以用作政费的只有 620 万元①,而这笔款项尚不够还清政府的新旧欠款。正是在这样的背景下,整理财政的问题提上了善后会议议程。

整理财政案在 2 月 27 日召开的第四次大会上开始提出讨论。最初的议案共九项,皆由临时执政提出。在第九次大会上,该九项议案被归并为《整理财政大纲案》与《财政整理委员会条例草案》。另外,会员熊希龄、李垣、任可澄、钟才宏、邢端、周钟岳等先后提出新议案或修正案七项,也一并加以讨论。财政总长李思浩到会接受质询②。初步讨论之后,议决交财政专门委员会审查。专门委员会在接到议案之后即开审查会,并依议事细则规定,指定七人开特别审查会审查。结果议定以段政府提出的两案为纲领,将各修正案中相关内容归并其中,其不能归并者另立一类,以免重复。会上各方争执不休,虽多次集议,均未获结果。

直到善后会议召开最后一次大会,才对这一问题作出裁决。鉴于讨论军事善后委员会条例时,系将军事整理大纲及军事整理委员会条例并为一案讨论,会议决定将整理财政大纲案,并入财政整理委员会条例。会议对议案逐条讨论,最后将全案表决通过。所通过的《财政善后委员会条例》共十六条,规定了委员会的组织形式。委员会由财政总长、交通总长、审计院长、税务督办、烟酒事务督办、盐务署长、各省区军民长官,以及由临时执政派充之“具有财政学经验”者十至十六人组成,设委员长一人,副委员长二人。条例还规定了委员会的“应行议决事项”及议事程序。

被并入该案的《整理财政大纲草案》提出了整理财政的基本设想,内容包括:(1)根据量入为出的原则,就现实收入实数支配用途;(2)编制中央暂行概算,方针为:收入方面须专列属于中央的款项,支出除国

---

① 《目前财政上之两大案》,《顺天时报》1925 年 3 月 12 日;《新公债条例昨晚明令发表》,《顺天时报》1925 年 3 月 17 日。

② 费保彦编:《善后会议史》,第 91、123 页。

债之外,以民国八年度预算为标准,所有各机关经费八年度预算已列者,参照该年度预算办理,其未列者按照现行实支数目分别核减;(3)调查各省区财政状况,作为编制新预算之预备;(4)公布历年财政状况,及临时政府每月实收实支状况;(5)筹划裁减军费;(6)筹备划分国家地方税收及国家地方之支出;(7)商定中央与各省区协解款项办法;(8)统一国库,整理币制;(9)整理内外债款,并宣布历年所欠内外债确数及用途;(10)筹备裁厘加税;(11)厘定财政暂行法规①。

从内容上看,善后会议通过的财政议案是比较全面的,涉及国家经济生活的主要方面,指出了解决国家经济困难的关键所在。例如,议案特别强调财政之"公开"。这是针对民国以来"纷争不已,其重大原因,莫过于财政不能公开。握有财权者,事事不敢公开;希望握财权者,每借口财政不公开,为争权之利器。所以公开二字,实为整理财政之重要关键"的现实特别强调的原则,值得注意。

另外,条例规定财政善后委员会成员包括"各省区军民长官",也十分瞩目。最初政府提出的议案与会员提出的修正案,均规定财政整理委员为"民政长官"。后来考虑到各省区财政之收入支出,均与军政有关,"既欲期整理财政方法通行,即不能不使军事长官与闻"②。然而民国以来中国财政混乱,很大程度上正是"军政长官"所造成。要整理财政,从根本上说,就应改变军人干预财政的现状。善后会议无法改变这点,却迁就现实,寄希望于本不应该掌握国家财权的军人与之合作,自然事与愿违。

(三)国民代表会议条例草案

国民代表会议是段祺瑞政府标榜用以制定宪法,解决根本建设问题的重要会议。按照段祺瑞的说法,召开善后会议只是为了治"标",而国民会议则是治"本"。故对于列入善后会议议程的《国民代表会议条

①　费保彦编:《善后会议史》,第227—234页。
②　费保彦编:《善后会议史》,第227—234页。

例》，与会者十分重视。但是，由于理念差异和利益争执，国民党在会议即将召开之时，宣布抵制善后会议，并号召国民组织召开国民会议以制宪，这就将国民会议与善后会议置于截然对立的位置。另外，已经参加善后会议的人，由于政治立场不同及所代表的派系差异，在会上也都各执己见。这种政治上的差异在讨论国民代表会议条例草案时充分表现了出来。

《国民代表会议条例草案》是由临时政府法制院起草，以段执政的名义提出来的①。会议进行中，不断有会员提出修正案。截至 3 月 16 日，已收到张凤翙、汪声玲、江亢虎、于宝轩、那彦图、王运孚、胡适、赵从辂、顾鳌等提出的修正案十二件②。从第二次大会到第二十一次大会，会员倾注精力对该条例草案进行讨论。在国民代表会议的权利是否应该受到限制，会议的人员组成及各省区代表的名额，宪法应该是由政府指定的专门人员起草还是应交国民代表大会起草等重大问题上，展开了激烈争论。

关于国民代表会议的权限，条例草案表述为："国民代表会议，以议决中华民国宪法及关于宪法实施之附则，为其职权。"《法制院呈稿》亦称："国民代表会议，既以商定国是为主旨，则制定根本大法，自为其唯一之职权。至其他政治善后问题，应委之与善后会议，普通立法事项，胥让诸根据宪法产生之立法机关。"③但是在会议逐条讨论草案时，代表金兆桢认为，国民代表会议是为"国家最高的及无上的机关"，是国家的"主体"，应否对其加以限制，值得怀疑。即便应该限制，谁具有这样的权利，亦属问题。代表寇遐对限制国民代表会议职权从根本上持反对态度，认为共和国家根本主权在于国民，除了国民代表会议自身可对

---

① 参阅《法制院呈稿》，载费保彦编《善后会议史》，第 87－89 页。

② 《善后会议议案总目》(1925 年 3 月 16 日)，《中华民国史档案史料汇编》第 3 辑政治(二)，第 1492－1494 页。

③ 《段祺瑞与张作霖意见之冲突》，《重庆商务日报》1924 年 12 月 23 日，《中华民国史料长编》第 18 册，第 1580 页；费保彦编：《善后会议史》，第 88－89 页。

其职权加以限制外,其他任何人均无此权力。

金、寇二人的意见反映了西南联治派的立场以及当时人们普遍存在的对于民主共和的理想观念。林长民则站在政府派立场及政治实践角度反对金、寇的主张。他认为,宪法问题乃国家的根本问题,宪法实施之附则,应能包括一切问题,因而限定国民代表会议这一"职权",实际上已规定了会议至高无上的权利,这与金氏所称国民代表会议系无上之机关,并不矛盾。林尤其不赞成寇遐的意见,斥之为"纯系一种理论",认为事情若纯依理论研究,则会议可以不必讨论此案。事实上,要做到对国民代表会议的职权毫无限制,几乎是不可能的。林氏举例说,"试思本案规定之会期三个月、名额若干人诸条文,若依此说绳之,何尝非限制之意",如果依寇氏之意,此皆不必加以规定,"则一切条文,皆无准据"。因此,林氏极力主张维持原案①。双方就此争论不休。

宪法应该由政府指定的专门人员起草,还是应交由国民代表大会起草也是争论异常激烈的问题。在善后会议第十九次大会上,林长民提出增加"中华民国宪法案及实施附则之起草,由国宪起草委员会行之"的条文。遭到寇遐等人反对,寇等主张于条例草案第一条之后增加"宪法之起草,由国民代表会议互选委员若干人行之"。认为宪法具有一定的"民约"性质,应体现主权在民之意;而林氏之办法,系"假政府官吏之手,根本上即违反民与民相约之意"。林长民反驳说,宪法起草委员会虽由段执政及各省区军民长官推举,但宪法之最后决定权仍在国民会议,即便不妥,亦"有纠正之余地"。至于宪法的价值,应决定于其内容实质,而不是决定于"起草之机关"。但寇遐坚持认为,宪法系国家根本大法,其起草权应该操之于民,否则所产生的宪法只能名之为"政府宪法"或"官僚宪法"。由于双方互不相让,大会最后将各自的主张付诸表决,结果寇遐的主张被否决②。

---

①　费保彦编:《善后会议史》,第170—173页。
②　费保彦编:《善后会议史》,第199—205页。

国民代表会议的人员构成，各省区的名额及选举办法亦是会议争论不休的问题。关于人员构成及名额，段政府最早提出的条例草案规定为京兆四人，各省区每道三人，内外蒙古八人，西藏六人，青海两人，华侨十六人，全国各大学区、各商业区、各实业区每区一至二人，拒贿议员之当签者及担任宪法起草委员者。其有关选举的规定为，凡中华民国年满二十五周岁以上之男子，具备关于理智各条项，并无条例第十五条至第十九条情事者，均有选举及被选举为国民代表会议议员之权①。对于上述规定，会议提出众多修正案②，形成以省区和以人口划分国民代表会议名额两种意见。大体言之，"小省区之代表，咸主张以省区为单位；大省区之代表，咸主张以人口为比例。双方争执，纷扰不已"③。经反复讨论修改，会议最后以中国人口缺精确调查，邮政局的统计数据亦颇多不实不尽之处为由，否定了"人口主义"。但会议听取各方意见，对国民代表会议代表名额作了调整，其人数增加为534名，取消了有关大学区、商业区、实业区及拒贿议员单独配给名额的规定，黑、吉、闽、陕、甘、云、贵、桂、新等省选出十六人，其他省份所选代表自十八人至二十七人不等。选举方法实行单选复选制，各省区议员选举，以复选制行之；蒙古、西藏、青海、华侨的选举，以单选制行之，得票较多者当选。

1925年4月18日善后会议召开第二十一次大会，在此前对条例草案所作逐条表决的基础上，就业已修正之议案开"三读会"，并将全案付表决。结果，"全场起立，主席宣告全案成立，鼓掌之声雷动"④。至

---

① 条例第十五条规定，有左情事之一者，不得有选举权及被选举权：一、褫夺公权尚未复权者，二、经证明为癫痫者，三、于本国日用通行文字，不能解说并写作者，但蒙藏青海及华侨依第四十二、四十五条有关规定，不受此条限制。

② 费保彦编：《善后会议史》，第143页；《昨日善会要闻种种》，《大公报》1925年3月5日。

③ 费保彦编：《善后会议史》，第212页。

④ 《国民会议条例完全通过》，《顺天时报》1925年4月19日，《中华民国史史料外编》第5册，第161页；费保彦编：《善后会议史》，第220页。

此,历经种种艰难的《国民代表会议条例》终于通过。

政府派副议长汤漪曾声明说,善后会议案众多,但真正重要的议案只有五个:(1)国民代表会议条例,(2)整理财政案,(3)整理军事案,(4)修正临时政府组织案,(5)联省自治案。在汤漪看来,"二、三两案较易通过,第一案虽多争议,亦有解决希望;惟第四案的进行,妨碍正式政府的成立,及宪法的产生;第五案则善后会议无权解决,须于将来国民代表大会时提出"①。经过会议各方努力协商,汤漪所列五项要案中,前三项至少在形式上已得到解决。这样,善后会议最为棘手的议案实际上只剩下与西南联治派相关的修正临时政府组织案和联省自治案两大议案了。

三　联治派在善后会议中的活动

善后会议期间,联治运动在西南实力派的鼓动下再度兴起。如前所述,西南实力派曾对参加会议持犹豫态度,他们之所以参加善后会议,唯一的理由在于会议可能向他们提供宣传实施联治主张的机会②。故会议开始不久,唐继尧、赵恒惕便发出通电,主张联治③。钟才宏、萧堃、郭同等随即在会上提出《确立联治政制为改革军财各政之标准以解纠纷而谋统一案》。该案由若干具体议案组成,其要旨有三:一、欲谋求国家的真正统一,亟应着眼于军政、财政,谋根本之改革;二、欲改革军财两政,"不可不先将中央及地方权限确定,以为标准,而欲划分中央与地方之权限,以吾国土地之广大,民族之殊异,除采用联治制,使地方得自由发展,而各区仍互相联结,以成复合之绝大共和国外,无他道也";

---

①　《善后会议自身的善后问题》,《东方杂志》第22卷第8号。

②　《联治派与联治案》,《晨报》1925年3月30日。

③　《政府对于联省案之态度》,《大公报》1925年3月25日。

三、设立临时联立参政院,以各省区之"公意",取代临时政府的"独裁"①。

与此同时,褚辅成提出了善后会议五个重要议案中的第四项议案,并征得费行简、周钟岳、彭养光、马君武等十二人连署,原案名为《中华民国临时政府制草案》,顾鳌等提有修正案。该案之要旨,在于不满现行中华民国临时政府制,主张设国务院,执行国家最高行政权,并将由段祺瑞担任临时执政,集总统府和国务院权力于一身的集权制,改为国务院所由构成的三十三位执政的"合议制"②。褚案与联治案可说是相互支持的议案,该案的提出,显系对段政府的挑战,其要害在于以分权取代集权。诚如《晨报》评论所言,褚案"使果实行,则现当局地位直从根本推翻"③。

议案提出后,联治派为谋求会议通过作了大量努力。褚辅成等在京联治派人士,除向善后会议递交提案外,还研究制定了实施联治的方法:(1)宣布提倡联治与政局攸关,所标名目,为确立联治政制及改革军财各政之标准。目的在于解决纠纷,谋全国统一,解除南北误会,共定国是。(2)所定联治方法,将来在善后会议或国民代表会议提出讨论,征得多数意见,方能表决实行。(3)联络各省会员时,先征求其对联治的意见,敦劝加入或赞助实施。(4)在征得九省以上会员同意后,即在京召集联治讨论会,共同组织此项机关,以为急办联治之表示。(5)与各会员接洽妥当后,即向中央方面疏通④。与此同时,在京联治派与各

---

①　五个议案分别为:(1)《中华民国国权分配大纲草案》;(2)《各地方制宪规程草案》;(3)《临时联立参政院制草案》;(4)《临时军政整理委员会条例草案》;(5)《临时财政整理委员会条例草案》。具体内容详见费保彦编《善后会议史》,第174—185页。

②　《褚辅成中华民国临时政府制草案》,费保彦编《善后会议史》,第110—119页;旨微:《所谓临时政府组织大纲案》,《益世报》1925年2月25日。

③　《执政府将自动的提出临时政府组织法》,《晨报》1925年3月9日,《中华民国史史料外编》第5册,第115页。

④　《联治派之活动》,《顺天时报》1925年3月30日。

地联治派密切配合，共谋进行。上海部分联治分子，就曾在"一品香"集会，提议以滇、黔、粤、桂、湘南五省区为联治试验区，与北方划界而治。试验期限为三年，如行之有效，即请东北加入，为西南东北之大联治。如行之无效，亦可免北伐南征阋墙相斫，以保国家元气①。

3月22日，因湖南省议会代表王克家来京，在京联治派代表沈钧儒、褚辅成、张耀曾、钟才宏、潘大道、朱清华、谷钟秀等五十余人聚会中央公园水榭，商议联省自治运动方法及组织进行事宜。议决组织"联治同志会"，并起草简章九条，以利进行②。与此同时，湖南省议会议长欧阳振声根据省议会决议，发起组织"全国各省省议会联合会"，嗣以"省联"名义，向善后会议提出以联省自治为解决时局纠纷促进全国统一的方案。3月24日，各省省议会联合会在北京成立，随即开始政治活动③。

联治派虽力谋实现其主张，但内部亦出现裂痕，有所谓"军人派"与"政客派"之分。军人派有唐继尧、赵恒惕、陈炯明等，政客派有唐绍仪、褚辅成、杨永泰等。二者利害不同，行为取径各异。军人派如滇唐、湘赵之代表出席善后会议，以及王九龄就中央教育部长之职，皆系向中央表示有合作之可能。"故彼等无推翻现政府之决心，只有未来之希望而已"。后者唯一的目的，在于设法掌握中央政柄，"故于现政府，当然采取攻击态度。思借此联治二字，以为武器"。两派标识虽同，目的实异，这直接影响到联治运动的发展④。

对于褚辅成的议案，政府派人士极为敏感，主张涉及改制问题，"与其由善后会议提出议决，不如由政府自动的拟一大纲，提交该会同意，借以表示善后会议不能有此提案权"。奉张对褚案亦不以为然。在善

① 《上海对联治运动之猛进》，《顺天时报》1925年3月29日。
② 《联治派昨开会》，《顺天时报》1925年3月23日。
③ 陶菊隐著：《记者生活三十年》，中华书局1984年版，第105—106页。
④ 《联治派在京之积极搏战》，《顺天时报》1925年4月3日。

后会议第十次会议上，因褚案列入议程，东三省代表以不出席会议加以抵制，致使大会不足法定人数无法召开，显然是贯彻奉张意志的结果①。《顺天时报》的文章称褚案为善后会议的"暗礁"，颇能揭示其间的关系②。在善后会议第十三次大会上，经政府派会员提议，按照议事细则第十六条之规定进行表决，结果褚案以超越善后会议权限而被搁置③。

对于旨在加强地方权力的自治运动，段祺瑞本无不慊，其就职时的"马"电，有"促成省宪"之语。段既赞成省宪，当然没有理由反对地方自治④。惟此次联治案之提出者"均为西南实力派代表"⑤，也就引起了段祺瑞的警惕。

为对付西南联治派，段祺瑞及其同僚可谓煞费苦心。西南代表共计九人，若不将褚辅成算在内，则其代表只有八人⑥。其人数虽仅八人，"而段祺瑞视之，则不啻数千人，所以欢迎之者，较欢迎孙中山，殆有过无不及"。除饬沪宁、津浦、京奉三路特备专车迎迓外，并饬沿途军警加以保护。且令所过地方之长官如卢永祥、王揖唐、郑士琦等，于其经过之际，为之照料一切。同时并着齐岳英、沈成枎、任传榜与之同行，护送进京，以示优异⑦。

段祺瑞之所以"居滇黔桂代表为奇货"，据《申报》记者分析，原因有三点：第一，当时联省自治运动，发展迅速，虽在北京以政学会为中心的

---

① 《善后会议昨日大会流会》，《顺天时报》1925年4月5日。

② 《善后会议昨日大会流会》，《顺天时报》1925年4月5日。

③ 费保彦编：《善后会议史》第163—164页。

④ 《关于时局前途之联治问题》，《顺天时报》1925年3月26日。

⑤ 《联治案在善会形势》，《晨报》1925年3月27日；《中华民国史史料外编》第5册，第112页。

⑥ 西南的九名代表为唐继尧的代表周钟岳、徐之琛、马骢，唐继虞的代表李华英，刘显世的代表刘燧昌，沈鸿英的代表岑德广，李德麟的代表严端，赵恒惕的代表钟才宏，褚辅成系自以会员资格赴京与会。

⑦ 《善后会议与西南代表》，《申报》1925年2月27日。

联治党,其背景不全在西南各省,然其运动之起点,则确以湘鄂粤桂滇黔川赣为之,其中最有可能被运动者,则为湘桂滇黔。为阻止联治运动进行,必须竭尽其力拉拢。第二,滇黔桂等省,位在西南极端,若不拥戴段氏,"则段氏虽有长鞭,亦不及马腹,驭之以刚,既非势之所能,则怀之以柔,情殊不能自已。今滇黔桂之代表,既应招联袂而来,自不能不加以异款,使其心悦而诚服"。第三,滇唐会师武汉之说,虽半含宣传性质,而鄂萧川熊联唐以解决坐镇武胜关的王汝勤之风闻,则不可轻视。故为阻止滇川鄂联络以倒王起见,亦不能不特别重视滇黔代表。"质言之,段之重视滇黔桂代表,半为打消西南各省之联治计划,又其半则为维持王汝勤之地位。打消联治计划,乃为未来统一全国巩固中央政府权力计,而维持王汝勤,则为监视豫胡与鄂萧之联络,及鄂萧与西南之联络计也"①。

　　段祺瑞对联省自治的态度,从湖南省议会代表王克家在善会期间与许世英的一席谈话中可以更清楚地窥见。王问:"合肥对于联省自治的问题,意见到底怎样?"许答曰:"合肥对于联省自治四字,是很怀疑的。他的意思,说省自治可,县自治可,镇乡自治也可。惟于'省'字头上冠一'联'字,是不懂得的。怕的说联省,是省与省联变成兼并割据。怕的说联省自治,只管各省,不管国家,只管地方,不管中央。若说联省便是为国家,为中央,可以办到统一,这个当做注解,说明白,不若用联自治,反为好些。"②

　　不过与褚辅成提出的《中华民国临时政府制草案》相较,联治案已属温和,对段政府构成的威胁亦相对较小。故段政府对于联治主张最初只是设法疏通。3月29日晚,许世英、姚震、章士钊、王九龄、段宏业、汤漪、陈宧、张树元等联名邀请联治派在绒线胡同"某宅"会谈,表示政府方面亦赞成联治主张,"但以兹事体大,未便在善后会议中解决,仍

　　①　《善后会议与西南代表》,《申报》1925年2月27日。
　　②　《段祺瑞怕联省自治》,《晨报》1925年4月13日。

留待国民会议较为上策，以为缓兵之计"①。

30日，段祺瑞复电滇唐、湘赵，解释不在善后会议中讨论联治问题的原因："联治之论，实获我心，此次政局改造，其唯一途径，在使国宪省宪，同条共贯。祺瑞于去年十一月来京就职，即经马电明揭此义。今年二月，于善后会议开会之日，复经郑重宣言，并条举促成省宪方法，期于次第实施，与来电主张，初无二致。但盼制宪机关，早日成立，根本大法，早日观成，吾辈协力改造之精神，亦早日实现。则长治久安之局，将从此奠其始基。否则纵横捭阖，所谓联治者，非形同割据，即互相侵扰，末流之失，变本加厉，亦所当防。"②

直接出面反对将联治案列入善后会议议事日程的是汤漪。汤氏素主联治，曾与张耀曾等发起筹组联治同志会③，但此时却站在段政府立场。他在对电通社记者谈及此事时称："第五案（联治案）为本人民国十一年以来所主持者，自欲早观其成。但本人以为现在之善后会议，无权议决此案。须于国民代表会议时，提出讨论，较为得当耳。"④汤漪虽未就联治案的内容加以评论，但其从会议权限角度提出的意见，对于搁置或否定联治案，无疑起到了决定性作用。

联治案遭到反对，除上述原因外，尚与吴佩孚有一定关系。吴迷信武力统一，对于联治，本不赞成。兵败之后，感叹夙志难以实现，不得不接受主张联治的湘赵等人庇护，以谋再起⑤。他曾明确表示："中国欲求治理，武力统一外，即联省自治之一法。"而联治派有感自身力量薄弱，极力联络南北军阀，作为后援。在军阀心中，联治乃割据之谓，担心

---

① 《联治派与联治案》，《晨报》1925年3月30日；《政府仍疏通联治派》，《益世报》1925年4月9日，《中华民国史史料外编》第5册，第140页。

② 《段合肥复滇唐湘赵联治电》，《顺天时报》1925年4月1日；《中华民国史史料外编》第5册，第138页。

③ 《联治同志仍开会》，《中华民国史史料外编》第5册，第124页。

④ 《汤漪与联治案》，《顺天时报》1925年4月4日。

⑤ 陶菊隐：《吴佩孚传》，上海书店出版社1998年版，第112页。

自身地位不稳固的军阀，"既闻可以公然割据，岂有不赞许之理"①？双方一拍即合，暂时走到了一块。

　　然而，联治主张与张作霖不甘只作"关外王"的野心是冲突的。吴氏欲借重湘赵等联治派，谋求东山再起，更使奉张别无选择地站到与联治派对立的立场。而奉张的反对，则成为联治案在善后会议获得通过的最大障碍②。联治案提出不久，对该案持反对态度的奉、吉、黑、热及卢永祥方面的代表就曾公函赵尔巽，请勿提交大会议决，得到赵的支持③。加之国民党方面因唐继尧等借联治之名，"冀攘夺地盘，殊与民党主义背驰"④，亦持反对态度，使联治派感受到巨大的外在压力。

　　由于联治派内部军政两系的分野及外部反对，联治案虽经提出，其在善后会议通过的前景已十分暗淡。为改变窘境，西南代表竭力对政府方面进行疏通，但未见效果。在此情况下，西南方面提出联治问题未解决前，不能开议国民代表会议条例；甚至提出以联治案与国民会议条例交换的计划，即以通过联治案为条件，换取联治派对通过国民代表会议条例的支持，否则将不投票支持国民代表会议条例⑤。奉天及政府方面代表则合力反对，甚至不容联省自治案列入议事日程⑥，致使联治案未能在善后会议上获得通过。

　　修正临时政府组织案和联省自治案被否决，意味着西南联治派未能实现参与善后会议的初衷。在这种情况下，联治派一方面电催唐继

　　①　《失意军阀利用联治政策》，《顺天时报》1925年4月1日。
　　②　曾经以记者身份采访善后会议的陶菊隐称："我在北京采访善后会议新闻，发现张作霖反对'联治'最力。……第一次直奉战争后，张作霖曾经宣布东三省联省自治，如今他又痛斥联治派为'地方分裂主义者'，指使出席会议的东北代表，此后'联治建国案'如果列入议事日程，你们即以不出席为抵制。因此，善后会议出现了西南联治派与东北反联治派的斗争。"（陶菊隐：《记者生活三十年》，第105—106页）
　　③　《失意军阀利用联治政策》，《顺天时报》1925年4月1日。
　　④　《联治案之现势》，《顺天时报》1925年3月28日。
　　⑤　《善会前途与联治案》，《晨报》1925年4月7日。
　　⑥　《善后会议自身的善后问题》，《东方杂志》第22卷第8号。

尧在滇组织联治政府,对执政府施加压力;另一方面则以退出善后会议南下相要挟①。组建联治政府的计划当然不可能一蹴而就,而退出善后会议的要挟,因西南联治派的代表不过寥寥数人,即便全都退出,也不会对会议产生多大影响,故"政府方面对此并不十分重视"②。因而,对西南实力派来说,怀着推进联治的目的参加善后会议,无异参与了一场只会输不会赢的政治赌博。

第三节　善后会议自身的善后问题

一　善后会议面临的困境及最后结局

善后会议在直奉战后国内政治军事力量暂时出现"均势"的形势下召开,所标榜的目的为解决时局纠纷,谋求国内和平统一,并为国民代表会议召开作准备。然而,善后会议的人员构成及段祺瑞政府宣示的由善后会议制定国民代表会议组织条例的做法,激起国民党方面抵制,使善后会议尚未召开便蒙上一层阴影。另外,参加会议的地方实力派怀抱的目的也各不相同,顺其意则设法维持,拂其意则竭力拆台。这样,开幕伊始,会议便已遭遇重重暗礁,不用说通过会议解决直奉战争善后问题,就是善后会议能否自善其后,也开始让当事人怀疑③。

善后会议面临的第一个难题,是如何停止国内军事行动。会议既以谋求和平统一为目的,因而结束国内军事行动成为会议成功召开的

---

① 《联治派之计划》,《顺天时报》1925 年 4 月 13 日;《褚辅成之谈话》,《中华民国史史料外编》第 5 册,第 166 页。

② 时人在评论西南代表退出善后会议一事时说:"惟闻政府方面对此并不十分重视,据其所计算会议中之确属联治派分子者,仅褚辅成周钟岳马聪等六人,即便全不出席,亦不生重大影响。"(《西南代表将退出善后会议》,《中华民国史史料外编》第 5 册,第 150 页)

③ 参见《善后会议自身的善后问题》,《东方杂志》第 22 卷第 8 号。

前提。为建立这一前提，会议开幕后的第一次谈话会，与会代表便向段祺瑞提出通电全国停止军事行动的意见书①。

当时国内已经发生战事或正在准备军事行动的计有浙江、河南和江西等处。浙江方面的战事系张宗昌奉张作霖及卢永祥之命，入沪"办理肃清溃军及上海善后事宜"，与齐燮元发生冲突所引起；河南方面的冲突系胡景翼前往"驻防"与憨玉琨不愿回陕所引起；江西方面则因方本仁抵制广东的北伐所致。段祺瑞政府接到善后会议代表意见书之后，即发出通电，要求所有各方停止一切军事行动，并派员前往浙江、河南等地调解。浙江方面的冲突，嗣因张作霖暂时不准备在东南用兵，加之驻上海外交团的干预，很快达成妥协。江西方面的冲突，因孙中山去世，国民党亟须解决自身面临的问题，不得不暂时中止北伐而化解。这样，真正在军事上成为善后会议"暗礁"的，只是河南的胡、憨之争。

还在善后会议即将开幕之时，因胡、憨相争，河南便已战云密布②。其所以致此，与陕西督军刘镇华不无关系。盖豫省自吴佩孚下野入山之后，群雄逐鹿，各自为王，陷于纷乱状态。刘镇华恃其实力，为拓展地盘计，派遣憨玉琨、张治功两部入豫，收拾局面。并致电段政府，报告憨军克服郑州、洛阳情形。及段政府特令胡景翼、孙岳办理河南军务善后，不惟憨氏自恃"克服"豫西有功，不肯相让，即刘镇华方面，亦以曾奉政府密令讨伐吴氏，主张豫西防地应由陕军驻守。由此形成胡、憨相持之局面③。

段政府为平息事端，曾严令胡、憨两军各守原防，但未生效。2月22日，双方终于爆发战争。当时，双方各有军队数万人，虽然战场在豫西，却有牵动全局之虞。段祺瑞急派孙岳前往战地调停。与此同时，冯

---

①　《赵尔巽等意见书》，费保彦编《善后会议史》，第59页；《国内专电》，《申报》1925年2月5日。

②　《胡憨已入交战状态》，《申报》1925年2月27日；《疑云疑雨之胡憨战事》，《大公报》1925年2月23日。

③　《胡憨争潮之由来》，《大公报》1925年2月22日。

玉祥、阎锡山等也通电调停,劝告胡、憨双方停战议和。在荥阳激战之后,孙岳艰难地将双方聚集在偃师举行和谈。但因刘镇华支持憨玉琨继续与胡景翼对抗,调停失败①。此次调停,孙岳在段政府支持下,既利用了与胡、憨双方的私人关系,又采取了武装调停手段,甚至派出飞机前往战地向双方散发传单②,均未著成效。直到胡军攻入洛阳,憨军失利退出豫西,河南的紧张局势才趋于缓和。

由于河南战争发生在善后会议开会期间,故颇为各方关注,成为检验善后会议能否"善"时局之"后"的试金石。3月10日召开第六次大会时,会员任可澄便对会议的作用表示怀疑。认为会议本为解决时局纠纷而召开,故开会伊始,即有息争休战之通电,"乃会议甫开,战事于起,荏苒既已经旬,各方殊无悔祸之意,执政府亦不闻有制止之方。似此矛盾情形,会议宁非虚设"?因而建议休会一周,以促各方反省。大会休会后于3月18日召开第二次谈话会,会员再次呼吁,"应设法使各战区之军事行动,一律停止"。若这种"与会议宗旨完全相背"的状况继续存在,则会议将没有价值③。

善后会议面临的另一困难为废督裁兵问题。作为一种政治主张,"废督裁兵"至迟在1920年便已被关心时政的人士提出。善后会议召开后,国人似乎看到了实施这一主张的曙光,再次提出"废督裁兵"。1925年2月27日,苏皖宣抚使卢永祥发出废督之"感"电,并主张首先在苏省实施。卢永祥的通电发出后,很快在善后会议激起反响。在3月3日召开的第五次大会上,严端临时动议,由善后会议致电卢氏,表示赞同。并请执政府即日实行废督,以收束军事④。

3月13日,会员熊希龄正式提出废督裁兵案,主张先从江苏入手,

①　《孙岳鱼电》,《大公报》1925年3月8日。

②　《孙岳调停豫局之表示》,《大公报》1925年3月7日。

③　费保彦:《善后会议史》,第98、105页。

④　《严端等提议由本会议去电赞成卢宣抚使感电并催执政立决照办案》,中国第二历史档案馆编《善后会议》,档案出版社1985年版,第229页。

废除督军,并由中央设立元帅府,以安置释去兵权的督军①。然而,要将废督裁兵主张付诸实施并非易事。陆军次长贾德耀解释不能照即办理的原因时说,废督裁兵,"兹事体大,非简单方法所能决,又非一二人同意,即能办理"②。后以废督裁兵属于军事性质,遂将熊希龄的议案并入军事大纲案和军事整理委员会条例草案,一并讨论。但最后议定的《军事善后委员会条例》仅规定委员会具有议决"缩减军队"、安置"溢额官兵"等权力,并未就废督裁兵作出相应规定,实则熊案已消匿于无形③。废督裁兵的主张未被采纳,表明段祺瑞政府没有能力消除军阀祸乱,而善后会议"善"时局之"后"的能力,也因之受到怀疑。

此外,善后会议还面临如何确定"专门委员"权限的难题。善后会议即将召开时,孙中山提议会议应有各法团代表参加。段祺瑞不便反对,但又不愿改变已经拟订的《善后会议条例》,遂聘请各省议会议长、教育会会长、农会会长、商会会长为"专门委员"。其职权为审查善后会议所交议案,并得出席报告及陈述意见,没有表决权④。

然而,段祺瑞政府所定专门委员的聘任方式及职权范围从一开始就遭到各方批评。批评者认为,善后会议具有国民代表会议预备会性质,将为国民代表会议制定组织条例,若善后会议专门委员具有"钦定"色彩,则会议将难以反映民意,也就没有资格制定国民代表会议组织条例;故反对专门委员由政府指定,要求工会、学生会等团体也有代表与会。另外,批评者认为,专门委员没有提案权和表决权,则其与会只具象征意义,而无实际价值,故开会之后,争取专门委员的提案权与表决权便成了舆论关注的一大焦点。关于接纳工会与学生会代表为专门委员的问题,段政府以其尚未成为正式"法团"为由,加以拒绝,而专门委

---

① 《熊希龄提出废督裁兵案》,《大公报》1925 年 3 月 14 日。
② 费保彦编:《善后会议史》,第 95 页。
③ 费保彦编:《善后会议史》,第 189—198 页。
④ 《善后会议条例》,费保彦编《善后会议史》,第 26、256 页。

员的提案权与表决权问题则迭起风波。

先是与会专门委员欧阳振声等致函段祺瑞，请求以会员资格加入善后会议，取得提案权与表决权。段随即将该函咨送善后会议议决。会议经讨论表示不反对法团代表成为会员，但仍请段氏自作决定，实际上是将难题送还段氏。3月21日，执政府召集赵尔巽、汤漪、许世英、林长民、屈映光、陈宧及各阁员开会，讨论此事。由于"政府之意，始终不以法团加入为然"，加之会议已开月余，中途修改条例，殊为困难，故决定拒绝法团代表成为正式会员取得提案权与表决权的要求，并对之进行疏通①。但法团代表态度坚决，表示非加入会议取得提案权与表决权不可②。

这就使段政府处于进退两难境地：同意法团请求，则后一阶段的善后会议将更加难以控制；不同意其请求，则很可能招致拂逆民意的指责。最后采取敷衍办法，即在否定法团代表修改会议条例，取得正式会员同等权利要求的前提下，允许各法团于来京代表中，推举四人，以补充正式会员中"有特殊资望与学术经验者"未能全部到会的缺额③。由于僧多粥少，法团代表不愿接受这一决定。政府方面遂采取分化法团代表的办法，同意法团中省议会代表的要求，作出省议会议长为拟议中的临时参政院当然成员之规定，使之独得其利。结果导致法团内部的争执，执政府渔翁得利，勉强渡过难关④。

善后会议遭遇困难的主要原因在于实力派从中作梗。例如军事议案，依段祺瑞之意，系以《收束军事大纲案》为整理军事之标准，但奉天代表极力反对段拟订的办法，甚至全体不出席，以为抵制，致使会议两次流会。后经顾鳌提出折衷办法，将《收束军事大纲案》并入军事委员

---

① 《法团代表加入善会问题未解决》，《晨报》1925年3月24日；《段邸昨日下午之特会》，《中华民国史史料外编》第5册，第125页。

② 《善后会议难关愈多》，《晨报》1925年3月29日。

③ 《昨日国务会议之重要消息》，《顺天时报》1925年4月3日。

④ 《各法团代表之暗潮》，《晨报》1925年4月13日。

会条例,而将军事整理委员会之"整理"一词,改为"善后",示以不必马上对军事问题作实质性改动,以迁就奉方。"奉方代表因据以电告奉张,张复电认为可行,命代表即日出席,故该条例案之十六条条文得以通过。而其军队应如何裁汰,以及军额军费,等等,究应规定若干,则毫无下文。与段执政当初提案之原意,大相违背"①。

善后会议既面临如此多的困难,主持者自不敢对会议抱过高期望。汤漪曾表示,对会议收到的五项主要的提案,只希望其中的军事、财政、国民会议条例三项能通过。然而在政府人士心中,就是这三项议案能否顺利通过,亦没有把握。故曾提出最低限度的设想,"即于延期二十日内无论如何须将国民会议组织条例通过",将通过三项议案的目标缩减为一项②。段祺瑞在会议弥月之际,面对提交各案无一议决的局势,不得不知难而退,将中央政府提交的议案,除正待集议者外,全部撤回③。

后经王揖唐、屈映光等多方疏通,奉天方面与政府派就军事整理案达成妥协,善后会议才出现转机。4月14日召开第十七次大会之后,出现了段、张联合控制会议以对付西南联治派的局面。从这一天起,善后会议先后通过了汤漪所说的三个主要议案。4月21日,善后会议结束议程,正式宣告闭幕。这样,备受时人关注的善后会议能否自善其后的问题,总算有了一个可令段祺瑞政府释怀的结局④。

善后会议是第二次直奉战争之后段祺瑞政府实施和平统一的一次

---

① 《善后会议纪要》,《重庆商务日报》1925年5月7日;《中华民国史史料长编》第19册,第556—557页。

② 《善后会议最近形势》,《晨报》1925年2月23日。

③ 所撤回的议案共七项,计有:(1)教育经费独立案;(2)教育基金指定专款案;(3)小学教员应由国家补助薪金案;(4)规定各省区拨解烟酒税款办法案;(5)提议寓兵于工修筑全国道路案;(6)提议寓兵于工实行修治河道案;(7)声请保留之禁烟案。(费保彦编:《善后会议史》,第129页)

④ 费保彦编:《善后会议史》,第242—244页;《善会正式结束》,《中华民国史料外编》第5册,第174页。

重要尝试，也是段氏整合北洋势力，以便建立权势中心地位的一次努力。对于善后会议，时人褒贬不一，从会议召开之日起，就形成了各种不同的认识评价。这与评论者的立场不无关系。一般而言，政府派人士对善后会议多褒扬，非政府派人士则多贬斥，而以反政府派人士为甚。

龚心湛在为费保彦《善后会议史》作序时称，善后会议将天下之大兴大革，悉付之舆论，深得民为邦本之义。会议五旬，议决众多议案。"自有代议制以来，未有若是之迅疾详慎者也"。叶恭绰称，善后会议，与民更始，"一时海内贤达之士，靡然向风，相与挟策，来会兹土，阅时凡五十日，而内政改造之方，国家大法之的，罔不具备。虽其间论见不无异同，大抵出乎探讨之意，谋国之诚，非徒向之借邀功利者可比也"。田中玉称，善后会议旨在"结束十四年来争法之嚣掌，复以国宪之成，责之行将召开之国民会议。所以继往开来，致我国于升平之域，开后世专法之基，固莫善于此也"①。

与龚、叶、王等"政府派"人士的认识及评价相反，非政府派和反政府派人士则对会议展开了猛烈抨击。批评意见主要集中在以下几个方面：一是代表系由执政府指定，具有"御用"性质；二是善后会议不是国民会议的预备会，却要越俎代庖，制定国民会议组织法；三是违反民主制宪的原则，将宪法起草权交与由各省军民长官推举之人组成的宪法起草委员会；四是所通过的议案对各方没有约束力，因而无法实施；五是派系之争激烈，致使会议难以自善其后。

平心而论，在直奉战争结束，国家百废待举的形势下，段祺瑞政府召开善后会议，图谋和平统一，应为顺应时势之举。作为武力统一的对立物，以会议的方式谋求国家统一，反映了当时多数国民及政治家的愿望。当时批评善后会议最主要的理由是，善后会议已经成为段祺瑞政府抵制国民会议的一种手段。其实国民会议在当时只是一种政治理

---

① 以上分别见龚心湛、叶恭绰、田中玉为费保彦编《善后会议史》所写的序言。

念,是一种待证的假设,与善后会议一样,其可行性尚需政治实践来证明。因而即便段祺瑞有抵制国民会议的主观意图,也不能简单的以后者来否定前者。作为一种改革现实政治的尝试,无论善后会议结果如何,均具有意义。事实上,也只有通过尝试,国家政治的发展路径才能逐渐确定。孙中山应邀北上,各方面人士的积极参与,都是抱着对和平统一的一线希望所作的积极的政治"尝试"。

从会议的过程及会后中国政治的实际来看,段祺瑞并没有达到预定的政治目标。1925 年 9 月,浙奉战争爆发,宣告段氏和平统一政治努力的失败。但这样的结论只有通过实践才能得出,难以未卜先知。对会议能否产生积极建设性成果一开始就持怀疑态度却应聘成为"特聘会员"的胡适,就是通过"尝试",看到善后会议并不能制止国内战争之后,才获得"此路不通"的认知,表示不愿意继续出席善后会议的。他在《割据》一文中写道:"今日善后会议至少也应该有全国停战的条件作开会的基础,若各方的争执仍须靠武力来解决,则是各方参加善后会议为毫无诚意。……若本会议不能作局部军人争执的仲裁机关,更有何面目高谈全国的军事善后? 所以我们主张,当此战祸重开之时,善后会议应该停止开会。若在战事中继续开会,我们只好不出席了。"①胡适与会时所抱"尝试"想法以及"尝试"之后感受的失望,是当时社会心理较为典型的反映。

二　国民会议运动

善后会议面临的另一严峻挑战是当时蓬勃兴起的国民会议运动。

---

①　"胡适存件"第 1643 号,转引自白吉庵著《胡适传》,人民出版社 1993 年版,第 221—222 页。胡适不再出席善后会议一事,颇受世人关注。北京《晨报》曾报道说胡适已辞去善后会议会员之职,胡适本人则对《大公报》英文部记者否认此事,称自己只是考虑到若不能结束战争状态,善后会议实无继续开会之必要,意指不出席并不意味着辞去会员资格。(《大公报》1925 年 3 月 7 日)

召开国民会议几乎是当时各派政治势力都曾提出过的主张。共产党从 1923 年起曾多次呼吁召开国民会议,实现统一及和平建设[①]。孙中山领导的国民党在放弃护法立场之后,也明确提出召开国民会议以决定国是的主张[②]。段祺瑞在酝酿反直时派许世英与孙中山联络,曾提议倒曹成功后,先开善后会议,继开国民会议,并将后者视为治本之策。就连吴佩孚,对国民会议亦主张甚力,表示召开国民会议是其"一贯主张",反复倡导[③]。

但是在对"国民会议"内含的理解上,各方差异甚大,其中段祺瑞政府与国民党(包括正与之合作的共产党)的分歧最为明显。段祺瑞主张的国民会议,其组织法由善后会议制定,善后会议的会员又多由政府指定,未能真正容纳社会团体参加。国民党主张的国民会议,是制定宪法的最高机关,因而要求具有广泛的代表性,其预备会议亦应有众多人民团体参加,不能由政府操纵控制。尽管存在分歧,但各方均认同国民会议是解决国是的根本办法,这就为国民会议运动的兴起提供了有利条件。

就在善后会议即将召开之时,国民会议运动在各地迅速开展起来。北京、上海、天津、张家口、山东、湖北等地的商会、工会、农会、学生会、女子参政协进会等召开大会,在对善后会议表示反对的同时,积极响应孙中山的时局宣言,发表函电,促成召开国民会议[④]。3 月 1 日,由孙中山和李大钊等联名倡导的国民会议促成会全国代表大会在北京开幕,到会代表共八十余人,代表二十余省区、一百二十多个地方的国民会议促成会[⑤]。大会揭露了善后会议由军阀操纵的"反人民"性质,对中国社会的一些基本问题进行讨论并通过了决议。会议持续一个多

---

① 《中国共产党对于时局之主张》,《先驱》第 24 号。

② 《北上宣言》(1924 年 11 月 10 日),《孙中山全集》第 11 卷,第 297 页。

③ 陶菊隐:《吴佩孚传》,上海书店出版社 1998 年版,第 22、41、128 页。

④ 费保彦编:《善后会议史》,第 5—15 页。

⑤ 《向导》第 113 期。

月,于 4 月 16 日闭幕。

段祺瑞对社会各界发起的国民会议运动虽不以为然,但因标榜善后会议兼具国民会议预备会性质并议决《国民会议组织条例》,故善后会议闭幕之后,也就不能不将所承诺的国民会议提上政府议程。这与国民党及社会各界呼吁召开的国民会议构成了冲突,致使段祺瑞亟谋解决之道。

1925 年 4 月 27 日,京师警察厅咨陈内务部,以"现在国民会议条例业奉临时执政明令公布实施,并已着手筹备。所有前项组织各团体,自难再任其成立,致滋纷扰"为由,规定"倘再有假借(国民会议)名义聚集开会情形,显系别有企图",将"通令各警察署随时注意依法查禁"①。

在查禁国民会议运动的同时,段祺瑞开始了"国民会议"的筹备工作。此事直接关系到段能否实现由临时执政到民选总统的政治过渡,因而政府方面异常重视②。1925 年 5 月 3 日,段祺瑞任命许世英负责筹备国民代表会议事宜,不久又任命林长民筹备"国宪起草委员会"③。6 月 3 日,段政府公布《国民代表会议议员选举程序令》,预定 11 月 1 日正式开会。10 月 30 日,执政府发出命令,规定"国民代表会议议员应于十五年一月十五日以前齐集京师,定期开会"④。

但是段祺瑞禁止国民会议运动的做法不仅使其尊重民意的表态信誉扫地,也为召开国民会议设置了障碍。会议尚未召开,反对的声浪已经高涨。

首先是拥黎派代表人物章太炎、唐绍仪表示强烈反对。8 月 5 日,

---

　　① 《京师警察厅查禁北京国民会议促成会东团体咨陈》,《善后会议》第 407 页。
　　② 时论甚至认为:"自现政府之地位言之,大可以该会议之成与不成,以试验各省拥护段执政之程度。故现政府极力督促,以期其成立。"(《国民会议与时局关系》,《顺天时报》1925 年 8 月 21 日)
　　③ 《明令许世英筹备国民会议》,《顺天时报》1925 年 5 月 3 日;《筹备国宪起草委员会已定林长民为主任》,《顺天时报》1925 年 5 月 13 日。
　　④ 《命令》,《益世报》1925 年 10 月 30 日。

正当政府派人士开始为国民会议的前景感到乐观之时,唐、章二人发出通电,主张保存约法,反对国民会议。电文指出:"国民代表会议组织法、国民代表会议议员选举程序令,皆已次第公布。按组织法乃善后会议所定,选举程序令则临时政府自为,二者皆非执法机关,无为民国制法之权,执事为此,与向之召集安福国会无异也。执事秉钧以来,十有余年,毁法丧权,疵累恐多。……执事果有靖谳之心,则宜保存约法,勿自创制。速将国民代表会议之伪法、伪令,一切取消。……他日盖棺论定,犹不失为瑕瑜不掩之人。若乘急难之时,以行劫制之术,万目睽睽,岂可尽掩。"①

其实在政治理念上,章、唐并不一定以国民会议为非,但出于拥黎的考虑,则非出此举不可。因为段氏是在否定旧"法统"的基础上确立临时执政地位的,其所以急不可待要召开国民会议,一个重要的原因,就是想借以取得统治的合法性。章、唐既"主张拥黎出山,以正法统"②,当然不愿意看到段氏召开国民会议。

章、唐的通电反对得到了湖北方面的响应。10 月 12 日,湖北省议会议员维杜发表通电,认为中华民国主权在民,国民议会为国民行使主权之最高机关,应由国民自动组织,"非彼所谓善后会议所能代庖"。表示湖北为民国首义之区,该省议员受民意所托,"对于此种无法无据、于理未顺之国民代表会议,根本认为不能成立",故特通电反对③。

其次是作为国民会议基础的地方议会选举遭遇意想不到的麻烦。入秋之后,各地根据政府颁布的《国民代表会议议员选举程序令》,开始国民会议议员选举。选举分初选与复选两阶段进行。然而,两个阶段的选举均因舞弊和各种丑闻被舆论曝光而招致反对,引发纠纷。例如

---

① 《唐绍仪章炳麟主张保存约法反对国民代表会议代电》,《善后会议》,第415—416页。

② 汤志钧:《章太炎年谱长编》下册(1919—1936),第 833 页。

③ 《湖北省议会维杜议员反对成立国民代表会议电》,《善后会议》,第 416—417 页。

南京于 9 月 10 日初选投票,运动当选人纷纷"密设机关,实行贿选",有被查获证据、提起诉讼者,有被抓获扭送省宪,由郑谦亲自审讯者,甚至出现初选监督、户籍主任被控告,户籍事务所被砸毁的事件,公民要求宣告选举无效①。湖北的初选自王揖唐当选之后,已露出安福派从中操纵的痕迹。原定 8 日举行复选,但十八位代表的名单,不待投票,已先期揭出,且公然见诸文电。其具体办法,系由安福派驻京头领联络武汉军方及"省议会之某派",共同成立"公司",操办其事。所选者"均系某某官署之重要职员,并闻指定人各出银一万五千元为该包办人之交换费"。消息传出,全鄂震惊,选民立即发出通电,表示强烈反对,并要求政府"彻查"。该省复选被迫展期②。江苏的复选因王景常以三千五百元贿选,引起诉讼及王的反诉,迫使选举监督郑谦宣布停止选举。而郑谦此举,复引来违反民会选举法的指控,弄得郑进退维谷,无以收场③。其他地区如河南、青海及华侨社团的选举,也因故展期④。

由于地方议会选举遭遇麻烦,临近国民会议开会,各省区选出的议员,尚未及应选人数的五分之三,奉命前往京师与会的各地议员,仅有五六十人。到京的议员要求先颁命令举行开幕式,筹备处以到会者不够法定人数,先举行开幕式不符合条例规定为由,未予应允,只同意安排招待处以接待来京代表及发放旅费。对此,一些代表强烈不满,表示非先举行开幕式不足以促各省选举之进行,"甚至有谓即使段执政下野民会仍须进行,不能与段执政同时消灭者"⑤。执政府既不能在不足法定人数的情况下开会,又无法促成地方议员选举以凑足法定人数,国民

---

① 《宁民会初选怪象百出》,《晨报》1925 年 9 月 12 日。

② 《鄂人反对湖北贿选》、《鄂代表复选展期》,《顺天时报》1925 年 10 月 9 日、12 日。

③ 《苏民会复选纠纷未已》,《晨报》1925 年 10 月 8 日;《苏省民选纠纷》,《顺天时报》1925 年 10 月 12 日。

④ 《民会选举延期消息》,《顺天时报》1925 年 10 月 25 日。

⑤ 《民会来京议员昨日见许提出四项要求》,《顺天时报》1926 年 1 月 6 日。

会议的召开也就失却了起码的组织基础。

另外,一直站在后台操纵执政府的奉张态度移易,亦成为段祺瑞难以如愿以偿召开国民会议的重要因素。例如,在地方议员的选举问题上,奉天方面曾因对国宪起草委员会持怀疑态度,迟迟不愿举行选举①。当时的舆论普遍认为,国民会议难以成立,主要原因在于"奉方对于该会议之不甚热心故也"。9月,在政府派人士梁士诒前往疏通之后,舆论又认为由于奉张态度发生变化,对于国民会议如期召开"已无可虑之必要"②。当时舆论对于奉张态度移易的判断是否正确并不重要,惟其指陈的国民会议能否开成须视奉张的态度为转移,则是客观事实。这样,当奉张的态度果真发生不利于执政府的重大变化时,国民会议的召开也就面临无法逾越的障碍。

奉张与段虽同为反直三角同盟成员,政治主张和利益却各不相同。两者最后分道扬镳系多种原因所致。先是郭松龄倒戈反奉,1925年12月3日兴城一战,奉军张作相部失利,张作霖施缓兵之计,称愿和平交出政权,段祺瑞不知有诈,拟命郭为奉天督办,触犯到奉张的根本利益。此事为段、张关系破裂埋下了隐患。次年1月5日,出于防止国民军与直系联合的需要,张作霖致电吴佩孚,主张恢复约法以解决国是。17日,张再电吴,称关内事请吴全权处理。此举不仅否定了段政府刚刚通过的宪法草案,否定了段氏所欲建立的新"法统",而且在治权上蔑视了段的存在,使双方既有的关系难以维持。在这种情况下,段祺瑞力图通过改变临时政府政制,设立国务院,以缓解矛盾。但双方关系已无法继续维持。1926年1月11日,张作霖宣布与段祺瑞政府断绝关系。25日,张作霖召开会议,议决东三省独立,并就任东三省自治保安总司令兼军务总统官③。

---

① 《奉天允办民选》,《中华民国史史料外编》第5册,第200页。
② 《国民会议有成立之希望》,《顺天时报》1925年9月29日。
③ 《北洋军阀大事要录》,《北洋军阀》(1912—1928)第6卷,第266—271页。

　　在此情况下,段祺瑞按照《修正中华民国临时政府制》增设的国务院,一开始运作即步履维艰。在许世英内阁成立后举行的首次国务会议上,于右任等国民党阁员坚持以段祺瑞下台为就职条件,致使许不敢待在国务总理位置上,结果以陆军总长贾德耀代理①。此时,段政府自身的继续存在已经成为问题,也就无暇顾及国民会议的召开。国民党和南方的国民政府虽然宣称要在第三次全国代表大会之前召开国民会议,但也基本上是一种政治宣传。随着"三一八"事件之后国内形势的变化,段祺瑞下台,国民政府的北伐进入准备阶段,两种不同政治取径的"国民会议"均不再为人提及,解决中国问题的和平会议手段又重新为武力统一所代替。

---

　　① 李进修:《中国近代政治制度史纲》,求实出版社1988年版,第234页。

第三章　初期国共合作

国共合作是这一时期中国政治中的一件大事,虽然其重要性最初并未彰显。国民党自二次革命失败以后,一直处于逆境之中。孙中山因屡遭挫折,开始向政治上并不完全认同的苏俄靠拢。苏俄出于国家利益及实施世界革命目标的考虑,亦改变以往支持吴佩孚甚至陈炯明的做法,开始做孙中山及其领导的国民党的工作,国民党的"联俄"政策由是开始形成。要"联俄"则不能不"容共",从逻辑上讲,"容共"乃"联俄"自然的内涵延伸,而俄国方面也有国民党与共产党"合作"的要求,因为苏俄希望通过向国民党内输入共产党人的方式来改变国民党的政治色彩和人员构成。年轻的中国共产党作为共产国际的一个支部,既要服从共产国际的政治安排,也需要通过与国民党合作的方式来扩大政治影响,于是国共合作得以成为现实。这一时期国共合作最主要的成果是促成了国民党的改组和第一次全国代表大会的召开,国民革命因此逐渐形成新的浪潮,国民政府北伐的后方逐渐巩固。但是,国共合作的政治思想基础并不牢固。两党在思想上和组织上的分歧十分严重,即便孙中山在世时也是如此,因而在合作过程中,又时常发出不和谐的声音。

第一节　国共合作局面的成立

一　"联俄"与"容共"实际步伐的迈出

国民党与共产党的合作是从"联俄"开始的。孙中山是一位具有英、美教育背景的政治家,他从事革命的经费在很大程度上要依靠海外华侨(主要是美洲和东南亚的华侨),这两方面的因素使他从开始革命起,就将争取外援的重心放在欧美,其政治理念也基本是欧美式的。对于与广州毗邻的港英政府,孙中山亦十分重视,他任命伍廷芳的儿子伍朝枢担任外交部长,就是因为他"需要伍朝枢来同英国人打交道"①。

　　正因为如此,在苏俄及共产国际谋求与国民党建立关系之初,孙中山态度十分审慎。在著名的《孙文越飞联合宣言》中,孙中山强调共产组织及苏维埃制度均不适合中国,并对中东铁路和俄国在外蒙驻军问题表示了严重关注②。在青年共产国际代表达林到中国来行使其使命,并征询孙中山对实施苏维埃政权的意见时,孙中山曾向达林提出一个耐人寻味的反建议:"我给你一个山区,一个最荒凉的、没有被现代文明教化的县。那里住的是苗族人,他们比我们城里人更容易接受共产主义。因为在城里,现代文明使城里人成了共产主义的反对者。你们就到那个县组织苏维埃政权吧。如果你们的经验是成功的,那么我一定在全国实行这制度。"③

　　孙中山在政治思想上与苏俄存在差别,致使酝酿已久的"联俄"以及与此相关的国共合作一直没有实际动作。国民党及孙中山决定在这个问题上走出关键一步,一个重要的原因在于,直皖战争之后,英、美等西方国家在政治上支持获胜的直系中央政权及其实施的武力统一政策,争取英、美方向的外援已经不再现实。对此,共产国际执行委员会驻中国代表在其向共产国际执行委员会主席团所作报告中有明确的表述:"促使国民党进步的主要原因之一,是过去半年内发生的事件。在这个期间里,美

---

　　①　季诺维也夫等《致共产国际执行委员会、红色工会国际、共产国际执行委员会东方部和东方部远东局》,《共产国际、联共(布)与中国革命文献资料选辑》(1917—1925)第 2 辑,第 451 页。

　　②　《孙文越飞联合宣言》,《孙中山全集》第 7 卷,第 51—52 页。

　　③　达林:《中国回忆录 1921—1927》,1982 年莫斯科第 2 版第 86 页,引自李玉贞著《孙中山与共产国际》,台北中研院近代史所 1996 年版,第 121—122 页。

国在华中和华北的势力不仅实际上而且表面上都开始压倒日本的势力。曹锟(现在的中国总统)的当政得到美国的支持,它不仅意味着美国势力的增大,而且意味着中国最大的军阀派系——直系的加强。这一事实迫使国民党更加迅速地表态和更加公开而真诚地联合苏俄。"①共产国际作为极力促成国民党"联俄"的一方,其判断应该是符合实际的。

　　从苏俄方面观察,十月革命之后该国一直处于国际帝国主义的包围之中,为打破外交上的孤立境地,也亟须谋求中国的"承认"并建立正常的国家关系。为达到这一目的,苏俄并不因为英、美支持曹锟政权便置北京政府于不顾,相反,在苏俄谋求建立的中苏关系中,北京的位置最初是远远高于广州的。对于北京政府,孙中山曾要求苏俄方面不予承认,但苏俄没有采纳其意见。因为在苏俄看来,"不管北京政府是一个什么样的政府,它终归是中国的正式政府",因而将"力图同它建立正常关系"视为理所当然之事②。苏俄与北京政府的接触曾经引起孙中山的严重不安③。只是在与北京的谈判中,王正廷、顾维钧等坚持将解决外蒙撤军等问题作为中苏建交的先决条件,与苏俄方面先建交后谈判解决两国间"悬案"的立场相忤,谈判一时陷入僵局,广州的地位才因此而提高④。后来北京方面同意与苏俄妥协,正是出于阻止加拉罕南

---

①　《共产国际执行委员会驻中国代表向共产国际执行委员会主席团的报告(摘录)》(1924年1月15日),《共产国际、联共(布)与中国革命文献资料选辑》,第2辑,第564—565页。

②　《苏联对外政策文件集》第5卷第84页,引自李玉贞著《孙中山与共产国际》,第117页。

③　《契切林给季诺维也夫的信》,《共产国际、联共(布)与中国革命文献资料选辑》第1辑,第307页。

④　即便是在这种情况下,苏俄对国民党的态度也并非一成不变。后来冯玉祥发动政变,国民军成为中国政治中一支相对独立的政治力量并显露出与苏俄友好的态度,苏俄曾一度将联络中国政治力量的重心放在冯玉祥身上。1926年初国民军遭受严重挫折之后,莫斯科对起中国政策作出修正,"面向国民党及其在华南的力量的方针又上升到首位"。(《共产国际、联共(布)与中国革命文献资料选辑》第1辑,第554页。)

下与孙中山联系这一策略的考虑①。不过孙中山在外蒙和中东铁路问题上的民族主义立场，也是苏俄方面始料未及的。

在意识到广州的地位与作用之后，苏俄方面决定任命鲍罗廷为孙中山及国民党的政治顾问。几乎同时，孙中山派出其军队参谋长蒋介石率领代表团前往莫斯科访问。苏俄对国民党的经费和军火援助问题也正式提上议事日程。

鲍罗廷是促进国民党联俄的十分合适的人选。他为人"谨慎周到，态度和蔼"，不仅与中国共产党的领袖人物"一直保持着很好的友谊关系"，而且"与孙中山先生相处甚得"②。他的到来，对国民党实施"联俄"政策起到了重要作用。但蒋介石率团访苏，获得的总体印象并不佳好，在外蒙驻军和中东铁路问题上的感受尤其如此。在归国之后给廖仲恺的信中，蒋写道：

> 尚有一事欲直告于兄者，即对俄党问题是也。对此问题，应有事实与主义之别。吾人不能因其主义之信仰，而乃置事实于不顾。以弟观察，俄党殊无诚意可言。即弟对兄言'俄人之言只有三分可信'者，亦以兄过信俄人而不能尽扫兄之兴趣也。至其对孙先生个人致崇仰之意者，非俄国共产党而乃国际共产党中之党员也。而我国党员之在俄国者，对于孙先生惟有诋毁与怀疑而已。俄党对中国之唯一方针，乃在造成中国共产党之正统，决不信吾党可与之始终合作，以互策成功者也。至其对中国之政策，在满、蒙、回、藏诸部皆将为其苏维埃之一，而对中国本部，未始无染指之意。凡事不能自立而专求于人，其能有成者，决无此理。国人程度卑下，自居如此，而欲他人替天行道，奉如神明，天下宁有是理！彼之所谓国际主义与世界革命者，皆不外凯撒之帝国主义，不过改易名称，

① 《中华民国资料丛稿·大事记》第 10 辑，第 25 页。
② 张国焘：《我的回忆》第 1 册，东方出版社 1998 年版，第 307—316 页。

使人迷惑于其间而已①。

蒋介石回国后向孙中山递交书面报告,并于1924年1月中旬国民党一大开幕前夕将访苏的结果向孙中山作了口头陈述②。

尽管对俄国有所警惕,蒋介石率团访俄期间形成的某些印象和所获得的具体成果却加强了孙中山"联俄"的决心:莫斯科对代表团最高级别的接待,为国民党培训军队干部协议的签订,以及关于俄国政权及军队强大和巩固的印象,关于红军的军事政治组织和培训经验对国民党的重要性的认识,关于党和共青团的集中组织对组建有效国家政治结构的意义等,都增强了孙中山对于苏俄可引为中国革命之臂助,苏俄经验可以为中国革命参考的认知。

对于蒋介石的顾虑,孙中山有着自己的处置之道。据蒋介石称:"国父认为我对于中俄将来的关系,未免顾虑过甚,更不适宜于当时革命现实的环境。国父深信,并言:'此时只有使中国共党分子能在本党领导之下,受本党统一指挥,才可防制其制造阶级斗争,来妨碍我国民革命进行。如我们北伐军事一旦胜利,三民主义就可如期实行。到那时候,纵使共党要想破坏我们国民革命,亦势所不能了。何况苏俄对中国革命,只承认本党为唯一领导革命的政党,并力劝其共产党员加入本党,服从领导,而又不否认中国并无实行其共产主义的可能呢。'"③

真正构成孙中山实施"联俄"政策的理论障碍是苏俄的共产制度。虽然孙中山常说自己的民生主义就是社会主义,根据社会主义是共产主义低级阶段的理论,民生主义当然与共产主义有相通之处。但孙中山始终认为,共产制度不适合中国国情,至少在现阶段是如此。因此,尽管有"联俄"的现实政治需要,要与实施共产制度的苏俄实施联合,孙

---

① 蒋中正:《与廖仲恺书》,中国第二历史档案馆编《蒋介石年谱》,档案出版社1992年版,第164—168页。

② [日]古屋奎二编著:《蒋总统秘录》第5卷,台湾"中央日报社"1976年版,第213页。

③ 《蒋总统秘录》第5卷,第266页。

中山在认识上是难以融通的。加之当时共产制度被西方国家视为"政治瘟疫",受此影响,国人避之惟恐不及,国民党自然要顺应舆情,注意与之划清界限。

但是,自从苏俄实施"新经济政策"之后,"共产制度"已不再构成孙中山实施"联俄"政策的障碍。孙中山是通过马林的介绍获知俄国"新经济政策"实施情况的,他在致廖仲恺等的电报中称:"俄国经济状况,尚未具实行共产的条件,故初闻苏俄实行共产主义,甚为诧异。今与马林谈,始知俄国的新经济政策与我们的实业计划相差无几,至为欣慰。"①苏俄的新经济政策从1921年开始,一直实施到1927年,而孙中山在1925年便去世。也就是说,终中山之世,国民党都可以"新经济政策"的实施为理由,为"联俄"的政治行为作出至少自己认为合理的解释。

当然,孙中山更关心的是获得实际的经费及军火方面的援助。在这一点上,苏俄出手虽算不上慷慨,但对国民党而言却能收到雪中送炭的效果。1924年,苏俄在黄埔军校缺乏军火,难以开办的情况下,运来8000支俄式步枪,每支配有500发子弹,并资助现金200万卢布作为开办经费,解决了军校的燃眉之急。1925年苏俄一次向广州运送了价值56.4万卢布的军火;1926年又分四批向广州运送军火,共计2.3万支步枪,90挺机关枪,1000把军刀,子弹1200万发,大炮24门,炮弹1000发②。

苏俄向国民党提供援助有三个附加条件:其一是要求国民党进行改组,其二是实施国共合作,其三是修改国民党的纲领。苏俄要求国民党改组的目的是想改变国民党尚未形成"强大的政治组织"的状况,使之"处在我们(苏俄)的影响之下","对我们的威望充满尊敬和崇拜",

---

"驯服地接受我们的指示和共产国际的决议"①。国共合作是苏俄改变国民党的一项重要措施,就像掺沙子一样来改变国民党既有的人员构成。按照共产国际的指示,共产党员加入国民党之后,要"对国民党施加影响,以期将它和苏维埃俄国的力量联合起来,共同进行反对欧洲、美国和日本帝国主义的斗争"②。苏俄与共产国际对中国共产党曾经发出与国民党合作的指令。对于国民党,苏俄方面曾明确暗示,能否得到所期望的援助,取决于它与中共的关系③。至于修改纲领,则完全是要按照俄国人的意志来改造国民党。

很明显,这些条件如果被接受,完全可能将国民党改造成类似共产国际支部似的组织。对国民党提供援助的条件,苏俄态度十分坚决。当孙中山与马林就"南方迫切需要财政援助"进行磋商时,马林明确表示:"如果不进行党的改组,就不能给予援助。"④

孙中山并非不愿对国民党进行改组,政治军事斗争的一再失败使他对国民党组织的散漫与无力有了较为深刻的认识。但如果完全接受苏俄的条件,国民党是否会改变自身,甚至会成为苏俄的"工具"。围绕这个问题,国民党内部产生了激烈争论,作为一个有几十年革命斗争经历的党的领袖,孙中山当然不愿意看到他所缔造的党发生分裂,不愿意失去自己对于全党的领导地位,降格成为某一派的领袖。但是,现实政治、军事斗争中一再失败的艰难处境,使孙中山不得不淡化在"联俄"问题上的意识形态分歧以及可能出现的组织分化,将争取援助这一功利主义的考虑放在首位。

---

① 《加拉罕给契切林的信》,《共产国际、联共(布)与中国革命文献资料选辑》第1辑,第414页。

② 《共产国际执行委员会关于中国共产党与国民党的关系问题的决议》,《共产国际、联共(布)与中国革命文献资料选辑》第2辑,437页。

③ 《共产国际、联共(布)与中国革命文献资料选辑》第1辑,第279页。

④ 《马林致越飞和达夫谦的信》,《共产国际、联共(布)与中国革命文献资料选辑》第2辑,第418页。

　　直接促成孙中山联俄的事件是陈炯明反目。陈炯明是孙中山扶持提拔起来的,孙中山曾对之寄予很大希望,与孙中山分道扬镳之前陈已升任广州政府陆军部长。由于政治上的分歧,加之英国的支持,陈炯明在1922年6月发动兵变,炮轰总统府,孙中山被迫避走上海。在孙中山前往停泊在白鹅潭的军舰上避难时,英国人竟以白鹅潭接近沙面租界,担心牵动外国兵舰为由,要求孙中山离开广东。部下反目为仇,英国人"助纣为虐",给孙中山以强烈刺激,使他认清了"帝国主义"的本质,并最终将目光转向苏俄。他在离粤赴港时对随行人员说:"中国革命,许多地方须借镜于俄国。"并让陈友仁转告达林说,他已深信,"中国革命唯一实际的真诚的朋友是苏俄"①。由此可见,陈炯明兵变之后国民党的艰难处境是孙中山决定"联俄"并作出"容共"决策的一大关键。

　　作为被"容纳"一方的中国共产党,其多数领袖最初对国共合作尤其是"党内合作"并不赞成。陈独秀1922年4月6日致维经斯基的信对"党内合作"所持否定态度,反映了中共党内从中央到地方多数人的意见。但由于共产国际在1923年1月12日作出《关于中国共产党与国民党的关系问题的决议》,明确提出"中国唯一重大的国民革命集团是国民党",要求"中国共产党党员留在国民党内"②。中共作为共产国际的下属组织,不能不表服从。加之马林在中共内部作了大量说服工作,中共在西湖会议经过激烈争议之后,表示接受共产国际的决议,但只同意少数共产党领袖加入国民党。直到1923年2月京汉铁路罢工被镇压,鉴于血的经验教训,中共才认识到现阶段的中国革命只能是民主革命而不是社会主义革命,中国共产党的工作中心应由工人运动转变为国民革命。1923年6月,陈独秀在中共三大报告中承认:"以前,我们党的政策是唯心主义的,不切合实际的";"大家都确信中国有实行

①　达林《中国回忆录》第126页,转引自王功安、毛磊主编《国共两党关系史》,武汉出版社1988年版,第14—15页。

②　《中共中央文件选集》第1册,第577页。

国民革命运动的必要,但是在究竟应当怎样为国民革命运动工作的问题上,我们的观点各不相同。有的同志还反对加入国民党,其原因就是政治认识不够明确。"因此,中共三大通过的《中国共产党第三次全国大会宣言》提出:"中国国民党应该是国民革命之中心势力,更应该立在国民革命之领袖地位";"我们希望社会上革命分子,大家都集中到中国国民党,使国民革命运动得以加速实现。"大会还特别通过《关于国民运动及国民党问题的议决案》,与《宣言》相呼应,提出"依中国社会的现状,宜有一个势力集中的党为国民运动之大本营,中国现有的党,只有国民党比较是一个国民革命的党,同时依社会各阶级的现状,很难另造一个比国民党更大更革命的党"。因此,中共决定共产党员加入国民党,"努力扩大国民党的组织于全中国,使全中国革命分子集中于国民党,以应目前中国国民革命之需要"①。共产党员加入国民党,实施国共"党内合作",成为中共的重大决策。

可见,尽管有些勉强,国共双方毕竟都对共产国际和苏俄的指令作出了配合或接受的决定,国共合作在酝酿多时之后,终于迈出实际的政治步伐。

二　国民党改组筹备工作的开展

国民党改组与"联俄"有连带关系,"联俄"又与"容共"有连带关系,既已同意"联俄"、"容共",则改进国民党组织也就势在必行。

实施改组之前,国民党及其前身中国同盟会虽有近二十年的政治斗争历史,具有相当的政治影响,但组织涣散,政治纲领模糊,内部派系分野严重,整个党全靠孙中山的崇高地位和威望来维系。"二次革命"之后成立的中华革命党要求党员盖手印宣誓效忠孙中山的做法,甚至

---

① 《中共中央文件选集》第1册,第146—148、165—166、169、171页。

一度使党带上秘密社会的组织色彩①。斯内夫利特曾撰文分析国民党的状况，认为"国民党不能算一个政党"，他引用"一位北方的著名军阀"的话说："中国没有国民党，只有孙中山党。"②所言大体符合改组前国民党的实际状况，并说明了国民党改组的必要性和迫切性。

1923 年 10 月 6 日，苏俄政府应孙中山邀请派驻广州的代表鲍罗廷（Borodin. Michael）到达广州。18 日，孙中山任命他为国民党组织教练员，希望鲍罗廷用俄国的方法"训练吾党同志"。孙明确表示："鲍君办党极有经验，望各同志牺牲自己的成见，诚意去学习他的方法。"③不久，孙中山又聘鲍罗廷为国民党的政治顾问。鲍罗廷则公开将对中国政治前途的希望，寄托在国民党身上，表示："将来引导中国国民运动以致完全成功者，此势力为何，即中国国民党。"④于是，国民党的各项改组筹备工作便在苏俄和共产国际的指导下全面展开。

10 月 19 日，孙中山任命廖仲恺、汪精卫、张继、戴季陶、李大钊为国民党改组委员，负责国民党本部的改组事宜。24 日，孙中山任命廖仲恺、胡汉民、林森、邓泽如、杨庶堪、陈树人、谭平山、孙科、吴铁城九人为国民党中央执行委员会委员，汪精卫、李大钊、谢英伯、古应芬、许崇清五人为候补执行委员，全面负责改组工作。共产党人谭平山、李大钊分别成为中央执行委员会委员和候补执行委员，说明国共已在政治上开始合作。25 日，国民党改组特别会议在广州召开，会议由廖仲恺主持，鲍罗廷在会上作关于改组和制定新的章程草案的报告，强调革命力量联合对于被压迫民族自由解放的重要性。会议通过了改组计划。28 日，国民党临时中央执行委员会正式成立。该委员会成立之后，全力以赴从事国民党的改组工作，共议决包括全国代表案、国民党改组宣言

①　李剑农：《中国近百年政治史》，第 612—613 页。

②　孙铎（斯内夫利特）：《中国国民运动之过去及将来》，《共产国际、联共（布）与中国革命文献资料选辑》第 2 辑，第 523 页。

③　《在广州大本营对国民党员的演说》，《孙中山全集》第 8 卷，第 438 页。

④　《向导》第 45 期，转引自《国共两党关系史》，第 33 页。

案、党纲和党章草案、广州区党部和区分部案、筹办军官学校案等重要议案和决议四百余件,并决定于 1924 年 1 月 5 日在广东召开国民党"一大"[1]。

　　11 月,国民党临时中央执行委员会发表《中国国民党改组宣言》,公布了《中国国民党党纲草案》和《中国国民党章程草案》。12 月,孙中山连续发表三次演说,阐释国民党改组的必要和实施"联俄"、"容共"政策的主旨,表示:"吾党此次改组,乃以苏俄为模范。"之所以以苏俄为模范,是因为从俄国人那里可以学到政党组织的方法。"俄革命六年成功,而我则十二年尚未成功,何以故? 则由于我党组织之方法不善,前此因无可仿效。法国革命八十年成功,美国革命血战八年而始得独立,因均无一定成功之方法。惟今俄国有之,殊可为我党师法"[2]。孙中山强调学习俄国人的政党组织方法,却闭口不谈俄国党的主义,为国民党的改组定下了政治基调。

　　为推进改组筹备工作在各地展开,孙中山委派廖仲恺、胡汉民到上海组织临时中央委员会上海执行部,委派李大钊在北京从事国民党党务改组工作。改组工作的重点在广州、上海两大城市。筹备改组的第一步是在各地进行党员登记。广州的党员登记尤为严格,同时开展市党部、区党部和区分部的组织建设,统一宣传机关,并将大本营党务处、大本营直辖委员会、广东宣传局裁撤,归并于临时执行委员会。为统一思想,临时中央执行委员会决定限制党员对外发表关于党务的意见,并设讲习所以训练各区分部执行委员。到 1924 年 1 月 12 日,广州成立了九个正式区党部、三个代理区党部、六十六个区分部、三个特别区分部,党员登记人数达 8218 人,两个月内增加党员 4569 人。在上海,截至 1924 年 1 月 10 日,总共正式成立一个区党部、三十三个区分部,此

---

　　①　《临时中央执行委员会报告概要》,《中国国民党第一次代表大会纪事录》,广州 1924 年印本,第 54—55 页。

　　②　《在广州大本营对国民党员的演说》,《孙中山全集》第 8 卷,第 500—506 页。

外尚有三个未编次序的区分部。上海的工、商、学界也建立了国民党基层组织①。

在国民党改组筹备工作进行过程中,中国共产党积极参与,做了大量的工作。1923年9月,李大钊与王法勤、丁惟汾、李石曾等在北京建立国民党组织,清洗参加贿选的国民党党员,同时吸收"激进"青年加入国民党。据张国焘称,到11月,"北京国民党组织的人数增至一千余人,可以说大多是北京的优秀青年,其中共产党员和社会主义青年团团员约占三分之一"②。湖南原先没有国民党组织,国民党中央派覃振到湖南去筹建,在毛泽东、李维汉、何叔衡、夏曦、刘少奇等人协助下,筹建工作得以顺利进行。夏曦、刘少奇还受国民党中央之命,担任湖南第一、第二分部筹备主任③。其他地区(如四川、山东)的共产党人也与国民党人相互配合,使地区国民党的改组筹备工作开展起来。

1923年11月下旬,中共在上海召开三届一次执行委员会,会议总结了各地贯彻党的"三大"有关国共关系决议所取得的成绩与不足,并通过《国民运动进行计划决议案》,明确了"国民运动是我党目前全部工作",决定将"扩大国民党之组织及矫正其政治观念"作为国民运动的"首要工作",并确定了扩大国民党组织的三项原则。值得注意的是,决议明确规定了共产党与国民党在"合作"中的关系:"一、我们的同志在国民党中为一秘密组织,一切政治的言论行动,须受本党之指挥;二、我们须努力站在国民党中心地位,但事实上不可能时,断不宜强行之。"④中共中央的决议案,旨在促进国民运动的开展,但规定共产党在国民党中为一"秘密组织",党员的一切政治言论与行动,须服从共产党的指挥,又给反对国共合作的国民党人士提供了口实。

---

① 《临时中央执行委员会报告概要》,《中国国民党第一次代表大会纪事录》,第54—55页。
② 张国焘:《我的回忆》第1册,第312页。
③ 李维汉:《回忆与研究》,第51页,转引自《国共两党关系史》,第36页。
④ 《中共中央文件选集》(一),中共中央党校出版社1989年版,第147页。

　　不仅如此,共产党人为"矫正"国民党的政治观念,还对国民党展开了尖锐的批评。其批评主要集中在几个方面:一、对国民党对待军阀政策的批评。认为孙中山只注意在军阀之间周旋,而不敢提出打倒一切军阀的口号是一种政策性错误。蔡和森在《向导》上发表的文章甚至宣称:"国民党一直所采的方法和一切混蛋的政团如安福系、交通系、直系、奉系等的无甚区别。"①二、对国民党对工人运动态度的批评。认为国民党为避免"赤化"、"过激"嫌疑,无视资本家阶级对工人的压迫,甚至为了避免激怒英国人,对吴佩孚制造京汉铁路惨案,亦"一声不响"②。三、对孙中山外交政策的批评。一是批评孙中山对苏俄的态度不够热情主动;二是批评孙中山为争取外国援助而对国内的反帝爱国运动"常常缩头缩脑,不敢出面领导群众,有时且故意躲避"③。

　　中共上述决议案以及对国民党的批评,与1923年5月共产国际执行委员会给中共"三大"的指示有关。该指示中一些关键性的政治表述,如共产党人应该在国共合作的同时保持自己在政治上的独立性,吸收国民党左派分子加入共产党等,是导致中国共产党决定在国民党内以"秘密组织"形式活动的依据。一些国民党领导人得到了这份文件,深感不满。1923年11月29日,邓泽如、吴荣新、林直勉、邓慕韩等11人联名向孙中山递交《检举共产党文》。邓泽如等人上书的主要内容与《向导》批评国民党所涉内容大体相同,而政治立场则截然相反。认为《向导》对国民党联络国内实力派共同反直的策略及对外政策的批评,目的在于使国民党"丛国际之仇怨","在国内绝实力派之协助";共产党加入国民党的目的是想利用国民党的躯体,"注入共产党的灵魂",从根

---

①　和森:《羞见国民的国民党》,《向导》第29期,第219页。

②　和森:《中国革命运动与国际之关系》,《向导》第23期,第170页。

③　以上共产党对国民党批评的论述参见李玉贞著《孙中山与共产国际》,第296—299页。

本上改变国民党的性质①。

孙中山接到上书后很快作出批复。针对邓泽如等人"俄人替我党订定之政纲政策,全为陈独秀之共产党所议定"的说法,孙中山解释说:"此稿为我请鲍君所起,我加审定,原为英文,廖仲恺译之为汉文,陈独秀并未与闻其事,切不可疑神疑鬼。"同时,孙中山再次阐明自己的立场。他认为,陈独秀等人对国民党内、外政策的批评,体现了"中国少年学生自以为是及一时崇拜俄国革命过当之态度"。针对共产党在国民党内从事"秘密组织"活动的现象,孙中山强调"彼等"既加入国民党,就必须"与我一致动作,否则当绝之"。关于联俄问题,孙中山因重视苏俄援助,故告诉邓泽如等人,"我国革命向为各国所不乐闻,尝助反对我者以扑灭我党,故资本家断无表同情于我党,只有俄国及被压迫之国家与被压迫之人民耳。此次俄人与我联络,非陈独秀之意也,乃俄国自动也"。但孙中山也承认,在这个问题上确实存在斗争。那些"中国少年学生"确实曾经"竭力排挤而疵毁我党",以便"包揽俄国交际,并欲阻止俄国不与吾党往来,而彼得以独得俄助而自树一帜与吾党争衡也"。从整个批文的内容及口气上看,孙中山是在调和当时国共之间存在的对立情绪,因而他要邓泽如等人宽大为怀,捐弃前嫌,团结共产党人,不要因陈独秀等人"往时反对吾人,而绝其向善之路"②。

孙中山为国共合作所作的调解工作,为国民党改组及国民党"一大"的召开,创造了良好的内部条件。

三 中国国民党第一次全国代表大会的召开

1924 年 1 月 20 日至 30 日,中国国民党第一次全国代表大会在广

---

① 邓泽如等人的上书见《中共党史参考资料》第三册(第一次国内革命战争时期),第 321 页。

② 《批邓泽如等的上书》,《孙中山全集》第 8 卷,第 458—459 页。

州高等师范学校礼堂举行。海内外代表总数为 198 人,实际出席会议的代表共 173 人。中共代表为 24 人,比较著名的有陈独秀、李大钊、谭平山、林伯渠、毛泽东、张国焘、李维汉、李立三等①。孙中山以总理身份担任大会主席并致开幕词,提出了这次大会的两项重要任务:"第一件是改组国民党,要把国民党再来组织成一个有力量有具体的政党;第二件就是用政党的力量去改造国家。"②开幕会之后,孙中山指定胡汉民、汪精卫、林森、谢持、李大钊等五人组成主席团,值日主持会议。

　　大会通过了《中国国民党全国代表大会宣言》、《组织国民政府之必要案》、《中国国民党章程》、《出版及宣传问题案》等十一个重要决议案,并通过了改组国民党、使之革命化的各种具体办法。新通过的国民党章程制定了从中央到地方基层完整的组织系统。党章规定在保留"总理"的前提下实施委员制。孙中山为国民党总理,总理为全国代表大会和中央执行委员会主席,无须选举产生。总理对全国代表大会决议有提起复议之权,对中央委员会决议有最后决定权。党的最高权力机关为全国代表大会,但在闭会期间为中央执行委员会。为此,大会选举产生了中央执行委员会。中央执行委员会由委员 24 人组成,包括胡汉民、汪精卫、廖仲恺、戴季陶、林森、邹鲁、谭延闿、于右任、叶楚伧及加入国民党的共产党员李大钊、谭平山、于树德等。候补中央执行委员由17 人组成,包括加入国民党的共产党人林祖涵(伯渠)、毛泽东、张国焘、瞿秋白、韩麟符、沈定一、于方舟等。执行委员会之外复设监察委员会,选出中央监察委员及候补监察委员各五人,包括邓泽如、张继、吴敬恒、蔡元培、许崇智等。地方则各省设省代表大会和省执行委员会,各

---

　　①　陈独秀因未办好入党手续未出席大会。毛泽东加入国民党之后很少在湖南从事公开活动,其国民党身份鲜为人知,故其被选为会议代表一事引起湖南籍国民党党员的异议。后经林祖涵、谭平山等斡旋,以"有发言权而无表决权"为附加条件,准许出席大会。参见《蒋总统秘录》第 5 卷,第 272 页。

　　②　《中国国民党第一次全国代表大会会议记录》(第 1 号),《中国国民党第一二次全国代表大会会议史料》(上),第 6 页。

县设县代表大会和县执行委员会,各区设党员大会或代表大会和区执行委员会;区分部为基层组织,设分部党员大会和执行委员会①。

"一大"闭幕翌日,孙中山主持了国民党中央执行委员会和监察委员会第一次会议,推举廖仲恺、戴季陶、谭平山为中央执行委员会常务委员,并决定设立中央党部。中央党部下设秘书处、组织部、宣传部、青年部、工人部、农民部、妇女部、调查部、军事部等机构②。国民党一届一中全会还决定在各地建立地方执行部,作为中央执行委员会的派出机构。实际建立的有北京、上海、汉口三个执行部。

经过国共两党共同筹划和努力,国民党组织很快在全国范围内发展起来。到国民党第二次全国代表大会召开时,国民党已有正式省党部十二处,特别市党部四处,临时省党部九处,全国除云贵、新疆等少数省份之外,绝大多数省区都建立了国民党组织。1926年初,党员人数达到50万,正式登记的有20万。党员的构成也发生变化。以广东为例,1926年2月,省党部报告的党员人数已由九个月前的1.5万人增至4.8万人。其中农民占40%,学生占25%,工人占25%,商人占10%,军、政、法、报、自由职业和其他人员共占百分之几。很明显,经过改组,国民党不仅扩充了党员人数,而且改变了组织成分③。

"一大"经过激烈争论,在对诸如将大土地收归国有一类具有"共

---

①　《中国国民党总章》,《中国国民党第一二次全国代表大会会议史料》(上),第91—101页。

②　中央党部的构成大致如下:秘书处:廖仲恺、戴季陶、谭平山;组织部:部长、戴季陶,秘书杨匏安;宣传部:部长、戴季陶,秘书,刘芦隐;青年部:部长,邹鲁,秘书,孙甄陶;工人部:部长,廖仲恺,秘书,冯菊坡;农民部:部长,林祖涵,秘书,彭湃;妇女部:部长,曾醒,秘书,唐允恭;调查部:部长,未定;军事部:部长,许崇智。见中国革命博物馆党史研究室编:《党史研究资料》第1辑,四川人民出版社1980版,第284—285页。

③　《中国国民党广东省党部执行委员会各部工作报告》(1926年12月),参见苗建寅主编《中国国民党史》(1894—1988),西安交通大学出版社1990年版,第135页。

产"色彩的内容作了删改之后,通过了《中国国民党第一次全国代表大会宣言》①。

《宣言》分析了"中国之现状",认为自辛亥革命之后,军阀专横、列强侵略的形势日益加剧,中国已陷入半殖民地深渊。因此,进行国民革命,实施三民主义"为中国唯一生路"。

对于"国民党之主义"即孙中山的三民主义,《宣言》重新作了解释。民族主义包括两方面内容:一是主张"中国民族自求解放",二是主张"中国境内各民族一律平等"。要实现前一目标,就必须反对帝国主义;要实现后一目标,就必须"承认中国以内各民族之自决权",在打倒帝国主义和军阀之后,组织自由统一的中华民国。民权主义旨在赋予国民更多的民主权利。规定于间接民权之外,复行直接民权,"即为国民者不但有选举权,且兼有创制、复决、罢官诸权"。针对"近世各国所谓民权制度,往往为资产阶级所专有,适成压迫平民之工具"的情况,《宣言》主张,"国民党之民权主义,则为一般平民所共有,非少数者所得而私也"。民权实施之方式,规定于宪法之中,以孙中山创制的"五权分立",即立法、司法、行政、考试、监察五权分立作为原则,以济代议政治之穷,矫选举制度之弊。民生主义的内容乃孙中山一贯主张的"平均地权"和"节制资本"两项。国家应制定土地法、土地使用法、土地征收法及地价税法,以防止"土地权之为少数人所操纵";"农民之缺乏田地沦为佃户者,国家当给以土地,资其耕作"。凡具有垄断或规模过大之企业,应"由国家经营管理之",使私人资本"不能操纵国民之生计"。

国民党对三民主义的"重新解释"很大程度上是共产国际及苏俄"指导"的结果。共产国际执行委员会主席团曾经明确表示,三民主义将通过共产国际关于中国民族解放运动和国民党问题的决议所作解

---

① 切列潘诺夫:《中国国民革命军的北伐》,中国社会科学出版社1984年版,第71—72页。

释,来表明国民党是一个"符合时代精神的民族政党"①。1923 年 11月 28 日通过的《共产国际执行委员会主席团关于中国民族解放运动和国民党问题的决议》,"几乎在所有各点上都对国民党行动纲领作了十分重大的修正","实际上,(共产国际)向国民党推荐的纲领与中共的最低纲领几乎没有区别。这些坚持不懈的推荐意见表明,共产国际竭力想把国民党变成'中国的雅各宾党'"②。

　　尽管因联俄、容共立场的确立,《宣言》对孙中山"三民主义"的解释较之以前有所不同,但国民党的基本政治立场仍然没有变化。例如,以前出于政治策略的考虑,在主张实现民族独立自由时没有明确提出反对帝国主义的口号,现在因联俄需要而将这一口号写进《宣言》,但国民党对"帝国主义"的定义与苏俄并不完全相同,它不包含"资本主义最高阶段"的内涵,最多只是过去指斥的"外国列强"的代名词;对于苏俄在中国推动"世界革命",国民党也有所警惕。在民权问题上,以前对西方政治制度颇多赞词,现在虽然出现了指斥代议制度下民主为"资产阶级所专有"的言论,却不主张用"无产阶级民主"而主张用超阶级的"平民"、"国民"的民主取而代之。这体现孙中山力图对西方近代政制进行改良的一贯立场。

　　《宣言》还明确规定了"国民党之政纲",内容包括对外政策七条和对内政策十五条。对外政策主张废除一切不平等条约和特权,对内政策主张制定划分中央地方权限、实施省宪并制定具体政策,以保障民权、民生主义的实施。《宣言》明确宣称,上述内外政策,为国民党"党纲之最小限度,目前救济中国之第一步"③。

　　国民党"一大"取得的另一重要成果是通过改组方式实现了第一次

　　① 《共产国际执行委员会主席团关于中国民族解放运动和国民党问题的决议》,《共产国际、联共(布)与中国革命文献资料选辑》第 2 辑,第 547—550 页。

　　② 《共产国际、联共(布)与中国革命文献资料选辑》第 1 辑,第 280 页。

　　③ 《中国国民党第一次全国代表大会宣言》,《中国国民党第一二次全国代表大会会议史料》(上),第 80—90 页。

国共合作。在国民党"一大"代表中,共产党员约占 11%。当时共产党员总数不过四百余人,而国民党的人数仅广州一个城市登记注册的就有 8218 人,广东全省党员人数将近四万人。全国的总数未见确切统计,但即便没有蒋介石在苏俄考察时所夸张的 60 万人①,也应当不会少于十万人。若以十万计,则共产党的人数仅为国民党人数的 4‰,但出席"一大"的代表则占了代表总数的 11%。这个比例是相当高的。不仅如此,在"一大"会议上,李大钊、谭平山、毛泽东等中共党员的地位与作用也十分突出。李大钊是孙中山亲自提名的大会主席团成员,同时兼任中国国民党宣言审查委员会委员、章程审查委员会委员、宣传审查委员会委员。毛泽东担任章程审查委员会委员,谭平山担任党务审查委员会委员,于树德担任宣言审查委员会委员,直接参与大会的各项组织领导工作。瞿秋白参与起草国民党"一大"宣言,并以此资格出席大会。

在"一大"期间,代表围绕是否允许共产党员"跨党"的问题产生争议。1 月 28 日,在讨论党章修正案时,广州特别区代表方瑞麟发言,称"本党党员不得加入他党,应有明文规定",主张在第一章第二条之后,加入"本党党员不得加入他党"的条文。如果这一提议得到通过,凡加入国民党的共产党员要么必须退出国民党,要么必须脱离共产党。方瑞麟的提议得到十人以上附议,大会因此展开了讨论②。李大钊以章程审查委员的身份登台发言,并递交书面声明。他在发言中表示:共产党人是经过反复研究思考才决定加入国民党的,这样做的目的是希望为国民革命作贡献,而不是为了与国民党争夺小团体的利益。既然孙中山先生已允许共产党人"仍跨第三国际在中国的组织",则共产党人

———————

　　①　《有国民党代表参加的共产国际执行委员会会议速记记录》,《共产国际、联共(布)与中国革命文献资料选辑》第 1 辑,第 334 页。

　　②　《中国国民党第一次全国代表大会会议记录》第 12 号,《中国国民党第一二次全国代表大会会议史料》(上),第 50—54 页。

加入国民党并同时"兼跨固有的党籍,是光明正大的行为"。为了释疑,他特别表示:"我们既经参加了本党,我们留在本党一日,即当执行本党的政纲,遵守本党的章程及纪律。倘有不遵守本党政纲、不守本党纪律者,理宜受本党的惩戒。"①

叶楚伧、李永声等人对方瑞麟的主张也表示反对。而江伟藩则赞成方氏的提议,略谓凡加入国民党者,都应信仰党的主义,从事国民革命事业;至于社会主义、共产主义虽包含于民生主义,但实施途径相差太远,故反对"跨党"。对此,汪精卫不以为然,他以章程审查委员会主席的身份发言,指出:过去吴稚晖、李石曾、张浦泉等人都曾以无政府党党员身份被接纳为国民党员,有此先例,国民党已无拒绝共产党加入的理由。他认为,国民党章程上订有纪律专章,对于党员违反党义有所制裁,因此,对于"党员跨党一层亦可不必过虑"。黄季陆表示相对赞成方瑞麟的提议,主张对于跨党"应有一种明文规定",盖既入此党,又加入他党,若无"适宜之规定",恐造成组织上的混乱。

廖仲恺在会上发言,反对方瑞麟的提议,认为只要对于国民党的主义能真正服膺,能彻底革命,则跨党应不成问题。对于加入国民党的人,只应问他是否诚意加入,其他皆不必多问。他特别指出,"此次彼等之加入,是本党的一个新生命",共产党"不是来拖累我们的,是与我们同做国民革命功夫的"。胡汉民发言认为,大会争论的焦点,是担心跨党之党员违反党德、党章,"但此种顾虑,只要在纪律上规定即可"。既然党内已有纪律专章,便不必在章程上规定取缔条文。随后,毛泽东提议将"党员不得加入他党不必用明文规定于章程,惟申明纪律可也"的意见付诸表决,多数人举手赞成,方瑞麟的提议遂遭否决②。

---

① 《北京代表李大钊意见书》,中国革命博物馆党史研究室编《党史研究资料》第2辑,四川人民出版社1982年版,第105页。

② 《中国国民党第一次全国代表大会会议记录》第12号,《中国国民党第一二次全国代表大会会议史料》(上),第50—54页。

关于方瑞麟提议被否决一事,胡汉民后来有一个说明。他说当时孙中山不在会场,由他担任大会执行主席。如果反对"跨党"案通过,他将无法向孙中山交代①。这表明,孙中山的崇高威望以及孙中山实施"联俄"、"容共"政策的决心,是国民党"一大"实现国共合作的决定性因素。同时也意味着,如果孙中山的作用不复存在,国共合作将面临严峻考验。

国民党"一大"通过的共产党员和社会主义青年团员以个人身份加入国民党的原则,为国共合作奠定了组织基础。

第二节　初期的国共合作与冲突

一　初期的国共合作

张国焘说:"初期的国共合作,确是鉴于大敌当前,为了共同目标,同甘苦共患难,携手向前奋斗,两党间的摩擦那时还未暴露出来,即使有,也是很轻微的。我目击当时北京国民党发展的情况,又证以广州的实情,也觉得中共党员跨有两党的党籍,暂时还不会引起严重的纠纷。"②国民党"一大"正式确立国共合作政策之后,在大敌当前的特殊形势下,两党曾一度以国民革命的大局为重,求同存异,进行了一段卓有成效的携手合作。

第一次国共合作的内涵是极为广泛的,包括通过国民党改组实现的政治方面的合作;通过建立黄埔军校,平定商团叛乱,讨伐刘、杨,东征陈炯明,以及筹划北伐而实施的军事方面的合作;通过支持和指导五卅运动、省港大罢工而实现的在发动并壮大工农群众运动方面的合作;

①　黄季陆:《划时代的民国十三年》,《中国国民党第一次全国代表大会史料专辑》,台北1984年版,第196页。

②　张国焘:《我的回忆》第1册,第313页。

通过争取冯玉祥及阎锡山实现的在北方的合作,等等①。其中军事领域的合作尤见成效,而黄埔军校及国民革命军的建立则是国共合作最重要的成果。

　　1923 年 11 月底,国民党中央临时执行委员会正式提出并议决筹建军官学校。"一大"期间,孙中山将拟建的学校命名为"陆军军官学校",任命蒋介石为该校筹备委员会委员长,选定了校址,并邀请苏俄军事顾问小组参与军校筹备工作。1924 年 6 月 16 日,黄埔军校举行开学典礼,宣告正式成立,孙中山任总理,蒋介石任校长,廖仲恺任党代表。蒋介石是孙中山颇为信任的军事干部,他任校长后,亲力亲为,对军校的初期发展贡献良多,他也通过军校培养的军事干部及以此为基础成立的国民革命军,掌控了国民党的军权,并因此而崛起,成为国民党新一代领袖人物。

　　为办好军校,孙中山制定了办学宗旨,并亲自为学校制定了校训:"三民主义,吾党所宗,以建民国,以进大同。咨尔多士,为民前驱,夙夜匪懈,主义是从。矢勤矢勇,必信必忠,一心一德,贯彻始终。"②从此,以"主义"建军成为军校建设的一条重要原则。孙中山在军校开学典礼演说中表示,创建军校,"就是仿效俄国""组织革命军"的办法,以夺取国民革命的胜利③。在黄埔军校的实际创建过程中,俄国人的"办法"通过蒋介石建议实施"政治工作制度"和"党代表制",得到充分展现。

　　黄埔军校着重于初级军官的养成教育,因革命形势的需要,学制不过半年,故就军事教育而言,未必强于其他军校。但黄埔军校的最大特色是俄式政治工作制度,政治训练在军校教育中占有特殊地位。

　　军校创建之后,即按照苏俄的办法,设立政治部,掌管政治教育和

————————

　　①　有关国共合作积极成效的研究成果极为丰富,新近出版的比较有代表性的著作有《国共关系七十年》(黄修荣主编,两卷本,广东教育出版社 1998 年版),可资参考。

　　②　《陆军军官学校训词》,《孙中山全集》第 10 卷,第 300 页。

　　③　《陆军军官学校开学演说》,《孙中山全集》第 10 卷,第 290—300 页。

宣传。曾以戴季陶、汪精卫、邵力子等为主任。为加强政治部的工作，廖仲恺等要求政治部副主任、中共党员张申府向军校推荐在国外学习的优秀学生。张申府推荐了周恩来等人①。1924年底孙中山北上，戴季陶等扈从至京，周恩来继任政治部主任兼军法处处长。后军校扩大政治部组织，分别设前、后方政治部，周恩来为前方政治部主任，随军参加第二次东征；包惠僧为后方政治部主任，留校工作。由于前、后方政治部均由共产党人担任主任，中共对政治部的控制影响大大加强。1926年中共党员熊雄担任主任之后，为健全政治工作制度，又在政治部增设政治指导员，制定了《政治指导员条例》、《政治教育大纲》、《官长政治教育计划》、《政治部服务细则》等。出任过军校政治教官的有胡汉民、萧楚女、张秋人、安体诚、于树德、高语罕等人，恽代英曾任政治主任教官。

军校的政治教育也因此带上鲜明的"国共合作"色彩，对三民主义和马列主义采取兼容并包的态度，军校中的政治课程及出版宣传刊物，几乎都充斥着三民主义和马列主义的内容。政治教育大纲规定的政治课程有二十六门，其中包括《社会主义原理》、《中国农民运动》、《中国职工运动》、《中国国民运动》、《三民主义浅说》、《帝国主义侵略中国史》等，内容涉及社会主义、三民主义、工人运动、农民运动、学生运动、苏联研究等众多方面。1925年10月27日公布的军校党代表训令规定："关于社会主义、共产主义、马克思主义书籍，以及表同情于本党或赞成本党政策而极力援助本党之一切出版物，除责成政治部随时购置外，本校学生皆可购阅。"②这使军校政治教育的马列主义色彩得到进一步加强。1924年11月和12月，香港报纸屡屡发表文章，称黄埔军校是"好

---

① 《第一次国共合作时期的黄埔军校》，文史资料出版社1984年版，第98页。
② 《汪代表训令》，广东革命历史博物馆编《黄埔军校史料(1924—1927)》，广东人民出版社1985年版，第79页。

战的布尔什维克老巢",黄埔军是"共党布尔什维克赤色军队"①。这些文章虽有站在英国立场攻击中国革命的色彩,但也道明了黄埔军校建校之初政治教育的意识形态特征。

党代表制经蒋介石提议之后,由国民党一届三中全会作出明确规定:"在军校及军队中,所有一切命令均由党代表副署,由校长或由应管官长执行。军中党的决议,其执行亦须遵照此程序";"所有一切军校及军队中之法令规则,经党代表副署者完全有效"②。这一规定明显是对苏联红军建军原则的学习效仿。此制确立后,廖仲恺任军校第一、第二期党代表,汪精卫任第三、第四期党代表。党代表不仅在校一级设立,校属各部门也设立。军校内还建立了国民党的各级组织,所有学员都必须加入国民党,以保证学员的组织性和政治忠诚度。军校所设国民党组织——黄埔特别党部直属中央党部,蒋介石、严凤仪、金佛庄、陈复、李之龙等五人担任执行委员,其下设分部和小组。中共也在军校内建有黄埔特别支部,是秘密组织,在军校内秘密发展党员,隶属中共广东区委。

1926年3月,国民政府以黄埔军校为中心,统一其他军校,成立国民革命军中央军事政治学校,仍由蒋介石任校长,李济深任副校长,汪精卫任党代表。

在建立军校的基础上,国民革命军亦随之建立。1925年4月6日,国民党中央执行委员会通过建立党军案。13日,廖仲恺提请中央下令将军校教导团第一、第二团组建成党军第一旅。不久,蒋介石受命为中央党军司令。7月3日,为统一军事,成立了国民党指挥下的国民政府军事委员会,成为最高军务统辖机关,委员为汪精卫、胡汉民、伍朝

　　① 《加伦手稿〈广东战事随笔(1924年12月—1925年7月)节录〉》,《共产国际、联共(布)与中国革命文献资料选辑》第2辑,第659页。
　　② 《中国国民党历次代表大会及中央全会资料》上册,光明日报出版社1985年版,第87页。

枢、廖仲恺、朱培德、谭延闿、许崇智、蒋介石,汪精卫为主席,加伦为顾问。同时决定取消以省为别的军队名称,改称国民革命军,并陆续组建了八个军,沿用黄埔军校的治军原则,"党军"体制基本确立。黄埔党军及部分原来的粤军所组成的第一军是其基干队伍。共产党人周恩来、李富春、李朗如、林祖涵分别任第一、第二、第五、第六军的政治部主任。

在国共合作中,共产党的作用不可低估。关于中共党员在国共合作中的地位与作用,《国军政工史稿》一书作了如下描述和分析:

> 中共分子由党部进入军校,既取得可为本党党代表的资格,深知当时本党缺乏此类人才,乃装出技术人员的姿态,借以冲淡政治色彩。在本党或军校的邀请敦促下,始勉为其难,加入军校政治部工作。在工作当中,又表现出几种态度:(1)争事不争权。愿在政治部中多做事,而将握有实权之党代表职位尽量让与国民党党员担任。(2)你不干我干。凡某一政工职务,为国民党党员所不愿为,不屑为或不能为者,他们欣然接受,全力为之。(3)不信任不休。对于国民党党员之为党代表或政治部主任者,恭顺备至,每有所使,必达成任务,对其职务内应办之事,则全神贯注,力求表现,以时间和事实来换取主官的信任,非至主官全无戒心全权信托不止。(4)看后不看前。前一段完全在表现能力表现服务精神,劳苦毁誉,在所不计,待取得主官完全信任后,则关键不放松,不顾一切地贯彻共党所指示的原则,达成共党所赋予的任务。如汪兆铭继廖仲恺为军校党代表,即将党代表职务,交政治部代拆代行,事前不指示原则,事后不检查结果,其时政治部而正为共党分子把持包办,故(军校)三期以后的政治训练,几乎是共产党在主持。由军校渗入军队,从军校、党军至国民革命军,经第一次东征,讨伐杨刘,而至第二次东征,每次都有共党籍的政工人员参与,而且在作战中特别卖力,特别勇敢,尤其对于民众的策动工作,做得格外彻底。而每次领导前线政工,指挥政工作战的,好像都是周恩来,可说以

共党分子为主体①。

1926 年 5 月,张国焘在广州会晤鲍罗廷。在谈到中共在国民革命中的地位与作用时,鲍罗廷说出一句人所共知的名言:"中共是中国革命中的苦力。"②联系上引书稿中"你不干我干","劳苦毁誉,在所不计"的客观评价,不难看出中共及其党人在第一次国共合作中的地位与作用。

国共合作极大地推动了国民革命事业的发展。孙中山说,国共合作之后一年国民革命工作的进展,可以抵得上此前十年之总和。1925年 7 月 1 日,酝酿已久的中华民国国民政府在广州正式成立,汪精卫、许崇智、谭延闿、胡汉民、林森为常务委员,汪精卫为国民政府主席,下设外交部、财政部、军事部,胡汉民、廖仲恺、许崇智分任部长,鲍罗廷为顾问。广州国民政府"受中国国民党之指导及监督",其组成、人事、施政等均由国民党决定,"党治"精神由军扩大到政。这一政权的建立,使南方的革命力量表现出力图在全国范围内建立自己政治统治的气象和抱负。

国民政府成立后,于 1925 年 10 月发动第二次东征,11 月中旬解决盘踞东江的陈炯明部;同时发动南征,1926 年 2 月中旬解决盘踞广东南路的邓本殷部。孙中山多年苦心经营但始终四分五裂的广东实现了统一。1924 年 12 月,经与广西的李宗仁等接洽,国民政府任命李为广西绥靖督办,支持其统一广西。1926 年 3 月,国民政府与李宗仁商定两广统一办法③。此后,广西统一于广东国民政府治下,两广成为国民革命的重要基地,为国民革命军北伐及其胜利进军奠定了基础。

---

① 《国军政工史稿》上卷,第 220 页,转引自王健民著《中国共产党史稿》第 1编,台北汉京文化事业有限公司 1988 年版,第 117 页。

② 张国焘:《我的回忆》第 2 册,第 119 页。

③ 《筹议两广政治军事财政统一委员会议决事项》,中国第二历史档案馆编《中华民国史档案资料汇编》第 4 辑(下),江苏古籍出版社 1986 年版,第 910－911 页。

二　国共两党矛盾冲突的逐渐公开化

国共两党在反帝、反军阀这一国民革命目标下实现了合作，但双方合作的政治思想基础并不稳固。中国共产党是无产阶级政党，其民主革命的目标虽与国民党国民革命的目标有吻合之处，但其进一步的奋斗目标是要推进社会主义革命，最终实现共产主义。与共产党强调阶级、国际、共产、专政不同，国民党标榜的是全民、民族、私有、民主。国民党从不认为自己仅仅代表哪个特定阶级的利益，宣称自己是各个阶级共同利益的代表，因而它不主张实施某个特定阶级的"专政"，而主张以"民主"的方式实施社会统治。在对外问题上，它所信奉的不是国际主义而是民族主义。在所有制问题上，尽管孙中山意识到私有制的种种弊端，却不主张用公有制度取而代之，只主张对之进行改良，以救其弊而存其利。孙中山主张"联俄"时曾有一句名言："非言主义，乃言组织。"①之所以不言"主义"，就是因为在主义上双方差距太大，难以谈拢。当时《向导》连篇累牍地刊登批评孙中山的文章，正是导源于国民党和共产党之间"主义"的分歧。

在组织上，国民党"一大"虽然通过了共产党员和社会主义青年团员以个人身份加入国民党的原则，但共产党始终强调组织上的独立性和政治上的领导地位，坚持在国民党内从事秘密的党团活动。当时除居于中央位置的少数中共著名人士为人所共知的中共党员之外，其他一般党员的身份，并不向国民党方面公开。国民党人只知其为国民党党员，而不知其同时为共产党员。这种"共产党居于暗处，国民党居于明处"的状况，为相当一部分国民党人所不能容忍②。

一些共产党领袖也为跨党之后共产党人面临的两难选择感到无所

---

①　转引自李玉贞著《孙中山与共产国际》，第277页。
②　参阅王健民著《中国共产党史稿》第1编，第111页。

适从。在中共中央一次扩大会议上，陈独秀曾谈到中共党员在国民党内从事"党团活动"的问题。"他说这都是加入国民党这一政策所引起的难题。他说中共如果遵照国民党的意见，取消在国民党内的党团活动，这无异是将我们的组织融化在国民党内，没有独立性了，这是我们做不到的事。但要国民党员默认中共在国民党内有党团存在，也是做不到的。他认为这是无法解决的。他感慨的说，如果他是国民党人，也要反对中共这种党团组织的办法"①。

由于思想及组织上的分歧无法弥合，国共双方的矛盾冲突很快就发生了。

（一）谢持、张继等提出"弹劾共产党案"

继国民党广州党部执行委员黄季陆、孙科向国民党中央提出制裁共产党活动的"检举案"之后，国民党中央监察委员邓泽如、张继、谢持于1924年6月18日向中央执行委员会提出"弹劾共产党案"。弹劾书指控说："中国共产党及中国社会主义青年团员之加入本党为党员者，实以共产党党团在本党中活动，其言论行动皆不忠实于本党，违反党义，破坏党德，确于本党之生存发展有重大妨害。"

弹劾书的主要依据是中共三大《关于国民运动及国民党问题的议决案》、中共三届二中全会《同志们在国民党工作及态度议决案》、青年团二大《关于中国共产党第三次大会报告决议案》，以及《新青年》、《向导》、《觉悟》刊登的一些文章。这些议决案和文章大多强调共产党和青年团成员在国民党内应当保持自己组织上的独立性。如中共三大议决案提出："我们加入国民党，但仍旧保存我们的组织，并须努力从各工人团体中，从国民党左派中，吸收真有阶级觉悟的革命分子，渐渐扩大我们的组织，谨严我们的纪律，以立强大的群众共产党之基础。"②

---

① 张国焘：《我的回忆》第 1 册，第 307—316 页。
② 《中共中央文件选集》第 1 册，第 147 页。

　　弹劾书据此认为，共产党和社会主义青年团加入国民党之后，仍然在从事"党团活动"，这与共产党人加入国民党时所作声明是矛盾的。弹劾书引证了李大钊在国民党"一大"时提出的关于共产党人加入国民党的意见书："我党之加入本党，断乎不是为取巧讨便宜，借国民党的名义，作共产党的运动而来的"；"我们加入本党，是一个一个加入的，不是把一个团体加入的。可以说我们跨党，不能说是党内有党"；"我们对于本党，实应负着二重的责任：一种是本党党员普通的责任；一种是本党联络世界的革命运动，以图共进的责任"；"我们来参加本党，而兼跨固有的党籍，是光明正大的行为，不是阴谋诡计的举动。"弹劾书认为，共产党和青年团的议决案规定在国民党内从事秘密的"党团活动"，与李大钊所说"我们加入本党，是一个一个加入的，不是把一个团体加入"的声明相互矛盾。

　　弹劾书最后提出了以下意见：（1）非反对共产党、社会主义青年团之加入本党；（2）非反对或排斥共产党员、社会主义青年团员之加入本党为党员者个人；（3）完全为本党之生存发展起见，认为绝对不宜党中有党；（4）共产党员社会主义青年团团员之加入本党为党员者，纯系共产党在本党中之一种党团作用。"鉴于这种情况，弹劾书认为"非速求根本解决，不足以维持本党之存在及发展"。因而要求孙中山"督促中央执行委员会从速严重处分，以维根本"①。

　　一周之后，谢持、张继等国民党中央监察委员，前往苏联顾问鲍罗廷在广州东山的寓所，与之辩论国共合作的问题，议题主要集中在三方面。

　　一是国民党内的派系分野问题。谈话中，谢、张质问鲍罗廷是否承

---

　　① 《中央监察委员会弹劾共产党原案》，中国人民解放军政治学院党史教研室编《中共党史参考资料》，第3册，第323页。

认党中有党。鲍罗廷回答说:"党中分派,是不能免,党之中央执行委员会实际上不能作党之中心,当然党内发生小团体,有左派、右派之分,如方瑞麟等对中俄协定之宣言,可认为右派,共产党则为左派。"谢、张称,共产党实际已将国民党视为"对相",以如何对付国民党为切要目的,国民党不能不视共产党团为国民党"本体上之大问题"。鲍回答说:"无妨,凡党皆有左右派之分。"谢、张驳斥道:"国民党与共产党只能说是两党,不能说是两派,君如认之为合理,吾不料所谓组织者竟如斯,直欺人之谭耳。"

二是共产党和社会主义青年团在国民党内从事"党团活动"的问题。谢、张问共产党是否应该在国民党内从事"党团活动",鲍罗廷回答说:"国民党已死,国民党已不成党,只可说有国民党员,不可说有国民党。加入新分子如共产党者,组织党团,可引起旧党员之竞争心,则党可复活。"谢、张质问说,既然称国民党为腐败的党,共产党是新生的党,两党性质不相容,分道扬镳岂不更好。鲍罗廷回答说:"第三国际认定中国革命,只能用国民党党纲,不能用他种主义,故使中国共产党及社会主义青年团全部加入国民党,如有不奉命者,则认为违反命令。"谢、张表示国民党不能容忍共产党在其党内的"党团作用",鲍罗廷称:"今日两者本互相利用,国民党利用共产党,共产党利用国民党,惟两相利用之结果,国民党更多得利益。"

三是国民国革命的宗旨及国民党内是否有保留共产党组织的必要问题。鲍罗廷承认:"中国国民党宗旨最适用,中国尚可应用一百年。假使国民党改为共产党,吾亦不赞成,只有提皮包离广州耳。"谢、张说:"诚如君所言,在中国行共产主义,尚需待至一百年之后。共产党全体既加入国民党,实行国民革命主义,又何必另挂中国共产党招牌,保留共产党组织耶?"鲍回答说:"国民党中央干部尚未能组织完好,不能指挥全体党员,又未能对全国最有关系之问题,时时有所主张,共产党不能取消自己的组织。"鲍又曰:"国民党依多数决议,可自由的驱逐共产党员出党，但不希望如此作。"①

这次谈话本来应是消除双方分歧及误会的一次机会，但却成了一次严厉的政治交锋。鲍罗廷在谈话中直言不讳地称国民党"已死"，说国民党是一个"腐败"的政党，并流露出由共产党取而代之的意向。这无疑对谢、张一派国民党人士构成了感情伤害，双方没有达成任何谅解，会谈不欢而散。

（二）国民党关于党务宣言的发表及廖仲恺遇刺

谢、张等人的弹劾案提出之后，上海、北京、汉口、广州、港澳等地的国民党右翼分子纷纷响应，上书攻击"跨党"的中共党员和社会主义青年团员，要求孙中山命令共产党员退出国民党，并对倾向共产党的国民党人予以纪律制裁。借此形势，谢持、邓泽如等又联名上书孙中山，要求召集中央执行委员会全体会议，对共产党实施弹劾。

从 7 月 3 日起，国民党中央执行委员会多次召开会议，研究对策。孙中山没有出席会议，与会者有胡汉民、汪精卫、廖仲恺、邵元冲、林森、张继、林祖涵、邹鲁、柏文蔚、谭平山等十人，鲍罗廷也出席了会议。会议争论激烈。7 月 7 日，国民党中央执行委员会通过由汪精卫、邵元冲主持起草的《中国国民党关于党务宣言》。这是一份旨在调和国民党内部关系的文件，反映了孙中山处理党务的一贯立场。首先，《宣言》强调国民党"负有领导中国革命的使命"，明确了国民党在国民运动中的领导地位。其次，《宣言》强调："三民主义为中国革命运动中唯一之根据；三民主义之革命，为中国革命运动中唯一之途径。"重申了国民党联俄、容共的理论基础。以此为前提，《宣言》强调："对于规范党员，不问其平日属何派别，惟以其言论行动能否一依本党之主义政纲及党章为断。如有违背者，本党必予以严重之制裁，以整肃纪律。"与此同时，《宣言》对国民党内对"容共"政策持怀疑态度的人士提出规劝，指出："数月以

---

① 《谢张两监察委员与鲍罗廷问答纪要》(1924 年 4 月 26 日)，《联共(布)、共产国际与中国国民革命运动》第 2 卷，第 577—580 页。

来,党内党外,间多误会,以为已加入本党之共产党人,其言论行动,尚有分道而趋之倾向,于反对派得肆其挑拨,同志间遂于怀疑而发生隔阂。"①

8月13日,国民党政治委员会第五次会议在广州召开。会议就解决党内纠纷进行了原则性的讨论。两天后,国民党一届二中全会在广州举行,弹劾案成为会议的重要议题。谢持、张继以原提案人身份列席。张继发言重申了弹劾案的意见,提出国共"分立",其主张得到覃振的支持。瞿秋白就监察委员所指控的"党团作用之嫌疑"问题作了答辩,指出:"国民党外,既然有一个共产党存在,则国民党内便不能使共产派无一致之行动。况既谓之派,思想言论必有相类之处;既有党外之党,则其一致行动,更无可疑,何待团刊之发现乎?……若其行动有违反宣言及章程之处,则彼辈既以个人资格加入本党,尽可视为本党党员,不论其属于共产派与否,即以本党之纪律绳之。……如此次会议决分立,大可谓共产派之发展足以侵蚀国民党,若不分立,则共产党之发展,即系国民党之一部分之发展,何用疑忌?"②

国民党元老胡汉民、李石曾等也对国共"分立"表示不同意见,加上廖仲恺、汪精卫等人的作用,反对"分立"的意见占了上风。8月20日,孙中山主持召开中央政治委员会第六次会议,通过《国民党内之共产派问题》《中国国民党与世界革命运动之联络问题》两个议案。该两案在次日召开的国民党一届二中全会上获得通过。会后,中央执行委员会根据上述两案发表《中国国民党中央执行委员会颁发有关容纳共产分子问题之训令》。《训令》重申国民党"一大"宣言精神,阐述了国共合作的必要性,指出:"谓本党因有共产党员之加入,而本党主义遂以变更者,匪谬极庚,无待于辩。所谓本党因有共产党员之加入,而本党团体

---

①　《中国国民党关于党务宣言》,《中共党史参考资料》第3册,第330页。
②　瞿秋白:《对于监察委员弹劾案之答辩词》,转引自王功安等编《国共两党关系史》,第110页。

将以分裂者,亦有类于杞忧。证之本党改组以后发展情形,益可以无疑。"训令要求党员以革命大局为重,加强团结,求同存异,将以前的争议,加以淡忘,共同努力,以完成国民革命之大业①。

《训令》的发表,使弹劾案风波得以暂时平息。从事件的处理过程来看,国民党中央基本上采取的是调和国共关系的做法。即一方面指出主张国共"分立"如何"匪谬极庅",坚持国共合作的方针不变;另一方面,又采纳了张继、谢持等人的意见,在党内对共产党的活动实施种种限制、防范措施。国民党政治委员会第五次会议和一届二中全会指出:"中国共产党之活动,其有关于国民革命者,本党实有周知之必要。否则对于国民革命,无从齐其趋向与步骤。中国共产党对于其党员之加入本党者,施以指导,俾知对于本党应如何尽力,尤于本党之党务进行、党员纪律有直接间接之关系,本党更不能不过问。"②为此,会议决定在国民党中央政治委员会内设立"国际联络委员会",职责是直接与共产国际联络。按照国民党"中派"的想法,该委员会"应得到第三国际的所有指示,这样就可以切断共产党与共产国际的联系",使中共与共产国际的联络受到监视,并使中共的活动受到限制③。

但调和国共两党关系的努力未著明显成效。当时国共两党以及国民党内围绕联俄、容共的斗争无日或息,以致发展到使用暗杀手段的地步,结果廖仲恺成了政治斗争的牺牲品。

廖仲恺是国民党杰出的政治活动家,曾担任财政部长、广东省长。他积极赞助孙中山实施联俄、容共政策,在国共合作中被视为"左派"领

---

① 《中国国民党中央执行委员会颁发有关容纳共产分子问题之训令》,《中国国民党历次代表大会及中央全会资料》(上),第73—75页。

② 《中国国民党中央执行委员会颁发有关容纳共产分子问题之训令》,《中国国民党历次代表大会及中央全会资料》(上),第73—75页。

③ 《国民党中央执行委员会第二次全会讨论与共产党人关系问题情况通报》及附录一《关于在国民党内之共产派问题的决议案》,《联共(布)、共产国际与中国国民革命运动》第1卷,第517—523页。

袖。国民党改组之后，他当选中央执行委员、常务委员、政治委员会委员，并先后兼任国民党工人部长、农民部长、黄埔军校党代表等要职。由于他坚定执行改组国民党及联俄、容共的政策，因而成了一部分人的眼中钉。1925 年 8 月 20 日，廖仲恺在广州国民党中央党部遇刺身亡①。

廖仲恺遇刺事件对国共合作是一次严峻考验。事件发生之后，国

① 行刺廖氏的主谋，迄今未能判定。有称廖氏系为"一些右派分子"密谋杀害的。被指为谋刺的嫌疑犯有林直勉、胡毅生、朱卓文等。因胡毅生系胡汉民的堂弟，林直勉素与胡汉民亲近，故胡汉民"有参加暗杀的嫌疑"(亦农:《廖仲恺遇刺前后的广州政局》,《向导》第 130 期)，成了"假定嫌疑主谋者"。胡汉民自己在向汪精卫、蒋介石分析此事时提出三种可能:一是军阀作乱。认为被打倒的滇桂军阀不甘心失败，未被打倒的军阀又不安于位，遂以刺杀领袖的举动，以混乱粤局。二是"同志反共"，认为在孙中山逝世之后，"共党猖獗，盘踞党部，干预军政，一般同志，或疑仲恺亲共，愤激之极，故思有以对付之"。三是"自相疑忌"，认为党内有人受共党"催眠"，愤极难泄，作出蠢事，"而共党可以借此铲除异己，破坏革命"。蒋介石在听了胡汉民的分析之后表示:"胡先生的三点意见，我以为第一点尤属事实。办理这一案，对于军队反侧，不能不特别注意。"后来在处理涉嫌人员时，胡汉民未被处置，而仅仅是放洋出国，显然是因为对他的指控证据不足。而朱卓文的一段自我表白倒是可以让人看出其中一些缘由。朱氏在 1936 年创办《中山日报》，曾与报社编辑谈及廖案。据称:"国共合作后，共党包藏祸心，……维余等一般老同志，在广州南堤有一俱乐部，名曰南堤小憩。余蹴居其间，大家对此赤焰甚为切齿，酒酣耳热之际，骂座不已。后来众意为抽薪止沸计，决议歼其渠魁。习知俄顾问鲍罗廷、加仑与汪精卫、廖仲恺等，每日必集东山百子路鲍公馆会议，乃密遣死士伺机以炸弹机枪袭击之，务使群凶同归于尽。下手前一日，余戒起义诸死士，当熟勘地形，以利进退。讵此辈血气之俦，于东山茶寮中，竟将此谋泄闻于卫戍部某侦缉员，某急上闻。时吴铁城任卫戍司令，闻讯大惊，即以电话向余诘询，严责顾全大局，切勿使伊为难，反复以公私情谊相劝止。余以事既如此，知不可为，遂亦作罢。然大家恨共之积忿迄未稍消，而一时对鲍罗廷、加仑将军诸俄寇又无可奈何，乃转而埋怨亲共之汪廖等人，大骂还是自家人不好，引狼入室，但亦止于口头谩骂，初无若何锄奸计划可言也。一星期后，某日余方午睡，陈瑞同志匆匆自外归来，言杀廖事，神色自若。余知事非寻常，必有大患，即探囊出港币二百元与之，促其离穗。世人所谓朱某杀廖，如是而已。"(蒋永敬编著:《胡汉民先生年谱》，王云五主编《新编中国名人年谱集成》第 12 辑，台湾商务印书馆 1981 年版，第 337—345 页。)

民党中央执行委员会、国民政府委员会、军事委员会举行联席会议,决定成立特别委员会,指派汪精卫、许崇智、蒋介石为委员,授以政治、军事、警察全权,负责"廖案"及时局的处理。在"廖案"的处理上,蒋介石与汪精卫默契配合,蒋介石支持汪精卫驱胡(汉民),汪精卫支持蒋介石倒许(崇智),同时从文、武两方面向自己的政治对手发起攻势。8月24日,蒋介石就任广州卫戍司令,两天后又就任新编组的国民革命军第一军军长。9月1日,蒋介石控制的特别委员会决定对"廖案"严厉处置。20日以武力逼许崇智(时任国民政府常委、军事部长兼广东省政府主席)出走上海,接过了许氏手里的"军权"。与此同时,国民党中央执委、国民政府常委兼外交部长胡汉民因与"廖案"有牵连,一度被蒋介石拘留,9月被迫"出使"苏联,离开了广东权力中枢。通过"廖案"的处理,被视为"右派"的国民党势力受到一定的打击,而蒋介石的地位则明显提高。从前孙中山的麾下"三杰",廖、胡二人一死一走,只剩下汪精卫一人。于是,蒋介石解决与汪精卫矛盾的时机逐渐成熟。

(三)戴季陶对孙中山学说的阐释及有关论争

1925年3月12日,孙中山在北京逝世,国民党失去众望所归的最高领袖,领导核心开始多元化①,对"三民主义"的"权威解释"也因此不复存在。在这种情况下,国共双方在政治上及思想理论上的斗争更加激烈。所谓"戴季陶主义"就是在这样的背景下出现的。

戴季陶是国民党的重要理论家,在"一大"会议上,当选为国民党中央执行委员会委员,曾被陈独秀等中共领袖视为国民党"左派"。但他对按照俄国人的意图重新解释三民主义一开始就持反对意见,曾就"三大政策"与廖仲恺"争论累日"。1925年5月,在国民党一届三中全会

---

①　当时,国民党内实际存在着以汪精卫、胡汉民、许崇智为首的三个领导集团,分别掌握着党、政、军大权。1925年7月1日国民政府成立之后,实行委员制,汪精卫出任国民政府主席兼军事委员会主席,原先任广州军政府代理大元帅的胡汉民则改任外交部长,廖仲恺任财政部长。尽管如此,领导集团多元化的格局仍然没有大的变化。

上,他提出建立"纯正的"三民主义作为国民党"最高原则"的建议。会后,他相继写成《孙文主义之哲学的基础》和《国民革命与中国国民党》两本小册子,连同当年5月在广州发表的《民生哲学系统表》,构成了孙中山学说的一套解释体系。

戴季陶认为,孙中山的思想是中国自孔孟以来正统思想的继续和发展,三民主义的思想基础是中国固有的伦理哲学和政治哲学。他在《孙文主义之哲学的基础》中说:"先生的全部思想,可以用几句简单的话来完全表明他,就是'天下之达道三:民族也、民权也、民生也;所以行之者三:智也、仁也、勇也。智仁勇三者,天下之达德也。所以行之者一也。一者何?诚也。诚也者,择善而固执之也。'"根据"仁爱"是革命道德基础的理论,戴季陶对共产党信奉的阶级斗争学说进行了批判。他认为中国社会生产不发达,尚未形成明显的阶级区分,现实的革命与反革命势力的对立,不是阶级对立,而是觉悟者与尚未觉悟者的对立。因此,他反对在中国从事"无产阶级革命",坚持主张国民革命,认为通过国民革命所建立的政治制度,不能实施无产阶级专政,而只能实施全民政治,"国家是人民所共有,政治是人民所共管"①。他批评共产党"争得一个唯物史观,打破了一个国民革命"②。

戴季陶学说一个鲜明的政治立场,是反对孙中山提出并经国民党一大通过的联俄、容共政策,主张以他所解释的"纯正"的"三民主义"作为国民党的理论基础。在组织上,他认为改组国民党,吸纳共产党员加入国民党,使统一的革命政党内形成互不相容的两个中心,这是造成国民党思想及组织混乱的根本原因。他根据"共信不立,互信不生,互信

---

① 戴季陶:《孙文主义之哲学的基础》,《中国现代政治思想史资料选辑》上册,四川人民出版社1984年版,第402—418页。

② 戴季陶:《国民革命与中国国民党》,《中国现代政治思想史资料选辑》上册,第472页。

不生,团结不固,团结不固,不能生存"的理论,认为不同的政党团体因缺乏"共信",在组织上具有"排他性",因而向加入国民党的共产党人提出:要么退出国民党,要么放弃所信仰的共产主义,改信三民主义,做一个"单纯的国民党党员",不要"秘密的对中国国民党员予以怀疑三民主义的暗示"①。

"戴季陶主义"的产生,对国民党内反对联俄、容共的分子提供了理论支持,不少被视为"右派"和"中派"的人士纷纷聚集在"戴季陶主义"的旗帜下,与共产党分道扬镳的呼声高涨一时。

这种情况引起了中共的警觉。戴季陶的小册子印行不久,陈独秀就在《向导》上公开发表《给戴季陶的一封信》,从"理论"和"态度"两方面对戴季陶的"主义"展开驳斥。在"理论"上,陈独秀以马列主义阶级和阶级斗争的理论,批判了戴季陶"只看见民族斗争的需要而看不见阶级斗争的需要",认为这是一个"根本错误";因为不从事"阶级争斗",就不能促成工农群众力量的集中与发展,"民族斗争"也会因此缺乏社会基础。在"态度"上,陈独秀以具体事实驳斥了戴季陶对共产党加入国民党"不是促进国民党而是阴谋破坏国民党"的指控。针对国共两党没有"共信"因而必须分立的说法,陈独秀指出:既然国民党标榜自己是各阶级联合的政党,则于"共信"之外,应当有"别信"的存在,"若以为这别信存在有害于党的理想统一与组织强固,主张全党只许有一个共信,不许有别信存在,这分明是想把全党中各阶级的分子成为某一阶级化。可是这个野心的企图,在现实的中国国民党中,颇难实现,因为在他的组织成份之数量质量上,都没有那一阶级的群众能够站在绝对主体地位,使党中他阶级的分子自然与之同化"②。瞿秋白则撰文指出:"戴季

① 戴季陶:《国民革命与中国国民党》,《中国现代政治思想史资料选辑》上册,第473—476页。

② 陈独秀:《给戴季陶的一封信》,《向导》第129—130期;另见任建树、张统模等编《陈独秀著作选》第2卷,上海人民出版社1993年版,第905—916页。

陶主义"的实质,是要"反对左派,反对阶级斗争,反对 CP 的跨党,甚至于反对 CP 的存在",认为沿着戴季陶的路走下去,国民党将会"完全变成资产阶级的政党"①。

国民党内一部分人士(如何香凝)也对戴季陶的学说提出批评。一些地区党部(如江苏)曾根据共产党员的建议,对戴季陶的学说展开批判。广州、武汉、北京等地,甚至出现大量焚毁《国民革命与中国国民党》这本小册子的现象。10 月 17 日,国民党中央执行委员会发出训令,要求党员非经党部议决,不得发表关于党的主义与政策的根本原则的言论,表明了中央对于此事的立场。"戴季陶主义"的宣传因此偃旗息鼓。戴季陶事后感叹说:"在这一个小册子发行以后,果然生出很大的攻击和迫害来。共产党的人一致对这本小册子下总攻击,这是必然的命运,也是当然的行动,无足怪的。然而国民党的当中许多被革命副产品的群众狂热醉倒,以及被对革命势力作投机运动的商业性迷倒的人,亦复一样对这本小册子下总攻击。……这一本小册子当时竟不能收圆满的效果,不能引起同志的回心转意,造成真实的三民主义的信仰。"②

三　国民党组织的正式分裂

(一)共产国际及苏俄分化国民党的政策

政党内部总是难免出现因思想及政治立场歧异而导致的派系分别。国民党创建伊始,就面临着这样的问题。但是,有两个因素淡化了国民党内部的分歧:一是严峻的政治斗争环境,迫使党员求同存异,以

---

① 瞿秋白:《中国国民革命与戴季陶主义》,《瞿秋白文集・政治理论编》第 1 辑,人民出版社 1987 年版,第 180 页。

② 戴季陶:《〈国民革命与中国国民党〉重刊序言》,《中国现代政治思想史资料选辑》上册,第 443—444 页。

对付共同的敌人;二是孙中山作为全党领袖的崇高威望,在关键时刻能化解矛盾,有效维持党在组织上的统一与团结。

然而,随着国共合作过程中国民党内派系斗争的不断升级,国民党由政治思想分歧发展到了组织分裂。其原因是多方面的。除了部分国民党人士顽固反对国共合作激化了内部矛盾,一些共产党人在处理两党关系时表现的"左"倾幼稚的行为倾向,以及孙中山的去世使原有的内部矛盾调解机制不复存在之外,苏俄及共产国际实施的分化政策以及中共对这一政策的实践,应该是不容忽视的重要原因。

苏俄及共产国际分化国民党的具体做法,首先是在国民党内区分不同派别。在国共合作期间,苏俄及共产国际涉及国民党的文件,很少笼统地称谓"国民党",而大多是具体的将其区分为左、中、右三派。左派主要是加入国民党的共产党,国民党的成员大多属于中派和右派。鲍罗廷给苏共的书面报告《孙逸仙之死与国民党》中的一段话,清楚地体现了苏俄及共产国际对国民党的派别划分:"自1924年1月国民党一大即左派取胜以来,国民党右派在党内开展了反对左派的运动,他们希望孙逸仙仍然忠实于同他们的老关系,帮助他们把不合他们心意的人驱逐出党。但是,孙逸仙自己反而越来越左倾,特别是当他确信,只有同左派在一起才能有所作为的时候。因此,国民党右派除了离去,别无出路。……当我们谈论中派时,必须注意到,实际上他们至少是由两种人组成的,一方面是共产党员和共青团员,另一方面是国民党的中派分子。不能说中派分子已经完全转到我们方面反对整个右派。不,他们仍然希望同右派中的那些他们认为不是自己的思想敌人,而是不理解孙逸仙的真正主义的人和解,对这些人应当加以教育。"[①]这些看法明显反映出苏俄及共产国际对国民党的派别划分及其不同政策,即坚定左派,联合中派,孤立右派。

---

① 《鲍罗廷的书面报告〈孙逸仙之死与国民党〉》(1925年4月6日),《共产国际、联共(布)与中国革命文献资料选辑》第1辑,第598页。

　　共产国际在国民党内划分左、中、右的标准主要是对待苏俄及共产党的态度，及其对待帝国主义、军阀和工农群众的态度。其中对待苏俄的态度至为关键。鲍罗廷称方瑞麟为右派，理由就是方反对中俄1924年5月的解决悬案大纲协定。左、中、右派区分出来之后，苏俄主张实施团结国民党左派，争取中派，打击右派的政策，以便通过左派来支配控制国民党。鲍罗廷曾表示，苏俄在中国的一项"基本任务"是"把国民党的一切地方组织都掌握在我们手中"①。为此，他明确主张"加速国民党不可避免的分裂"②，并将在国民党内建立左翼势力视为俄国人在中国的一项使命。1925年5月，共产国际执委会召开第五次扩大会议，"国民党左派和右派之间的斗争问题以及我方（苏俄）支持以孙逸仙为首的左派的必要性问题，在全会工作中占据突出位置"③。维经斯基给中共中央和鲍罗廷的信指出："我们现在需要坚持加强国民党左派（中派）的方针，因为右派正在加紧组织起来，并把国民党以外的反民族分子网罗在自己周围。即将举行的国民党全会可能迫使我们同右派分道扬镳，应当对此做好准备。"④

　　俄国人甚至企图改变孙中山的立场。孙中山本人虽然采行了联俄容共政策，但他的想法是丰富复杂的，他的行动受到国民党内外环境的影响，反映出一定的摇摆性。这既使苏俄不满意，也让苏俄感到可以通过一定的途径与方式影响甚至改变孙中山的立场，从而有利于苏俄在中国的长远布局，也有利于中共革命的发展。在这种情况下，俄国人的

　　①　《鲍罗廷的书面报告〈孙逸仙之死与国民党〉》（1925年4月6日），《共产国际、联共（布）与中国革命文献资料选辑》第1辑，第601页。

　　②　《维经斯基给加拉罕的信》（1925年4月22日），《共产国际、联共（布）与中国革命文献资料选辑》第1辑，第609页。

　　③　《共产国际执委会东方部给共产国际执委会主席团的报告》（1925年5月16日），《共产国际、联共（布）与中国革命文献资料选辑》第1辑，第619页。

　　④　《维经斯基给中共中央和鲍罗廷的信》（1925年2月15日），《共产国际、联共（布）与中国革命文献资料选辑》第1辑，第579页。案：引文中"左派"后面括号内的"中派"系原文注释。

一项重要工作就是"加强他自身的左派倾向",并"利用他的左倾",实现俄国在中国的目的①。

　　苏俄及共产国际在中国国民党内划分左、中、右的做法,很大程度上乃是苏共及共产国际在其内部划分左、中、右不同思想及政治派别政策与实践的延伸。苏俄及共产国际为维持其政党的政治"纯洁性",强调党内斗争,定期清洗门户。这种政策在中国首先延伸到中共党内,而当苏俄企图按照苏维埃路线改造国民党时,又自然延伸到了国民党内。列宁逝世之后,托洛茨基与斯大林之间展开了激烈的斗争,这一斗争在中国的政治舞台上也有反映。《密勒氏评论》报主笔鲍威尔指出:"外国人知道中共的背后,存在着俄国人的影响,但很少有人知道发生在中国的斗争,不过是在列宁逝世之后,斯大林和托洛茨基在俄国国内所作生死斗争的一部分。这场斗争关系到共产主义运动的基本目标。"②

　　在国际政治背景上,托洛茨基是鼓吹世界革命,力图使中国"共产主义化"的重要角色。在"赤化"德国、奥地利和英国失败之后,共产国际领袖转而谋求向中国和亚洲其他地区发展。其目的在于通过瓦解英、美和欧洲其他国家控制的远东殖民地,与列强竞争。如果他们在中国获得胜利,那就意味着世界上又有了一个共产党国家,共产国际也就可以在斗争中成为赢家,并因此多少挽回在欧洲实施共产革命惨遭失败所失去的面子。而且,如果共产国际在中国推广共产主义革命成功,对于斯大林也将是一大打击。因为斯大林坚决反对托洛茨基的世界革命计划,主张先集中精力于本国,镇压或封锁自己的反对派人士,不让他们大量逃到中国去③。

---

　　①　《鲍罗廷的札记和通报(摘录)》,《共产国际、联共(布)与中国革命文献资料选辑》第1辑,第433-487页。

　　②　[美]鲍威尔著、邢建榕等译:《鲍威尔对华回忆录》,知识出版社1994年版,第140页。

　　③　《鲍威尔对华回忆录》,第141页。

　　中共显然已卷入斯大林与托洛茨基之间的政争。中共"四大"通过的对于托洛茨基问题的决议案充分说明了这一点。该决议案指出："中国共产党大会对于俄国共产党领袖所解释之托洛茨基主义亦为投机主义之一派,完全同意,并且希望托洛茨基同志改正自己的错误而完全承受列宁主义,以后不再继续其1917年以前与布尔什维克主义相异之理论的宣传,对于列宁主义为修正之尝试。"①

　　在卷入苏俄及共产国际内部斗争的过程中,中共早期领导人甚至在理论上还有某种程度的"创造性发挥"。例如,早先尊崇托洛茨基的瞿秋白在翻译介绍斯大林的有关论著时,就采用"改译"方式,发挥自己的政治观点,将斯大林并未点名批判的托洛茨基直接冠以"托洛斯基派"即"托派"名称,并将其作为列宁公开批判的对象。另外,瞿秋白以斯大林的理论为依据,反复强调列宁对托洛茨基"无间断革命论"的批判,并在自己的有关文论中,将其置于苏共党内展开的"列宁主义与托洛茨基主义"大战的政治背景中加以分析发挥。这"表明瞿秋白改变了原先尊仰托洛茨基的政治立场,从此坚决站在以斯大林为首的苏共党内'正统'派别这一边,不断地批判托洛茨基主义等"②。

　　在国共合作的实践中,中共自觉地执行了苏俄及共产国际在国民党内划分左、中、右的政策。从1924年4月开始,共产党的舆论刊物《向导》登载文章,对国民党进行左、中、右划分,宣扬打击右派的政治主张。在一篇题为《国民党左右派之真意义》的文章中,中共人士指出:"凡是一个大党,内中总难免含有若干派别,简单的分左、右、极左、极右及中央五派,这是主义及政策实施时自然的结果。"文章认为,虽然在实际政治运动未展开之前,国民党内还说不上有真的左、右派的意见

---

　　①　《中共"四大"对于托洛茨基同志态度之议决案》(1925年1月),《共产国际、联共(布)与中国革命文献资料选辑》第2辑,第609页。

　　②　参阅丁言模著《沉重的感情纽带——瞿秋白与斯大林》,收入孙淑等主编《瞿秋白与他同时代的人》,南京大学出版社1999年版,第25页。

发生，但"将来国民党在政治上实际运动丰富时，左、右派政见不同，也是不能免的事"①。实际上，无须"将来"，陈独秀等中共领袖当时已经在对国民党作左、中、右的划分了。这年7月，陈独秀在致维经斯基的一封信中指出，国民党内基本上只有"右派反共分子"，"左派"仅戴季陶一人，但也只是一个空头理论家，孙中山及其身边的人全是"中派"②。

次年5月，《向导》刊登了《何谓国民党左派》一文。文章认为，孙中山去世之后，国民党内出现了一个"最好的现象"，这就是"党员群众之左倾"。文章表示，"我们共产派是时时刻刻准备帮助国民党左派的，并且希望全体忠实的国民党员都是左派"。文章提出了"左派"必须具备的四个基本标准：彻底反抗一切帝国主义及其附属军阀、买办阶级；恪守孙中山确定的"与世界无产阶级革命领袖苏联携手的方针"；与一切反革命右派分子决裂；实施保护工农群众利益的政纲③。

当戴季陶出面重新解释"三民主义"之后，中共批判国民党"右派"的斗争加剧。迨西山会议召开，国民党正式分裂，而戴季陶因与西山会议派有瓜葛，他连同他的同情者均被指为"新右派"。陈独秀在《什么是国民党左右派》一文中对国民党历史上的派系区分作了陈述。他认为，国民党内早就存在左、右派之分别，只是于今更甚罢了："最初是孙、黄分裂，右派由欧事研究会变为政学会；其次便是孙、陈分裂，右派变为联治派；再其次便是去年国民党第一次大会后，右派变为国民党同志俱乐部；最近从中山先生死后到现在，又渐渐形成戴季陶一派。每逢分化一次，党内之阶级的背景都更明显一次，在思想上左、右派的旗帜都更鲜明一次。戴季陶派或者可以说是国民党右派在思想上最后完成了。"值

---

① 《国民党左右派之真意义》，《向导》第62期。

② 《陈独秀给维经斯基的信》（1924年7月13日），《联共（布）、共产国际与中国国民革命运动》第1卷，第507页。

③ 《何谓国民党左派》，《向导》第137期。

得注意的是,陈独秀重新提出了划分左、右派的标准:在理想上,左派将帝国主义当作一种制度来反对,右派仅仅是反对帝国主义压迫弱小民族;左派在推翻军阀之后是要建立民主国家,右派则只是建立现代的贤人政治。在策略上,左派实施联俄,与共产党合作,保护农工权益的政策,右派则反对这一政策。文章最后表示,在国民革命运动中,中国共产党"必须赞助国民党的左派而反对右派"①。

孙中山及国民党内一部分领袖并不认同对国民党作左、中、右的政治派别划分。作为全党领袖,孙中山显然不能仅仅以某一派的首领自居。如果说孙中山的政治思想相对居"中"或偏"左",这是对的;但若说他是"中派"或"左派",则很明显是对其思想政治立场的误解。其他一些国民党领袖为避免国民党组织上的分裂,也尽量在言论及行动上采取调和的态度。如蒋介石于廖仲恺遇刺之后在黄埔军校发表演说,就明确指出:"我们学校里,我们党军里,没有什么共产派与反共产派,完全以三民主义为中心,完成国民革命。"②同年 12 月 31 日,蒋介石在黄埔对党员发表演说,再次声称:所谓"左派"、"右派"都是"我们的同志",表明了反对在党内区分左、右的立场③。

事实上,国民党内部政治思想分歧虽日益严重,但左、右两派共同之处仍然不少。如汪精卫,当时被视为左派领袖,但骨子里仍然具有人们指斥的"右"的倾向,不然就不会有后来的宁、汉合流了。就是对于自己极力主张的接纳共产党加入国民党一事,汪精卫仍然保有政治思想防线。他曾说:共产党如果加入国民党,国民党的生命定要发生危险,譬如《西游记》上所说,孙行者跳入猪精的腹内打跟斗,使金箍棒,猪精如何受得了④。

---

① 独秀:《什么是国民党左右派》,《向导》第 113 期。

② 中国第二历史档案馆编:《蒋介石年谱》,第 411 页,档案出版社 1992 年版。

③ 《中华民国史资料丛稿·大事记》第 11 辑,第 226 页。

④ 胡汉民:《革命与反革命最显著之一幕》,《革命理论与革命工作》第 3 册,第 87—88 页,转引自闻少华著《汪精卫传》,台湾李敖出版社 1988 年版,第 68 页。

　　尽管如此,苏俄及共产国际分化国民党的政策仍然发挥了相当明显的催化作用。在其他一些因素的共同影响下,国民党内部很快也有了左派、右派的说法。"左派"具有褒义,是苏俄、共产国际及中国共产党联合的对象;"右派"具有贬义,是打击的对象。而国民党内部不同派别的斗争也逐渐公开化、白热化。胡汉民访俄与拉菲斯谈话时承认:在左、右分野日渐明朗化的形势下,"国民党不是把党内的右派分子看作在孙中山旗帜下进行斗争的同盟者,相反,是把他们作为叛徒看待。因此,国民党左派主张开除他们"①。这就不可避免导致了国民党组织的分裂。

　　(二)西山会议与国民党的组织分裂

　　1924 年 10 月,利用直奉战争之机,冯玉祥在北京发动政变,推倒曹锟,直系统治崩溃。不久张作霖、冯玉祥、段祺瑞等电邀孙中山北上,共商国是。孙乃宣言北上,途经上海、日本、天津,于 12 月抵达北京。孙中山北上,国民党干部扈从者甚众,一段时间内,北京俨然成为国民党领袖聚集的另一个中心。而聚集北京的又多为被共产党视为"右派"的人士,于是反共活动得以迅速开展。

　　1925 年 1 月中旬,冯自由、谢英伯、马素、邓家彦等在北京组织"国民党海内外同志卫党同盟会"。他们上书孙中山,历数国共合作以来国民党内信仰不一、组织混乱的现象,并提出"挽救方法"七项②。与此同时,邹鲁、谢持等成立"国民党护党同志驻京办事处",发出通告,公布弹

---

　　①　《拉菲斯同胡汉民的谈话记录》,《联共(布)、共产国际与中国国民革命运动》第 1 卷,第 755 页。

　　②　这七项挽救方法是:(1)将中央党部及执行部的共产党员一律撤职;(2)停发与共产党有关之党内印刷所、新闻杂志、学校、宣传机关之津贴;(3)现在一切有关政治问题,由总理指定无共产嫌疑之纯粹党员三人以上,负责办理;(4)派至各省国民会议宣传员,其有共产党籍者,一律撤换;(5)于最短期间内在北京召开二全大会,共产党代表不得出席;(6)由纯粹党员组织特别裁判委员会对各地党员提出的弹劾共产党案进行裁判;(7)本党一切大小事权,以后不准外国人干预。

劾共产党的宣言。该两个组织于 3 月 8 日召开合并大会,宣布成立"国民党同志俱乐部",与会者共二百余人,唐绍仪、章太炎等十六人被选为理事。俱乐部成立后,发表宣言,称自共产党加入国民党之后,国民党的形势日益恶化。指责共产党"欺蒙总理,佯称归顺国民党,实则利用本党名义,自图发展,为祸本党。彼等接受俄国运动费,收买青年,欺骗劳工。彼等百计谋不利于本党,高唱放弃外蒙,作俄人走狗,阻碍党务,骂本党最大多数同志为反革命、非党人,以赤化本党"①。俱乐部成立于孙中山病危之时,明显表现出在组织上与国民党"左派"分庭抗礼的姿态。

针对这种情况,汪精卫等于 3 月 10 日以国民党中央执行委员会的名义发表声明,宣布将冯自由等三百二十名党员开除党籍。两天之后,孙中山在北京去世。以后一段时间,"反共"的鼓噪暂时平息,左派势力增长,国民党出现了明显的"左"的倾向。6 月 3 日,国民党中央声明,实施联俄、容共政策并不意味着"赤化"。7 月 1 日,宣布成立国民政府,接受国民党的指导,遂有"党国"之称。而在京的"同志俱乐部"则宣称:在共产党存在于党内期间,广东政府一切政令无效;在共产党问题未解决之前,中央执行委员会一切职务,由同志俱乐部代理。

1925 年 11 月 23 日,林森、谢持、邹鲁、居正、覃振、石青阳、石瑛、叶楚伧等八名国民党中央执行委员,茅祖权、傅汝霖等两名候补中央执行委员,以及张继、谢持两名中央监察委员在北京西山碧云寺孙中山灵前,召开"第一届中央执行委员会第四次全体大会"。因会议在西山召开,故又被称为"西山会议",与会者及其支持者则被称为"西山会议派"。广东方面认为,当时国民党中央执监委的委员及候补委员总人数为五十一人,而这次号称"全会"的会议只有十三人与会,未达到法定召开"全会"的人数,因而斥之为"非法"。

邹鲁对于会议是否够法定人数有另一种算法,即不将候补中执、监

---

① 见王健民著《中国共产党史稿》第 1 编,第 130 页。

委员计算在内。他说，当时中执委共二十四人，胡汉民被放逐在俄，熊克武被捕在狱，不应计算在列；李大钊、谭平山、于树德、林祖涵等，因本身系共产党人，自不许列席。这样，实际委员只有十八人，而十八人中已有十人出席，故在中执委中，出席者已居多数。中监委共五人，已有谢持、张继出席。吴稚晖署名召集会议，并出席了第一次预备会议，担任主席，吴也称自己是"西山会议派"。邓泽如虽未到会，却赞助过经费。监察委员五人中，除了蔡元培在国外与会议没有关系外，其他人都与会议有关。他的这种算法，暗示会议是合法的，至少是得到多数中央执、监委的支持的①。

　　会议的中心议题是"解决共产派"问题。经过四十三天讨论，会议通过了《取消共产党员的国民党党籍宣言》及一系列决议案。《宣言》称："两年以来，凡共产党员之加入本党者，在本党一切言论工作，皆系受共产党机关决议与指挥，完全为共产党党团之作用。""共产党员忠于共产党主义，虽违信誓，原无足责。在本党则自有主义，自有工作，虽推倒帝制，扫除压迫，与共产党同其步趋，然中俄之历史不同，社会之情状亦异，国民革命与阶级革命势不并行。若共产党员长此隐混于本党之中，使两革命团体之党人因内部问题而纷扰决裂，致妨碍国民革命之进展，不若分之，使两党之旗垒斩然以明，各为其党之主义而努力奋斗"②。为"彻底解决"共产分子在国民党内的"跨党问题"，会议作出取消共产党人谭平山、李大钊、于树德、林祖涵、毛泽东、韩麟符、于方舟、瞿秋白、张国焘等中央执行委员或候补中央执行委员职务，并将他们开除国民党的决定。

---

　　① 邹鲁：《西山会议》，《邹鲁文存》，北华书局 1934 年版。亦见高军等编《中国现代思想史资料选辑》上册，四川人民出版社 1984 年版，第 532—533 页。按：既不算候补中执委，则出席北京会议的中执委只有前列 8 人，不知邹鲁说有 10 人出席的根据何在？

　　② 《取消共产派在本党党籍宣言》，《中国国民党历次代表大会及中央全会资料》上册，第 356—357 页。

对于联俄政策，会议也采取了否定的态度。会议通过《为取消共产派在本党党籍告同志书》，指出：对于"在国际上互以平等相待的国家"，国民党当然和他携手，"但是携手并不是卖身投靠式的"，而是以平等的地位相互协助。"若是苏俄采用帝国主义手段"对待中国，那他就是"本党的敌人"①。会议特别指控鲍罗廷"挟其出席中央执行委员会内之政治委员会，又利用政治委员会而驾驭中央执行委员会，遂使本党之组织为之崩溃"，提出并通过了解雇苏俄顾问鲍罗廷的议案②。

对于左派领袖汪精卫，会议作出开除党籍六个月的处分决定。有关"判决书"指出："汪精卫违反总理容纳共产派归化本党之本意，与顾问俄人鲍罗廷朋比为奸，扰乱本党组织，破坏本党纪律，以致客卿专政，共产党入揽大权。""判决书"列举了汪精卫"罪孚叛党，行同卖国"的九个方面事实③。与此同时，会议还作出停止广州中央执行委员会职权，取消政治委员会，将中央执行委员会由广州移至上海，恢复孙中山逝世后因反共而被开除者的党籍，《孙文主义之哲学的基础》一书应由党审定决议发行等一系列决定。

针对这种情况，广州的国民党中央召开第十二次常委会议，决定授权国民政府全力制止"西山会议派"召开"二大"，并"下令通缉叛党分子归案严办"④。共产党则通过《政治周报》等刊物发表文章，批判"西山会议派"的反共言行。

---

① 《为取消共产派在本党党籍告同志书》，《中国国民党历次代表大会及中央全会资料》上册，第386页。

② 《决定本党今后对于俄国之态度案》，《清党实录》，1925年12月9日；《顾问鲍罗廷解雇案》，《中国国民党历次代表大会及中央全会资料》上册，第358页。

③ 《开除汪精卫党籍案》附《开除汪精卫党籍案之判决书》，《中国国民党历次代表大会及中央全会资料》上册，第358—360页。

④ 《中国国民党对于上海伪中央召集第二次全国代表大会之处理》，《政治周报》第8期。

1926年1月1日,西山会议尚未结束,国民党"二大"在广州召开,出席大会的代表共二百七十八人。会议在国民党左派和共产党的主持下,作出接受总理遗嘱,完全继承"一大"制定的政纲,修正党章,发布宣言,整饬党纪的决定。会议决定坚持国共合作的方针,并通过《弹劾西山会议决议案》。决定永远开除谢持、邹鲁的党籍,对居正、石青阳、石瑛、覃振、傅汝霖、龙定一、茅祖权、叶楚伧、邵元冲、林森、张继、张知本等十二人提出书面警告,责其改正。戴季陶以个人名义发表《国民革命与中国国民党》,造成不良影响,由大会予以恳切训令,促其反省。会议选举了新一届中央委员。除戴季陶继续当选之外,所有"西山会议派"成员都被剔除。在新当选的三十六名中央执行委员中,共产党人有谭平山、李大钊、林祖涵、于树德、吴玉章、恽代英、彭泽民等七人;在三十二名候补中执、监委中,共产党人有毛泽东、韩麟符、路友于、邓颖超、詹大悲、江浩、谢晋等七人。在新组成的中央党部中,谭平山任组织部长,林祖涵任农民部长,彭泽民任海外部长,汪精卫任宣传部长而以毛泽东代理,李大钊任北京政治分会主任。另外,与共产党关系甚密的陈公博、邓演达、徐谦、顾孟馀、甘乃光、宋庆龄、何香凝等也纷纷当选。很明显,经过"二大",被视为"左派"的国民党党员及共产党人已经在"一大"基础上进一步加强了对国民党中央的控制①。

"西山会议派"则在上海另立中央,与广州的国民党中央抗衡。1926年3月29日,该派人士在上海召开"国民党第二次全国代表大会"。会议通过宣言,继续坚持反共立场,主张用"全民政治"取代共产党主张的阶级专政的政治,强调阶级斗争的理论"不合于吾党在理论上之主张与方法",认为"在经济落后的中国,不但理论上无资本主义之立足点,即事实上亦无发展资本主义之可能。……故由资本主义形成之阶级,不复能显著于中国。共产党在中国主张阶级斗争,实不合社会之

---

① 《第二届中央执监委员名单》,《中国国民党历次代表大会及中央全会资料》上册,第172页。

需要,盖阶级斗争之说,至易破坏国民革命。吾人为统一国民革命阵线之故,势必截断其主张"①。

西山会议以及广州、上海两个国民党"二大"的召开,标志着国民党在组织上的正式分裂。由于在人数上占多数,加之据有两广地盘,有地方政权及军权的支持,有俄国人作后盾,广州方面在多数国民党人的心目中,仍然居于"正统"地位。

第三节　蒋介石政治立场明朗化及中共的反应

蒋介石在国共合作之初被认为是国民党"左派"的重要成员。他在公开场合发表的很多言论都给人以积极支持联俄、容共政策的印象,而最能表现其"左"的倾向的是他在苏俄考察期间公开发表的大量言论。

1923年8月底至11月,蒋介石率"孙逸仙博士代表团"赴俄访问,以考察苏俄的政治、军事和党务。访俄期间,蒋介石与苏俄有关人士进行了广泛接触和交谈。

9月2日,俄共中央书记鲁祖塔克向蒋介石表示,国民党的精神与俄共(布)非常接近,希望两党、两国加强联系。蒋介石对此表示同意并补充说:"国民党一向认为,苏联共产党是自己的姐妹党","俄国革命的经验教训可能对国民党在中国的工作很有教益"②。11月26日,在共产国际执行委员会的一次会议上,蒋介石发表的谈话甚至使人怀疑他的国民党员身份,或者怀疑国民党的性质是否发生了变化。蒋介石首先从主义上对苏俄表示认同。他明确表示,"民生主义是通向共产主义

---

① 《中国国民党第二次全国代表大会宣言》,《中国国民党历次代表大会及中央全会资料》上册,第403页。

② 《巴拉诺夫斯基关于国民党代表团拜会鲁祖塔克情况的书面报告》(1923年9月7日于莫斯科),《联共(布)、共产国际与中国国民革命运动》第1卷,第282—283页。

的第一步",当前中国革命的政治口号虽然不是共产主义,但当取得"第一阶段的胜利"之后,"我们就可以进行合法的宣传共产主义原则的工作"。接着他称赞莫斯科是"世界革命的中心",表示国民党正在从事的国民革命"是进行世界革命工作的一部分"。鉴于"共产国际代表着全世界无产阶级的利益",具有"领导革命运动的责任,特别是领导那些遭受资本主义和帝国主义压迫的国家的革命运动的责任",他希望共产国际"派一些有影响的同志来中国","领导我们并就中国革命的问题给我们提出建议"①。

虽然蒋介石在苏俄公开发表的言论十分激进,但他始终没有认同苏俄的政治制度。在后来回忆俄国之行时,他曾明确指出:"政治方面,我们访问其政府的部会,考察其村苏维埃、市苏维埃,并参加莫斯科苏维埃大会。我参观他各级苏维埃讨论与决议等情形,并与其党政要员谈话之间,无形中察觉其各部分无论在社会中间或是俄共中间的斗争,正是公开的与非公开的进行着;而且,更认识了苏维埃政治制度乃是专制和恐怖的组织,与我们中国国民党的三民主义的政治制度,是根本不能相容的。关于此点,如我不亲自访俄,决不是在国内时想像所能及的。"②

对于"联俄"可能造成的对中国利益的损害,蒋介石也始终持防范态度。他在给廖仲恺的信中说:"至其(苏俄——引者)对中国之政策,在满、蒙、回、藏诸部,皆为其苏维埃之一,而对中国本部,未始无染指之意。凡事不能自立,而专求于人而能有成者,绝无此理。……彼之所谓国际主义与世界革命者,皆不外凯撒之帝国主义,不过改易名称,使人迷惑于其间而已。所谓俄与英、法、美、日者,以弟视之,其利于本国而

---

① 《有国民党代表参加的共产国际执行委员会会议速记记录》,《共产国际、联共(布)与中国革命文献资料选辑》第 1 辑,第 330—338 页。

② 蒋介石:《苏俄在中国》,转引自《蒋总统秘录》第 5 卷,第 207 页。

损害他国之心,则五十步与百步之分耳。"①

　　很明显,蒋介石在苏俄发表的大量具有"左"倾色彩的谈话并不能反映他的真实政治思想,至多只是在受到高规格接待的特定场合下,对东道主表示礼貌的赞美之词,而给廖仲恺的信才真实表达了他的政治主张。一般认为蒋介石在国民党"二大"前后逐渐变化,思想由"左"转"右",成为国民党内的"新右派"。实际上,蒋介石只是将其本来就有的防范苏俄和共产党的思想政治主张,由早先的暧昧,逐渐公开化、明朗化而已。

　　蒋介石思想政治主张逐渐明朗化的标志性事件是"中山舰事件"和"整理党务案"。

一　中山舰事件及其善后处置

　　蒋介石担任黄埔军校校长后,在容纳共产党的同时,对军校内的共产党员采取了防范措施。按照周恩来的说法,蒋介石是"拿一个反动的看住一个进步的,叫一个反左派的牵制一个左派的,用反共的牵制相信共产主义的"。例如第一师师长是何应钦,立场偏"右",他就可以放心地用周恩来担任党代表。第二师师长王懋功是接近汪精卫的"左派",周恩来推荐共产党人鲁易担任党代表,就不为蒋介石接受,而将鲁易安排到第三师担任党代表,因为该师师长谭曙卿是"右派"。当黄埔军校以共产党员为骨干成立青年军人联合会之后,蒋介石又授意反对派成立孙文主义学会,以相牵制②。

　　西山会议之后,国民党组织分化,蒋介石虽然在公开场合对"西山会议派"的政治举动表示反对,但排斥共产党的倾向也日渐突出。1925

---

　　①　蒋介石:《与廖仲恺书》,《蒋介石年谱》,第167页。
　　②　周恩来:《关于一九二四至二六年党对国民党的关系》,《周恩来选集》上卷,人民出版社1980年版,第115—118页。

年 11 月,在东征途中召集连以上军政人员联席会议时,他曾公开要求将所有黄埔军校及军队中的共产党员(包括加入共产党的国民党人)的名单都告诉他。当时,周恩来以事关重大须请示中央为辞,暂时搪塞过去。后来蒋再次向周恩来提出,为保证黄埔军校的统一,共产党员要么退出共产党,要么退出国民党和黄埔军校,二者必居其一①。

　　值得注意的是,蒋介石与汪精卫及苏俄顾问季山嘉等人的矛盾也在此时露出端倪。先是因"廖案"缘故,胡汉民、许崇智迫于压力,一出走,一放洋,造成汪精卫出任国民政府主席并兼军事委员会主席、独揽军政大权的局面。国民党"二大"会议时,蒋介石当选中央执行委员。身当政治冲要,使蒋介石开始面对如何处理与汪的关系问题。当时,蒋介石与季山嘉的矛盾主要是因北伐决策而起,与汪精卫的矛盾则主要反映在对待苏俄顾问的态度上。

　　在"二大"会议上,蒋介石提出北伐主张,得到鲍罗廷的赞同。会后不久,俄军事顾问季山嘉却在军校会议上,极言北伐必败,以后又不断对北伐军事计划表示反对。蒋与季的关系开始紧张。季山嘉与蒋介石会晤时,总是"语多讽刺",但"又若甚疑惧公(指蒋)者"。与此同时,国民党内开始出现大量的反蒋舆论,甚至有人"以油印品分送,作反蒋宣传"。当时蒋介石曾对人说:"近日反蒋传单不一,疑我,谤我,忌我,诬我,排我,害我者,渐次显明。遇此拂逆之来,精神虽受打劫而心志益加坚强。""近来所受痛苦,至不能说,不忍说,且非梦想所能及者,是何异佛入地狱耶"②。作为应付之举,蒋介石向汪精卫提出辞去军事委员会委员及广州卫戍司令职务的请求,未获批准。2 月 27 日,蒋过访汪氏,谈论要事及对季山嘉的处理意见,力陈季氏专横,认为如不免去其职,

――――――――――

　　①　马维政:《中山舰事件前后》,王维礼等主编《中国现代史大事记事本末》上册,黑龙江人民出版社 1987 年版,第 379―382 页。

　　②　中国第二历史档案馆编:《蒋介石年谱》,档案出版社 1992 年版,第 544、547页。

"非惟危害党国,且必牵动中俄邦交"。提出如不准其辞职,则应令季山嘉返俄。3月8日,蒋再次访汪,表示"一切实权非可落入外人之手,虽即与第三国际联络,亦应定一限度"。这两次秘密谈话的内容,居然很快为季山嘉"闻之"①。蒋介石由此获知汪精卫与俄国人关系甚密,不可共谋大事,汪、蒋关系也因此而紧张。

在蒋与汪、季矛盾斗争的背景下,共产党欲发动暴动的说法到处流传,气氛十分紧张。3月18日,海军局代理局长、共产党员李之龙,称海军学校副校长欧阳格以黄埔军校驻省办事处的名义,向其传达校长命令:"着即通知海军局迅速派得力兵舰两艘,开赴黄埔,听候差遣。"②李之龙遂于19日晨将"中山"及"宝璧"二舰装足燃料,由广州驶至黄埔。适蒋介石不在黄埔,李乃向军校教育长邓演达报告并请示任务,邓称不知此事。19日午,李之龙打电话给蒋介石,问是否可将中山舰开回广州。在得到蒋同意之后,李将军舰开回广州。20日,蒋介石以"矫令"中山舰驶泊黄埔,有"异动"嫌疑为由,宣布省城戒严,令陈肇英、欧阳格解除中山舰武装,逮捕李之龙及各军党代表多人,同时命令吴铁成率公安部队包围苏联顾问与共产党人住宅及全市共产党机关。这就是震惊一时的"中山舰事件"。

关于这一事件,蒋介石于3月22日在军校召集官佐学生训话时说:"19日正午,海军局代理局长李之龙打电话给我说,中山舰可否开回广州。当时我并不知道中山舰已经开来了黄埔,我就问他,是谁命令开去的,他答的话是很含糊的,答不出所以然。我当时就很奇怪,我就说,你要开回来就开回来好了。后来研究中山舰为什么开来黄埔,究竟有什么作用,我当事出之后来问他,竟和昨日的话完全不同。他又说是教育长的命令,又说是校长的命令,我要他拿命令来看,他说是电话。后来中山舰当夜开回省城,通宵不熄火,戒备甚严,我料他必有不法行

---

① 《蒋介石年谱》,第540页。
② 《中共党史参考资料》(二),第321页。

动,所以即刻派了兵登舰监视。"①在 4 月 21 日对第一军党代表及 CP
官长训话时,蒋介石又透露:"至于有人说季山嘉阴谋,预定是日待我由
省城乘船回黄埔途中,想要劫我到中山舰上,强逼我去海参崴的话,我
也不能完全相信。不过有这样一回事就是了。但是如果真有这事情的
话,我想李之龙本人亦是不知道他究竟为什么,他不过是执行他人的命
令而已。"②

　　不难看出,事件从一开始就疑团重重③。李之龙是否"矫令",是否
真有"异动"嫌疑? 有关研究表明,当时确实有人"矫令"调动军舰,但此
人不是李之龙,而是欧阳格的侄子军校管理科交通股股长欧阳钟。3
月 18 日下午,因"定安"号商船在虎门海域被海盗抢劫,军校校长办公
厅主任孔庆睿饬令军校管理科长赵锦文速派军舰一只前往保护,管理
科交通股股员黎时雍因军校无船可派,即电请驻省办事处派一艘"输送
兼巡弋之用"的"小军舰"前往黄埔,以应急需。欧阳钟便借此机会,前
往海军局,以军校后方办事处的名义,"请即派有力战斗军舰两艘前赴
黄埔听候差遣"。时李之龙因公外出,欧阳钟只见到作战科科长邹毅,
邹面允请示李代局长,设法派舰。随后邹根据欧阳钟传达的命令,给李

----

①　《蒋介石年谱》,第 549 页。

②　《蒋介石年谱》,第 576 页。另外,蒋介石在事件发生过程中曾收到一封据罗
加乔夫判断是伪造的由李之龙署名的信,信中建议蒋介石在三天内通过政府把广东
企业收归国有,并威胁说,如果蒋不这样做就逮捕他,把他流放到俄国去。罗加乔夫
认为,右派利用了这封信,促成了事件的发生。见《罗加乔夫关于广州 1926 年 3 月
20 日事件的书面报告》,《共产国际、联共(布)与中国革命文献资料选辑》(1917—
1925)第 3 辑,第 232 页。

③　李之龙拿不出下达的令状,蒋介石要说他"矫令",他确实难以为自己辩解。
但如果他真的准备"异动",为何他到黄埔后要向邓演达报告? 又为何要请示蒋之后
才将军舰驶回广州? 如果他真准备"异动",为何中山舰回到广州后,他要回家睡觉,
而不留在停泊在省河里的中山舰上坐镇指挥? 但如果没有矫令异动,为何事后他要
写"悔过书"? 如果他是真心"悔过",为何几年后他写事件经过时,又会改口指责蒋介
石的"阴谋"? 这些问题,至今未能找到合理解答,成为悬案。

之龙留下一函称："军校办事处欧阳钟秘书来局,谓接黄埔邓教育长电,谓奉蒋校长面谕,命海军局派得力军舰两艘开赴黄埔,交蒋校长调遣。职已通知宝璧舰预备前往,其余一艘,只有中山、自由龙舰可派,请就此两舰决定一艘。"李之龙当晚见到该函,"恐黄埔或有别的意外事发生,急需用舰",准备派"自由"舰前往,因该舰正在修理,乃派"中山"舰升火前往,并补签了调派"宝璧"舰的正式命令①。

显而易见,所谓李之龙准备"异动"的说法是没有根据的,但如果说是蒋介石"主谋"了这一事件,也缺乏证据。不过蒋介石利用了这一事件则是事实,通过对事件的处理,蒋介石成了国民党内激烈政治角逐中的最大赢家。

首先,通过这一事件,蒋实现了排斥汪的目的。事件发生之后,汪精卫很快不安于位,但又不愿轻易放弃。他在与陈公博等人的谈话中愤愤不平地表示,自己是国府主席,又是军委主席,如此重大的事件蒋介石居然不向他汇报,这不是造反吗? 他向陈等表示,自己在党内的地位与历史,不是蒋所能轻易反掉的②。为维护自己的地位,汪曾寻求军方的支持。当时担任参谋部长的李济深回忆说:"汪精卫请我和朱培德及各军长谈话,说蒋介石迟早造反,希望大家把军队撤出广州,以表示不同意蒋介石的搞法。但我们当时认为团结要紧,要请蒋介石来商量,因而不欢而散。"③汪精卫得不到军方的支持,只得出走。这样,汪、蒋矛盾就以蒋介石的胜利告一段落。

其次,通过这一事件,蒋介石打击了国民党内的共产党势力。事件发生之后,按照蒋介石的要求,共产党员退出了军校及国民革命军第一军,包括季山嘉在内的部分苏俄顾问被辞退回国。同时,蒋以加强军人

---

①　《李之龙关于中山舰案报告书》(附件一),《第一次国内革命战争时期的统一战线》,中国人民大学出版社1956年版,第147页。

②　陈公博:《苦笑录》,现代史料编刊社1981年版,第20页。

③　《广东文史资料》第26辑,第36页,转引自王功安等著《国共两党关系史》,第130页。

团结为由,下达《取消党内小组织校令》,解散了黄埔的青年军人联合会和孙文主义学会;又在军校宣布,将第一军党代表全部调回政治部再行训练。通过这些措施,共产党在军校及第一军的势力严重削弱,蒋介石完全控制了军校及第一军。

不过,即便找到了借口,此时的蒋介石尚有所顾虑。一个重要的因素是,蒋介石的力量并没有强大到可以率尔与苏俄及共产党决裂的程度。他的北伐计划,需要依靠苏俄的军事援助;既要接受苏俄援助,就不能断绝与共产党的联系。因此,事件发生不久他就上书军委,自请处分,做出与苏俄及共产党缓和关系的姿态①。事件发生当天下午,蒋介石还向季山嘉派来询问事件真相的鄂利金表示,"一切都是违反他的心意的",并对冒犯了苏联顾问"表示歉意"②。3 月 22 日,当苏联领事问他中山舰事件的处理是"对人"还是"对俄"时,他回答说是"对人",并希望鲍罗廷"速回"广州③。同日,又表示,对李之龙的处置只涉及李个人,与共产党无关。他甚至派邵力子作为国民党及他个人的代表前往莫斯科,"表示接受苏俄和共产国际的领导"④。

对于国民党右派,蒋介石也注意划清界限。中山舰事件发生后,以邹鲁为首的"西山会议派"致电蒋介石加以"奖勉",结果被蒋"大骂一顿"⑤。不仅如此,蒋介石还对部分国民党"右派"实施打击。4 月 2 日,他以"联合右派,不利于党"为由,下令逮捕欧阳格。4 月 5 日,又指示吴铁城制止"右派"准备召开的广州市党部大会。对于事变之后由苏俄回到广州准备积极从事政治活动的胡汉民,蒋也不予理睬,迫使胡再度离粤。16 日,国民党中央党部与国民政府召开联席会议,谭延闿、蒋

---

①　蒋介石:《呈军事委员会文》,见《向导》第 148 期。

②　切列潘诺夫:《中国国民革命军的北伐》,第 258 页,中国社会科学出版社1981 年版;李云汉:《从容共到清党》,台北 1973 年版,第 492 页。

③　《蒋介石年谱》,第 548 页。

④　参见《包惠僧回忆录》,人民出版社 1983 年版,第 232 页。

⑤　邹鲁:《西山会议》,《中国现代政治思想史资料选辑》上册,第 535 页。

介石取代汪精卫，分别担任中央政治委员会主席和军事委员会主席。通过中山舰事件的处置，蒋介石在国民党内和军内的地位得到进一步巩固与提高。

中山舰事件发生后，蒋介石在给中央军事委员会的呈文中表示"此事起于仓猝，其处置非常，事前未及报告，专擅之罪，诚不敢辞"，但又声称"深夜之际，稍纵即逝，临机处决，实非得已"。而张人杰在获知蒋介石对中山舰事件的处理情状之后，"极称为天才"①。这是事件研究中十分值得玩味的史料②。

二　整理党务案的通过

中山舰事件发生之后 10 日，鲍罗廷自俄国返回广东，多次与蒋介石会商国共合作问题。为"整军肃党，准备北伐"，蒋介石向中央提出召开二届二中全会的建议，得到采纳③。

1926 年 5 月 15 日，国民党二届二中全会在广州召开。会议着重讨论了整理党务的问题。会议期间，蒋介石以"消除疑虑，杜绝纠纷"和改善国共关系为由，与谭延闿、孙科、朱培德、宋子文、陈公博、甘乃光、伍朝枢、程潜、经亨颐、林祖涵等人，提出四份议案：其一是整理党务案；其二是国民党与共产党协定事项案；其三是选举中央执行委员会主席案；其四是国民党全部党员重新登记案。

第二项议案是蒋介石单独提出来的，内容主要包括：（1）凡他党党

---

① 《蒋介石年谱》，第 550—551 页。

② 关于中山舰事件及其前因后果，请参阅杨天石：《"中山舰事件"之谜》，《历史研究》1988 年第 2 期。

③ 在 1926 年 5 月 22 日会议闭幕时，蒋介石说："此次会议本为予所提议召集，但予之提议，系党员的资格，决不是以军人、以有带兵的资格来干涉党政。如果存心以军人的威力而来提议的，则完全失了此会议之意义。所以予实系以党员的资格，鉴于时间及环境之需要，而有此提议。"（《民国日报》(上海)1926 年 5 月 31 日）

员之加入本党者,各该党应训令其党员,明了国民党之基础为总理所创造之三民主义,对于总理及三民主义不得加以怀疑或批评。(2)凡他党党员之加入本党者,该党应将其加入本党党员之名册,交本党中央执行委员会主席保存。(3)凡他党党员加入本党者,在高级党部(中央党部、省党部、特别市党部)任执行委员时,其数额不得超过各该党部执行委员总数三分之一。(4)凡他党党员之加入本党者,不得充任本党中央机关之部长。(5)凡属国民党党籍者,不许在党部许可以外,有任何以国民党名义召集之党务集会。(6)凡属于国民党籍者,非得有最高党部之许可,不得别有政治关系之组织及行动。(7)对于加入本党之他党党员,各该党所发之一切训令,应先交联席会议通过;如有特别紧急事故,不及提出通过时,应将此项训令请求联席会议追认。(8)本党党员未受准予脱离党籍以前,不得加入其他党籍,如既脱本党党籍而加入他党者,不得再入本党。(9)党员违反以上各项时,应即取消其党籍,或依所犯之程度,加以惩处。(10)为处理此项问题,设一联席会议,由国民党五人、共产党三人参加①。

　　在这次会议上,四项议案均获通过。会后,中共在国民党中央各部任部长者纷纷离职。组织部长谭平山离职后,其部长职务由蒋介石继任,不久又改由张人杰担任;顾孟馀继毛泽东之后担任代理宣传部长;甘乃光代替林祖涵任农民部长;宣传部长由邵元冲继任;秘书长在谭平山、林祖涵、杨匏安三人去职后,由叶楚伧担任。在新组成的中央执行委员会中,蒋介石任主席,后因出师北伐,将主席职务分别请张人杰、谭延闿代理。在张人杰任组织部长期间,陈果夫任秘书,不久代理部务。时部中职员为二十九人,跨党党员有二十六人,其他各部及各级党部共产党员人数也不少。经陈氏按二中全会决议"整顿",国民党中央党部中共产党的人数被严格限制在三分之一以内,各部部长则共产党人无

① 《整理党务第二决议案》,见荣孟源主编《中国国民党历次代表大会及中央全会资料》上册,第233—234页。

与焉。

为了向党内外说明整理党务之目的,会议发表了《整理党务宣言》。《宣言》指出,中国国民革命的最大障碍,不是帝国主义与军阀的压制,而是"内部的冲突与纠纷"。为增强自身力量,中国的革命势力必须"严密团结于三民主义之下"。改组国民党,与一切革命势力合作,是孙中山具有"历史价值之决定",它使国民党成为"中国最大之政治势力"。在这种情况下,军阀与帝国主义"散布谣言,以引起吾人内部之纠纷",主要手段就是"宣称国民党为共产主义之集团",致使国民党内部产生疑虑。若不消除疑虑,则国民革命运动将蒙受损失。因此,本届中央执行委员会"一致接受整理党务案",以消除疑虑,减少冲突与纠纷。宣言最后指出:"若帝国主义者、军阀与反动派对于此规定合作原则之整理党务案遽引为庆幸,实为大愚。本届中央执行委员会深信此次决议案,决非对任何方面表示无意识之妥协,而实为排除障碍,团结革命分子,以与世界帝国主义、军阀、反动派作更有力之战斗。革命分子之团结愈坚固,即国民革命之力量愈增进也。"①以后一段时间,国民党内部"冲突与纠纷"有所减少,但这是通过限制共产党活动的方式来实现的。

三　共产国际及中国共产党的对策

苏俄与共产国际对待国民党的态度十分明朗:一是将国民党视作中国国民革命最重要的力量,并利用国民党领袖希望获得援助的心理,引导该党走上联俄的道路;二是不满国民党非无产阶级政党的性质,希望通过与共产党合作的方式,逐渐改变国民党的政治纲领与组织结构,使之最终成为共产国际的一个支部;三是将苏俄及共产国际在内部划分左、中、右的政策用于中国的政治实践,实行分化甚至分裂国民党的

①　《整理党务宣言》,《中国国民党历次代表大会及中央全会资料》上册,第228-231页。

政策,打击右派,争取中派,壮大左派,使国民党成为实现苏俄在中国政治、军事、外交目的的工具。可以说,至少在理念上,苏俄及共产国际在国共合作中是偏向维护中国共产党的。

但从实践层面考察,苏俄与共产国际在国共两党关系问题上并没有袒护中国共产党,因为苏俄在这个问题上首先考虑的是自身的国家利益。由于要实现自己的国家利益,因而当国共两党发生冲突时,苏俄往往迁就的是更加可能在将来左右中国局势、相对有实力的国民党一方,而较少因意识形态的一致性,将中国共产党的利益放在首要位置。这是苏俄在对待中国问题上理论与实践的矛盾或不一致之处。

这种矛盾在国共两党关系的实践中得到了充分展现。例如,"廖案"发生后,经过对与事件有牵连人员的清查制裁,右派势力受到压抑,左派势力抬头。当时中共广东区委负责人陈延年、周恩来和苏联顾问鲍罗廷商定在国民党"二大"开除戴季陶、孙科等人党籍,争取在选举中执委时,中共党员占三分之一,并使左派占绝对优势。但驻上海的苏联领事却根据共产国际代表维经斯基的主意,与陈独秀、张国焘等人一道,去与参与过西山会议的孙科、叶楚伧、邵元冲等谈判,结果达成妥协,表示中共没有包办国民党党务的企图,且通知各地党部多推举国民党人出席"二大",不希望在中央委员的改选中增加中共方面的当选人数,并要求孙科等回广州参加"二大"会议。以后,国民党中央同意戴季陶返回广州。而张国焘到广州之后,也反对共产党"包办"国民党左派,主张将共产派与左派分开。这样,当"二大"选举时,在三十六名中央执行委员中,共产党员只有七人,比计划的三分之一少了将近一半。在十二名中央监察委员和八名候补中央监察委员中,"右派"占绝大多数。会议虽然对参加西山会议的部分人士予以了处分,但妥协的倾向已十分明显。

在中山舰事件的处理上,这种矛盾表现得更加突出。事件发生时,鲍罗廷已离粤,陈延年刚从上海回来一天,在广州的共产党人陷入手足无措的状况。远在上海的中共领袖陈独秀、张国焘等一开始甚至不相信会有这样的事情发生，在获得确切信息之后也没有提出任何处理意见。只有周恩来和正在广州的毛泽东、陈延年、聂荣臻等主张对蒋介石进行反击，并具体分析了反击的各种有利条件①。

　　但是，苏俄方面却有自己的认识及主张。穆辛在一份标记"绝密"的关于中共在广州的任务提纲中承认，中山舰事件无疑是由"俄国同志即军事顾问和政治顾问以及在军队中工作的中国共产党人在军事工作中所犯的错误"促成的。他举例说，军队集中管理进程的加速，政委制的过快推行，过于粗暴的政委制条款，和对这一条款的粗暴运用，对中国将领的过多监督，共产党人的过于突出，他们过多地占据重要职位，以及对中国将领（包括对蒋介石本人）常常采取没有分寸的"同志式的"无礼行为，所有这一切，都加快了事件的发生并使矛盾激化②。罗加乔夫关于中山舰事件的报告也承认，突出共产党人的地位与作用，军队集中统一工作速度过快，忽视为蒋介石这样的军队将领"提供服务"的必要性等，是"我们的错误"③。这一切，无疑会影响作出反击的决策。

　　在广州的共产派力量弱小是苏俄不赞成反击的重要原因。苏联顾问季山嘉曾明确表示左派无力与蒋介石对抗，不赞成反击。正在广州的苏联视察团团长布勃诺夫则担心与蒋介石对抗会影响未来的中苏关系，认为反击会"加深和挑起国民党左派和右派之间的矛盾"，"激起在'打倒赤祸'口号下的反共浪潮"，并且为共产党"完全力所不及"④。尽

---

① 　参见《聂荣臻回忆录》上卷，战士出版社 1983 年版，第 48 页。

② 　《穆辛关于中共在广州的任务的提纲》，《共产国际、联共（布）与中国革命文献资料选辑》(1917－1925)第 3 辑，北京图书馆出版社 1998 年版，第 210 页。

③ 　《罗加乔夫关于广州 1926 年 3 月 20 日事件的书面报告》，《共产国际、联共（布）与中国革命文献资料选辑》(1917－1925)第 3 辑，第 233 页。

④ 　《布勃诺夫在广州苏联顾问团全体人员大会上的报告》，《共产国际、联共（布）与中国革命文献资料选辑》(1917－1925)第 3 辑，第 163 页。

管他认为中山舰事件"无疑是一次针对苏联和中国党代表的小型半暴动"①,但他却认为事件处理并不过分,"无杀人之事",共党方面并未"丧失任何一个重大的革命成果",因而主张对蒋介石让步②。

苏俄顾问的意图,在索洛维约夫给加拉罕的信中表示得最为明白。他指出:"使团决定迁就蒋介石并召回季山嘉,是将此举作为一个策略步骤,以便赢得时间和做好准备除掉这位将军。我之所以赞成这样做,是因为我认为我们的军事工作人员太冒进了,忘记了他们只是顾问而不是指挥官。我深信,迄今为止,我指的是近几个月,或更为确切地说是近一个月,我们作出了种种使蒋介石与我们和与国民政府疏远的事情。现在我们应当设法以自己受点损失和作出一定的牺牲来挽回失去的信任和恢复以前的局面。"③既要准备将来除蒋,又要考虑当下的利益,这充分展现了苏俄在处理国共关系时面临的矛盾。苏俄的这一决策,决定了国共合作局面的继续存在,也预示了双方关系必然彻底决裂的发展方向。

在苏俄的影响下,中共中央经研究,决定继续维持"汪、蒋合作的局面,继续对蒋采取友好的态度,并纠正广州同志们的一些拖延未解决的'左倾'错误。对此,张国焘解释说:"我们一致觉得现在蒋介石已先发制人,我们舍妥协政策而外,实无他途可循。"④为执行对蒋妥协的政策,中共中央决定派张国焘前往广州。张到广州后,召开了中共广东区委紧急会议,传达了中央指示,要求广东区委执行。张在会见蒋介石时,向蒋"说明中共始终支持他,希望彼此仍能精诚无间的合作"⑤。这就在事实上接受了蒋介石对于中山舰事件的处理。

---

① 切列潘诺夫:《中国国民革命军的北伐》,第258页。
② 致中:《依文诺夫斯基对本报记者之谈话》,《向导》第158期。
③ 《索洛维约夫给加拉罕的信》,《共产国际、联共(布)与中国革命文献资料选辑》(1917—1925)第3辑,第177—178页。
④ 《张国焘回忆录》第2册,第105页。
⑤ 《张国焘回忆录》第2册,第106页。

这种暂时妥协的策略直接影响到后来对待"整理党务案"的立场和态度。在中山舰事件发生一月之后,鲍罗廷回到广州,很快同蒋介石达成三项协定:1. 共产党接受蒋介石关于限制共产党在国民党内活动的建议;2. 蒋介石同意鲍罗廷的主张,采取反击右派的措施;3. 鲍罗廷明确表示支持北伐战争。鲍向中共传达共产国际和苏俄的指示说:"中共应接受三月政变所造成的局势,承认蒋的军事独裁,接受他的《整理党务案》,同时协助他领导北伐。"[1]有此指示,中共与国民党左派很难拒绝接受国民党二届二中全会有关整理党务的决议,结果"整理党务案""丝毫没有什么争执",便获得通过[2]。

不仅如此,中共方面还对接受提案的"正确性"作了一番论证。会后,中共广东区委发表宣言,明确指出:"中国国民党第二次中央执行委员会全体会议,提出整理党务案,对于国民党内共产分子有所规定,而中央执行委员会中的共产分子,对于此项议案并没有表示异议。所以没有表示异议者,因为共产党员以为如果国民党的领导机关,认为此种办法能减去国民党内疑虑与纠纷,而又于国民革命有所裨益,国民党内的共产党员是不宜有所顾虑的。共产党员并不以为国民党中央执行委员会对于共产分子的议决,包含着侮辱的意义。"[3]中共中央在致国民党中央的函件中更是明确表示:"贵党'整理党务案'原本关及贵党内部问题,无论如何决定,他党均无权赞否。凡为贵党党员者,当然有遵守之义务,而于贵党党外之团体,则殊无所关涉。"[4]

不过在当时,中国共产党除妥协之外,也拿不出更妥善的解决办法。周恩来记述说,国民党二中全会期间,中共党团研究讨论是否接受"整理党务案"的问题。中央专门派去指导与会中共党团的彭述之引经

①　《彭述之为〈托洛茨基论中国〉一书所写的〈导言〉》,《马克思主义研究参考资料》第18期。

②　赵世炎:《最近国民党中央全体会议之意义》,《向导》第157期。

③　《政治周报》第14期。

④　《向导》第157期。

据典,证明不能接受,但问他不接受又该怎么办,他却没有一点办法,只好让大家讨论。但讨论了七八天,仍然毫无结果①。尽管最后张国焘用了周恩来说的"非常不正派的办法"要求大家签字接受,但与会中共党团成员拿不出适当办法应付局面,也是促使张国焘作此决定的重要原因。

苏俄、共产国际及中共的妥协态度,蒋介石对苏俄军事援助迫切的现实需要,以及出于这种需要所作出的承诺,使国共合作的局面继续维持了一段时间。在这段时间里,国民党内因共产党跨党并从事党团活动而产生的矛盾冲突表面上得到了缓解,这对解决当时国共两党共同面对的主要矛盾即两党与外国列强和北方军阀的矛盾具有一定的作用。在处理国民党内复杂关系的过程中,蒋介石的实力与地位得到上升,这虽然包含了最终消灭异党,实施集权专制的严重隐患,但客观上却有利于对北方的军事行动。从这个意义上讲,共产党的妥协对于反帝反军阀的国民革命是有贡献的。正是在妥协换来的继续合作的背景下,1926 年 6 月 4 日,国民党中央正式通过出师北伐的决议。一年以后,国共两党的密切配合促成了北伐第一阶段的胜利。不过,在获取这一胜利之后,维系两党关系的共同利益不复存在,分道扬镳也就在所难免。

---

① 《周恩来选集》上卷,人民出版社 1980 年版,第 123 页。

第四章 五卅事件及其引发的大规模群众运动

直奉战争结束后，在张作霖、冯玉祥支持下，段祺瑞在北京成立中华民国临时执政府，并随即召开善后会议，试图解决时局之纠纷，并为国民会议的举行作好准备。但是善后会议刚结束不久，国民会议还未及开幕，"五卅惨案"便突然发生，并由此引发了一系列严重的外交与政治事件以及规模浩大的群众运动。以此为契机，20世纪20年代的中国历史亦有了一个大转折。

第一节 五卅事件的发生

一 上海日纱厂二月工潮

所谓"五卅事件"一般系指1925年5月30日发生在上海南京路上的公共租界巡捕开枪射杀中国平民、学生及相关案件，其直接原因则是当年2月开始的上海日本纱厂工人罢工及"顾正红案"。

1922年7月，劳动组合书记部被封闭后，上海的工人运动趋于低潮。1923年2月，京汉铁路大罢工被吴佩孚镇压，中共的工人运动工作更是陷于沉寂状态①。国共合作成立后，中国国民党上海执行部即

---

① 中共上海市委党史研究室：《中国共产党上海史（1920—1949）》，上海人民出版社1999年版，第147—148页。

成立农工部,下辖工人运动委员会,进行工人运动宣传①,并以组织工友俱乐部、开设平民学校等形式发动工人②。1924 年 5 月,中共中央第一次执行委员会扩大会议召开,该会决议强调"劳动运动尤其是近代产业工人运动是我们的党之根本工作,我们在国民革命运动中若忽视了这种工作,便无异于解散了我们的党"。此次会议通过的"工会运动问题决议案",特别指出"纺织业工人的组织不能再缓了"③。会后,中共中央调李立三、项英等人来沪,旨在加强工会运动。8 月,沪西工友俱乐部成立,成为中共发动工运的重要基地。

　　1925 年 1 月 11 日,中共在上海举行第四次全国代表大会,共产国际东方部派维经斯基(Voitinsky,Grigori)出席,会议就工人运动的方针与策略作出决议。2 月,中共中央及其上海地方委员会开始组织罢工委员会,成立指挥机关④,开始发动上海日商纱厂工人大罢工。

----

　　① 据国民党上海执行部之报告,1924 年 5—6 月份工农部主要工作是为工人党员开设特别班,教授政治经济常识、劳动常识、工会组织法、合作浅说等课程,以及平民学校之教学。中国国民党中央委员会党史馆馆藏档案,一般类,439.2/1;参见俞昌时:《五卅运动与恽代英同志》,上海市总工会、上海工人运动史料委员会编:《五卅运动六十周年纪念集》,1985 年编者印行,第 135 页。

　　② 《李立三同志对二月罢工和五卅运动的回忆(访问记录)》,上海社会科学院历史研究所编:《五卅运动史料》第 1 卷,上海人民出版社 1981 年版,第 142 页。

　　③ 《中国共产党扩大执行委员会文件》,1924 年 5 月,中央档案馆编:《中共中央文件选集》第 1 册,中共中央党校出版社 1982 年版,第 185、192 页。

　　④ 沈以行、姜沛南、郑庆声主编:《上海工人运动史》上卷,辽宁人民出版社 1991 年版,第 194 页。罢工委员会之组织参见《杨之华同志关于上海大学师生参加二月罢工的片断回忆》,《五卅运动史料》第 1 卷第 264 页;《五卅运动中的中共上海地(区)委》,《五卅运动六十周年纪念集》第 96 页;又参见姜维新:《从二月罢工到"五卅"运动》,《20 世纪上海文史资料文库》第 1 辑,上海书店出版社 1999 年版,第 181—182 页;黄美真、石源华、张云编:《上海大学史料》,复旦大学出版社 1984 年版,第 134 页;邓中夏:《中国职工运动简史》,上海新华书店 1949 年版,第 156 页。有消息称该举得到苏俄方面 3000 元之救济金,以维持罢工工人生活。《上海纱厂罢工之内幕》,《顺天时报》1925 年 2 月 22 日;季啸风、沈友益主编:《中华民国史史料外编》中文部分第 68 册,广西师范大学出版社 1996 年版,第 87 页。

　　二月罢工的缘起,据共青团上海地委之报告,本为(上海日商内外棉厂第八厂)"资本家开除男工以养成工替换",而"沪西工人俱乐部的工人,对于此次罢工煽动实颇有力"①。罢工于2月9日先从内外棉东西五厂与七、八、十二厂开始,后波及内外棉其他各厂及其他日商纱厂,到19日,已有二十二个日商纺织厂,3.5万余名工人卷入了罢工运动②。各厂罢工工人均提出了罢工要求,从六条到九条不等。其内容各厂大致相似,其中都提到"不准打人"、"每人工钱按照原数加十分之一"、"罢工期内工钱照常发给"等③。而沪西工友俱乐部号召工人罢工传单中所提要求更有"按照每人原有工钱增加十分之二",较各厂所提条件高出一倍,同时又要求"承认俱乐部有代表工人之权"等,应属于政治性要求④。

　　罢工一开始,在沪西工人俱乐部领导下,纱厂工人组织纠察队、"打厂队"等,以暴力手段扩大罢工范围⑤,招致日纱厂业主的怨恨,事态亦趋于严重化。2月10日,内外棉九厂、十三厂和十四厂有十六个日本

　　①　《共青团上海地委关于小纱渡杨树清日商纱厂工人总同盟罢工经过情形的报告》,上海市档案馆编:《五卅运动》第1辑,上海人民出版社1991年版,第3页。

　　②　《五卅运动史料》,第1卷第320页;上海市档案馆编:《五卅运动》,第2辑,上海人民出版社1991年版,第16—17页;上海市档案馆编:《五卅运动》,第3辑第33页,上海人民出版社1991年版;《上海工人运动史》上卷第187页;张国焘:《我的回忆》第2册,东方出版社1991年版,第17页。

　　③　其中内外棉工厂罢工宣言中所提者,共有七条:以后不准打人;按照每人原有工钱加给十分之一,并无故不得克扣;恢复第八厂被开除之工友,并立即释放被拘押之工友;以后两星期发工钱一次,不得迁延期;以前所有储蓄金,扫数发还工友,储蓄赏算为工钱,按期发给;以后不得无故开除工人;罢工期间以内的工钱,厂里须照常发给。上海社会科学院历史研究所:《五卅运动史料》,第1卷第304—318页。

　　④　上海社会科学院历史研究所:《五卅运动史料》,第1卷第302—303页。

　　⑤　关于工人以暴力"打厂"促使罢工实现,可参见邓中夏:《中国职工运动简史》第153页;《五卅运动》第1辑第3页,第2辑第2—3页、10页;《五卅运动史料》第1卷第143页。当时在内外棉工厂做工的工人陈良元也于回忆中称"摇班(即罢工)的时候,东洋人进来就用筒管打,不过不能让日本人看见,工人都是躲在车弄内砸他们。"《陈良元同志回忆之工厂史记录》,1959年7月18日,上海社会科学院历史研究所藏。

人在与工人冲突时受伤①。15日，在丰田纱厂更发生工人殴伤日人案，七名日人受伤，其中一名日人原田于3月1日死亡，引起重大反响②。上海的外国媒体多肯定日商内外棉纱厂的工人其实得到了工厂较好的待遇，而对共产党势力煽动操纵罢工表示不满③。

　　应日商之要求，日本外务当局向北京政府外交部提出严重抗议，认

----

　　① 《五卅运动》第2辑，第510页。

　　② 据外交部上海特派员陈世光报告，2月15日的丰田纱厂骚乱中，日人有八人受伤。实际上当时受伤者七人，其中重伤三人，一名叫原田的日人则因伤势过重，不久死亡。执政府对此非常注意，唯恐日方藉机提出要求，但当时日外务省似无表示。(《收上海陈特派员（世光）电》，1925年2月19日，《中日关系史料——排日问题》(中华民国八年至十五年)，第410、415页，台北中研院近代史所1993年版；《五卅运动》第2辑，第550—551页)。关于此事，亦可参考《时事新报》与《字林西报》的报道，见《五卅运动史料》第1卷，第310—312页。1925年8月6日工部局公报上关于五卅事件的警务报告亦对此事有详细记载，认为这次是日纱厂工潮冲突中"第一次流血"。(《五卅运动》第3辑第34页)该案在上海日商及日本国内均引起了重大反响，可参见《五卅运动史料》第1卷第354页、357页；《邦人纺绩罢业事件と五卅事件及各地の動搖》第1辑，上海日本商业会议所，1925年版，第25—26、73—74页。

　　③ 如《字林西报》(The North China Daily News)1925年2月18日社论《布尔什维主义在纱厂》称："罢工的整个过程证明，罢工是煽动分子和狂热分子制造出来的，而且，虽然可能并没有俄国的直接影响在起作用，但是根据我们通常理解的那种含意的布尔什维克主义，那肯定是有的。"《大陆报》(The China Press)1925年2月27日社论《纱厂罢工的教训》称："在一天之内，不下于二万七千名的纱厂工人参加罢工的景象，如果不是布尔什维克主义侵入中国，那是决不会在实际政治领域里出现的。"上海《泰晤士报》(The Shanghai Times)1925年2月12日社论《纱厂罢工的重要意义》称："工人是煽动经分子煽动起来的，这些煽动分子一部分据了解是从广州来的具有布尔什维克思想的中国人，一部分是那个布尔什维克主义温床－所谓上海大学－的学生。"(《五卅运动史料》第1卷，第379—386页)据外人观察，五卅前上海日商纱厂工人的待遇，其实比华商纱厂工人的待遇要好。而像童工问题，日商纱厂主多主张坚决取缔，华商则多持反对态度。参见Rigby, Richard W. *The May 30 Movement: Events and Themes* (Canberra：Australian National University Press，1980)，pp. 9 - 10；Harumi Goto—Shibata，*Japan and Britain in Shanghai，1925 -1931* (New York：St. Martin's Press，1995.)，pp. 13 - 14.

为上海纱厂罢工已"暴动化"，并且"已非专对资本家之单纯劳动争议，而带有排外之性质"。要求中国政府采取措施制止罢工，保护日本人之生命财产安全①。同时，日政府准备派遣日驻沪海军陆战队上岸②。上海日商纱厂联合会亦直接要求中国政府取缔"教唆煽动罢工之团体"。在上海日本商业会议所给公共租界当局的信函中，日商更认为"此次工潮之全部过程，证明其为具有周密计划之运动之第一步，该项运动系在苏俄以及与苏俄保持密切联系的国民党过激分子之影响下"③。租界当局则表示对罢工已给予"严重关切"④。26 日，因罢工工人冲击租界，公共租界工部局捕房逮捕了五十多名所谓"煽动分子"和"胁迫分子"（邓中夏亦在内）⑤。

　　在日本的压力下，北京政府外交部于 2 月 21 日致电上海特派交涉员陈世光，要求认真查办此次纱厂工潮案⑥。淞沪警察厅随即下令，自 17 日起对罢工煽动者实施逮捕政策，并在二天内逮捕十六人⑦。罢工运动受到严重打击。

　　由于形势对罢工不利，自 20 日起，一些罢工工人开始自动回到工厂上工。22 日，在罢工运动趋于疲软的情形下，罢工工人与各路商界联合会代表集会商讨，准备让步⑧。25 日，大康纱厂罢工工人绝大多数已自动复工，裕丰纱厂、同兴纱厂也先后开工，多数内外棉纱厂工人

---

　　①　《收日本使馆节略》,《收部长会晤日本太田参赞问答》,1925 年 2 月 19 日,《中日关系史料——排日问题》,第 410—411 页。

　　②　《五卅运动史料》第 1 卷,第 341—343 页。

　　③　《日本〈大阪每日新闻〉公布〈上海纱厂罢工之内幕〉》,《顺天时报》1925 年 2月 22 日,《中华民国史史料外编》第 68 册,第 87 页。

　　④　《邦人纺绩罢业事件と五卅事件及び各地の动摇》,第 44 页;《五卅运动史料》第 1 卷,第 351—352 页。

　　⑤　邓中夏:《中国职工运动简史》,第 159 页。

　　⑥　《发上海交涉员(陈世光电)》,《中日关系史料——排日问题》,第 412 页。

　　⑦　《邦人纺绩罢业事件と五卅事件及び各地の动摇》,第 30—32 页。

　　⑧　《五卅运动》第 2 辑,第 21 页。

也来厂登记①。25 至 26 日，日本纱厂主代表与工人代表在总商会谈判，交涉员陈世光与警察厅长常之英出席，最后议定条件四项②。27日，纱厂工会开始动员工人复工，罢工遂告结束。

此次日本纱厂罢工，中共原将其视为"生死关头"③，因此作了各方面的部署动员。尤其邓中夏、李立三等人负责的罢工委员会，在罢工的发动与组织上起到重要作用。但是由于没有取得预期的成绩，当时的中共领导人对这次罢工运动评价甚低④。然而，经由此次罢工，中共在工运中的影响扩大了，尤其是沪西工友俱乐部得到锻炼，为此后上海工运的发展打下了基础。

二　顾正红案及反帝宣传运动的发起

二月罢工后，中共一方面在上海健全各厂基层工会组织，筹组纱厂总工会；另一方面则在酝酿新的罢工运动⑤。在沉寂了几个月后，上海日商纱厂的罢工运动于 5 月初再次爆发。

先是青岛日商大康、内外棉、隆兴等各纱厂工人在有中共背景的秘

---

① 《五卅运动》第 2 辑，第 23—26 页。

② 即：一、工人一律照常优待，如有虐待情形，准可禀告厂主秉公办理；二、工人能回安分工作者照旧工作；三、储蓄奖金满五年发还，未满五年而被开除者，如平时在厂有成绩亦可发还；四、工资每两星期发一次。另有不列入条件之要求"被捕工人均可释放"则由总商会设法。（《中日关系史料——排日问题》，第 415—416 页；《五卅运动》第 2 辑，第 29 页）

③ 邓中夏：《中国职工运动简史》，第 156 页。

④ 当时直接领导罢工的中共总书记陈独秀在事后给共产国际的工作汇报中则表示："罢工是一种无组织的造反，由于这次工人没有取得胜利，他们还不很信任工会。"是故，加入中共的罢工工人亦仅五十余人。（中共中央党史研究室第一研究部译：《联共（布）、共产国际与中国国民革命运动（1920—1925）》，第 1 辑，北京图书馆出版社 1997 年版，第 591—592 页）邓中夏也表示二月罢工的最后解决条件对工人来说是"完全失败"。（邓中夏：《中国职工运动简史》，第 162 页）

⑤ 《上海工人运动史》上卷，第 197—199 页；《五卅运动》第 2 辑，第 35—36 页。

密工会领导下，于 4 月中旬相继罢工，要求增加工资，优待工人。既是在中共的统一领导下，青岛与上海的罢工运动遂密切相连。4 月 17 日，沪西工友俱乐部派江银卿到青岛了解情况，随时向上海报告①。4 月 24 日，青岛工人派出代表到上海，寻求上海工人的罢工支援，沪西工友俱乐部的负责人之一刘华在工人集会上呼吁如果青岛罢工事件不在五一节前解决，上海工人应以罢工相援助②。不过，由于其他几位工运领袖均赴广州出席 5 月 1 日开幕的第二次全国劳动大会③，因此，刘华等人似乎想等到 15 日从广州回来后再决定是否罢工，暂时赞成采取轮流怠工的手段以打击厂方④。

　　4 月 30 日及 5 月 1 日，内外棉十二厂、七厂工人因厂方推迟发放工资而停工抗议。在随后的几天内，内外棉八、三、四、十五等厂及同兴纱厂、日华纱厂等厂工人因为工资发放制度及工人解雇等原因而有分散的怠工与罢工行动，罢工工人与日商间的对抗渐渐升级⑤。然在 5 月 8 日的中共上海地委会议上，留在上海的工会领导人李立三认为，基于时机及他种原因，当时"无相当罢工之必要"⑥。因此沪西工友俱乐部力劝罢工工人回厂上工⑦。10 日，内外棉三厂、四厂与十五厂的罢工工人均复工。就在这一天，青岛纱厂工人经调停也复工。

----

　　①　《五卅运动》第 2 辑，第 55、57—58、61 页。

　　②　《五卅运动》第 2 辑，第 59 页。刘华当时担任中共上海地委职工运动委员会委员、沪西工友俱乐部委员会宣传委员及教员，实际上担任俱乐部日常负责工作，其对外公开身份是上海大学学生。《五卅运动史料》，第 1 卷，第 290 页。

　　③　《上海工人运动史》上卷，第 201 页。出席广州劳动大会的上海工运领袖主要是邓中夏、刘贯之、孙良惠、陶静轩、张佐臣等人。

　　④　《五卅运动》第 2 辑，第 73 页。

　　⑤　据工部局警务日报记载，5 月 8 日上午有三名日本人遭到工人袭击，而同时刘华亦在沪西俱乐部报告有几名工人遭到日本人殴打。（《五卅运动》第 2 辑第 71 页）

　　⑥　《五卅运动》第 1 辑，第 12 页。

　　⑦　《五卅运动》第 2 辑，第 64—71 页。

上海日商纱厂主断定罢工运动是沪西工友俱乐部在背后操纵,决定对受其影响的工会采取强硬态度①。日商在沪各纺织会社相互约定,凡关于工人与公司间纠纷,决不与工人以外的人交涉。7日,上海日本纺织厂同业会决定不承认"不纯之劳动组合",同时表示如因此而引起罢工,则立即关闭工厂,并要求工部局与中国官方严厉取缔工会活动②。

5月14日,内外棉第十二厂复有七名工人被解雇,引起工人骚动,该日夜班工人以怠工表示抗议③。内外棉厂方即贴出通告,称自15日夜起至16日,第十二厂与第七厂停工。但15日晚,仍有工人五六百名到厂门口要求上工,否则应领取半数工资,遭厂方拒绝。这批工人遂开始捣毁机器间与厂门,与厂方人员及维持秩序的日、印巡捕发生冲突,日人开枪,工人伤七人,其中重伤三人④,第七厂工人顾正红因伤势过重于17日晨在同仁医院死亡⑤。是为影响深远的"顾正红案"。

顾案发生后,中共上海地委即接到报告,同时作出三点决议:一、控告东洋人致死工人二名,提起诉讼;二、发宣言;三、宗旨以不扩大罢工为要。先以东洋人惨杀工人问题,要求群众各团体援助,做一个群众反

---

①　《邦人紡績罷業事件と五卅事件及各地の動搖》,第117—118页。

②　《邦人紡績罷業事件と五卅事件及各地の動搖》,第121—122页。

③　《五卅运动》第2辑第511页。据说这七人可能是工会代表。参见《内外纱厂工潮酿成血案》,《申报》1925年5月16日。

④　事发后,外交部特派江苏交涉员陈世光急电北京:"十五日晚,租界内日商纱厂工匠与日人冲突,被枪伤工人一名,刀棍伤六名,内重伤三名,已送医院,光派员赴院查明,并知照警厅对于华界各日厂特别注意,以免风潮扩张,谨先电陈。"(《中日关系史料—排日问题》,第419页;参见《五卅运动》第2辑,第513页,《五卅运动史料》第1卷,第560页)

⑤　据称,时年二十岁的顾正红是江苏阜宁人,1921年入内外棉七厂夜间部做工,是沪西工友俱乐部的积极分子,在二月纱厂罢工风潮中曾参加工人纠察队,是"把口子"、"打厂子"行动的骨干成员,并在工潮结束后加入了中共。(《中共党史人物传》第9卷,第109—111页,陕西人民出版社1983年版)一说顾正红之中共党员身份是其死后追认的。参见王宗华主编《中国大革命史(1924—1927)》,人民出版社1990年版,第257页。

对东洋人的运动①。次日,上海地委又召开三十五个团体集会,决议成立"日人残杀同胞雪耻会"②。同一天,中共中央发出第三十二号通告,要求"各地同志对于此事,应即号召工会、农会、学生会以及各种会社团体一致援助。一、由各团体宣言或通电反对日本人枪杀中国工人同胞,这些宣言、通电,在当地各报并直寄京沪各报发表;二、由各团体发起,筹募捐助上海纱厂工人捐款;三、由各团体名义,发起组织宣传队,向市民宣传日本帝国主义者历来欺压中国人之事实,造成排货运动"③。

19 日,中共中央发出中央通告第三十三号,向全国各地党团员发出动员令,号召发动一个反对日本帝国主义的大运动。要求"各地应即邀 CY 组织一联席会议,下全体动员令,组织游行演讲队,胪列日本最近压迫中国人的事实,……向日本帝国主义者加以总攻击,不必以上海纱厂工人事件为限"④。在当天举行的中共党团宣传联合会议上,李立三并提出,应"极力宣传运动,联合各学校,各团体作一有力的运动,作一大示威运动"。会议就此作了相应的初步部署⑤。不过,由于当时发现已有的宣传"未能冲动社会上一切小资产阶级之同情起来援助",担心极明显的"纯粹无产阶级大活动"会招来政治压迫,并恐无法控制群众的情绪致酿事端,22 日的会上决议取消游行大示威⑥。

基于二月罢工失利的经验,李立三等人在五月工潮来到时,主张缓进,"以免政治上之压迫和经济上的恐慌"⑦。"顾案"发生后,中共中央及上海地委主要的计划似是先通过大规模的宣传引起各界同情,以争

---

① 《五卅运动》第 1 辑,第 13 页。
② 《纱厂工潮昨讯》,《民国日报》1925 年 5 月 20 日;陈企荫:《"会审公堂"上的斗争》,《五卅运动六十周年纪念集》,第 145 页。
③ 任建树、张铨:《五卅运动简史》,上海人民出版社 1985 年版,第 56 页。
④ 《中央通告第三十三号》,中央档案馆编:《中共中央文件选集》第 1 册第 334 页。
⑤ 《中共上海地委会议记录》,《五卅运动六十周年纪念集》,第 196—198 页。
⑥ 《五卅运动》第 1 辑,第 16 页。
⑦ 《五卅运动》第 1 辑,第 13 页。

取经济与政治上的援助。宣传的主力则是各校学生，同时与国民党密切合作①。而对于已罢工之工人，则以分发"罢工维持费领取证"的形式，先稳定其心理②。

　　为扩大宣传，5月24日，中共以内外棉厂工会的名义为顾正红举行追悼大会，《警务日报》称参加者在五千人以上③。淞沪警察厅、奉军第一军、闸北保卫团及国民党上海市党部一区、四区、五区、九区、妇女部及各分部均有代表参加④。

　　25日，中国国民党中央执行委员会为上海日商纱厂工潮发表宣言，"对于日人在中国境内无理由枪杀中国人民之暴举，表示严重抗议"，并提出废除不平等条约及领事裁判权等⑤。国民党上海市第四区党部拟与沪西工友俱乐部合作，并向工人宣传罢工运动已得到国民党的大力支持⑥。姜维新亦在回忆中称："顾正红案"发生后，国民党曾在环龙路四十四号开过一次几百人的会，内容是动员上海各校学生支援工人斗争⑦。其他以积极行动表示对"顾案"声援的还有中华救国十人团前团长唐豪、

---

　　①　5月19日，在中共中央的33号通告中，规定"此项演讲并应设法令民校各区分部校友和我们合作"。（《中央通告第三十三号》，《中共中央文件选集》第1册第334页，民校即指国民党）同日，中共上海地委宣传联合会议决议，应"运动国民党应努力宣传，指导作种种援助运动"；"运动国民党宣传队及各团体露天演讲"。（《五卅运动》第1辑，第14—15页）

　　②　杨之华也在5月20日的工人集会上向工人宣布，学生不久将为工人进行宣传和募捐。（《五卅运动》第2辑，第83页）为维持罢工工人的生计，5月19日开始，沪西工友俱乐部开始向工人分发罢工维持费领取证，但是换取现金的时间似乎要到一周以后。（《五卅运动》第2辑，第80、84页）28日，刘华承诺"沪西工会已搞到足够款项，将于六月五日向罢工工人发还"。（《五卅运动》第2辑，第94页）

　　③　《邦人纺绩罢业事件と五卅事件及各地の动摇》，第132页。

　　④　《追悼顾正红纪》，《申报》1925年5月25日。

　　⑤　《国民党对沪日纱厂工潮表示》，《民国日报》1925年5月28日。

　　⑥　《五卅运动》第2辑，第83—84、86页。

　　⑦　姜维新：《从二月罢工到"五卅"运动》，《20世纪上海文史资料文库》第1辑，第185页。

中华民国各团体联合会前会长周霁光、奉记玻璃厂经理陈翊庭等人①。

到 26 日,形势似乎较前几日有利,中共决定发动学生在 6 月 2 日前到租界上"做一次很大的游行演讲的示威运动"②。27 日,共青团宣传部长、国民党上海执行部宣传部秘书恽代英召集宣传委员会会议,与会委员均系上海大学、文治大学、大夏大学等校学生,会议决定援救罢工工人及被捕学生,并着重提出反对工部局"三提案",以争取工商界对工人、学生广泛的支持③。

"三提案"是指上海公共租界工部局准备提请纳税外人会讨论通过的修正印刷附律案、增收码头捐案、交易所领照案。此三项提案与取缔雇用童工案也合称"四提案"。修正印刷附律案中规定:凡印刷或发行任何报纸、小册、传单等新闻、宣传纸类者,需向工部局或其本国领事注册姓名、住址;并将印刷者之姓名地址载明于页首末,否则处以 300 元以内罚金或者三个月监禁等。增收码头捐案规定:租界内之人,如将货物过海关或在码头上起卸转运,需抽捐,捐数以该货关税 3％为限。交易所领照案则规定:凡华人在租界内开设交易所,均须向工部局登记领照,否则不许营业④。工部局提出这些提案,其目的可能是在增加收入,并加强对租界舆论的控制。由于宣传自由度的关系,中共对印刷附律特别反对。上海学联在 4 月间曾与上海市民协会等团体曾组织"上海市民反对印刷附律协会",并组织了演讲队⑤。而工商界由于经济利益所系,对"三提案"及限制雇佣童工案等纷纷表示反对。于是公共租界工部局成了党派与工商团体共同反对的对

---

　　①　《五卅运动》第 2 辑,第 76、78、80 页。

　　②　恽代英:《五卅运动》,《五卅运动史料》第 1 卷,第 7 页。这个时间与当时中共对商界的估计有关。

　　③　《五卅运动》第 2 辑,第 93 页;萧楚女:《民族革命运动史大纲》,第 56－57 页,引自《五卅运动史料》第 1 卷,第 633 页。

　　④　《五卅运动史料》,第 1 卷,第 516 页。

　　⑤　《五卅运动史料》,第 1 卷,第 519 页。

象。而中共与国民党方面亦抓住此一时机,利用《中国青年》、《向导》、《民国日报》等机关媒体及其他形式积极发动宣传运动①。4月15日的纳税外人年会因外界反对声浪剧烈,加之法定人数不足,未能成会。但是工部局仍在筹备召集纳税外人会临时特别会议②。矛盾趋于激烈化。

28日,中共中央与上海地委召开联席会议,讨论通过了《扩大反帝运动和组织五卅大示威》的决议,决定将经济斗争转变为民族斗争,发动各校学生上街演讲③。上海学生联合会也开始动员各校学生进行募捐支持罢工工人④。

一般认为,"顾正红案"的消息被租界当局有意封锁,外界不知情,当工人向学生请求援助时,学生便开始募捐演讲⑤。但征诸史实,"顾案"发生后,5月16日至19日,上海几大报纸连续几天有相关报道,"顾正红中四枪毙命"亦被列为标题以引起读者注意⑥。不过,由于驻

----

① 《五卅运动史料》,第1卷,第517—523页。

② 《五卅运动史料》,第1卷,第524—525页。

③ 《中共上海地委会议记录》,《五卅运动六十周年纪念集》,第199—200页。据李立三1935年的回忆,30日的反帝示威是由蔡和森提出的,蔡并主张同时反对四提案与支援沪西工人罢工。(李立三:《纪念蔡和森同志》,《五卅运动史料》第1卷,第140页)但是据参加会议的黄旭初回忆,陈独秀认为上海党团员不足二百人,宣传应与反对四提案结合起来,才能广泛发动各阶层参加。(联文:《访五卅前夕一次重要会议的参加者》,《上海工运史料》1986年第3期,第27页。)

④ 《五卅运动》第2辑,第89、91页。

⑤ 胡愈之:《五卅事件记实》,《东方杂志》第22卷"五卅事件临时增刊",第6页;李健民:《五卅惨案后的反英运动》,第25页,台北中研院近代史所1986年版。

⑥ 如报上的下列报道:《内外棉纱厂风潮扩大》,《民国日报》1925年5月17日;《内外棉纱厂风潮扩大(二)》,《民国日报》1925年5月18日;《追悼顾正红大会》,《民国日报》1925年5月25日;《内外纱厂工潮酿成血案》,《申报》1925年5月16日;《内外纱厂工潮之昨讯》,《申报》1925年5月17日;《内外纱厂工潮三志》,《申报》1925年5月18日;《工人顾正红伤毙之检验》,《申报》1925年5月19日;《追悼顾正红纪》,《申报》1925年5月25日。

沪军警因贩卖鸦片产生严重冲突，以致发生炮轰海关巡艇、奉军军官开枪哄斗等要案，这些消息便成为同一时间内上海各报关注的大新闻①。因此，当时各大报纸的版面被"烟土案"占据大半，而日纱厂工潮案无形中便不大被人所关注。在此情势下，中共党团组织为引起群众对工潮的注意与同情，便集中主要精力发动学生上街演讲②。而当时上海华界实际上处于江浙战争之后的过渡性无政府状态③，所以中共党团的发起工作进行得比较顺利，并没有受到当局多少干扰。

　　正如古鸿廷所指出的，尽管顾正红的死在中国工人与日本工厂经理的冲突中是一件很小的事，但是在中共党支持下的群众干部，却抓住了这个机会，把它发展成了一个要求日本经理作出许多让步的大运动④。

三　5 月 30 日的南京路事件

　　5 月 30 日上海学生到公共租界演讲，既是出自中共的决定，亦与30 日前发生的其他几项重要事项相关联。

---

　　①　如《民国日报》的下列报道：《各团体反对华界卖土》（5 月 20 日），《反对中之华界卖土》（5 月 21 日），《各界反对华界卖土》（5 月 22 日），《各界反对卖土渐弛缓》（5月 24 日），《反对中之华界卖烟》（5 有 26 日），《又有军人公然劫土》（5 月 27 日），且有连续数天为本埠消息之头条新闻。

　　②　联文：《访五卅前夕一次重要会议的参加者》，《上海工运史料》1986 年第 3期，第 28 页。

　　③　自江浙战争结束后，1925 年 1 月，北京政府宣布裁撤淞沪护军使一职；将上海兵工厂改成商业工厂，由总商会接管；上海永远不得驻兵及设置何种军事机关。（孙曜编：《中华民国史料》，第 606 页，台北文海出版社 1966 年版。当时背景亦可参考冯筱才《江浙商人与 1924 年的"齐卢之战"》，《中研院近代史研究所集刊》，第 33期，2000 年 6 月。

　　④　Hung-Ting Ku, Urban mass movement: the May Thirtieth movement on Shanghai, *Modern Asian studies*, Vol. 13, No. 2, 1979. p. 211.

（1）援救被捕学生。5 月 23 日，文治大学学生施文定、谢玉树因在租界为救济罢工募捐而被捕。次日，又有两位上海大学学生因参加顾正红追悼会，持旗路过租界时被拘捕。30 日正好是会审公廨开庭审判被捕学生之日①，所以，到公共租界演讲及去"新衙门"声援被捕学生为学生上街的重要原因之一②。

（2）呼应上海各界对工部局"三提案"的新一轮抗议浪潮。4 月底经工部局的活动，公共租界纳税外人会决定于 6 月 2 日召集临时特别会议，讨论印刷附律、增收码头捐、交易所领照及取缔童工四提案，引起上海华人社会各界的抗议。自 5 月 29 日起，报端便可见到许多团体公开抗议工部局"三提案"的消息，特别是总商会与纳税华人会、各马路商界总联合会均有函电反对③。因此，学生上街与当时上海正在形成的抗议租界当局"三提案"运动有重要关系。后来在宣传中，学生也是将反对"三提案"与抗议"顾正红案"，援救被捕学生等要求合在一起，其目的在增加宣传的效力，以争取社会各阶层的同情支持④。

---

① 《中日关系史料——排日问题》，第 423 页。

② 黄美真等编：《上海大学史料》，第 138 页；《五卅运动》第 2 辑，第 100 页。当时上海民众称当时的公共租界会审公廨为"新衙门"。

③ 《各团体抗议工部局三案》，《民国日报》1925 年 5 月 30 日；《各团体力争工部局三要案》，《申报》1925 年 5 月 30 日；《商总联会致交涉署函》，《申报》1925 年 5 月 30 日。又见上海 31 个商业团体反对四提案之广告。（《申报》1925 年 6 月 2 日）日人分析总商会其实亦在利用学生会的势力来达到自己的目的。（《邦人纺绩罢业事件と五卅事件及各地の动摇》，第 11 页）

④ 《五卅运动史料》，第 1 册，第 631－632 页、653 页；邓中夏：《中国职工运动简史》，第 207 页。当时在《向导》工作的郑超麟在其回忆中便称："这次惨案发生得很巧，恰好触发了积聚下来的火药。并非惨案能爆发革命，比此次更惨的案，历史上还多呢，但并未爆发革命，革命能借 1925 年 5 月 30 日的上海屠杀而爆发，一者因为此时上海资产阶级对租界当局赌气，资产阶级成了反对派，提出种种要求。"（《郑超麟回忆录》，东方出版社 1996 年版，第 103 页）一般著述均写成是抗议"四提案"，但查阅当时史料，笔者发现"取缔童工案"多不在抗议的范围之内，因为该案吻合人道主义原则，不好加以反对，虽然工部局是将"四提案"一并提交纳税外人会审查。

（3）声援青岛日商纱厂罢工工人。5 月 25 日，青岛大康、内外棉、中日各纱厂七千多工人因当局下令解散工会而全部怠业，并拒绝出厂。驻济南日本领事要求地方当局取缔此项行动，山东督办张宗昌即以"工人恃众妄动，已属妨害治安，法所必惩，况与外营业安全有关"，下令严厉处置。29 日派海陆军警同时前往，以武力压迫，将该厂工人驱逐出厂，工人持械抗拒，军警当场击毙工人一名，伤十余人①。中共决定发动学生示威运动，与青岛罢工工人处在紧急情势之中应有一定关系②。

（4）除响应中共的决定外，学生上街似与上海国民党人的幕后运动亦有关系。马超俊即称，上海学生的上街是由他在获知学生被捕的消息后，召集孙文主义学会与上海各工团干部商讨，并与上海各绅商团体协商，决定于 30 日发动各校学生与工人商民等合组宣传队，揭发日工厂枪杀工人暴行③。实际上，当时上海各校学生中，国民党员占多数④，许多学生对国民党的力量较为看重，如 5 月 24 日发生学生被捕情事后，林钧等人便去找叶楚伧想办法⑤。

30 日，按照规定的计划，上海各校学生共三千多人到租界，手持

---

①　《发山东督办、胶澳督办公署电》，《收山东张督办电》，《收胶澳温督办电》，《中日关系史料——排日问题》，第 429－430 页；《特约路透电》，《申报》1925 年 5 月 30 日。

②　邓中夏：《中国职工运动简史》第 165－171 页；中国社会科学院近代史研究所中华民国史组编：《中华民国史资料丛稿·大事记》第 11 辑，中华书局 1978 年版，第 87 页。

③　中国劳工福利社编纂委员会编：《中国劳工运动史》，第 378 页，引自丁应求《一九二五年上海五卅运动的研究——以中日关系为主》，台湾大学历史研究所硕士论文，1986 年，第 92 页。

④　以上海大学为例，中共支部的人数为 120 人，占全校学生的四分之一，但是国民党支部人数在 300 人以上，占四分之三弱。（《共青团上海地委学生部关于五卅期间上海学生运动情况的报告》，1925 年 10 月，《五卅运动》第 1 辑第 96 页）

⑤　《上海大学史料》，第 136 页。

"反对越界筑路"、"实行经济绝交"、"反对印刷附律"、"反对码头捐"、"抵制日货"、"援助被捕学生"等字样的旗帜传单,以"上海学生会"的名义,沿途分发演讲,张贴传单①。按照公共租界当局 1923 年 8 月公布的法令,政治性集会是被禁止的②。所以演讲一开始,租界巡捕便予以干涉,学警间的冲突随之发生。

30 日下午 1 点钟左右,演讲已在南京路附近到处举行。三人一组,一人演讲,两人在旁挥动旗帜分发传单③。当演讲者与挥旗者被租界巡捕扣押送至巡捕房时,其他学生则随之跟进,要求一同被关押,这是指挥者特意安排的,目的是使租界警务当局无法应付④。到 2 点 45 分左右,形势愈趋严重,一名英国巡捕在试图驱散人群时受到攻击,随之有六名中国人被捕,而大批人群又涌进了巡捕房的审判厅。当警方好不容易将人群驱赶出去,外面的人流拥堵在永安公司附近,混乱中,又有两名巡捕遭到攻击,甚至有人试图抢夺他们的手枪,巡捕则开始用警棍与警棒为自己开辟一条路回到巡捕房,他们称有中国人已在叫喊"杀死外国人"。英籍捕头爱活生(Everson,Edward William)在此种情形下,遂下令开枪,以恢复秩序。当场打死四人,多人受伤。在六名送

---

① 《昨日学生演讲之大风潮》,《申报》1925 年 5 月 31 日。

② 《费信惇的证词》,1925 年 10 月 25 日,《五卅运动》第 3 辑,第 58—59 页。恽代英亦称"租界上是不许游行演讲的"。(恽代英:《五卅运动》,《五卅运动史料》第 1 卷,第 7 页;另参见《郑超麟回忆录》,第 102 页)

③ 分发传单与旗帜似有专人负责。(姜维新:《从二月罢工到"五卅"运动》,《二十世纪上海文史资料文库》第 1 辑,第 186 页)当时参加指挥的上海大学学生黄旭初称:"指挥部设在望志路(兴业路)永吉里三十四号国民党江苏省党部,由恽代英、侯绍裘负责指挥。高尔柏则坐镇在环龙路上海执行部,负责对外联络工作,有三十个学生用自行车担任交通,传达命令与传递消息。"(《上海大学史料》,第 139 页)

④ 对此,李立三曾有具体回忆:"五卅指挥部(秘密的)设在二马路一个旅馆里。三十日工部局一抓人,我们就号召跟上去,一下子把老闸捕房围起来了,要求释放被捕者,巡捕房用自来水枪也冲不散,就开枪,这样就造成了五卅惨案。"《李立三同志对二月罢工和五卅运动的回忆(访问记录)》,《五卅运动史料》第 1 卷,第 144 页。

到山东医院的伤者中，又有三人不久死去①。

在随后的几天内，事件继续恶化。5月31日，继续有学生成群结队地到租界南京路上分发传单，呼吁店铺主响应总罢市总罢工。6月1日，复有群众到南京路，租界当局声称有人在攻击警察并破坏汽车与电车。尤其在南京路与浙江路的交叉处，人们掀起了路石，扔向正在努力驱散人群的警察与消防队员。巡捕遂又开枪，当场打死一人，十七人受伤②。租界当局立即宣布戒严。2日，又有人在柏克路与"新世界"附近与商团队员发生冲突，两名美国商团队员受轻伤，巡捕遂开枪，又致一名华人被击中死亡。其他示威群众与租界巡捕及外人间零星的冲突则不断发生③。4日，上海大学、大夏大学等被工部局警务处封闭。形势异常严峻。

第二节　北京政府对五卅事件
因应及交涉之经过

一　事发后执政府的内部反应

"五卅事件"发生前夕，执政府正面临严重的政治危机。段祺瑞解决

---

① *British Documents of Foreign Affairs*, p. 141, 174;《南京路发生惨案后之昨日形势》，《申报》1925年6月1日;《五卅运动》第2辑，第98页。据上海学生联合会调查，先后死11人。死难者姓名职业如下：陈虞钦（南洋附中学生）、尹景伊（同济大学学生、中共党员）、何秉彝（上海大学学生、中共党员）、唐良生（电话局接线生）、王纪福（裁缝）、姚顺庆（漆工，一作"姚福庆"）、谈金福（食品店伙计）、陈兆富（厨役）、邬金华（新世界员工）、石松盛（电器行商人）。（国际问题研究会编：《五卅事件》，第21页，国际问题研究会1927年版;《五卅运动史料》第1册，第720—721页）又据《申报》事后披露，5月30日因枪击而致死者尚有陈兴发（包车行车匠）与徐落逢（洋货业商人）等二人。《五卅运动史料》第1册，第721页。

② 《五卅运动》第2辑，第110页。

③ 《五卅运动》第2辑，第110—111、118—119、122—123页;《邦人纺绩罢业事件と五卅事件及各地の动摇》，第324—344页。

"金佛郎案"的办法引起舆论的广泛抨击；教育总长章士钊因对北京学潮之强硬处理被全国学界攻讦而自请辞职；宣传已久、饱经挫折的"关税会议"之召开又似遥遥无期；5月28日，张作霖因对"金佛郎案"的处理不满，通电带兵入关，意在改造政府。舆论多认为执政府处在"风雨飘摇"中，似已无法继续其统治，如何维持其政权诚属疑问①。然而，"五卅事件"的突然爆发却给了执政府一个极佳的可以继续维持其统治的机会。

5月30日事发当天，特派江苏交涉员陈世光即向北京报告②。执政府对事件迅速作出反应，其措施对内主要是安抚民众的激动情绪，避免因攻击外人而导致事态的恶化，同时将上海已形成的罢工局面尽量设法导入控制轨道；对外则以强硬态度表示抗议，并藉"民意"作后盾，以迫外人让步，而获内部转机。

6月2日，北京政府国务会议讨论沪案，通过四项决议案：一、各阁员对租界当局以武力摧残手段对付无辜学生，多表示愤慨，认为有辱国体，要求政府应即时彻查，秉公交涉；二、当即向驻京使团领袖意使表示严重抗议；三、速派曾宗鉴、蔡廷幹等赴沪查办；四、急电该地军警长官镇抚商民，切戒越轨行动，免贻外人口实③。

---

①　《内外时评——临时政府的延长问题》，《东方杂志》第22卷第7号，第1页；颂皋：《奉张入关与北京政局》，《东方杂志》第22卷第13号，第3页；《颜惠庆自传》，台北传记文学出版社1973年版，第142页；《中华民国史资料丛编·大事记》第11辑，中华书局1978年版，第86页。

②　陈电云：本日下午二时余，南洋、法政、同济、复旦、上海等大学学生因工人受伤、学生被捕两事，在公共租界散布传单，被捕四十余名，人数愈聚愈多，捕房开枪击毙五名，伤八名（据续电登毙命者四名，又赴医院查明受伤学生六名，已死二名，路人十七名，已死三名）。（《中日关系史料——排日问题》，第426页。）

③　《中华民国史资料丛稿·大事记》第11辑，第91页。蔡廷幹当时是财政部税务处督办，曾宗鉴则是外交部次长，两人均被认为是亲英派。*British Documents of Foreign Affairs-reports and papers from the Foreign Office confidential print*, Part Ⅱ, Vol. 29（University Publications of America, 1994），p. 175；*The May 30 movement：Events and Themes*, p. 86.

6月6日段祺瑞发布执政令，对国民宣告政府对五卅事件之态度："此次上海租界事变，市民激于爱国，自徒手奋呼，乃垒遭枪击伤杀累累。本执政闻之深滋痛惜。除饬由外交部提出严重抗议外，已遴派大员驰赴上海慰问被害人民，并调查经过事实，期作交涉之根据，而明责任之所属。政府视民如伤，维护有责，必当坚持正义，以慰群情。尚冀我爱国国民率循正轨，用济时艰。本执政有厚望焉。"①

对上海罢工工人安顿问题，段祺瑞似乎倾向于依靠上海总商会会长虞洽卿的料理②。虞氏此时正在北京参与中华全国商会联合会之会议。段祺瑞在接获"沪案"消息后，即派虞以"淞沪市区会办"的名义返回上海调处。为协助虞处理"沪案"之交涉与善后，段又命令在教育部精选职员数名，6月1日随同虞洽卿乘专车南下③。

北京公使团认为，"沪案"发生的关键在于上海地方无负责之高级长官，以致"毫无毅然处置之法"，因此要求执政府派重要官员前往弹压，或派兵前往上海④。6月5日，段祺瑞向领袖公使意使翟禄弟(Cerruti, Vittorio)表示，以前正是因为上海有军事长官及军事设施，所以内争频生，故最后宣布裁撤；但他同时表示，要陆军总长吴光新考虑办理派兵一事⑤。不过，由于江苏和上海当时实际是奉系的势力范围，所以

---

① 《临时执政令》，《政府公报》第3299号，第1页。

② 《执政接见领衔义翟使问答》，1925年6月5日，《中日关系史料——排日问题》，第438页。段曾对翟使说："上海罢工已派虞洽卿赴沪，大致无妨。"(《中日关系史料——排日问题》，第439页)

③ 《公共租界罢市之第二日》，《申报》1925年6月3日；《临时执政令》，《政府公报》第3299号，第2页。

④ 《刘秘书(锡昌)赴义馆会晤义翟使问答》，6月4日，《中日关系史料——排日问题》，第434页；《总长会晤法使问答》，6月4日，《中日关系史料——排日问题》，第435页；《执政接见领衔义翟使问答》，1925年6月5日，《中日关系史料——排日问题》，第438页。

⑤ 《执政接见领衔义翟使问答》，1925年6月5日，《中日关系史料——排日问题》，第438页。

派兵的主动权最后落到驻节天津的张作霖身上。11日,张作霖派其子张学良率奉军赶赴上海①。13日,张学良带领"东北陆军教导团"二千二百余人抵沪。此前,江苏省长郑谦已奉段祺瑞与张作霖命令到达上海。

为表示对民众爱国热情的支持,"沪案"发生后,北京政府一些要员甚至也参加群众游行,或者吊祭五卅牺牲者的仪式②。据英国方面的情报,学生的四处串联宣传活动得到政府免票待遇③。正如索克思(George Sokolsky)评论的那样:中国政府的动机从总体上来看无疑是有政治用意的,只要罢工与混乱还在继续,北京的现政府便能暂保其统治,因为没有谁愿意来处理这种乱局④。不过,对此时的执政府来说,其行动更多的是维持各种势力间的平衡,以从中得到实际的政治利益⑤。

二　外交抗议与初期交涉

"五卅事件"对北京执政府而言,正是增强其声望的良机。值此中外关系的危机存在之际,执政府的地位便于无形中得到巩固,而当外交谈判进行时,政府的威望可能会随着民族主义情绪滋长扩散而提高,因

---

①　辽宁省档案馆编:《奉系军阀密稿》第2册,中华书局1985年版,第160页。

②　《朱兆莘为沪案与安格联辩论电》,1925年7月29日,中国第二历史档案馆编:《中华民国史档案资料汇编》第3辑民众运动,江苏古籍出版社1991年版,第183—184页。

③　《朱兆莘关于英外相谈论中国现状电》,1925年7月23日,《中华民国史档案资料汇编》第3辑民众运动,第181页。

④　Woodhead, H. G. W. , ed. , *China Year book* , 1926 - 1927(Tientsin: Tientsin Press), p. 1001. 工部局警务处已有情报来源称北京政府的存在要靠目前的排外运动长期持续下去,运动已形成反对内讧的强烈舆论,而没有领袖觉得有足够的力量向此种情绪挑战。(《五卅运动》第2辑,第362页。

⑤　里格比认为执政府是处在学生、冯玉祥、张作霖以及列强等势力之间调停的位置上。(*The May* 30 *movement*, pp. 86 - 87.)

此,段祺瑞政府从一开始就试图通过对此一事件的恰当因应而增强其在国内和国际上的地位①。

在 1925 年年初几个月内,执政府外交部一直在与驻京公使团代表讨论条约义务的法理承认问题②。5 月 28 日,外交部还照会外交团,要求训令上海公共租界工部局废除"治外法权"③,敦促有关国家考虑讨论条约修改问题④。但中方的呼吁并未得到列强的实质性答复。南京路枪杀事件爆发后,北京政府以此为契机,似乎有望在外交方面获得某些进展。

5 月 30 日南京路枪杀案发生后不久,即有学生到江苏交涉公署,向特派交涉员陈世光报告事件经过,并要求陈氏出面交涉。陈即偕同交涉公署科长杨筱堂赴领袖领事馆,表示口头抗议,并至巡捕房要求释放被捕学生。31 日,陈奉江苏省长电令向驻沪领袖领事递交了第一次抗议书。6 月 1 日,因枪击案仍在继续,陈再次递交抗议信。此后,陈世光因病恳请辞职,段祺瑞即任命许沅为外交部特派江苏交涉员,赶赴上海处理对外交涉⑤。

6 月 2 日,北京外交部送出第一次抗议照会,表示对此事"至深骇异",认为"该学生等,均青年子弟,热心爱国,并不携带武器,无论其行为之性质如何,断不能以暴徒待之。乃捕房未曾采取适当方法,和平劝阻,遽用最激烈手段,实为人道及公理所不容,自应由租界官吏完全负责。为此本总长不得不向贵公使提出最正式之抗议,并声明保留,俟查明详情后,再提相当之要求"。照会要求北京使团"迅饬上海领事团速将被捕之人,全地释放,并就地与特派江苏交涉员妥商办理,免再发生

---

①　*The May* 30 *movement*, p. 87.

②　*The May* 30 *movement*, p. 85.

③　《东方杂志》,第 22 卷第 13 号第 15 页;*The May* 30 *movement*, p. 85.

④　*The May* 30 *movement*, pp. 150 - 151.

⑤　《政府公报》,第 3294 号第 1—2 页。许在此前似乎已担任该职务较久时间。(*British Documents of Foreign Affairs*, p. 139.)

此类情事"①。6月4日，外交部不等外国公使团之答复，又因上海公共租界继续发生枪杀案，提出第二次照会，谴责租界当局"蔑视人道"，应对其开枪行为及其后果完全负责②。两次照会均对学生行动表示维护与支持，对租界当局开枪镇压之举予以谴责。

6月5日，段祺瑞接见驻京领袖公使、意使翟禄弟，称他感到"至深痛苦"，认为"上海巡捕如此对待学生，使中国对于国际地位攸关体面"③。8日，外交部长沈瑞麟在会晤英国代理公使时，亦明确表示："此次各地市民激以爱国热诚，毫无排外性质，执政日前所颁昭令，劝慰国民已有率循政轨之语，余看沪事现时最紧要者，莫过于恢复市面平时原状，即如取消戒严令，撤退海军陆战队，并解除商团巡捕之武装，释放一切被拘人等，发还被封或占据之各学校房屋，只要租界当局有所觉悟，措置公道，公愤自易平息"④。

此四项实际上即是上海工商学联合会所提"十七条"之先决条件⑤，由该会于6月7日面交刚抵上海的特派交涉专员蔡廷幹、曾宗鉴

---

① 孔另境：《五卅外交史》，第17—18页，永祥印书馆1946年版；*British Documents of Foreign Affairs*, p. 175. 由于31日是星期日，各国驻京公使馆休息，故第一次照会上虽书"六月一日"，但送出该照会已是第二天。（《五卅事件》第51页）

② 《五卅外交史》，第19页；《五卅事件》，第51页。

③ 《执政接见领衔义翟使问答》，1925年6月5日，《中日关系史料——排日问题》，第437页。

④ 《总长会晤英白代使问答》，1925年6月8日，《中日关系史料——排日问题》，第454页。

⑤ "十七条"包括四项先决条件及十三项正式条件，内容如下：先决条件四项：一、立即取消戒严令；二、撤退海军陆战队，并解除商团及巡捕之武装；三、所有被捕华人一律送回；四、恢复公共租界被封及占据之各学校原状。正式条件13项，主要内容如下：一、惩凶；二、赔偿；三、道歉；四、撤换工部局书记鲁和；五、华人在租界有言论集会出版之绝对自由；六、优待工人；七、分配高级巡捕；八、撤消印刷附律，加征码头捐交易所领照案。九、制止越界筑路；十、收回会审公廨；十一、工部局投票权案；十二、要求取消领事裁判权；十三、永远撤退驻沪之英日海陆军。其各条之下多有细目说明。胡愈之：《五卅事件纪实》，《东方杂志》第22卷"五卅事件临时增刊"，第20—22页。

等人,蔡、曾等人即以全文电告外交部①。外交部对"十七条",初拟分层次处理:"取消领事裁判权"及"永远撤退驻沪英日海陆军"两条因关系中外已签条约,故决定不提出;而先决条件四项,及惩凶、赔偿、道歉等项则在沪提出;撤消公共租界工部局"三提案"及制止越界筑路、收回会审公廨等由外交部催办;至于"代工部局投票权"一条另与外人定洋泾浜章程;其余各条视情形"相机提出"②。

是故,沈瑞麟在10日会见法使时,又重提四项先决条件,认为如能做到,上海秩序或可恢复③。使团方面则要求执政府命令学生返校,静候政府解决。沈对此屡次表示拒绝,认为"政府断不能以压力禁阻学生"④。11日,中方发出第三次照会,声明对于"五卅"及"六一"惨案,上海租界官员应负责任,再次将上海工商学联合会之四项先决条件全部提出⑤。

6月4日,公使团在对中方第一次照会的答复中,否认上海租界捕房当局应负沪案责任,认为中方照会内所述并不完整⑥。两天后的第二次复牒,仍认为中方所得报告不甚完全,同时又照会中方,公使团已

---

① 《新闻报》1925年6月8日,引自《五卅运动史料》第2卷,第279—280页;《收上海交涉员(沅)电》,6月12日到,《中日关系史料——排日问题》,第470页。

② 《中日关系史料——排日问题》,第476页。

③ 《总长会晤法玛使问答》,1925年6月10日,《中日关系史料——排日问题》,第464页。

④ 《总长会晤义翟使问答》,1925年6月12日,《中日关系史料——排日问题》,第473页。

⑤ 该照会指出:"惟查当初租界官吏所采取对于学生和平行动之取缔办法,系属失当,毫无疑义。故欲以上星期惨事之责任,诿之一般和平行动并不携带武器之人,而不由租界官吏负之,本总长绝对不能承认,仍当继续抗议。中国政府鉴于此次案情之严重,民情之悲愤,金以为租界官吏至少须自动取消戒严令,撤退海军陆战队,并解除商团及巡捕之武装,释放被捕之人,及恢复被封与占据各学校之原状。"《五卅外交史》,第23—24页。

⑥ 所谓不完整即指中方照会中"仅言英捕击伤若干华人,并未提及日本人为华人掷于沟中,及新世界枪伤美商团之事"。《刘秘书(锡昌)赴义馆会晤义翟使问答》,6月4日,《中日关系史料——排日问题》,第434页。

组织调查委员团,并决即派赴上海调查①。10日,该委员团抵沪,开始调查工作。中国外交部亦即令曾宗鉴对沪案中伤毙华人情形作"精确详尽"之调查,以备提出要求之依据②。

13日,国务会议讨论上海工商学联合会提出之四先决条件,同意先由外交部上海特派员向领事团提出。不过,在上海的蔡、曾、许等人似乎觉得"十七条"中有些条件"太过火",经政府同意,上海总商会托谢永森修订"十七条",政府方面亦同意在仔细斟酌的基础上照此提出。随即,蔡廷幹与曾宗鉴又电告北京,总商会已与工商学联合会"商议妥协",决由其另提修正案交交涉员提出。外交部即电令许沅等修正案商定,再提出③。可见,执政府有意借民众团体提出对外交涉条件,并在暗中直接介入"十三条"之形成过程。而学界多将"十三条"视作是由上海总商会或者虞洽卿个人擅改十七条而提出,实未了解其中之内情。

此时,就地尽速了结此案表面上视之似乎是中外交涉双方的愿望④。

---

①　该调查委员团由法国驻华公使馆参议祁毕业(S. Trebier)、英国头等参赞魏礼克(G. G. M. Vereecur)、美国头等参赞顾尔霖(E. Grewy Graene)、日本头等参赞重光葵、比利时二等参赞于兰斯(J. Ullens de Schootun)、意大利参赞斯嘉图(G. Seaduto Mendola)组成,以祁毕业为主席委员。中国第二历史档案馆编:《中华民国史档案资料汇编》第3辑外交,江苏古籍出版社1991版,第236页;《五卅外交史》第21页,《东方杂志》第22卷"五卅事件临时增刊",第75—76页。

②　《发上海曾次长(宗鉴)函》,《中日关系史料——排日问题》,第483页。

③　《发上海许交涉员(沅)电》(一)、(二)、(三),1925年6月13日,《中日关系史料——排日问题》,第475页—476页。

④　《执政接见领衔义翟使问答》,1925年6月5日,《中日关系史料——排日问题》第438页。一开始中方准备由特派交涉员与上海领事团商办解决此案,而工部局亦在6月5日向上海总商会提议各派代表协议善后办法。蔡廷幹、虞洽卿等人曾拟定初步交涉条件为:惩办开枪巡捕、工部局道歉、抚恤死伤者、取消印刷附律、取消码头捐等,与工部局交涉,要求工部局先道歉并开除开枪西捕,即开市上工,再商议其他问题。但是工部局主张以先开市上工为谈判之前提。结果双方辩论后无果而散。晨报编辑处、清华学生会编:《五卅痛史》,台北文海出版社1986年版,第69—70页;《五卅外交史》,第26页。

6月13日,使团方面在接到赴沪委员团之初步报告,对工部局的观感趋坏,决定不让领团参加,而授权委员团就地与中方交涉①。15日,北京公使团电令在上海之六国委员团,正式组织沪案委员会,与中国委员迅速开议。执政府即任命郑谦、蔡廷幹、曾宗鉴、许沅、虞洽卿等人为谈判代表,授与就地交涉之权,与六国委员接洽开议②。

6月16日,沪案交涉会议在江苏交涉公署举行,列席使团参赞六人,中国则有特派员蔡廷幹、郑谦、曾宗鉴、许沅等四人参加③。17日,中外委员开始第一次谈判,中方即以"十三条"为交涉根据,但祁毕业则表示"中国政府向使团抗议,仅提出四项问题为本团所知,其余均未知悉,无从商量。……当请示使团后方可开议"④。不过,当天双方仍就中方所提条件稍作讨论,第二天仍就此继续磋商。当时六国委员似乎设想在赔偿牺牲者,同时将华界中国负责警长与租界捕头爱活生撤职,终止罢工与撤去外国军队几项条件基础上与中方达成初步的解决方案⑤。但此方案显然与中方要求相距甚远。

18日,六国委员因奉使团训令,限三日内讨论完毕,故将其所拟往来函稿交中方代表,作为讨论之基础,其中尤其强调"五卅事件"盖由于

---

① 《执政接见义翟使问答》,《中日关系史料——排日问题》,第480页;《发上海许特派员(沅)电》,1925年6月15日,《中日关系史料——排日问题》,第481页。

② 对执政府来说,最开始派蔡廷幹、曾宗鉴二人到沪,其使命限于慰问和调查。后来忽然令其在上海就地交涉,据胡愈之分析可能出于奉方的主张。(胡愈之:《五卅事件纪实》,《东方杂志》第22卷"五卅事件临时增刊",第19页)此处提醒我们要注意奉张与段政府间差别,而不能将政府决策完全视为执政府自主制订的产物。然据笔者对外交部来往文电的分析发现,政府态度改变,主要还是与使团之决策变化有关。参见《发上海许特派员(沅)电》,1925年6月15日,《中日关系史料——排日问题》第481页。

③ 虞洽卿以总商会会长职务关系,后来未就交涉代表。《五卅外交史》,第28页。

④ 《特派江苏交涉员许沅检呈使团派沪调查委员与中央特派员交涉会议记录致外交部函》,1925年6月19日,《中华民国史档案资料汇编》第3辑外交,第257页。

⑤ *British Documents of Foreign Affairs*,p. 176.

华界警察怠于职务之故。而中国委员经讨论表示不能接受，认为"十三条"中许多条均为事件之肇因。六国委员表示仅能讨论外交部所提四条，遂完全取消前议，交涉遂告中止。六国委员发表宣言，声明中国要求条件在该委员团职权范围之外，随后他们即返京①。上海交涉遂告破裂。

19日，北京公使团就"沪案"谈判破裂发表宣言，表示"应以正谊与公平为基础，将沪案速行解决，至中国委员所提上海公共租界改组，及收回界内行政事件，应由中国要求关系国代表，再向各关系国政府要求"。为重开谈判留下了余地。同时，驻京公使团会议决议，将"沪案"移京办理，并以意使翟禄弟、法使玛太尔、美代使迈尔为交涉专员。21日，蔡廷幹、曾宗鉴等人回京复命。

24日，北京政府外交部照会公使团：一、"沪案"移京交涉，正式提出十三条为交涉根据；二、提议依公平主义修正中外条约②。美国外交官迈耶（Mayer）在给本国外交部的信中认为，中国政府此种举措实一石两鸟，既欲藉此来强化中国的国家尊严与地位，亦表示准备在尊重国际法的友好态度下开始条约修改的谈判，而淡化激进的立即取消不平等条约的宣传③。26日，意使翟禄弟代表公使团答复外交部照会：一、"沪案"十三条请派专员分别办理；二、修改不平等条约表同情，惟须候各国政府训令。同日，执政府公布"外交委员会条例"，成立外交委员会，任孙宝琦为委员长，颜惠庆等十八人为委员④。次日，正式发表以

---

① 《特派江苏交涉员许沅检呈使团派沪调查委员与中央特派员交涉会议记录致外交部函》，《中华民国史档案资料汇编》第3辑外交第264—265页；《京师警察厅关于交涉中断外委返京密报》，1925年6月19日，《中华民国史料汇编》第3辑民众运动，第163页。

② *British Documents of Foreign Affairs - reports and papers from the Foreign Office confidential print*，Part Ⅱ，Vol. 29（University Publications of America，1994），pp. 131 - 132.

③ *The May 30 movement*，p. 89.

④ 《顺天时报》1925年6月28日，《中华民国史史料外编》第69册，第46页。

颜惠庆、王正廷、蔡廷幹办理"沪案"交涉。7 月 1 日,颜提出所谓"治标治本"说,对"五卅"一案,决定分阶段办理①。

上海交涉破裂后,"速了"之愿望既无法实现,而列强因内部意见不一,谈判重开亦遥遥无期,执政府方面转而采取长期交涉的计划。29 日,段祺瑞通电各省,告诫防范假爱国名义实行破坏主义,表示在沪案交涉停顿后,政府开始转变对群众运动之运用策略。实际上,挟"民意"与列强周旋正是当局用心采取的政治策略。而当时局变化,策略亦随之发生改变。如据李健民之分析,政府的一部分外交行为其实并非自动自发,心甘情愿,如政府因为民众要求废除不平等条约,便照会外交团,请求"修正"不平等条约,但同时亦向外交团人员暗示不要太认真了②。7 月 15 日,北京政府再次训令民众,保持平静,以利交涉进行,各省官员均应制止任何不法举动的尝试。

对初期"沪案"交涉的失败,多有人认为是与上海总商会擅改"十三条",与"十七条"形成两种意见,而让外人发现国人的不团结,影响其态度③。但丁应求的研究表明,交涉中止其实与此关系不大。丁认为没有证据显示外人明了中国内部的混乱,即使他们发现两种要求之间的悬殊差异,他们也不会重视,因为第一次谈判时总商会提出的"十三条",已使他们十分惊骇。外人对中国的全盘性要求,事先全然没有准备。华人欲把握此一机会,扫除经年累月引起其愤怒的外人特权,但外人却将协商

---

① "治标者,系就沪案而言,似即执政钧令内指明之交涉事宜,外交部所提出之办法十三条是也。治本者,系就修正条约而言,可以息嗣后一切纷纭之变,似即钧令内指明之善后事宜,外交部所提出之修正条约是也。"《颜王蔡何故为变相之辞职?》,《晨报》1925 年 7 月 3 日,《中华民国史史料外编》第 69 册,第 79 页。
② 李健民:《五卅惨案后的反英运动》,第 182 页。
③ 如《五卅外交史》第 34—35 页;《五卅事件》第 34—35 页;方椒伯:《回忆"五卅"罢市》,《20 世纪上海文史资料文库》第 1 辑,第 192 页。

的范围限于纯粹的"五卅事件",是故谈判无法继续①。曾宗鉴在事后给外交部的电报中,则根据所得情报称,六国委员态度突然变化,是由于"英、日以汉、浔、镇江交涉纷起,认为不宜退让,电召参赞回京,并谓伦敦态度强硬,将向中央通盘交涉"②。可见谈判破裂的主因实在于外人一方。

上海总商会提出交涉条件十三条,实已包含工商学联合会代表之意见在内③。张国焘在回忆中亦称,中共方面为了以免"联合战线"的破裂,对总商会修改的十三条确已表示同意,虽然在工商学联合会中,此种妥协态度亦曾遇到激烈的抗议④,各团体内部的争论亦一直存在⑤。但上海谈判失败后,尤其是19日上海总商会决定21日开市时,运动出现了重大的裂痕,中共开始谴责总商会的妥协政策,其中"反对总商会篡改交涉条件"便是改组后由左派学生控制的上海学生联合会重要的口号之一⑥。他们似乎欲藉此打击总商会,而影响其开市的决定。对"十三条",民间倒有一些舆论表示不满,认为北京当局"太不注

---

① 丁应求:前引文,第136—138页。丁在此指出谈判失败的原因有三点:上海特派员的步调与外交部不一致;外人坚持华官应负维持治安之责;上海中外人民对交涉员所施加的压力。英国官方认为上海谈判之所以失败,是因为中国政府不能抗拒民众的压力,而将一些与公共租界地位有关及其他额外的条件放在谈判桌上。(*British Documents of Foreign Affairs*, p. 187.)实际如丁应求指出,六国委员团亦受到上海外人舆论的包围,而感到重重压力,其态度的突然变化与此关系甚大。

② 《曾宗鉴致沈瑞麟电》,1925年6月19日,《中华民国史档案资料汇编》第3辑外交,第265—266页。

③ 参见上海总商会五卅委员会1925年6月12日第三次会议记录。《五卅运动》,第3辑,第439页。

④ 张国焘:《我的回忆》,第437—438页。从某种角度来看,上海工商学联合会甚至比中共更加激进,工商学联合会亦未必完全受中共的指挥。《革命文献》第18辑,第3289—3292页。如瞿秋白在6月8日第5期《热血日报》上发表《工商学联合会与上海市民》,对该会提出的要求条件表示不能满意;12日他又发表《警告工商学联合委员会》。

⑤ 《收上海许交涉员(沅)电》,《中日关系史料——排日问题》,第470页。

⑥ 《五卅运动》第2辑,第224页。

意外交战略了","外交部只等于邮政箱传话机"①,十三条"毫无价值杂乱无章","反使各国疑虑"。所谓由特派员、交涉专员、外交部构成的"三重外交",各层次之间往往不能协调,显示出中国外交当局的步骤混乱②。

三　北京公使团的分歧与单独对英策略的提出

"沪案"发生后,各国反应并不一致。而在具体交涉过程中,各国间的分歧更趋明显,这一方面使中国的外交策略能获一定成功,另一方面亦迫使英国方面的对华政策发生改变。

英国在事发后力图拉近与各国的关系,共同对中国施加压力。英国外长张伯伦在6月30日接见葡萄牙驻英大使时曾表示,中国正在发生的运动不是什么单独反英、或者反葡、反日的运动,而是一个排外运动。因此他认为各国政府应该诚意地合作以保护外人在华的生命与财产安全,并站在一起来面对这些混乱③。但其他列强并不愿意帮助处在困难中的英国,以维持英国在华的优势地位。

日本在交涉中取双重政策,一方面,面对中国国内民众运动的高涨,与英国联合要求中国政府制止;另一方面,则以其本国利益为出发点,单独解决日本纱厂案④。当时日本正处于"币原外交"时期,非常清楚中、美两国对日本经济的重要性和中国民族主义的变革⑤。因此,当

---

① 《晨报》1925年7月1日,引自《中华民国史史料外编》第69册,第74—75页。

② 《收黄增生函》,1925年月14日到,《中日关系史料—排日问题》,第532页。

③ *British Documents of Foreign Affairs*, pp. 142 - 143.

④ 九国公约第二条曾有规定:不得彼此单独或联合任何一国或多国,订立条约协议、谅解,足以妨害第一条所称之各项原则(实业机会均等)。但是中国先与日本协议解决日本工厂罢工问题。李健民:《五卅惨案后的反英运动》,第192页。

⑤ 丁应求认为"币原外交"所宣称的主要内容是:中日共存共荣、不干涉中国内政,尊重中国合理的立场;对中国国民之努力,以同情、忍耐与希望的态度观望之,中国若要求友好协助,则尽量提供之;根据机会均等主义,图谋日中的经济提携。丁应求:前引文,第64—65页。

时日本外交路线似有对华缓和之倾向。事发之初,日人曾有袒护租界工部局之意,但是在 10 日左右,日政府即训令其驻华公使及上海日领事,要求对沪案暂持旁观态度,而对于日纱厂案,则准备单独解决①。

　　美国方面,认为"五卅事件"牵涉到列强在华共同利益,故取与英、日两国协调的政策,不想单独行动,但在一些具体问题上,其态度较英缓和得多②。而法国基于自身利益的考量,对中国的态度较为缓和,法公使玛太尔自"沪案"开始,其态度即较友好③。

　　6 月 2 日,工部局会审公廨对 5 月 30 日及以前被拘学生进行审判,结果法、美法官均宣告学生无罪,引起英人之不满④。13 日,六国委员团在调查时发现一份 1919 年以来即已存在的由租界工部局警务处制订的秘密动员令,使得英国以外的其他各国委员对租界工部局的观感顿时趋坏⑤。是故有 15 日北京公使团排斥上海领事团参与中方交涉之电令。而中国方面则利用"英捕射杀无辜学生"的宣传,采取有效的分离策略,使英国孤立化⑥。

　　6 月 19 日,北京使团曾经发表意见,表示愿意继续与中国政府谈判其余的条款,英国代表将不能担任谈判委员会的主要负责者。但是在华英人认为其他列强想牺牲英国的利益来谋求与中国的和好,日本亦不同意其在北京代表的意见,表示不参加交涉委员会。而中方则立即成立了一个"强大"的委员会与各国谈判⑦。

―――――――――

　　①　《五卅痛史》,第 89 页。
　　②　丁应求:前引文,第 142—143 页。
　　③　《总长会晤法玛使问答》,1925 年 6 月 4 日,《中日关系史料——排日问题》,第 435—437 页。当时的外交总长沈瑞麟是留法出身,似乎与法使间关系更加密切。
　　④　《五卅痛史》第 89 页。
　　⑤　Harumi Goto-Shibata, *Japan and Britain in Shanghai*, 1925 - 1931, p. 19, 39.
　　⑥　Harumi Goto-Shibata, *Japan and Britain in Shanghai*, 1925 - 1931, pp. 39 - 40.
　　⑦　*British Documents of Foreign Affairs*, p. 176.

　　23 日,六国委员在返回北京后,将调查结果撰成报告书并经使馆会议通过,但英国恐报告书的发表将证实其责任,极力阻止公布。然法国公使玛太尔仍将报告原文寄往巴黎公布,引起英国的不满①。7 月 6 日,在使团会议上,意、日、美等国公使均同意对中国稍作让步,遂根据六国委员之报告,通过三项决议:一、上海工部局总巡麦坚应即免职;二、工部局董事会应严加谴责;三、开枪之捕头爱活生应依法严办。并即以使团名义训令上海领事团饬公共租界工部局即日实行,否则"得解散董事会,予以相当处分"。但英外长张伯伦获悉后表示强烈反对,并力阻其实行。在 7 月 9 日的使团会议上,英公使为工部局尽力开脱,且对法使公布报告表示不满。于是法使玛太尔遂藉工部局不听命令表示辞去交涉代表一职,使团分裂遂公开化。此前,英政府曾经草拟了一个"九国宣言",请求各国签字,以对中国的事态表示一致的意见②,但是没有成功。即使是英方提出的第二步替代方案,即请美、日两国与他们一起发表这个宣言亦没有实现。

　　集中目标于英国似是执政府外交当局在交涉之初便已采取的策略。6 月 10 日,英国方面即发现"排外运动变为专门排英运动,日渐蔓延"③。13 日,外交部致英国代使的照会亦暗含单独对英交涉的意味④。汉口事件与沙基事件发生后,单独对英的呼声更高⑤。正如外

---

　　①　《五卅外交史》,第 38—39 页。

　　②　*British Documents of Foreign Affairs*,p. 186.

　　③　《黄秘书宗法接见英馆台参赞谈话记录》,《中日关系史料——排日问题》,第 465 页。

　　④　该照会称:"此次上海各校学生因学生被捕及工人受伤实施游行、演说、散布传单,既非越轨举动,且未携带武器,乃捕房总巡 Everson 氏遽行发令开枪,伤毙华人多名,至再至三,贵国在公共租界既处特别地位,而首先发令开枪又为捕房总巡,此案现定在上海就地商议办法,相应照请贵代理公使查照,电饬在沪贵国官吏,对于华官所提各务以公允态度容纳,俾得早日商结,是所至盼。"《发英白代使照会》,1925 年 6 月 13 日,《中日关系史料——排日问题》,第 478 页。

　　⑤　关于汉口事件及沙基事件,参见本章第三节。

交部调查"汉案"专员邓汉祥所称,单独对英,一、可使范围缩小,易于持久;二、能使英人直接感受痛苦,不难就范;三、政府与人民亦能趋于一致,政府对外既坚持到底,不稍退让,则人民自然谅解,乐为后盾;四、利用外交生政治作用者。政府人民能沟通一气,亦无间隙之可乘①。

使团分裂后,"单独对英"之主张遂由外界之呼吁正式成为执政府运用的策略②。据英使白慕德(Charles Michael Palairet)抗议照会称:"上海县告示抄录政府电令内有英国系沪案唯一负责之人,对于其他各国,人民不得扰搅等语,此项用意无异告知华人,得与英人为难。"外交部对此消息并不否认,只是对上海县知事将政府电文录入告示表示要

---

①　孙曜编:《中华民国史料》,第661—662页。

②　事发之初,一些颇具影响力的人物即提出缩小范围的主张。如6月3日,江亢虎代表中国新社会民主党发表宣言,反对全体罢市罢工罢课,而主张"对外人尤其英人所设立之学校公司银行工厂,一律停止交通"。(《本埠各团体之函电》,《申报》1925年6月4日)6月8日,邵飘萍在《京报》提出"与英国单独交涉"。(《中日关系史料—排日问题》,第454页)北京大学校方似乎并不赞成学生发起反日运动。(Harumi Goto - Shibata, *Japan and Britain in Shanghai*, 1925 - 1931, p. 15.)戴季陶亦公布其单独对英的主张,呼吁"大家要彻底认识英帝国主义是中国一百年来的国仇,抗英是中国的国是,才是承继中华民国创造者意思的真正爱国者,也才不是暴虎冯河的盲汉。"他希望日本人民"回东方来"。(戴季陶:《中国独立运动的基点》,中国国民党中央执行委员会上海执行部1925年版,第2—3页、6—7页、插页;《五卅运动史料》第1卷,第121页)冯玉祥则是单独对英提倡最力者。6月28日,冯玉祥的代表在总商会会议上要求与会者把仇恨集中于英国人身上。(《五卅运动》第2辑,第253页;《冯玉祥主张专抵制英国》,《顺天时报》1925年7月1日,《中华民国史史料外编》第69册,第67页)冯此种主张,可能既与其当时对日联盟的政策有关,亦与正在向其提供军事及经济援助的苏联的态度有关。据韦慕庭的观点,苏联当时恐英日联合以对付其本国以及中国革命,所以最好的策略便是分化帝国主义阵营,孤立英国而暂时放过日本。James E. Sheridan, *Chinese Warlord : The career of Feng Yu-hsiang* (Stanford: Stanford University Press, 1966), pp. 154 - 155, 290; Martin C. Wilbur, *The Nationalist Revolution in China*, 1923 - 1928 (Cambridge : Cambridge University Press, 1983), pp. 45 - 47;参见刘珍编著:《国耻史纲》,台北正中书局1974年版,第200页。)

查办①。形势似乎正如瞿秋白所说,"五卅运动的发展到七月中便完全陷于'单独对英'的对日妥协运动之宣传里"②。

日外交当局在"五卅"事发后即有将"顾正红案"与南京路巡捕枪杀案分开讨论的企图③,而中国外交部在外交程序上一开始亦将两者分开处理④。奉命返沪调处沪案的虞洽卿一回到上海,强调要将日本纱厂问题与英租界开枪事件分开处理⑤。6月8日,蔡廷幹与曾宗鉴二人访日本驻沪总领事,表示希望日纱厂问题早日解决⑥。10日,执政府亦曾通过中华汇业银行总理章宗祥向日方表示,如内外棉纱厂能尽早将顾正红等死伤者的抚恤费交付,则"顾案"即可告结束⑦。上海谈判失败后,日纱厂案单独解决之舆论更炽⑧。不过,6月下旬具体谈判开始后,当事者内外棉纱厂及日本在华纱织同业会似乎态度较强硬,但在日外务省努力斡旋下,日本纺织同业会于7月21日发表声明,表示

---

① 《发江苏省长(郑谦)电》,1925年7月7日,《中日关系史料——排日问题》,第507页。

② 瞿秋白:《国民会议与五卅运动——中国革命史上的1925年》,《新青年》第3号,1926年3月,第10页。

③ 《总长会晤芳泽公使问答纪略》,1925年6月6日,《中日关系史料——排日问题》,第442页。

④ 《发日本芳泽公使照会》,1925年6月4日,《中日关系史料——排日问题》,第439—440页。

⑤ 《虞洽卿在6月7日上海总商会临时会董会议上的发言》,《五卅运动史料》第2卷,第1078页。亦可见虞氏给日本上海总领事的信。(Harumi Goto‐Shibata, *Japan and Britain in Shanghai*,1925‐1931,p.16.)

⑥ 《总长会晤太田参赞问答之附件》,《中日关系史料——排日问题》,第537页。

⑦ 中村隆英:《五·三〇事件と在华纺》,《近代中国研究》第6辑,引自丁应求:前引文,第179页。6月20日,内外棉纱厂将一万元请日驻沪领事转交中方交涉员许沅。丁文中称抚恤费是"美金一万元",似有误。确数应是中国大洋一万元。参见《中日关系史料——排日问题》,第537、556—557、560、562页。

⑧ 《日纱厂案将先解决之倾向》,《顺天时报》1925年6月25日,《中华民国史史料外编》第69册,第30页;《上海事件筹备续开谈判》,《顺天时报》1925年6月25日。

愿意作一定让步。中方即提出解决条件,经双方反复会议磋商,执政府为尽速解决此案,同意贴补工人要求增加工资三个月共 15 万元①。8月 12 日,解决条件签字。25 日后,日纱厂先后复工②。

　　当时执政府集中对英之政策,不仅在日纱厂案中可以看出,亦能从其处理苏俄逮捕中国驻俄使馆职员一事中看出。7 月 26 日发生了莫斯科中国使馆馆员彭昭贤等四人被苏俄政府违反惯例逮捕之事,而中国外交部与驻京俄使馆则极力否认,盖欲隐藏事实以利当时之对英、日交涉以及中俄会议之举行③。

四　"沪案重查"与交涉的悬搁

　　英国既然对六国委员之调查报告表示不能接受,遂提出司法重查之主张,认为对工部局之处理属于法律问题,应由司法手续来解决。但在 8 月初的两次使团会议上,法国公使对此仍表反对,并宣告退出会

---

　　①　《收江苏省长(郑谦)代电》,1925 年 8 月 14 日,《中日关系史料——排日问题》,第 559 页。

　　②　《五卅外交史》第 87—96 页;丁应求:前引文,第 180—181 页。条件共包括正式条件 6 条,附议 3 条,全文如下:一、工厂俟治安维持确定后,得承认遵照中国政府颁布工会条例所组织之工会有代表工人之权;二、罢工期内之工资不便发给,惟对于良善工人因长期失职所受困苦,各厂表示怜惜同情,当予以相当之帮助;三、各人之工资除依照技术进步之程度,当然予以增加外,其余应斟酌工人生活情形,与中国纱厂协议办理;四、工资向以大洋计算,惟其零数照习惯以小洋交付,以后将零数滚入下期,一律付以大洋,赏金登记工摺者亦付大洋;五、工厂日人平日入厂当然不带武器;六、工厂无故不得开除工人,并留意优待工人。(附则:各厂自有电机者,一律先行开工,其余复工须在工部局送电开始以后。)又正式条件外三项:一、内外棉纱厂抚恤伤亡洋一万元,由日本总领事署送交江苏交涉公署收转,交由上海总商会支配给发;二、内外棉纱厂职员元木等二人由该厂自行撤换,将办理情形禀由矢田总领事转函许特派交涉员备查;三、罢工期内各厂应给工人补助金,其总数约洋十万元左右,至如何分配发给,手续另商。(《中日关系史料——排日问题》,第 561—562 页)

　　③　一谔:《含羞忍辱之中国外交》,《国闻周报》第 2 卷,第 30 期。

议。而中国朝野的反对声浪更烈。7月31日,北京政府公开表示反对沪案重查①,9月1日又由驻英代办公使朱兆莘向英国外交部声明反对。6日,外交部又训令驻外各使,表示我国誓不承认沪案司法重查,英方如邀请参加,则将断然拒绝,要求各使向各驻在国政府切实声明②。

9月9日,在英国公使的要求下,使团会议终于议决"由英美日三国先行派遣司法官组织委员团从速实行调查,沪案开议须俟司法调查后始能举行"。三国司法委员并不由使团派出,而是由各该国政府指派③。15日,领袖公使荷使欧登科(W. R. Oudendijk)照会中国政府,正式提出重行司法调查,希望中国亦能予以赞同,并派代表参加,中方即复照表示坚不承认,但使团决定司法重查仍然进行。

10月3日,日、美、英三国法官均到沪就任,司法调查委员会遂组成④。调查自10月12日开始,于11月10日结束。使团方面本想三国委员能联合提出报告,但他们的意见相差甚大,故报告于12月23日分别发表,英、日两国委员的报告仍强调工部局行为正当合理,开枪乃形势所迫,爱活生没有责任。但美国委员约翰逊的报告则认为,"直至开枪瞬息之前,均不信所谓暴徒有损害人身财产之意",并指责"捕房未于预知有事变之后,增加在职巡捕以图防止之","一部分西捕对群众不能行充分的人道","总巡麦高云既深知当时情形,不应离职三小时"。该报告同时认为在华外人,多没有认识到近十多年来中国人对政治及个人权利意识的进步。在其提及的二十五点事件爆发的原因中,强调

① 李振华辑:《近代中国国内外大事记》(民国十三年至十六年),台北文海出版社1979年版,第4745页。

② 李振华辑:《近代中国国内外大事记》(民国十三年至十六年),第4764页。

③ 《五卅外交史》,第55—56页。

④ 司法调查团由日、美、英三国选派法官组成,日本为须贺喜三郎、英国为戈兰(Henry Gollan)、美国为约翰逊(E. Finley Johnson)。此前租界工部局总巡麦高文已应日美两国的要求先行辞职。Harumi Goto - Shibata, *Japan and Britain in Shanghai*, 1925 - 1931, p. 21.

日纱厂案与"沪案"的重大关联①。

司法调查报告发表的同一天,工部局总董费信惇致函许沅,表示:"各委员之判决书,多数不归咎于捕房,然总巡麦高云、捕头爱活生业已辞工部局职务,工部局为谋此案早日解决计,亦决定加以核准,惟对于该两职员以往之劳绩,表示感忱而已。工部局并欲对五卅遭难者更表示惋惜之意,谨奉七万五千元支票一纸,烦转递中国交涉员,俾得散给各被难者家属,以作抚恤之费。"②

重查报告的发表及工部局的通函,从其立场看,似乎意味着沪案交涉到此结束。但执政府方面,对此结果则不予承认。接获许沅之报告后,外交部乃训令许氏将工部局之支票退回,认为这仅是工部局之单方面意见③。此后,五卅事件的交涉便成为悬案,虽然在 1926 年 4 月执政府结束之前,还有几次催促开议的照会给使团,但最终除了会审公廨的谈判与工部局华董问题有所进展外,其余条件便多湮没于累累的外交公文之中了④。

————————————

① 《中日关系史料——排日问题》,第 597－606 页;《五卅外交史》,第 69－70 页;《五卅事件》,第 66－68 页。

② 《五卅外交史》,第 70－71 页。

③ 《五卅事件》,第 70 页。

④ 1928 年底,上海总商会又致电国民政府及蒋介石等人,重提五卅惨案交涉,要求政府与有关系各国从速交涉,达十三条要求全部履行之目的;并有"五卅惨案烈士家属会"等团体呈文呼吁;国民政府外交部覆函承认此案"已为中英间悬案之一,本部对于该案正在积极整理,以备严重交涉"。但当时仅留于空文,而发起者的目的也似在向政府申请抚恤款项,最后财政部为此特拨款 5 万元。(台北"国史馆"馆藏档案,0620.01/1044.01－01,"五卅惨案",第 2、5、7、12－13 页;《五卅惨案烈士家属会代表胡长生等代电》,1929 年 10 月 17 日,《中华民国史档案资料汇编》第 3 辑民众运动,第 204 页)1930 年 2 月,工部局将抚恤金增加一倍,五卅惨案烈士家属会认为"前总商会所提五卅惨案十三条要求,大部已履行,如收回会审公廨,增设华董等,英人态度,似已改善。现为表示合作,该项恤金,当予受领"。由此观之,该案似乎最后经由民间途径不了了之。(《五卅惨案代价以十五万元了事》,《大公报》1930 年 2 月 6 日,《中华民国史史料外编》第 69 册,第 402 页)

第三节　五卅运动的形成与扩散

"五卅事件"发生后,上海即有规模空前的"三罢"运动举行,而在全国范围内,也随后爆发了大规模的群众运动,反帝情绪弥漫各地,民族主义的思想与实践在中国似达到一个高峰,此即通称的"五卅运动"①。

一　上海"三罢"运动的发起

5月30日当天晚上,中共中央召开紧急会议,决定发动上海的罢市、罢工、罢课运动,并决议公开成立上海总工会,同时与中共上海地委组织联合行动委员会,以统一运动的领导②;工人、学生的发动工作则由相关负责干部进行。下午4时,刘华、陶静轩等人即在沪西工友俱乐部召集工会代表开会,号召工人起来为被枪杀的学生报仇③。恽代英在上海市学联以国民党中央上海执行部宣传部秘书的身份召集各大中学校学生代表会议,决议各校自次日起一律罢课,并要求全市工商界罢工、罢市④。

是晚,国民党方面叶楚伧、马超俊、刘庐隐等人在环龙路四十四号

---

① 陈叔谅称:"五卅运动系指全中国民族援助五卅事件(包括各处惨杀事件)的反帝国主义的民族运动,决不是一部分人的一时的反抗行为。"陈叔谅编:《五卅事件》,国际问题研究会1927年版,第4页。

② 张国焘:《我的回忆》第2册,第24－25页;姚守中、马光仁、耿易编著:《瞿秋白年谱长编》,第164页,江苏人民出版社1993年版;傅道慧:《五卅运动》,复旦大学出版社1985年版,第91页;《上海大学史料》,第140页。

③ 《五卅运动》第2辑,第99页。

④ 俞昌时:《五卅运动与恽代英同志》,《五卅运动六十周年纪念集》,第138页。

国民党上海执行部召开紧急会议,商议对策,"决定支援惨案办法"①。6月2日,又有约十五名"右翼"国民党员在居正住宅开会,讨论办法②。其他团体,如各马路商界联合会、各工会、市民对日外交大会等均有会议召开③。国民党人指导下的上海工团联合会对"三罢"运动之发起也起到一定作用。6月1日,上海工团联合会曾聚集二十余团体代表,举行紧急会议。3日该会又成立临时专门委员会,应付时局变化④。在多方动员下,上海的"三罢"运动很快实现。

(1)罢工

中共领导下的上海总工会无疑是罢工运动发起的主要力量。正如郑超麟所说:比屠杀和罢市更出人意外的,就是次日忽然出现一个"上海总工会"向全上海工人发施号令了。……它成了俄国革命中的苏维埃⑤。南京路事件发生后,中共中央经紧急筹备,便在次日正式成立"上海总工会",6月1日公开登报。同时该会发表告全体工友书,"从

---

①　王健民:《中国共产党史稿》,第一编,香港中文图书供应社,1974年9月,第170页;张国焘:《我的回忆》第2册,第28页。不过当时国民党之工会运动者,似乎正在倾其全力于港粤大罢工之发动及支持,中共在上海方面则趁势占据主动地位。马超俊:《中国劳工运动史》上册,商务印书馆1942年版,第108页。

②　《五卅运动》第2辑,第120页。

③　《新闻报》1925年5月31日,引自《五卅运动史料》第1卷,第729页;《五卅运动》第2辑,第98、112页。

④　《五卅运动史料》第2册,第112—115页;马超俊:《中国劳工运动史》,第2册,中国劳工运动编纂委员会编印,第344页。转引自王章陵:《中国共产主义青年团史论》,国立政治大学东亚研究所,1973年6月,第376页。

⑤　《郑超麟回忆录》,第103页。上海总工会是5月2日由中共影响下的24个行业工会开始筹备的,在向地方当局呈请立案文中宣称已于18日成立。参见《上海工人运动史》上卷第225页。不过,按照李立三1960年的回忆,上海总工会是在5月24日左右成立的。(《李立三同志对二月罢工和五卅运动的回忆(访问记录)》,《五卅运动史料》第1卷,第144页。在5月1日—7日第二次全国劳动大会上通过的《上海问题决议案》对成立"上海工会之总联合机关"曾予以特别规定(中华全国总工会中国职工运动史研究室编:《中国历次全国劳动大会文献》,工人出版社1957年版,第27页)。

六月二日起,上海全埠各业工友,全体一致罢工"①。

6月2日,罢工首先自公共租界之外国企业开始,罢工人数超过5万,随即范围扩大。5日,租界之服务性行业工人亦加入罢工行列,罢工人数日益增多。华资企业工人自5月31日起在中共党员的发动下亦渐有罢工,如商务印书馆、中华书局、恒丰纱厂等,因此规模益加扩大。到6月8日,已罢工之外国工厂及机构共一百〇八处,计十三万余人,加上华资企业,罢工总人数达15.6万之众②。据《五卅运动史料》所统计,五卅运动期间上海罢工、停工案共二百〇六起,涉及工人201,978人,其中华商三十五起,共33,868人参加罢工③。

(2)罢课

5月30日晚,上海学生联合会召集各校代表会议,决定致电各地学生会,并派人到北京等处动员,同时规定次日学生出发到大马路,要求罢市④。31日,上海学生联合会代表大会议决,自6月1日各校一致罢课⑤,并继续发动罢市及工部局华捕罢岗运动⑥。6月1日,全国学生总会在恽代英领导下成立⑦,并即通电各地学生会及各团体,号召学生罢课演讲,举行示威运动,致力于将罢课运动扩展到全国范围⑧。16日上海学联又通告各学生会,强调"在沪案交涉未了以前,各校一律不准上课"⑨。18日,因各校为避免引起事端,多有提前放假之举动,全

---

①　《五卅运动史料》第2卷,第15页。

②　《邦人纺绩罢业事件と五卅事件及各地の动摇》,第355—364页。马超俊:《中国劳工运动史》,第106页;《五卅运动史料》第2卷,第61—65页。

③　《五卅运动史料》第2卷,第70页。

④　《五卅运动》第1辑,第21页。

⑤　《五卅运动史料》第2卷,第116—117页;《五卅事件》,第30页。

⑥　《五卅运动》第2辑,第98—99页。

⑦　刘珍编著:《国耻史纲》,第200页。

⑧　《五卅运动史料》第2卷,第115页。

⑨　《南京路惨案开始交涉》,《申报》1925年6月17日。

国学生总会为此特致函全国各学校校长,希望各校本期免放暑假①。上海参加罢课的学生人数据称有五万多人②。上海圣约翰大学学生因参加罢课及运动,该校校长遂宣布放假一周,后以发生卜舫济校长禁止学生集会升旗,并夺走学生手中国旗之情事,因此,该校学生及附属中学学生多声明脱离该校③。

　　6月2日,因租界戒严,中共决定不再组织学生到租界演讲,而是将运动扩展到全国④。全国学生总会与上海学生联合会派代表计划分八路去作宣传募捐工作,每路三名学生⑤。不过,6月中旬后,上海各大中学校负责当局多宣布放暑假,罢课遂在无形中结束了。

　　(3)罢市

　　三罢运动中,难度最大的便是罢市,因为此举与商人利益攸关。5月30日晚,上海学生联合会即决议次日发动学生上街动员商人罢市⑥。31日上午,学生们便在租界中心区域散发传单,张贴标语,要求店员们打烊,但应者寥寥。下午3时左右,学生、工人等一千五百余人,聚集上海总商会要求宣布办法⑦。男女学生把总商会会所包围起来,会所礼堂里亦挤满了学生与工人等,并在台上不停地发表演说,高呼罢市⑧。正在三楼出席总商会会议的会董看到群众愤激的情形,多数退场,明显表

---

①　《五卅运动史料》第2卷,第118页。

②　阮渊澄:《五卅惨案》,大成出版社1948年版,第16页。

③　《圣约翰大学暨附属中学学生声明脱离宣言》,《申报》1925年6月4日。

④　《上海大学史料》,第140页。

⑤　八路包括:津浦京奉线、长江线、杭甬线、闽广线、沪宁线、沪杭甬线、京汉线,另一路似是西北线。或者将南洋线包括在内。《五卅运动史料》第2卷,第157、166—169页。

⑥　《上海大学史料》,第140页。

⑦　关于31日晚总商会集会人数,说法不一,此据6月1日公共租界《警务日报》,《五卅运动》第2辑,第101—105页;又参考《执政府秘书厅为上海巡捕枪杀学生情形致内务部函》,6月2日,《中华民国史档案资料汇编》第3辑民众运动,第120页;《南京路发生惨案后之昨日形势》,《申报》1925年6月1日;《五卅运动史料》第2卷,第233页。

⑧　《五卅运动史料》第1卷,第746—747页。

示出消极反对之意,剩下总商会副会长方椒伯与会董邬志豪两人应付场面。直到方椒伯被迫签字同意次日即罢市,群众才散去。在当时的情形下,方如不签字,似乎无法下台①。

群众大会后,上海各马路商界联合会即印发总罢市通知②。晚间,谢永森代表上海总商会紧急约见工部局警务处总巡麦高云,解释方椒伯是受民众胁迫在宣布总罢市决议上签字的③。但是上海租界当局认为方椒伯有布尔什维克主义倾向,所以并不相信方氏在宣布罢市后的报告④。方本人也拜见工部局总董费信惇(Stirling Fessenden),声明总商会并无排外之意,总罢市完全是强迫与威胁的结果,并保证对运动不会同情⑤。

相似地,6 月 4 日晚,上海法租界商联会在议决不罢市后,即有数百人立即闯进商联会会长叶觇辰所开商店打砸一通。次日法租界各商店亦只有罢市⑥。可见在当时情形下,一些不愿停业的商人实际上已失去行动的“自由”,而不得不考虑外界的威胁。上海银钱业在各业罢市后仍照常交易,后来由于“外界压迫”,方宣告停业。但还是有人指责钱业交易实际上仍未停止,而英商银行亦依靠钱业的接济而渡过挤兑期⑦。

罢市之后,如果有商家开门,即使是食品店,亦会遭到袭击,而不得

---

①　方椒伯:《回忆五卅惨案》,《上海文史资料选辑》第 49 辑,第 19—20 页。

②　各马路商联会用总商会名义发布传单号召罢市。《五卅运动》第 2 辑,第105、107 页。

③　《五卅运动》第 2 辑,第 105 页。

④　Nicholas R. Clifford, *Spoilt Children of Empire*: *Westerns in Shanghai and the Chinese Revolution of the 1920s* (Hanoven, New England University Press, 1991), p. 21.

⑤　*The Consul General at Shanghai* (Cunningham) *to the Secretary of State*, June 3, 1925. *Papers Relating to the Foreign relations of the United States*, 1925, Volume I (Washington: United States Government Printing office, 1940), pp. 648 - 649; 又《五卅运动史料》第 1 辑,第 753 页。

⑥　《五卅运动史料》第 2 卷,第 203—204 页。

⑦　《五卅运动史料》第 2 卷,第 200 页。

不闭门。江苏交涉公署交涉员在给外交部的报告中说,上海"各街道皆有流氓附和,每一店关门则拍手欢声四起"①。在此情形下商家欲不罢市势所不能。6月1日,公共租界华人开的商店都上起了排门板,不过多数店家仍然通过门洞继续营业②,彻底的罢市在上海从未实现。

上海三罢运动的实现既与中共的号召有关,亦有国民党及各团体力量的介入。像对日外交市民大会、闸北保卫团、南市保卫团、店员联合会,甚至一些地域性的社团,中共均有联络,而这些团体在三罢运动的发起中似乎亦起到一定作用③。运动中一些恐怖手段的频繁出现,似乎暗示帮会势力在其中的作用④。如当时便有人以"铁血团"的名义

① 《中日关系史料——排日问题》,第26页。

② 《五卅运动》第2辑,第113页。小商店此种营业方式似乎持续到6月26日开市。参见《五卅运动》第2辑,第225页。

③ 《五卅运动运动六十周年纪念集》,第197—201页;《五卅运动》第2辑,第147、150、158、166页。

④ 裴宜理(Elizabeth J. Perry)在其研究中强调帮会在"五卅运动"中起到重要作用。她指出:"至少在一定程度上,正是因为有了帮会方面的关系,上海总工会得以将五卅运动发展成为一场史无前例的罢工。"裴氏因此认为"五卅运动"并不是共产党单方面取得的完全胜利,将它归为一个结构松散而脆弱的联盟的产物可能更为贴切。(裴宜理:《上海罢工——中国工人政治研究》,第116—117页,刘平译,江苏人民出版社2001年版)关于李立三等中共干部依靠青帮发展上海工运之记载,可参见朱学范:《上海工人运动与帮会二三事》,中国人民政治协商会议上海市委员会文史资料工作委员会编:《旧上海的帮会》,上海人民出版社1986版,第1页;《李立三同志对二月罢工和五卅运动的回忆(访问记录)》,《五卅运动史料》第1卷,第144页;邓中夏:《中国职工运动简史》,第158页。亦可参见《顺天时报》8月14日新闻:"上海三日路透电云,据报告称,以犯罪人阶级为主所组成之两处秘密结社,已与华界之罢工煽惑者提携合作,华工方面凡著名之罢工首领,悉皆加入,据闻其目的系在胁吓华商之贩卖洋货者,与洋人之雇佣华人者。"(《上海秘密机关》,《顺天时报》1925年8月14日,《中华民国史料外编》,第291页)当时的公共租界警务处对此亦似有情报。警务处的报告称:"'青帮'、'红帮'这两个秘密组织现已与闸北工人煽动分子沆瀣一气,并向臭名昭著的工人领袖李立三效忠。现有理由担心,这两帮人的意图是,向经营英、日货店铺、商行以及为这两国侨民工人而挣大钱的华人进行绑架勒索。众所周知,'青红帮'大部分会员是犯罪分子。"《五卅运动》第2辑,第369页。

对反对罢市者实施恐吓①。"锄奸团"则散发激进的传单,表示要"干掉"不肯罢工的人以及无视民众意见的卖国贼、工贼等人②。而罢工运动中,上海工团联合会似乎亦在扮演一定的角色③。

另外,三罢运动的形成,执政府及地方当局在开始阶段并未干涉④,运动在全国范围内的扩散,也与"军阀袖手旁观"有一定关系⑤,此不能不是运动得以形成气候的一个重要因素。

二　上海罢工工人的维持

在上海的三罢运动中,持续时间最长且影响波及全国的是罢工,因此,罢工工人之维持关系到整个运动的走向。

上海工人罢工之维持费用数目甚巨。事后虞洽卿曾称:"自五卅事起,所有接济工人之费,总商会经募者,凡二百二十余万,学生联合会及济安会方面经募者,六百余万元(注:似为六十余万元之误)。"⑥9月底,虞又称:"昔以全民之力,坚持抵抗,需费三百万,坚持四阅月。"⑦英文《中国年鉴》报道:总共各方面的罢工基金,合计有五十万至一百万的银元⑧。

----

① "铁血团"曾经向各洋行买办寄恐吓信,并在虞洽卿寓所制造了一起爆炸事件。(《五卅运动》第2辑,第146、148页)

② 《五卅运动》第2辑,第173页。

③ 《五卅运动史料》第2册,第112—115页。

④ 不过,5月30日下午,上海华界地方当道对罢市将发生之传言表示担忧,曾致函总商会及各马路商界联合会,请劝导商界。《张寿镛等致上海总商会及上海各路商总联合会函》,《革命文献》第18辑,总第3277页。

⑤ 《朱兆莘致外交部电》,1925年6月22日,《中华民国史档案资料汇编》第3辑外交,第273页。

⑥ 《爱国募金团成立大会纪》,《时报》1925年10月11日;《国庆日爱国募金大会成立纪》,《申报》1925年10月11日。

⑦ 《讨论爱国募金之大会》,《申报》1925年9月28日。

⑧ *China Year Book*,1926-1927,p.1005.

而据《上海总商会经收五卅捐款收支报告册》统计,自 1925 年 6 月至
1926 年 6 月,上海总商会经收的捐款共二百四十余万元①。李键民经
多方考证,认为上海得到的募捐款项总额大概在三百余万元,这其中,
多数用于罢工工人维持经费之开支②。

　　罢工维持费的发放是关系到罢工运动能否坚持的最关键因素③。
上海罢工实现后,罢工工人每天可以领到二角钱的维持费,其发放或者
是半月一次,或者一月一次,也有五天或十天发一次的,但发放标准基
本一致④。如果担任"纠察"或做"工会代表",则另外领取薪水⑤。但
如果工人不去报到则要扣钱⑥,有时罢工工人还可以领到馒头等食
物⑦。据工人回忆,罢工前女工每天工钱也就是二角多钱,做了几年才

---

①　《上海总商会经收五卅捐款收支报告册》,《五卅运动史料》第2卷,第875页。
②　李健民:《五卅惨案后的反英运动》,第 168 页。
③　刘少奇于 1925 年 9 月 10 日在英国工厂代表会议上曾承认,"罢工就得有救
济费,无救济费就难实现罢工,就是很明了的"。(参见人民出版社资料室编:《批判资
料》,人民出版社 1967 年印本,第 71 页)当时纱厂老工人也回忆道:"不是党的领导,
罢工是罢不起来的。工人都穷得厉害,一天不做工就是一小荒,两天不做工就是一大
荒。党、刘华向各方面去募捐。我们那时罢工期间,开始每月发六元,后来发三元,最
后钱没有了,把中国厂里的黑布白布发给我们。"《周高升在退休老工人座谈会上的发
言》,1960 年 2 月 22 日,上海社会科学院历史研究所藏。
④　《访刘龙标有关五卅运动》,1960 年 2 月 21 日,王光荣整理;《卞小妹在退休
老工人座谈会上的发言》;《上海国棉二厂部分退休工人座谈会记录》,1960 年 2 月 20
日;《正红里老工人座谈会》,1960 年 3 月 2 日,王克礼回忆;《访问老工人座谈会记
录》,1960 年 2 月 22 日;均为上海社会科学院历史研究所藏。又参见《五卅运动》第 2
辑,第 174—175、184—186、189 页。
⑤　纠察每天可拿到 16 个铜板(1 角钱可换 30 个铜板)。(《访问杨阿巧同志记
录》)一说 1 角钱可以换 11 个铜板。(《徐书林谈五卅前后情况》,1960 年 2 月 15 日)
工会代表每天可领到 120 个铜板。(《正红里老工人座谈会》,1960 年 3 月 2 日,万阿
珍回忆)
⑥　《老工人座谈会》记录,1960 年 2 月 21 日,《大革命时期情况》(9),上海社会
科学院历史研究所藏。
⑦　《老工人座谈会记录》,1960 年 2 月 29 日,陈翠珍发言。

能有三角多钱一天①。男工每天可拿三角一分或三角二分②。1924 年英国"商务官"布雷特(Brett)的调查显示,上海纺织工人日平均工资在三角到四角之间③。因此,罢工期间歇业工人所得维持费约相当于70%的正常工资。

罢工维持费的来源广泛,但商界之募款及垫借无疑最重要。当时在上海指挥运动的共产国际代表维经斯基在给莫斯科的报告中承认:"上海的总罢工和其他地方的部分罢工有十分之九的经费是靠资产阶级提供的。"④上海总商会是五卅期间罢工经费筹募的主渠道⑤。由于其在国内商界及社会上的信誉与号召力,所以各地商界、学界多将筹集到的捐款汇寄到上海总商会。运动初期,外人曾对上海十多万罢工工人是否能保持镇静而不引起混乱表示怀疑。然段祺瑞对此则表现得很有信心:"上海罢工已派虞洽卿赴沪,大致无妨。"⑥这点显示上海总商会之维持罢工经费,似得到执政府的认可。

在商界的捐款中,海外侨商及本国企业的捐助尤其引人注目。虞洽卿曾承认,"捐款中以南洋华侨所助之款为最巨"⑦。而在本国企业中,南洋兄弟烟草公司则是一个引人注目的例子⑧。运动开始后,南洋

----

①　《访问杨阿巧同志记录》,上海社会科学院历史研究所藏。

②　《徐书林谈五卅前后情况》,1960 年 2 月 15 日,上海社会科学院历史研究所藏。

③　王清彬等:《第一次中国劳动年鉴》第 1 编劳动状况,北平社会调查部 1928年版,第 43 页。

④　《联共(布)、共产国际与中国国 民革命运动(1920－1925)》第 1 辑,第654 页。

⑤　李立三曾说:"虞洽卿的捐款我们随时要,他随时拿。"《五卅运动史料》第 1辑,第 147 页。

⑥　《执政接见领衔义翟使问答》,1925 年 6 月 5 日,《中日关系史料——排日问题》,第 438 页。

⑦　《虞和德来电》,1925 年 8 月 10 日,引自李健民:《五卅惨案后的反英运动》,第 163 页。

⑧　*The May 30 movement*, p. 145.

兄弟烟草公司宣布捐献一万元作罢工基金,并将该厂工人在运动期间加班劳动所实现的利润,移交罢工工人①。此种利润,大约为每天一千元②,南洋公司还另外向总商会捐十万元,表示其支持态度,有时该公司还直接将款项给总工会,以解决经费支拙的难题③。上海工团联合会给工人发放罢工维持费,亦得到南洋兄弟烟草公司的支持④。

在罢工维持费无法发出时,商界的垫款便异常重要。7月1日,总商会秘书徐可升曾在总商会会董会上表示,罢工维持费只能维持一二天,是次会议决定向各华商银行借款10万元,待各地汇款寄到即归还⑤。正因为商界所发挥的关键性作用,所以英国方面因无法结束罢工而攻击上海总商会,指责总商会胁迫自愿复工的工人⑥。英国驻沪领事巴尔敦(Barton,Sir S·ney)则指斥总商会会长虞洽卿为排英运动的第一号祸首。至八月间,美日英三国领事甚至报告公使团,虞氏该负起此次上海罢业及对中外关系产生恶劣影响之一切责任⑦。

执政府的经济支持亦值得一提。据李健民统计,北京政府财政部前后共汇拨上海25万元⑧。如7月12日,报载消息称财政部汇款5万元给上海总商会,并指定发给受伤华人与死者家属,此点经租界警务处查证属实⑨。7月30日,上海已收到北京政府汇来的10万元罢工维

---

① 《五卅运动》第2辑,第153页。
② 《五卅运动》第2辑,第195页。
③ 《五卅运动》第2辑,第212页。6月20日,南洋公司送6万元到总工会,盖后者正因当天无法发放维持费而将发放日期推迟一天。《五卅运动》第2辑,第222、225—226页。
④ 《五卅运动》第2辑,第260—261页。
⑤ 《五卅运动》,第264、268—269页。但此案由于各马路商界联合会的反对似乎并未能实现。《五卅运动》第2辑,第326—327、362页。
⑥ *The North China Herald*,Aug.1,p.135.
⑦ *Nicholas R. Clifford*,op. cit.,p.58.
⑧ 李健民:《五卅惨案后的反英运动》,第158页。
⑨ 《五卅运动》第2辑,第306页。

持费,半数交总商会,半数交工商学联合会①。英《泰晤士报》亦称"罢工能持久,由于中国政府拨款资助,邮电路中外雇员已奉交通部通告,每员以每月一日之工金捐助上海罢工,此为中国政府力助排外举动之确证。"②此消息系指交通部电政司 6 月 26 日要求"交通界同人,各捐本月份薪水之三十分之一"之饬文。英使为此特照会外交部表示抗议③。

值得注意的还有苏俄的经费援助。据现有资料,1925 年 6 月—8 月以全俄工会中央理事会和国际革命战士救济会名义从苏联国库寄给上海的经费是 20 万卢布④。6 月 11 日,俄共中央政治局决定从苏联人民委员会储备基金中拨款 5 万卢布交全俄工会中央理事会处理,立即以全俄工会中央理事会名义电汇上海⑤,并决议开始为中国工人募捐。6 月 13 日,俄共中央政治局又决定再从苏联人民委员会储备基金中补充拨款 5 万卢布,交全俄工会中央理事会处理⑥。8 月 5日—7 日的俄共中央政治局中国委员会会议上,重又决定"建议国际革命战士救济会紧急汇款 10 万卢布交由上海、香港和中国其他城市的罢

---

①　《五卅运动》第 2 辑,第 361 页。

②　《朱兆莘致外交部电》,1925 年 6 月 20 日。《中华民国史档案资料汇编》第 3 辑外交,第 271 页。

③　《英国使馆关于交通部电政司所属人员募款接济上海罢工工人事致外交部照会》,1925 年 10 月 12 日,《中华民国史档案资料汇编》第 3 辑外交,第 278 页。

④　《联共(布)、共产国际与中国国民革命运动(1920—1925)》第 1 辑,第 546 页。不过从 4 月到 10 月,苏联向中国冯玉祥及国民党等势力提供武器的经费是 460 万卢布。

⑤　《联共(布)、共产国际与中国国民革命运动(1920—1925)》第 1 辑,第 632 页。关于以全俄工会中央理事会名义的汇款,亦参见北京《晨报》6 月 12 日及 6 月 14 日电。(《五卅痛史》,第 121 页)

⑥　《联共(布)、共产国际与中国国民革命运动(1920—1925)》第 1 卷,第 635 页。沪西工友俱乐部 6 月 22 日曾在向 9000 名工人发放罢工维持费(每人 1 元)时,同时分发标题为"俄国工人对中国同事们的慰问"的传单,似乎证明该款与全俄工会有关。(《五卅运动》第 2 辑,第 232 页)

工者支配"①。另外,据称俄总商会亦有 3 万金卢布汇给上海总商会②。而以冯玉祥等人的名义及广州方面的捐款似乎亦与苏俄有些关系③。在国际赤色工会的号召下,据称德国柏林工会募集到 5 万金卢布,而法国工会则汇给上海工人 4 万法郎及 5000 卢布④。

由于罢工工人众多,因此罢工经费的接收与发放便是一项重要的工作,亦直接与工人秩序之维持相关连。当时具体负责此事的主要有上海工商学联合会、总商会、学生联合会会、总工会,以及由上海各慈善团体组织的临时济安会。6 月 4 日,由全国学生联合总会、上海学生联合会、上海总工会、上海各马路商界联合会四团体组成上海工商学联合会,成为工、商、学三界联合办事机关。6 月 10 日,上海总商会设立"五卅事件"委员会,以专门办理沪案之相关问题,尤其是罢工工人救济。上海学生联合会设有筹款部,主要负责募款收支管理工作。上海总工会则有经济科负责此事,但其经收的捐款与会费并不作区分⑤。临时济安会成立于 6 月 9 日,上海各慈善团体发起,主要负责工人救济款项的给发⑥。

三　运动在外地的扩展

陈叔谅将五卅事件后的民众运动按形式分为四种:宣传、罢工、抵

----

① 《联共(布)、共产国际与中国国民革命运动(1920—1925)》第 1 辑,第 648 页。国际革命战士救济会曾在 6 月 5 日对五卅事件有声援性质的宣言发表。参见《五卅事件临时增刊》,第 201—202 页。

② 《五卅痛史》,第 121 页。不过,在 7 月 16 日,上海工商学联合会感谢俄商会捐款时,数额只有 62944.6 元。《五卅运动》,第 318 页。

③ The May 30 movement, p. 77.《五卅运动》第 2 辑,第 198、253 页。冯玉祥前后送过 2 万元,但同时他得到苏俄大量的军费援助。(《五卅运动》第 2 辑,第 367、383 页)

④ 李健民:《五卅惨案后的反英运动》,第 158 页。

⑤ 李健民:《五卅惨案后的反英运动》,第 145—151 页。

⑥ 《五卅运动史料》第 2 卷,第 304—305 页。

制英日货、济工①。相似地,李健民亦将反英运动概括为三个部分:反英宣传;罢工及抵制英货、提倡国货;募捐运动。三者彼此运作,形成规模巨大的群众运动②。据统计,至1925年底,中国各处因"五卅案"而发生同情罢工者,共一百三十五起③。至于以各种形式直接参与运动的人数,刘少奇估计有一千二百万人左右④。

5月31日,中共中央指示各地党组织广泛发动群众起来响应,掀起一个全国性的反帝运动⑤。6月5日,中共中央发表公开宣言《为反抗帝国主义野蛮残暴的大屠杀告全国民众》,指出"血肉横飞的上海,现在已成为外国帝国主义的屠场了",号召民众起来"打倒野蛮残暴的帝国主义"⑥。在地方的响应上,中共地方党团组织及其控制下的学生联合会及国民会议促进会等团体扮演主要的推动作用。北方运动发起的重心在中共北方区委,而中共上海地(区)委下属支部的活动则是江浙一带运动高涨的重要诱因⑦。

运动在全国范围内展开后,规模较大的示威运动出现在北京、广州、南京等地,而引起严重交涉及后果的则主要有汉口事件、沙基事件及南京、九江、重庆、镇江等地发生的冲突案。

"五卅事件"消息传至汉口后,民众情绪便趋激烈。自6月2日起,学生开始罢课游行,并动员工人罢工及商人罢市。6月11日,汉口码头工人2千余人因前一天"太古"轮船管栈印捕殴伤码头工人一名,结队游行,向该公司理论,湖北地方当局即派军队维持秩序,群众向租界

---

① 《五卅事件》,第39—40页。
② 李健民:《五卅惨案后的反英运动》,第211页。
③ 《第一次中国劳动年鉴》第2编劳动运动,第448页。
④ 《五卅运动史料》第1卷,第68页。
⑤ 褚倩红:《国共两党与省港罢工》,《近代史研究》1991年第3期,第258页。
⑥ 《五卅运动》第1辑,第25—29页。
⑦ 江浙一带的支部直属于上海地委(后改为区委)的指挥,如杭州、嘉兴、宁波、温州、南京、苏州等地。《中共上海区委关于地委改组为区委及中央指派区委委员的通告》,1925年8月22日,《五卅运动》第1辑,第55页。

奔避,英国租界义勇队及海军陆战队即开机关枪,毙八人,伤平民十一人,以及巡士十三名。扰乱中有日商店数家被毁,日商水谷洋行业主水谷邦次于混乱中被殴打重伤致死①。次日,汉口租界戒严,外舰陆战队登陆防守,中国当局亦派兵保护街市。

5月31日,中共广东区委接获中共中央来电,并立即召开会议,讨论实行办法②。但当时由于广州正发生刘杨战争,故群众运动无法发动。不过,中共方面仍派邓中夏、杨殷及李森、刘尔崧等人分赴香港与沙面开始发动工人罢工③。刘、杨战事结束后,6月15日,中华全国总工会即发表启事,设立省港罢工委员会,并致函香港各工团,要求立即罢工。在苏兆征、邓中夏等人的发动下,全港工团联合会得以成立。该会并派人到广州接洽,得到了广东政府的全力支持④。19日,在中共指挥下的香港海员、电车及印刷等行业工会首先宣布罢工,洋货业、装卸业、煤炭业及其他各业工人亦相继罢工。前后15日,香港工人全部罢工,并有工人开始分批返回广州⑤。21日,广州沙面英租界华工也响应中华全国总工会号召一致罢工,退出沙面租界。省港罢工完全实现。

23日,在中国国民党中央及广东国民政府的支持发动下,广州工、农、学、商、军各界共五六万人举行援助沪案示威运动大会。会后列队

---

①　李振华辑:《近代中国国内外大事记》(民国十三年至十六年)第4729页;《邦人纺绩罢业事件と五卅事件及各地の动摇》,第697—698页;《中华民国史资料丛稿·大事记》第11辑,第103页;《外交部为汉口惨案向英公使单独提出之抗议》,孙曜编:《中华民国史料》,第654—655页。

②　褟倩红:《国共两党与省港罢工》,《近代史研究》1991年第3期,第258页。

③　1925年5月19日,本来参加广东政府之刘震寰桂军及杨希闵滇军乘党军东征之机,在广州对政府发动军事进攻,并占领电报局与火车站等要地。战事一直继续到6月12日,回师的东征部队才将刘杨部队击溃。广东哲学社会科学研究所历史研究室编:《省港大罢工资料》,广东人民出版社,1980年9月,第1—2页。

④　邓中夏:《中国职工运动简史》,第255—257页。

⑤　邓中夏:《中国职工运动简史》,第256页。

游行，并有飞机散发传单①。经过沙基租界时，对岸沙面英、法等国外兵，突向人群开枪，继以机关枪扫射，英法等国军舰亦发炮射击，当场死伤群众近百人②。

在镇江，则因为 6 月 5 日学生及其他各界人士之游行示威，而引起租界内不稳之迹象，界内游民与工部局之职员发生冲突，而英人担心发生"排外暴动"，将所有妇孺送上轮船，地方驻军亦开进租界进行弹压，故风潮未致酿大③。6 月 13 日，九江因工人与租界巡捕冲突，英、日驻浔领事馆受到冲击，久已歇业的台湾银行亦突然起火，经地方军警维持，秩序始靖。南京下关则发生英商和记洋行工人罢工被枪杀案④。

运动中，亦出现激进者，如主张暗杀外人、练学生军、对英宣战的都有⑤。有地方甚至出现了"英国人、日本人和狗不得进入中国公共场所"的标语⑥。骚动中，外人死伤的消息亦不时出现⑦。

四　运动的衰退与中止

上海交涉会议开始后，群众运动实际便开始步上衰退之途。

对上海总商会而言，罢市之举既是出于被迫，而亦有做交涉后盾之

---

① 《省港大罢工资料》，第 133—135 页。
② 据《五卅外交史》一书，当时调查统计死亡者有 44 人，受伤者 51 人，具体名单见该书第 44—45 页。一说死 52 人，重伤 170 余人。邓中夏：《中国职工运动简史》，第 258—259 页；《中华民国史资料丛稿·大事记》第 11 辑，第 116 页。
③ 《五卅惨史》，第 41—42 页。
④ 《五卅事件》，第 27—29 页。
⑤ 《五卅运动史料》第 1 卷第 19—20 页；《五卅运动》第 2 辑，第 142 页。
⑥ 《联共(布)、共产国际与中国国民革命运动(1920—1925)》第 1 辑，第 636 页。
⑦ 《五卅惨史》，第 15 页；*British Documents of Foreign Affairs*，p. 241.

考虑①。但罢市给上海商界带来的损失是巨大的②。加之，端午节即至，商家按惯例需结清账务，因此一些大的商家希望尽早开市。基于此，上海谈判失败后，商界随即决议开市。6月19日，即上海中外委员谈判破裂的次日，上海总商会召集七十六个团体集议开市日期③，决定自6月21日起开市。同一天，各马路商界总联合会也致电北京政府，强烈要求与英国的谈判须于6月24日前结束④。但各商家或由于怕外力干涉，或由于想回避债务，对21日开市的决定，响应者寥寥⑤。而上海各团体外交后援会则公开反对⑥。为了早日实现开市，23日，总商会与工商学联合会举行联席会议，终于决定26日开市⑦。

　　驻扎淞沪地区的奉军对运动的态度亦与上海谈判密切相关。6月18日，交涉还在进行之时，张学良曾发布通告，称："公众所提各项要求

---

　　①　方椒伯1964年曾在回忆中表示"当时我是竭诚希望罢市成功的，因为如果罢市不成，首先暴露出商界不能团结一致，贻笑外人，对交涉前景不利，这是中国商人对外交涉的第一炮，不能不打响"。方椒伯：《回忆五卅惨案》，《上海文史资料选辑》第49辑，第20页。

　　②　当时，马寅初即认为上海不宜继续罢市，他表示"虽然罢市可暂而不可久，况上海为全国金融之中心，商业之枢纽，一旦罢市，不啻全国罢市，影响于国家财政，国民生计，至深且大。马寅初：《上海不宜继续罢市》，《晨报》1925年6月24日，《中华民国史史料外编》第69册，第58页。

　　③　《五卅运动》第2辑，第221页。

　　④　《五卅运动》第2辑，第220页。因为25日即是端午节，按惯例商家须于此前结清账务。

　　⑤　《五卅运动》第2辑，第225页。学生联合会与沪西工会曾向商家寄恐吓信，反对21日开市，据称天津路某钱庄便收到47封恐吓信。《五卅运动》第2辑，第241页。

　　⑥　《五卅运动》第2辑，第229—230页。该委员会似有国民党右翼支持之背景，且与广东商人以及南洋公司有关。参见《五卅运动》第2辑，第189—190、197、204、209—210、254页。

　　⑦　《五卅运动》第2辑，第235页。李立三及林钧等人均出席该次会议，他们的让步似是在得到上海总商会每天给总工会拨款3万元救济罢工工人的承诺后。《五卅运动》第2辑，第244页。

已提交谈判会议,务望各位静候和平解决。凡假借某工会或联合会所赋予权力,扰乱治安或危害外侨生命财产者,均将依法惩办。"①该布告似乎是应上海外人的要求所发,目标直指上海总工会与上海工商学联合会。19日,《警务日报》消息称,张学良应上海领事团要求,已向张作霖要求调徐州邢士廉旅来上海应付局势②。22日,张学良离沪,由奉军第一旅旅长邢士廉接防,并以江苏省长郑谦名义布告上海华界戒严,委邢为戒严司令,常之英为副司令。邢抵沪后即发布布告,称"嗣后无论何种团体,务须认清题目,沪案交涉为一事,而利用机会自便私图者,又为一事,总之题目以内之事,行动不加干涉,题目以外之行动,即属越轨"③。

同时,公共租界当局亦采取措施对罢工运动施加压力。7月4日,租界工部局电气处以工人罢工电力缺乏,通告各大工厂六日起停给马达电力。7月6日,工部局决定中断租界区域内华商纱厂之电力供应。据称仅中国工厂因电气供应中断,而陡增失业工人四五万人,而自来水断绝之传言更让民众惊慌④。

中共在工会运动中曾利用青帮力量,但这种关系到7月底趋于破裂⑤。以"各省旅沪公民会、五卅救国同志会、上海工界自卫团"署名的传单《揭破上海总工会的黑幕》亦被人大量散发,攻击上海总工会与李立三⑥。6月26日,又有2千多名"浦东的失业工人"到总工会要钱,当

---

①　《五卅运动》第2辑,第218页。

②　《五卅运动》第2辑,第215页。

③　《驻沪奉军镇压罢工团》,《顺天时报》1925年7月25日,《中华民国史史料外编》第69册,第206页。

④　松涛:《五卅事件的北京交涉》,《东方杂志》第22卷第14号,第1页。

⑤　《五卅运动》第2辑,第335—336页。

⑥　《五卅运动》第2辑,第350—353页;沈移元:《新民主主义革命时期我党解决帮会问题的策略》,《经济·社会》,1997年第3期。《中国人民大学报刊复印资料·中国现代史》,1997年第8期。

总工会拒绝发钱时，即开始抢劫附近的商家，殴打总工会职员①。这些人似乎不是真正的工人，公共租界警务处与淞沪警察厅均怀疑他们与青帮有关系②。27日，继续有四五百人以工人身份去总工会领罢工维持费③。9月18日，上海总工会被淞沪戒严司令部以"利用时机，擅刊印信，发行捐照，鼓动风潮，阻止工人上工"、"假工会会之名，敛钱自私"等理由查封④。

　　上海领导运动的团体内部亦出现问题。首先是学生联合会发生分裂，上海学生联合会本身因国民党的分化而存在左右两派⑤，运动发起后，他们之间便出现了矛盾与斗争。6月22日，上海法政大学与浸会学院的学生为抗议上海学生联合会"贪污成风"断绝与联合会的关系。据称支持运动的七十五所学校中后来有三十五所退出。到7月初，上海学生联合会裁员30%⑥。恽代英称"五卅运动"发展到后期，学生自身亦存在种种缺陷，直接影响到学生会的力量⑦。邓中夏则指出，学生放假，纷纷回籍，学生联合会的力量便形削弱。等到假期结束学生回校，"他们已如隔世人，热度冰消。学生生活本来富于浪漫性，热度当然难以持久。故在运动的后半期，学生便毫无力量表现了"⑧。

---

① 《五卅运动》第2辑，第248—249页。
② 《五卅运动》第2辑，第248、第250页。
③ 《五卅运动》第2辑，第251页。
④ 《戒严司令部解散总工会布告》，《申报》1925年9月19日。
⑤ 邓中夏：《中国职工运动简史》，第232—233页。
⑥ 《五卅运动》第2辑，第233—234、283—284页。
⑦ 恽代英在《中国民族革命运动史》一书中指出："一般学生会检查仇货很勇敢、很热心，但是亦有些毛病，有些人是乱七八糟的，比方扣留水果，他们自己拿来吃了，不能久贮的货物，他们任其腐败，有些货物亦不管是否确系英货，随意扣留。并且学生会无专人办事，商人有事要接头，感觉非常麻烦，自然很不高兴。有些学生会的职员，喜欢坐汽车，吃西餐，尤其是爱与女学生讲交际，更引起一般无聊腐败的人的评议。加之学生内部又常常发生问题，如查帐，争位置等，以后学生会力量亦成有限了。"引自《五卅运动史料》第1卷，第14页。
⑧ 邓中夏：《中国职工运动简史》，第233页。

　　7月中旬,各马路商界联合会亦出现分裂,部分会员指责邬志豪因为贪污罢工维持费而积累了大量财产。浙江路、云南路、吴淞路等十五路的代表,"鉴于该总联会已不再代表各马路商界联合会的观点",决定与其脱离关系,并成立一新的总联会——淞沪各马路商界总联合会①。

　　导致运动渐渐进入低潮的更重要原因,在于罢工经费无以为继。在7月初,临时济安会的一些人便希望停发罢工维持费②。7月5日,临时济安会因王一亭等人以办事棘手辞职,该会遂停止工作。8日,在总商会的推动下,复由该会与总工会、学生会等团体重新组织,以作为工人救济之总负责机关③,然经费问题仍未有妥善解决办法。7月30日,刘贯之在上海总工会的会议上称手头已无救济款,而接下来半个月的救济金尚需要40万元,不知如何筹措④。到8月初,工人似乎已开始衡量继续罢工与复工间的利益大小。一些工人已开始放弃总工会的领款甚至退回工会发的钱,自动复工⑤。虽然总工会有重新发动总罢工的企图,但工部局估计已不可能成功⑥。在28日上海总工会会议上,代理委员谢文近表示救济金已将告罄⑦。尽管在群众会议上,刘少奇、李立三等人

---

　　①　《五卅运动》第2辑,第313—314页。

　　②　《五卅运动》第2辑,第283页。6月份已发40万元。

　　③　《五卅运动史料》第2卷,第426—428页。

　　④　《五卅运动》第2辑,第362页。当时商会向会董强制捐款未能兑现,而招商局与南洋公司每月5万元的捐款,亦只收到一个月,故是次会议有准备向华界房客强制收取半数房租的计划。

　　⑤　《五卅运动》第2辑,第381页。

　　⑥　《五卅运动》第2辑,第380、385页。虽然英日商公司的码头、货栈的罢工在8月10日实现,然而在两天后,由于罢工维持费的发放可能出现阻滞,上千名码头工人开始冲击上海总工会与总商会,并在南市等地区抢劫商店。(《五卅运动》第2辑,第397—400页;《上海罢工团之激烈行动》、《顺天时报》1925年8月14日,《中华民国史史料外编》第69册,第293页)8月15日,临时济安会发表《告码头工人》,表示已无钱可发。

　　⑦　《五卅运动》第2辑,第438页。

仍在尽力为工人鼓气,表示有许多新的罢工经费来源①。但在给莫斯科的报告中,上海总工会似乎有"适时停止罢工"的倡议②。实际上,此时日本纱厂案的解决与总工会所遇到的罢工经费困难有莫大关系③。

8月10日,中共中央、共青团中央发表《告全国工人兵士学生》书,正式提出改变罢工策略,以工人的经济要求和地方性质的政治要求为复工条件,至于全国废除一切不平等条约和工商学界提出的条件,工人当以全力继续奋斗④。同时,上海总工会提出九项复工条件:一、无条件交回上海会审公廨;二、租界内出版、言论、集会、结社自由;三、租界华人须与外人有同等参政权利;四、承认工人有自由组织工会之权,并承认工会有代表工人之权;五、工人一律上工,不得因此次罢工开除工人;六、发给罢工期内工资百分之五十;七、增加工资百分之十五;八、优待工人,尤须改善女工、童工工作条件;九、赔偿死伤学生、工人⑤。这九条不但比起"十七条"是大让步,而且比上海总商会提出的"十三条"亦要低调得多,但这些条件因种种原因最后亦未能实现⑥。

上海交涉中止后,执政府对苏俄之有意"赤化"亦甚在意。7月2日,与外交部关系甚密的中华工会负责人孙宗昉、朱锡麟等人在给沈瑞

---

①　如李立三在7月31日的上海各工会代表会议上称,工商学联合会驻北京代表已建议政府开办彩票,每月可得百万元;另外将江南制造局房屋抵押中国银行,可得300万元。而且俄国的劳工领袖已到沪,表示将尽力援助罢工工人;英国工党亦将给予其协助,等等。《五卅运动》第2辑,第364—365页、391页。

②　《联共(布)、共产国际与中国国民革命运动(1920—1925)》第1卷,第645页。

③　《收江苏交涉员(许沅)代电》,1925年8月11日到,《中日关系史料——排日问题》,第557页。

④　《向导》第125期。

⑤　《总工会最近之宣言》,《民国日报》1925年8月12日。

⑥　英国海员罢工由于广东当局控制了海员工会,亦由于虞洽卿个人能从罢工中获得利益而继续支持,得以维持更久的时间。Harumi Goto - Shibata, *Japan and Britain in Shanghai*, 1925 - 1931, p. 30.

麟的信中表示:"中英交涉无论胜利或失败,将来尚有挽救之时,若赤化问题一经传染,祸更烈于洪水猛兽。"①24 日,北京政府内政部密令各地"严防共产运动"②。8 月底后更日趋于妥协。基于其对 10 月份即将开幕的关税会议的期望与交涉的停顿日久,而民众运动在共产党与国民党的影响下日益膨胀,8 月 20 日,执政府通电保护工业,取缔煽惑罢工③。18 日,执政府将邀请英、美、日、法、意、比、荷、葡八国参与关税特别会议通牒送各使馆,同时奉军开始对上海的各激进团体采取措施。9 月 19 日,段祺瑞发布命令,宣布总工会为非法团体,应予立即解散,并通缉李立三等人④。至此,执政府对"民气"的战略运用因目的基本达到而告一段落。

不过在 9 月 5 日,上海总商会还在发起"中华爱国募金大会",以救济仍在罢工之工人,但成效有限。其实,该运动的发起,更真切的原因是因为上海总商会及虞洽卿等人为"五卅"一案垫款甚巨又无处得到补偿,而欲藉此得些经济上的弥补⑤。

第四节　民族主义群众运动的运用及走向

一　五卅运动中各种势力的利用

正如丁应求所论:"五卅事件"并非外人在华所引起的第一次华人流血案,当然也不是最后一次,但以其抵抗规模为最大,大部分的外国

---

①　《收上海朱锡麟等函》,1925 年 7 月 11 日到,《中日关系史料——排日问题》,第 521 页。孙、朱等人曾试图调解顾正红案,但最后失败。参见《五卅运动》第 2辑,第 299 页。

②　任建树、张铨:《五卅运动简史》,第 259 页。

③　李振华辑:《近代中国国内外大事记》(民国十三年至十六年),第 4754 页。

④　《五卅运动》第 2 辑,第 481—482 页。

⑤　《五卅运动史料》第 1 辑,第 122—123 页。

人不了解为何罢工发生于日英纱厂,而不是工作条件更为低劣的华人纱厂①。其实一个历史事件及群众运动的发生,并不是发动者宣称的理由真的非常充分,而主要是看它处在一个什么样的历史环境中,相关各方面对此是如何反应及利用的。"五卅事件"发生后,中外各方面的反应意义重大,盖它们从各个方面塑造了此后中国历史的面貌②。

(1)苏俄

"五卅事件"一发生,即有人指出此案与苏俄关系密切。上海公共租界警务处报告中提到,5月31日苏联驻沪领事馆曾召开会议,决定向莫斯科请求指示,并指示利用此事进行宣传,鼓励工人全面罢工③。6月10日,英大使馆参赞告诉中国外交部,该馆"已得确实报告,证明俄国驻京大使正从事煽动",要求中国方面设法制止④。英国伦敦《每日新闻》甚至称,英国对华抗议暴动之照会,应直接交递莫斯科,不宜照会北京政府⑤。对运动背后苏俄势力的存在,英人似乎掌握了相当的证据⑥。中国国内亦有类似舆论,如江亢虎在事发之初,即直称"此事起因与内幕,全由俄共产党人向学界、工界煽动而起"⑦。

苏俄在中国的宣传,无疑是"五卅事件"发生的背景之一,特别是在日本纱厂罢工运动中,其角色异常重要。但是如果认为苏俄在上海刻

---

①　丁应求:前引文,第135页。刘少奇曾说"华商纱厂对于我们工人差不多比帝国主义者还要厉害",参见刘少奇《在上海召集各厂代表会议上的讲话》,1925年8月29日,人民出版社资料室编:《批判资料》,第69页。

②　执政府对五卅事件的运用及在运动中的角色,前节及下节均有述及,本节主要讨论其他势力对运动的利用及效果。

③　《五卅运动》第2辑,第109—110页。

④　《黄秘书宗法接见英馆台参赞谈话记录》,《中日关系史料——排日问题》,第466页。

⑤　《五卅痛史》,第104页。

⑥　《收驻英朱代办电》,《中日关系史料——排日问题》,第477页。

⑦　《江亢虎污蔑五卅爱国运动函》,1925年6月3日,中国第二历史档案馆编:《五卅运动与省港罢工》,江苏古籍出版社1985年版,第10页。

意直接煽动而发生"五卅事件"，似还缺乏明证①。3月21日至4月6日召开的共产国际执行委员会第五次会议，只是指出被压迫国家的共产党如果积极参加民族解放斗争，那么他们是有着"巨大可能性"的。然而正如郭恒钰认为的，当时中国的政治形势和孙中山逝世后国民党内部的情况，对中国共产党人来说，是有着决定意义的②。"五卅事件"发生后，苏俄针对"五卅运动"拟订策划宣传纲领，在宣传上推波助澜；在军事上则加快对南北亲苏军事势力的援助，以达到改变中国政治现状之目的，则是不争的事实。故鲍罗廷说"我们未曾造成五卅惨案，而五卅惨案乃为我而造成"③。

　　苏联学者认为："据现有文件判断，共产国际与'五卅运动'爆发毫无关系，该运动对它来说是出乎意料的事件。"④但俄共与共产国际在了解已经形成的局面后，俄共（布）中央政治局于6月25日决定派维经斯基去中国，并采纳斯大林"务必推进，不要害怕加剧"的指示，以抵制、局部罢工和总罢工的形式进行中国革命运动。同时莫斯科建议中共提醒运动的所有参与者，不要采取可能引起帝国主义者武装干涉的行动，又命令所有在华苏联工作人员言行要格外小心谨慎，不要显出苏联参与中国事件的痕迹。指示中建议对"帝国主义者手中的主要工具"张作霖发动"声势浩大的宣传攻势"，"千方百计地分化瓦解他的军队并使之革命化"。同时要求对执政府从各方面施加压力，直至把它"驱散"，并且建立"有国民党人参加、依靠冯玉祥部队和国民党军队的新政府"⑤。

---

　　①　曾有传言称30日学生包围老闸巡捕房是28日由在上海的苏联顾问安排的计划，该计划是冯玉祥与莫斯科及国民党为打击张作霖与北京政府，激起外国干涉，以使北京转为"三头统治"的整个大谋略的一部分。（*The May 30 movement*, p. 76.）

　　②　[德]郭恒钰：《共产国际与中国革命（一九二四年——一九二七年中国共产党和国民党统一战线）》，李逵六译，北京三联书店1985年版，第105页。

　　③　郭廷以：《近代中国史纲》下册，香港中文大学出版社1980年版，第551页。

　　④　《联共（布）、共产国际与中国国民革命运动（1920—1925）》第1辑，第550页。

　　⑤　参见《俄共（布）中央政治局会议第66号、67号、68号记录》，《联共（布）、共产国际与中国国民革命运动（1920—1925）》第1卷，第632—637页。

　　"五卅"罢工的结束,更直接与俄共中央政治局的命令相连。7月底,在接获中共关于运动衰退情形的报告后,俄共(布)中央政治局中国委员会作出决定,认为:"无论如何要把罢工斗争与召开中国社会团体全国会议联系在一起是没有任何根据的,只有在近期即8月初召开全国会议的情况下,才能把罢工拖延到会议召开前结束。"同时,该委员会根据来自中国的报告及共产国际的意见,决定既然"运动正在走向低潮",那么"必须采取措施,保证有组织地脱离罢工斗争,最大限度地巩固业已取得的成果",并"要提出据以可能有利地结束罢工的具体要求"①。

　　因此,尽管维经斯基与加拉罕等人认为,在当时"前景可观"的情形下,"想把上海的罢工运动尽可能地拖下去,以期出现进一步扩大和高涨的局面"②。但是在接到俄共中央政治局的决定后,他们即制订了一个将上海与香港的罢工运动"刹车"的行动纲领,要求中共放弃全国性口号,转而采用地方性与经济性口号,为与外国企业主的谈判和缩小罢工规模创造条件。他们当时的主要目的,是想保存已经发展起来的上海工会组织,亦即在运动的低潮时期如何组织退却,否则可能会走入一条死胡同③。同时鲍罗廷亦在1925年9月22日的广东政治与军事委员会联席会议上,提出中止省港罢工运动④。

　　(2)中共

　　1925年的上海,国民党与共产党之间对民众运动的竞争,后者显

　　①　《联共(布)、共产国际与中国国民革命运动(1920－1925)》第1辑,第643页。

　　②　《联共(布)、共产国际与中国国民革命运动(1920－1925)》第1辑,第645页。

　　③　《联共(布)、共产国际与中国国民革命运动(1920－1925)》第1辑,第646－647、653页;M. C. 贾比才:《中国革命与苏联顾问》,张静译,中国社会科学出版社1981版,第79页。据说,李立三等人在运动发展绝望的情形下,曾欲鼓动工人发动武装起义,而被维经斯基等人制止。(《中国革命与苏联顾问》,第79页)

　　④　《一九二五年九月二十二日政治委员会军事委员会联席会议》,政治类,京师警察厅编译会编:《苏联阴谋文证汇编》摄影,京师警察厅编译会1927年版,第18页。

然已占据优势地位。国民党除马超俊在上海建立的"孙文主义学会"有些活动外,其重心系在广州①。但当时的共产国际对中共重视程度并不够。维经斯基在 4 月 22 给加拉罕的信中,曾抱怨鲍罗廷最近给共产国际执委会第五次全会的通报,对在中国解放运动中起着十分重要作用的共产党几乎未曾注意到②。然而,"五卅事件"为共产党人提升自己的地位,提供了一个极好的机会③。有学者认为,"五卅运动"就是陈独秀撇开国共党内合作而独立领导的革命运动,这次运动使中国共产党由一个小团体发展为在全国有政治影响的无产阶级政党④。

事件发生后,中共从多方面开始其宣传运动,争取运动的领导权。筹备中的"国民通信社"及"热血日报"被提前成立⑤。许多学生被派到全国各地去进行宣传活动,中共与青年团组织都在酝酿扩大。中国共产党人亦从莫斯科赶来上海参加领导工作⑥。在苏联学习了许多工运经验的何今亮则从海参崴赶到上海,主持上海总工会的工作⑦。

运动一开始,中共强调"五卅运动"是帝国主义侵略的结果。在 6 月 5 日中共中央执行委员会宣言中,认为这次事变的性质"既不是偶然的,更不是法律的,完全是政治的,因为这次事变是起于日本帝国主义向中国民族运动的主力军——工人阶级——进攻,而成于英国帝国主义对援助工人的民族运动的铁血镇压政策。"⑧到了运动后期,如在 8

---

① 丁应求:前引文,第 81 页。

② 《联共(布)、共产国际与中国国 民革命运动(1920—1925)》第一辑,第 607 页。

③ 裴宜理(Elizabeth J. Perry):《上海罢工——中国工人政治研究》,第113 页。

④ 姚金果:《"陈独秀与共产国际"学术研讨会综述》,《中共党史研究》2000 年第 2 期。

⑤ 《郑超麟回忆录》,第 105 页。

⑥ 叶人龙:《浦东 CY 组织在斗争中成长》,《五卅运动六十周年纪念集》,第143 页。

⑦ 《郑超麟回忆录》,第 106 页。

⑧ 《中国共产党为反抗帝国主义野蛮残暴的大屠杀告全国民众》,《中共中央文件选集》第 1 册,第 351 页。

月18日的宣言中,中共则直接了当地将运动与中共的领导联系起来:"共产党和共产主义青年团是最觉悟的工人所组织者,永久领导着工人奋斗,不论是成功是失败。工人们!赶快加入共产党罢!共产党能领导你们的斗争达到最后的胜利。"宣言还将中共与共产国际的关系公开宣告于世人:"各国革命的工人联合——共产国际,指导着全世界工人阶级的斗争。中国共产党是共产国际的支部。大家赶快加入中国共产党,增加他的力量,就此可以保证我们对于帝国主义的胜利。"[①]

不过,中共中央在南京路事件发生后,对民众运动的突然高涨亦有点感觉意外。张国焘回忆说,当时的中共中央认为,既不能对北京段政府有所期待,唯有"增强民众的力量,用革命的方法,才能解决对外对内的根本问题"。但又认为,如果口号提得太激进,对普通民众而言,则可能适得其反。所以直到6月5日,中共才发表告民众书,但并未说明用政治解决此一事变的具体方案和可能的发展前景。张认为这个文件清楚地说明了当时中共力量的局限性[②]。

(3)国民党

"五卅事件"发生后,国民党的反应常被人忽视,然而在一些地方的群众运动中,其角色实不容忽视,而国民党对民众运动的利用亦有相当之成果[③]。

如论者所注意到的,国、共两党在上海虽有摩擦,但"对外反帝则目标一致"[④]。6月1日,国民党上海执行部为"五卅事件"发表宣言,称:

———————————

①　《全国被压迫阶级在中国共产党旗帜底下联合起来呵!》,1925年8月18日,中央档案馆编:《中共中央文件选集》,第1册(1921—1925),中共中央党校出版社,1989年8月,第445—446页。

②　张国焘:《我的回忆》第2册,第39—40页。

③　在当时一些地方的国民党党部中,实际上是由共产党控制。所以一些活动虽是挂"国民党"招牌,但实际却是共产党在起主导作用。不过,我们仍需注意所谓"国民党右翼"的表现。

④　王章陵:《中国共产主义青年团史论》,第383页。

"国民党愿助全中国之爱国爱平等自由之民众,对此惨无人道之行为及其所代表之武力侵略政策,以全力奋斗,伸张主义,恢复国威。"①2日,国民党中央执行委员会发表通电,号召"全国人民一致抗议,要求惩罚暴行巡捕,抚恤死伤,表示谢罪,保证此后永无此等至无人道之行为"。并呼吁"凡我党员应一致援助国民,以与英帝国主义相搏"②。4日,国民党上海执行部发表第二次沪案宣言,吁请国民根据公理要求赔偿,惩凶以及取消与英、日缔结之一切不平等条约;未达目的之前,举国实行与英、日经济绝交,以示我国民主张之坚决③。7日,又有胡汉民以"大本营总参议代行大元帅职权广东省长"的名义代表南方政府发表宣言,提出废除不平等条约,收回租界,并攻击张作霖之"倚赖帝国主义",亦为"造成此次暴行之原因"④。

据当时担任上海学生联合会主席邵华之回忆,当时学联的活动亦主要是受国民党上海执行部之指导。尽管中共在"暗中操纵",但"公开号召,都是用国民党名义"⑤。在上海三罢运动进行之初,广州方面似亦派人到沪活动。京师警察厅情报称,蒋介石曾派军官学堂秘书刘翔恕来沪,携有款项,有鼓动学潮之性质⑥。在北京6月10日的雪耻大会上,国民党重要人物李石曾、于右任、顾孟馀、朱家骅等人均担任主席台主席,对民气尽力鼓动⑦。"五卅运动"之形成,与国民党之关系实为深远。

6月4日,杨希闵、刘震寰之滇、桂军在广州对国民党军发动战事。到14日,国民党中央执行委员会宣布"讨平刘、杨之乱"。次日,国民党

① 《中华民国史资料丛稿·大事记》第11辑,第90页。
② 《中国国民党中央执行委员会通电》,《革命文献》第18辑,总第3279页。
③ 《中华民国史资料丛稿·大事记》第11辑,第95页。
④ 《广州革命政府宣言》,《革命文献》第18辑,总第3288页。
⑤ 王章陵:《中国共产主义青年团史论》,第383页。
⑥ 《五卅运动与省港罢工》,第15页。
⑦ 李健民:《五卅惨案后的反英宣传》,第28—29页。

中央举行全体会议，议决改组大元帅府为国民政府，将建国军及党军改组为国民革命军。23日，"沙基事件"发生，国民党发起反英、法帝国主义之运动①。26日，蒋介石在致加伦函中称："在沙面开炮射击事件尚未发生以前，余即曾拟具计划书。刻下与英国人奋斗一节实为必要之举。余于计划书中关于军事建筑所提各节据现在大局观之亟应即日实行……政府方面亦应于三个月至六个月内将一切军事预备妥协，以便与英国人为武力上之奋斗。"②7月1日，中华民国国民政府在广州正式成立。9月，国民政府派林森、邹鲁、徐谦、陈友仁等人为北上宣传代表，组织各界代表三十余人赴北方宣传，一路反响甚大③。

国民党"右翼"的活动也值得关注。戴季陶在"五卅事件"发生后，便试图将此作为实践其"纯粹三民主义"的机会。7月，戴便发表《孙文主义哲学基础》及《国民革命与中国国民党》，希望能够对"国民革命运动起指导作用"④。而林森、邹鲁、谢持、叶楚伧等人在赞同反帝口号的同时，更以此机会加快其党内反共势力之联合⑤。

除共产党与国民党外，"五卅"案发生后，中国青年党等其他党派亦趁机发展组织、公开活动。武汉则有国家主义团体"国铎社"四出活动，

①　《革命文献》第18辑，总第3359页。

②　《苏联阴谋文证汇编》广东事项类，第7—8页。有趣的是，据租界之《警务日报》，在此前一天，李立三在沪西工会对工人发表演讲时，告诉大家"广州的学生军和工人军已在沙面同外国人开仗，后者败北投降，并同意和广州当局进行谈判。广州军政府已将上述情况电告沪西工会，并说他们将于一周内派工人军和学生军前来上海支援此间工人。"《五卅运动》第2辑，第243—244页。

③　李健民：《五卅惨案后的反英宣传》，第41页；邹鲁：《回顾录》，上海书店1990年影印版，第170—175页。林森等人北上亦有廖仲恺被刺案后国民党内部权力斗争及鲍罗廷驱除"右派"策略之背景。然却促成国民党反共派的加速联合及西山会议的举行。参见邹鲁《回顾录》，第169—172、176—179页。

④　罗苏文：《"五卅"期间的戴季陶主义》，《党史资料丛刊》1985年第1期第37页。

⑤　邹鲁《回顾录》，第171页。

公开揭出"内除国贼、外抗强权"之口号。中国国家主义青年团湖北团部亦宣告成立,以吸收信奉国家主义学说之青年加入①。

(4)国内各军事派系

"五卅事件"爆发后,国内各军事派系要人对此多不能无动于衷,或者通电声援,或者在强调秩序至上的名义下,对趋于激烈之群众运动进行镇压。对当时运动有重要影响力的主要是张作霖、冯玉祥、吴佩孚、孙传芳等人。

如前所述,张作霖在 5 月 28 日通电入关,宣布检阅京奉沿线奉军,其背后则是为"金佛郎案",要求改造执政府。张刚抵天津,上海便发生南京路枪杀案,张在事发时曾有电报抗议南京路的枪击,并有 1 万元捐助给罢工工人②。但是如论者所指出的,这是显示他支持运动的唯一证据。他事后曾对外国顾问表示,在此时他不能置之事外,而把展现民族大义的机会全让给他人③。

由于当时苏、沪皆在奉军的势力范围之下,故张作霖对上海的秩序非常关注。接获消息后,张派江苏省长郑谦赴沪"严重交涉",11 日复派其子张学良率东北陆军教导团,以"卫国卫民,和平处世"为名,赶赴上海"帮同郑省长办理"交涉④。在上海交涉破裂后,张作霖更调奉军第一旅到淞沪实施戒严。6 月 29 日,晨报有消息称奉军前后增兵,使上海的驻军人数达到 2 万余人。奉系此举,起初虽有为上海交涉压阵的意味,但更深层的动机,似乎也在藉机加强其对上海的控制,并威胁浙江孙传芳⑤。

---

①　李璜:《学钝室回忆录》上卷增订本,香港明报月刊社 1979 年版,第 188 页。

②　《五卅运动》第 2 辑,第 198 页。

③　*The May 30 movement*, p. 78.

④　辽宁省档案馆编:《奉系军阀密稿》第 2 册第 160 页;《五卅运动》第 2 辑,第 187 页;李健民:《五卅惨案后的反英运动》,第 172 页。

⑤　《上海开市与奉军调沪》,《晨报》1925 年 6 月 29 日,《中华民国史史料外编》第 69 册,第 65 页。

奉张也在利用"五卅"一事来和列强拉近关系。张作霖曾经派兵保护北京的使馆区，又在上海六国委员中止沪案谈判时，派兵送他们返回北京。奉张派兵上海得到旅沪外人的热烈欢迎①。张曾反复向英国表示，冯玉祥正在幕后操纵运动，请求英国支持他②。有消息称，张实际上已从香港与上海的外国银行获得了大量的贷款。邢士廉奉命到沪后，对民众运动的控制渐渐加强。7月23日，淞沪戒严司令部查封上海工商学联合会、海员工会、洋务工会等三团体。此举无疑得到了张作霖的命令，且与英人之要求有关③。几乎同时，张宗昌在青岛镇压工潮，封闭青沪惨案后援会，枪决《公民报》主笔胡信之及工会领袖李慰农④。不过，张作霖对苏俄乘机扩展势力亦极感不安，其压抑民众运动与此有相当关系。而民众在反英的同时，渐趋反奉，并且声势愈来愈大，在此情势下，张曾经流露出非常悲观的情绪⑤。

在各派系中，冯玉祥无疑表现最为激烈。"五卅事件"发生后，他即发表对沪案宣言，称："卫国保民，责无旁贷，……与其忍气吞声受强权之宰割，何若同心戮力，为最后之奋争，……惟有枕戈待命，剑及履及，为政府作后盾，为国民平积愤，肝脑涂地在所不辞。"⑥冯并且在其军队中多次作反英演讲，并指示部下排演有关"五卅惨案"的戏剧，向士兵宣传英帝国主义的残暴⑦。运动中，冯曾在俄国人的帮助下，在绥远创办了一所军校，并招收了六百至一千余名学生，其中有近三分之一倾向于

①　*The May* 30 *movement*, p. 79.

②　*The May* 30 *movement*, p. 79.

③　Nicholas R. Clifford, op. cit. , p. 63.

④　参见山东省总工会工运史研究室、青岛市总工会工运史研究室编：《青岛惨案史料》，工人出版社1985年版，第242—250页。

⑤　李健民：《五卅惨案后的反英运动》，第174页。

⑥　《五卅惨史》，第70—71页。

⑦　James E. Sheridan, *Chinese Warlord*: *The career of Feng Yu-hsiang*, pp. 172-173.

国民党①。在运动高潮时,冯玉祥还没收了英国商人的 2.7 万头羊②。冯的激进态度不但引起国人之瞩目,亦为英人高度关注③。"五卅"以后,冯玉祥虽然表达了对外国人强烈的敌意,但是正如其传记作者谢里登指出的,冯的这种敌意是有选择性的。冯在 5 月初正面临着奉张的威胁,当时张作霖宣布要驱逐国民军,保卫首都④。为巩固势力,他正在一面争取苏俄的援助,一面向日本示好⑤。

冯的反英表现既为他赢得了民众的好感,更重要的是让苏俄方面增强了对他的信任,加快了对冯大规模援助的计划。4 月中旬,俄共中央政治局已在考虑向冯提供军火援助的方案⑥。29 日,政治局中国委员会决定在冯玉祥、岳维峻及广东三方设军事小组,并准备将大量军火运送到冯手中⑦。6 月 5 日,中国委员会又决定在蒙古境内组建一支国际部队以便支援冯玉祥⑧。"五卅运动"期间,正是苏联答应给冯玉祥

①　James E. Sheridan, *Chinese Warlord: The career of Feng Yu-hsiang*, pp. 168. 不过这所学校因学生思想激进,几个月后便被关闭。

②　James E. Sheridan, *Chinese Warlord: The career of Feng Yu-hsiang*, p. 157.

③　《收驻英朱代办(兆莘)电》,1925 年 6 月 11 日,《中日关系史料——排日问题》第 469 页;*British Documents of Foreign Affairs*, p. 177. 英国舆论认为中国"现政府在冯势力范围下,而冯与学界联合,且与俄过激党通"。《收驻英朱代办(莘)电》,1925 年 6 月 15 日,《中日关系史料——排日问题》,第 483 页。

④　James E. Sheridan, *Chinese Warlord: The career of Feng Yu-hsiang*, p. 179.

⑤　冯在 1925 年 7 月,表示欢迎日本人来帮助他开发西北。并表示要派 10000 名中国学生到日本去学习。James E. Sheridan, *Chinese Warlord: The career of Feng Yu-hsiang*, pp. 154 - 155,290.

⑥　《联共(布)、共产国际与中国国民革命运动(1920—1925)》第 1 辑,第 602—604 页。

⑦　《联共(布)、共产国际与中国国民革命运动(1920—1925)》第 1 辑,第 623—627 页。

⑧　《联共(布)、共产国际与中国国民革命运动(1920—1925)》第 1 辑,第 630—631 页。

的援助大量兑现的时候，而冯玉祥在运动中的一些表示，可能亦受到苏俄指令的影响①。

相似地，8月初，吴佩孚在汉口亦趁机向英国提出，如果英国政府不向他援助400万元，那么他将乐意看着中苏联盟的实现，而一个反英政策亦将随之而来②。孙传芳的表现，显示出其对群众运动的政治性运用。孙在6月2日致电段祺瑞表示。参加群众爱国运动乃民众应尽之天职③。5日，孙又向上海工商学联合会捐款1000元，表示支持态度④。10月，孙传芳在发动驱奉战争时，更以奉系在沪镇压民众爱国运动为出兵的理由⑤，但孙氏到沪后，也立即对高涨的民众运动采取高压手段⑥。

其他各省军人对运动的态度多类似，都知道既不得罪"民意"，又要极力维持自己势力范围内的统治秩序。对他们而言，"有意识地运用民族主义于政治之中"⑦，似已是一种政治运作的常识。湖北的萧耀南一面打电报表示支持废除不平等条约，一面亦镇压罢工运动以向英国政府示好⑧。湖南的赵恒锡一面严厉镇压群众示威运动，一面宣称自己

①　如9月24日，联共政治局便授权加拉罕（Karakhan, Lev Mikhailovich）采取措施，让冯玉祥公开表示支持上海工会。〔《联共（布）、共产国际与中国国民革命运动（1920—1925）》第1卷，第682页〕当时在开封的岳维峻也有通电主张"收回英国租界及领事裁判权，并取消一切不平等条约，惩办肇事外人，以绝祸根。"为又一较激烈者。不过，岳的国民军第二军与冯玉祥的国民军第一军正接受苏俄之军火及军费援助，在其军中且有苏联顾问小组，可见其态度实际上仍是反映苏俄的观点。《联共（布）、共产国际与中国国民革命运动（1920—1925）》第1辑，第624页。

②　*The May 30 movement*, p. 82.

③　《五卅惨史》，第65页。

④　《五卅运动史料》第2卷，第922—923页。

⑤　《东方杂志》第22卷，第22号时事日志，1925年10月11日。

⑥　《五卅运动史料》，第723—724页。

⑦　关于此点，参见罗志田：《乱世潜流：民族主义与民国政治》，上海古籍出版社2001年版，第286页。

⑧　*The May 30 movement*, p. 82.

是真正的爱国者①。运动之初，张宗昌通电表示声援，并着奉军上海司令部及淞沪警察厅垫款 2000 元交总商会救济罢工工人②；但张氏在青岛对本地日本纱厂罢工工人的镇压则严厉异常。

二　民气可恃：国民外交的巅峰

中国外交在 1920 年前后开始有重大变化。1919 年的巴黎和会，中国外交官向与会列强提出归还租界、撤消治外法权、关税自主及取消其他外国特权等要求。论者提出："五四"前后中国政府的外交政策不能以"软弱外交"名之，无论是对无约国人民在华必须遵守中国法令的命令，还是中德平等条约的签订、废止中日军事同盟、反对英日同盟续约等等，均显示中国外交领域出现的新趋向③。这种变化的另一个方面便是政府开始在对外交涉中有意识地利用"民气"，所谓"国民外交"亦勃然兴起。"五卅运动"时期，这种趋向似乎达到一个高峰。

5 月 10 日，临时执政段祺瑞曾为前一天北京学生冲击教育总长章士钊住宅一事，下令斥责学生，并责成教育部严申告诫，嗣后学生务应专心向学，勿得旁涉他务④。然而，"五卅事件"爆发后，执政府在开始阶段（尤其是上海谈判破裂前）对学生运动却采取比较放任的态度，据说教育部甚至"给予学生乘车免票，四出鼓动"⑤，以致英国政府坚信，执政府与排外运动的煽动有密切关系。他们认为，与中国政府谈判关税及法权问题，是华盛顿会议上各国已经达成的一致意见，只是因为种

---

① 　The May 30 movement, pp. 83 - 84. 赵曾通电对"在沪学生再遭惨劫"表示悲愤。《五卅惨史》，第 66 页。

② 　《五卅惨史》，第 68 页。

③ 　参见丁应求：前引文，第 31—32 页。

④ 　李振华辑：《近代中国国内外大事记》（民国十三年至十六年），第 4717 页。

⑤ 　《朱兆莘关于英外相谈论中国现状电》，1925 年 7 月 23 日，《中华民国史料汇编》第 3 辑民众运动，第 181 页。

种因素的影响,相关会议未能及早举行,但是不能因此而否认列强的诚意;中国方面有意造成有组织的排外运动,以逼迫列强无条件地放弃在中国的权利与利益;如果中国国内正在蔓延的危及外人生命财产安全的煽动性运动还在继续,双方的合作便不能尽快实现①。

6月16日,段祺瑞在接见英国驻北京公使白慕德时,曾表示列强在同中国政府谈判时,以前多没有将中国全体民众考虑在内,但是现在情形不同了,公众舆论是中国任何一个政府都不能忽略的②。交涉开始后,北京政府并未提出具体条件,只是"把群众的话承转到敌人"罢了③。20日,外交部长沈瑞麟在回答北京各校沪案后援会代表时称:"十三条件,为上海工商联合会所提,换言之,即上海各界之全体意思,亦即与我国有重大关系之条项,政府当然据理力争,无论如何,非与国民一致坚持到底,非达到目的不止,使团方面,如果秉公承认,政府当有关于主权之办法,以为一劳永逸之计划。"④有研究认为,交涉初期,北京政府之外交受到民众运动的影响,甚至"以民意为依归"⑤。汤尔和则称:"头脑最不冷静的,就是政府。自从沪案发生到现在,没有看见他们有一定的步伐,只看见他们顺着群众'打民话'(不是打官话)。很好的机会,睁眼错过,跟着潮流,漂到那里是那

---

① *British Documents of Foreign Affairs*,p. 194,240. 1925年7月7日,Mr. Chilton 在给 Mr. Grew 的信中,便直接表达了英国政府的意见,即除非中国政府采取措施将排外运动平息下去,否则关税会议等均无从谈起。*British Documents of Foreign Affairs*,p. 186.

② *British Documents of Foreign Affairs*,p. 240.

③ 梁启超:《答北京大学教职员——谁说沪案单是一个法律问题》,《饮冰室合集》文集42,引自李健民:《五卅惨案后的反英运动》,第211页。

④ 《外陆两长对学界之表示》,《顺天时报》1925年6月21日,《中华民国史史料外编》第69册,第13页。

⑤ 李健民:《五卅惨案后的反英运动》,第182页。

里。"①但这种"无步伐"的背后却深藏着"以外交生政治",策略性运用民众运动的一面。

"五卅事件"后中国国内民族主义运动的形势,多有人强调其"国民外交"的一面。对此,外人无法不面对,但未必有妥实的办法来应付。刘大钧将 6 月 17 日上海谈判前的中国外交称为"国民外交的时期",并指出此种"国民外交"已取得三个胜利:中国国内民气"激昂万分"、"举国一致",迫使一些重要的英政府官员考虑对华政策及手段的变化;国际上亦出现了同情中国民众,甚至表示声援的舆论浪潮;北京的外交使团与日本政府的态度亦有所缓和②。林语堂强调:"这回运动的中心应在国民群众而不应在官僚与绅士。……要达到取消不平等条约的办法,及其他外交问题须在国民群众中解决,不在外交官解决。在于唤醒民众作独立的有团结的战争,不是靠外交官的交换公文。"③日本政友会总裁田中义一亦表示:"此次中国各地所起之运动,与从来之暴动,性质迥异。其真因乃在中国一般国民之觉醒,可称为巨大之国民运动。"④美国法官约翰逊在"沪案重查"报告中称:"近十年来华人对于公民常识颇有进步,并对于政治原则及个人权利均有较明了之理解,若与一百年前相比,大相悬殊。……旅华外人对于该辈自己输入外国并充满中国全土之自由与独立原则未曾重视。"⑤外人这种反应在此前似乎并不多见。

---

①　汤尔和:《不善导的忠告》,《晨报》1925 年 6 月 27 日,《中华民国史史料外编》第 69 册,第 25 页。

②　刘大钧:《经济战争和武力战争的比较》,《晨报》1925 年 6 月 29 日,《中华民国史史料外编》第 69 册,第 48 页。

③　林语堂:《丁在君的高调》,1924 年 6 月 25 日,《中华民国史史料外编》第 69 册,第 34 页。

④　《日田中总裁之中国运动观》,《顺天时报》1925 年 6 月 25 日,《中华民国史史料外编》第 69 册,第 43 页。

⑤　《收美日英三国委员调查沪案报告》,《中日关系史料——排日问题》,第 598、601 页。

　　按照华盛顿会议所签订之关于中国关税税则条约第二条,关税特别会议应于该条约实行后三个月内,由中国政府指定日期、地点、在中国开会。1925 年 8 月 8 日,美国预先通告执政府,华盛顿会议《九国公约》将在下个月的 5 日被该国政府签署,要求中国政府确定一个日期,以便开始关税会议的谈判①。18 日,北京政府即照会各国,请其派员参加定于 10 月 26 日在北京举行的中国关税特别会议②。26 日,英代使告中方,奉其政府令赞同中国政府邀请参加关税会议。意、荷、比各使亦向外交总长口头表示赞成。30 日,日使亦表赞成。于是关税会议的召开终于将演成事实。8 月 21 日,公使团告中国外交部,拟先议上海会审公廨与工部局加入华董两项。9 月 17 日,公使团决定再次召开上海谈判,就"十三条"分为两部分解决:对与司法无关者,先行开议;至于具有司法性质之各项内容,则俟调查完成后再协商解决。

　　有学者认为,"五卅运动"是中国外交关系史上的转折点,是中国力图摆脱不平等条约,而迈向独立自主的重要里程碑③。虽然北京临时政府并未能因外交上的局部胜利而稳固其政权,反而因"五卅事件"而招致了北方军阀的大混战④,执政府亦因此而宣告结束。但是"五卅事件"带来的外交遗产并未因此而消失。10月26日,关税会议举行。11月19日,与会各国公开宣布,承认中国自1929年1月1日起可以享受关税自主⑤。1926年8月31日,江苏省代表与驻沪领事团签订《收回会审公廨暂行章程》,基本收回了久为国人诟病的租界会审公廨的主权。1926年1月,召开法权调查委员会。藉此,"废除不平等条约,已开始露出端倪"⑥。

　　"五卅事件"后,中外条约体制开始发生变化。学者认为,"五卅运

①　*The May 30 movement*, p. 94.

②　孙曜编:《中华民国史料》,第 681-682 页;《颜惠庆自传》,第 143 页。

③　丁应求:前引书,第188页。

④　郭廷以:《近代中国史纲》下册,第551页。

⑤　丁应求:前引文,第144页。

⑥　李健民:《五卅惨案后的反英运动》,第194-195页。

动无疑标志着条约口岸时代纪元结束的开始"①。列强突然发现,它们正处于守势,而不是处于攻势②。英国由于"五卅事件"的刺激而被迫考虑修改其对华政策③。8月底,上海英国商会及英国中国会社支部会员联席会议,议决赞助实行华盛顿会议议决案,工部局加入华董和中国收回会审公廨案等,并主张向中国表示友善,获得英国政府之默许。英国驻华公使麻克类等呼吁逐渐放弃对上海的控制权④。1926年12月,英国政府公布《英国变更对华政策建议案》十六条,向中国示好⑤。

　　"五卅运动"期间的国民外交运动,对于国人而言,无疑亦是精神上与心理上的一次重要胜利⑥。此后全国性的民族主义运动,得益于"五卅运动"及其交涉的力量不少⑦。继之兴起的所谓"革命外交"亦能因此而大行其道,并且获得一定的成功,与"五卅"时期北京政府的外交策略实有某种贯通性⑧。

三　革命与"反赤":群众运动的影响

　　"五卅事件"及其所引发的大规模群众运动,无疑带来了许多历史

---

①　*N. R. Clifford*, op. cit., p. 71.

②　*Dorothy Borg*, *American policy and the Chinese Revolution* 1925 - 1928, p. 1. 引自李健民:《五卅惨案后的反英运动》,第217页。

③　Harumi Goto - Shibata, *Japan and Britain in Shanghai*, 1925 - 1931, pp. 33 - 34.

④　李健民:《五卅惨案后的反英运动》,第185页。

⑤　李健民:《五卅惨案后的反英运动》,第213页。

⑥　*The May 30 movement*, pp. 168—170.

⑦　《五卅事件》,第87页。

⑧　按周鲠生的提法,革命外交的特点首先是"打破一切传习成见和既存的规则",即不必太考虑既存的国际规则、惯例以及条约的束缚,其次便是利用民众势力。周认为近世外交已由宫廷外交,政府外交,进于国民外交,而不是全靠外交家折冲工夫。拿民众运动做对外的武器。周鲠生:《革命的外交》,上海太平洋书店1928年版,第2—6页。

后果,在中国近代历史上有其重要意义①。当然,不同的人物对此会有不同的观感。江亢虎在"五卅事件"发后曾对段祺瑞说,"天下将从此益多事矣"②。胡愈之则敏锐地指出,"五卅事件"是"近年政治外交史上最重大的事件,是和中华民族命运最有关联的事件"。5月30日这一天,是"中国民族独立运动开始的日期③。在上海英国总领事巴尔敦的眼里,"五卅事件"发生时,公共租界是"文明"对抗"野蛮"的一个前哨站④。但比较起来,"五卅事件"最为重要的一面则在于其对中国革命的意义。

国民革命及其反对帝国主义的主张,自20年代中期广泛流行。但正如张国焘所指出的:"五卅运动"使中国的反帝运动,由一般的宣传走到了实际行动的边缘⑤。唐心石(译音)在运动一开始,即在共产国际机关刊物《国际通信》上撰文,将其视为"中国民族革命开始的信号"⑥。1925年6月17日,瞿秋白在《向导》第119期上发表《帝国主义之五卅屠杀与中国国民革命》一文,指出:"五月卅日,这确是中国国民革命开始的一天!"⑦1926年,苏联中山劳动大学副校长米夫曾著有《上海事件的教训》,强调"五卅运动"标志着中国革命的开端⑧。潘公展认为"五卅事件"最能代表近世中国民族运动的伟大精神,是"近世中国民族

---

① 李健民将五卅后反英运动对政治的影响归结为:一、协助广东统一;二、引起军阀大混战;三、赞助国民革命成功;四、伏下国民党清党之机。(李健民:《五卅惨案后的反英运动》,第171—181页)

② 《江亢虎污蔑五卅爱国运动函》,1925年6月3日,《五卅运动与省港罢工》第10页。

③ 胡愈之:《五卅事件纪实》,《东方杂志》第22卷《五卅事件临时增刊》,第1—2页。

④ Nicholas R. Clifford, op. cit. , p. 6.

⑤ 张国焘:《我的回忆》第2册,第35页。

⑥ 郭恒钰:《共产国际与中国革命(一九二四年——一九二七年中国共产党和国民党统一战线)》,第114页。

⑦ 《瞿秋白年谱长编》,第169页。

⑧ 《中国革命与苏联顾问》,第86—87、91—92页。

解放运动的真正开端"，亦是中国民族运动与世界反帝国主义大潮流结合的发端①。

据郑超麟回忆，当时共产国际即有人认为世界各国革命史上配得上称为"大革命"的，只有1789年的法国革命，1917年的俄国革命，以及现在的中国革命②。瑞典学者尤尔根·奥斯特哈梅尔（Jürgen Osterhammel）曾在他的书中引用一位英国外交官的话表述此种意思："就如欧洲史上的巴士底监狱事件般，1925年5月30日是远东历史上最重要的日子之一。"尤氏认为："五卅运动开启1925至1927年的狂飙阶段"，"使中国革命由原本无序的不满情绪发泄，转变为有目标、有组织的行动"③。

"五卅运动"中，共产国际方面对中国工人阶级的反帝斗争精神评价尤高，认为："在此运动中，中国工人阶级占领导地位，且开东方各国革命史中一种空前的发展之动力"，并预言：中国工人阶级"能够成为而且一定会成为中国整个伟大的民族解放运动的主要力量、指挥者和领导者"④。维经斯基当时即提出，中国无产阶级的斗争在这几天里进入了这个广大国家解放运动的新阶段，一个在帝国主义最薄弱的环节向帝国主义发动新决战的阶段⑤。共产国际主席季维也诺夫认为，这个事件使得中国工人认识了中国经济和国际政治、血腥帝国主义政治的关系。"现在，中国工人成了国际无产阶级革命的一个非常重要的因素"；"中国事件会对东方的其他国家、尤其是对其他殖民地国际和依靠

---

① 国际问题研究会编：《五卅事件》"序"。

② 《郑超麟回忆录》，第165页。

③ 尤尔根·奥斯特哈梅尔（Jürgen Osterhammel）：《中国革命：一九二五年五月三十日，上海》，朱章才译，台北麦田出版股份有限公司2000年版，第2页。"狂飙"一说在华冈的《中国大革命史》及邓中夏的《中国职工运动简史》等著作中均有采用。

④ 《共产国际与中国革命资料选辑》（1925—1927），第50、55、106、107、108、110、139、138、274、278页。

⑤ 引自郭恒钰：《共产国际与中国革命（一九二四年——一九二七年中国共产党和国民党统一战线）》，第114页。

英帝国主义的国际产生巨大的革命作用"①。斯大林亦因此认为,"东方的革命化必然会在西方革命危机尖锐化方面起着决定性的作用","帝国主义将失去后方"②。

"五卅运动"使共产国际把注意力转向中国,共产国际对年青的中国共产党的信任"大大"增加了,共产国际相信,中国工人阶级在有利的条件下将成为"整个中国伟大民族解放运动的领导者"③。即使在8月底运动进入低潮后,共产国际亦没有降低它的积极评价,并不认为运动已经失败④。1926年2月,在共产国际第六次全会上,季维也诺夫高度评价了中共所取得的胜利:"我们到一九二五年才第一次发现中国有一支坚强的无产阶级干部队伍,可以说这是始料所不及的。现在我们看到,中国无产阶级的进攻力量正在加强,一个震撼整个中国的大规模的民族解放运动正在成熟";"俄国革命和共产国际思想对于中国事态的发展无疑产生了极其强大的影响。"⑤有学者认为,共产国际执行委员会的一次全会对"中国问题"不仅表示了很大的关注,而且还作出了《中国问题的决议》,这在共产国际的历史上是第一次,其原因当然是中国共产党人在1925年取得了巨大的、出乎共产国际意料的胜利⑥。

---

①　引自郭恒钰:《共产国际与中国革命(一九二四年——一九二七年中国共产党和国民党统一战线)》,第115页。

②　引自郭恒钰:《共产国际与中国革命(一九二四年——一九二七年中国共产党和国民党统一战线)》,第115—116页。

③　语出季维也诺夫,此观点亦见唐心石:《中国工人是中国解放斗争的领导者》,《国际新闻通讯》第124期,引自郭恒钰《共产国际与中国革命(一九二四年——一九二七年中国共产党和国民党统一战线)》,第116—117页

④　郭恒钰:《共产国际与中国革命(一九二四年——一九二七年中国共产党和国民党统一战线)》,第117—118页。

⑤　郭恒钰:《共产国际与中国革命(一九二四年——一九二七年中国共产党和国民党统一战线)》,第155页。

⑥　郭恒钰:《共产国际与中国革命(一九二四年——一九二七年中国共产党和国民党统一战线)》,第156页。

正如苏联学者所分析的,中国1925年的事件加剧了苏联对中国事务的干预,特别是在"五卅运动"之后①。而这种改变对20年代的中国来说,实具关键性影响。因为,"国民革命"亦不再仅仅是党人的口号,而真正具有颠覆既有政权及武装势力的能量了。"五卅"后,广州国民党中央执行委员会宣言称:"北京政府依附帝国主义以生存,本党已与绝交,嗣后唯有根据大元帅遗训挞伐军阀以竟全功。"②国民党与北京政府间已无联合的可能,而与其他"军阀"联合亦不再出现。当然这主要是由于在苏联的援助下,苏俄大量军援与经援的输入壮大了国民党的实力,而能不再依赖与"军阀"的联盟。而"国民革命军的北伐,实际就是五卅运动进一步发展的结果"③。

对中共而言,"五卅"后的时局,极有利于其发展。1925年10月,中共中央明确指出:当时"确是国民革命运动发展和扩大的极好的动机。四个月来革命潮流的膨胀,差不多遍及全国各地。"④也有学者认为,"五卅运动"期间,中国共产党得以公开打出自己的政治旗帜,极大地扩大了自己的政治影响。中共"四大"之后,中共在组织上迅速发展。从中共"三大"至"四大"期间,历时一年零七个月,党员由423人只增加到900人,不过一倍稍多。而从中共"四大"至1925年10月召开中共中央执委扩大会议时,不过九个月的时间,党员的人数就增加近两倍,达到了2428人⑤。如张国焘所说,在运动迅速发展的过程中,中共逐渐走出了小团体的狭隘范围,成为一个群众性的政党⑥。

---

　　① 《联共(布)、共产国际与中国国民革命运动(1920－1925)》第1卷,第545页。

　　② 李振华辑:《近代中国国内外大事记》(民国十三年至十六年),第4720页。

　　③ 阮渊澄:《五卅惨案》,第28页。

　　④ 《中共中央扩大执行委员会文件》,1925年10月,《中共中央文件选集》第1册,第396页。

　　⑤ 杨奎松:《陈独秀与共产国际——兼谈陈独秀的"右倾"问题》,《近代史研究》1999年第2期。

　　⑥ 张国焘:《我的回忆》第2册,第2页。

革命运动取得的胜利加强了国民党左派分子的地位①。但是，与中共的壮大相伴而来的更直接问题，则是国共两党的矛盾趋于尖锐化与公开化。"五卅运动"爆发前夕，共产国际远东部已认为"国民党看来在走向正式分裂"②。上海二月日本纱厂罢工时，国民党"右派"便以"护党同志会"、"反对共产同盟"等名义散发传单，鼓吹劳资谅解，攻击共产党煽动工人罢工③。"五卅运动"发动之后，国民党内防范和遏止中共的倾向更趋明显。1925 年 7 月底，戴季陶发表《国民革命与中国国民党》，强调信奉一个主义的团体应该具有"独占性和排他性、统一性和支配性"，"共信不立，互信不生，互信不生，团结不固，团结不固，不能生存"④。他对"尽量在中国国民党当中扩张 CP 或 CY 的组织，并且尽力的使非 CP 非 CY 的党员，失却训练上的余地"之现象深表不满⑤。戴氏的言论引起中国共产党人的反弹，陈独秀认为这是资产阶级企图加强自己力量，以便控制无产阶级，转向反动的标志⑥。

"五卅"运动后中共的迅速发展亦伏下国民党清党之机⑦。居正曾称："我党本主张为号召，以主义为依归，往者不追，来者不拒，从未有以清党闻。有之自民国十四年冬始。"⑧他所指是 1925 年 11 月 23 日，中

①　A. B. 勃拉戈达托夫：《中国革命纪事（一九二五——一九二七年）》，三联书店 1982 年版，第 79 页。

②　《联共（布）、共产国际与中国国民革命运动（1920—1925）》第1辑，第548页。

③　《中共中央与青年团中央通告第三十号》，1925 年 5 月 5 日，《中共中央文件选集》第 1 册第 333 页。

④　戴季陶：《国民革命与中国国民党》上编，季陶办事处 1925 年印本，第 3—4 页。

⑤　戴季陶：《国民革命与中国国民党》上编，第 50—51 页。

⑥　陈独秀：《告全党同志书》，1929 年 12 月 10 日，中国人民解放军政治学院党史教研室编：《中共党史资料》第 5 册，1985 年版。

⑦　杨奎松：《陈独秀与共产国际——兼谈陈独秀的"右倾"问题》，《近代史研究》1999 年第 2 期；李健民：《五卅惨案后的反英运动》，第 180 页。

⑧　中国国民党中央执行委员会编：《清党实录》，江南晚报社1928年版，第1页。

国国民党中央执行委员会十一名委员公开其反共态度,在北京西山碧云寺孙中山灵柩前举行"第一届第四次中央全会",通过取消"共产派"在本党党籍,解雇顾问鲍罗廷等决议案。虽然"西山会议派"的行动在当时被国民党中央执行委员会所谴责,但实际上是1927年国民党大规模"清共"、"分共"的先声。

在社会上,由于苏俄势力渗入中国政治已成为公开的事实,尤其是以实力援助南方的国民党政府及北方的国民军势力,在一些人眼里是干涉中国内政。因此,"五卅运动"后期,在"联俄"舆论盛行的同时,"反赤"亦成为知识界保守一派中的一股潮流①。1925年10月,陈启修便称当时"各新闻上反俄反共产的宣传,多于反帝国主义的宣传者数倍"②。"反赤"论者如章太炎,发表通电主张讨伐"与俄通款"的冯玉祥,提出"吾人不爱身家则已,若爱身家则非灭绝赤化不可"③。

此后,"反赤"不但是在知识界流动的某种思潮,而且成为军阀们发动军事行动时的口号。由于"五卅运动"中冯玉祥等人倚苏俄力量而壮大,故反冯者便以讨赤名义与其作战。孙传芳、张作霖等人亦大揭反赤旗帜。虽然后来随着国民党北伐的推进,一些反对赤化的军阀势力纷纷崩塌,但是北伐还未结束,以蒋介石为首的国民党人则公开其反共政策,放弃"联俄"方针,其实与"反赤"潮流合二为一了。

---

①　罗志田:《乱世潜流:民族主义与民国政治》,第284页。
②　陈启修:《中国对苏联政策应当如何?》,章进编:《联俄与仇俄问题讨论集》,台北文海出版社1981年重印本,第137页。
③　罗志田:《乱世潜流:民族主义与民国政治》,第290—291页。

第五章　北伐前中外关系格局的演变

第一节　条约体系与中外关系

要理解北伐前几年的中外关系格局,首先要对不平等条约体系这一最体现帝国主义对华侵略特征的背景有所认识。过去对帝国主义的研究明显侧重于实施侵略一方,而相对忽视侵略行为实施的场域以及侵略在当地的实施(通常述及被侵略地区的是特定的"反帝"活动)。然而,不论是人类学意义上的"地方性知识"取向还是区域研究领域的"在中国发现历史"取向①,都提示着应当更注意被侵略区域的当地因素。同时,任何侵略至少是两个或更多落实在特定地域上的文化、政治、经济体系之间的冲突,在重视这些体系所在空间因素的基础上,还要从时间视角去认识其多元互动的过程本身。另外,至少在中国,研究帝国主义侵华史的传统强项在经济层面,而文化层面相对薄弱②。下文主要立足于帝国

---

① 参见 Clifford Geertz, *Local Knowledge: Further Essays in Interpretive Anthropology*, New York: Basic Books, 1983;柯文(Paul Cohen):《在中国发现历史——中国中心观在美国的兴起》,林同奇译,中华书局,1989 年。

② 参见王亚南:《中国半封建半殖民地经济形态研究》,人民出版社 1957 年;许涤新、吴承明主编:《中国资本主义发展史》1—3 卷,人民出版社 1985—1993 年;汪敬虞:《十九世纪西方资本主义对中国的经济侵略》,人民出版社 1983 年;胡绳:《帝国主义与中国政治》,人民出版社 1996 年 7 版。在西方,文化冲突和文化误解一直是解释近代中外关系的一个重要取向,特别反映在牵涉到传教的题目上。由于这一趋向通常隐含了西方文化优越的预设,已遭到越来越多的西方学者的反对。但从文化视角诠释中外关系这一取向基本未在中国生根,不论是从前的"资本主义和封建主义冲突说"还是新近得到提倡的"现代化取向"(隐喻着传统与现代的对立),都更侧重经济和政治因素。

主义侵略所及的中国当地条件,更多从文化视角考察不平等条约体系的形成及其发生作用的进程,大致形成一个中外关系的认识框架,并据此简析1921年—1922年华盛顿会议后中外格局的变与不变,以为后面的叙述略作铺垫。

一　条约体系的文化解读

近代西潮东侵,中国士大夫多以为遭遇了"三千年未有之大变局"。这一迄今仍常被引用的名言当然不甚符合史实,却反映出一种强烈的危机感,即不少中国士人逐渐认识到入侵的西人并不十分想亡中国,却立意要亡中国人的"天下"①。用今日的话说,这个"天下"就是中国文化;西方入侵者的目的主要不是变中国为殖民地,而是要在文化上征服中国,改变中国人的思想习惯,以全面控制中国②。

从根本上言,帝国主义侵略国与被侵略国之间最关键的实质问题是对被侵略地区的全面控制。只要能达到实际的控制,是否直接掠夺领土是次要的。帝国主义的基本特征是侵略,但具体的侵略方式则千差万别。尤其像中国这样的大国,幅员辽阔、人口众多、文化悠久、中国朝野对外国入侵的持续有效抵制③,再加上入侵的帝国主义列强之间

---

①　顾炎武说:"有亡国有亡天下。亡国与亡天下奚辨? 曰:易姓改号,谓之亡国;仁义充塞,而至于率兽食人,人将相食,谓之亡天下。"(《日知录·正始》)

②　清季士人对此有清晰的认识和表述,他们认识到,此前也有异族入侵,然皆在较大程度上接受传统的华夏文化,即昔人所谓"窃学";但近代入侵的西人则不仅无意"窃学",根本有"灭学"之图,欲尽可能打压或铲除中国文化。参见罗志田:《国家与学术:清季民初关于"国学"的思想论争》,三联书店2003年版,第59—69页。

③　幅员辽阔、人口众多、文化悠久一类述语已渐成套话,但在这里的意义非常实际具体,正是这些要素构成了近代中国朝野抵抗外国入侵的有效性。一般多见中国在近代中外竞争中屡战屡败,或忽视了中国朝野持续抵制外国入侵的效力。正像宋朝虽被蒙元所灭却是世界范围内抵御蒙古入侵时间最长者一样,从世界范围看,美洲、非洲以及亚洲的印度等都大致具有和中国一样的地大物博特点,却未能免于沦为

相互竞争造成的均势,这些因素迫使列强逐渐认识到全面的领土掠夺既不合算也不可能。故其退而采取一种不那么直接的侵略方式,即以条约体系巩固其非正式的间接控制①,同时寄希望于文化渗透②,以为长久的经济利益铺路。

　　近代中外条约基本是武力威胁的结果,故所谓"间接控制"并未改变其帝国主义性质。而条约的不平等不仅体现在具体的条文上,首先就体现在其主要反映战胜者的意志这一基本精神上。早期的帝国主义研究较多侧重实施侵略的一方,但恐怕更多是被侵略所在地的现实条件,而未必是侵略者的主观意愿,制约甚或决定了帝国主义的侵略方式和特性。如罗宾逊(Ronald Robinson)所说:"有多少被侵略的地方,就有多少种歧异不同的帝国主义。"③

──────────

殖民地的处境,足以反证出中国虽屡败而不亡,且失地不甚广,主权基本保持,已是相当有效的抵抗了。从这一视角看,中国文化和政治体制在抵抗侵略中的作用和效能还可进一步深入探索。

　　①　这里的讨论受到"非正式帝国主义"理论的影响,这一理论由 John A. Gallagher 和 Ronald Robinson 在 1953 年提出,参见其合作的论文"The Imperialism of Free Trade, 1815‑1914," *The Economic History Review*, VI:1 (Feb. 1953), pp. 1‑15. 关于这一理论的争论,参见 William R. Louis, ed., *Imperialism: The Robinson and Gallagher Controversy*, New York: New Viewpoints, 1976. 后来 Robinson 自己又有所发展,见其"The Eccentric Idea of Imperialism, with or without Empire", in Wolfgang J. Mommsen and Jurgen Osterhammel, eds., *Imperialism and After: Continuities and Discontinuities*, London: Allen and Unwin, 1986, pp. 267‑289. 不过这一理论主要着眼于经济层面,很少涉及文化。

　　②　萨义德(Edward W. Said)从一个特定的视角指出了文化因素对帝国主义扩张以至构成帝国主义概念那不可缺少的作用。参见其 *Culture and Imperialism*, New York: Knopf,1993(本书有中译本《文化与帝国主义》,李琨译,三联书店 2003 年),particularly pp. 267‑268.

　　③　参见 Ronald Robinson, "The Eccentric Idea of Imperialism," 引文在 p. 273;并参见其"Non‑European Foundations of European Imperialism: Sketch for a Theory of Collaboration", in R. Owen and B. Sutcliffe, eds., *Studies in the Theory of Imperialism*, London: Longman, 1972, pp. 117‑140. David Fieldhouse 从另一取向强调帝国主义行为实际发生作用地区的重要性,参见其 *Economics and Empire 1830‑1914*, London: Weidenfield & Nicolson, 1973.

从入侵者视角看,在中国实施"间接控制"是依据实际情形最可行也是效益最高的取径。在被侵略方面,中国除一些割地和少量租界外,领土基本得以保持完整;不平等条约固然侵犯了部分中国主权,但基本的主权仍在中国人手中。若返回当时人的认知,我们今日注重的"主权"和"领土完整"这类近代传入的西方观念对晚清中国人似不十分要紧,他们更看重的恐怕是基本的纲常礼教和政治体制这一"国体"仍依其旧①。这个重要因素的意义是多重的:

一方面帝国主义侵略所至,总要争夺被侵略国的文化控制权,一般是以贬低、打压甚至清洗等方式破除本土文化。在中国,因为没有直接的领土占据,不存在像殖民地那样的直接政治统治,西方更需要不仅在物质上,恐怕更多是在文化上表现其优越性,以建立起文化权势。同样,西方既然不能像在殖民地那样直接地破除中国的本土文化,只能采取间接的渗透方式来获取文化控制。故对文化控制的竞争既是手段也是目的,西人对此是有备而来,且有着特别针对中国纲常礼教的持续努力②。

———————————

① 由于"主权"和"领土完整"等西方观念不过新近才传入,近代中国人对其重要性的认识有个过程,时人更看重的恰是今日中外研究皆不那么重视的纲常礼教和国家(政治)体制的维持。晚清政治文献中一个频繁出现却难以精确译成西文的"国体"一词,就很能反映甚至代表中方的主要思虑。今日不少以中文为思想和表述工具者,也甚感难以界定"国体"一词,恐怕即因为这些人的思维和想象能力(或其使用的概念工具)已部分被"西化"了。所谓"在中国发现历史",如果不移位到具体时段里中国之人的所思所虑,则不论发现者是中国人还是外国人,那被"发现"的或仍是带有异国眼光的"历史"。

② 从晚清到今日,试图淡化西方入侵之帝国主义性质者每强调西人来华意在"通商",若以之与掠夺领土并论,这大致不甚差;但叶德辉已指出:"通商之士,一其心以营利,不能分其力以传教。"西人对后者的注重揭示出其目的不仅在于"通商",而是远更广泛(叶德辉:《郋园书札·西医论》,长沙中国古书刊印社 1935 年《郋园全书》版,44 页)。并参见 John Fitzgerald, *Awakening China : Politics, Culture, and Class in the Nationalist Revolution*, Stanford Calif. : Stanford University Press, 1996, pp. 109 - 111.

另一方面,恰因上述因素的影响,中国士人对西方文化的仇视和抵制通常较殖民地人为轻。国体的持续和领土主权的基本完整,应该是士人确信中学可以为体的根本基础。由于不存在殖民地政府的直接压迫和文化清洗,中国士人在面对西方压力时显然有更大的回旋余地,更多的选择自由,同时也更能去主动接受和采纳外来的思想资源。故中国士人学习西方的愿望和实际行动都远比殖民地人要主动得多①。更由于中国士人未能认识到对文化控制的竞争既是手段也是目的,轻视了文化竞争的严重性,有些人为了一个美好的未来而日渐主动地破除自身的传统,实际成为西方打压中国文化的工具而不自觉。

再者,正是通过条约体系所建构的间接控制,外国在华存在(the foreign presence in China)既体现着一种外在的压迫,其本身又已内化为中国权势结构的直接组成部分。这一点越来越为中国人所认识到,清政府史无前例地援引义和团这一民间异端力量来对抗外国势力,部分即因其感到列强对中国内政的干预过分深入②。当孙中山在美国获悉辛亥革命的消息时,这位革命家不是疾速返国,而是转往英国以寻求可能抑制日本的帮助。詹森(Marius B. Jansen)敏锐地指出,这表明在中国领袖人物的认知中,外国在中国政治中的作用具有压倒性的重要意义③。

---

①　近代中国与一般殖民地还有一大不同,殖民地的反帝运动往往是留学生领导,很多时候运动的领导中心正在所谓宗主国之内,与帝国主义本身有着千丝万缕的直接间接联系;而中国的反帝运动除早期与日本有着较密切的关联、一度中心也在日本(但同时更反中国政权)外,大部分时候是相对"独立"的(其思想资源主要是西方的,但运动本身与西方的联系则少);在20世纪20年代虽与苏俄有非常直接的联系,但当时苏俄的地位相对特殊:它在中国仍然维持着某些沙俄的帝国主义利益(例如中东路),然其在意识形态方面与一般帝国主义国家又有着巨大的差别。

②　关于清政府支持民间异端力量,参见罗志田:《异端的正统化:庚子义和团事件表现出的历史转折》,收入其《裂变中的传承:20世纪前期的中国文化与学术》,中华书局2003年版,第1—32页。

③　詹森:《国际环境》,罗兹曼主编:《中国的现代化》,中译本,江苏人民出版社,1988年版,第297页。

　　若从文化视角看条约体系,鸦片战争后中外条约的订立,毋宁是开创了一种中外交涉的"方式":简言之,即炮舰出条约,而条约代表胜者的意志;所能谈判的,只是反映胜者意志的程度而已。这才是最深层的也是最根本的不平等之处。早年中外谈判中道光帝觉得最不能忍受的,正是这种不平等的方式①。此后的中外之争,在很大程度上是维护、修改以至取消这一方式的长期斗争。然而,不平等的中外交往方式既然由战争确立,实际上意味着条约的修订或废除多半需要诉诸武力或以武力为后盾。此后列强扩张权益的历次修约或订立新约是如此,中国方面亦然。

　　对清廷而言,每次条约修订,基本是外国利益的增强和中国权益的进一步损失,故其甚少主动提出修约。不过,费正清认为,这主要反映出所有的中外条约并未从根本上打破中国的政教体制,所以清廷既不看重条约,也不认为有必要修约②。与此形成鲜明对比的是,民国朝野皆不断提出修约以回收主权。这表明中国人已逐渐接受西方思维,注重国家的主权和领土完整远胜于往昔的"国体";在具体做法上,一方面承认条约这一形式的重要性,也试图以西方外交的常规方式来进行修改③。

────────────

　　①　参见茅海建:《天朝的崩溃——鸦片战争再研究》,三联书店1995年版。

　　②　参见 John K. Fairbank, "The Early Treaty System in the Chinese World Order", in idem ed., *The Chinese World Order: Traditional China's Foreign Relations*, Cambridge, Mass.: Harvard University Press, 1968, pp. 257-275. 晚清中国官民当然也有过修约的想法,或以修约为抵御西方进一步要求的权宜之计,然基本未成为一项有意识的国策。附带地说,费正清此文应予更多的关注,因为它可以说是"在中国发现历史"的中国中心观的早期尝试;这说明"西方冲击、中国反应"研究模式与"中国中心观"未必势不两立,只要更加凸显"反应"的一面,也能走向"在中国发现历史"。

　　③　王韬早就指出,治外法权"不行于欧洲,而独行于土耳其、日本与我中国"。他认为这是有"忠君爱国之忧"的"我国官民在所必争",且"必屡争而不一争",盖"国家之权系于是也"。具体的争法,则"不必以甲兵,不必以威力,惟在折冲于坛坫之间,雍容于敦槃之会而已。事之成否不必计也,而要在执西律以与之反复辩论,所谓以其矛陷其盾也"。王韬:《弢园文录外编·除额外权利》,上海书店出版社2002年横排本,第73-74页。不过王氏未曾理解到条约的不平等也体现在缔结和修改的方式上,很多时候"执西律以与之反复辩论"未必有效。

但条约体系确立的中外交往方式即使以西方常规价值观念看也不平等，故中国在谈判桌上的成功极其有限。到中国战场上已在使用飞机的北伐之时，北方首次以废除的方式终结中国与比利时的条约，南方的国民革命军更以武力为基础收回部分租界。或许这就是鸦片战争的历史意义之一：它不仅开启了一个时代，也设定了结束这一时代的方式。

从更深层次言，条约缔结方式和维护方式的不平等确立了西方在东亚外交的双重标准，即在与中国人打交道时，西人可以不按西方自身的价值标准行事。章太炎就注意到，西方这些"始创自由平等于己国之人，即实施最不自由平等于他国之人"[①]。只有在坚持欧洲文化优越观的基础上，才可以对"劣等"民族实施不同的准则而不觉违背了自己的价值观念。这是典型的帝国主义心态[②]。如柯亭（Phili PD. Curtin）所指出的，对非西方地区采取例外法则（exceptionalism）是"帝国主义意识形态差不多所有分支的共相"[③]。

类似的心态和行为在中国租界中表现得最为明显，或可说已形成一种"租界行为"或"租界意识"。自己游历过欧西又久居上海这一租界集中地的王韬深有感触地说："西人在其国中，无不谦恭和蔼，诚实谨愿，循循然奉公守法；及一至中土，即翻然改其所为，竟有前后如出两人者。其周旋晋接也，无不傲慢侈肆；其颐指气使之慨，殊令人不可

---

① 章太炎：《五无论》，《民报》第 16 号，第 7 页。

② A. E. Campbell, "The Paradox of Imperialism: The American Case", in Mommsen and Osterhammel, eds., *Imperialism and After*, pp. 33-40, particularly pp. 35-36. 陈垣已见及此：《资治通鉴》卷 286 载后汉天福十二年契丹军克相州后，"悉杀城中男子，驱其妇女而北。胡人掷婴孩于空中，举刃接之以为乐。"陈先生以为，此"非必其生性残忍也。蔑视之甚，故以非人道待之"（陈垣：《通鉴胡注表微·夷夏篇第十六》，科学出版社 1958 年版，第 326 页）。盖战争之残酷固易导致敌视而影响人的行为，然以杀婴为乐殊过分，那些胡人只有不视汉人为"人"，始可出此"非人"之举。

③ Philip D. Curtin, "Introduction: Imperialism as Intellectual History", in idem, ed., *Imperialism*, New York: Harper & Row, 1971, p. xiii.

向迩。"①

这样的"租界行为"表现出的"租界意识",不仅对中国一方有所谓"东方主义"式的偏见②,其对西方基本价值观念也未必全面体认,实际已形成一套与西方基本价值时相冲突的思维和行为方式。这些人虽是西方在中国实际存在的代表,表述着"西方"却又不完全等同于"西方"③;若以"租界意识"的产生地域看,指导这些西方代表行为的准则甚至可以说是"非西方"的④。

王韬尝解读"租界行为"说:"彼以为驾驭中国之人,惟势力可行耳,否则不吾畏也。"⑤这的确是近代在华外国人一条共享的"常识",类似

---

① 王韬:《弢园文录外编·传教下》,第 54 页。

② 关于"东方主义",参见 Edward W. Said, *Orientalism*, New York: Vintage Books, 1979.

③ 反之,近代来华西人所接触的中国人所表现的或者也非纯正之"中国",至少在传述中国上层文化方面不够正宗。柳诒徵指出,西人来华所接洽之华人,"或咕毕腐儒,或无赖名士,或鄙俗商贾,或不学教徒",经由这些人"传译"的中国学术,"最易失真";但西人却认这些言说"为华人自信之真义",恐难免"差之毫厘谬以千里"。柳诒徵:《中国文化西被商榷》(1924 年),《柳诒徵史学论文续集》,柳曾符、柳定生选编,上海古籍出版社 1991 年版,第 225 页。

④ "租界行为"的持续性非常明显,到 20 世纪 20 年代,曾留学日本、美国而久居上海的杨荫杭观察到:西人"凡曾受教育者,皆讲求礼仪,言动无所苟"。但其"一旦移居东方,则视人如豕。偶不如意,即拳足交下。其意若曰:'此乃苦力国也。殴一苦力,与殴一人类不同。'于是积习成性,居中国益久,离人道益远。此不特未受教育者为然,即在本国曾受教育者,亦如入鲍鱼之肆,久而不觉其臭。有西人为余言:凡久客东方者,归时多不为国人所欢迎;以其性情暴戾,异于常人也。"(文载《申报》,1923 年 5 月 8 日,收入杨荫杭:《老圃遗文辑》,长江文艺出版社 1993 年版,第 742 页)可知租界意识和租界行为确类一"染缸",久居便被同化;这一同化对西方而言则为异化,故异于西方之"常人"。不过,正如萨义德反复指出的,作为"他人"的殖民地之存在既区别于宗主国的"自我",却也是构建宗主国"自我"认同的要素(参见 Said, *Culture and Imperialism*, New York: Vintage Books, 1994)。由此视角考察租界意识和行为的异化于西方常规,可更深入地认识帝国主义的复杂一面。

⑤ 王韬:《弢园文录外编·传教下》,第 54 页。

"武力是中国人唯一能理解的术语"这样的表述不断重复出现。据米勒（Stuart C. Miller)的研究，许多传教士不仅赞同这一观念，且他们自己在此观念的形成上也起了重要的作用①。主张学西方的郑观应承认传教士到中国意在"传教济人"，但以"救世之婆心"而造成大量教案，更常借条约和炮舰之"势力"以压官民，则"大失其传教劝善之本心"，也未必合于"上帝之心"②。

传教士之所以能不顾基督教反暴力的基本准则而在中国认同于炮舰政策，部分因为传教的最终目的正是精神征服，更主要还是其有西方文化优越观的支持，故能公开支持使用武力而不觉于心不安。传教士在意识层面未必都认同帝国主义，不少人来华传教确出于善意，但当中国士人对此好意反应冷淡甚而抵制时，传教士的文化优越感使其不能接受这样的态度。有传教士以为，中国人视西方为夷狄的作法是公开违背了"爱你的邻居如你本人"这条戒律，西方有义务"说服"中国人走到更加"符合其权力和义务"的方向上来。如果说服不生效，就必须强制③。似乎中国人"犯规"在先，西方人也就可以不按其自身"规矩"对待中国人④。

一旦基督教爱邻如己的准则成为动武的基础，传教士也就走到其

---

① 参见 *Chinese Repository*，III：9（Jan. 1835），p. 413；VI：10（Feb. 1836），p. 446；IX：1（May 1840），p. 2；Stuart C. Miller，"Ends and Means：Missionary Justification of Force in Nineteenth Century China"，in John K. Fairbank ed.，*The Missionary Enterprise in China and America*，Cambridge，Mass.：Harvard University Press，1974，pp. 249 - 282.

② 他说，依基督教本义，即使教士因卫道而受辱，也当"如耶稣所云'披左颊，转右颊向之可也'。苟能含忍包容，人心自服，又何必力为较量"？但列强对传教事业恰是"合举国之权力以庇之"，结果是"庇之愈甚，而冀传教之广播愈难。何则？传教先贵乎化导，化导在身心，不在乎势力也"。参见郑观应：《传教》（先后两篇），《郑观应集》上册，夏东元编，上海人民出版社1982年版，第405—412页。

③ *Chinese Repository*，III：8（Dec. 1834），p. 363.

④ 关于传教士方面更详细的讨论，参见罗志田：《传教士与近代中西文化竞争》，《历史研究》1996年6期。

教义的对立面了,可知他们有意无意间也分享着帝国主义意识形态的例外法则。另一方面,在后来不少中外冲突中,传教士和构成租界主要成分的商界又常常有着不同的主张;正因部分西人、特别是其文化先锋传教士不完全认同于炮舰政策和不平等条约体系,西方对中国的文化侵略远比政治、军事和经济的侵略更成功,其成功的程度基本上与其疏离于炮舰和条约的程度成正比。

在某种程度上可以说,西方对中国采取了一种"凡可能说服时皆说服,不得已则强制"的方略①。这当然只是一种日后的理想型诠释模式,并不一定意味着一个整体"西方"事先就预定有这样清楚的谋略。不同国家不同的人可能根据不同的时势采取不同的对策。很多时候,强制和说服只是偶然地互补,而非事前预谋。

实际上,在华列强之间也有相当激烈的竞争,既为经济利益,也为势力范围,以及含义宽泛的文化"影响"。正是在更深层次的文化层面,潜伏着列强间分裂的隐忧。盖欧洲列强才真正分享着我们通常所说的"西方文明",不但日本常被排斥在外,就连俄国甚至美国有时也带有不够正统的意味。当自由主义者罗素(Bertrand Russell)告诉胡适专制比民主更适合于俄国和中国这样的农业国时,胡适感觉到这对其自身信仰有些不够"忠恕"②。实行于英国的制度可能真不适合于俄中两国,但罗素的主张仍隐约可见"例外法则"这一帝国主义意识形态的影子③。

----

① 这一概括在观念和句式上都受到著名的 Gallagher—Robinson formulation 的影响,他们曾提出 "informal control if possible, formal rule if necessary"一说,参见 Gallagher and Robinson, "The Imperialism of Free Trade, 1815‑1914", *The Economic History Review*, VI:1 (Feb. 1953), p. 13.

② 参见《胡适日记全编》第4册,曹伯言整理,安徽教育出版社2001年版,1926年10月17日,第394页。

③ 罗素稍早曾赞扬胡适那本英文的《先秦名学史》在西方汉学界起着典范转移作用,并说胡适具有像美国教授一样的良好英文表述能力,这恐怕也是褒中略带贬义,多少体现出看不起美国人的传统英国心态。参见罗素为胡适书写的书评,载 *The Nation* (Sept. 23,1923),胡适1923年11月4日的日记中剪贴有全文。

几年后,进步主义思想家比尔德(Charles A. Beard)将"东方"视为英、法、俄、美四个"西方帝国"纵横捭阖的场域①。这位著名的帝国主义批判者将社会主义的苏联纳入批判对象,却未包括正挑衅甚或颠覆东方既存格局的日本;他所批判的实际是一个作为侵略者的白种西方,而另一边则是作为受害者的黄种东方。日本在日俄战争击败沙俄之后便希望自己成为世界强国俱乐部中的一员②,但东西文化差异及其伴随的歧视一直妨碍日本被西方强国真正接受,这样一种连批判对象都不计入的"不平等"待遇或者出于善意,却触及到也揭示了日本长期对西方的不满之所在。

在处于中国这一文化悠久的异国时,列强或更容易感到上述潜在的文化隐忧;作为共同的外来者(outsiders),它们似较别处更强调团队精神和相互依赖性③。这就进一步促成了东亚(时人多遵欧洲习惯称为"远东")在国际政治中那特殊的"例外"之处:在欧洲处于敌对关系的国家在亚洲却可以联合贷款给中国,这一现象被入江昭(Akira Iriye)称为"世界政治中远东的隔绝"④。换言之,由于列强和中国这一似乎

①　Charles A. Beard,"Introduction," in idem, ed. ,*Whither Mankind*:*A Panorama of Modern Civilization*,New York:Longmans,Green,1929,p. 5.

②　这样一种不平的情绪长期存在于日本是其不断发动战争的一个潜在但不可轻视的因素,参见 Marius B. Jansen, *Japan and Its World*: *Two Centuries of Change*,Princeton:Princeton University Press,1980(此书有中译本:《日本及其世界:二百年的转变》,柳立言译,香港商务印书馆 1987 年版)。

③　关于列强作为"外来者"的一面,参见 Rhoads Murphey, *The Outsiders*: *The Western Experience in India and China*, Ann Arbor:University of Michigan Press, 1977. 不过,西方以及日本卷入中国的程度,特别是其通过条约体系直接成为中国权势结构的一部分,及其在中国经济和文化方面留下的更带永久性的印记,都提示出这些外来者已部分内化成"近代中国"一个不可或缺的成分了,其一个明显表征就是当时中国反帝者所秉持的思想资源基本是西来的。说详罗志田:《西潮与近代中国思想演变再思》,《近代史研究》1995 年 3 期。

④　Akira Iriye, *After Imperialism*:*The Search for a New Order in the Far East*, *1921 - 1931*, Cambridge, Mass. :Harvard University Press, 1965, p. 88.

更明显的"区分"，在欧洲的敌对关系到了亚洲即因此而暂时化解。这还只是出于谋利的主动一面，当条约体系面临中国挑战之时，列强为捍卫这一体系更容易联合在一起。

二　华盛顿会议后中国内争与外力的纠结互动

第一次世界大战见证了国际政治秩序的大转变，列强势力因战局而改变，巴黎和会提供了一个按势力消长来重新划分各国世界地位的机会。第一个共产党领导的国家苏联的出现，对世界资本主义体制构成有力的挑战；新俄国虽未参加巴黎和会，却存在于多数与会者的头脑中。当列宁对全世界劳动者描绘共产主义的美好未来时，威尔逊针锋相对地提出了著名的"十四点计划"。两人都提倡民族自决思想这样一种国际秩序的新观念，在不同程度上都反对既存的帝国主义国际秩序，故有学者认为这意味着帝国主义时代的结束①。

国际秩序的新观念由威尔逊和列宁来提出，体现出西方范围内正统衰落、边缘兴起的态势，即原处边缘的美国和俄国向原居中央的西欧挑战。从以西方为中心的"世界"范围言，至少在思想上，说帝国主义时代走向终结大致是不错的。但中国的情形有其特殊之处：正因为以条约体系为表征的帝国主义体制以非正式的间接控制为主，其帝国主义性质相对更隐蔽；更由于西方在中国推行例外法则，西方通行的处事方式并未全用于中国，在华帝国主义一直有其特异之处，故帝国主义在欧洲的"结束"并未迅速触及中国。

相反，尽管中国在巴黎和会没什么进一步的具体损失，至少在认知的层面，对中国人来说，和会结果提示的是帝国主义更明显的存在。在中国人心目中，帝国主义不仅未曾"结束"，实有加剧之势。威尔逊和列

---

① 入江昭就认为，华盛顿会议后，以美、英、日三国合作为基础，列强试图在东亚建立一种不那么具有帝国主义性质的国际新秩序，参见 Iriye, *After Imperialism*.

宁提出的国际秩序新观念对被侵略各国之人皆有很大的吸引力,但双方也存在对追随者的争夺问题,关键在于谁能真正实行民族自决的思想,或至少推动其实行①。对中国受众而言,威尔逊正是在这里开始输给列宁。这一转折影响中国思想甚大②,与本文相关的直接后果是苏俄的反帝主张特别容易为中国人接受。

为解决巴黎和会关于东亚的遗留问题,1921年—1922年间在美国华盛顿召开了国际会议。美国长期提倡的门户开放,包括尊重中国的完整,被正式写入《九国公约》,在法律上成为列强认可的原则;《公约》也正式否定了在华"势力范围"这种帝国主义行径(但不追溯既往),在法理上使列强不得增强旧势力范围,也不得谋求新势力范围;中国收回了山东的主权并可以赎回胶济铁路的所有权,取消了外国邮政电信,关税虽未自主,但可有提升,列强并同意考察中国司法状况以决定是否取消治外法权③。

这样的收获在近代中外条约史上可说是前所未有,在一定程度上对积弱的中国有所保护。以中国当时的国情,取得这样的结果是来之

---

① 参见 N. Gordon Levin, *Woodrow Wilson and World Politics*, New York: Oxford University Press, 1968. 美、俄两种民族自主的观念在中国都甚得人心,不过威尔逊的民族自决主要讲的是欧洲(理论上当然可放之四海,惟其真正的关怀是欧洲),而列宁的民族自决却更多讲到了亚洲。威尔逊能在巴黎和会放弃支持中国,部分也与其实际关怀所在相关。当时的中国人或未必已在这个层面理解和认识威尔逊的民族自决论,但明确感到他不能实行自己的诺言。

② 说详罗志田:《权势转移:近代中国的思想、社会与学术》,湖北人民出版社1999年版,第70—75页。

③ 参见顾维钧:《顾维钧回忆录》第1册,中华书局1983年版,第224—234页;叶遐庵(恭绰)述、俞诚之笔录:《太平洋会议前后中国外交内幕及其与梁士诒之关系》,自印本,香港,1970年,179—277页;Roger Dingmen, *Power in the Pacific: the Origins of Naval Arms Limitation, 1914 - 1922*, Chicago: University of Chicago Press, 1976; Thomas Buckley, *The United States and the Washington Conference, 1921 - 1922*, Knoxville: University of Tennessee Press, 1970; Noel H. Pugach, "American Friendship For China and the Shantung Question at the Washington Conference", *The Journal of American History*, LXIV (June 1977), pp. 67 - 86.

不易的。但中国在会上将各条约的不平等处尽行提出修改，却大部分均未实现。这就体现出华盛顿会议的一个根本问题，即列强基本上没有把中国作为东亚国际政治的一个正面因素来考虑，因而也就低估了民国代清以来中国内部革命性政治变动的重要性。

民初的中国局势确实继承了清季混乱多变的特征，其变化的突然和急剧并不比前稍减。而列强间一个传统的看法是中国应先实施内政特别是法律改革，维持（西方标准的）"正常"社会秩序，然后才谈得上考虑条约的修订①。华盛顿会议一如既往地坚持了这样的基本见解，其惟一的新意是要求列强予中国以安宁（即不以威胁方式扩充帝国主义权益），以便其实施内政改革②。

然而，正如前文所引"三千年未有的大变局"所揭示的，入侵的帝国主义本身就是中国秩序紊乱的主要造因之一③。更关键的是，任何大规模的政治、法律和社会改革必然意味着对既存权势结构的挑战，当外国在华势力已成为中国权势结构的直接组成部分时，复因其依"例外法则"在中国实行双重标准，列强自身也是按西方标准不那么"正常"的中国政治法律秩序的构建者和维护者。在中国实行大规模的全面改革必然要涉及列强的帝国主义利益，此时列强是继续扮演改革推动者的角色？还是转换为既存秩序维护者的角色？

---

① 这一思维也被正式纳入中外条约之中，较早的表述见于1902年订立的《中英续议通商行船条约》，其第十二款指出：中国愿意"整顿本国律例，以期与各西国律例改同一律"；而英国则"一俟查悉中国律例情形及其审断办法及一切相关事宜皆臻妥善"，即允放弃治外法权（黄月波等编：《中外条约汇编》，商务印书馆1935年版，第30页）。

② Dorothy Borg, *American Policy and the Chinese Revolution*, 1925-1928, New York: Macmillan, 1947, p. 12.

③ 连一向"温和"的胡适在"五卅事件"后也说，列强对中国的排外运动"发生最大的恐怖。我试问这恐怖哪里来的？完全由于他们基于不平等的条约，享有特殊的权利而来"。因此，不平等条约就是"一切冲突的祸根"。参见胡适：《对于沪汉事件的感想》（1925年6月），欧阳哲生编《胡适文集》，北京大学出版社1998年版，第12册，第723页。

当列强要求中国实行内部改革时,其依据的"国际准则"源自常规的"西方";而外国在华存在本身行为的指导原则,又往往是类似租借意识等非常规的"西方"意识形态。帝国主义的非正式方式支撑了东亚国际秩序的"例外"或"特殊",而隐伏于其间这一观念和利益的既存冲突也造成了列强身份的困窘和错位;后者复使不同国家在特定具体场合可以采取未必一致的政策,预示了列强间合作的难以维持。

在列强方面,华盛顿会议的一个重要目的是修复因第一次世界大战而改变的东亚国际关系。过去西方的研究对华盛顿会议形成的列强在华合作的取向强调稍过,实则所谓"华盛顿条约体系"的合作取向一开始就颇有缺陷,到1925年"五卅运动"后的关税、法权会议期间已基本消失殆尽。应该说,20年代以中国为场景的列强国际关系是典型的既竞争又合作的状态,而合作更多是在防卫和限制的一面,即每逢中国方面向条约体系挑战时[1],列强便易合作;实际上,不少次列强的"合作"原本旨在遏制列强之一采取"过分"的行动以扩大某一国的势力[2]。

同时,"华盛顿条约体系"并未充分体认到外国在华势力构成所发生的激变:德国和苏联未曾参与华盛顿会议,这两个大国在整个20年代推行着基本独立的中国政策,对"条约体系"形成了有力

---

[1]　中国方面的挑战包括官方的和民间的、中央的和地方的以及有意的和无意的,如1923—1924年的广州关余事件对列强而言乃是地方政府的作为,而1923年的"临城事件"则明显不具备挑战条约体系的主观意识,列强处理这两次事件皆颇能合作。

[2]　与前引入江昭的看法不同,普嘉锡(Noel H. Pugach)和孔华润(Warren I. Cohen)等认为华盛顿会议后列强间的合作仍比较有限,且更多体现在相互限制的一面,参见 Noel H. Pugach, "Anglo - American Aircraft Competition and the China Arms Embargo, 1919 - 1921", *Diplomatic History*, II (Fall 1978), pp. 351 - 71; Roberta A. Dayer, *Bankers and Diplomats: The Anglo - American Relationship*, Totowa, N. J.: Frank Cass, 1981; Warren I. Cohen, *The Chinese Connection: Roger S. Greene, Thomas W. Lamont, George E. Sokolsky and American East Asian Relations*, New York: Columbia University Press, 1978, pp. 51 - 70, 97 - 119.

挑战①。第一次世界大战中，德国与中国间的所有不平等条约已被废除。中德两国在 1921 年 5 月以新条约的形式确定了德国放弃原有的条约权利，而中国则予德国以最惠国待遇，使其仍享有他国所具有的利益。没有了治外法权保护，德国人在中国不仅比他国人安全，且成功地恢复了不少在一战期间失去的经济利益，复因放弃条约权利而获得中国人的好感，为其后来与国民党建立密切关系打下了基础②。

战后出现的第一个社会主义国家苏联一开始就表示愿意废除沙皇俄国与中国缔结的不平等条约，意识形态和具体作为都使其对条约体系的挑战更明显也更具冲击性。1924 年 5 月中苏两国签订《中俄解决悬案大纲》等系列文件，正式恢复了外交关系。苏联对领事裁判权的放弃和承认与中国订立关税条约时采用平等互让的原则，大大强化了中国与其他列强谈判的立场。此前的中德条约多少是战争的遗产，中苏条约基本是通过平等的谈判所缔结，是鸦片战争以来中国与他国签订的条约中对中国最有利一次，可以说开启了近代中外关系史上新的一页③。

这样，一向被激进者视为北洋"太上政府"的外交使团中首次出现一个共产党国家的代表。苏联向中国派驻大使级驻华代表更凸显出这一象征性变化的实际意义：此前各国所派使节皆为公使级，按照外交惯

---

① 参见 Iriye, *After Imperialism*, pp. 20 - 21；Warren I. Cohen, *America's Response to China：An Interpretative History of Sino American Relations*, New York：John Wiley, 2nd ed., 1980, pp. 105 - 107.

② 关于中德谈判及德国恢复其在华经济利益，参见 William C. Kirby, *Germany and Republican China*, Stanford：Stanford University Press, 1984, pp. 23 - 28；Robert T. Pollard, *China's Foreign Relations, 1917 - 1931*, New York：Macmillan, 1933, pp. 100 - 104；Iriye, *After Imperialism*, pp. 12 - 13.

③ 不过，当年中苏条约的谈判却在一种非常特殊的政治氛围下进行的，苏俄代表加拉罕曾提出以"中国人民"为外交对象这一违背国际外交谈判常规的口号，却相当符合当时中国各界民众要求参与外交的心理，在不同程度上实际得到从激进到保守的各类中国人士的应和，使本来处境艰难的北京政府不得不在谈判中让步。参见何艳艳：《1924 年中苏建交谈判述论》，四川大学历史系未刊硕士论文，1999 年 5 月。

例,在华使节中层级最高者应为外交使团的当然领袖,这就意味着苏联大使将成为驻华外交使团的代表。结果,所谓"东交民巷太上政府"很难再集体行使其惯性权势①,以不平等条约为基础的外国在华势力已不复为一个整体,中外关系的格局出现了革命性的转变,奠定了此后南北两政府修订中外不平等条约的基础。

中国与德、苏的新条约意味着已经运作多年的在华"条约体系"出现了巨大的缺漏②,同时也反映出中外关系可调适的余地甚大。德国人在中国的经历说明外国人无须治外法权的保护而生活得很好,经济上也能获利③。凭借其建立的平等新关系,苏联可以在中国公开鼓吹和支持反帝运动④,然其通过中苏条约以及此后的奉俄条约实际保留了几乎所有的具体利益。后者提示出中国方面的修约要求可以是有限的和非常灵活的:中国朝野寻求的是主权,有时甚至可以是象征性的主权,而在具体利益上则可以做出较大的让步⑤。

---

①　例如,"五卅事件"后的中外交涉中,英、日、法、美、意、比形成一个临时性的"六国集团"共同行动,最能说明原有"外交团"的常规集体行为基本不复存在。

②　这一体系的缺陷也包括对华武器禁运的突破,国民党正利用了这一缺陷,先后从俄、德两国获得主要的军事援助。

③　实际上,治外法权对外国人的保护远没有一般认为的那样有效,北伐时期的经历更说明这一条款对外国人的生命财产连象征性保护能力都不具备:整个北伐战争期间,唯一在中国活动频繁而又没有人员伤亡的主要列强就是在一次大战后失去了治外法权的德国。

④　当然,列强也会利用意识形态来认识和处理苏俄在华行为,参见 Martin Mun-Loong Loh, "American Officials in China, 1923－1927: Their Use of Bolshevism to Explain the Rise of the Kuomintang and Chinese Anti-foreignism", Ph. D. dissertation, University of Washington, 1984.

⑤　华盛顿会议关于山东问题的解决已开先例,即日本在政治上从山东退出,但涉及实质性利益的日本势力仍保留在山东(中国以为期 15 年的国库券向日本赎回胶济铁路,在未清偿期间用日本人为车务长、中日各一人为会计长)。但华盛顿会议上中国的让步是在列强压力下做出,而中苏条约中的让步却是在内部"国民外交"压力下做出,更能说明中国外交的灵活性。

　　在一定程度上,既然多数列强(日本除外)渐已放弃直接掠夺中国领土的取向,中国获得至少象征性的主权而列强基本维持其实际利益大致符合以间接控制为主的在华帝国主义秩序。但一向被认为最重实利的主要帝国主义列强似乎迟迟不能认识到中国修约要求的灵活性,恰揭示出中外交涉方面的文化意义有多么深厚。

　　列强对领土掠夺的放弃使外交谈判的重要性大增,涉及具体利益时,任何列强都不会轻易放弃对其有利的条约权利。然所谓"有利",包括实际有利和以为有利(imaginary advantages),20世纪上半叶中外交涉的大量史实证明,即使是那些早就对外国在华利益不起实际保护作用的条款,列强也不轻言放弃。由于许多条约"利益"已是想象多于实际,中外修约谈判中双方所争的常常不是具体利益的得失,而更多是中外交往应奉行怎样一种"方式"。说到底,这是一种文化竞争。那时的中外谈判常常因一些今日看来极细小的问题而搁置,就因为对谈判双方来说,这些细小问题都有着深远得多的文化含义。

　　文化因素的影响虽深远却不甚明晰,各国外交更直接受到本国政治体制的约束。在西欧和美国,政治体制比较稳定,但以代议制为基础的民主政治对外交有着明显的限制,内部的不同意见强烈影响着外交政策的制定和实施,许多时候外交策略的思考其实是在因应国内的党派政治需要。而俄国、日本和中国不同程度上都面临着旧政治体制已去而新政治体制尚未充分确立的状况。政治体制的稳定与否直接影响到社会的动荡程度,动荡的社会反过来又为形成中的政治秩序增添了变数①。

---

　　① 　关于日本,参见 Jansen, *Japan and Its World*；Jean-Pierre Lehmann, *The Roots of Modern Japan*, London: Macmillan, 1982；关于俄国,参见 Hans Rogger, *Russia in the Age of Modernization and Revolution*, 1881 - 1917, New York: Longman, 1983；Roberta T. Manning, *The Crisis of the Old Order in Russia: Gentry and Government*, Princeton: Princeton University Press, 1982；Adam B. Ulam, *The Bolsheviks: The Intellectual and Political History of the Triumph of Communism in Russia*, New York: Macmillan, 1965.

在这样的社会里,新思想的产生更少限制,其发展有着更广阔的空间,但不同思想观念的竞争也通常更加激烈。更重要的是,超常规和非常规的主张和行为很容易出现,而相关职能机构按常规制定决策和推行其策略反不时被忽视甚至颠覆。本来任一大国的内部政治激变都会影响到其所在地区的国际秩序,在 20 世纪 20 年代的东亚,不仅中国和日本都不同程度地处于政治大变动之中,横跨欧亚的苏俄也尚未结束其内部政治秩序的调整,这就大大增强了这一区域国际关系的不稳定因素。

而中国的乱相又特别明显,不仅政治和社会的"革命性"(主要指既存规范的失效)超过日、俄两国,甚至不时缺乏一个名副其实的有效中央政府。当时中国各军政力量基本重在内争,其首要目标是扩充自身势力甚至统一全国,与历代中原逐鹿并无大的差别。但是,这一包括军事手段在内的政治竞争是在与历代大不相同的背景下进行的,最根本的不同之处即在于外国在华势力已成为中国权势结构的直接组成部分。故即使是纯粹内部的"改朝换代",任何对既存权势结构的挑战都要涉及帝国主义列强的利益,实际也构成对条约体系的冲击,致使中国内争和外力的纠结和互动远甚于他国。

这样复杂的局势困扰着中国思想界,杜亚泉在 1918 年已虑及外国势力可能不容中国平静地改革,他在讨论中国新旧势力之争时说,"武人官僚,倚仗旧势力,以斫伐国家生命,惟恐其勿尽";同时可能"将有外来之势力,加于吾国之上,以绝吾国之生命;不能更有机会,容待吾国发生新势力,以营代偿作用①。今日一般视为"保守"的杜氏在"五四"学生运动前已观察到"武人官僚"、"旧势力"和"外来势力"的关联及相互支持的一面,从一个侧面揭示出当年中国思想界的确趋向激进。

这也说明,一些中国读书人对那时内争和外力的纠结已有较清晰

---

① 杜亚泉:《中国之新生命》(1918 年),《杜亚泉文选》,田建业等编,华东师大出版社 1993 年版,第 324 页。

的认知。陈独秀在未成马克思主义者时已注意到因交通发达而出现的
"全球化"趋势："举凡一国之经济政治状态有所变更,其影响率被于世
界,不啻牵一发而动全身也。立国于今之世,其兴废存亡,视其国之
内政者半,影响于国外者恒亦半焉。"①当时的"全球化"程度与今日相
比所差甚远,很可能是外国在华势力深入中国权势结构的现象让陈独
秀在八十多年前就思考到"一国之经济政治状态"变更与"世界"的
关联。

　　当中共于1922年发出反帝为主旨的"二大"宣言时②,胡适撰文回
应说,民国以来列强对中国的态度有明显改变,列强在清末还想征服统
治中国,但日本势力在远东的一再扩充和中国民族的一步步自觉使远
东局面大变,不仅"现在中国已没有很大的国际侵略的危险",而且"外
国投资者的希望中国和平与统一,实在不下于中国人民"。故中国人可
以不必担心列强的侵略,且"同心协力的把自己的国家弄上政治的轨道
上去"。若国内政局纷乱,列强自然也不会放弃其权益。一句话,内部
"政治的改造是抵抗帝国侵略主义的先决问题"③。

　　胡适的主张相当接近华盛顿会议的精神,但他忽略了一个非常重
要的基本因素,即外国在华势力已成中国权势结构的一部分;即使是纯
粹内部的"把自己的国家弄上政治的轨道"的努力,只要含有对既存权
势结构挑战之意,就不可避免地要涉及帝国主义列强的利益。他自己
稍后就发现,连谈"全国会议、息兵、宪法"这类具体的"问题",都"势必
引起外人的误解"④,可见"外人"在中国涉足极深,已全面"介入"到中
国权力结构之中。故有人明确指出:"内政与外交,在我国今日实已打

---

　　①　陈独秀:《敬告青年》《青年杂志》1卷1号(1915年9月15日),第4页。

　　②　《中国共产党第二次全国代表大会宣言》(1922年7月),《中共党史教学参
考资料》(1),人民出版社,1979年重排本,第3—16页。

　　③　胡适:《国际的中国》,《胡适文存二集》卷三,亚东图书馆1931年8版,
128a—128i页。

　　④　胡适:《与一涵等四位的信》,《胡适文存二集》卷三,第143页。

成一片,不可复分。"①

中共方面随即由张国焘发表长文对胡适进行系统反驳,张氏也注意到帝国主义的侵略方式已由 19 世纪的武力为主转变为经济侵略为主,后者"既省钱,又省力,还不易引起重大的反感";但他认为经济侵略比武力侵略更危险,因为列强对中国市场的竞争已造成一种"相互竞争的侵略"。且帝国主义是军阀政治的后台,故"帝国主义是中国人民的第一个敌人,是势不两立的敌人,为了解除中国人民的痛苦,为了中国的独立和自由,非急速打倒他不可"。若不"打倒英美日等国的对华侵略主义,不足以改造国内政治"②。

不论先反帝还是先实施内政改革,双方的共同点是承认帝国主义侵略方式有所变更,而中国的内政与外国在华存在也有着密不可分的关联。双方的分歧更有相当的代表性,体现出中国社会或思想界对"外国在华存在"那双重身份的困惑:胡适等人或者更多看到其作为改革推动者的一面,而从杜亚泉到中共这些人则明显将其视为中国既存秩序的维护者③。

要求中国先改革内政然后考虑条约修订的"华盛顿会议精神"反映出列强仍更多看到中国的乱相,却未能仔细观察和认真考虑与此相伴

---

①　平:《内乱与外患》,原载《市声周刊》4 卷 2 期(1926 年 1 月 3 日),转载于章伯锋主编:《北洋军阀》第 5 卷,武汉出版社 1990 年版,第 300 页。

②　国焘:《中国已脱离了国际侵略的危险么?》,《向导》6 期(1922 年 10 月 18 日),人民出版社 1954 年影印向导周报社汇刊本,第 45—50 页。更详细的讨论参见罗志田:《北伐前数年胡适与中共的关系》,《近代史研究》2003 年 4 期。

③　这是近代中外交往一个带根本性的问题:西方给中国带来许多可借鉴的新思想资源,但其既然以入侵方式进入中国,就在很大程度上阻碍了中国士人接受这外来的思想资源。同时,外来者的双重角色也使得在中国的"西方"不能不"分裂"。(参见罗志田:《西潮与近代中国思想演变再思》,《近代史研究》1995 年 3 期;《西方的分裂:国际风云与五四前后中国思想的演变》,《中国社会科学》1999 年 3 期)日本在这中间的地位相对特别:在西方思想资源进入中国的过程中日本扮演了重要的角色,其自身也可以说是新思想资源的提供者;然而在处于社会、政治秩序大调整中的日本国内,主张采取直接领土夺取政策的一派始终活跃于政界和军界,故日本对以间接控制为表征的在华帝国主义秩序也存在挑战的一面。

随的中国社会和政治的疾速变化①,特别是中国民族主义那御外和内部整合并存的两面性(许多知识精英及其民众追随者既要求国内政治体制的改革,也愈来愈强烈地希望中国完全掌握自己的主权)②。中国政府或任何中国政治力量必须先给人以"得道"的形象,然后才能致力于"把自己的国家弄上政治的轨道"并整合离散中的社会秩序。修订不平等条约以恢复中国主权恰是"得道"的最佳方式之一,也渐成必需的步骤③。

　　这样,华盛顿会议上中国虽颇有所获,但已不能满足高涨的民族主义情绪;特别是那些收获因法国以"金佛郎案"迟迟不批准《九国公约》而名至实未归,使中国方面的外交成就感日益淡薄,对列强的不满却与日俱增④。

---

　　① 部分可能因为其自身仍处革命后社会、政治秩序的大调整之中,苏俄显然更能领会中国内部激变那突破常规一面的革命性意义,其提出以人民为外交对象的主张非常具有想象力,与那些试图维护既定秩序的西方列强相比,体现出相当充分的"思想解放"。

　　② 关于近代中国民族主义的两面性,参见罗志田:《近代中国民族主义的史学反思》,收入其《二十世纪的中国思想与学术掠影》,广东教育出版社,第104-128页。考虑到中国当时的实际,本文所说的"民众"和"大众"通常不出城镇的范围,即使在城镇中也更多指的是多少识字且对"国是"保持兴趣的一部分,其实际数量可能不甚大。

　　③ 在政治运动中有意识地运用民族主义已成为当时中国政治活动的一个倾向,美国驻华使馆中文秘书裴克(Willys R. Peck)稍后观察到,"在政治中引起民众关注的最简易、最保险和最有效的方式"就是排外,所有的中国政治派别都以此策略来"确保民众的支持"。Memo of conversation between Peck and Wellesley, Dec. 9, 1926, U. S. Department of State, Records of the Department of State Relating to Political Relations Between China and Other States, 1910 - 1929, National Archives Microfilm Publications, No. 341,893. 00/7981.

　　④ 加拉罕在1924年就提醒中国:华盛顿会议关于审查治外法权和增加关税等权利,"以法国之反对",迄今未能实行。(加拉罕致王正廷,1924年3月19日,收入薛衔天等编:《中苏国家关系史资料汇编(1917-1924年)》,中国社会科学出版社1993年版,第256页)美国驻华公使马慕瑞(John V. A. MacMurray)在1925年也已注意到法国迟迟不批准《九国公约》对列强利益和中外关系的损害(MacMurray to Hughes, Nov. 17, 1925, John V. A. MacMurray Papers, Seeley G. Mudd Library, Princeton University.)。

正是帝国主义列强的不协调不合作阻碍了华盛顿会议精神的落实,并进一步打击了巴黎和会后已大为削弱的中国"自由主义派"在国内政治上的发言权,此派言论的缺乏说服力当然也就使中外关系方面更为激进的主张得以扩大影响①。

北伐前夕中外关系就是处于这样复杂多变的混乱格局之中,在此情形下,列强间的合作既难以维持,任何外国也很难有多么具体的政策,尤其不可能有预先制定的长远政策。正如帝国主义侵略所及区域限定着帝国主义侵略的方式一样,中国的局势在很大程度上制约着这一地区国际关系的走向。面临新的问题和变幻莫测的局势,各国只有不断调整其原有的政策原则,故当时主要列强的具体对华政策与中国局势颇相类似,也以多变为特征。

第二节　中苏建交谈判

20 世纪 20 年代,苏俄对华政策的基本方针是扶植中国革命力量推翻北京政府,建立亲苏政权;但在这个目标未实现以前,同北京政府及地方军阀进行谈判,以恢复中俄之间由地缘政治关系所决定的外交关系和经济关系,也是必不可少的。因此苏俄陆续派出远东共和国代表团、巴意开斯代表团、越飞代表团赴中国进行接触和谈判。其中越飞代表团人数众多、规模庞大,在华活动极为频繁,与中国各界人士密切

---

① 前述"保守"的杜亚泉与激进的中共观点相近,就极具启发性。一般不视为激进的张君劢就说,巴黎和会后,"我心中大为不平,觉得协商国政治家之所谓正义人道者,皆不过欺人之词;因而想及所谓国际法者,实等于国际的非法"。由于对其所研究的国际法失望,他不久即放弃修习国际政治。参见张君劢:《学术方法上之管见》,《改造》,4 卷 5 号(1922 年 1 月),1 页(文页)。张氏自己后来在中苏谈判期间就要求加拉罕本着外交公开的宗旨,将其对中国政府所提出之条件公示于中国国民,国民必能秉公道正义以赞助加拉罕。(《晨报》,1923 年 9 月 11 日,6 版)再后来留学欧洲专习国际法的周鲠生提倡流氓式的"革命外交",(参见周鲠生:《革命的外交》,收入其同名论文集,上海太平洋书店 1928 年版,第 1—11 页)其潜在造因大概也源于此。

接触,虽然未能与北京政府就恢复国交达成任何协议,但越飞在华期间与当时中国的军事领袖吴佩孚和政治领袖孙中山保持了密切的书信来往。一方面他极力促成孙吴之间的联合,另一方面他就中俄之间最重大的两个问题,即蒙古问题和中东铁路问题同孙、吴交换意见,争取他们的支持和帮助。在这方面越飞是成功的,他基本上说服了孙、吴支持他的立场,并借孙中山之口进一步申明苏俄的谈判立场。

苏俄这一时期的对华外交呈现出两大特点:一、由重宣传转向重实利。正如苏俄外交委员会所强调的:"我们当今的政策具有更少的宣传性质,而更加务实。"在对外谈判时特别关注"每一寸苏维埃土地、每一个苏维埃卢布",决不轻易向其他国家"让一分利"。在1923年苏俄实行新经济政策后,其对华政策的这一特征更为明显①。二、苏俄对华政策往往随着国际局势的演变和自身力量的消长,随时改换策略,其中尤为突出的就是利用各种关系之间的矛盾与纠葛,采取灵活多变的手段去达到外交目的。当时中、日两国之间的矛盾和竞争很激烈,苏俄力图使中、日互相牵制,越飞即肩负着同时与中国和日本进行外交谈判的双重任务。他在与北京谈判进展不大的情况下,转向日本,进行日、俄长春会议,长春会议破裂后,转而又谋求与北京政府谈判。在中国国内,政局不稳、军阀分立、南北对峙,苏俄即利用各种复杂关系,造成对苏俄有利的局势。突出表现就是越飞在华时一面联络吴佩孚,一面联络孙中山,寻求他们对于苏俄谈判立场的支持,最终在与北京政府谈判无望的情形下,与孙中山签订了《孙文越飞宣言》②。

加拉罕作为越飞的继任者,其任务是继续越飞未完成的使命,因此其交涉循着越飞的路线进行。此时中俄复交的时机较为成熟。中国方

---

①　引自林军:《初期苏联对华政策的内部分歧》,《世界历史》1995年第2期,第49—51页。

②　参见王聿均:《中苏外交的序幕——从优林到越飞》,台北中研院近代史研究所1978年版,第497—509页;《联共(布)、共产国际与中国国民革命运动》(1920—1925)第1卷,北京图书馆出版社1997年版,第99—218页。

面已派王正廷督办中俄交涉事宜,加拉罕作为 1919 年、1920 年两次对华宣言签署人,在华有良好口碑。更重要的是,越飞在华所作的大量工作为加拉罕的谈判奠定了良好的基础,因此 1923 年秋天加拉罕在有利的条件下开始了对华谈判。

一　加拉罕来华及中俄初期交涉

1923 年 6 月下旬,驻京苏俄代表团接到越飞奉调回国,代理外交人民委员长加拉罕被任命为驻华全权代表的训令①。加拉罕时年三十七岁,是苏俄 1919 年、1920 年两次对华宣言的签署人,非常熟悉远东情形,被称为"远东通"。他的名字在中国早就广为人知,舆论普遍认为加拉罕对华抱有好感,故对他的来华寄予厚望②。加拉罕一行于 8 月12 日抵达满洲里,13 日抵达哈尔滨,18 日到奉天,所到之处,"其欢迎盛况,为从来所未有"③。

对于中俄间最为关注的中东铁路问题和蒙古问题,加拉罕在各种场合解释了苏俄新立场。早在 1923 年 8 月初,加拉罕与驻莫斯科东方通信特派员谈论中东路问题时就表示,由于中国对当初俄国所发出的第一次、第二次对华宣言没有作出回答,现在国际形势变了,所以俄国不能受宣言的拘束。对于中东铁路问题,俄国应尊重铁路沿线中国的主权,但是铁路的权利应归俄国掌握④。8 月 15 日加拉罕在哈尔滨向

①　苏俄代表团致中国外交部节略,1923 年 6 月 27 日,北洋政府外交部中俄交涉署会务处编:《中俄会议参考文件》第 2 类,《中俄问题往来文件》,第 140 页,见薛衔天等编:《中苏国家关系史资料汇编(1917—1924 年)》,中国社会科学出版社 1993 年版,第 192 页。(以下凡出现此书仅引书名、页数)

②　朔一:《加拉罕东来及中东路地亩交涉》,《东方杂志》,第 20 卷,第 15 号(1923 年 8 月 10 日),第 10—11 页。

③　《盛京时报》1923 年 8 月 14 日、15 日、17 日,均为第 2 版;8 月 18 日、19 日,均为第 4 版;《晨报》1923 年 8 月 17 日第 3 版。

④　《盛京时报》1923 年 8 月 7 日第 2 版。

记者发表谈话时,对于中东路问题更明确提出"俄权在路,中权在土地"的说法①。加拉罕还说:"俄国对于中东路之权利,乃无可疑,中国之优秀分子对此深为明了,且不能予以反对。"对于俄国以往所发表的对华宣言的有效性,加拉罕认为仍持续有效的是宣言的基础与原则,但中东路之重要利益无论过去还是现在苏俄都不能抛弃,并且中国方面也没有人提出这样的要求②。当有人指责苏俄占据外蒙时,加拉罕说:"赤军出动外蒙之目的,非在侵占领地,实因驱逐白党之不得已行动。"他提出外蒙撤军的条件是:"设中国能充分保守,不令白党进入外蒙、胁迫赤塔,赤军自无久驻之必要。"③

加拉罕的这些说法表明了苏俄政府在这两大问题上的基本立场,即不能完全兑现苏俄在1919年、1920年宣言中所作的许诺。其理由:一是苏俄的许诺不能无限期的有效,当初的许诺是以苏俄方面一系列的让步为条件的,但中国不仅没响应苏俄的呼吁——恢复中俄关系,签定条约或协议,而且对当时的照会也未予理会,所以苏俄"不得不极其慎重地,有保留地对待我们的许诺";二是"中国目前没有巩固的政府,因为中国政府不是中国局势的主人。而且,任何一个与中东铁路有关、保障我们利益的协议,非但不能指望其实现,甚至都不能引起我们足够的信任",故苏俄不能放弃中东铁路④。

加拉罕此次来华本负有恢复两国外交关系的使命,但在8月15日当俄记者问他各国多不承认北京政府,与之缔约是否有效时,加拉罕回

---

① 《盛京时报》1923年8月19日第3版。(这一提法与《民国日报》1923年8月24日第6版记载有出入,转引自《中苏国家关系史资料汇编(1917－1924)》,第192－193页,《民国日报》未见此种提法,时间亦记为8月16日);《盛京时报》1923年8月19日第4版。

② 《晨报》1923年8月23日第3版。

③ 《盛京时报》1923年8月22日第4版。

④ 参见林军:《苏俄政府在归还中东铁路问题上口径的变化——加拉罕给越飞的信》,《外交学院学报》1996年第1期,引文均转引自第38－40页。

答说他将与之缔约的是中国人民，既然是与人民缔约，则无论地方政府还是中央政府，当然应该承认条约的有效性。翌日，加拉罕在哈尔滨各地方团体的招待宴会上重申了此点。加拉罕这种面向人民大众的外交手法，虽然不甚符合国际外交惯例，却相当适应五四运动后"人民外交"呼声高涨的中国政治环境，这样的方式他在以后还有多次运用①。

在与中国各界人士应酬之际，加拉罕与奉天方面就东路地亩、中俄边境各悬案以及外蒙古等问题交换了意见。在8月19日张作霖为加拉罕所开的欢迎会上，加拉罕有三项声明：(一)他此次来的任务是进行中俄会议，而东三省与俄国土地接壤，关系密切，希望能互相提携，承认苏俄。(二)切实商议东三省与俄国通商问题。(三)与奉天当局商议中东路问题并请当局承认在东三省管理下主要都市，设置俄国领事馆②。加拉罕在此已明确提出以奉天当局为苏联的谈判对象。他虽然在奉天逗留了两周之久，也与奉天当局进行多次秘密磋商，但最终双方未达成谅解。而中俄交涉事宜公署督办王正廷派专人赴奉迎接加拉罕来京，加拉罕遂于9月1日起程赴京③。

1923年9月2日加拉罕抵京。9月3日，王正廷与加拉罕会晤，加拉罕表示中俄问题"实有不容延搁之处"。但当王正廷建议"早定日期开议"时，加拉罕表示"一则须略事休息，二则须将种种问题加以研究方可办理"④。

9月4日加拉罕对报界发表声明，这也就是通常所称的苏俄第三

————————

①　《晨报》1923年8月21日第3版。

②　《晨报》1923年8月22日、23日均为第4版。

③　《晨报》1923年8月29日第4版。

④　筹办中俄交涉事宜王正廷会晤苏联全权代表加拉罕，1923年9月3日，北洋政府外交部筹办中俄交涉事宜公署档案，见《中苏国家关系史资料汇编(1917—1924年)》，第198—199页。(以下凡引自北洋政府外交部筹办中俄交涉事宜公署档案，不再注明)

次对华宣言①。这次宣言与前两次对华宣言相比，有以下几个特点：

（一）宣言除重申 1919 年、1920 年宣言的原则和精神仍是苏俄对华关系的指导原则外，明确声明"我们绝不会放弃我国在中国的利益"，其不放弃的理由是因为这些利益"并不侵犯中国人民的主权"，并且这些利益"很容易同中国人民的利益和主权协调一致起来"。

（二）将各国对华政策与苏俄对华政策作了对比，更以临案通牒一事②，激发中国人的民族情绪。

（三）提出中国政府数年以来"每月有对俄施以非友谊措置之事实"，但是这些"事实"是敌视苏俄的外国列强操纵、施加压力，有时是直接使用暴力的结果，并不真正反映中国民意，从而将人民与政府区别言之③。

同日下午，王正廷在北海养心斋第一次招待加拉罕。席间王正廷以美国退还庚子赔款为例，希望苏俄追随美国的对华政策。加拉罕立即反驳说，俄国才是首先完全放弃庚子赔款的国家，各国不过追随俄国之后而已。他表示："俄国决不追随美国，更决不签署某一牒文若临城通牒者，俄国决不要求治外法权及强迫订约，或在中国组织司法行政机关。凡损及中国主权之种种利益，俄国皆愿放弃，俄国与中国将建设绝对平等之关系。"④联系加拉罕在同一天所发出的对华宣言可以看出，加拉罕一开始就放弃了诸如庚子赔款、治外法权，以及在中国组织司法机关等权利，苏俄在华利益应得到保留的部分主要集中在蒙古问题和中东路问题。

---

①　这一声明曾在中国报界代表中广泛散发，登载于《晨报》、《京报》、《时报》、《顺天时报》，1923 年 9 月 5 日。

②　临案通牒指 1923 年 5 月 6 日在山东临城车站发生了劫车案后，英、美、法、日等国向北京政府外交部的抗议照会。

③　宣言内容译自《苏俄对外政策文件集》第 6 卷，见《中苏国家关系史资料汇编（1917－1924 年）》，第 193－196 页。

④　《晨报》1923 年 9 月 6 日第 3 版。

9月6日，北京政府外交总长顾维钧会晤加拉罕，加拉罕告知其此番是以苏维埃社会主义共和国联盟代表之资格而来，其委任状过几天就会送达外交部，并询问中国现在有没有总统，委任状应呈递何人？顾维钧回答说，送到后再行通知办理的方法①。9月9日，加拉罕致顾维钧节略，通告其已于本日就职，并附送国书副本。

9月14日，王正廷与加拉罕第一次正式会晤，双方即出现分歧，加拉罕坚持首先恢复两国国交，而后解决悬案；王正廷则坚持先谈判解决重大悬案，再正式承认苏俄。双方均坚持己见，不肯让步。后来王正廷作了让步，同意只要在会前签订一个解决悬案的原则性协定，两国即可恢复邦交。加拉罕要求王正廷详告具体提议，以便请示政府。9月24日王正廷因病入院，中俄交涉延搁②。

加拉罕到京后广泛与中国各界人士接触，酬酢往还了解情况。这中间既有西北边防督办冯玉祥及黄郛等人，也有众院议长吴景濂，还有北大教授蒋梦麟、李大钊等。此外，北京学生联合会、国民外交同志会、京师总商会、中华西北协会等北京各团体或开会欢迎或设宴招待，一时中俄亲善的空气相当浓厚。大家除了一致表示希望中俄速复邦交外，各方面还有自己关心的具体问题。冯玉祥谈到自己身负西北边防督办一职时，加拉罕表示中国边境"决不至受俄方之压迫"。吴景濂则表示希望中俄两国携手抗击侵略主义国家，并说中国国家虽然不统一，但是外交上则是一致的，而外交当局也不能不尊重多数民众的意志，加拉罕对此表示赞同。教育界提出将俄国退回庚款充作教育基金。学生们则主要表示应与苏俄共同抗击帝国主义的侵略。商会代表一致表示中俄之间商务关系极为重要，并质问加拉罕华侨在俄受虐待的情况。加拉罕表示，"环顾中国，愿与俄国了解者，不独北京一隅，全国各派皆具此

① 外交总长顾维钧会晤苏联全权代表加拉罕，1923年9月6日，见《中苏国家关系史资料汇编(1917—1924年)》，第199—200页。

② 详见林军：《中苏外交关系(1917—1927)》，第80页。

意",因此他对中俄问题更具信心①。

9月10日,国民外交同志会设宴招待加拉罕,国会参议员雷殷专门提出蒙古问题,"中俄两民族希望亲善之心虽切,而终未能成为事实者,则因俄国兵队尚驻扎外蒙古所生之障碍也"。雷殷说帝国主义惯于利用武力作为外交的后盾,中俄之间讲亲善就应排除以武力为后盾的嫌疑。加拉罕则称,俄国政府派兵入蒙,乃出于不得已的自卫之举,其目的一为防卫俄国之安全,二为保障中国之主权。俄国无侵略蒙古之野心,驻外蒙的俄军人数很少,只有三百余人。他进而指出"中俄两国人民亲善之障碍,亦不在外蒙之驻兵,而在中国政府四周之空气也"②。

在9月18日的各团体招待会上,加拉罕对于中东路问题有详尽的叙述。他指出,白党盘踞中东路对俄国安全造成威胁。最近白党又公然请求外人干预中国收回东路地亩处③,因此苏俄认为列强对中东路有共管的野心。加拉罕认为,"中东路只应由中俄两国共谋解决,并以为此乃应首先解决之问题"。俄国要将中东路改为商业性质,使其成为沟通中俄文化及增进两国友谊的工具。对于蒙古问题,加拉罕坚持申明俄方驻蒙之目的在于清剿白党,并提出撤兵条件"一俟中国对俄有充足之保证,俄兵即可退出蒙境"。此外,加拉罕认为中俄交涉阻滞的责任并不在俄方,而在于中国外交部追随帝国主义,想以承认问题压服苏俄。苏俄已答应中国提出条件的十分之九,只须将两国关系签订条约使其具体化,则两国之间就没有其他问题了。加拉罕表示中俄正式国交恢复固然可喜,然而更为可喜的是中国国民可持此项宣言与列强斗争,从而博得自由与独立。他强调"在此奋斗中,能协助中国者,唯有苏

① 《晨报》1923年9月8日第3版、第6版;9月10日第6版;9月13日第2版、第6版;9月16日第3版;9月18日第6版。

② 本段与下段,《晨报》1923年9月11日第6版。

③ 中东铁路地亩交涉,指张作霖因不满中东铁路地亩处的作为,派张焕相为地亩局局长于1923年8月1日接收地亩处,而俄铁路局局长渥斯特罗乌莫夫与地亩处处长关达基拒不交代,并运动当时驻哈的英、美、法、日四使出面干涉。

维埃政府"①。

与此同时,加拉罕还积极与孙中山联络。9 月 8 日,加拉罕致电孙中山,说明他此次来华是希望实现两国的共同利益,并使之建立在牢固坚实的基础上,期待孙中山能给予帮助②。9 月 16 日和 17 日,孙中山连续发出电报和信函给加拉罕,指责北京政府为"不独完全不能代表民意,且已失去国家政府的外貌之政治团体",其外交政策"实际上仰列强之鼻息,远甚于根据独立自主的中国之利益"。因此,孙中山建议加拉罕到广州同他的新政府进行谈判③。10 月 6 日,加拉罕写信给鲍罗廷,他说孙中山提出的关于在广东进行谈判的建议"为时尚早",并希望鲍罗廷能寻求孙中山对中东铁路问题的支持。此外他还流露出不信任王正廷的情绪,称王正廷"已开始摇摆并在日前居心不良地试图挑动我召开正式会议"④。

10 月 2 日,加拉罕致函上海国会代表,表达其对北京会议的看法:"我既不确知何时开议,也不确知我们能否在这方面取得良好的结果。"他再次重申俄国公开外交的原则,指出"即使中国有某些当权者迫于外来压力想同中国人民交恶,并准备把类似中国与其他列强签订的那种条约强加于中国人民,那么诸位也可以放心,你们在那个条约上也绝找不到我们的签字,也找不到任何一个苏联代表的签字"。加拉罕并再次承诺放弃领事裁判权和治外法权⑤。同一天外交部颁给王正廷全权证

---

① 《晨报》1923 年 9 月 21 日第 3 版。

② 加拉罕致孙中山博士的信,1923 年 9 月 8 日,见《共产国际、联共(布)与中国革命文献资料选辑(1917—1925)》第二辑,北京图书馆出版社 1997 年版,第 531—532 页。

③ 孙中山复加拉罕电,1923 年 9 月 16 日;孙中山致加拉罕的信,1923 年 9 月 17 日,见《共产国际、联共(布)与中国革命文献资料选辑(1917—1925)》第二辑,第 532—533 页。

④ 《联共(布)、共产国际、与中国国民革命运动(1920—1925)》第一辑,第 296 页。

⑤ 《苏联对外政策文件集》,第 6 卷,转引自《中苏国家关系史资料汇编(1917—1924 年)》,第 197—198 页。

书,指派王正廷为全权谈判代表,与俄代表开议协商所有中俄间一切悬案,其权限为"有以中华民国国家名义商议议决之权",但其议决事项须由政府批准,"将来议决事项如经本政府准其签字批准,必予施行"①。

10月6日,曹锟当选总统,批准李家鏊为驻俄外交代表②。在莫斯科,苏联外交委员会对中国政府派李家鏊任驻俄代表表示欢迎,但指出鉴于两国邦交未成立,苏俄不能以外交代表之资格而只能以正式代表之资格接待李家鏊,并指出这样做的理由是因为加拉罕呈递国书一事受到阻碍③。

10月13日,王正廷向加拉罕提出中方十三点草案。17日加拉罕对之几乎全部驳回。双方分歧最严重的集中在外蒙问题与中东路问题。对于外蒙问题,中方要求俄军于六个月内撤离,废弃俄蒙间协约;俄方则只承认中国对外蒙古的领土主权及苏军撤离,但拒绝规定撤军时间与步骤。对于中东路问题,双方意见截然相反。中方要求苏维埃政府将中东铁路及其附属财产一并完全归还中国,俄方同意将铁路所有权移交中国,但中国必须出资赎买,关于赎路的具体事项须待将来召开会议商定。在此之前,苏联保留其在铁路上的一切权利,1896年中俄密约和合同继续有效,只是在铁路路区内尊重中国政治上的主权,并同意中国在一定程度上参加铁路行政管理④。

11月初,加拉罕以王正廷企图在恢复邦交前解决所有悬案为理由,不接受草案,并拒绝将中国提案报告莫斯科政府⑤。中俄交涉陷入僵局,随即加拉罕公开表示不信任王正廷,声称王正廷所出示的大纲并

① 筹办中俄交涉事宜全权代表王正廷全权证书,1923年10月2日,见《中苏国家关系史资料汇编(1917—1924年)》,第203页。
② 参见林军:《中苏外交关系(1917—1927)》,第80页。
③ 《晨报》1923年11月3日第3版。
④ 参见林军:《中苏外交关系(1917—1927)》,第81—83页。
⑤ 参见林军:《中苏外交关系(1917—1927)》,第83页。

非中俄会议所依据的真正原则,而真正的条件已从东交民巷传出,所以加拉罕认为王正廷以前的接洽都是"故意派人刺探,非出诚意"①。苏俄对华的宣传机关华俄通讯社称:"中俄交涉诚有种种障碍,但若归咎王君,殊属不当,盖障碍之势力,较王君之能力为大也。"②《晨报》称:"今日中俄间之障碍,不在东堂子胡同,亦不在退思堂,又不在居仁堂,实在东交民巷。"③中共机关报《向导周报》也称,中俄交涉不能顺利进行的原因在于:中国现在未有统一的政府;北京政府的外交受东交民巷太上政府的拘束,不能实行独立的从本国利益出发的外交政策④。在列强干预中俄交涉一点上,中国舆论与苏俄观点接近。

王正廷则于 11 月 9 日赴洛阳与吴佩孚协商,且拟赴日本征求意见⑤。11 月 21 日王正廷致函加拉罕通告他赴日之事,并表示希望加拉罕能决定正式会议开会日期,以便他回来后,双方可以进行有效的磋商⑥。加拉罕于 23 日复函,指出中国政府对于苏俄代表递交委任状问题迄今未答复,可由此判定,中国政府认为"中苏复交的时机未到"⑦。由于中俄意见相去太远,加拉罕退回到一开始的立场,即先恢复邦交再开会谈判。

王正廷于 11 月 28 日复函,认为以往双方交涉已经就"恢复邦交应与其他悬案大纲一律在会解决"达成一致认识,除了中东铁路问题外,双方其他意见已趋于一致。而中东铁路问题,双方的分歧在于苏俄仅承认中东铁路所有权属于中国,交还及管理该路的条件,应在大纲签订

---

①　《晨报》1923 年 11 月 3 日第 2 版。

②　《晨报》1923 年 11 月 6 日第 2 版。

③　《晨报》1923 年 11 月 6 日第 2 版。

④　仲平:《中俄交涉的近况》,见《向导周报》第 45 期,1923 年 11 月 7 日,第 344—345 页。

⑤　《晨报》1923 年 11 月 14 日第 3 版;11 月 15 日第 2 版。

⑥　《晨报》1923 年 11 月 16 日第 2 版。

⑦　译自 A. 伊文:《中国和苏联》,转引自《中苏国家关系史资料汇编(1917—1924 年)》,第 204 页。

后,再行讨论;而中方则主张中东铁路问题应与其他问题一并解决,不应被排除在外。王正廷认为加拉罕的做法"反使已渐接近者转而趋远,于中俄两国均无所利"①。

加拉罕在两天后复函,申明他的观点并强调这也是苏联政府的官方观点。首先,加拉罕声明苏俄坚持在开议前恢复两国关系,是因为"恢复苏中正常关系将是中国真挚友好和奉行独立自主的对苏政策的最好证明,也将是会议取得成功和圆满结果的最好保证"。其次,加拉罕指出中俄之间的实质性分歧,"不在于我们对某个问题提出不同的解决办法,而在于您建议在初步协定中立即解决一切问题,用协定偿还中国对苏联的承认。我要求恢复两国间的正常关系,而不要付任何专门报酬"。再次,加拉罕申明:"无论何时何地我都不可能说中东铁路的一切权利皆归中国所有。"他声明中东铁路作为商业企业,所有权应归苏联;中东铁路问题,"应在会议上解决,而不能在您建议我签署的那个协定中解决"。最后,加拉罕将1919年、1920年勘正后的宣言附本,送交中俄交涉事宜督办公署,正式否认了1919年宣言中有无偿归还中东铁路的文字②。

苏俄驻京代表团随即公开对报界声明,路透社所发表关于苏俄1919年、1920年宣言英译本是伪本,应以俄国政府公报所载为准,并全文公布了两次宣言。其实国内报纸所登载的译文与俄文原本译文,就1920年宣言而言只是文字略有不同,实质并无差别;而1919宣言国内各报所载均有苏俄抛弃中东铁路一节,华俄社所发稿中并无此节。华俄通讯社略去内容如下:"劳农政府愿将中国中东铁路及租让之一切矿产,森林,金产及他种产业由俄皇政府与克伦斯基政府及霍尔瓦特,谢

　　①　《民国日报》(上海),1924年1月14日第6版,转引自《中苏国家关系史资料汇编(1917—1924年)》,第205页。
　　②　译自A.伊文:《中国和苏联》,第111—115页,转引自《中苏国家关系史资料汇编(1917—1924年)》,第207—209页;加拉罕此函登于1924年1月11日《晨报》第3版。

米诺夫,高而恰克等贼徒与从前俄国军官商人及资本家等侵占得来者,一概无条件归还中国,毫不索偿。"①

11月30日,王正廷离京经沈阳赴日,其官方使命是调查旅日学生华侨在日本9月1日震灾中受害情形②。至此,中俄交涉完全陷入停顿的局面。

从9月3日至11月30日,王正廷与加拉罕之间共计有八次谈话,双方已达成一致的问题有:(一)俄国放弃租界、领事裁判权以及庚子赔款。(二)俄国承诺以平等相互的原则订立通商新约。(三)根据以往宣言,重新勘定疆界。(四)所有在中俄公界之河湖并其他流域及下海处,由中俄船只行用。(五)恢复中俄正式邦交,并将俄国使领馆屋由中国交付苏俄。(六)禁止凡有仇视各该政府之机关或团体在各对方境内存在。(七)彼此不为与两国公共秩序或与社会组织相反对之宣传。

双方仍存争执的问题主要是:

(一)会议手续问题。中方本坚持将一切悬案均由会内讨论解决,俄方坚持两国先恢复邦交,然后开议。双方折中的办法,是先开会讨论解决悬案大纲所依据的原则,协定签字后,立即召开正式会议,协商细目。双方本来就此点,已达成谅解,但加拉罕在11月底又退回到原来的立场。他反复强调说"我要求恢复两国间正常关系,而不要付任何报酬"。

(二)取消旧约问题。王正廷表示凡系中国与旧俄帝政时代订立之一切条约、公约、协定、议定书等概行无效,另由双方本平等、相互、公允之原则及1919与1920年苏俄政府各宣言之精神重订条约协定。加拉罕赞成取消旧约,但有关中俄界务者应除外。

---

① 《晨报》1923年12月3日、5日,均第3版;《关于中俄交涉重要公文及舆论》,《东方杂志》,第21卷,第8号,1924年4月25日,第125—132页。关于苏俄第一次对华宣言文本问题的探讨,参见朱正:《解读一篇宣言》,《近代史研究》,1997年第5期,第212—223页。

② 《晨报》1923年11月15日第2版;《晨报》1923年12月8日第2版。

（三）外蒙问题。加拉罕承认外蒙为中国领土一部分，并将在外蒙所驻俄国军队撤退，但对于王正廷所提议六个月内撤尽，还在犹疑。

（四）赔补及偿还问题。王正廷要求苏俄政府赔偿中国人民因为俄国政变所受的损失，加拉罕对此项要求提出限制条件：仅限于中国人民；限于中俄断绝邦交期内；此项损失须系因违犯苏俄法令而波及者。

（五）中东铁路问题。俄方在1919年宣言中曾允将该路无条件交还中国，现在则坚持由中国以中国资本赎回此路，赎路的条件及手续应在大纲协定签字后，开会讨论。在此之前，苏俄政府保留对该路的一切权利，并且1896年章程继续有效。中方为了谋取双方谅解，已放弃要求俄方无条件交还的主张，答允估价赎回中东路，并且王正廷提议发行国库券，以中东路财产作担保，在中国未赎取国库券前，俄方享有债权者之权利。双方在中东路问题上争执最为激烈①。

王正廷于12月底归国后，留在上海。到1924年1月9日，王正廷致函加拉罕，指明中国官方所收到1919年宣言与加拉罕11月30日所抄送的宣言前后不符，认为"自应以本国政府所收到者为准"。并对加拉罕执意以中俄恢复邦交为先决条件，"殊不敢赞同"。继而指出俄兵驻扎外蒙，可见苏俄对于中国"尚未完全尽其诚意"，中国人民不能满意苏俄的态度：即急谋恢复邦交而缓图解决悬案②。

1月17日，加拉罕复函重申了双方的分歧。对于1919年宣言前后文本不一致，他采取以攻为守的策略，指责北京政府在苏俄1919年宣言发表后，以武装干涉的方式拒绝了苏俄的建议，而五年后，又坚持以昔日拒绝的宣言作为争取某些权利和要求的根据。此外加拉罕列举了诸多"事实"，如中国武装干涉苏俄；将庚子赔款付给白匪组织；庇护

①　筹办中俄交涉事宜王正廷与苏联全权代表加拉罕谈判节略，1924年9月3日至11月30日；译自A.伊文：《中国和苏联》，第111—115页，转引自《中苏国家关系史资料汇编(1917—1924年)》，第205—209页。

②　《民国日报》(上海)1924年1月24日第六版，见《中苏国家关系史资料汇编(1917—1924年)》，第224页。

保皇党和白匪组织控制俄国公使馆、领事馆以及中东路；迫害在东北及铁路地带的苏维埃公民等等，他得出的结论是：中国政府无权向苏维埃政府提出要求，无权批评苏维埃政府的政策，无权谴责苏维埃政府没有诚意。因为"在苏维埃政府的行动上是不可能找到一件仇视中国人民这类事实的"。在他对蒙古问题以一贯的口径作了解释之后，甚至发出武力威胁说："倘若在中国境内任何地方再出现白匪，而中国政府仍予庇护，或不顾我国请求，不想或没有能力消灭白匪，则苏维埃政府将如同 1921 年在蒙古那样，只得借助红军采取必要措施，以保卫自己的安全。我们以极其艰苦的斗争所获得的自由及安全，绝不容许再遭受任何危害。"①

二　王正廷与加拉罕再度谈判

1924 年 2 月初英、意相继无条件承认苏俄，世界外交格局发生重大变化，苏俄国际地位急速上升。受此影响，中国国内无条件承认苏俄的呼声再度高涨。《晨报》发表社论，呼吁中国无条件承认苏俄，中俄之间的局部问题，如中东路问题、外蒙古问题，"尽可于承认之后，从长磋商。万不可抄袭帝国主义外交之蓝本，以此为卖买"②。北京大学教授蒋梦麟等四十七人致函顾维钧、王正廷，要求即行恢复中俄国交③。国会参议院议员雷殷，众议院议员胡鄂公等提出议案，主张无条件承认④。奉张方面也主张从速承认苏俄⑤。2 月 27 日，青年国民俱乐部、

---

①　苏联驻华特命全权代表加拉罕致中国代表团团长王正廷函，1924 年 1 月 17 日，译自《苏中关系(1917—1957)》(文件集)，见《中苏国家关系史资料汇编(1917—1924 年)》，第 224—225 页；《晨报》1924 年 1 月 19 日、20 日、21 日均为第 3 版。

②　渊泉：《英国无条件承认苏俄》，《晨报》1924 年 2 月 3 日第 2 版社论。

③　《晨报》1924 年 2 月 16 日第 2 版。

④　《晨报》1924 年 2 月 16 日、20 日均为第 2 版。

⑤　《晨报》1924 年 2 月 18 日第 2 版。

八校教职员代表联席会议、北京教育会、中华教育改进社、北大平民教育演讲团、马克思学说研究会六团体致函王正廷,促其承认苏俄。熊希龄分别访问顾维钧、王正廷,主张英意承认于前,我国应追加承认于后①。

这一时期国内局势也发生了变化,南方广州政府已在苏俄帮助下完成了国民党的改组工作,并召开了国民党第一次全国代表大会。在中国舆论要求承认苏俄的空气日益浓厚之时,俄代表团方面传出加拉罕将南下游历的消息,又有奉张应俄国劳农政府的要求于 2 月 15 日在奉天与俄代表开始松花江航权交涉的消息②。

2 月 19 日王正廷与加拉罕会晤,双方集中讨论了中东路问题。加拉罕声明苏俄不能放弃中东铁路,其理由是"因敌国之势力在贵国不愿比他国较弱故也"。他表示"关于东路财产不能与贵国平分半数,但管理东路董事会会员中俄各派其半数,惟财产一层未赎回以前全归敝国所有"。此外,加拉罕强调俄国给予中国之利益"无论何国皆办不到"。王正廷反驳加拉罕说:"至东路问题,不但贵代表上次之意见书允中国赎回,甚至于 1919 年宣言书中并有无条件归还中国之语。退一步言,照中东铁路公司章程满三十六年后准中国赎回,现距三十六年尚有十余年之期,届时想贵国必尊重国信,履行前约。"王正廷并举胶济铁路为例证明中国有能力维持东路秩序。最后加拉罕答应在开会时解决赎回中东路问题。在未开会以前,照该路之现状归中俄合办,将在该路服务之白党人员更换成苏俄政府所派的人员③。

2 月 22 日王正廷与加拉罕再度会晤,双方讨论中东铁路未赎回时的管理办法。加拉罕明确提出:(一)由于中东路由俄国出款造成,所以

---

①　《晨报》1924 年 2 月 28 日第 2 版。

②　《晨报》1924 年 2 月 12 日、14 日均为第 3 版,2 月 17 日第 2 版、第 3 版。

③　筹办中俄交涉事宜王正廷与苏联全权代表加拉罕谈判记录,1924 年 2 月 19日,见《中苏国家关系史资料汇编(1917－1924 年)》,第 228－229 页。

中东铁路局局长由苏俄委派,并且局长归董事会节制,不受督办直接管辖。(二)中东铁路路局现有之章程保持不变,即维持现在中俄两国共同管理中东铁路的状态。(三)苏俄保护它在中东铁路的权利,并且不干涉中国主权,至于中国要求归还中东路主权,鉴于中国目前的形势,苏俄不能实行。王正廷试图为中国争取利益,如要求由督办管辖局长,要求苏俄归还中东铁路的主权,但加拉罕态度十分强硬,对王正廷要求置之不理①。

　　2月25日,在王、加会晤时,王正廷提出了中方解决悬案大纲草案暨暂行管理中东铁路协定草案,双方主要就中东铁路和蒙古问题再作讨论。关于中东路局局长问题,加拉罕要求局长归俄政府委派,并且有实权;王正廷则认为局长可由俄方派,副局长要由中方派,督办由中国政府派,俄方派会办,且该路正副局长须受督会办指挥(以前督办仅有监督权);关于铁路预算决算问题,加拉罕要求铁路预算决算只能由俄政府批准,王正廷则坚持预决算由理事会通过后,请两国政府备案;关于铁路旧有章程问题,加拉罕坚持东路现有章程不能变更,要将白党改换成苏俄政府人员,其实质是苏俄力图派人取代白党控制现在掌握在白党手中的中东路,而王正廷则始终坚持督办有指挥权;关于东路股票及赎路款问题,加拉罕认为,对于东路实价应改为赎回该路之价,并且赎回时只能用中国本国之款。关于蒙古问题,加拉罕只承认蒙古是中国领土的一部分,但退兵及取消俄国与蒙所定之条约,须在开会时再讨论②。

　　3月1日,双方再度晤谈时,加拉罕提出了俄方的最后修正案。在解决悬案大纲中,双方就两国恢复使领关系,开正式会议解决悬案,互

----

　　①　筹办中俄交涉事宜王正廷与苏联全权代表加拉罕谈判记录,1924年2月22日,见《中苏国家关系史资料汇编(1917—1924年)》,第229—231页。

　　②　筹办中俄交涉事宜王正廷与苏联全权代表加拉罕谈判记录,1924年2月25日,见《中苏国家关系史资料汇编(1917—1924年)》,第231—236页。

相不为反对对方之宣传，达成一致。其他如中方提出的废弃中俄旧约、勘定疆界、江河航行问题、抛弃庚子赔款问题、取消领事裁判权和赔偿损失问题，俄方只承认在大纲签订后的正式会议中解决。此外，双方分歧较大之点在于：

（一）蒙古撤兵问题，中方提出"苏联政府因视外蒙为完全中国领土内之一部分，现已准备将一切军队立即尽数撤退，并声明与外蒙所订各项协约等等概行废止"。而俄方则提出"苏联政府视外蒙为完全中国领土内之一部分，并声明撤兵之条件（即期限及制止白党之担保）一经于会议中商定后，即将一切军队尽数撤退"。苏俄一方面对于废弃俄蒙间条约避开不谈，一方面提出俄军撤退是有条件的，即中国政府应担保制止白党，撤兵期限应于会议中商定。

（二）解决中东铁路问题所应依据的原则，中国要求苏联政府对中东铁路的所有股东及债权者负一切完全责任，并在会议中制定详细办法。俄方只承认对1917年2月革命以前的中东路股东及债权者负完全责任。在暂行管理中东铁路协定草案中，加拉罕坚持添设俄人占多数的监察局，以使俄方在理事会与监察局联席会议时占有优势，并坚持中东铁路的预算决算应由理监联席会议核准，同时加拉罕对王正廷提出督办有指挥局长之权的要求置之不理①。

三　王加草案的签订及内阁的否定

3月1日双方会晤之后，王正廷缮备公文四份，分送总统府、国务

① 中国提出解决中俄悬案大纲协定草案及暂行管理中东铁路协定草案，1924年2月25日，解决中俄悬案大纲协定草案及暂行管理中东铁路协定草案苏联最后修正案，1924年3月1日，北洋政府外交部中俄交涉公署会务处编：《中俄协商文件》，第1—8页，见《中苏国家关系史资料汇编(1917—1924年)》，第212—217页；筹办中俄交涉事宜王正廷与苏联全权代表加拉罕谈判记录，1924年3月1日，第236—241页。

院、外交部、交通部,报告与俄代表谈判经过,并请示最后办法①。3月8日,中俄问题第一次提交阁议讨论。王正廷报告其与加拉罕会谈结果:对于外蒙问题,王正廷认为中国"所不放心者为俄不撤兵及不废弃苏蒙协定",而俄方则担心红军撤出外蒙后白党重新占领。至于苏蒙协定,苏俄表示可公布苏蒙协定,蒙古问题应由中蒙商量,"无论何种规定,苏联必然尊重而不加干涉"。王正廷得出的结论是:"总而论之,蒙古问题为双方相信问题也。"对于中东铁路问题,王正廷报告说由于俄国已否认1919年宣言中有无偿归还中东铁路的提法,我国不得已提出估价收回的办法,而加拉罕只允许在正式会议内由中国备价赎回,且赎回必须用中国自己的资本,最后双方仅确定了解决中东铁路问题所依据的原则。王正廷认为,加拉罕提案"乃该政府最后之修正",虽然与中国提案有较大出入,但本国已经收回不少权利,"故主张容纳之,因恐迟则生变也"。并且担心此次如不接受俄国提案,苏俄会进而要求无条件承认②。

　　3月8日晚,王正廷与加拉罕会晤,对于王正廷提出的租界、领事裁判权、退还庚款充教育费等问题,双方略加讨论后,即达成谅解。但涉及两国的旧条约问题,双方讨论颇久。对于俄蒙协定,加拉罕态度强硬,声明,"在中俄及中蒙关系未确定以前,欲取消俄蒙协约尚不可能"。加拉罕劝告中国,"俄国既已承认外蒙为中国完全领土之一部分,可不必再虑其他矣"。对于俄国与第三者所订关于中国的密约废止问题,加拉罕认为可用函声明废止,但他否认俄国与他国订有反对中国之约,指责中国与第三国反而订有反对俄国之约,并举中日密约为例③。对于中俄间旧约废止问题,王正廷坚持即时废止,而加拉罕坚持在会议中废

　　① 《晨报》1924年3月4日第2版。(注《晨报》3月7日第2版,又说四份中有一份为呈内务部而非交通部)

　　② 筹办中俄交涉事宜王正廷出席国务会议第一次报告,1924年3月8日,见《中苏国家关系史资料汇编(1917—1924年)》,第241—242页。

　　③ 中日密约即指1918年中日共同防敌军事协定。

止,其理由是:"所有旧约若在会前废止,则将来会议中必无好希望,因中政府除贵督办外,其余各部长将提出无限之要求,且旧约对于两国疆界极有关系,若即废止,则疆界无所依据。"经过争论,双方达成一致:"双方允废止旧约,并根据一九一九及一九二零年两次宣言在会议中订立新约代之,苏俄政府声明在未订新约以前,旧约中有违反一九一九及一九二零年两次宣言及有损中国主权者,概不实行。"对于中东路督办问题,加拉罕对于王正廷所提出的"在双方理事不能同意解决时,由督办加一表决权"表示不能同意。对于铁路预决算,双方决定仍归理事会监察局联席会议核准①。

3月11日,王正廷出席阁议报告与加拉罕商议之最后情形。关于废弃旧约问题,经过力争,加拉罕已同意废弃旧约。关于俄蒙条约问题,"俄国除承认外蒙完全为中国领土内一部分外,可尊重中国主权,即全苏联与第三者所订立之一切协约等有碍中国主权及利益者,亦可以换文形式声明作废"。关于撤军问题,陆军部主张在本约签字后三个月内,将所有在外蒙境内各种军警全部撤尽,其撤兵接防手续,由中俄主管人员预先协商,王正廷认为这一点也许能办到,答允再与加氏商议。国务总理孙宝琦表示大体可以照此决定,条文一层,可再斟酌②。

3月13日,法国驻华公使傅乐猷致牒外交部,指出道胜银行所拟关于中东铁路的"种种手续","如不取得道胜银行之许可,不得有所变更";否则"必为法国公使馆或其他代表中东路各股东与其债权人之他国使馆所抗议。同时,各项债权之要求,及其他关于利息上损失之要求,必相继而至,则中国财政状况将愈趋于纷乱"③。法国的声明使中

---

① 筹办中俄交涉事宜王正廷与苏联全权代表加拉罕谈判记录,1924年3月8日晚九时,见《中苏国家关系史资料汇编(1917—1924年)》,第242—249页。

② 筹办中俄交涉事宜王正廷出席国务会议第二次报告,1924年3月11日,见《中苏国家关系史资料汇编(1917—1924年)》,第249—250页。

③ 《晨报》1924年3月15日第2版;《民国日报》(上海)1924年3月17日第3版,转引自《中苏国家关系史资料汇编(1917—1924年)》,第287—288页。

国政府所处境地更加困难,此后苏联一直以此作为指责中国政府没有自己外交政策的藉口。

3月14日内阁开会时,内阁坚持废除苏俄与第三者所订之条约。对废止中俄之间旧约试图作补充,规定如下:"为免除日后误会或争执起见,苏俄政府声明:如有与第三者订定了一切条约、协定、合同等等有妨碍中国主权及利益者,概为无效。"此外,内阁除了坚持对外蒙撤兵的条件进行修正,还坚持苏俄从外蒙撤兵的原则。对相关条款则拟修正如下:"苏俄政府承认外蒙为完全中国领土之一部分,尊重在该领土内中国之主权,并声明将一切军队尽数撤退,其撤兵之时期及其关于双方边界安宁之问题,于会议中商定。"[①]

王正廷未奉内阁的最后决定,即于14日晚在中俄协定草案上签字[②]。3月15日晨,王正廷将草案分别呈交总统府和国务院。当日内阁开会,阁员对于草案中的俄蒙条约、外蒙撤兵、中东路估价,以及交还在中国俄国教堂的动产与不动产问题,认为不能满意,理由如下:废止旧约中涉及的苏蒙条约问题,苏俄只废止有害中国主权的部分,其余部分须等到正式会议讨论;蒙古撤兵问题,俄国虽已承认分期撤退,但附有条件,内阁认为不妥;中东铁路只订了估价赎回原则,但估价范围未

---

①　阁议拟补充第四条声明书,阁议拟修正第五条协定,北洋政府筹办中俄交涉事宜公署会务处编:《中俄协商文件》,第22、23页,见《中苏国家关系史资料会编(1917－1924年)》,第250页。

②　王加草案具体签字时间说法很多。《晨报》3月16日报道为14日夜十一时左右;顾维钧说是在14日上午8时;加拉罕在3月16日,19日两次照会都称签订协定时间为14日午前;华俄通讯社所发表的王加协定大纲所署日期为14日;而3月20日《晨报》又称孙宝琦检阅交涉记录的结果是王正廷于13日签字;林军的《中苏外交关系》称双方谈判签约时间从13日晚8时至14日清晨4时。(参见《晨报》1924年3月16日、20日、22日,4月10日均为第2版;筹办中俄交涉事宜王正廷致国务院咨呈,1924年3月16日,苏联全权代表加拉罕致筹办中俄交涉事宜王正廷函,1924年3月19日,见《中苏国家关系史资料汇编(1917－1924年)》,第253－256页;林军:《中苏外交关系(1917－1927)》,第89页。)

定,内阁担心双方将来意见会有很大出入;声明书中同意归还俄国在中国的教堂动产与不动产,而各国教堂所占土地原属于租借权性质,这无异于表示苏俄政府在中国内地有土地所有权,如果其他国家援例要求,中国无应付办法,且动产与不动产范围太广,此项义务在履行上有极大困难。但是对于第三条,因为当初没有提到中东路估价范围,所以这一条可以留到正式会议时讨论,对其他三条应该坚持。王正廷认为草约已经签订,不能反复,所以拒绝内阁的主张,不肯再与加拉罕谈判。16日避往汤山①。

3月16日下午,加拉罕向王正廷发出第一次限期签字照会:"本代表自本日起,限期三日,候中国政府在此期内承认双方同意之协定。如过三日,本代表对于该协定所规定各节,不受若何之拘束。"同时声明:"倘因双方交涉决裂,协定破坏而发生一切事项,本国政府认为应由中国政府担任完全责任。"②王正廷于当日将照会转外交部。而苏俄外交委员长齐契林立即邀请李家鏊晤谈,声称苏维埃政府认为局面异常严重,请李家鏊向北京政府转达苏俄政府的严重抗议,并警告北京当局苏维埃政府之忍耐并非无限制③。

3月17日内阁召开特别会议,讨论加拉罕照会,并于当日复函王正廷,认为中俄商议未结束,王正廷未奉令签字而俄代表忽然发出限期签字的照会,"不特与彼历次宣言力谋亲善之旨不符,且反足为促进中俄邦交之障碍,政府实深诧异"。对于俄代表来函,"我国碍难承认"。内阁还声明,交涉破裂的责任应该由俄政府来负。此外内阁要求王正

---

① 《晨报》1924年3月16日、18日均为第2版。

② 筹办中俄交涉事宜王正廷致国务院咨呈,1924年3月16日,北洋政府外交部中俄交涉公署会务处编:《中俄协商文件》第24页,见《中苏国家关系史资料汇编(1917—1924年)》,第251页。

③ 《晨报》1924年3月19日第2版。

廷将政府意见转告俄代表，并照阁议最后的条件，再与俄代表切实磋商①。王正廷则认为，内阁将应在会议中所讨论之问题，提前于协定大纲时规定，前后态度反复，坚决不愿再进行磋商②。

3月18日，王正廷对来访的《晨报》记者表示，中俄交涉现状"不能谓为绝望，亦不能谓为有望"，加拉罕的限期答复"属加氏片面意思，当然不能拘束我国"。并且强调他确实曾与内阁商定交涉方针，且商定的范围与草案"完全相符"，对于为何在商定方针后，内阁又提出三点，王正廷认为责任在内阁，并且内阁所坚持的三点，"俟将来会议讨论，似亦无妨"。此外王正廷坚持认为草约不过是议定，外间所传闻的签字是错误的，并且认为即使已经缔结的条约还有修改的余地，更何况仅仅是议定的草约。王正廷特地提醒中国不要以战胜国的态度对待俄国，"吾侪对俄，不宜以城下之盟相待，此所宜注意也"③。

与此同时，华俄通讯社的声明表明了苏俄代表团的态度。苏俄代表团除了坚持认为双方已经签字的协定，中国政府应予以批准外，对于王正廷已签字的草约认为无修改或讨论的余地。对于中国政府拒绝签字的原因，认为"中国政府自不竟行暴露，故引蒙古问题为藉口，实则法国及某某数强国之压迫，以及中国阁员中有虑道胜银行倒闭者，即问题破裂之真因"④。

3月19日是加拉罕限期签字的最后一天，加拉罕再次致函王正廷，认为协定"不过为将来会议之一种根据而已"，苏联也认为其中还有许多未解决的问题，也有一些解决而未得圆满结果的问题，但苏联愿意将这些问题放到将来的会议中解决；比较中俄协定与其他国家所签之协定，中国与任何第三国所签的协定都没有获得这么多利益。对于国

————————————

①　北洋政府外交部中俄交涉公署会务处编：《中俄协商文件》第25页，见《中苏国家关系史资料汇编(1917—1924年)》，第253页。

②　《晨报》1924年3月18日第2版。

③　《晨报》1924年3月19日第2版。

④　《晨报》1924年3月19日第2版。

务院所说苏俄限期三日违背了以前宣言宗旨,苏方称"中国政府在道德上、政治上、事实上皆无责备我苏联政府之权",因为"中国政府对于苏俄最亲善之提议竟答以助推翻苏俄政府及扼制俄国国民自由独立之举动……用种种方法援助白党,容纳白党在三省存在,且任其侵略苏联领土"。加拉罕进而对中国人民表示,尽管苏俄对中国政府取消一切交涉之结果表示愤懑,苏俄政府对于中国政府之罪恶,并未要中国人民负其责任,而仍旧将以前允诺放弃的利益让与中国,并且订入大纲。他指出,华盛顿会议虽同意组织委员会审查治外法权和增加关税,但由于法国未批准条约,这些权利中国至今并未真正获得。而苏俄在这次协定中不但抛弃领事裁判权,规定中俄平等协商关税,且对于蒙古问题,苏俄"切实声明尊重中国主权,并准备一俟在会议中商定期限及保障即将军队撤退";对于中东路问题,苏俄"所让于中国政府者,较中政府所能正当要求者实多"。加拉罕声明,苏联政府认为谈判已终了,拒绝继续讨论3月14日协定,并提出3月14日所签之协定不能拘束苏联,中国要想谈判,必须先承认苏联,同时警告中国政府,"勿铸成不可补救之错误,勿破坏已告成之协定"①。同一天,加拉罕照会中国外交部,重申以上声明。

　　3月20日,北京政府颁发大总统令,由外交部取代王正廷办理中俄交涉事宜②。此举一是因为王正廷越权签字,已无法再任谈判代表;二是因为苏俄态度强硬,中国欲借更换谈判代表以图转圜。同一天,国务院发电向各省通报与俄代表所争论的三个主要问题,并申明政府之所以坚持这三点的理由:

　　关于俄蒙协约,政府主张将俄蒙协定立刻废止。俄代表只答应废

---

　　① 本段与下两段,参见苏联全权代表加拉罕致中国外交总长顾维钧照会;苏联全权代表加拉罕致筹办中俄交涉事宜王正廷函,均为1924年3月19日,见《中苏国家关系史资料汇编(1917—1924年)》,第253—256页。

　　② 大总统令,1924年3月20日,北洋政府《政府公报》,1924年3月21日,第2873号,见《中苏国家关系史资料汇编(1917—1924年)》,第259页。

止俄帝国政府与第三者所订条约等有伤中国主权者,对于苏俄与所谓"独立外蒙"所签条约不肯明白取消。外交总长顾维钧认为,对这一重要问题中国政府绝对不能轻易让步;并且苏俄在外蒙驻兵派使的行为,显然与苏俄所声称的尊重中国主权相抵触。

关于撤退外蒙俄军,中国政府主张外蒙俄军即行撤退,俄代表则坚持要在正式会议中确定撤兵条件即限期及制止白党办法后,才能撤军。中国政府为变通起见,提出先声明一切军队应尽数撤退的原则,至于撤兵期限及关于双方边界之安宁办法于会议中商定。在顾维钧看来,苏俄坚持这一条款的第一层含义是中国承认苏俄撤军是有条件的,这样中国在这个问题上处于被动地位,苏俄则可以以中国所提条件无法接受为由拒绝撤兵;其更深层含意是中国承认苏俄在蒙古驻军是合法的,并且承认苏俄有权提出撤兵条件,故中国政府坚持确定苏俄应从外蒙撤军的原则。

关于移交俄国教堂财产,中国政府担心的是其他各国援此例要求在内地置产,因为以往的条约未在法律上准许外国使团、宗教团体以及传教士在中国内地置产,并且中国政府也无法确定俄国东正教会在中国所拥有土地的数目及位置,因此履行这一义务有困难①。

中俄谈判中争执最多的中东铁路问题,却未见政府对其提出修正意见,实际上当时内阁对此问题曾多次讨论。1924 年 3 月 8 日王正廷出席国务会议报告说:"中东路问题,查一八九六年协定只规定股票为五百万卢布,惟实费七万万。其铁路之现值实价约在三万万卢布左右。我国本依 1919 年宣言要求无价收回,被苏方拒绝,我国不得已提出估

---

① 　本段和下三段,国务院致各省通电,1924 年 3 月 20 日,北洋政府热察绥巡阅使署档案,见《中苏国家关系史资料汇编(1917—1924 年)》,第 257—258 页;并参见《顾维钧回忆录》第一分册,第 334—335、第 396 页。在号电发出之后,国务院续发哿电,将加拉罕 19 日照会中所提的五点声明向各省再作通报。国务院致各省通电,1924 年 3 月 20 日,北洋政府外交部中俄交涉公署会务处编:《中俄协商文件》,第 40 页,见《中苏国家关系史资料汇编(1917—1924 年)》,第 258—259 页。

价收回,加氏仍不肯,只允备价赎回,较中国主张出入甚大,并要求用中国资本赎回。"①报纸报道也称,王正廷对内阁说,"中东路问题,议定由我国备价赎回自办,加氏先索价一万万,后减为七千万,我国方面只承认估价三千万。接手后之铁路管理人,加氏主张将全路之二十一个正区长,十五个副区长(俄人)完全保持地位,我国方面主张中俄各半,并须将中东路与俄政府缔结之条约,根本撤消"②。当时就有阁员提出,为了避免今后有反复,中东路赎回问题应将"备价"赎回改为"估价"赎回,因为"'备价'二字,字义本不明了,不如用'估价'较有标准,盖'估价'可由该路现有之财产估出总价,其价格中俄两方当不止有异外之差异"③。到3月12日特别阁议开会时,阁员对中东路备价收回问题又讨论良久,对于"估价"二字虽已决定,而有的阁员进一步主张先将估价价格定入大纲,但讨论结果,多数阁员认为,由于事情过于复杂,不能立刻估定的话,恐怕发生变化,故决定留待将来组织专家委员会估计④。

至3月15日,阁议席上阁员对中东路又提出:"赎回原则虽定,而如何估价则一字不提。估价须有一定范围,若就东路公司所费之资本而言,则包括移民开垦、建筑市街等项费用,我国如何能依此价格赎回?故最好能明定依铁路自身建筑费估价,则界限既定,争议自息。"后经争议,阁员认为由于当初对于估价范围没有提及,故不便重新提议,只得留待将来会议时再说。政府对于中东铁路的大体意见是:中东铁路赎回办法,应以现时估价为标准;中东铁路暂时归两国共同管理;至于中东路理事会议决事项,如遇可否同数,应用仲裁方法解决之。其他事项均等到中俄正式会议开会时详细讨论。由此可见,时人将解决中东铁路的希望完全放在不久将召开的正式会议上。故最后政府的修改意见

① 北洋政府外交部筹办中俄交涉事宜公署档案,见《中苏国家关系史资料汇编(1917—1924年)》,第242页。
② 《晨报》1924年3月9日第2版。
③ 《晨报》1924年3月12日第2版。
④ 《晨报》1924年3月13日第2版。

由四条改为三条,即只坚持对交涉中的废止苏蒙条约问题、蒙古撤兵问题,以及归还俄教堂财产问题必须作出修正①。

外交部接收办理后,外交总长顾维钧于 3 月 22 日答复加拉罕的照会,对苏俄所称谈判已完结"深为诧异",对于限期承认"尤难承认"。他指出,王正廷签字草约事先未请示政府,所以中国政府认为商议并未终了,并提醒加拉罕检阅王正廷的全权证书。顾维钧并进一步说明,中俄交涉不受他国干涉,表示希望继续商议,"总之,中俄间关系极为重要,中国政府仍不变更愿与苏俄恢复邦交之诚意,深盼迅速继续谈判,俾得早日解决"②。

3 月 25 日加拉罕答复顾维钧,重申"此项交涉于三月十四日既已告竣,……本全权代表不得已声明断然拒绝上项交涉之任何进行"③。同日下午,孙宝琦在国务院招待两院议员,说明政府对中俄交涉的意见,王正廷也出席了,但他坚持认为内阁所提出的三点是在交涉完结后提出的④。

中俄交涉暂时中止后,王正廷在 3 月 21 日发电,报告交涉经过并为自己声辩。王正廷认为,13 日阁议给出的二项修改条件为中俄旧约应先行废止、将外蒙撤兵条文中制止白党之担保改为双方制止白党之办法。他本着这两项条件与加拉罕磋商,得到加拉罕的同意后,因为"案经久悬,英意两国既承认于先,诚恐迁延贻误;且国人亦同声主张从

① 《晨报》1924 年 3 月 11 日、13 日、18 日、4 月 10 日,均为第 2 版;上海《民国日报》1924 年 3 月 18 日第 2 版,转引自《中苏国家关系史资料汇编(1917－1924年)》,第 250－251 页。

② 外交部复苏联全权代表加拉罕节略,1924 年 3 月 22 日,北洋政府外交部中俄交涉公署会务处编:《中俄协商文件》,第 31 页,见《中苏国家关系史资料汇编(1917－1924 年)》,第 259 页。

③ 苏联全权代表加拉罕致中国外交总长顾维钧节略,1924 年 3 月 25 日,北洋政府外交部中俄交涉公署会务处编:《中俄协商文件》,第 32－35 页,见《中苏国家关系史资料汇编(1917－1924 年)》,第 260－263 页。

④ 《晨报》1924 年 3 月 26 日第 2 版。

速解决；外察大势，内审国情，觉此案不能再事迟疑"。所以将议定草案双方签证，以便报政府批准后，再正式签字①。

　　两日后王正廷继发"梗"电，对政府"号"电中所列三点逐一反驳：（一）废弃俄蒙协约问题。王正廷认为由于此项条约未经中国政府许可，苏俄承认外蒙为完全中华民国领土之一部分，苏俄尊重中国在外蒙的主权，所以俄蒙条约的废弃属于"原始无效"，政府的做法"反若先已承认苏俄与外蒙所订条约为有效，而今日始议废弃之也"。（二）外蒙撤兵问题。王正廷认为政府的主张既非"从速"，又非"无条件"，"不过是文字上的推敲颠倒，对于撤兵的缓急实际上并无丝毫影响"。（三）对于俄国教堂财产问题。王正廷认为俄国教堂属其国家所有，两国邦交恢复后，所有国家财产当然应该移交。政府担心的他国援例在内地置产的想法"殊为过虑"，其理由是只有俄国教堂是国家拨款建筑的，其他国家的教堂不是国家拨款修建的，不能援俄例向我国提出要求，即使其他国家援例向我国提出要求，我国也可以以俄国为例向他们提出要求。王正廷着重指出："此次中俄协定之例，先将领事裁判权取消，关税规定平等，租界、租借地，庚子赔款概行抛弃，旧约之损害我国主权及利益者均行废止，而各国与第三国所订立有妨碍中国主权及利益之条约协定等项一概无效。"如果各国真的援例要求，我国正是"欢迎之不暇，又何必鳃鳃过虑也"②。

　　3月28日王正廷发表第三次通电为自己表白，他认为中国已收回领事裁判权，规定关税平等，这是中国所获得的大利益。中俄如果早日复交，中国可以进而推翻各国对中国的压迫，使中国与各国处于完全平等的地位。"此举关系之大，非特中俄两国邦交之恢复，抑亦吾国解除

　　①　筹办中俄交涉事宜王正廷通电报告交涉经过，1924年3月21日，北洋政府热察绥巡阅使署档案，见《中苏国家关系史资料汇编（1917—1924年）》，第267—268页。

　　②　本段与下段王正廷三月二十三日对国务院号电自辩通电，《东方杂志》第21卷，第9号，1924年5月10日出版，第133—134页。

世界压迫之枢机。吾国于此即稍有牺牲犹当暂忍一时，以易此空前国际上之大利"。由于政府诸公没有看到苏俄给我国的重大利益，反而于小节上斤斤计较，所以导致中俄交涉事败垂成①。王正廷与当时大部分人的心态是一致的，即认为外交部所坚持的三点乃是小节，并对外部能否较现在取得更优越的条件缺乏信心②。

此时外间传闻政府迫于压力，将照原协定签字，并普遍怀疑外交部能否较王加协议草案为中国取得更大利益③。3月27日内阁开会制定办法如下：（一）中俄交涉应由外交部全权办理，设法进行。（二）对加拉罕照会，暂时持冷静态度，等外交部有具体办法后，再进行讨论。（三）向各界人士分别解释误会，免得被外人挑拨。（四）请曹锟致电各省疆吏说明情形，请他们不要再发电报干涉外交④。

此时外交部派李家鏊接洽莫斯科政府的努力遭到拒绝⑤。政府还尝试通过非正式途径寻求对中俄问题的解决，国务总理孙宝琦请议员何雯、饶孟任、陈铭鉴、张益芸任调解人。四人于28日拜访加拉罕，饶孟任对中国政府的立场以及国会对内阁的支持等情况详细向加拉罕作了解释。加拉罕在解释他所发出的三日限期签字照会时说："予并非以外交战胜国对战败国，为权利之要求，今俄国乃系放弃权利者也。然予今亦觉此办法不甚和平，又此协定为他人从中破坏，予仍当遵守俄国历次宣言，及政府训条办理，将来会议本此进行。"对于原来的协定，加拉罕说两国订约本来各有不足之处，如中国在会议中提要求争权利，俄国也可以提要求争权利；中国政府对于白党态度为苏俄不满，苏俄在外蒙

①　王正廷的第三次通电一覆各省的最后通电，见《东方杂志》，第21卷，1924年5月10日，第9号，第134—135页。

②　参见仁静：《中俄交涉杂评》，《向导周报》，第60期，1924年4月2日，第479页；《晨报》1924年3月28日第2版。

③　《晨报》1924年3月26日第2版。

④　《晨报》1924年3月28日第2版。

⑤　《晨报》1924年3月22日第2版。

派代表,也无可掩饰,今后俄国会撤回代表,另定办法①。加拉罕口气中已有松动迹象。

四　国民外交的展现

在中俄交涉濒于破裂的时候,国内各界纷纷作出反应。1924 年 3 月 18 日,《晨报》发表社论,讨论补救中俄间僵局的办法,认为三方对交涉破裂,均应负相当责任。加拉罕限期答复"于国际礼仪上,殊欠慎重",而王正廷"明知内阁意见尚未一致,擅行签定草约",因为王加草约对俄蒙条约应即废弃,外蒙撤兵应有明确期间两条没有规定,对声明书中交还俄国教堂动产及不动产问题规定而未作修改,所以《晨报》认为内阁所提出的三点"皆极正当办法"。但是目前的局势是协定已经签字,俄国认为中国全权代表既然已经签字,条约当然不能随便取消,而王正廷则以他所处的地位关系认为不能再与俄代表磋商,内阁则认为草约内容诸多不妥,不能通过。对于中俄交涉的僵局,《晨报》建议:"我国可以无条件先行承认,但于照会中声明恢复邦交后一切问题,如何解决,请俄国速派大使前来磋商(照英国办法)。而王加草案暂行保留,一切悬案,悉待会议解决,不必先议原则。俄国方面得我好意的承认,当可照办,否则其曲在彼矣"②。

3 月 18 日,吴佩孚发电,催促政府签字协定。他说:"详绎草案各条,大体均尚妥适,不悖平等相互之精神。……伏恳当机立断,原订各条件,早日妥为缔定,以利国交,而敦睦谊。"吴佩孚认为:"外交最重时机,时机一至,稍纵即逝。以此次对俄交涉而论,中东路一项,在先俄方本宣称无代价交还,外蒙撤兵及边境各问题,迟速先后之间,亦有难易

---

① 《晨报》1924 年 3 月 29 日第 2 版。
② 《晨报》1924 年 3 月 18 日第 2 版社论。

损益之不同,今既得相当公平结果,往者已不必说,来者犹可直追。"①
20 日吴佩孚又发电催促签字,"此事关系国信国权至巨,深望毅力主
持,仍本原旨,将协定即行签字,勿扰浮誉"②。24 日吴佩孚发电,批评
政府,"为推敲文字中无关轻重之点,而引起停顿,权衡得失,可惜孰
甚",表示了对政府能否较王加草案取得更多利益的疑虑③。吴佩孚的
态度也体现了直系内部的保洛之争。在曹锟派出专人劝解后,吴佩孚
的态度逐渐平和,不再就此事发表通电④。直系其他干将,如齐燮元、
萧耀南、张福来、刘镇华等均发出电报,均催促内阁迅速签字。《晨报》
对这种现象评论说:"疆吏对于外交问题,本鲜研究,而此次居然态度一
致,诚堪令人注目。"⑤驻美公使施肇基也致电政府,催促迅速承认苏
俄,"免失时机,倘各国均承认后,则我国更难得美满之协商"⑥。

　　3 月 19 日,北京学生联合会、北大学生干事会、马克思学说研究
会、民权运动大同盟、各团体联合会等二十余团体联名致函加拉罕,希
望他采纳民意,延长期限,以便这些团体警告北京政府早日承认苏俄。
与此同时,各团体又各派代表一人访问加拉罕,加拉罕表示其"拟日内
即行出京,与贵国各地国民一亲良晤"。代表们劝加拉罕暂缓南下,留
在京中,"视国民督促政府如何,再定行止"⑦。

　　3 月 20 日,北京学生联合会开会讨论中俄交涉一事时,学生代表
意见大体分成两派:一派主张联合各团体和市民,举行一种积极的表
示,敦促政府从速批准协定。一派则主张郑重考虑,因为俄政府并未抛

---

　　①　《晨报》1924 年 3 月 21 日第 2 版。
　　②　《晨报》1924 年 3 月 23 日第 2 版。
　　③　《晨报》1924 年 3 月 28 日第 2 版。
　　④　《顾维钧回忆录》,第一分册,第 341 页。
　　⑤　《晨报》1924 年 3 月 23 日、25 日,4 月 1 日均为第 2 版;《申报》,1924 年 4 月
5 日第 6 版。
　　⑥　《晨报》1924 年 3 月 29 日第 2 版。
　　⑦　《晨报》1924 年 3 月 20 日第 2 版。

弃侵略主义,其所作所为与1919年及1920年宣言前后矛盾。双方争论颇久,最后表决如下:(一)以公函警告顾维钧,勿作外交团之傀儡,为批准协定之障碍。(二)用公函警告俄代表加拉罕,勿以战胜国态度自居,而视我国为战败国。(三)发表宣言,表明下列各要点:说明中俄邦交急宜恢复之重要;揭破外交团从中阻碍中俄恢复邦交之黑幕;说明现内阁阁员不明中俄恢复邦交之益处。(四)组织演讲团在各城演讲中俄关系①。在随即发出的警告顾维钧函中,学生们态度极为激烈,他们指责中国外交"内听一二不肖政客之指使,外受法美各国之播弄,致失外交独立之精神,并以贻误国是"。因此该会决定,只要"一息尚存,誓必力争,赵家楼故事可为殷鉴"②。上海全国学生总会也派代表与会,决定与北京当地学生联合,督促当局承认苏俄,表示"上海方面学生界新闻界工界皆一致主张承认苏俄"③。

3月21日,北京教育会、北京国立八校教职员联席会议、中华教育改进社、北京青年国民俱乐部、民权运动大同盟、北京各团体联合会、马克思学说研究会、国立北京大学学生干事会、中俄协进会九团体发布正式宣言,指责当局"追步帝国主义国家之丑行,以市侩论斤较两之需索,为两国亲善友好之卖价",认为当局这样做的原因在于外力压迫及当局私利之争执。这些团体呼吁全国同胞及各团体努力:"(一)反抗帝国主义对于中国外交之压迫,(二)督促政府立即无条件承认苏俄。"④北大教授亦发出宣言:"除一方警告我国办理外交者,立为无条件之宣告承认,一方要求俄代表仍行保持十三日之协定为中俄正式会议之根据。"⑤

在中俄交涉陷入困难的时候,国会议员们纷纷活动,各自从自己的

---

①　《晨报》1924年3月21日第2版。

②　《晨报》1924年3月22日第3版。

③　《申报》1924年3月23日第7版。

④　《晨报》1924年3月22日第3版。

⑤　《晨报》1924年3月22日第3版。

立场出发,对中俄交涉发表看法,其中有一部分人欲借外交问题作为党争的武器,掀起阁潮①。议员们对于中俄交涉的态度大体上可分为两派:一派以法治共进会为代表,主张政府对于协定速予批准。指责政府对草案态度"咬文嚼字,多所挑剔……虽坐失时机,亦所不惜"②。另一派以议员俱乐部为代表,主张政府不应贸然订约,因为王正廷与加拉罕所订条件有损国权。20 日,该派议员八十二人提出质问书,指责王正廷与加拉罕私订草约,无签字之权而擅行签字,所以其责任"重于伊犁事件之崇厚",而政府默认王正廷的所作所为,"纵容属吏,大权旁落,铸错误国",其责任"重于同光间之清廷"③。

3 月 22 日,《晨报》发表社论讨论政府的责任。社论指出,内阁应负之责任在于没有一定政策,最初分部签注,后又各自修改,举棋不定,致失全局。王正廷应负之责任在于身为代表,在内阁所提条件未议妥以前,轻率议定,其失职行为也无可争辩。加拉罕身为外交家,对于订立协定的手续,应该极为明了,但其在中俄协定议定之后,立即报告莫斯科政府说已签字,致使苏联举国庆贺。这一误报的结果,致使苏联政府在得知中国拒绝批准已签字之协定时,非常愤慨,所以训令加拉罕发出限期签字的照会。苏俄这一照会类似哀的美敦书,不符合两国谈判修好的本意,同情苏俄的人尚且对这一照会不满,反对苏俄的人就更找到了反对的借口。况且照会中限期三日签字,事关两国体面,终于造成今日相持不下之局面。对于俄国只承认蒙古为中国领土之一部分,并尊重中国主权,不肯明白声明废弃 1921 年俄蒙密约一事,社论认为:"我政府之坚持此点,甚为正当,而俄国之始终拒绝,殊欠理由。"社论最后忠告中俄当局:"双方仍宜开诚相见,从长磋商,断不可因小小误会,

① 《申报》1924 年 3 月 20 日、21 日,均为第 7 版;《晨报》1924 年 4 月 4 日第 2 版。

② 《盛京时报》1924 年 3 月 21 日第 1 版。

③ 《盛京时报》1924 年 3 月 23 日第 1 版;3 月 25 日第 7 版。

影响及于未来邦交。"①

3月24日,《申报》发表文章讨论中俄交涉破裂的内幕,指出阁议中所争三点只是表面文章,其中内幕,一是顾维钧与王正廷对俄主张不同,"王主张一定大纲后即予承认,再开正式会议,议定细目;顾主张俟时机成熟,再行开议,不必亟亟承认",顾王之间有私利之争。二是以财政总长王克敏为中心的政治势力,欲借中俄交涉达到推倒孙宝琦内阁的目的;由于张作霖、吴佩孚、冯玉祥等均想将外蒙纳入自己的势力范围,故陆军总长陆锦在外蒙撤兵问题争执最力。三则为教育界与加拉罕关系密切,其声援加拉罕的举动,"大为军阀财阀官僚所疑忌,盖恐智识阶级赤化,不利于若辈也"。此外加拉罕宣言中抛弃的庚子赔款规定用于教育经费,军阀财阀官僚多不乐意。四是北京外交部的外交"向系他动的而非自动的,此人所共见。此次反对承认苏俄的阁员,辄称交民巷空气不佳"②。

但是也有人站在政府立场说话,陈霆锐发表《外交形势论》,指出目前的局势是"王与顾分裂,府与院分裂、疆吏又与政府分裂";而我国的一部分国民"反以客体之口吻责备政府为苏俄助张声势"的举动实在是"可异",我国对外应团结一致,才能"壮使者之胆而寒敌人之心"。他认为我政府对中俄交涉应当"坚持勿为所动"③。

《盛京时报》于3月25日发表社论《中俄会议观》,集中批评俄人对华的蛮横态度。该报认为"苏俄驻兵蒙古,毫无情理,应立时完全撤退,以示中俄邦交之接近"。因为外蒙向来是中国领土的一部分,这一点"毫无疑义,何用声明"。至于苏俄指责中国袒护白党更是"荒谬绝伦之议论",原因是"无论事实上白党已无活动之余地,即令白党蠢然有所活动,而以中国现时兵力,制止彼辈,尚觉绰然有余,何用俄人过虑"。苏

---

① 渊泉:《中俄交涉破裂之责任者》,见《晨报》于3月22日第2版社论。
② 《申报》1924年3月24日第7版。
③ 《申报》1924年3月25日第4版。

俄只不过允许中国以中国资本赎还中东铁路。其他旧条约之废止,俄蒙密约之存在,都未获真正解决。故北京政府的态度"审慎考虑,未为不足"。而加拉罕的态度"傲慢无礼,一至如此",其之所以采取这种无礼的态度,目的在借口取消苏俄1919年、1920年之宣言,故俄方应对交涉破裂负责①。

一些议员也发表宣言要求撤换俄代表。3月29日,群治社议员雷殷、刘哲等开会讨论,认为国人对外应取一致态度,无论王正廷与加拉罕所签草约内容如何,无论内阁所坚持的三点能否取得胜利,无论现政府是否使人满意,但俄国限期签字之通牒,"俨然战胜国之哀的美敦书",是对中国的极大侮辱。中国内部虽然"连年内争,四分五裂",北京政府对外还是代表了中华民国的名义。现在一部分人和舆论"必将其信用完全毁灭之,使世界咸知中国仅有疆吏而无政府然后快意"。恐怕中国今后之外交"将由北京而移诸各省,因是而豆剖瓜分,至亡国将由斯始矣"。一致主张通电中央,请求向苏俄政府提出撤换加拉罕的要求,另派代表继续开议②。

由于苏俄在中俄交涉中持强硬立场,而中国外交部则通过各种渠道寻求各界对政府的谅解,中国一部分人士对于加拉罕的态度产生反感。3月28日,北京学生联合会发表宣言,表示中国政府固然对中俄交涉破裂负有责任,而俄代表限期签字,亦大失国际礼仪。此外对俄方坚持保留俄蒙密约和移交俄国教堂地产的立场他们表示遗憾。他们希望,"俄代表千万不可误会者,吾人对于中国之督促,并非为俄人之后援,乃希望中俄两国早日恢复邦交而两国国民早日得其亲善携手之利益也"③。一些地方团体也发表宣言表明自己的态度。哈尔滨团体联

①　召召:《中俄会议观》,《盛京时报》1924年3月25日、26日,均为第1版。

②　《晨报》1924年3月31日第2版。另据《晨报》4月2日第3版,群治社中潘乃德、黄金声、黄伯耀、陆竣云、郑宗荣等未曾到会,对列名之事不予承认。

③　《晨报》1924年3月29日第2版。

合会及滨江道区自治协进分会、自治协进支会、自治励行会分别致电中国政府与加拉罕，要求政府不可放松交涉，劝告加拉罕不要一味图谋优胜①。浙江民生协进会、杭州青年协进会、芜湖青年进德会指责北京当局不顾大局，挟私嫉功，听任外人干预中国内政②。4月2日，上海各路商界总联合会讨论中俄问题，有人主张发电报给加拉罕，促其反省。有人对此次交涉的有效性表示疑问，有人主张不要滥发议论，取静默态度，如非发表意见不可，要郑重研究。最后表决结果，多数人主张致电俄代表加拉罕，请其勿过意骄横，致伤两国人民感情，应该退让，依法签约，并通电全国各界作一致表示③。

　　4月1日，中国对俄发出最后照会，表示对于内阁所坚持的三点可以王加草案为基础而加以修正，只须附加换文声明，即可签字。《晨报》认为，外交部此种态度"诚为至当"，"为今日转圜之唯一机会"；并进而指出，俄国如果仍然坚持不让步，就会造成这样一种情况，即"先与华人以不可磨灭之恶印象；而俄尊崇正义，服从公理之心，亦无以自白于天下。恐窃笑于后者，不独怀抱帝国主义之国家已也"。俄国是否让步已成为"中俄交涉能否实行互让平等公正原则"的检验石，俄国是否有诚意，在此一举。"俄若一味以外交上之空言来相诘责，则吾侪同情于苏俄者，亦不能不怀疑苏俄之诚意矣。愿苏俄政治家其三省之"④。

　　加拉罕对于这个照会，始终不作公开答复。俄国试图利用中国知识分子和部分舆论界对俄的好感，以及吴佩孚等疆吏的签约主张，给政府施加压力，迫使中国方面作出让步，所以苏俄表面上始终持强硬态度，而暗中则多方活动，积极进行局部接洽。苏俄派鲍罗廷联系广东当局，派达夫金、伊万诺夫与奉天当局接洽，而对于新（疆）俄局部通商条

　　①　《晨报》1924年3月30日第2版；《申报》1924年4月1日第7版。

　　②　《民国日报》（上海）1924年3月23日、27日均为第7版，4月3日第6版，转引自《中苏国家关系史资料汇编（1917—1924年）》，第297—298页。

　　③　《申报》1924年4月4日第13版。

　　④　渊泉：《忠告苏俄政府》，见《晨报》1924年4月1日第2版社论。

约也加紧进行。与此同时,日俄交涉也在不间断地进行,其目的都是为了向北京政府施加压力,迫使其让步,以便保留更多的苏俄在华利益。北京政府则一面积极与加拉罕接洽,解释政府立场,一面派驻莫斯科代表李家鏊与莫斯科政府直接交涉,对于各地疆吏则派人疏通解释。在这种情形下,苏俄代表团派达夫金回国报告中俄交涉全过程,请示最后的办法,莫斯科政府也派出陆军次长安德诺夫来华调查情况[①]。

五　中俄协定的签署及其对双方的影响

中俄交涉的破裂实与双方的本意不相符。俄方于草约签证后,立即向莫斯科政府报告交涉成功,而莫斯科政府立即向外发布这一消息,致使各国驻莫斯科代表前来道贺。此后又有加拉罕限期签字的照会,这都是为了造成一种声势,其目的是为了促进交涉而不是破坏交涉。中国方面在尽量维持国家主权和利益的前提下,也为两国交涉的成立作出了种种努力。因此交涉双方表面上虽然相持不下,实际上均在等待机会,以图挽救[②]。

在这一时期,外交部与俄代表团之间仍有联系。这种联系主要在顾维钧的秘书和加拉罕的秘书之间进行[③]。直至5月下旬,双方加紧谈判,往返磋商不下二十余次,最后对修正各点与商议条件达成一致认识。5月30日,顾维钧出席内阁会议报告交涉结果,阁议一致通过。5月31日,顾维钧奉大总统命令,作为正式全权代表,在《中俄解决悬案大纲协定》上签字。国务院随即通电各省交涉成立,同时照会俄代表,

①　张梓生:《中俄复交之经过》,见《东方杂志》,第21卷,第13号(1924年7月10日),第41—42页;朔一:《中俄协定突然签字》,见《东方杂志》第21卷,第12号(1924年6月25日),第3—4页。

②　《申报》1924年3月23日第7版;3月25日第4版。

③　《顾维钧回忆录》第一分册,第346—347页。(关于这一秘密谈判的过程未见档案资料的记载。)

说明两国邦交,即日恢复①。

　　这次交涉的特点在其秘密性。对照王加草案与正式的《中俄协定》,可以看出《中俄协定》对于草案第四条有修正。草案中,中国方面声明:所有"中国政府与第三者所订立之一切条约协定等项,有妨碍苏联政府主权及利益者,概为无效",而苏联政府仅声明"前俄帝国政府与第三者所订立之一切协定条约等项,有妨碍中国主权及利益者,概为无效",并无现任苏联政府对中国的对等声明,故《协定》取消了中国这一单方面声明,而修正表述为"中国政府对于俄国自帝俄政府以来凡与第三者所订定之一切条约协定等等,其有妨碍中国主权及利益者,无论将来或现在,均不承认为有效"。中国政府认为,"所谓'帝俄政府以来',即包括俄临时各政府及苏联政府而言"。但从字面上看,俄蒙协定的废弃问题并没有解决。政府却认为"如此措辞与我国所争之国际平等,相互主义及拥护蒙疆主权之宗旨,均属相符,就此照允"。关于外蒙问题,《中俄协定》中仅将原协定中"蒙古撤兵之条件"改为"撤退苏联政府驻外蒙之军队问题",并没有规定俄军即行撤退之原则。关于移交俄国教会在中国的动产不动产问题,《中俄协定》中规定按中国内地有关置产之规定办理,至于须先行移交的俄教会房屋及地产则指明了具体的地点是在北京和八大处。

　　总而言之,北京政府在 3 月 20 日号电所坚持的三点取得了大部分成功,但俄代表也提出两项条件:(一)鉴于法国对汉口俄租界提出要求,为了防范第三国或外国组织,侵占俄国所放弃的租界,苏俄对《大纲》第十条作出补充规定,中国政府不将苏联所抛弃的租界及各项特权转移给第三国或任何外国人组织的团体。(二)苏俄担心其放弃的庚子

---

　　①　大总统令,1924 年 5 月 31 日;国务院及外交部致各省区通电,1924 年 5 月 31 日;北洋政府《政府公报》1924 年 6 月 1 日,第 2944 号,6 月 2 日,第 2945 号,《中苏国家关系史资料汇编(1917—1924 年)》,第 279—281 页;《晨报》1924 年 6 月 1 日第 2 版。

赔款被挪作他用,双方商定,除了将该项赔款所担保的各种优先债务清偿外,余款全部拨作教育基金①。

《协定》签订后各方的反应热烈,正如顾维钧指出,新闻界和广大公众对这一结果喜出望外②。国会议员胡鄂公等一百三十多人发表宣言,认为此次中俄协定"匪特应视为中俄永久关系之要纲,且应视为中国外交之砥柱"。宣言指出,中国国民应本此公平之原则,从帝国主义列强手中夺回同等之权利。且"帝国主义者一日不觉悟,一日不倾倒,吾等反帝国主义之精神,亦必一日不止息"③。上海闸北市民也发出通电,认为协定为中国外交开一新纪元,并提出此时一方面要一致庆祝中俄邦交,另一方面要向帝国主义列强收回治外法权、庚子赔款及废除不平等条约,撤退在中国内地的外国军队,谋求中国独立④。《晨报》认为,《协定》"虽将中俄邦交正式恢复,然签字者仅其大纲,而有待于会议之事项尚多"。该报指出:"我国之当局能否诚意办事,吾侪可于将来之会议是否顺利而不致于延长期间断之。"并且"愿俄国能一如其宣言者忠实履行,使我国民有以致其信用也。"⑤唐绍仪认为《中俄协定》"中国所得甚多,俄国自未始丝毫无利,而其比例殆六与四耳"⑥。

广东当局及奉天当局都从自己的立场出发对《协定》作出了不同的反应。孙中山在与"广州新闻社"记者谈话时表示,苏俄与他的政府之间的关系"如同两个兄弟之间的关系一样,非常和睦,不需要诸如承认这样的形式"。他的政府不会以"专门的、形式上的承认"来恢复与苏俄

①　外交总长顾维钧出席国务会议的报告,1924年6月5日,见《中苏国家关系史资料汇编(1917—1924年)》,第280—281页。

②　《顾维钧回忆录》第一分册,第347页。

③　北京议员维持中俄协定宣言,见《向导周报》第71期,1924年6月25日,第571—572页。

④　上海闸北市民庆祝中俄邦交恢复之通电,见《向导周报》第71期,1924年6月25日,第570—571页。

⑤　《晨报》1924年6月1日第2版。

⑥　《盛京时报》1924年6月17日第4版。

的关系,是因为他的政府"实际上已毫无条件地承认了俄国"。对于北京政府承认苏俄,他表示"南方政府将欢迎这样的承认"①。7月中旬,孙中山及其领导的国民党发表宣言,主张对俄国"当感其厚意,此后两国人民益当互相了解,以共同努力于互尊主权互助利益之途";对北京政府则"此后益当以国民之力锄而去之"②。

谈判还在进行中,奉天当局的几个重要人物在不同场合对中俄交涉表示了意见。中东铁路督办王景春表示,中国收回权利已不少,应早日签字③。中东铁路护路司令、东三省特别行政区长官朱庆澜表示"中俄交涉,东三省当与北京取同一之步骤也"④。曾被奉张派为东省参与中俄交涉之代表的杨卓认为:"奉省与北京当局政治上久无关系,独以中俄交涉关系甚巨,对外理应一致。……奉方对于王加议定之协定,当然赞成,并无反对。"⑤由此可知,奉天方面对中俄交涉持赞成态度。

《协定》签署后,据说张作霖父子认为受到顾维钧、加拉罕的愚弄,在《协定》签字前没有告知他们,所以他们的态度由原先的赞成变为反对。王永江、王景春、袁金铠等人均认为:"此项协定,断送东省利权太大,曹锟为图固位,欲藉苏俄为外援,遂将东省权利让与俄人,藉以买好。"所以他们对中俄协定力加反对⑥。6月14日,东三省省议会、教育会、商务会、农务会发表通电,表示东三省人民对于中俄邦交,并不反对,但具体到《中俄协定》,因为北京"既不知三省边界与俄毗连之利害得失,又不知东路航权与我国关系之重要。凡关于我之利权,皆置之于

---

① 　孙中山与"广州新闻社"记者的谈话,1924年3月,见《共产国际、联共(布)与中国革命档案资料丛书2》,北京图书馆出版社1997年版,第708—710页。

② 　《民国日报》(上海)1924年7月22日第3版,见《中苏国家关系史资料汇编(1917—1924年)》,第286—287页。

③ 　《晨报》1924年4月1日第2版。

④ 　《晨报》1924年4月5日第2版。

⑤ 　《晨报》1924年4月2日、3日,均为第2版。

⑥ 　《申报》1924年6月11日第6版,6月27日第10版。

将来不可知之委员会,而独于东路利于俄人者,竟签字即欲实行"。故
"为三省及国家权利计,举财产生命皆可牺牲,独此项协定,断难承
认"①。后经中央政府派人对张作霖进行疏通,奉天对《中俄协定》大体
上表示赞同,但坚持在开中俄会议时对于东三省有关的中东路及中俄
划界问题应采纳奉天的意见②。

外国报纸对此事的反应相当歧异。《字林西报》认为,苏俄已放弃
其在华一切大事物,如治外法权、租界及拳乱赔款,而仅得一空洞之承
认。《大陆报》认为,《中俄协定》其中有利益交换之处,俄国几乎抛弃一
切,以换得外交承认和中东铁路之主有权。而《大阪每日新闻》则猜测,
《中俄协定》中可能藏有中国方面日后向英、美、日有所要求之伏线,提
示了列强对《协定》的关注和担心之所在③。

《中俄协定》究竟给予中俄双方哪些实际利益呢? 这需要仔细甄
别。《中俄解决悬案大纲协定》无疑是中国自与他国通商以来所签定的
最好的条约,条约中基本上采取了平等及相互让步的原则,对中苏关系
中一系列重大问题作了原则性的规定。当时普遍认为《中俄协定》中最
令中国满意的条款有以下五点:(一)取消领事裁判权及放弃租界。
(二)中俄两国规定新关税税则时采取平等及相互让与的原则。(三)
中俄两国声明采取平等及相互让与的原则,重新缔结条约及废止旧
约。(四)将中东铁路化为商业铁路。(五)抛弃庚子赔款以补助教
育。在这几点中时人尤认为以中国收回领事裁判权和租界以及关税
平等为获得利益。

毋庸讳言,收回领事裁判权及关税平等确是中国自华盛顿会议以
来一直努力争取的外交目标,因此苏俄放弃这些权利,一般民众皆认为
从《中俄协定》中得了大恩惠。但实际上,自从 1920 年 9 月 23 日中国

---

① 《盛京时报》1924 年 6 月 17 日第 4 版。
② 《盛京时报》1924 年 6 月 28 日第 1 版。
③ 《申报》1924 年 6 月 4 日第 7 版;《晨报》1924 年 6 月 11 日第 2 版。

政府停止旧俄使领的待遇后,俄国侨民已归于中国法权之下,领事裁判权已自动归于消灭。1921 年－1924 年俄国并无正式驻华外交代表,旧俄的租界自然也已收归中国政府。关税平等双方亦只定了原则,其细则并未订立。至于俄帝国与中国所缔结的不平等条约,自 1917 年旧俄帝国灭亡之后,这些条约已不再为中国所承认,纵使这一次苏俄政府不肯放弃前俄帝国与中国缔结的条约,苏俄也较难使中国继续承认条约的有效性。此外中东铁路的警备权 1917 年已由中国方面收回,庚子赔款俄国部分早已停止付给,因此苏俄政府纵使仍不肯放弃这些权利,也无法在中国享有这些权利①。

　　《中俄协定》中于中国不利者有两点:(一)中东铁路管理权由白党手中转移到苏俄政府手中。对于中东铁路财政的管理,如预算决算,《暂行管理中东铁路协定》规定必须由理事会和监事会联席会议核准。但理事会人员组成中俄各五人,监事会都是俄三中二,俄人占多数,当然于中国有所不利;中东铁路日常事务的管理由中东铁路路局负责。中东铁路路局设局长一人,由俄人充任,副局长两人,华俄各一,俄人仍占多数。此外对于中东铁路人员,规定由中俄两国人民平均充任,但第七号声明书中对此作了补充规定,说"各项位置,应照谋事者之能力、技术及教育资格补充"。俄人管理中东路既久,其人员素质显然高过中国人员。这条规定实际上推翻了铁路人员平均充任的原则而维持俄人对中东路的操纵状态。

　　(二)苏俄撤退外蒙古驻兵问题仍旧不能得到解决。加拉罕空许中国政府在两国会议时解决撤兵问题,而对会议又采取拖延战术,最终的结果是,1924 年 6 月 13 日,即《中俄协定》签订后不足半个月,外蒙古当局宣布成立"蒙古人民共和国"。直至 1925 年 3 月,苏联政府照会北

---

　　① 曾友豪:《中俄协定给与中国之利害》,见《东方杂志》第 21 卷,第 20 号(1924年 10 月 25 日),第 27－34 页;《中俄协定之正式公文》,见《东方杂志》第 21 卷,第 13号(1924 年 7 月 10 日),第 139－146 页。

京政府，"苏联政府已进行撤退外蒙红军，并现时已完全撤尽"①。

《中俄协定》给予俄方的利益体现在对其承认上。当时苏俄亟欲获得中国的承认，以便加强其在远东的国际地位，这一点在大纲签订后即行实现，两国恢复了使领关系互派大使，并移交了旧俄使领馆。同时通过 1924 年 9 月的《奉俄协定》及其后中东路的改组，苏俄终于控制了中东铁路。

大纲中规定有关两国悬案的解决办法将召开正式会议具体商定，将要在会议中解决的问题有：废除前俄帝国政府与中国政府间所订的一切条约及重订新约；苏联从外蒙古撤军问题；划定疆界问题；两国边界江湖及其他流域上的航行问题；中东铁路的赎回问题；订立商约问题；讨论赔偿损失问题；对俄国教会房屋及地产的处置问题；取消治外法权与领事裁判权之后苏联在华人员的地位问题。也就是说绝大部分的协定条款要在中苏正式会议中落实，而这一会议本应于协定签字后一个月内召开，六个月内开完。但延至 1925 年 8 月 26 日中苏会议才举行开幕式，此后时断时续，到 1926 年 10 月，会议无果而终②。

六　归还俄使馆和中苏会议的召开

《中俄大纲协定》第一条规定："两缔约国之平日使领关系应即恢复，中国政府允许设法将前俄使领馆舍移交苏联政府。"③1920 年 9月，中国政府停止旧俄代表的使领待遇，当时柯达次夫公爵托九国公使

---

① 曾友豪：《中俄协定给与中国之利害》，见《东方杂志》第 21 卷，第 20 号（1924年 10 月 25 日），第 27—34 页；参见林军：《中苏外交关系（1917—1927）》，第 99—100 页。

② 参见林军：《中苏外交关系（1917—1927）》，第 118—119 页。

③ 中俄解决悬案大纲，1924 年 5 月 31 日，北洋政府外交部条约司编：《中外约章汇编》（七）中俄部分，第 709—715 页，见《中苏国家关系史资料汇编（1917—1924年）》第 271—272 页。

代为保管俄公使馆及其财产,而中国政府亦有照会致九国公使,请暂行代为共同保管,现在中俄邦交成立,俄使馆自然应该交还新代表。1924年6月,《中俄大纲协定》刚签订,北京政府外交部即照会外交团,要求将九国公使代管之俄国前公使馆及其附属财产交给苏联驻京代表加拉罕①。6月11日,外交团领袖公使欧登科复文,对交还俄使馆提出条件,即只有等到各关系国承认之俄国正式驻华外交代表直接向使团提出交还的要求,使团才会考虑交还。使团的这种态度实际等同于拒绝交还②。

加拉罕对使团的这种态度非常愤慨。6月13日加拉罕照会中国外交部,提出在中国派驻大使的要求③。李家鳌亦报告外交部,苏俄外长齐契林曾当面催促两国立即互派大使。外交部一方面不愿意拒绝苏联政府的好意,一方面又怕引起国际间之纠葛,所以向各国提议将各国驻华公使升为大使④。

外交团对于苏俄要求派大使一事反应强烈。因为按照国际惯例,加拉罕成为第一任驻华大使后,势必成为使团领袖,让一个与自己的体制不相容的国家代表来领导外交团,是列强不愿看到的。6月23日使团开会的结果,共同推举日本尽快与中国接洽,赶在苏俄之前派出大使,这样日使将充任使团领袖,以抵御俄大使之地位。之所以推举日本,因为日本距中国路程最近,国书可以最早寄至北京⑤。

6月17日,外交部答复荷使欧登科11日的照会,指出"使馆地界虽照辛丑和约尽归使团管辖,乃系中国领土之一部分,俄馆地址虽在使馆界内,亦不受他国代表之管束"。中国政府要求将俄馆交给苏联并愿意在这一问题中"居间设法",不过是"对友邦尽国际上应有之礼遇予以便利"。照会"切望贵领衔公使设法照办,否则不独中国政府欲照国际

① 《晨报》1924年6月5日第2版。
② 《晨报》1924年6月13日第2版。
③ 《晨报》1924年6月15日第2版。
④ 《晨报》1924年6月20日第3版、7月12日第2版、7月14日第3版。
⑤ 《晨报》1924年6月22日,7月1日均为第2版。

习惯予友邦代表以种种礼遇与便利之志愿,难以贯彻,即他国在中国领土上派使驻节之权利'除应得中国政府之允许外不受他项条件'一层,亦将有所侵损焉"①。

外交团在接到此项照会后,7月1日开会时态度已有所缓和。在意大利等国公使的坚持下,外交团对拒绝交还俄使馆照会中的激烈措辞进行修正。7月12日,使团第二次照会送达外交部,提出四点要求:(一)八国公使认为中俄两国政府间缔结的种种协定,"决不能挫抑或侵害中国对八国中之各个或全体早已约定担负之各项义务"。(二)使馆所在区域及其各项房产,均隶属于一种特别地役权制度之下,并提醒中国外交总长注意此项国际地役权的范围与性质。(三)现在各国代表不得不将此项房产,交还于俄国政府之代表,但首先该代表应该保证维持使馆区域之各种规章。(四)目前各国政府中,仅有两国承认苏维埃政府,其余各国政府,只能委托与俄建交的中国政府向其通告情况②。

由于各国对升公使为大使事犹疑不决,而苏联政府却屡屡催促,7月14日外交部照会加拉罕,认为"互派大使一节,政府认为可行"③。翌日,加拉罕正式照会外交部通告其被任命为驻华全权大使,并请求向中国总统呈递国书④。外交团本以为中俄交换大使必定要等外交团与中国政府达成谅解之后才能实现,但中国政府此次采取断然措施,外交团才开始急起直追。日本决定不管其他国家态度如何,率先升公使为大使,自1925年4月起开始实施。其不立即实施的原因是升公使为大使必须追加使领经费,此项预算案已来不及提出特别议会讨论,所以要等到第二年通常议会开会时讨论通过。日本之所以作出这一决定主要

①　《晨报》1924年7月1日第2版。

②　《晨报》1924年7月16日第4版;美国驻华公使舒尔曼致美国国务卿的信,1924年7月12日,见 *Foreign Relations of United states* 1924年Ⅰ卷,第445页。

③　外交部发全权公使衔驻俄外交代表李家鏊电,1924年7月14日,见《中苏国家关系史资料汇编(1917—1924年)》,第300页。

④　《晨报》1924年7月17日第4版。

是担心中国人的同情心全都倾向苏联，对日本商业上有所不利，同时也不愿在博取中国人好感上落后于其他国家①。

7月20日，与加拉罕关系很僵的荷兰公使欧登科离开北京，赴日避暑，陷于僵局的俄使馆问题出现转机。公使团推举美国公使任使团领袖②，24日，加拉罕与美国公使舒尔曼在顾维钧家里就交还俄使馆问题正式会见。加拉罕的身份是驻京苏俄代表，舒尔曼的身份是签字于《辛丑条约》之外交团代表，双方在没有第三者在场的情况下进行了两个小时的会晤。舒尔曼代表外交团的同僚，要求加拉罕接受使馆区内原有的体制，并保证将遵守有关规定，如保卫、纳税、自治权等。加拉罕则指出苏联政府决不会抛弃他们在条约中（1901年《辛丑条约》）得到的权利和利益，苏联作为《辛丑条约》连署国的地位仍然继续。他表示希望进入使馆区并维持良好的邻里关系，遵守共同的规章，并且承诺一旦他的政府决定放弃条约中的权利，将按国际惯例通知其他各国，红军将不进入使馆区。加拉罕同时表示，其他缔约国无权为他规定条件，他的陈述仅作为其个人意见的表达，不能认为是迎合其他国家提出的前提条件③。

此次会见名为调停，实际已进入不完全的直接交涉阶段。中国外交部由当事人退居介绍人之列，不过外交团与加拉罕之间的函件往来还需顾维钧从中传递。此时加拉罕实际上已接受使团条件，而使团中人"态度也大为缓和"④。7月26日，加拉罕致函舒尔曼，正式请求归还俄使馆。至此使团所提条件均已满足，归还一事已到无可推托的地步。7月下旬，中国政府任命刘镜人为第一任驻俄大使，未到任前，由

---

①　《晨报》1924年7月18日、21日均为第3版。

②　《晨报》1924年7月20日、27日均为第3版。

③　美国驻华公使舒尔曼致国务卿的信，1924年7月25日，见 *Foreign Relations of United States* 1924年Ⅰ卷，第448—449页。

④　美国驻华公使舒尔曼致国务卿的信，1924年7月25日，见 *Foreign Relations of United States*，1924年Ⅰ卷，第451页；《晨报》1924年7月30日第3版。

现驻莫斯科代表李家鳌代理。7月29日,加拉罕致外交部函件已改用苏联大使名义。31日,加拉罕晋见曹锟,呈递国书,两国使领关系正式恢复①。

1924年8月1日,公使团在美使馆开会,各国均主张交还,但还须请示本国政府。8月8日,日本政府训电首先到达,其他国家政府的训电也陆续到达。8月11日,使团开会决定答复加拉罕照会,实行交还俄使馆②。

8月18日,新任使团领袖、日本公使芳泽将交还俄使馆照会交给加拉罕,同时交给加拉罕的还有美国的附加声明书,内容是:"承认交还俄使馆之行动,并不能解作含有美国政府承认苏俄政府之意。"③翌日,加拉罕退还美国附加声明书,并指责日本未能拒绝美国委托。加拉罕引用国际法及国际习惯解释日俄交涉说,"敝使亟望若苏联政府承认日本政府及日本承认苏联政府之时,不至解作含有苏联政府承认日本资产阶级之资本主义统治或日本将承认无产阶级专政之社会主义统治之意义"④。日本对苏联的指责深感不快,此后双方为此事往返磋商,交还俄使馆事无形延搁。

8月25日加拉罕照会英国公使麻克类,催促移交俄使馆,并表示"目前意见之歧异,不至阻碍订立俄大使馆与各国使馆间在使馆界内之临时办法"⑤。使团此后连开会议,对辛丑条约国所怀疑之各点,向加拉罕提出质问。9月10日八国公使照会加拉罕,仅简单声明八国公使已一致愿将旧俄使馆财产移交于加拉罕,并未向加拉罕有所质疑或争

---

① 《晨报》1924年7月26日,8月1日、12日均为第3版;《申报》1924年8月5日第7版。

② 《晨报》1924年8月9日、11日、13日均为第3版。

③ 《晨报》1924年8月19日第3版。

④ 《晨报》1924年8月20日第3版。

⑤ 《晨报》1924年9月4日第3版。

辩,美使声明书问题亦不了了之①。9 月 24 日加拉罕迁入俄使馆,10 月 5 日苏联大使馆举行升旗仪式②。

加拉罕迁入东交民巷俄使馆后,使团又对加拉罕是否能列席使团会议和是否为外交团当然领袖有所讨论,决定如下:因为使团目前认为加拉罕仍然为辛丑条约国代表,所以加拉罕可以参加使团会议并可以参加辛丑条约国会议,但是因为加拉罕为不能贯彻辛丑条约精神之苏联政府代表,所以他不能为使团之当然领袖,而仅于外交宴会上承认其为使团领袖,若正式会议时,仍照旧例轮流推举各使主持一切③。

归还俄使馆本来是中苏两国为建立正常外交关系而采取的必要步骤,但是却引起了东交民巷外交团、中国政府和苏俄代表团之间的外交较量,三方各有得失,最终的结果是加拉罕入主俄使馆并成为外交团领袖而旧外交团逐渐走向解体。在这一事件中,苏俄对华外交重实利的取向非常突出,加拉罕为了谋求与外交团的妥协,自称其为《辛丑和约》签字国之一员,并且坚持不放弃他们在《辛丑和约》中所得权利,这是明显与中俄协定精神相违背的做法。

《中俄协定》第二条规定,两缔约国政府于协定签字后一个月内,举行会议,商订一切悬案详细办法,并认为会议应于六个月内开完④。外交部为会议的举行作了一系列准备,专门设立中俄会议办事处,并任命刘镜人为中俄会议办事处秘书长,还训令李家鳌向齐契林催促速开会议⑤。

---

①　《晨报》1924 年 9 月 6 日、7 日均为第 3 版,9 月 12 日第 2 版。

②　《民国日报》(上海)1924 年 9 月 26 日,10 月 6 日均为第 1 版,转引自《中苏国家关系史资料汇编(1917－1924 年)》,第 306－307 页。

③　《晨报》1924 年 10 月 8 日第 2 版。

④　中俄解决悬案大纲,1924 年 5 月 31 日,北洋政府外交部条约司编:《中外约章汇编》(七),中俄部分,第 709－715 页,见《中苏国家关系史资料汇编(1917－1924 年)》,第 271－272 页。

⑤　北洋政府《外交公报》,第 39 期,第 1 页;驻俄李代表晤齐总长问答——中俄问题事,1924 年 8 月 17 日北洋政府外交部档案,转引自林军:《中苏外交关系(1917－1927)》,第 117 页。

而苏俄对中国履行协定的能力始终持怀疑态度,认为俄领馆交还问题久延不决,互换大使一事也未解决,所以借口莫斯科政府所派之代表尚未抵京,不能开会。会议最终未能在规定期限内召开①。

1924 年 7 月 30 日,苏联政府所派的商务、法律等七位专门委员已由莫斯科出发。外交部闻知此消息,于 8 月 5 日致函加拉罕,表示希望苏联政府所派专门委员抵京后,立即召开中俄正式会议。加拉罕于第二日答复外交部,要求延期开会,其理由为一切布置尚未就绪。后来又传来消息说,不能开会的理由是因为中俄协定未经苏联委员会批准,不能发生效力②。中国外交当局迭催加拉罕开会,而加拉罕藉口推宕,措词虽然很委婉,但事实上不能不引起中国对于苏俄诚意的疑虑。此时苏俄暗中积极进行奉俄协商,自然不急于与中央政府进行谈判,同时苏俄又借口遣送俄旧党,发还俄使馆问题还没有完全解决,对会议采用拖延战术③。

1924 年 9 月第二次直奉战争开始,加拉罕也抓住时机与奉天当局签定了《奉俄协定》(详后)。10 月,中东铁路管理当局改组,苏联政府派出的新局长伊万诺夫取代了旧局长渥斯特罗马莫夫,苏俄在中东铁路的利益得到了落实,对中俄会议的召开更加不以为意。

进入 11 月,外交部委派严鹤龄筹备中俄会议,加拉罕亦派其秘书向外交部声明已着手准备审核中俄往来文件及档案,与中国政府开议。同时又声明道胜银行问题,不能于中俄会议中解决,因该行现不在俄国掌握之中,加拉罕无权讨论此事④。其后中国方面决定设专门委员会讨论划界、赔偿、蒙事、中东路、松黑航行问题,并认为委员会应采取一切平等的原则,由双方派同等委员组织,如果委员长派华人,则副委员

---

① 《晨报》1924 年 7 月 14 日第 2 版。

② 《晨报》1924 年 8 月 6 日、7 日均为第 3 版。

③ 《晨报》1924 年 8 月 16 日第 3 版。

④ 《晨报》1924 年 11 月 5 日、10 日均为第 2 版;11 月 13 日第 3 版。

长派俄人,如果委员长派俄人,则副委员长以华人充任,务必求得最善之结果①。此时中国国内政局不稳,直奉战后成立段祺瑞临时执政府,外长未就职,加拉罕乘此机会表示希望中俄会议从速举行,李家鏊亦报告俄政府希望速开会议之意。而中国政府只能一面作开议的各种准备,一面等候外长到任②。

1925年1月,日俄交涉成立,俄国在远东的地位益臻巩固,其与中国解决悬案之心更加迁延。2月26日,加拉罕照会中国代理外长沈瑞麟,询问中国政府是否愿开中俄会议,并请指定日期。此后中国政府任命王正廷为中俄会议督办,设立中俄会议督办公署,于5月准备就绪后,外交部照会加拉罕,提议于6月1日开议③。加拉罕对这一提议迟迟未答复,其暧昧态度无非在于有意延宕会议,希望中国对于各问题让步,以减轻在基本协定中俄国所许诺担负的各项义务④。

直至1925年8月26日,在王正廷的反复劝说下,加拉罕才答允在外交大楼举行中俄会议开幕仪式,但此后中俄会议仅仅是若断若续的进行,未取得任何实质性成果。1926年10月,在北京政府已受到广东北伐军威胁的形势下,中苏会议最终不了了之⑤。北京政府欲借此会议解决中苏之间悬案的希望落空,而中苏大纲协定的实际作用也仅剩骨架,几无内容。

七　奉俄协定

在中俄大纲协定签订后不久,1924年6月13日,加拉罕晤见外交

① 《晨报》1924年11月19日第2版。
② 《晨报》1924年12月3日第2版,12月5日第3版。
③ 参见林军:《中苏外交关系(1917—1927)》,第118页。
④ 幼雄:《中俄会议难产》,见《东方杂志》,第22卷,第13号(1925年7月10日),第5—6页。
⑤ 参见林军:《中苏外交关系(1917—1927)》,第118—119页。

总长顾维钧,曾提出"对东省用兵力恫吓为军队之集中,俄国方面亦行同样之示威",以及"拟与东省另缔结关于中东铁路及一二其他次要事件之协定"两个方案,试探北京政府对于奉俄局部接洽的态度。而顾明确表示反对,"中国于内政上或有分歧,而对于外交则属一致,往事可征。故本总长对于能得奉省了解一层,颇为乐观,至于奉省另缔协定一层,实不以为然"。加拉罕则辩白说"如不得已,在奉另签协定时,本代表仍认在京签字之协定为有效"。同时表示奉俄协定"其内容亦与业已知晓者大略相同"。加拉罕进一步指明奉俄协定与中俄协定的关系"除关于黑龙江及松花江航行事件外,并无甚出入。即关于黑松两江航行事件,亦将与条约相同。至关于中东路之修改,实无关轻重"①。7 月 7日顾维钧会晤加拉罕时,仍声明中央政府不赞成奉俄另签协定,"贵代表倘一日不杜绝与奉省另缔协约之门径,即一日不能解除履行协定之困难。即现时余仍未失望,倘苏联政府之政策仍以与奉天另签协定为可以赞成,则迟缓实行中俄协定之咎,不能归诸中国政府"②。

7 月下旬东三省设立外交处,29 日正式任命丁干青为处长,自 8 月1 日起,开始办理东三省外交事宜③。中央政府派人向张作霖解释中俄协定,但收效不大。8 月 10 日,顾维钧继续劝告加拉罕:"与奉天别开会议与事无补,反添纠纷。所有此项事件,中央政府即经尽力及注意,协定之履行惟有任由中央政府办理为最妥。"④12 日,加拉罕晤见顾维钧时,通报奉俄之间约文已定,只待签字,苏方暂不签字以静待北

---

① 北洋政府筹办中俄事宜公署:《中俄会晤录》,转引自林军:《中苏关系(1917—1927)》,第 105—106 页;外交总长顾维钧会晤苏联全权代表加拉罕,1924 年6 月 13 日,见《中苏国家关系史资料汇编(1917—1924 年)》,第 315 页。

② 外交总长顾维钧会晤苏联全权代表加拉罕,1924 年 7 月 7 日,见《中苏国家关系史资料汇编(1917—1924 年)》,第 316 页。

③ 《晨报》1924 年 7 月 16 日第 3 版,8 月 6 日第 4 版。

④ 外交总长顾维钧会晤苏联驻华大使加拉罕,1924 年 8 月 10 日,见《中苏国家关系史资料汇编(1917—1924 年)》,第 316 页。

京政府的疏通结果。加拉罕说："倘贵总长赞成在奉签字,即请声明赞成,无任感荷,盖如此则协定之签字,系贵长所与知焉。"顾维钧回答说"余意凡有趋向与地方订约之举动,均足使中央政府难以履行中俄协定。……如贵使一日继续存有缔结另约之希望,则中国政府一日不能易于履行协定。"加拉罕说:"本使以为此项协定当可允许,只须北京政府与闻耳。"顾维钧则声明,奉俄之间缔约开启国家可与地方办理外交的恶例,"盖此项地方协定之缔结,无异表示,关乎中国之外交贵使可径与地方官办理,而开不良之先例"①。8 月 19 日,外交部秘书朱鹤翔在会晤加拉罕时,加拉罕主动提出将中东路赎回期限减少二十年,并表示其让步目的是为了帮助顾维钧与奉方解决关于中东路上双方的分歧,而不是以之作为促进履行中东路暂行协定之代价②。

　　1924 年 9 月中旬第二次直奉战争爆发,9 月 20 日《奉俄协定》告成。9 月 24 日,外交部令李家鏊向苏联政府口头抗议。第二天,外交部正式照会加拉罕,对奉俄协定表示严重抗议:"查张作霖背叛中央政府,已明令申讨,乃忽于此际,贵国代表与之签订协定,诚所骇诧;况各省对外一切协定或契约非得中央政府事先核准,不能有效,因是本部对于上项传闻之协定,如果确有其事,不能不提出严重抗议,并声明否认。"③加拉罕对外部照会不予理睬,而对报界声明苏联与奉天订立协定的理由:(一)是顾维钧允许苏俄与奉天方面交涉,以使奉天承认中俄协定;(二)是政府与奉天接洽久无结果;(三)是中国内部发生战乱,为了防止法、美等国干涉中东路④。

---

　　①　外交总长顾维钧会晤苏联驻华大使加拉罕,1924 年 8 月 12 日,见《中苏国家关系史资料汇(1917—1924 年)》,第 316 页。
　　②　外交部秘书朱鹤翔会晤苏联大使加拉罕,1924 年 8 月 19 日,见《中苏国家关系史资料汇编(1917—1924 年)》,第 317 页。
　　③　外交部发全权公使衔驻俄外交代表李家鏊电,1924 年 9 月 24 日,9 月 25 日,见《中苏国家关系史资料汇编(1917—1924 年)》,第 322—323 页。
　　④　《晨报》1924 年 10 月 5 日第 3 版。

　　9 月 26 日，奉天任命鲍贵卿为中东铁路督办兼理事长，以袁金铠、
吕荣寰、刘哲、范其光为理事①。10 月 3 日中东铁路董事会成立，苏联
派伊万诺夫为局长。同一天法国驻华代办、华俄道胜银行向中国外交
部抗议奉俄协定②。10 月 11 日，外交部为奉俄协定事向加拉罕再提
严重抗议。加拉罕对此仍然未作回答，华俄社的声明非正式地表达了
苏联的态度，声称由于"北京政府势力未能管辖东省，《中俄协定》中与
东省有关之部分不能实施，始有缔结奉俄协定之必要"。对于《奉俄协
定》的性质，华俄社认为："纯为地方性质"，因为"东省当局以省当局资
格订定此项协定，亦至属明显"。对于协定的内容，华俄社认为："奉俄
协定不独未抵触中国主权，且对中国主权完全尊重。……协定内容，并
提及中俄协定，益可证明该协定乃随中俄协定而生。即奉天当轴，亦未
尝目之为独立协定。"③

　　直奉战争结束后，奉系联合皖系控制北京政府。1925 年 1 月 19
日，张作霖将《奉俄协定》呈送段祺瑞政府，称"在前《中俄协定》虽经北
京签字，惟关于东路航权各部分尚多遗漏，当由东省另订奉俄协定以资
补救，业于十三年九月二十日签字批准"④。中俄会议会务处开会讨论
此事后，认为《中俄协定》与《奉俄协定》，条文本旨"大致相同，且奉协条
文中数处似更觉进步，将来开会时根据进行，不无裨益"。所以决定将
《奉俄协定》归并于《中俄协定》之中，以示中央与奉天一致对外，并提交

　　①　《晨报》1924 年 10 月 4 日第 3 版。

　　②　法国驻华代办致中国外交部照会，1924 年 10 月 3 日，北洋政府外交部档
案；华俄道胜银行代表向中国官署递交抗议书，1924 年 10 月 3 日，《民国日报》，(上
海)1924 年 10 月 6 日第 1 版，均见《中苏国家关系史资料汇编(1917—1924 年)》，第
324—325 页。

　　③　外交部发全权公使衔驻俄外交代表李家鏊电，1924 年 10 月 11 日，见《中苏
国家关系史资料汇编(1917—1924 年)》，第 322—324 页；《晨报》1924 年 10 月 14 日
第 2 版。

　　④　东三省保安总司令张作霖致临时执政段祺瑞函，1925 年 1 月 19 日，见《中
苏国家关系史资料汇编(1917—1924 年)》，第 325 页。

外交部、交通部讨论①。3月12日，临时执政府发布第三百四十六号指令，将奉俄协定追认为中俄协定之附件，并于18日将此事照会加拉罕②。

在《中俄协定》之后不久签订的《奉俄协定》，其内容是否较中俄协定有更多的进步呢？分析可知，两者不同之点在于：（一）《奉俄协定》是奉天当局以东三省自治省政府名义与苏联政府所签的协议，规定中东铁路由奉俄双方会商解决。而《中俄协定》则是中国与苏联两个国家之间的政治协议，规定中东铁路由中俄双方规定解决。（二）关于东省铁路的赎回期限两协定有较明显的差异。《奉俄协定》第一条第二项规定："一八九六年九月八日（俄历八月二十七日）订立之建筑经营东省铁路合同第十二条内所载之期限，应由八十年减至六十年。此项期满后，该路及该路之一切附属产业均归为中国政府所有，无须给价，经双方同意时，得将再行缩短上述期限即'六十年'之问题提出商议。"《中俄大纲协定》第九条第二项规定："苏联政府允诺中国以中国资本赎回中东铁路及该路所属一切财产并允诺将该路一切股票、债票移归中国。"第三项规定："两缔约国政府允在本协定第二条所订会议中解决赎路之款额及条件暨移交中东路之手续。"而《奉俄协定》规定："自本协定签订之日起，苏联方面同意中国有权赎回该路。赎时应由双方商定该路曾经实在价值若干，并用中国资本以公道价格赎回之。"

一般认为这一点《奉俄协定》较中俄协定实有进步。但仔细考察可知，这一款前半部分规定，将中东铁路赎回期限由八十年减为六十年，

---

①　临时执政府秘书厅致外交部公函，1925年1月19日后；中俄会议会务处说帖，请商交通总长应否将奉俄协定归并中俄协定并通知苏联大使由，1925年2月3日；交通部致外交部函，1925年2月25日，见《中苏国家关系史资料汇编（1917—1924年）》，第326页。

②　临时执政指令第346号令外交总长沈瑞麟，交通总长叶恭绰，1925年3月12日，北洋政府：《政府公报》1925年3月13日，第3214号，见《中苏国家关系史资料汇编（1917—1924年）》，第326—327页；外交部照会苏联驻华大使加拉罕，1925年3月18日，见《东方杂志》第22卷，第8号（1925年4月25日），第150页。

并可将六十年期限再提出讨论,确实为俄国的让步,但这一条款的后半部分,却将本应在正式会议开会后即解决的中东路赎回款项及手续问题推延到赎路时再进行讨论,在这一点上《奉俄协定》有所退步。同时,苏俄清楚地知道中国的财政状况,坚持以中国资本赎回中东路,其目的显然是为了防止日本对中东铁路的控制。据时任东三省交涉总署交际处长张国忱事后回忆,当时张作霖主要想利用谈判达到要挟苏联不再援助冯玉祥的目的,而苏联谈判代表库质臬佐夫也口头答应了这一条件,因此张作霖与苏俄签订了这一协定①。俄方的目的则在接收中东路,《奉俄协定》成立后不足半个月,10月3日中东铁路就进行改组,逮捕了旧局长渥斯特罗乌莫夫与旧地亩局局长关达基等多人,任命伊万诺夫为局长,中东铁路控制权由旧董事旧督办之手移交于新董事新督办。10月13日中东铁路专门委员会改组成功,中俄协定成立四个月后仍不能解决的中东路问题告以解决。由此可以看出,《奉俄协定》签订的重要性不在协定本身有何进步之处,而在于苏俄与奉张达成一致后立即进行的中东路改组行动②。

加拉罕此时的身份是苏联驻华全权大使,他在与各国承认的中国中央政府订立了《解决两国悬案大纲协定》后,又以国家名义与反抗中央政府之东三省自治政府订立协定,是苏联对中俄协定的公然违背。国会议员们认为,加拉罕的做法"认东三省为独立国,蔑视中国主权已达极点"③。苏联这种言论与行动大相违背的做法,逐渐引起部分中国

① 张国忱:《张作霖父子对苏关系和中东铁路内幕》,《中华文史资料文库》,第一卷,中国文史出版社1996年版,第866－867页。
② 奉俄协定内容《中华民国东三省自治省政府与苏维亚社会联邦政府之协定》,北洋政府外交部条约司编:《中外约章汇编》(七)中俄部分,第734－744页,见《中苏国家关系史资料汇编(1917－1924年)》,第317－322页;中俄协定内容见《有关中俄交涉的重要舆论与公文》,《东方杂志》第21卷,第13号(1924年7月10)日;同时参见《奉俄协定与中东路改组》,《东方杂志》第21卷,第19号(1924年10月10日),第10－13页;《晨报》1924年10月15日第2版。
③ 《盛京时报》1924年10月9日第1版。

人的警惕,1925 年 10 月在《晨报》副刊上展开的联俄与仇俄的大讨论,就反映了这部分中国人的心态。

综观 1923 年－1924 年间中苏建交谈判的全过程,可以看出,苏联在实行新经济政策后,其在华外交体现出重实利的取向。一方面,苏联最先放弃了其他国家都还在坚持的领事裁判权,并承认与中国订立关税条约时采用平等互让的原则,在很大程度上满足了华盛顿会议后中国民众力争收回这些权利而终未如愿的心理,实际上也强化了中国与其他列强谈判的立场。同时,在与中国的实际谈判过程中,加拉罕一如既往地运用苏俄外交政策中的"制衡政策"和"分离主义运动"的策略①,力图利用中国内部各种力量之间的矛盾以获得对苏联权益的落实。

在与北京政府谈判期间,加拉罕曾与孙中山积极进行联络,以获得孙对苏俄谈判立场的支持并以与孙签订协定给北京政府施压,但最终因孙中山未取得实际权力,加拉罕认为与他签订政治协议无异于一纸空文,所以打消了这一念头。为了切实落实苏联在中东铁路的利益,在《中俄协定》签订不足四个月时,加拉罕以苏联驻华全权大使的名义,又与东三省地方当局签订《奉俄协定》。这样一种单独与地方政权交涉的方式,实等于把地方政权与中央政府并列对待,相当不符合外交常规,但当时中国舆论对此并无太大的异议,很能揭示中国政治氛围的特殊之处。

应该指出,东交民巷公使团对于中国政府外交的影响多少是存在的,但在中苏建交谈判过程中,这种影响被苏俄作为宣传手段多次使用。到中俄交涉的紧要关头,在法、美、日等国对于中东铁路问题多次向中国政府致牒表明立场后,苏俄更加认定列强对中国政府施加压力是导致中俄交涉破裂的根本原因。当时中国社会舆论也普遍如此认为,各界人士多因此指责政府没有自己独立的外交政策。国内社会舆论与苏俄的观点相呼应,使北京政府的谈判地位愈形困难。

----

① 参见王聿均:《中苏外交的序幕——从优林到越飞》,第 503－507 页。

更重要的是,加拉罕一开始就提出"与中国人民缔约"的口号,在谈判中多次采用将政府与民众区别对待的新型外交手法。他在宣传对华友好的口号下,实际最大限度地保留了沙俄留下的在华利益。这种做法虽不符合外交惯例,却相当适应那时中国较为激进的社会心理,"国民外交"在相当程度上实际呼应了苏俄的新外交方式。包括知识精英和学生群体在内的"民众"积极要求参与外交自然是爱国表现,但却在一定程度上干扰了外交谈判的正常进行,尤其当"民众"的立场恰与政府的谈判对手接近时,就给本来处境艰难的北京政府的外交谈判增加了难度。不过,在这种不符常态的外交环境下,历来被指为"卖国"的北京政府,尤其是外交部,虽然实际只为中国争取了平等解决中苏两国关系的若干原则性规定,但在当时国家贫弱、民众情绪"激进"、外交不甚符合常态等种种不利情况下,为维护中国国家主权和民族利益所作出的努力,仍应给予足够的肯定。

第三节　关税特别会议

一　北伐前中国的财政状况

20世纪20年代中期的中国,不仅政治失范,而且财政经济也异常紊乱。由于政治上未能真正统一,地方各自为政,中央政府政令往往不出京城范围,地方财政税收多被地方实力派截留,不上缴中央,致使国家税收锐减。加之军事行动频繁,军费开支巨大,国家财政陷入极度困境。

当时国家的财政收入主要有田赋、关税和盐税。这三项税收中,田赋系传统税种,其在全部税收中所占比例自清季以还便逐渐减少,20年代中期约占全部税收的20%左右,基本上被地方截留。盐税系一相对稳定的税种,其在全部税收中所占比例与田赋大体相当。1913年以后该税种开始为外人掌握,作为外债抵押。抵押所余作为国家财政收入,其中一部分归中央,一部分归地方。如 1918 年至 1928 年这十一年间除 1923 年缺乏具体数据外,其余十年共征盐税 6.4 亿余元,其中中央政府所得为 3.3 亿元,地方所得为 3.1 亿元。关税则随着进出口贸易的增长在全部税收中占有越来越突出的位置。1918 年,中国海关税收为 5960 余万元,1926 年则上升为 1.192 亿元,1917 年至 1927 年这十一年内,中国的海关收入合计达 9.93 亿元,平均每年 0.9027 亿元。关税收入在国家总预算中所占比例 1916 年为 15%,1919 年为 19%,到 1925 年则上升为 26%,已经超过盐税和田赋,居于国家各项税收之首①。

但是海关税收并不能支撑国家财政,北洋时期,海关税收除大约 20% 留作"关用"即海关经费之外,大部分都被用于偿还内外债务,尤其是外债。有关数据清楚显示了这一点:1923 年,中国关税总收入为 98,706,234 元,外债偿还额为 56,991,960 元;1924 年两者分别为 106,905,885元和 55,283,832 元,1925 年分别为 108,331,789 元和 82,209,421 元,1926 年分别为 119,272,387 元和 75,413,315 元,1927 年分别为 108,779,232 元和 81,612,925 元。总计五年内关税总收入为 541,995,527 元,其中用于外债偿还部分为 351,511,453 元,占这几年关税总收入的 64.85%。偿还外债并将一部分留作关用之后,所剩寥寥无几。在 1912 年至 1927 年之间,北京政府仅得到"关余"1.3 亿元,只占关税总额的 18%②。

第一次世界大战之后,中国的债务压力一度有所减轻。原因在于中国应协约国要求参战,得到庚子赔款往后暂缓五年,至 1922 年 11 月之后再行续交的交换条件。由于加入协约国,与德、奥构成交战国关

---

①　　1925 年中国盐税收入在国家总预算中所占比例为 21%,田赋所占比例为 19%。参见吴兆莘《中国税制史》下册,第 204—205 页,商务印书馆 1937 年版;贾士毅《民国财政简史》下册,商务印书馆 1940 年版,第 697 页附表。

②　　吴兆莘:《中国税制史》下册,第 204—205 页,商务印书馆 1937 年版。案:关税总收入不包括常关税,外债偿还额包括庚子赔款在内。

系,该两国战败后,中国所欠赔款自然取消。另外,俄国在十月革命之后自愿放弃尚未偿还的庚子赔款。这三项赔款占庚款总数的49%。总计1917年底至1928年这十余年间,中国缓付和停付庚款达2.1096亿两,财政负担得以暂时减轻①。

尽管如此,地方和中央财政仍十分困难。1924年底,财政入不敷出的省份多达十七个。中央财政状况因地方截留等因,更显拮据。就在善后会议开会期间,据执政府方面透露,"各机关各军队新欠旧欠,统计已有七百余万元之巨"②。据1922年的《中国年鉴》报告,当时中央政府每月所需军政各费为920万元,全年所需经费约为一亿零八百万元,但当时实际月收入却远远低于这一数字③。1912年至1927年中央可以用作政费的全部关税收入仅1.3亿元,1918年至1928年(1923年缺乏具体数据)中央政府所得为3.3亿元。据此推算,作为中央政府主要收入的关税和盐税平均每年只有3381万元,仅及所需经费总额的31.3%,但支出却有增无已。

在这种情况下,国家财政预算严重不足。1919年,财政预算尚能大体维持平衡,收入为4.9041亿元,支出为4.9576亿元,收支额差仅535万元。但到1925年,政府预算岁入只有4.7164亿元,岁出则高达6.3436亿元,出入额差高达1.6272亿元④。为弥补预算不足,北京政府采取大量借债的办法。其借债方式繁多,有政府正式发行的公债,有短期的国库证券,有向各银行、银号举借的短期借款。借款中又分盐余借款、内国银行短期借款及各银行垫款三种。据统计,民初十五年间,北京政府总共发行了27种内债,预计总额达876,792,228元,实际发行额

　　①　贾士毅:《民国续财政史》第1编,商务印书馆1933年版,第54页;陈向元:《中国关税痛史》,台北学海出版社1971年版,第106页。

　　②　《中央财政之现状》,《大公报》1925年3月9日。

　　③　台北党史研究会编:《革命文献》第8辑,第125—126页。

　　④　贾德怀:《民国财政简史》上册,商务印书馆1940年版,第13—15页。

为612,062,708元,其中1924年至1926年三年共发行35,600,000元①。

由于缺乏财力,也无足够信誉,在国内发行公债时,北京政府不得不将本可用作政府各项财政支出的停、缓赔付庚款用做担保基金。据统计,在北京政府举借的十八次有基金担保的总额达3.5亿元的公债中,以庚款或关余做担保的有九次,国库券六次,两者债额达2.3亿元。其中仅1922年至1926年发行的公债就有123,834,910元②。这样,从1917年开始停缓赔付的庚款,对于北京政府就有了双重意义:它既使政府的外债压力得以减轻,又可用作举借内债的担保,取得内债收入,使关税、庚款、内债和财政构成连锁关系③。

除了内国公债之外,北京政府还大量举借外债。据财政部和交通部报告,截止1925年,北京政府所欠外债已高达22亿元,这些外债多数是向日本借贷,其次是向英国借贷,再其次是向美国借贷,其中一部分有担保,一部分没有担保。

但举借债务也面临严重问题:外债以海关和常关税作为担保,外债越多,中国的关税主权丧失就越严重,收回就越困难;而内债靠关余和缓付庚款作为担保,也容易给外国人干预中国经济提供方便,形成外国人不断通过关税来强化控制中国财政的恶性循环。

更加严重的问题在于,所借内、外债大多不能用于经济建设,而是被用作军费。在所借外债的使用上,军政费占60%,铁路用费占35%,其余的用于工业。当时的舆论批评政府“恃债为生”④,实则连债也无可依恃。1925年,段祺瑞政府拟发行2000万元“八厘公债”,以解燃眉之急,但进行之时,却因担保、利息、折扣等问题,“屡触种种暗礁”⑤,遭

①　千家驹:《旧中国公债史料》,中华书局1984年版,第10—11页。
②　千家驹:《旧中国公债史料》,中华书局1984年版,第10—11页。
③　参阅马振举:《北洋军阀政府时期的关税与财政》,《南开学报》1987年第4期,第38页。
④　《恃债为生之中央财政》,《中华民国史史料外编》第五册,第382页。
⑤　《目前财政上之两大案》,《顺天时报》1925年3月12日。

到内外反对。最后通过强摊各银行勉强发行的 1500 万元公债,政府可用作政费的只有 620 万元①,而这笔款项尚不够还清政府的新旧欠款。1926 年底,财政部已穷蹙到连"100 元之款亦不能开出"的艰难地步②。时人尝忧心忡忡地指出:"吾国所兴之债,大半用于军事之途,非特不能生利,而军队日益增多,为祸将无底止。甚至借债还利,层层加重,势非举全国所入,尽充债款利息不止。如此则破产之祸,岂俟数年后哉?"③

在财政极端困窘的形势下,关税会议自然对政府当局产生了吸引力。

二　各国对关税会议的态度及"金佛郎案"的议结

1922 年 11 月,北京政府成立关税特别会议筹备处。1924 年 3 月,北京政府外务部分别致电与华盛顿会议有关各国公使及驻京外交团,正式提出召开关税预备会议的要求,遭到各国拒绝。"法国谓本国尚未批准华府条约,故认此时尚非可开预备会议之时机。意、比两国谓,……中国政府未允解决金佛郎问题,……他日如开正式关税会议,本国自当参加,但此时则并无开预备会议的必要。英、美、日、荷等,则谓本使无反对关税会议之意,但因法国尚未批准华会条约,手续未臻完备,故不能开会,如法国加以批准,则固不必待商榷,即可开正式会议也"④。关税会议的召开因此再度推迟。

1925 年 4 月 8 日,段祺瑞政府向法国驻华公使发出照会,希望法国政府批准华府会议公约,使关税特别会议能"克期召集","至于解决

---

① 《新公债条例昨晚明令发表》,《顺天时报》1925 年 3 月 17 日。

② 《冯玉祥派员来京接洽与奉合作》,载《中华民国史史料外编》第 9 册,广西师范大学出版社 1998 年版,第 490 页。

③ 贾士毅:《整理外债问题》,《东方杂志》第 19 卷第 5 号,第 6 页。

④ 《八使拒开关税预备会》,《申报》1924 年 6 月 12 日。

（金佛郎）赔款问题，系另属一事，与本案绝对不能牵连”①。与此同时，段祺瑞政府还向各国递交了迅即召开关税会议的照会。

对于段祺瑞政府的请求，华盛顿会议有关各国态度不尽一致。

（1）美国　对中国邀集各国召开关税会议，美国并不反对。如前所述，华盛顿会议是在美国的策划与领导下召开的，会议成立的条约大抵以美国的提案为基础。关税会议召开的依据系华会有关协定，美国自然要促成这一会议召开。对于中国提出的维护国家独立主权的要求，美国有时也能表示同情理解。《纽约时报》社论指出：美国愿意“于拟议中国关税会议之中，扩充议程，使包括其他议题，或将有继续华府会议之举。华人领袖亦知其欲完全摆脱外人干预之愿望，将得美国人之赞助，且知一俟有撤销外人特权之时机，美国将运用势力，使其有成”②。但美国对华政策的立足点仍然是自身的利益，在实现这一利益的过程中，与英国形成明显的竞争关系。1925 年夏发表在报章上的一段评论，颇能说明这一点：“美国甚愿取得中国经济政治之利益以消灭英国优越之权利，英国借不平等条约之力取得之利益甚多，美国现财力雄厚，欲利用时机取消不平等条约，取英国之地位而代之。英国有多数殖民地及岛屿，与美国有密切之关系。美国因财源兴旺，又有巴拿马运河之联络，极希望利用此时机，以取得种种利益，近来对于中国自然竭力相助，但将来对于中国更较他国为危险，因其资本之大、机器之良，更优胜于他国。”③

（2）英国　第一次世界大战结束后，因美、日势力增长，英国力量相

---

①　《北京政府未关税特别会议致法国公使照会》(1925 年 4 月 8 日)，载章伯锋主编《北洋军阀(1912—1928)》第 5 卷，武汉出版社 1990 年版，第 77—78 页。

②　《驻英朱代办致外交部电》(1925 年 7 月 18 日)，见台北中研院近代史研究所藏：关税特别会议档案(以下简称“关档”)，筹备召开关税会议案乙—(1)，03—25/15—(2)。

③　转引自《李代表赴俄外部与齐外长会晤问答》(1925 年 7 月 31 日)，“关档”，03—25／9—(1)。

对削弱,国际地位有所下降,其在华权益亦受到美、日两国的严峻挑战。与此同时,中国的民族主义高涨,在广泛掀起的反帝运动中,老牌的在华拥有特权最多的英国成为中国民众反对的主要对象。1925年的"五卅事件"和同年6月23日发生的"沙面事件",更是激起普遍的反英浪潮。在这种情况下,为保护自身利益,缓和中国民众与英国的敌对情绪,英国政府需要提出关于中国关税问题的新方针。正如英国首相张伯伦所言:"要消灭中国人民的反帝国主义运动,最好是召开关税会议,增加税率,使中国财政有办法。"[1]中国海关监督、英国人安格联也主张在关税等问题上对中国让步,他在一份备忘录中指出:"基本上,有关列强应该了解,数十年来用武力造成并维持的地位,已不再能由渐缩的声明保持。……欲恢复秩序,条约各国应该召集一个会议以修改条约,并且列强应有做大让步的准备。……取消1898年的租界,上海公共租界应有华代表,关税应增加。"[2]

(3)日本　就列强在中国的利益而言,日本是第一次世界大战的最大赢家。战后日本不仅攫取了德国在中国山东的特权,而且对华贸易有了极大的发展。从1919年到1925年7月内,日本对华外贸输出额在其全部输出额中所占比例平均每年为29.76%,而美国只占到4.6%,英国只占到2.17%。在这种状况下,中国关税税率变化对于英、美两国不会造成多大影响,但是对于日本却关系重大。日本的商品输出大国主要是美、中两国。1924年东京大地震之后,日本对外贸易严重入超,但其对华贸易常有巨额出超,因而中国市场对于日本意义重大。从经济角度分析,日本是反对中国关税自主、不满美英两国在中国

①　杨幼炯:《近时国际问题与中国》,第191页,转引自李光一《1925年至1926年的关税会议与法权会议》,载东北师范大学历史系编《第一次国内革命战争讨论文集》(中国现代史第二次学术与教学讨论会,1981年),辽宁师范学院铅印本,第280页。

②　转引自李健民著《五卅惨案后的反英运动》,台北中研院近代史研究所1986年版,第184页。

关税问题上妥协的。但是从政治上看,日本十分担心中国政局不稳会损害其在华利益。日本币原外相在一次谈话中指出:"如果仔细观察中国时局发展,不能不考虑近来中国人民的政治觉醒。假使忽视中国情况的变化,将是很大的错误。军人可能随着战乱起伏不定,但国民自觉一旦发生,却不容易消灭,如果受外方压迫,将会愈发强烈。中国国民自觉的要求之一即为恢复关税自主的渴望,我们应该特别觉察这种情势。"①如果因为关税问题导致中国政局不稳,日本在华利益会受到直接损害,因此,币原主张基于中国政局稳定的大前提,来考虑是否给予中国关税自主权。

　　此外,日本在作政治决策时,还必须顾及美、英的立场及相关利益。在"五卅事件"之后广泛开展的反帝运动中,英国首当其冲,但日本也是中国民众反对的重要目标。这种利益关联使日本在英日同盟终止之后,仍然要与英国在对华问题上协调。因为如果英国在"五卅"之后陷入孤立,其在华租界或其他特权丧失,在华拥有十二个租界的日本也会受到连带影响。对于美国,日本已与之形成竞争关系,不愿意美国独立实施为中国人欢迎的政策,独享其利,因而在对华问题上具有与美国持相近立场的可能性。不过日本对华立场的决定性因素,是中国关税税率变动所涉及的日本的经济利益,因而在谈判过程中,日本基于政治作出的表态往往让位于经济的考虑,其对中国关税问题的态度立场也因此表现出复杂性与多变性。

　　(4)法国　在关税会议问题上,中、法之间的最大障碍是"金佛郎案"。如前所述,曹锟通过贿赂当上大总统后,因各国公使联名照会,要求以金佛郎偿付法国赔款,曾打算通过秘密谈判承认此案,不再提交国

　　①　币原平和财团编:《币原喜匆郎》,东京币原平和财团出版,昭和30年,第278页,转引自韩姜文求《从关税特别会议召开的背景看其失败的原因》,载《民国档案》1996年第3期,第91页。案:本节涉及各国对关税会议的态度部分参考并利用了姜文求先生论文和资料。

会审议。但秘密谈判的消息传出后，各界反应强烈，统治集团内部也出现分歧，国会议员纷纷对内阁提出质问。在这种情况下，曹锟政府被迫照会有关各国，回绝了以金佛郎偿付法国的要求。北京政变之后，段祺瑞出任中华民国临时总执政。此时，列强为促使段祺瑞履行"外崇国信"即继续履行条约义务的诺言，表示愿意按照华盛顿会议决议，同意中国召开关税会议，实现二五加税，帮助段政府解决各种困难。而段政府为增加关税，缓和财政危机，亦准备召开关税会议。但是，由于法国尚未批准《九国公约》，关税会议因此无法举行。法国批准《九国共约》的先决条件为中国承认"金佛郎案"。为达到这一目的，法国政府提出愿意退还比、意、西、法四国扣留的两年关余和盐余。以此为前提，中法两国举行了秘密谈判。1925 年 4 月 11 日，段政府国务会议通过该案并于次日与法国签署协定①。协议成立后，法国国会两院于同年 7 月 7 日和 10 日先后批准《九国公约》②。关税会议召开的外部条件因此具备。

　　段政府在发布的通电及有关文件中，对该案的解决作了如下解释：1. 中国对外经济政策，首在保全华府会议精神，华府会议除收回青岛及对德取得各项优越条件之外，其于中国利益最关重要者，尤在关税会议，此案不解决，法国拒绝批准九国公约，关税会议不能召开；2. 关税会议不开，二五附加税不能实行，仅此一项，中国每年至少损失 2400 万元，而法、比、意、西四国所扣关余一千五百余万元也不能收回，且将继续扣留，致使一切财政计划无法执行；3. 法国方面作了按照 1905 年所

---

　　①　协议的主要内容包括：1. 法国政府承诺将法国部分庚款余额退还中国，用于促进于中法两国有益之事业；2. 中国政府承诺将"上项应付而已退还之赔款余额，按照 1905 年所采用之电汇方法计算，并加以汇兑或有之盈余，一并折合美金，自 1924 年 12 月 1 日起至 1947 年止，逐年继续垫借与中法实业银行（中法合办），作为该行发行五厘美金公债之担保。"见《外交总长致法国公使文》，载《东方杂志》第 22 卷第 9 号，第 133—135 页。

　　②　《法国批准华会公约》，载《东方杂志》第 22 卷第 15 号，第 7—8 页。

用电汇方法计算的让步,等等①。

　　段祺瑞政府的决定遭到国内舆论的强烈反对。旅津、沪、汉参众两院议员发表宣言,表示对"所有段祺瑞发布之伪法令及私自缔结之对内、外一切契约,同人概不承认"。北京国会亦发表通电,反对"金佛郎案",认为政府此举是在"欺骗国人",所谓新协定,不但不能挽回中国的损失,反而会使中国"损失更多"②。国民党中央执行委员会,浙江、湖南等省议会,均发表反对"金佛郎案"的通电,北京各界民众举行了声势浩大的示威游行和请愿。中共也通过《向导》周报,分析议结"金佛郎案"对中国的危害,指出政府此举的目的主要是"为奉张筹备战费,此案朝解决,奉张与国民军之大战夕就要爆发",号召国民"立即起来反抗"③。由于各界强烈反对,北京高等检察厅检察官提出检举案。6月17日,总检察厅指派检察官翁敬棠从事调查。10月2日,翁提出检查理由书,指控财政总长李思浩、外交总长沈瑞麟在"金佛郎案"交涉中触犯刑律,应"侦察起诉,以彰国法";司法总长章士钊"越权揽办","促成其事",应并案办理,以肃法纪。此事迁延数月,李、沈、章等人虽未受到起诉,造成的社会影响却十分巨大④。在舆论的强烈谴责和各界坚决反对下,"金佛郎案"虽经段政府与法国正式签订协议,却未能付诸实施。

　　总之,各国对于中国召开关税特别会议的态度,与其自身利益及"五卅"之后中国民族主义运动的高涨有密切联系。由于列强普遍认为,中国新一轮的民族主义只不过是要求各国兑现华盛顿会议维护中

---

　　①　《段祺瑞通电》(1925年4月21日)、《北京政府财政部请求批准金佛郎案呈文》(1925年4月11日),见《北洋军阀》(五),第152—155页。

　　②　《国会议员宣言》(1925年4月1日)、《国会议员致法公使及法政府宣言》(1925年4月)、《北京国会反对金佛郎案电》(1925年4月),见《北洋军阀》(五),第157—160页。

　　③　和森:《卖国备战的金佛郎案》,《向导》第110期,1925年。

　　④　《检举金佛郎案犯罪理由书》,见《北洋军阀》(五),第166—178页。

国主权承诺的一种表示,因而仍然愿意按照华盛顿会议的逻辑来解决中国问题。这是关税会议最终得以召开的重要原因。

三　关税特别会议的召开

(1)会议的召开及中国政府的基本立场

法国政府批准《九国公约》,使关税会议召开的最后一道障碍不复存在。1925 年 8 月 5 日,出席华盛顿会议的九国代表在华盛顿交换 1922 年 2 月 6 日所签各约的批准书,华府条约正式生效。与此同时,美国驻中国公使照会中国政府从速召开关税会议。8 月 18 日,段祺瑞政府照复各国,宣布关税特别会议拟于 1925 年 10 月 26 日在北京召开,邀请各国政府派代表与会①。关税会议进入筹备阶段。

关税会议即将召开的消息传出之后,国内舆论很快出现反对和赞同两种截然不同的意见。上海因直接受“五卅事件”影响,舆论较为激进。上海学生联合会获知关税会议即将召开的消息,立即发表宣言,指出关税会议是“五卅事件”之后帝国主义对中国人民的“欺骗政策”,认为这次会议“于外国债权者有利益,于武人政治有利益,绝无丝毫补益于国民”。宣言明确表示:“一国之关税,主权所有,岂容外人置喙其间而逞其损人利己之私欲。职此理由,无论关税会议是否要借端议及共管,关税会议即以纯然有利于中国为目的,吾人亦绝端反对。”②但北京的舆论却不同于上海,虽然也有一些反对意见,但赞成者似乎更多。《关税会议专刊》刊登的一篇讲演稿曾这样评论关税会议:“今天所讲的这个题目,在北京可以说是最漂亮不过,大家喜欢听关税会议——不只

---

① 《北京政府照会各国派员参加中国关税特别会议》(1925 年 8 月 18 日),见《北洋军阀》(五),第 78—79 页。

② 《时事新报》1925 年 8 月 12 日,转引自《五卅运动史料》第 2 卷,第 779—780 页。

是学校里的学生喜欢，医生、女学生、老年人，社会上的各种人——也都喜欢。"①

在多数情况下，国内政治家、民众、社会团体及海外华人组织赞成召开关税会议，但却主张通过会议实现关税自主，不赞成以"二五增税"为中国与会之目的。中国驻外各使节联名来电指出："历年海关统计，输入远过输出，工艺衰落，商业永无起色，皆此苛则悬为厉阶。此次会议应以自主为要，应由我自定税率，不能听他人以五改七·五。倘囿于目前之小利，祸必延及子孙。"②华侨组织神阪中华会馆致书段祺瑞，指出："关税束缚，亘八十年，主权生计，两被侵剥，今幸关会开幕，务乞劈头要求完全关税自主，克日收回。二五加税，终属枝节。若以条件交换，则直售主权耳。……恳据理力争到底，毋稍退让，侨胞誓为后盾。"③一些有影响的地方实力派人物及思想家也发表文电，宣示主张。赵恒惕在一份通电中强调："关税自主，为独立国家应有之主权，亦即行政完整所必争。……现会议即开，就对外言之，进行之步骤，固可协商，自主之精神，不容稍损。……深望我国委员，努力坛坫，毋轻受外国之欺以欺我国人也。"④陈独秀在《我们对于关税问题的意见》一文中指出："我们中国人民，尤其是五卅以来参加民族运动的民众，对于此次关税会议，应取何种态度呢？会议是定要开的了，我们不必根本反对这个会议。我们要在这个会议废止现行的协定关税制，中国的海关，应归中国国家自主。我们反对继续现行制度、在现制度下要

———————————

　　①　《关税会议与出口税》，载经济学社编《关税会议专刊》，收入沈云龙主编《中国近代史资料丛刊》三编第 434 册，台北文海出版社版，第 1 页。

　　②　陶菊隐：《北洋军阀统治时期史话》，第 7 册，三联书店 1959 年版，第 226 页。

　　③　《神阪中华会馆致外交部》（1925 年 10 月 17 日），见"关档"，筹备召开关税会议案乙—（1），03—25／7—（1）。

　　④　《湖南赵省长电》（1925 年 11 月 7 日），见"关档"，筹备召开关税会议案乙—（1），03—25／8—（1）。

求加税。"①显然对会议抱有一定的希望。

与关税利益联系最为紧密的商会组织对关税会议亦普遍赞同，但强调必须坚持关税自主立场。例如，上海各路商界总联合会在致外交部的电文中指出，在关税会议问题上，中国应有"自主之精神，以拥护国体之尊严"，绝不能"仅以二五税开议"，希望政府坚定立场②。上海银行公会在致段祺瑞及财、外等总长的电文中，提出包括"关税定率应力争自主"在内的四条建议③。上海总商会王晓籁、劳敬修、陆伯鸿、闻兰亭等列席关税会议，他们带有上海总商会的提议案及各种文件，宣称"此行目的，即在达到关税自主。倘此次关会结果，仅得增收二五率，而不能贯彻自主，则同人誓当力争"④。华商纱厂联合会甚至主动向北京政府提出要求，希望关税会议能"加入全国纺织工业参议三四人"，结果政府同意聘该会推荐的代表担任关税特别会议顾问⑤。

在舆论影响下，北京政府决定"以关税自主并裁厘为确定政策"⑥，如期召开关税会议，并为会议的召开作了必要准备。首先是就中国出席会议代表作组织安排。9 月 5 日，段祺瑞特派沈瑞麟、梁士诒、颜惠庆等十二人为关税特别会议委员会委员。10 日，执政府议决，十二个委员中，由沈瑞麟、颜惠庆、蔡廷幹、施肇庆、黄郛、梁士诒等七人为出席会议代表。不久又决定分为三组：1. 关税自主组，梁士诒任主任；2. 裁厘加税组，颜惠庆任主任；3. 税款存放及其他问

---

① 陈独秀：《我们对于关税问题的意见》，《向导》周报，第 131 期，1925 年 9 月 25 日。

② 《民国日报》1925 年 8 月 14 日。

③ 《民国日报》1925 年 10 月 8 日。

④ 《总商会出席关税会议代表赴京》，《新闻报》1925 年 10 月 22 日。

⑤ 《纺织时报》1925 年 9 月 28 日、10 月 19 日。

⑥ 《驻英朱代办电》(1925 年 10 月 4 日)，见"关档"，筹备召开关税会议案乙—(1)，03—25 / 23—(2)。

题组,黄郛任主任。作为段政府拟任命的关税自主组主任,梁士诒为段祺瑞拟订的关税修正提案丝毫不涉及国人最关心的关税自主问题,遭到国人强烈反对。10月22日,段祺瑞以素主关税自主的王正廷替换梁士诒,并对中国政府的提案作了修改①。10月24日,北京政府公布《关税定率条例》,宣布进口货物除烟酒外最高税率为40%,最低为7.5%。同日又公布《烟酒进口税条例》,规定烟酒进口税率为50%—80%。所有外国货物进口均按"本条例所定课税办法征收进口税"②。这两个条例,系北京政府抛出的自主关税即国定税则条例的标准。北京政府这样做,既是对国内舆论的积极响应,也是试探各国反应的一种手法。

　　1925年10月26日上午10时,关税特别会议在北京居仁堂正式开幕。中国方面出席会议的全权代表为沈瑞麟、颜惠庆、王正廷、黄郛、施肇庆、蔡廷幹,秘书长为严鹤龄,汪大燮、胡惟德、林长民、罗文斡等三十九人为高等顾问,张竞仁、虞和德、胡筠、马素等十五人为参议,唐在章、陈恩厚、贾士毅等七十三人为专门委员。其他各国出席会议的全权代表分别为:美国,驻华特命全权公使马慕瑞·司注恩;比利时,驻华特命全权公使华洛思;丹麦,驻华特命全权公使高福曼、北京丹麦公使馆参赞狄礼慈;法国,驻华特命全权公使玛德;英国,驻华特命全权公使麻克类、上校皮乐、曼彻斯特商会会长史图德;意大利,驻华特命全权公使翟录弟;日本,特命大使日置益、驻华特命公使芳泽谦吉;荷兰,驻华特命全权公使欧登科;挪威,驻华特命全权公使米赛勒;葡萄牙,驻华特命全权公使毕安祺;瑞典,驻日本与中国特命全权公使艾维娄福、驻北京公使参赞雷尧武德;西班牙,驻华特命全权公使嘎利德。除了全权代表

---

① 完颜绍元:《王正廷传》,河北人民出版社1999年版,第173—174页。

② 《关税定率条例》(1925年10月24日)、《烟酒进口税条例》(1925年10月24日),见《关税特别会议议事录》,第33—35页,"关档",筹备召开关税会议案乙—(1),03—25／21—(1)。

之外,各国还派有专门委员与会①。

　　会议由中国外交总长沈瑞麟主持,段祺瑞代表中国政府向各国代表致欢迎词。在欢迎词中,他阐述了"我国民全体之希望",重申了中国政府坚持"关税自主"的立场,强调关税会议系根据华府会议精神召开,华盛顿会议签署的《九国公约》声明尊重中国主权与独立及领土与行政之完整,希望关税会议成为实现《九国公约》的机会②。段祺瑞致词毕,沈瑞麟以中国外长身份致词,着重强调了外交上"因时制宜"的原则,主张条约规定可以而且应该随着"变更之情势","随时修正"。明确指出:"中国协定关税制度,创始于八十年前,原为适应彼时之情况而设,现在该项情况既已消灭,则此种制度实属不合时宜,自不应任其存在",希望会议就此问题进行讨论,"设法改善中国关税诸问题,俾中国得以早日行使其关税自主权"③。

　　段、沈致词完毕,中国政府全权代表王正廷宣读《中华民国政府对于关税自主之提案》,郑重宣布:鉴于1922年1月5日远东委员会第十七次会议宣言讨论中国实施关税自主的"适当机会"已经到来,中国政府特根据《九国公约》尊重中国主权完整之精神,拟定除祛现行条约上税则上各种障碍,推行中国关税定率条例与实施关税自主之办法五条:1. 与会各国向中国政府正式声明尊重关税自主并承认解除现行条约中关于关税之一切束缚;2. 中国政府允将裁撤厘金与国定税则条例同时施行,但至迟不得超过1929年1月1日;3. 在未实行国定税则条例之前,中国海关税则照现行之值百抽五外,普通品加征值百抽五之临时附加税,甲种奢侈品(即烟酒)加征值百抽三十之临时附加税,乙种奢侈品加征值百抽二十之临时附加税;4. 前项临时附加税应自条约签字之

---

　　① 《参加关税特别会议各国代表团衔名录》,见《关税特别会议议事录》第16—21页,"关档",筹备召开关税会议案乙—(1),03—25 / 21—(1)。

　　② 《关税特别会议第一次大会议事录》,见《关税特别会议议事录》第22—23页,"关档",筹备召开关税会议案乙—(1),03—25 / 21—(1)。

　　③ 《中国外交总长沈瑞麟致词》,见《关税特别会议议事录》,第23页。

日起三个月后即行征收；5. 关于前四项问题，应于条约签字之日起，立即发生效力①。

中国政府虽大体是在华盛顿会议《九国公约》的原则框架内作出上述表示的，但在某些方面又有所突破。第一，各国并无在关税会议上讨论中国关税自主问题的打算，而中国政府却在承诺中国裁厘的同时，明确提出了这一主张；第二，中国主张过渡时期普通商品附加税加增5%，超过各国认可的2.5%的标准一倍；第三，过渡时期奢侈品附加税大大超过了华盛顿会议确定的5%的标准。这些变化表明，中国政府已在一定程度上利用国内高涨的民族主义，作为在谈判桌上向各国讨价还价的砝码。

（2）有关关税自主与裁厘问题的争执

10月27日，关税特别会议会务委员会在居仁堂召开第一次会议。王正廷任会务委员会主席，会议对中国政府为支配会议程序于事前拟订并送呈各国代表的议事日程进行了讨论②。由于中国代表据理力争，加之自会议决定召开以来国内民众要求关税自主呼声高涨（10月26日会议开幕当天北京各大、中学校即举行大规模的要求关税自主的示威游行），给各国代表造成一定压力③，各国代表被迫同意将（甲）关税自主问题，连同（乙）过渡期间之临时办法，以及（丙）与关税会议相关事项一道，列为会议"应行讨论之问题"，并组织关税自主、过渡办法、有关事件三个委员会，分别处理相关事宜，另成立起草委员会，负责起草会议文件。

10月30日，关税自主委员会召开第一次会议。王正廷首先重新宣读中国代表团在26日大会上提出的关税自主议案中的五项条款。

---

① 《中国政府代表王正廷提案》，《关税特别会议议事录》，第24页。

② 陆宇光：《民国史要》，民国十六年版，收入沈云龙主编《中国近代史丛刊》三编，第260册，台北文海出版社影印本，第133页。

③ 王芸生编著：《六十年来中国与日本》第8卷，三联书店1982年版，第102页。

他特别申明中国政府欲通过会议,修改华盛顿会议所定国际条约具体内容的立场,强调:"中国在华会固与各国订有条约,中国虽无蔑视条约义务之意,然现今情势变迁,前订条约,大有不得不请修改之势。"他指出,华府条约之精神,值得赞赏,但华府条约的"条件"却难以为中国接受,"盖华会之精神与其条约上之文字或条款迥乎不同",希望各国尊重中国国情民意,促成中国关税自主①。

对于中国关税自主的要求,各国态度不尽相同。日本代表日置益认为中国可以自行"创制适用于一般之国定税率",但国定税率的制定"不得妨碍中国与各国之通商关系"。外国对于中国的财政及司法上的"片面束缚"虽然应当解除,但外国强加给中国的这些东西只是结果而不是原因,原因是中国"本国之缺点",如果"不先除去其原因,纵如何欲纠正其结果终属徒劳"。基于这一认识,日置益主张中国效法日本1894年与各国改订条约"至签约五年后方发生效力"的做法,推迟实施关税自主的时间。主张废除旧约和实施国定税率均须通过"一定之程序",反对"列国即时并无条件的放弃现有条约上之权利"②,不主张中国立即实施关税自主。

美国代表司注恩表示,关税自主是主权国家的权利,当实施关税自主"与其本国人民之权利及其有约外国人民之权利俱无抵触时",中国"自得享有关税自主"。美国政府愿意促使这一时机的早日到来,但在时机成熟之前,美国只能按照华盛顿条约的规定行事。司注恩特别强调关税自主与裁厘增税的"连带关系",表示中国"如不将关税自主何时及如何实行与厘金是否裁撤及如何影响有约各国明白见示,仅由各国分别声明愿将中国所希望之关税自主让与中国",美国方面将不会感到

①　《关税自主委员会第一次会议议事录》(1925年10月30日),见《关税特别会议议事录》,第47—50页,"关档",筹备召开关税会议案乙—(1),03—25／21—(1)。

②　《日本代表日置益君演词》,见《关税特别会议议事录》,第28—29页;《特约路透电·关于中国近事之外电》,《申报》1925年11月5日,第5版。

满意①。

英国公使麻克类更是极力主张将裁厘作为中国实施关税自主的前提。他指出,中国现在是两种税率同时并行,其一为海关税率,尚有若干限制;其二为内地税率,随时变更,任凭课税当局之意,毫无限制,致使"外人商务极感困难"。在此情况下,"尽裁厘金实为讨论恢复中国关税完全自主之重要关键,盖如照通义,承认关税自主为国家主权,则不能承认各省施行完全税率自主,亦为其主权也"。

意大利、荷兰、葡萄牙、丹麦、比利时等国也都表示原则上同意中国关税自主,承认这是主权国家应有的权利,但同时强调,"此项权利并非谓可以蔑视与其他各国所订之各条约也"。在中国国家主权受到不平等条约严重侵害的情况下,要求中国以不"蔑视"中外条约的方式去获得充分主权,这显然是不能自圆其说的。对于中国政府提出的会议议程,各国也提出了不同意见,他们不赞成将关税自主(第一项议程)与裁厘(第二项议程)分别讨论,认为"裁撤厘金与关税自主乃相连之问题,故视裁撤厘金应在完全关税自主之前",要求中国政府将"裁厘之确实计划"向大会说明②。

在当时,裁撤厘金是一个相当敏感又极为困难的问题,因为中国并无能在全国范围内有效实施治权的中央政府,段祺瑞也仅仅是"临时执政",中国就政局而言,已形成南北对峙、军阀割据的态势。由不能有效实施治权的中央政府裁撤厘金,谈何容易。在这种情况下,外国列强即便没有以裁厘来阻碍中国实施关税自主的主观故意,客观上也为中国要求关税自主设置了障碍。

在 11 月 3 日召开的关税自主委员会第二次会议上,美国和日本就

---

① 《关税自主委员会第一次会议议事录》(1925 年 10 月 30 日),见《关税特别会议议事录》,第 52 页,"关档",筹备召开关税会议案乙—(1),03—25 / 21—(1)。

② 《关税自主委员会第一次会议议事录》(1925 年 10 月 30 日),见《关税特别会议议事录》,第 52—56 页。

关税自主、裁厘及过渡办法等分别正式提出议案。日本的提案要点有二：其一，中国在裁厘之后，始得实施国定关税条例；其二，在实施国定税率准备期内，中国与关系国订立取代现行关税条约的新约，须与国定关税条例之实行同时。日本的议案表面承认中国关税自主，实则故意与中国为难。因为若日本真承认中国能实行国定税率，则不当要求中国在准备期内先定新约；既要求协定税则于前，复同意国定税则于后，于情于理，均属不当。按照日本方面的说法，国定税率条例须与新协约同时实行，如果中外互惠协定不能成立，中国的国定税率岂非永无实施希望？因而，日本的提案，无异以片面的协定、片面的最惠国条款强加于中国，根本谈不上承认中国关税自主。

美国提案条件较日本为多，表面同意中国关税自主，实际上对中国要求关税自主亦甚刁难。美国提案对中国最为不利的，为原案第三条第四款。该款将中国大部分内地税视为厘金，要求废除，这就大大扩展了厘金的范围，使中国实施国定关税的前提条件更难具备。此外，美国提案第三条第五、七两项规定了中国增收关税的用途，此事本应由中国自行作主，美案作此规定，无异干涉中国内政。其第十项规定召集缔约国代表会议审查厘金是否业已裁撤，又构成一种新的约束，足令外人遇事要挟，以展缓中国关税自主之实行①。

13日，关税会议第二（过渡）委员会召开第二次会议，中国委员将中、日、美三案胪列说明，表示对该两国提案不能满意。英国代表在比较中、日、美三案的基础上，提出十三条"节略"，表面折衷，实际偏向日、美，强调附加税问题，"有将自主问题无形打销之势"②。针对这一情况，中国代表王正廷在次日会上，提出三点声明：第一，关税自主应明白

---

① 武育幹：《中国关税问题》第四章《特别关税会议与中国关税自主运动》，转引自章伯锋主编《北洋军阀（1912—1928）》第5卷，武汉出版社1990年版，第67—69页。

② 王芸生：《六十年来中国与日本》第8册，第102页。

规定于条约内；第二，裁厘系中国改革内政的主动表示，并非关税自主的交换条件；第三，中国参与会议，意在收回关税自主权，裁厘纯属中国内政，将二者相提并论，中国碍难承认①。

实行关税自主之前过渡时期应行筹备事宜表 ②

筹备事宜			开始筹备日期	筹备工作完成期限
一、附加税之支配	甲、整理债务		1926 年 4 月 1 日	1926 年 7 月 31 日，共计四个月
	乙、发行债券（为抵补裁厘及整理债务并建设事业等用）		1926 年 8 月 1 日	1926 年 11 月 30 日，共计四个月
	丙、分配中央及地方抵补金		1926 年 12 月 1 日	1928 年 2 月 29 日，共计十五个月
二、裁撤国内通过税	甲、调查时期		1925 年 12 月 1 日	1926 年 5 月 31 日，共计六个月
	乙、讨论及决定时期		1926 年 6 月 1 日	1926 年 11 月 30 日，共计六个月
	丙、实行裁撤时期	第一期、裁铁路货捐	1927 年 1 月 1 日	1927 年 2 月 28 日，共计两个月
		第二期、裁常关及 50 里外及内地税	1927 年 3 月 1 日	1927 年 6 月 30 日，共计四个月
		第三期、裁厘金及正杂税捐含有通过税性质者	1927 年 7 月 1 日	1928 年 2 月 29 日，共计八个月

与此同时，中国代表提出实行关税自主之前过渡时期应行筹备事宜具体方案，以证明中国政府能够在两年内完成裁撤厘金的工作（见上表）。

在中央与地方利益不能协调一致的情况下，要使裁厘工作顺利展开，一个亟须解决的问题是向地方政府提供抵补金。为此，中国代表王

---

① 吴东之：《中国外交史（1911—1949）》，河南人民出版社 1990 年版，第 112 页。

② 《裁厘说帖》，《中国外交史（1911—1949）》，第 56—57 页。

正廷提出如下设想:"厘金既为各省进款大宗,为裁厘计,自不能不筹一宗款项,以抵补各省因裁厘所受之损失,故中国政府一方面欲详查征收厘金各局卡之数目,而他方面欲筹一宗款项,以抵补各省一年间之损失,而实行裁厘亦在此年内举行,庶若干厘卡一经裁撤之后,所有各省在厘金项下之收入得由此筹备款项内抵补,过此时期以后,应由关税项下拨出一部分以抵补逐年厘金之收入。"①基于这一设想,中国代表表示,中国准备在1928年2月底之前分两期完成裁厘,对于各省在裁厘后财政上遭受的损失,在第一时期由增收关税附加税项下划出一部分,作为抵补;在第二时期,即已经实现关税自主之后,直接由关税项下拨付。

对于中国的立场,英国代表皮乐极力表示反对。皮乐强调,由于"宪法惯例之拘束",与会各国代表并无宣布废除中国所受条约束缚的权力,所有有关中国享受关税自主权的要求,均需各国代表团"向各该国政府建议",订立条约,方可成立。在新订条约中,须写明"中国国定关税税率条例应于裁撤厘金时实行",坚持以裁厘为中国享受关税自主权力的先决条件。美代表马慕瑞附和英国代表的主张,表示如果会议接受中国方面提出的议案,不但超越了美国代表团作为议约人的权力,"即美国行政元首亦无权办此。唯有大总统咨询上院并经其同意后方能行此权力,因此,本代表团万难依提出程式赞同此案"。会议形势顿时对中国不利,第二委员会亦因此出现"无限延会"的局面②。

在这种情况下,荷兰代表欧登科出面调停,建议会议"于中、英两案以外,另拟条文,其首句当能尽如中国之意,而一方面至少可祛除某某

---

① 《裁厘说帖》,第57页。

② 《过渡办法委员会第三次会议议事录》(1925年11月14日),见《关税特别会议议事录》第132—134页,"关档",筹备召开关税会议案乙—(1),03—25／21—(2)。

代表团因宪法上理由所表示之困难"。与此同时,王正廷以主席身份提出组织"小委员会,试为融合各种意见,再行提交本委员会"的建议,得到丹麦代表高福曼及其他国家代表的赞同。于是决定在第二委员会中设立"小委员会",抛弃各案,另行起草具体方案。当即指派王正廷、欧登科、司注恩、麻克类、日置益等五人为小委员会委员①。两天后,小委员会开会草拟关税自主条文,英国仍坚持诸案并列以无形取消中国关税自主要求的态度,中国代表据理力争,最后采纳美国代表的折衷提议,仍以中国所提原案加上日本代表团的方案,提交第二委员会讨论。

11月19日,关税会议召开第一、第二委员会联合会。在比、法、意、西等国声明赞同但须报经本国政府批准的前提下,一致通过中国关税自主并裁厘的议案:"参与本会议各国代表,议决通过下列所拟关于关税自主条款,以便连同以后协定之其他各项事件,加入本会议将来所缔条约以内:除中国外各缔约国兹承认中国有享受关税自主之权力,应允解除各该国与中国间现行条约内之关税束缚,并允许中国国定关税定率条例于1929年1月1日发生效力;中华民国政府声明裁撤厘金应与中国国定关税定率条例同时施行,并声明于民国十八年1月1日(即1929年1月1日)实行裁厘。"②

此项议案基本接受了中国方面的主张,它的通过,是中国朝野一致力争的结果。颜惠庆在其《自传》中指出,协定关税严重伤害中国主权,中国虽曾在巴黎和会与华盛顿会议上先后提出交涉,但列强不加理会。"现在国内舆论对此种国际无理压迫,既然表示愤慨,而政府中主持外交的人员,对于国际法的认识,又远较过去清楚正确,同时兼具勇气和

---

① 《过渡办法委员会第三次会议议事录》(1925年11月14日),见《关税特别会议议事录》,第135页,"关档",筹备召开关税会议案乙—(1),03—25／21—(2)。

② 《过渡办法委员会第四次会议议事录》(1925年11月19日),见《关税特别会议议事录》,第136—138页;《外交公报》第54期,专件,第17—18页。

决心,敢于与帝国主义挑战,指责其昔日束缚中国的阴谋,违背正义,必须改变态度。故此次我国代表在关税会议中的战略,不似过去华盛顿会议时,仅凭过去的条约加以修正,而系跳去往日的樊篱积极的主张收回关税自主权。……无论如何,我国关税自主,在原则上,既于此次会议中得着列强的共同承认,虽实行之日期未经确定,但不难依法推动,以求能于短期内实现。一百年来,我国财政和经济上,在关税方面所遭受列强不公平的桎梏,现在总算得到解除。"①关税自主议案的通过,系关税特别会议最重要的成果,具有重要的价值和意义,它为后来南京国民政府最终取消协定关税的条约规定提供了国际协约的依据。

(3)关于过渡时期加增附加税的问题

关税会议第一项议程即有关中国关税自主的讨论以上述议案的通过告一段落,但有关过渡时期加征附加税问题的谈判却一波三折,极为艰难。

关于"附加税"问题,早在 1900 年准备与列强谈判修约时,清政府便已提出以"裁厘加税"为基本内容的主张,参与谈判各国原则上接受了这一意见,只因税率未能达成一致,谈判无果而终②。在巴黎和会及

①　《颜惠庆自传·都门万象》,转引自章伯锋主编《北洋军阀(1912—1928)》第 5 卷,武汉出版社 1990 年版,第 59 页。

②　商约谈判中,中国代表主张"将进出口货一面照时价核估,扯平修改,一面专指洋货援照洋药税厘并征办法,于核估时价值百抽五后,并连子口半税二五,统加厘一倍,共总值百抽十五(即正税加子口半税等于 7.5%,再加 7.5% 的厘金,即等于 15%),俱在海关并征。"当时的海关总税务司赫德尝极力支持这一办法,认为这是"财政改革的开端,是中国复兴的第一个必要条件"在稍后中外进行的商约谈判中,各国所议"皆以加税免厘一事为主脑。"可见在裁厘加税问题上,中外并无原则分歧。但由于各国在税率上各持己见,庚子之后的商约谈判未能就裁厘加税问题达成一致意见。参阅光绪二十六年二月二十四日硃批盛宣怀等折,转引自罗玉东著《中国厘金史》第一册,第 137 页,收入沈云龙主编《近代中国史料丛刊》续编 612 册,台北文海出版有限公式印行;中国第二历史档案馆、中国社会科学院近代史研究所合编《中国海关密档》卷 9,中华书局 1996 年版,第 177 页。

华盛顿会议上,中国问题成为中远东问题之重心,中国代表先后两次向国际社会公开提出修改不平等条约,要求实现关税自主。在华盛顿会议上,中国代表要求自 1922 年 1 月 1 日起,将名义上的 5％ 的协定关税率提高到 12.5％,并在承诺取消厘金的前提下,征收附加税,作为实现关税自主的第一步。然后制定税则,最终恢复关税自主权。但会议通过的决议只同意使税率达到切实的 5％,并同意召开关税特别会议,讨论裁厘加税问题,在中国废除厘金之前(即过渡时期),准许对一般进出口货物增收 2.5％ 的附加税,对奢侈品增收 5％ 的附加税①。这就是关税会议讨论"附加税"问题的由来。

　　按照会议议程,11 月 6 日,关税特别会议召开第二委员会第一次会议,讨论附税增加和税率提高问题。王正廷主持这次会议。中国代表颜惠庆在会上提出《中国关于进口货物临时附加税税率的提案》及附属文件,主张在实行国定关税税率条例之前,中国海关税则在现行的值百抽五之外,普通进口货物加征值百抽五的临时附加税,甲种奢侈品(烟酒)加征值百抽三十的临时附加税,乙种奢侈品(化妆品、丝织品、珠宝等)加征值百抽二十的临时附加税。蔡廷幹宣读了中国政府关于过渡时期征收各种附加税及税率的理由书,主要内容如下:(1)关于普通进口货物加征值百抽五临时附加税,理由书指出,华府条约规定中国税率加征 2.5％,系四年前的规定,现今中国财政枯涸之状况,已远非华府会议时所能比。对于华府会议,需要贯彻的是精神,而欲贯彻其精神,则"非暂行加税,俾裁厘易于进行,债务得就清理,建设可有的款,政费得所补助不可"。(2)关于奢侈品的税率,理由书指出,从国际贸易的现状看,各国无不对奢侈品课以重税。以烟酒为例,日本的烟税为值百抽三百三十五,意大利为值百抽三百,英国烟叶值百抽四百六十,烟丝值百抽五百,白兰地酒值百抽八百,就是中国各省征收本国烟酒税

---

　　① 《中国关税税则之条约》(1922 年 2 月 6 日),见王铁崖编《中外旧约章汇编》第三册,第 220—224 页。

也有值百抽八十以上者。中国现行烟酒进口税率,较之日本仅五十分之一,较之意大利仅四十分之一,较之英国仅八十分之一,较之中国本国所产烟酒也仅十分之一。中国税率之轻,"甲于天下",致使外国烟酒"运销内地,通行无阻"。在这种情况下,中国适当提高税率,无可厚非①。

中国增加临时附加税的意见,遭到日本代表强烈反对。早在第二委员会第一次会议召开之前数日(即10月30日),日本公使重光葵就向颜惠庆表示,解决中国政府财政危机有3000万元便已足够,无需加征附加税。颜惠庆当即予以严厉驳斥②。当第二委员会第一次会议召开,中国代表宣读《提案》并申述理由之后,日本代表表示反对并提出如下主张:(1)华盛顿会议规定中国在实施国税法之前的过渡时期只征收2.5％的临时附加税,此一税率为与会各国政府承认,若提高税率,须另立协定,窒碍难行;(2)实施高于2.5％的附加税"必致扰乱中国与各国之贸易关系,而影响日本之工商业为尤甚";(3)征收2.5％的附加税所得款项,连同其他来源所得税款,已"足以使本会议能筹划一可以实行之计划,以应付中国之需要",并"促进中国财政之总行善后也";(4)附加税之用途应限制在抵补裁厘、整理债务及各项行政经费范围;(5)中国债务整理应将"外债一并整理",筹款偿还之法为"发行联合债券,以关税为抵押"③。日本的用意,实际上是想维持其对华贸易的有利地位并将附加税之一部分划出,以偿还诸如西原借款一类无担保借款。

---

① 《关税特别会议委员会公布文件》,外交部编《外交公报》第54期(民国十四年12月)专件,第1—7页,沈云龙主编《近代中国史料丛刊》三编,第357册,台北文海出版有限公司印行。

② 上海档案馆译:《颜惠庆日记》第2卷,中国档案出版社1994年版,第278页。

③ 《日本代表之声言》,《外交公报》第54期(民国十四年12月),专件,第11—13页。

其他各国也分别就附加税的用途及税率问题发表看法。美国代表认同中国代表团作出的 3000 万元不足以抵补裁厘损失，实际需要不下 7000 万元的估计，但不赞成中国政府提出的税率标准，主张突破华盛顿会议划定的二五附加税范围，"以五厘为最低税率，十二·五为最高税率"，中国政府可在此范围内将各种货物分别登记征收关税，认为照此办法，"大约中国每年立可实收一万万元之谱"。但中国应"申明陆海边界须有划一税率之必要"，并规定"凡由实行此项规定所增收之关税，应由海关存储"，以用于"指定之用途"①。英国代表皮乐赞成美国方面的意见，认为美国的方案"程式最臻完备"，"可为讨论最良之基础"，并提请中国代表团"将提案之各部分汇集"，使之与美国提案"程式"相同，以"调和会议开始时所必有的各项异议"。丹麦代表高福曼表示，在中、日、美三国方案中，美国的方案最为完备，丹麦对"该项方案之原则表示完全同情"。意大利代表翟录弟表示，在中国国定税率实施前的过渡期内，应给予中国相当之附加税，以足供清理借款、抵补厘金及民政费用，"其税率应高于华盛顿条约第三条所规定值百抽二·五及抽五之税率也"②。

美、日、中三国提案有共同之处，但也有重要的原则分歧。在临时附加税问题上，日本坚持华盛顿会议二五税率，美国虽主张突破这一限制，但却提出以十二·五作为最高税率。对于增收之关税，美国主张应由海关存储，美、日两国均主张将所得关税用于"指定之用途"。这与中国政府的期望差距甚大。

为寻求讨论的共同基础，根据会议代表的建议，中国代表团在 11 月 13 日召开的过渡委员会第二次会议上，提交《中日美三案比较表》并

---

　　① 《过渡办法委员会第一次会议议事录》(1925 年 11 月义日)，见《关税特别会议议事录》，第 81—83 页，"关档"，筹备召开关税会议案乙—(1)，03—25／21—(2)。

　　② 《关税特别会议议事录》，第 86—92 页；《义代表宣言》，《外交公报》第 54 期(民国十四年 12 月)专件，第 14—16 页。

发表了四个重要文件：(1)中国代表团对于临时附加税用途之宣言；(2)拟征进口洋货附加税收数表；(3)临时关税附加税基金委员会组织大纲；(4)中国代表团对于美日两提案之见解。会议就中国代表所提四个文件涉及的问题展开了激烈争论。王正廷态度强硬，代表中国政府表示，如果不能达成协议，会议将无限期推迟。但日、美等国代表丝毫不愿让步，会议因此出现僵局。

　　11月21日，第二、三委员会继续就此进行讨论。在这次会议上，中国代表团的主要发言人由王正廷换成了曾宗鉴和蔡廷幹[①]。11月23日，关税会议税率小委员会开会，中国代表提出附加税率具体方案，大略为普通商品值百抽五，年约三千万元，甲种奢侈品值百抽三十，年约三千二百万元；乙种奢侈品值百四十，年约五千万元。中国代表提出的这一方案，"普通品增加税率较之华会原议增加一倍，奢侈品附加税率增加四至六倍，各国以此项税率过高，未肯赞同"[②]。关于普通商品，英日主张仍以华会二五为限；关于奢侈品，各国大多反对中国的主张。为使主张获得通过，在开会的同时，中国代表频繁展开会外活动，约见各国代表，向他们阐述中国政府及人民的立场，说明关税问题解决对于中国国家命运前途的意义。中国代表的努力收到一定成效，如意、法两

---

　　① 这一重要的变动很可能与王正廷的南方背景有关。完颜绍元对此有如下分析：王氏之所以被换，是因为(1)浙奉战争已经以奉系势力被驱逐出东南地区宣告结束，国民军乘机反奉倒段的态势已相当明显，以冯玉祥为后台的王正廷自然没有增加附加税为执政府开辟财源的积极性；(2)国民党已经在广州成立国民政府，声望日隆，作为与国民党关系深远的王正廷不能不考虑自己的政治前途，他利用供职外交委员会之便，以调查沙基惨案为名，将孔祥熙派往广州，已很明显是在为自己谋求后路；(3)尽管关税自主案获得通过，但中国政府"自动"声明裁厘以谋求关税自主的做法，仍旧不为要求无条件实行关税自主的激烈舆情所谅解，而附加税问题不妥协则难以达成协议，妥协非王氏所愿。参阅氏著《王正廷传》，河北人民出版社1999年版，第177页。

　　② 《中国关会委员通电报告会议经过情形》(1926年5月11日)，《晨报》1926年5月13日。

国代表就表示不赞成利用关税会议来解决债务问题。但在税率问题上，各国均坚持原议不改，美国代表特别强调债务须有担保，附加税的一部分须用于此①。

就在会议紧张进行的 11 月 22 日，北京三十余团体发起"关税自主示威运动大会"，决议无条件收回关税自主权，列国若不承认，即解散关税会议，自行宣布废除一切关税条约，实行关税自主，与会者与警察发生冲突。关税会议形势，顿受影响。与此同时，各地"反奉倒段"运动高涨，北京政局动荡，中国委员常不到会，各国借此机会，"更力持华会二·五附税之议"，形势急转直下，会议遂呈无形停顿之势。为扭转局面，段祺瑞政府作了新的人事安排。12 月 2 日，特派龚心湛为关税特别会议委员会委员；24 日，又特派陈锦涛为关税特别会议委员会委员；越三日，复任陈为全权代表②。与此同时，北京政府通过私人接洽途径，极力向各国疏解，"冀双方接近妥洽"。

在此期间，日本委员佐分利回国磋商日本政府对关税会议的政策后返回北京，提出以订立中日互惠条约为条件承认加增二·五以上附加税方案。其主要内容为：(1)关税会议完竣时，即承认加税；(2)加税货物分七种，税率由附加二·五至二十五；(3)日本输华之棉纱、棉布、砂糖等类重要商品，只允征二五附税，加工制造之棉布可酌增若干；(4)日本撤回延期支付案；(5)税率提高后，中国每年约增加七千万元，以四千万元还内外债，二千至二千五百万元作裁厘基金，五百万元为政费；(6)中国要求增加税金修筑铁路，日本不予承认③。日本这一方案，将

---

① 1926 年 1 月 8 日，颜惠庆、王正廷、蔡廷幹邀请各国专门委员开茶话会，表示关税用途按税率统计每年增收九千万元，计划以三千万元还债，三千万裁厘，二千万用于建设，一千万为紧要政费。详见上海档案馆译：《颜惠庆日记》第 2 卷，中国档案出版社 1994 年版，第 284、287 页。

② 《中华民国资料丛稿·大事记》第 11 辑，中华书局 1982 年版，第 222 页。

③ 王芸生编著：《六十年来中国与日本》第 8 卷，三联书店 1982 年版，第 29—30 页。

其主要输华商品列入仅加增二五附加税的范围，其余商品虽可加至二五以上，因其非输华商品之大宗，中国从中获利甚少，不能达到拟定的附加税增收标准。但该案毕竟突破了华盛顿会议的税率标准，故中国表示可以商议。美国、法国见此，亦向中国提出订立互惠条约的要求①。嗣因中国政治形势变化，这些互惠条约均未议定。

　　1926年2月18日，关税会议重新开会，继续讨论附加税问题。中国代表在小组委员会开会时提出新的税率，"主张分七级税率，最高二成七分五厘，最低二分五厘"，将最初提出的最低值百抽五、最高抽三十的附加税增收标准适当下调。对此，各国大致没有异议，"惟级数主少，英提案主三级，美案日案均主五级"，所争已不带实质性②。28日，关税会议过渡办法委员会召开第六次会议，颜惠庆代表中国再次就附加税总额和分配比例提出议案，主张临时附加税预计增收之数，应在九千万至一万万元之间（较上年11月23日提出的方案减少一千二百余万），全部增收关税按照3∶3∶3∶1的比率，分别用于抵补裁厘、整理无确实担保之内外各债、建设事业费和紧要政费。与此同时，中国方面还提出《整理债务办法》，以示诚意③。对于中国的方案，与会各国代表经多次讨论，并改定税率，重分货类，最后初步达成妥协，"允将附加税增至七千余万元至九千万元"④，但外国代表不赞成将预计增收的附加税数额载入议案⑤。尽管尚未完全实现中国代表预期的增税目标，关税会议能够在附加税问题上初步形成大大突破华府会议决定的倾向性

---

　　①　凤岗及门弟子编：《三水梁燕孙先生年谱》下，第465—466页，收入《民国丛书》第二编第85辑。

　　②　武育幹：《中国关税问题》，1926年版，见章伯锋主编《北洋军阀（1912—1928）》第5卷，武汉出版社1990年版，第75页。

　　③　颜惠庆：《关税会议之始末》，见《北洋军阀（1912—1928）》第5卷，第60页。

　　④　《中国关会委员通电报告会议经过情形》（1926年5月11日），《晨报》1926年5月13日。

　　⑤　《中国近代史资料丛刊·大事记》第12辑，第33—34页。

意见,应该是中国外交的一项重要成果。

不过这一意见并未成为会议正式决议,原因在于"此项税率超过华会税率范围,须俟各国批准方能实行",而要得到各国政府批准并付诸实施,按照中国关税委员估计,至少要等到次年春季之后①。在未获批准实施之前,如果仍用值百抽五旧率,中国将蒙受巨大损失,而二五加税系华会条约的规定,无需再经各国政府批准,只要关税会议议定具体实施办法即可。因而会议在就中国代表提出的新税率及增税总额大致达成妥协之后,又专门就二五加税的实施展开讨论②,并决定由英、美、日、法、荷、中六国代表组成临时附加税分股委员会,协商审核议案。

1926 年 3 月 12、18 两日,关税会议临时附加税分股委员会召开第四、五次会议,继续讨论征收二五附加税议案。对于开征附加税的时间,英、法等国代表以货运费时为由,坚持主张"自本议案签字日后三个月起"(即自 7 月 1 日起)施行。中国主张自 4 月 1 日起征收二五附加税;奢侈品再加二五,不超过 6 月 1 日起征收,以便编制奢侈品表。荷兰代表出面调停,主张改为 6 月 15 日,未有结果。对于所征税款的保管问题,中国的提案为"暂由海关保管,不受一切干涉,其用途与条件由本特别会议议决之"。日本代表日置益提出"但书",主张所征税款应"存放各保管银行"。法国主张"各项附加税之税收应存放于保管银行,由中国海关税务司负责管理,其用途与条件由本会议议决之"。美国的提案与中国类似,但当发现其议与日本相左时,又依违模棱,表示"日本草案美国亦可赞同"③。但各国代表大多认为"保管银行"易生

———————————

①　《中国关会委员通电报告会议经过情形》。

②　《三水梁燕孙先生年谱》下,第 474 页。

③　美国的议案原文如下:"又议决所有由征收各该附加税所增收之税款,应由海关保管,不受一切干涉,以备日后照本会议议决或本会议商订条约内规定之用途与条件支配之。"见《临时附加税分股委员会第五次会议议事录》(1926 年 3 月 18),见《关税特别会议议事录》第 348—350 页,"关档",筹备召开关税会议议案乙—(1),03—25 / 21—(2)。

歧义,主张将日本提案的措词改为"应存于银行,以便保管",或干脆将"保管"二字删去,只云"应照……方法存放于各银行"。对于日本的"但书"及某些国家代表的附和,中国代表极力反对,提出《对于日本代表团提出但书之修正案》,因日本及其与国坚持其议,讨论没有结果①。

嗣因奉军将领郭松龄倒戈及国民军与奉军之间发生战争,国内局势动荡,关税会议时断时续。1926 年 4 月,段祺瑞政府倒台,出席会议的部分代表逃离北京,一些与会的外国代表相继回国,关税会议被迫停会。7 月 3 日,各国代表发表宣言,决定"暂时"停止会议,"俟中国代表能正式出席与外国代表复行计划时,当立即继续会议"②。以后,中国方面曾作出复开关税会议的积极努力,但因政局进一步变化,始终未能如愿。

第四节　法权会议

一　法权会议召开的背景

领事裁判权是列强在近代中国建立的不平等条约体系的重要内容。在撤废领事裁判权过程中,北京政府统治时期是较为重要的一个阶段。1926 年 1 月在北京召开的法权会议是北京政府为撤废领事裁判权所进行的一次重要努力。

---

① 美国的议案原文如下:"又议决所有由征收各该附加税所增收之税款,应由海关保管,不受一切干涉,以备日后照本会议议决或本会议商订条约内规定之用途与条件支配之。"见《临时附加税分股委员会第五次会议议事录》(1926 年 3 月 18),见《关税特别会议议事录》第 348—350 页,"关档",筹备召开关税会议案乙—(1),03—25 / 21—(2),第 348—357 页。

② 中国社会科学院近代史研究所中华民国史研究室编:《中华民国史资料丛稿·大事记》第十二辑,中华书局 1982 年版,第 113 页。

　　早在巴黎和会期间,中国政府代表就为废除领事裁判权进行了交涉。中国代表团向和会提出的《中国希望条件说帖》明确表示,中国将在 1924 年以前颁布五种法典,完善法律及司法制度,以缩小与西方国家的差距,要求各国届时一并放弃领事裁判权[①]。在稍后的华盛顿会议期间,中国代表团提交了关于撤废领事裁判权的议案。1921 年 12 月 10 日远东委员会会议通过《关于在中国之领事裁判权议决案》,以中国司法制度改良为撤废领事裁判权的先决条件,决定在华盛顿会议闭会之后 3 个月内成立专门委员会,以调查中国司法现状,并根据调查结果,由各国政府自行决定中国是否具备废除领事裁判权的条件。因中国政局不宁及译印各种法律文件需时等,法权调查迟迟未能展开[②]。

　　“五卅运动”爆发后,国人郁积已久的民族主义情绪得以释放,反帝运动空前高涨,召开法权会议的条件逐渐成熟。

　　1925 年 5 月 30 日,张作霖抵达天津,欲意对中央政权重新洗牌,北京临时执政府危在旦夕。就在这一天,震惊中外的“五卅”惨案爆发。5 月 31 日晚,段祺瑞召集许士英、姚震等商议对策。与会者均谓“接上海电,民气激昂已极,无论如何,此事理直气壮,交涉可望胜利,政府在此风雨飘摇之际,正可借此机会,以搏国人同情”;“段深然之”,“遂决定对沪案取严重态度”[③]。北京政府外交部在 6 月 1 日至 6 月 11 日连续发出三次抗议照会,并派蔡廷幹、曾宗鉴等会同交涉员许沅办理沪案。张作霖“虽明知段方之用意,然其目的固不错,殊亦无法以应之”,遂“自行决定稍缓数日,再定行止”[④]。

---

　　①　《中国希望条件说帖》,北京政府司法部档案,转引自石源华《中华民国外交史》,上海人民出版社 1994 年版,第 160—161 页。

　　②　外交部档案:《法权讨论委员会议决案第二号》、《收驻美施公使电》(1923 年 5 月 31 日),台湾中研院近代史研究所藏,案卷号:03－34 / 3－(1)。

　　③　随波:《国内要闻·北京通信》,《申报》1925 年 6 月 10 日。

　　④　随波:《国内要闻·北京通信》,《申报》1925 年 6 月 25 日。

突如其来的民族主义运动,对临时执政府有如天降良机,使之既可暂时扭转在国内政争中处于劣势的局面,还可以外交为突破口,重塑在国人心目中的形象①。1925 年 6 月 24 日,正当"沪案"紧张交涉之时,北京政府外交部向外国公使团发出照会,正式提出全面修改不平等条约的主张。照会指出:不平等条约"是在特种情形下,未曾有充分自由之机会,以讨论规定中外间应守普通永久之原则",故"不能继续有效"。今日中国"环境业已大变,而外人所享受政治经济之非常特权,依然永久存在,实与现法不合"。照会最后指出:"中政府深信非常权利一经消除,不仅各国权利利益更得好保障,且中外友谊也必能日益进步。为彼此利益计,甚望贵国政府重视中国人民正当之愿望,对于中政府依照公平主义修正条约之提议,以满意之答复。"②这是继巴黎和会及华盛顿会议之后,北京政府又一次要求修改不平等条约的提议,废除领事裁判权在其中占有重要的位置。

　　与北京政府处于对立状态的国民党(包括一部分共产党人士),主张采取强硬手段应付局势。惨案发生第三日,国民党中央发出通电:"号召中国全国人民,一致抗议,要求惩罚暴行巡捕,抚恤死伤,表示谢罪,保证此后永无此等至无人道之行为。凡我党员,应一致努力援助国民,以与英帝国主义相搏。"③6 月 4 日,国民党上海执行部发表宣言指出:"此次上海之惨剧,乃英帝国主义者,泛用强权威胁而得之不平等条约……之缩小写真",提出"应以取消中国与英日缔结之一切不平等条约为赔偿此次死伤污辱与损失之最低代价"。稍后,国民党上海执行部又致电英国下院,指出"沪案"不过是"外人在中国各地假治外法权实行

---

① "至于此次政府对外交涉,总算敏捷强硬,一洗向来濡迟怯弱之弊。外交部为五卅事件于十天内连续提三个抗议,措辞都极强硬,在中国的外交习惯上,倒是不多见的"。胡愈之:《五卅事件纪实》,《东方杂志》,第 22 卷,五卅事件增刊。

② 中国社会科学院近代史研究所中华民国史组编:《中华民国史资料丛稿·大事记》,第 11 辑,中华书局 1978 年版,第 117 页(注:以下简称《大事记》)。

③ 《中国国民党通电》,《东方杂志》,第 22 卷,五卅事件增刊。

残酷行为之无数显例中之一端而已，此实为吾人被缔结之一切不平等条约存在之自然结果"①。6 月 22 日，国民党中央发表宣言，"主张全体国民应一致督责北京临时政府，迅速宣布取消不平等条约，仿照前年中俄协定之例，另与各国重订双方平等互（惠）主权条约"②。国民党提出的"废除一切不平等条约"口号独具特色，成为民族主义运动中一面鲜明的旗帜，对民众颇具吸引力。

知识界对此也迅速作出反应。临时执政府 6 月 24 日递交"修约"照会后，"废除不平等条约"、"废除领事裁判权"立即成为知识界关注的焦点。学者纷纷就不平等条约问题、领事裁判权问题发表看法。马寅初在北京师范大学发表演讲指出："不平等条约中影响我国经济最大的是（1）领事裁判权，（2）对外贸易取缔权"，两项特权若不废除，中国的现状难以改观③。上海著名律师姚公鹤撰文指出，"因不平等条约造成租界，复因租界而不平等条约之势力愈扩张"，对中国造成严重伤害，中国问题的根本解决，应从修改不平等条约入手④。学者们还对如何交涉"修约"提出了看法。此时已退出政界，仅以学者身份参与社会活动的梁启超在上政府书中主张，目前对外交涉"沪案"可分两步进行：第一步，了结本案；第二步，防止同样事件再发生。对于第二步他又提出"治本办法一条：定期开改正条约会议"；"治标办法三条：（1）上海公共租界内纳税华人应有选举权；（2）收回会审公堂；（3）租界内外之工厂，宜遵守中国之劳工律并受监督"⑤。梁启超的意见在知识界具有一定的代表性，时人普遍认为，"沪案"解决后，中国应收回上海公审公廨，最后通过"修约"达到废除不平等条约（含领事裁判权）的目的。总之，"五卅惨案"发生后，知识界相当一部分人士都支持政府通过外交途径谈判修约

①　《东方杂志》第 22 卷，五卅事件增刊。
②　《大事记》，第 11 辑，114 页。
③　马寅初：《不平等条约于我国经济上之影响》，《东方杂志》，第 22 卷 16 号。
④　姚公鹤：《上海空前惨案之因果》，《东方杂志》，第 22 卷 15 号。
⑤　《梁启超上段执政书》，《申报》，1926 年 6 月 29 日。

以废除领事裁判权,不赞成以对外宣战一类极端手段来废除不平等条约。盖"今日中国,自非义和团之流亚,坐井观天夜郎自大之徒,必不应为开战之选择"①。

国内各派政治力量对事件的处理虽有"修约"、"废约"两类主张,政治行为大相径庭,但在当时特定的历史条件下,其思想主张及政治行为已形成明显的互动。对于"废除一切不平等条约"的要求,当时一位"观察者"著文指出:"所谓自动宣布废约,宣布之任由谁当之。唯革命势力握有政权而无虞乎本国之分裂与牵制时,始克举此痛快之改革,也唯自身拥有号令统一之军队,遇必要时有不辞一战之决心与准备,而后始可制对手国之顽抗。若在中国,政权军权,均感割裂破碎之痛苦,如宣布而不执行,固何贵乎宣布;反之若竟自动收管各项已失之主权,则力不讲理之列强,且不必以坚甲利舰驱我,只须结合部分之藩阀,与之缔结新关系,已足陷我于困境矣。故中国今日恢复国权之运动仍不能不借径于通常方式之外交。"但这位"观察者"也意识到:"民众要求,虽或过分而发之必,以其真。然也唯其为真情之流露,故不遑有周至之考虑。此在因应外交者神明利用,不拘一格。一方面不必以贪恋虚誉与权位之故,而对群众作不负责之诺言;他方面则当竭力使群众激昂之情形,畀对手方以充分之认识,更须慎密观察民众表示与外国态度变迁之关系而善为因应。"②

事实上,无论是"北京大学教授宣言"、"上海学术团体对外联合会宣言"、"梁启超等宣言",还是"章炳麟等通电","皆不过欲为政府外交后盾"③。就是国共两党看似激进的主张及行为,也在客观上有利于北京政府的对外交涉。从这个意义上讲,"五卅"之后中国社会在与列强关系问题上已达成前所未有的一致,这为开展废除领事裁判权的斗争

①　天生:《不平等条约如何废除乎》,《国闻周报》,第2卷24期。
②　布雷:《中国今后之外交》,《国闻周报》,第3卷8期。
③　《重要函电汇录》:《东方杂志》,第22卷五卅事件增刊。

提供了有利的国内环境。

二　北京政府促成法权会议召开的努力

在"五卅"之后高涨的民族主义运动的压力下,列强不得不考虑适当改变对华政策,法权会议召开的外部条件渐趋成熟。1925年9月4日,各国驻华公使正式照会北京政府,表示愿"将华会第五议决案所规定之委员会派遣来华,庶几可冀该会调查成绩,或可为有约各国之一指南,以便对于领事裁判权或逐渐取消或以它法之放弃,应否当时进行及如何设法进行之问题,得所决定"①。北京政府接到照会,立即委派代表,任命全权,划拨经费,开始了法权会议的筹备工作。

关于会议召开的时间,"政府拟于明年(1926)二月二十日请各国委员在华聚集"②。但驻美公使施肇基不同意这一安排,他电告政府:"据密告,美既得各国同意,早日开会,则中国应指定日期答复九月四日照会。现各国几已全数派定开关税会议代表并令参加调查司法委员会,最好由中国定耶稣圣诞节前为调查司法委员会开会日期。似此,则该会实行开始办事当至明年一月矣,二月二十日似为期太晚。"③随后,施肇基奉命与美国方面就开会日期进行磋商,并电示外交部:"葛洛(亦译凯洛格)决邀各国赞同于十二月十八日召集调查司法委员会于北京,并问上述日期大部能否合意,乞即示复。葛氏先提十二月十一日,基云太

---

①　孔另境:《五卅外交史》,第56—57页,转引自石源华著《中华民国外交史》,上海人民出版社1994年版,第254页。

②　台北中研院藏北洋政府外交部档案(以下简称外交部档案):《发驻美施公使电》(1925年9月9日),编号:03—34/4—(1)。

③　外交部档案:《收驻美施公使电》(1925年9月12日),编号:03—34/ 4—(1)。

早。遂改十八日。"①后因"中国国内战争,铁路不通,有数国委员不能依期到京",会议推迟到次年1月12日召开②。

为保证会议顺利召开,北京政府设立了专门的组织机构。早在1920年11月6日,北京政府便公布了《法权讨论委员会条例》,设立法权讨论委员会。其任务主要是讨论收回法权的准备实行和善后事宜。讨论问题有需特别调查的,委员会得指定专员调查。讨论完毕,应提交报告书,分送外交总长、司法总长认可后施行。华盛顿会议后,北京政府又于1922年5月20日颁布《修正法权讨论委员会条例》,规定法权讨论委员会直属外交部。当中外就法权会议召开初步达成协议后,北京政府于1925年12月8日公布《调查法权筹备委员会章程》,成立调查法权筹备委员会,以出席会议的全权代表、外交总长、司法总长、法权讨论委员会委员长为委员。另置办事处,设处长、副处长各一人,秘书十二人,分置总务、编译、接待、议案四股办事③。王宠惠任出席会议的中国全权代表。

北京政府还在全国政府机构进行广泛动员。1925年8月27日,司法部为收回领事裁判权咨行各省长、都统,要求各地改良司法,以达收回领事裁判权之目的④。9月,司法部颁布命令:"为令行事,各国派员来华调查司法,为期不远。本部有督促整饬司法事务之责,所有与举事宜,在此短期能举办者,着参事厅及各司科各陈所见,详具说帖,由部务会议讨论进行。"司法总长杨庶堪特咨各省民政长官,希望"同念收回国权至关重要,转饬财政厅将法庭监所经费,按时发放,

① 外交部档案:《收驻美施公使十一日电》(1925年9月12日),编号:03-34/4-(1)。

② 《调查法权委员会报告书》,载《中华民国史纪要》(初稿),第800页。

③ 钱实甫:《北洋政府时期的政治制度》(上),中华书局1984年版,第87页、177页。

④ 《大事记》,第11辑,152页。

以策进行"①。

　　司法调查委员来华前夕，北京政府决定对司法环境进行整饬。为此，临时执政府电召王宠惠回国担任修订法律馆总裁。9月18日，法权讨论委员召开专门会议，司法总长杨庶堪、次长王文豹、法权讨论委员会委员长张耀曾及法部各司长均到会，会议议定："未公布之法律，决由修订法律馆整理条文，先行公布。""刑法商人条例民刑诉讼及民法物权，本已实行，其他民法部分，业已编成，惟以尚未经过国会通过，搁置至今。政变以后，自不必拘泥，决由法部呈请执政公布。""关于各省各级司法衙门监狱改良事宜，由法部主管各司，通令切实办理。"另外，杨庶堪还"拟设一法律编译会，聘请曾在欧美研究法律专家，对司法行政文件，大加整理"②。这些措施虽系应急，但发挥了重要作用。如法律编译会编译成英、法文的中国法律文件被提交法权会议，成为中国司法改良的重要证据。

　　为重塑形象并表达收回领事裁判权的决心，临时执政府还通过多种渠道展开宣传。在国际上，以美国霍普金斯大学对华会议为媒介，中国政府向美国政府及公众表达了自己的要求。此次会议于9月17日召开，参加会议者包括美国工商界、知识界、宗教界在内的各界知名人士。议题有三项：(1)中国现在情形；(2)中美邦交；(3)美国对华外交方针。由于美国各界知名人士之言论足以影响一部分美国舆论，故中国方面十分关注此会。驻美大使施肇基应邀莅会，同时被邀请者还有中国"民间"代表郭秉文，留美学生代表以及美国华侨商界代表数人。施肇基在会议发言时告诫列强，中国"于列强之对华政策，注意尤切；而其对于他国乘机漠视其权利与正当利益之希图而致愤慨"。"今日中国现状之所难解释者，就直接关于外邦者言之，其主要有二：一则列邦人民之侨华者，藉逼迫中国定立之条约，与条约所许范围以外之扩张，致其

　　①　《京法界收回领判权之准备》，《申报》1925年9月21日。
　　②　《召集调查司法委员会之筹备》，《申报》1925年9月19日。

地位,就大体而言,超出于中国法律及可管辖之外"。施氏要求霍普金斯大学对华会议"应以异常之审慎,考察当时列邦强加此种限制之环境",进而"考虑此项特殊情形,今日是否应依然存在,以及此项条约规定今日是否仍属公允;倘其不然,则此类条约,应有若何修改"①。郭秉文的发言显示了强烈的民族主义情感,他警告列强,如不满足中国之要求,将产生下列影响:(1)现在风潮,势必加长增高;(2)中国的稳健派必被激烈派融化;(3)中国如被压太甚,则恐铤而走险或竟开世界大战之局;(4)排斥外货,转前更甚②。

施、郭两人的演说直接影响到美国舆论,《申报》转载的一则美国报刊评论指出:"施氏代表政府,郭氏代表人民,凡所发言,总必出之有因,故不能轻视。国家主义已深入中国人脑海中,当国家主义最盛之时,即感情冲动最高之时,其势滔滔,不可制止。譬如洪水逆行,则泛滥中国,其影响于世界和平,显而易见,故不能轻视。"③

三　法权会议与《调查法权委员会报告书》

(1)会议开幕及大会对中国法律文件的审阅

1926年1月12日,法权会议在北京南海居仁堂开幕。计有美国、英国、中国、法国、日本、比利时、意大利、丹麦、葡萄牙、挪威、荷兰、西班牙和瑞典等十三个国家的代表与会。中国参加开幕式的政府官员为全权代表王宠惠、国务总理许世英、外交总长王正廷、司法总长马君武及其他官员。按照议程,法权会议分三个阶段进行:1月12日至5月13日,为京内审查中国法律条文阶段(实际上3月中旬已基本结束);5月

① 《国外要闻·美国通信》,《申报》1925年10月31日、11月1日、11月2日(连载)。
② 《国外要闻·美国通信(三)》,《申报》1925年10月19日。
③ 《国外要闻·美国通信(四)》,《申报》1925年10月21日。

13 日至 6 月中旬,为京外实地考察各省司法状况阶段;7 月中旬至 9 月 16 日,为起草会议调查报告书阶段。

开幕式前,围绕会议主席一职,中外即发生分歧。中国方面坚持按国际惯例,由东道主担任会议主席。列国代表认为,此会议系由美国根据华盛顿会议条约发柬召集,主席理应由美国担任;另外,此次会议性质为调查中国司法状况,并非一般国际会议,不宜援东道主担任会议主席之例。中国方面作出妥协,同意由美国代表可托恩担任主席。为敷衍中国面子,会议特设名誉主席一职,由中国司法总长马君武担任①。

法权会议的权限是各界首先关注的问题。发表在《晨报》上的一篇文章指出:"吾人以此种办法(指在华盛顿会议划定的范围内讨论中国的治外法权问题——引者),徒费时日,无裨事实。我之法律内容如何,司法制度如何,监狱现状如何,皆为各国所昭知,若云调查,则不查已明,奚必多一会。各国果有撤废之诚意,则兹会一面调查事实,一面磋商撤废办法,同时并进。何必坚守华府议决案之范围,借此以为拖延之口实邪? 领判权之必须即日撤废,已无讨论之余地。"②基于这种认识,社会舆论强烈主张改变会议性质,扩充会议权限:"法权会议者,并非与中国谈判之机关,不过为各国准备撤废领判权之一种步骤而已。吾人谋速达撤废领判权之目的,非要求各国扩充该会议之权限,授以与我国谈判缔约之权,则所谓收回法权者,不知尚须经过若干次之调查委员会,始能贯彻。第一次只调查尚且历三年之岁月,始获成会;第二次三次,乃至十次八次,恐非拖至二三十年,彼必不肯轻轻抛弃也。"③"省会议联合会"通电全国,主张扩充范围,改为国际会议,解决收回法权一切程序问题④。"法权自主协进会"于 2 月 15 日召集会议,司法、外交两

---

① 《法权会议开幕之预讯》,《大公报》(长沙)1926 年 1 月 19 日。
② 《领判权与警权及课税权》,《晨报》1926 年 1 月 13 日。
③ 《法权会议之重要前提》,《晨报》1926 年 1 月 12 日。
④ 《省联会对法权会议之主张》,《申报》1926 年 2 月 5 日。

部也派代表参加。会议认为，"各国对于扩充范围一事，据云尚未有答复，足证明其无诚意，则将来调查报告，危险实甚"。会议最后声明："于最短期间内开国际会议，修改此项片务条约。"①

社会各界要求"扩权"的呼声，正中政府下怀。早在法权会议开始前的 1925 年 9 月，北京政府就曾电示施肇基："政府对于该会范围意欲加以扩充。即委员会权限不仅限于报告意旨。"②11 月，北京政府照复美国驻华公使马慕瑞："本国政府提议该委员会范围应请加以扩充，即委员会权限不仅限于报告建议，应议定一实行废止之办法。故我国特派全权代表。应请贵国政府向有关系国政府提商，对于所派委员，予以全权，俾此项委员会得有相当效果。"③北京政府在交涉召开法权会议过程中提出"扩权"，表明其对撤废领事裁判权的期望，比一般人想象的要高。但北京政府的"扩权"努力遭到列强拒绝。美、英、日、法等国在提议召开法权会议时，已决定有关中国领事裁判权事项严格按华盛顿会议议决案进行，此时自然不愿更改，北京政府在法权会议上的第一次抗争遭到重创。

"扩权"失败后，在法权会议整个法律审察及司法调查阶段，北京政府所能做的就是极力证明中国司法已取得较大改进，废除领事裁判权的条件已经具备④。1926 年 1 月至 5 月为法权调查委员会审查中国法

---

①　《法权自主会招待当局》，《申报》1926 年 2 月 25 日。

②　外交部档案：《发驻美施公使电》（1925 年 9 月 9 日）。编号：03—34/4—(1)。

③　外交部档案：《大美国特命驻扎中华全权公使马为照会事接准》，编号：03—34/5—(1)。

④　将中国废除领事裁判权与改良法律制度联系在一起在主张由来已久。早在 1902 年 9 月 5 日，清政府与英国签订中英《续议通商行船条约》，英国第一次在条约中有条件地表示将放弃其在华领判权。"中国深欲整顿本国律列，以期与各国律列改同一律，英国允愿尽力协助，以成此举，一俟查悉中国律列情形及其审断办法及一切相关事宜皆臻妥善，英国即允弃其治外法权"。1903 年 10 月 8 日，中美间签订的《通商行船条约》也有类似的提法。从此，中国废除领事裁判权与中国司法"皆臻妥善"联系在一起了。引文见王铁崖编：《中外旧约章汇编》第 2 册，三联书店 1982 年版，第 109 页。

律阶段。1月15日召开第三次全体会议时,王宠惠将已译成英、法文之各种中国法律文件悉数提交各国代表团审阅。译成法文者有:(1)刑事诉讼律;(2)民事诉讼律;(3)商律;(4)暂行新刑律;(5)大理院判决例辑要(第一二两卷)。译成英文者有:(1)商律;(2)刑事诉讼律;(3)中国大理院判决例;(4)暂行新刑律;(5)民事诉讼律;(6)中国监狱制;(7)关于司法行政之各项法令规则;(8)商标法;(9)中华民国约法及附属法令;(10)中华民国宪法(附中文原文);(11)大理院民刑案件统计比较表;(12)刑事案件统计报告;(13)民事案件统计报告;(14)森林法;(15)修改国籍法(附中法原文);(16)华洋诉讼程序及审理案件数目表;(17)中国现在司法情形之大概说明;(18)民国十二年司法所属北京及各省司法机关之司法经费表①。

　　北京政府司法部为表示中国正努力改善司法,还在法权会议期间废除、颁布了一些法令。所废法令中最引人注目者为《惩治盗匪法》。该法案于1914年11月27日由袁世凯命令颁行。其中规定"强盗及匪徒犯本法中所规定特别重罪者,得处死刑","高级军官于所辖军队之驻在地内,发现该法所规定之犯罪时,以具备左列各款情形之一者为限,得自行审判之:一、驻在地与审判厅或兼理司法之县知事之所在地相距百里外,而交通不便者;二、事机紧迫,恐酿重大变乱,或有劫囚及脱逃之虞者"②。对该法案的弊端,马君武认为,"此种条例,若不取消,各地方之有权者,凭之以滥杀人命,而反谓为依据法律"③。因此,他曾特拟提案递交阁议,要求废除,并称:"法权会议,各国委员正在审查调查之中。若不呈请废止,则暂行新刑律强盗罪之规定,将永远形同虚设。其影响于领判权撤废者至大。"④北京政府新颁法令有:1926年1月26日

---

　　① 《外交公报》第55期,第5页。
　　② 《调查法权委员会报告书》,载《中华民国史事纪要》(初稿),1926年9月,第819—820页。
　　③ 《马君武关于司法观事件之谈话》,《大公报》(长沙)1926年2月11日。
　　④ 《法马撤废惩治盗匪法之提案》,《大公报》(长沙)1926年1月25日。

司法部订定公布的《法官考绩条例》、《地方检查厅法官员缺序补规则》；9月3日司法部制定公布的《甄拔律师委员会章程》第一、三、五、二十九等条文。这些努力,为中国谋求通过法权会议废除领事裁判权创造了一定的条件。

截至3月26日,法权会议共开全体会议十二次。会议审查中国提交法律文件的方式为:各国委员先研究各种法律文本,开会时把一切疑问,逐一提出质询,王宠惠为之解答。若遇较复杂的问题,则由有疑问之各国代表以书面形式提交王宠惠,王宠惠仍以书面为之解答。审查中国法律阶段,各国委员对中国法律文件只提出一些疑问,并未指出存在的问题。中国方面对审查法律表现出充分的自信,马君武在答记者问时指出:法权会议讨论的并"非法典问题,乃是政治问题。外人对我国各法典,尚无不满意之处"①。实则外国委员对中国法律及司法制度现状的认识,与马君武的乐观估计,尚存在很大距离,接下来的法权调查及其报告,即证明了这一点。

(2)调查法权委员会对中国司法状况的调查

法权会议的第二阶段为对中国部分地区司法状况进行实地调查。外方代表比较看重法律的实际应用而不是法律文本本身。史托恩曾对记者表示:"惟现时最宜注意者,即该项法律应如何施行是也。盖有法律而不能施行,或施行而未尽完善,而仍不免有触望。"②为配合调查委员会赴各地调查,北京政府作了精心准备。审查法律文件未毕,临时执政府即电示拟被调查各省督办及省长:"调查法权委员会外国委员限定本月中旬出京,分组往各省参观法院监狱。到时希酌量接待,其旅舍及车辆等项,并希饬妥为预备。"③要求电令各省特派员及交涉员,"其有法院请求协助事件及应由该交涉署筹备一应各项,

---

① 《马君武对法权会议之谈话》,《大公报》(长沙)1926年2月11日。
② 《调查法权会议议长史托恩之谈片》,《晨报》1926年1月17日。
③ 外交部档案:《会稿》,编号:03—34/6—(2)。

仰克悉心计划,勿稍大意,并随时就所闻见报告本部及调查法权筹备委员会为要"①。

　　3月23日,王宠惠代表中国政府提出《对于在中国治外法权现在实行状况之意见书》,认为所有"损伤中国之主权与完整、违背华盛顿(会议)之精神"的治外法权,均应列入考察范围。意见书分八个方面逐条阐述了领事裁判权在中国的实行,指出其后果"不啻于一独立国之主权中发生无数独立国之主权,实于中国主权损害甚大"。各国代表经讨论,决定同意中国意见书所列前四项,对后四项,多数国家代表反对列入调查范围②。26日,王宠惠代表中国提出《补充意见书》,坚持法权会议必须讨论并调查中国所提方案的全部内容,但未能达成一致意见。

　　4月初,各国代表分为若干组,拟赴各地进行法权状况调查,因北京临时执政府垮台、北京政局动荡而延期。5月10日,各国代表离开北京前往各地。5月13日法权调查团到达武汉,展开调查。随后调查的地区依次为九江、南昌、芜湖、安庆、南京、镇江、苏州、上海、杭州、青岛、奉天、长春、哈尔滨、吉林和天津。上述地区,驻留时间长短及考察详略不一。其中,武汉、南京、上海、奉天、哈尔滨五处停留时间较长,考察较详。调查方式为参观各省法院、监狱、高等地方审检两厅及中国司法制度之实行情况。兹以调查团在武汉的工作日程为例,将调查情况略为展示:

　　5月13午前一时,由京汉铁路到武汉;午后三时全体委员谒吴佩

---

　　① 外交部档案:《代拟外交部致各省特派员及各埠交涉员》,编号:03-34/6-(1)。

　　② 这八个方面分别是:1.临时裁判权;2.华人与享受领事裁判权之外人案件之审判;3.享受领事裁判权之外人与无领事裁判权国之外人及与中国无条约关系国之外人案件之审判;4.会审公堂;5.外人房屋及船舶内之庇护权;6.给予外国国籍证书于中国人;7.外人免除租税权;8.租界、租借地、北京使馆界、铁路附属地等特殊区域。见《法权委员会报告书》附录。

孚;午后八时吴设宴款待全体委员并发表演说,司法调查委员屠僧代表全体委员致答词。

5月14日午前十时,视察湖北第一模范监狱;正午十二时全体谒见督理兼省长陈嘉谟;午后一时,陈嘉谟宴请全体委员并发表演说,英国委员特那致答词;午后三时视察高等审检两厅、武昌地方审检两厅及看守所。

5月15日午前十时,视察英领署会及英租界巡捕房;午前十一时,视察洋务居留所;午后三时,视察法租界巡捕房;午后三时半,视察夏口地方审检两厅及看守所。

5月16日午后九时半,全体委员(比利时委员除外)乘瑞和轮离汉①。

其他地区的调查日程亦大抵如此。不过调查委员会的调查计划并未全部实施,其原因在于:1.广东国民政府通令抵制。国民政府对于法权调查持根本反对的立场。曾于法权调查即将开始的4月10日,通令国民政府外交部及司法行政委员会转电各埠交涉员暨各级法庭,对此次调查法权外国委员来粤,决定不予接待。② 2."太原、张家口、归化、包头及宁夏各处,均因政潮不定及交通不便,不能前往"③。6月中旬调查结束,全部调查工作历时一月有余。

在法权会议开会期间,美国代表史陶恩与其他国家代表进行了非正式晤谈,认为中国政治及法律均存在严重问题:1.中央政府虚有其名,仅数个省份承认。2.军阀掌控中央政府各部门,而军阀间

---

① 令文曰:"国民政府唯一之职责,在奉行先大元帅之遗嘱,其最先着手,即在废除不平等条约。领事裁判权当然收回,无须由外人调查。故对于此次调查法权外国委员来粤,决定不予接待。"外交部档案:《法权委员团在鄂参观各厅监所程序》,编号:03-34/7-(1)。

② 《中华民国史纪要》(初稿),第314页,1926年4月10日条。另见《东方杂志》第23卷第10号,第5页。

③ 《调查法权委员会报告书》,载《中华民国史纪要》(初稿),第802页,

恶斗不止。3. 法律荡然无存，律令实行，全凭执政当局之好恶存废。4. 缺乏胜任或训练有素的法官，司法受制于政军界的影响。5. 中国财政混乱，没有条款承担司法事务的合理补偿。他们认为，在这些问题没有得到改善的情况下，如果各国在治外法权方面作出让步，不仅会使各国在华侨民的人身财产陷于危险，对中国人亦极为不利，并将因此延迟中国人民呼吁的司法事务完全自主的时间。基于这一认识，外国代表确定了法权会议的基本方针，即反对在当时的状况下废除治外法权[①]。

　　在法权会议第一和第二阶段，即审查中国法律条文阶段和京外司法调查阶段，各国法权调查委员并未对中国司法状况表示不满。"自出京调查以来，途中从未发表意见，以至好劣令人莫测。惟在奉天演说席上微露意见"，也基本是在称赞[②]。这给北京政府和舆论界造成一种幻觉，即调查委员对中国的法律条文和司法设施等印象不错。对于在京审查法律文件的结果，北京政府和国内舆论界的感觉是各国委员"均表满意"。这并非空穴来风，而是将各国委员会上言论汇总的结果[③]。法权调查团在京外司法调查期间，在对一些地区司法设施进行考察后发表的只言片语，也使国人相信调查团已认同中国的司法制度。在南昌考察时，"英委员致答谓南昌司法成绩优美，足以代表全国"[④]。在奉天，调查团对该省拥有十六个审判厅及十六个改良监狱表示称赞，仅对监狱中罪犯之刑具和卫生，不太满意[⑤]。

---

　　① Form the American Commissioner on Exterritorial Jurisdiction in China, Apr. 16, FRUS, 1926, Vol. I, p. 973.

　　② 《司法调查之演说》，《盛京时报》1926 年 6 月 8 日；《司法调查之经过》，《盛京时报》1926 年 6 月 9 日。

　　③ 《调查法权委员会报告书》。载《中华民国史事纪要》（初稿），1926 年 9 月，第 834—837 页。

　　④ 《法权委员赴赣经过》，《晨报》1926 年 5 月 29 日。

　　⑤ 《调查法权委员会报告书》，《载中华民国史事纪要》（初稿），1926 年 9 月，第856、868—869 页。

　　各国法权调查委员之所以在审查中国法律文件及调查中国司法制度与其实施状况阶段尽量沉默,不明确表示态度,是因为法权会议的召开很大程度上是列强对中国民族主义运动的回应,目的在于缓解国人的反帝声势。法权调查委员的任务是把调查程序完成,若一开始就对中国的法律条文、司法状况表明其真实态度,将得不到北京政府及社会各方面的合作,最终势必草草收场。这是列强所不愿看到的。法权委员会在中国的调查活动之所以进行得较为顺利,和它自始至终得到北京政府、多数省区军事集团首领及社会有关团体的协助密不可分,因为他们对通过司法调查来实现废除领事裁判权寄予厚望。

　　但是在反映调查最终结果及调查委员真实意见的《调查法权委员会报告书》里,人们却看到了截然不同的对于中国法律制度及司法状况的表述。

　　(3)《调查法权委员会报告书》指陈的中国法律及司法状况

　　1926年6月中旬,当结束在天津的考察并稍事休整后,法权调查进入第三阶段——起草调查报告书阶段。所拟报告书长达数万字,分四编:第一编为报告书序言,包括治外法权在中国的实施现状等章节,第二编为中国之法律及司法制度,第三编为中国施行法律之情形,第四编为委员会之建议。

　　报告书首先指出治外法权在中国的客观存在并承认它是一个历史的范畴:“曩者,因中外法律及司法观念之根本不同,设治外法权制度,原为一种临时办法,以调和中外关系,俟中国法律及法律观念逐渐演进后,始不适用。由历史方面观之,治外法权之制度,其与一国主权之关系,前后之观念不同,现在则视为限制该让与治外法权国之主权。故中国近年以来,非常注意,亦由此观念而发生。其原因多由于中国国民国家观念之发达,及与外人之关系日渐增加,遂使此制度之奇异状态,格外显著,可无疑也。”

　　报告书承认中国政府为改良法律制度作了切实努力。明确指出:

"中国为实现 1902 年及 1903 年条约中所表示的愿望，晚近以来，于司法制度之发展及法律之草拟，努力进行。本委员会在详细评论中国法律之前，不能不加以赞美也。其努力之成绩，业已昭著者，即法院之组织，民刑诉讼条例及其它实体法之制定是也。委员会对于此种法律中之普通原则，甚为满意。"

在承认中国法律制度有所改良的前提下，报告书以大量篇幅指陈了中国法律及司法制度的缺陷。关于法律制度，报告书首先指出中国没有"根本法律"即宪法。虽然民国肇建以来曾颁布若干宪法性质的文件，显示了这方面的进步，但"此项进步因内国战争大受阻碍。此种内国战争，民国成立后不时发生，自 1924 年以来，各种宪法悉行废弃，中央政府之权力因之减缩。在上述情形之下，中国人民之权利义务，立法、行政、司法官吏权限之分立，及立法、行政、司法权之本体，现均无稳固之宪法以为根基。结果所至，立法权及司法权恒为更易频繁，听军人之行政官吏所蹂躏。同时，人民尊重法律及司法行政之心为之减少。更进一步而言，军事法令及军事审判机关声势日彰，以苛刻之罚则及程序，取民事法令及普通法院而代之"。

关于刑法及相关条例。报告书认为，中国于 1909 年公布的《暂行新刑律》虽冠以"暂行"字样，但已实施十五年之久，其缺陷"为众所公认"。即将公布的第二次修正案虽然纠正了《暂行新刑律》的缺陷，但仍有不少具体条规欠完备。具体表现为："对于逮捕及保释之规定，似应修改，使稍从宽大，而又分别情节，为确切之规定；对于轻微罪犯可处罚金者，及犯人有固定住所者，此种案件，尤应从宽。至于受六十日拘役判决之案件，不准上诉，略嫌过当。……依《处刑命令暂行条例》之规定应处五等有期徒刑之案件，亦得以命令处刑。被告人虽有于接受处刑命令之日起七日内得声明异议之权，究于被告人之利益，未能予以充分之保障。"等等。

关于民法、商法及相关条例。报告书指出："从前中国立法家不以刑法、民法判然分离为必要，大清律例并合民律、刑律于一法典，即其例

也。中国采用新司法制度垂十五年,尚未制定民法典。其已经公布者,
只有少数关于民事之法令。关于商法,其情形亦同。""业已公布之法
令,多有预行援引尚未产生之法令者。例如 1914 年所公布之公司条
例,述及破产之处颇多。但该条例公布后已历十二年之久,而破产法尚
未颁行。"此外,各种自治法令"均以无实行细则,未能施行"。

尽管民国以来中国政府制定并公布了大量新法律,但有关法律仍
不完备。报告书指出:"中国仿照泰西法规修订法律,虽进步甚速,而与
人民之权利义务有密切关系之法令,尚付缺如者仍属不少。欲使司法
收效较多,则下述缺而不备之法令均在必须修订之列:(1)普通在民律
中规定之事项如总则、债务、物权、亲属、继承等;(2)普通在商律中规定
之事项如票据、银行、海商及保险等;(3)破产;(4)专利之特许;(5)药
业;(6)人事注册;(7)精神病;(8)土地测量;(9)公证人;(10)土地收
用。"虽然民律、商律(票据法及海商法部分)及破产法草案已经修订,等
待公布,但与第四至第八项相关的法律,"即草案亦仍复缺如"。可见法
律仍不健全。

报告书特别指出了中国新旧法律同时适用造成的混乱状况:"中国
施行新法令为日尚短,故国民与新法令融化之速度,实不及于立法之速
度。职是之故,司法制度有两种紊乱之现象:1. 旧法律、旧法理继续有
效,与新旧法律同时适用。因此,新法律中一部分之法理及优点,为旧
法律所淹没。大清律例中多数条例如娶妾、卖子等关于人事之条文,及
授县知事以大权之规定等,虽与新法律之精神相违背,然亦继续有效,
其一例也。惩治盗匪法授军事长官以极广之权,审讯盗匪案件,不依普
通审判条例,其例二也。2. 多数新法令之适用于其条文、或适用之区
域加以限制。例如民刑诉讼条例、完全适用之区域以新式法院为限。
即就此项新法院而言,亦当时适用与诉讼条例中新法理相违背之追加
法令,如拘押民事被告人暂行章程等。至若可处五等有期徒刑之案件,
得以命令处刑,则更予诉讼条例中之新法理以限制矣,……与新式民刑
诉讼条例之字面及精神,均不堪符合也。"

　　报告书在详述中国司法制度之后,就司法制度存在的问题提出了意见和看法:"大体言之,近代中国司法制度(及法律制度),照原定计划,本以欧洲大陆及日本制度为模范,本意甚善。但自新制度成立后诸多变更,遂使司法与行政之界限,及初审管辖与第二审管辖之界限,渐欠清晰。"这表现在许多方面。一是"行政官管辖及处理司法事务",如"省长以行政官支配省内之司法事务";二是"上级法院兼理下级管辖案件";三是"县知事兼理司法事务","行使行政官不应掌管之司法职权","现在中国诉讼之大部分,仍受此等县知事公署之管辖,故此种现状亟应改良";四是县司法公署系一种临时的过渡性质的法院,"自不能视为妥善";五是海陆军军事审判机关的权限缺乏限制;六是警察官署的处分不能上诉,警察在中国占有特殊地位,其职权"较各国之警察为大";七是接受不服违法行政处分陈述的平政院难以兼顾全国,"人民对于行政官之违法行政处分,如有不平,颇难补救";八是无领事裁判国人民诉讼适用"各种特别法令"。

　　关于监狱制度。报告书指出,"中国为改良监狱制度起见,自前清末年,即已开始设立新式监狱,1912年司法部成立后,对于监狱益加注意。……自是年起,截止现在,此种监狱(新式监狱)已设六十三所,其旧式监狱仍存六百余所","新式监狱及看守所之组织、监所职员考试及选择之方法及监犯管理规则,大致是属妥协。如评判亦只能对于其实际上之行政,不能对于其制度上有所臧否","但新式监狱及看守所,不过为中国全数监所之小部分",虽堪为模范,但不能代表全部。

　　关于中国"施行法律之情形"。由于中国政纲紊乱,无强有力的中央政府,结果导致司法行政的一系列不正常现象:一是政权操于军人之手,军人则凭借实力,操纵行政、立法与司法事务,"几致行政立法司法三权,有失其界限之倾向"。二是国库空虚,司法及警察官吏的薪俸往往不能发放。三是不承认中央的地方政府自立法律自设法院,法律与司法系统渐受破坏。四是阻碍新法律与司法制度的发展完善。

　　报告书用大量篇幅分析了军人对司法的干涉。指出:"现在中国普通法律之施行,其重要之障碍,军人干涉政府机关,其一端也。此等军人之领袖,常统率所属军队,从事于国内战争。对于其所管地方内之人民生命、自由、财产,几操有无限之权。除少数特别机关,例如海关,委托外人管理者外,其余中央及各省机关官吏之任免,军人得直接或间接为之"。"军人干政及于司法,以致司法独立为之危害。此种异常举动,常借戒严以为口实。但戒严每不依戒严法所规定之手续,有时并不宣告戒严,而公然为之。此外政府财政权为军人所握,法院经费遂不能不仰给之矣"。"依中国法律,军人在法律上之地位,不受普通法院之管辖。事实上,则因其势力则无何等法院足以管辖之。此种不受法律制裁之特权,旁及于军人之朋友。……军人往往犯罪,而逍遥法外"。"军人与警察官吏对于应归普通法院裁判之案件越权受理"。

报告书列举法权会议在北京开会前后,各地"处人死刑及其他事情而不依通常法律"的大量案件,证明军人对司法的干涉与破坏。这些案件包括山东高等审判厅长张志在家被"军政长官"命令逮捕,谓有"通敌"嫌疑,"不经审判程序,立予枪毙"的案件;有徐树铮被杀,现役军人陆承武承认以报杀父之仇为由杀徐,而"官厅对于该案并无查究,且未缉拿凶手,亦无向法院告发等事"一案;有《京报》记者邵飘萍被警察逮捕,移交军事机关即被枪毙,司法机关并无调查一案;有北京卫戍总司令不经过法律程序即告示凡商人操纵军用票,一经拿获,即依戒严令"立予枭首"一案;有韩得凝案、朱铁夫案、林白水案、成舍我案、德人阿图汉孙案、俄人鄂斯特罗乌莫夫案,等等。

此外,报告书还就法律与适用、司法经费、司法制度及实施情形、监狱制度及实施情形、警察及"其他可议之点"提出了意见。

根据以上意见,报告书提出若干具体建议:(1)普通人民之司法事项须归法院掌管,但法院须有确实之保障,不受行政或军政、民政机关不正当的干涉;(2)中国政府须采纳报告书提出的计划,改良现有法律、司法与监狱制度,完成及公布民法、商法、刑法第二次修正案、银行法、破产法、专利法、土地收用法、公债人法等,确定并实行划一的法律制定、公布与废止的制度,推广新式法院、监狱及看守所,以裁撤县知事审判制度与旧式监狱及看守所。(3)在上述各建议实行至相当程度之前,如主要部分已经实行,"关系各国应中国政府之请求,可商议渐进撤消治外法权之办法,或分区,或部分,或以其他方法,可由双方协定"。(4)在治外法权撤消之前,各国政府应容纳报告书第一编的意见,改良现行的治外法权制度及习惯,内容包括:(甲)适用中国法律;(乙)华洋诉讼案件原则上归中国新式法院审理,会审公廨的组织与程序,应在租界"特别情形"允许的范围内加以改良,使之与中国司法制度渐趋一致;(丙)享有治外法权国应革除华人所有之商业或航海业受外人保护之流弊等;(丁)中国与享有治外法权各国及各该外国之间,应协定办法,司法互助;(戊)治外法权未撤消之前,关系各国人民对于中国政府该管机关,依法定程序公布法令之捐税,经关系各国认为适用于其人民者,应负纳税之义务。

　　1926年9月16日,法权调查会议举行最后一次会议,通过了《调查法权委员会报告书》。参加法权会议的各国代表均在《报告书》上签字。但中国代表尚有保留意见。王宠惠代表中国政府签字时特别声明:"署名于本报告书不能认为对于第一、第二、第三编所载各节悉表赞同。"在正式签名之前,王宠惠发表宣言书,表示对各国未能即时放弃领事裁判权"殊形失望",声明中国政府将继续改良司法,"即调查法权委员会建议内所列诸项,大致亦在改良计划之中",认为《报告书》建议取消条约以外所发生之不良惯例,及其他改善中外关系的办法,"为关系各国善意之表示",希望各国在中国实行司法改良计划时,"即行商定撤消治外法权之确定办法",使中国"正当之愿望","能早日实现"[1]。王宠惠的宣言书被列为《报告书》附录。以《报告书》的通过为标志,法权会议宣告结束。

_____

　　① 《调查法权委员会报告书》,载《中华民国史事纪要》(初稿),1926年9月,第876—877页。

　　中国废除治外法权的愿望,没有通过法权会议的召开得以实现,从这个意义上说,法权会议是一次失败的会议。尽管如此,为促成会议召开,中国政府做了大量改良法律制度的工作。在法权会议上,中国代表向世界表达了强烈的废除领事裁判权的正义呼声。而各国参与司法调查,有助于国人清楚认识中国既有的法律制度及其运作状况。这一切,为后来中国政府彻底废除领事裁判权奠定了基础。另外,法权会议未能实现废除领事裁判权的目的,使中国外交家认识到,以"万国会议"的交涉办法去争取国家民族的利益是很难成功的。从巴黎和会、华盛顿会议到关税及法权会议,中国与众多条约关系国聚于一室,谈判修约,形成各国联合对付中国的局面,多数会议都以牺牲中国利益为结局。这使中国外交家产生了以"国别谈判"方式进行对外交涉的设想,并在推行"修约"运动期间作了一些积极尝试,虽未取得实质性进展,但也积累了一定的经验。以后南京国民政府的"改订新约"运动就采用了"国别谈判"的方式①。

第五节　北京政府的修约活动

一　中国国际地位的变化及各国对华方针的调整

　　1917 年初,正当第一次世界大战全面展开,德国实施无限制的潜艇战,美国与德国绝交,准备参战之时,梁启超受刚从欧洲回国的张君劢影响,意识到第一次世界大战将以协约国的胜利和同盟国的失败而结束,认为中国欲争取独立的地位与资格,收回德国在山东侵占的权益,参加对德战争实为千载难逢的机会②。梁启超设想,中国若能像意大利"建国三杰"之一的卡富尔那样具有外交远见,以参加英、法对俄战

---

①　参阅石源华著《中华民国外交史》,上海人民出版社 1994 年版,第 258 页。

②　毛以亨:《一代新锐梁任公》,台北河洛图书出版社 1979 年版,第114 页。

争换取国际社会对意大利独立的支持与承认,中国的国际地位将会大大提高。盖"能出兵欧洲,当时尽一分义务,即将来享一分权力"①。在梁启超等人的说服及美、日等国极力鼓动下,中国国会通过了对德宣战案。中国也因适时参战,很快与协约国伙伴一道,成为第一次世界大战的"战胜国"。

尽管在巴黎和会上,中国遭受严重的外交失败,未能将德国在山东的权益收回,而让日本揽尽外交成果,但中国政府毕竟第一次在重要的国际会议上较完整地提出修改不平等条约的问题,向全世界公开表达了要求民族独立自主的愿望,中国的国际地位也因此有所提高。1921年及1922年国际联盟两次大会,中国均当选理事国,派代表出席国联理事会②。正因为中国国际地位提高,华盛顿会议上,中国问题成为拟议中的远东问题之重心,中国代表遂有机会再次向国际社会公开提出修改不平等条约议案,并获与会各国代表比较详细的讨论。会议通过了由美国代表提出的以"尊重中国之主权与独立暨领土与行政之完整"为主旨的四项原则③,作为解决中国问题的基础。

日本在日俄战争之后,成为世界强国,遂致力于远东势力的发展,以后又利用第一次世界大战的机会,扩张其在华势力,力图造成独霸亚洲的局面,打破列强在中国的力量均势。对于日本独占中国的野心,中国已有所认识,中国参加华盛顿会议,一个重要的目的就是要削弱日本,其手段是终止英日同盟。当中国代表团启程之时,中国外交部曾以"宙字第一百三十一号极密电"指示中国与会的主要目的,其中第一条即是:"我国今日自卫力之薄弱,已属无可讳言。欲防止侵略,不外将他方结合先行解散,由我另组团体。……惟英日同盟仍得以继续,则中日

---

　　①　梁启超:《外交方针质言(参战问题)》,载《饮冰室文集》之三十五,中华书局1989年版,第4—13页;《梁启超年谱长编》,第871页。

　　②　周鲠生:《中国的国际地位》,载《东方杂志》第23卷第1号,第7页。

　　③　见章伯锋主编:《北洋军阀》(1912—1928),第四卷,武汉出版社1990年版,第620页。

之接近,不易达到,自应竭力设法,先将该同盟解散为第一步办法。"①从英、美等西方国家的立场上看,英日同盟也不宜继续维持。英国鉴于日本在远东势力的膨胀已威胁到自身利益(例如,在对华商品贸易方面,如果不将香港计算在内,英国已经落在日本后面),开始重新考虑自1902年英日同盟条约缔结以来实施的"联日制俄"这一远东政策。美国此时也感受到日本的扩张直接威胁到菲律宾的安全,不赞成英国继续支持日本侵华的政策和行动。中、英、美三国对日外交方略的接近,致使维持了近二十年的英日同盟最终废除,这是华盛顿会议的一项重要成果,也是中国外交的一项重要成果②。

英日同盟终止的影响很快在"二十一条"问题上反映出来。虽然日本坚持以强硬态度对待中国,中国复因顾虑英、美的立场,没有将构成中日间最大争执的山东问题和"二十一条"提出会议讨论,而是接受英美调停,改由中日两国在会外"直接交涉"解决。但在这次会议之后,袁世凯与日本签订的"二十一条"秘密协定,"事实上已取消了其中的十七条"③,这应该是中国参加华盛顿会议的积极收获。

当然,华盛顿会议上中国的外交所得距离国人的期望尚相距遥远。美国提出的四原则仅仅是原则,至于中国提出的具体要求,列强多藉词延宕或加以修改,致无多大结果。例如,对于中国提出的关税自主要求,由于日、英表示反对,结果决定先在上海召开修正税则税率会议,并由中国与各国组织"关税特别会议",筹备裁厘,增抽2.5%的附加税,但海关行政,无庸改变。关于取消领事裁判权,会议决定须经特别会议委员会考察中国司法现状之后再定办法。大会决定,关税、法权两特别

_____

① 《外交部致施、顾、王三代表宙字第131号极密电》,见章伯锋主编《北洋军阀》(1912—1928)第四卷,第615页。

② 阎沁恒:《英国在华盛顿会议中对于处理几项有关中国问题之态度》,载中华民国史料研究中心编《中国现代史专题研究报告》(五),台北1985年再版,第60—69页。

③ 《中国现代史专题研究报告》(五),第68页。

会议在各国批准及大会闭幕之后三个月内召集。虽因"各国批准"未能如期获致，关、法两会被迫延宕，但华盛顿会议无疑为后来条件成熟时召开这两个会议，铺设了道路。

这一时期中外关系一个重要的聚焦点是中俄邦交新局面的出现。苏俄在十月革命之后，为摆脱西方国家的孤立政策，急于寻求中国这类"殖民地"、"半殖民地"国家的外交承认；而中国为反对列强侵略，也亟须寻求外来支持。双方一拍即合。1923年8月，加拉罕来到北京，宣称其目的一为订立平等条约，二为打倒帝国主义。中国派王正廷与之谈判。1924年5月，中俄恢复邦交，正式成立友好协定。通过这一协定，苏俄宣称将帝俄时代在华享有的种种特权一律取消，将中俄邦交建立在完全平等的基础上。中俄协定缔结之后，苏俄政府为表示尊重中国国际地位，特派加拉罕为驻华大使。加拉罕是外国派驻中国的第一位大使，中苏协定是中国第一次以和平方式与欧洲强国订立的对等条约[1]。

中外关系发生的上述变化导致了远东关系新格局的出现：一方面，英日同盟的终止暂时遏制了日本在华势力的恶性膨胀，使远东国际关系在《九国公约》的基础上得以重新调整，日本借第一次世界大战之机拓展势力破坏了的各国在华力量"均势"，现在又在一定程度上得到修复。另一方面，中国与苏俄的接近则在"帝国主义"国家和"非帝国主义"国家之间造成某种力量制衡。这种新的"均势"，使远东及太平洋地区保持了近十年的安宁。

由于国内政局不稳定，中国的国际地位在1923年以后再度下降，国联第四次大会之后，中国每次都落选，失去了列席联盟理事会的资格[2]。相应地，列强对华政策也呈现出某种程度的不稳定性：随着政权

---

[1]　胡秋原著：《近百年来中外关系》，沈云龙主编《近代中国史料丛刊》正编第620册，台北文海出版社版，第171—175页。

[2]　周鲠生：《中国的国际地位》，载《东方杂志》第23卷第1号，第7—16页。

在不同军阀之间转移，各国对北京政府的亲疏亦不时发生变化，有的甚至游移于南、北两政权之间。另外，面对日益高涨的反帝浪潮，尽管已经意识到有改变既存条约体系的必要，但几乎所有国家的对华方针都仍然以保护其在华利益为前提。

总之，华盛顿会议闭幕之后几年，各国对华外交方针发生了重要变化。对此，纽约外交政策协会调查部在华调查时作了如下概括："一、各国对华条约已预备为深远的变更；二、各国认中国目前无单一的政府，与中国谈判颇感困难；三、各国于必要时将用武力保护在华利益。"另外，有不少美国人认为，召集中国南、北两政府代表与美国谈判条件已趋成熟，美国方面的积极努力可使中、美建立和发展良好的关系[1]。但中国力图改变既有中外关系的努力又与列强的在华利益发生新一轮冲突。在中外关系的发展变化过程中，"五卅事件"竖起了一个新的里程碑。以英国为代表的西方列强，在事件发生和处理中坚持强权政治立场，极大地激发了中国民众的民族主义情绪，"反帝"运动持续高涨。以此为凭借，北京政府展开了颇具规模的"修约"活动，延误已久的关税会议和法权会议得以召开，这是北京政府统治时期中国外交的重要内容。由于北、南政府对关税会议、法权会议有不同的政治认知，前者主张在既存条约体系下进行"改良"，后者强调以废除不平等条约为前提的"革命"，思想主张及政治行为的歧异，耗散了中国对外交涉的能量，加之段祺瑞政府未能稳固自身的统治，就中国方面而言，会议没有取得预想的成功。但从历史影响上看，由北京政府积极参与的这两次会议，却为极力反对关税和法权会议的南方国民政府在北伐成功后开展废约运动，奠定了基础。

---

[1]　纽约外交政策协会调查部：《外人在华利益的调查》，载《东方杂志》第24卷第7号（1927年4月10日出版），第32页，倪文宙节译。

二 民族主义高涨和北京政府的修约活动

在中国近代历史上,五四运动掀起了以反对列强侵略、捍卫国家民族主权为内涵的民族主义第一波浪潮。1925 年的五卅运动,则把中国的民族主义浪潮推向前所未有的高度。从某种意义上讲,国人的民族主义情绪乃是列强激发出来的。1925 年 6 月,胡适在中国少年卫国团演讲,当讲到"五卅"惨案之后中国的"排外"运动受到六国使团的攻击时,他略带感情地表示:"说我们有排外的运动,他们发生最大的恐怖。我试问这恐怖哪里来的,完全由于他们基于不平等的条约,享有特殊的权利而来。"①胡适的演讲,道明了中国民族主义运动产生的外在原因。

"五卅"之后不久,中国发生了著名的省港罢工,同时各地广泛开展了反对帝国主义大同盟运动、废除不平等条约运动、收回教育权运动以及非基督教运动。这些运动均凸显了鲜明的民族主义特征。中国的民族主义在"五卅"之后全面高涨可以从时人所编《文献期刊读者指南》提供的统计数据得到证实。1924 年,该"指南"中国项下尚未列出"民族主义运动"的分类标题,但是到了 1925 年,该书中国项下不仅设置了"民族主义运动"栏目,而且开列的有关文章目录已多达一百五十五篇②。这些文章目录广泛取自各种期刊,就连一向以稳健甚至保守著称的《东方杂志》,也推出《五卅事件临时增刊》,登载大量揭露英国人暴行,鼓动民族主义情绪的文章,留下了相关的目录记载。

---

① 胡适:《对于沪汉事件的感谢》,收入欧阳哲生编《胡适文集》第 12 册,北京大学出版社 1998 年版,第 723 页。
② 林霨:《战争、民族主义与基督教高等教育:1924—1925》,载章开沅等主编《中西文化与教会大学》,湖北教育出版社 1991 年版,第 86 页。

在 20 年代中期如日中天的民族主义运动中,政党的作用开始变得突出,其中国、共两党扮演了关键角色。对国民党领袖来说,不平等条约是其作出外交决策时必须考虑的一个关键因素。在日本威胁变得严峻之前,蒋介石领导下的国民党从未向任何一个条约国家寻求援助。1925 年－1926 年间,蒋以联俄为其外交"全局中心之著眼处"①。与苏俄决裂后,蒋则向当时唯一与中国没有条约关系的大国德国寻求援助②。与国民党处于联合战线中的共产党对民族主义运动也贡献良多,以致几乎所有激进的"排外"思想和行动,都被戴上"赤化"的帽子。国共两党的协同努力,有力推动了中国民族主义的高涨。

在民族主义普遍高涨的形势下,北京政府亦表示出对不平等条约的强烈不满,加之抵制广东国民政府政治影响的迫切需要,北京务实的外交家很快作出切实努力,力图通过修改而非废除中外条约的方式,取消有关领事裁判权和协定关税的条约规定。北京政府对待不平等条约的态度,从顾维钧就任国务总理之后召开的一次内阁会议的讨论中可以清楚窥见。与会者一致认为:"内审国情,纷纭多故;外察友邦,趋势日非",若不顾情势,"昌言废约",势必引起列强的"重大反感",招致联合干涉。因此,政府的外交方针应该"重在将来新约结果消除一切不平等之内容"③。这一外交方略虽然迟至顾氏组阁时才明确提出,却是北京政府自巴黎和会之后处理外交的基本指导思想。北京政府派代表参加巴黎和会及华盛顿会议的一个重要目的,就是要修改中外条约。虽然

---

　　①　蒋介石日记,1926 年 12 月 22 日,见毛思诚:《民国十五年以前之蒋介石先生》,香港龙门书店 1965 年影印 1936 年版,第 978 页。

　　②　Cf. William C. Kirby, *Germany and Republican China*, Stanford, Calif.:Stanford University Press,1984,pp. 38 - 53.

　　③　《外交部致驻比王公使电》(1926 年 10 月 28 日),《北洋政府档案》一○三九(6),案:以下涉及废止中比不平等条约所引北洋政府档案均转引自习五一著《论废止中比不平等条约:兼评北洋政府的修约外交》,载《近代史研究》1986 年第 2 期,第 182—201 页。

没有达到目的,却为召开旨在修改中外条约的关税会议和法权会议作了铺垫。

除了积极筹备召开关、法两会,为修改并最终废除不平等条约付出艰辛外交努力之外,个别情况下,受高涨的反帝废约运动鼓舞,北京政府亦果断作出单方面废约的外交决定。废止《中比通商条约》就是其中最为突出的事例。

1926 年初,《中比通商条约》第六次届临十年期满。同年 4 月 16 日,北京政府外交总长胡惟德照会比国驻华公使,示意中国将终止旧约,以便在平等基础上缔结新约。27 日,比公使复牒中国外长,援据条约第四十六条规定,称条约可以修改,但仅比利时方面享有"修改条约之权",且旧约修改须待"中国政局稳定"以及关税会议、法权会议结束之后,方可进行①。

在随后展开的正式谈判中,比方不仅坚持单方面的条约修改权,主张修约期间旧约继续有效,而且以诉诸国际法庭谋求列强干涉相威胁。中国为寻求问题的解决,提出"临时办法"五条,内容涉及彼此承认关税自主,缔结新约时应废弃领事裁判权,现行的领事裁判权可以"暂予容受",但临时办法的实施期限为六个月②。中国方面提出临时办法的意图,是想通过六个月的外交磨合,双方能顺利完成缔结新约的谈判。这已经是一种妥协了,但比方却表示"完全不能接受",主张"临时办法"必须原则上"维持旧约",在新约缔结之前,比国将仍旧享受最惠国待遇和

---

① 《外交总长胡惟德致比华使照会》(1926 年 4 月 16 日),《比华使复外交总长胡惟德照会》(1926 年 4 月 27 日),《北洋政府档案》一〇〇一(2)1435。顾维钧已指出,比国的做法,是根据不平等条约的规定来讨论修改不平等条约的内容,这本身就是极为荒唐的。参见中国社会科学院近代史研究所译:《顾维钧回忆录》第 1 册,中华书局 1983 年版,第 358 页。

② 《临时办法》(1926 年 8 月 2 日中国外交部提出),《北洋政府档案》一〇〇一(2)1435。

领事裁判权①。中国方面则坚持旧约到期失效,新约须在六个月内订立,最惠国待遇应该双方共享,领事裁判权另议②。而比方 10 月 26 日提出的备忘录则企图通过无限期延长"临时办法",维持旧约特权。由于双方均坚持各自的立场,交涉历时半年,仍未取得任何实质性成果。

比利时方面在作外交决策时并没有正确估计所处的内外形势。英、美等西方国家出于自身利益的考虑,虽有物伤其类的担心,却对实施联合干预是否明智表示怀疑。这是一方面。另一方面,比国实业界对其政府采取强硬手段解决中、比争端也表示不满,认为这样做会给比国的在华企业带来"悲惨恶果"。显然,这种形势并不利于比国正在进行的对华交涉。

而中国外交却有自身的凭借。当时,上海总商会发出通电,主张"以实力为后盾","宣告废约",以"内保国威,外御强侮"③;全国商联会复电上海总商会,协商与比国"经济绝交"的办法④;孙传芳复电总商会,对所作"化私斗于阋墙,作干城于卫国"的呼吁深表赞同,表示对比国交涉,中国"宜作破釜沉舟之谋"⑤;以孙传芳为首的东南五省军政首脑还发表通电,力主利用"群情激愤"的形势,"单独宣布废约"⑥。其他"各实力派首领,亦迭次电促单独宣告旧约失效"⑦。全国学生总会在

---

① 《外交部收驻比王公使电》(1926年9月7日),《北洋政府档案》一〇三九(5)。

② 《比华使致外交部备忘录》(1926 年 10 月 23 日),《北洋政府档案》一〇〇一(2)1435。

③ 《沪总商会再争废比约》,季啸风等主编《中华民国史史料外编》(前日本末次研究所情报资料:中文部分),第 79 册,广西师范大学出版社出版,第 392 页。

④ 《商联会主张以经济绝交为废约之后盾》、《商联会筹划对比经济绝交》,《中华民国史史料外编》第 79 册,第 393—396 页。

⑤ 《中比商约问题:孙传芳陈陶遗电复总商会》,《中华民国史史料外编》第 79 册,第 394 页。

⑥ 《东南五省当局主废约》,《中华民国史史料外编》第 79 册,第 425 页。

⑦ 《比约岂真须延长九月耶》,《益世报》1926 年 11 月 5 日。

中比条约到期这天发表宣言,呼吁"全国朝野上下,敌忾同仇,步伐一致,对于本日期满之中比商约,以不妥协之态度,宣告无效"①。《国闻周报》甚至发表时评,正告政府当局不得以"过渡"名义对比国妥协:"若擅与商定过渡办法,无论措词如何,均与卖国同科。"②中国驻美、日、英、法、意、葡、比、荷、瑞士、日内瓦公使及代办均致电本国外交部,支持政府的立场。

与此同时,海外华侨尤其是旅比华侨掀起一场颇具声势的废约运动。提出废约运动大纲,成立废约后援会,并联络旅欧各国华侨,组织废除中比条约代表团,召开代表大会,并在中比条约期满这天组织游行示威。比国警方出动警力,逮捕参加废约游行的学生三十余名,造成流血事件③。

国内广泛开展的废约运动,有力地支持了北京政府的对比交涉,而比利时发生的流血事件则激起社会舆论的极大义愤。在这种形势下,北京政府外交当局态度逐渐变得强硬。在比约期满后的首次谈判中,中国外长顾维钧与比国驻华公使华洛斯进行了长达四个小时的谈判,逐条驳斥了比方的无理要求。尽管华洛斯理屈词穷,无法反驳中国方面提出的意见,但仍然不同意中方限期订立新约的主张,企图通过无限期推迟新约订立的办法,维持旧约特权④。11 月 5 日,华洛斯面见顾维钧,递交拒绝限期修约的备忘录,并表示要将中比争端上诉海牙国际法庭⑤。

----

①　《全国学生总会废除中比商约宣言》(1926 年 10 月 27 日),《民国日报》(广州)1926 年 11 月 6 日。

②　政之:《生死关头之废约问题》,载《国闻周报》第 3 卷第 41 期"时评",1926 年 10 月 24 日。

③　《外部令王景歧对比严重抗议》,《中华民国史史料外编》第 79 册,第 423 页。

④　《顾维钧回忆录》第 1 册,第 355—357 页。

⑤　《比方答复修约节略比使昨日面交外顾》,《顺天时报》1926 年 11 月 6 日;《比华使致外交部备忘录》(1926 年 11 月 5 日),《北洋政府档案》一〇〇一(2)1435。

　　比方的态度,使中国除单方面宣布终止旧约,已别无选择。备忘录递到之后,中国外交部连夜召开紧急会议,草拟废约文件。次日经阁议,决定以摄行大总统令宣布中比条约失效。顾维钧很快向张作霖呈交报告,并附上一份说明谈判原委和终止旧条约理由的总统法令草稿。1926年11月6日,张作霖发布终止中比条约法令。同日,外交部发表终止中比条约宣言。宣言指出,自民国建立以来,"中国政府即抱一种果决愿望,使中国在国际团体中得与其他各国处于平等地位,并使其得尽一部分能力",但"近百年来,中国受压迫而订立不平等条约,于中外人民之间造成歧异不同之待遇,至今日实为对于各国种种不满及胶葛之原因"。宣言指出,中国自巴黎和会以来,"屡次提出修改不平等条约问题",同时坚持新约订立必须"以平等相互主义及彼此尊重领土主权为原则",否则"概不允订"。依此原则,中国政府"对于现行各约大概得于期满时通告终止者现正努力设法改订,俾于各约期满时,所有一切不平等及陈旧之条款不使复见于新约"。因此,中国政府对于中比通商行船条约,"经先期六个月之通知,予以终止"①。

　　宣布终止中比商约之后,北京政府内务部着手筹备接管天津比租界。不久,又公布《管理无治外法权国人民民刑案件审判条例》(修正案),要求各省交涉署关于比人案件适用这一新条例,并准备停止比国领事在上海会审公堂的陪审权。

　　中国方面的决定,触动了比国在华的殖民特权,比国政府除向中国政府提出"抗议"之外,复向海牙国际法庭提出起诉。12月13日,海牙国际法庭通知中国驻荷公使王光圻出席答辩中比条约交涉案,声称"如

　　① 《外交部对于交涉终止中比条约之宣言》(1926年11月6日),中国第二历史档案馆编:《中华民国史档案史料汇编》第三辑,江苏古籍出版社1991年版,外交,第962—966页;《顾维钧回忆录》第1册,第357页;《政府宣告比约失效》,《晨报》1926年11月7日;《以大总统指令昨竟宣布中比商约失效》,《顺天时报》1926年11月7日。

不到庭答辩,将受缺席裁判"①。中国方面经研究,决定拒绝海牙应诉,认为此项案件"应照国际联盟盟约第十一条提出于国际联盟大会"解决,比方则反对中国提出的解决办法②。

　　不久,由于中国国内反帝废约形势高涨,比国被迫作出妥协,表示将中止海牙诉讼,并将天津比租界的特权交还中国,海牙国际法庭也应比国请求撤消了控诉中国案。以后,由于北伐成功和中国政权更迭,中比谈判搁置下来。南京国民政府建立后,中、比重开谈判缔结新约。因中方实施"妥协的政策"③,比国在华享有的领事裁判权并未完全废除。但北京政府废除中比条约引发的有关交涉,终因新约的缔结画上句号。

　　终止中比条约在中国近代外交史上是一重要事件。路透社发自北京的专电指出:"外交界视取消中比条约为中国多年来最重要之事。"④参与这次对外交涉的顾维钧认为:"这是中国政府第一次在面对缔约国公开、正式反对的情况下宣布彻底废除旧的不平等条约的。中国有必要这样做,不仅因为中国根据情况变迁原则在国际法面前有充分理由,而且因为中国有必要开创一个先例,证明中国决心行动起来,以结束一世纪以来不平等条约给中国人民带来的灾难。"⑤

　　比利时条约的废除确实开了一个先例。中比条约宣布废除之后四日,北京政府又照会西班牙驻华公使,要求修改1864年签订的《中西和好贸易条约》。不久中国驻西班牙公使又照会西班牙政府,修约期限为六个月,中西之间应废止旧约,另立新约。1927年11月10日,当中西

---

　　①　《东方杂志》第24卷第3号,第111页。

　　②　《我国对比提议提交国际联盟大会》,《晨报》1926年11月20日;《政府驳复比使照会认比约不应提出国际法庭》,《益世报》1926年11月20日;《比国反对提国际联盟》,《晨报》1926年11月29日。

　　③　《顾维钧回忆录》第1册,第359—360页。

　　④　《申报》1926年11月8日、27日。

　　⑤　《顾维钧回忆录》第1册,第357—558页。

条约到期时，北京政府毅然决定废止 1864 年条约①。在北伐前和北伐时期，北京政府还采用大体同样的方法，与日本、墨西哥等国开展了修改条约的谈判，并向各国驻北京公使馆提出天津各国租界应收归中国管理的问题。1927 年 4 月 22 日，中、英两国就天津租界问题签署了一个类似《中英关于收回汉口英租界协定》的协定，呈请本国政府批准。此外，继与德国签订中德协定之后，中国又与一战战败国奥地利订立新约。不久中国又与芬兰签订《通好条约》。这两个条约都取消了领事裁判权和协定关税的规定。另外，北京政府还分别与法国、西班牙等国就终止越南商约进行交涉。这些交涉尽管未能取得多少实质性成果，却明确表达了中国政府和人民争取国家民族独立自主的信心和决心，使北伐前几年间，中外关系出现了前所未有的新格局。

---

① 《中国与西班牙关于修约交涉经过》，中国第二历史档案馆编《中华民国史档案史料汇编》第三辑外交，江苏古籍出版社 1991 年版，第 1004—1028 页。

第六章 南北军阀混战与北京临时执政府的垮台

第一节 浙奉战争与孙传芳势力的兴起

江浙战争后,由于国内外局势的急剧变化,江浙和平并未能持久,导致 1925 年内先后发生了第二次江浙战争和浙奉战争。尤其是浙奉战争后,孙传芳的势力范围迅速扩展到东南半壁,国内政治格局亦发生巨大的改变①。

一 浙奉战争的背景与原因

第二次直奉战后,奉系势力大大扩张,张作霖有意让奉军南下,占据富庶的江浙地盘,而刚刚在江浙战争中败北的皖系卢永祥则企图借奉军力量重出,双方由此有了合作的契机。张作霖决定让卢永祥打头阵,先通过他驱逐直系苏督齐燮元,再谋江苏。12 月 11 日,在张作霖的压力下,段祺瑞政府下令罢免苏督齐燮元,裁撤江苏督军,任命卢永祥为苏皖宣抚使。此举虽受到江苏地方士绅的抵制,但齐燮元为暂避其锋,遵令解职去沪。卢永祥随即于 1925 年 1 月 10 日入宁,奉军亦沿

---

① 关于浙奉战争的主要研究文献有:张安庆《浙奉战争初探》,《武汉大学学报》1985 年第 5 期;杨同慧:《孙传芳与五省联防》,台湾政治大学历史研究所硕士论文,1984 年;王维礼主编,《中国现代史大事纪事本末》,黑龙江人民出版社 1987 年版;王鸿宾主编,《张作霖和奉系军阀》,河南人民出版社 1989 年版;来新夏:《北洋军阀史》下册,南开大学出版社 2000 年版,第 905—918 页。

津浦线大举南进。

奉系的举动,自然引起浙江实力派孙传芳的高度警惕,为了保持自己的地盘不被奉系侵吞,孙传芳决定出而反击奉系。1月11日,孙传芳联合齐燮元发表通电,组织江浙联军,反对奉军南下。而卢永祥也在南京备战,任奉军军长张宗昌为总司令,战火一触即发。上海为繁华都市,地方士绅为免战火之袭扰,倡议中立,双方都不在上海驻兵,得到段祺瑞的首肯,段以孙传芳续任浙督,以安其心。在段祺瑞和奉系的软硬兼施之下,孙传芳态度软化,对军事行动趋于消极,齐燮元势单力孤,军事失利,28日自上海东渡日本。2月3日,张宗昌与孙传芳在沪上签订和平协定,双方同时从上海撤军。第二次江浙战争以齐燮元失败,孙传芳和奉系各有所获而告终。

战后,卢永祥以督办江苏军务的名义驻苏,郑谦为省长,与浙省间尚能保持一定的和平局面。孙传芳亦派人赴北京与段祺瑞修好,表示拥戴之意①。但是对奉系在长江流域的扩张终究不能释怀。据孙传芳身边重要人物杨文恺回忆,1925年四五月间,孙曾派他到张家口、开封与冯玉祥、岳维峻会面,表明攻奉之决心,商议合作计划②。

“五卅事件”的爆发使得江浙一带的均势渐被打破。事件发生后,由于列强认为中国政府在上海缺乏镇慑力量,故段有派兵到沪的拟议。6月13日,张学良奉张作霖之命带领“东北陆军教导团”二千二百余人抵沪③。后来,张学良又应上海领事团要求向张作霖要求调徐州邢士廉旅来上海应付局势④。张学良离沪后,即由邢士廉接

---

① 杨文恺:《孙传芳的一生》,《天津文史资料》第2辑,天津人民出版社1979年版,第87页。

② 杨文恺:《孙传芳的一生》,《天津文史资料》第2辑,第81页。

③ 辽宁省档案馆编:《中华民国史资料丛稿——电稿:奉系军阀密稿》第2册,中华书局1985年版,第160页。张此次目的亦有调解此前上海发生的奉军军官哄斗及为沪案上海谈判助阵的意味。

④ 《五卅运动》第2辑,第215页。

防,并以江苏省长郑谦名义布告上海华界戒严,委邢为戒严司令,常之英为副司令①。

奉张此举,虽然主要是为应列强要求压抑上海工人运动,但更深层的动机,似乎也在藉机加强对上海的控制,并威胁浙江孙传芳②。奉军抵沪后,上海海口便操于奉军之手,孙传芳之军械接济可能受到严重影响。后来,邢士廉旅在沪扩编成第二十师,对浙孙而言,威胁更甚。

另一方面,邢士廉奉命到沪后,对民众运动的控制渐渐加强。7 月 23 日,淞沪戒严司令部即查封上海工商学联合会,海员工会,洋务工会等三团体。三团体后经人疏通重新启封,但到 9 月 18 日,上海总工会终被淞沪戒严司令部以"利用时机,擅行印信,发行捐照,鼓动风潮,阻止工人上工"、"假工会会之名,敛钱自私"等理由查封③。奉军的举动无疑引起中共及当时对国民革命运动有着重大影响力的共产国际的不满。

"五卅事件"后,奉张在北方与得到苏联支持的国民军间的对抗态势无疑加大。6 月 25 日,俄共中央政治局即有决议,认为张作霖是帝国主义者手中的主要工具。斯大林提出要"发动声势浩大的反对张作霖的宣传攻势,千方百计地分化瓦解他的军队并使之革命化",并有"依靠冯玉祥军队和国民革命军队驱散现政府,成立有国民党人参加的新政府"的计划④。上海总工会被封闭后,在沪指导中共中央的共产国际代表维经斯基指出:"张作霖准备在从天津到上海的整个沿海地带采

①　《驻沪奉军镇压罢工团》,《顺天时报》1925 年 7 月 25 日。《中华民国史史料外编》第 69 册,第 206 页。

②　《上海开市与奉军调沪》,《晨报》1925 年 6 月 29 日。《中华民国史史料外编》第 69 册,第 65 页。

③　《戒严司令部解散总工会布告》,《申报》1925 年 9 月 19 日,第 13 版。

④　《联共(布)、共产国际与中国国民革命运动(1920—1925)》,北京图书馆出版社 1997 年版,第 637 页。

取军事行动,急于在其军队驻扎的各个地区,而首先是在上海着手镇压工人运动,因为上海在作战期间将会起突出的作用。"①在此情形下,中共便在全力鼓动各地的反奉运动。而孙传芳为稳固其地位,对南方国民党以及苏俄方面亦有意加以联络②。

同时,因"五卅事件"及对外交涉的运用,英、美、法等国政府终于同意中国召开关税会议的要求。但是对于直系而言,关税会议的举行,将使得奉张有可能得到大笔新的收入,而执政府亦会藉此而更趋稳固③。8月18日,执政府已将邀请英、美、日、法、意、比、荷、葡八国参与关税特别会议通牒送各使馆,会期最终定在10月26日。浙孙在此前发动战事,无疑便暗含破坏关税会议的意义在其中。

但以上均为远因,而引发浙奉战争的直接导火线则是苏皖二省易督问题。

1925年7月13日,卢永祥北上调停段祺瑞与张作霖之意见发生严重冲突,未有成效,即宣布辞去苏皖宣抚使兼督办江苏军务善后职务④。8月3日,执政府以江苏省长郑谦暂兼苏督。29日,段祺瑞特任奉军总参议杨宇霆为江苏督办,姜登选为安徽督办。同时,有奉军大举南下,准备就绪后再图进占闽浙的消息,奉系势力似有席卷东南之趋向⑤。

在此情形下,浙孙乃积极运动,他派两浙盐运使王金珏作为全权代表到张家口再与冯玉祥会面,同时探听各省消息。复派代表分赴其他各省联络反奉,晓以利害,并表示愿为前锋之意。9月6日,孙在杭州举行第一次军事会议,主守与主战者皆有,于是孙表示等王金

---

①　《维经斯基的书面报告》,1925年9月28日。《联共(布)、共产国际与中国国民革命运动(1920—1925)》,北京图书馆出版社1997年版,第687—689页。

②　杨文恺:《孙传芳的一生》,《天津文史资料》第2辑,第87页。

③　《孙传芳复赵尔巽等电》,《申报》,1925年11月1日,第5版。

④　《中华民国史档案资料汇编》军事(三),第377页。

⑤　李泰棻:《国民军史稿》,文海出版社1971年版,第252—253页。

珏回杭再定。是月下旬,王返浙,陈明与冯氏接触经过及各省对奉态度,并称杨宇霆督苏已成定局。其他各省代表返回,表示对反奉多表支持,并愿意签约组成联盟①。孙传芳感到时机已迫,不得不先发制人。

9月14日,杨宇霆、姜登选南下分别到江苏、安徽就任②。22日杨正式接任苏督后,向外界竭力表示和平,并默认浙军对松江四县之占据。姜登选也致电孙传芳,称杨宇霆决无犯浙之意,请孙传芳宣布态度,以安人心③。孙传芳于是暂撤一部分驻松部队,作和平表示。但到9月22日,因奉军南下消息传来,苏浙战云又趋紧张。同时,传皖督姜登选亦有三师部队拟由皖经浙边过宜兴,直达南京,归杨宇霆节制的计划,浙军遂积极在长兴布防④。孙传芳、夏超等一面发布安民公告,一面调兵运械,积极准备⑤。西北方面的消息表明此时孙氏已下定驱奉决心⑥。

杨宇霆督苏也引起江苏本省军人的极度不安。杨宇霆到苏后,传将对苏军实行裁并改良,所以白宝山、马玉仁等均不到南京出席军事会议。而南京、镇江等地的驻军,与奉军也多不能相容或者抱警戒态度⑦,对孙之反奉则表示欢迎并愿意配合。广东方面,因陈炯明正四处联络,准备攻击广州,所以国民革命军苦于应付,据说鲍罗廷有"对粤取守势,以休养实力,另出奇计以促他方之内战"之计划,所以也愿意支持

————————

①　《浙孙作战之由来》,《申报》,1925年10月19日,第4版。

②　李振华辑:《近代中国国内外大事记》民国十三年至十六年,文海出版社1979年版,第4766页。

③　《中华民国史档案资料汇编》军事(三),第377—378页。

④　《战谣中之浙省军事行动》,《申报》1925年10月15日,第5版。

⑤　松涛:《战事发动》,《东方杂志》,第22卷第20号,1925年10月25日,第1—3页。

⑥　《东南急变中之北京观察》,《申报》,1925年10月20日,第4版。

⑦　《江苏军事之近状》,《申报》,1925年10月19日,第4版。

孙传芳发动反奉战争①。而正得到苏联大量军援的岳维峻部与孙氏无疑有配合的承诺②。

但对执政府而言,显然不愿意在关税会议即将开幕前看到内战再起。10月7日,临时执政段祺瑞以苏省已决定撤回驻沪各部,电令孙传芳各部各回原防。8日,陆宗舆奉段祺瑞命南下赴苏、浙。劝孙传芳、杨宇霆各自谅解,并欲促进苏、浙、皖三省重订和平公约。他又派陆宗舆南下,向杨、孙等人游说和平。陆氏先到南京与杨宇霆协商,正准备启程赴杭。不料浙之动员令便已下达③。

二　战事发动与奉方应对

1925年10月初,英、美、日三国"沪案"司法调查委员抵达上海,准备对"沪案"重行司法调查。唐绍仪通电主张关税自主,反对关税会议;段祺瑞以吴景濂、张英华等人在汉口"谋乱",着令褫夺官勋,缉获法办,引起直系之反弹;而南方蒋介石正在率队出发东征。这些表面看来琐碎无关的事情,其实均为孙传芳发动战事酝酿了一个较好的时机。

10月5日,孙传芳在杭州其督办公署召集重要军官开军事会议,议决一切作战计划。7日,皖、赣、苏、闽、浙五省代表在杭州复开会议决五省联盟,举孙传芳为五省联军总司令,"拥段反奉",分兵五路:第一路司令陈仪、第二路司令谢鸿勋、第三路司令孙传芳自兼、第四路司令

---

　①　《东南急变中之北京观察》,《申报》1925年10月20日第4版。这种传闻与已经披露的前苏联档案记载相吻合。10月22日,俄共中央政治局会议通过拨给孙传芳德国型子弹100万发的决议,条件是在他管辖的地区工人运动合法化。但是与孙合作的计划应在此前便已由其在中国的代表鲍罗廷等人向莫斯科汇报。《联共(布)、共产国际与中国国民革命运动(1920-1925)》,北京图书馆出版社1997年版,第725页。

　②　《关于时局之本埠消息》,《申报》,1925年11月2日,第9版;李泰棻:《国民军史稿》,文海出版社1971年版,第261页。

　③　《东南急变中之北京观察》,《申报》,1925年10月20日,第4版。

卢香亭、第五路司令周凤歧,定名"浙闽苏皖赣联军"①。

　　10日,孙传芳即以准备秋操为由,下动员令。其公开发表的致各军电表示:"此次校阅,调动队伍,专为举行秋操,可以此意宣示人民,以免误会为要。"孙并通知省署,谓"兹因陆军第四期教育终了,照例应行校阅,以觇成绩,特定于日内举行秋操"。同时,以财政厅名义向杭州总商会借100万,以为作战经费②。

　　孙氏为了给自己的反奉军事行动制造藉由,11日,通电指斥奉军压迫上海罢工工人复工,听任各国重行司法调查,反对关税会议之召集,赞成唐绍仪关税自主之通电③。但此时浙方并不对执政府直接攻击,意在留有余地④。同时,孙开始向前线输送部队,到14日,长兴与松江两方面,兵力集结已达一个师以上。孙致电奉系的淞沪戒严司令邢士廉:"沪不驻兵,早见明令,贵部久驻沪江,用意何居?"限邢部24小时内退出淞沪⑤。15日,浙方多数部队已完成部署⑥。

　　奉系方面,当邢士廉接到孙的最后通牒,乃急电杨宇霆请示。杨令邢部撤退至苏州,并取消淞沪戒严司令名义,以免除"破坏淞沪不驻兵"

---

　　①　《浙孙作战之由来》,《申报》1925年10月19日,第4版。

　　②　《浙省军事行动消息》,《申报》1925年10月14日,第6版;《国闻周报·国内外一周间大事记》(3卷1期至3卷50期),文海出版社1985年版,第369—370页。杭州商界后来勉强承认50万。

　　③　其政治表态,也是在与各方约定的一个步骤。按照孙传芳与各方的约定,以反对关税会议为题目,第一步,孙示威;第二步,孙洪伊在津发电;第三步,唐绍仪在沪发电;第四步,章炳麟在汉发通电,并计划豫浙同作。但孙示威、唐发电后,应者寥寥,故孙只有自己发电。《孙传芳反对关税会议电》,《申报》1925年10月16日,第4版;《国内专电》,《申报》,1925年10月19日,第3版;《国闻周报·国内外一周间大事记》(3卷1期至3卷50期),文海出版社,第369—370页。

　　④　松涛:《战事发动》,《东方杂志》第22卷第20号,1925年10月25日,第1—3页。

　　⑤　《奉军消息》,《申报》1925年10月17日,第9版。

　　⑥　《国内专电》,《申报》1925年10月17日,第3版。

之舆论攻击①。15 日，驻沪邢士廉部奉命率部开往苏州，通告将戒严司令部取消②。杨此种安排无疑是形势所迫。当时在苏奉军仅驻沪邢士廉之第二十师与驻宁丁喜春第八师，总兵力只有二万余人，且部署于宁沪一线，抵抗力甚弱。而苏军对奉军多有不满，尤其陈调元、白宝山、马玉仁等部态度暧昧，实际上与孙早有约定，故奉军若不快速撤退，"为苏浙包围，非便不能战，可能全军均覆"③。杨宇霆曾表示，在当时，"集中关内奉军扼守山海关为上策，保守直鲁与联军在徐州相持为中策，与孙传芳在苏皖浪战为下策"④。北京亦有外国武官认为"退徐与奉军实力毫无损失，既与后路相联，是为上策，若主守苏则下策"⑤。对于奉方来说，"在保全山东安徽直隶及晋省之阎锡山，其视北方，实较保留南方狭长地带为重"⑥。

是故，奉方对孙之挑战不作应答，只是一味高调表示为和平退让之诚意。杨声言"决不衅自我开"⑦，张作霖则在沈阳表示，"每次内战，为首领者必先吃亏，为戎首者必先败，予不受挑衅"⑧。外间舆论似以为如果奉不回应，孙也"不敢冒中外之大不韪，甘为戎首"。14 日，奉命南下调停的陆宗舆告段祺瑞"和平有望"，孙要求将上海附近奉军撤退，而杨宇霆已表示"只要中央下令，必照办"⑨。所以执政府在奉军撤沪后，

----

① 《国闻周报·国内外一周间大事记》(3 卷 1 期至 3 卷 50 期)，文海出版社，第 370 页；《奉军消息》，《申报》1925 年 10 月 17 日，第 9 版。

② 《邢部昨日开拔情形》，《申报》1925 年 10 月 16 日，第 9 版。

③ 《江苏军事之近状》，《申报》1925 年 10 月 19 日，第 4 版。

④ 松涛：《战事形势与和平运动》，《东方杂志》第 22 卷第 21 号，1925 年 11 月 10 日，第 3—5 页。

⑤ 《国内专电》，《申报》1925 年 10 月 17 日，第 3 版。

⑥ 《浙方军事行动之外讯》，《申报》1925 年 10 月 17 日，第 6 版。

⑦ 《战谣中之苏杨言动》，《申报》1925 年 10 月 16 日，第 4 版。

⑧ 《国内专电》，《申报》1925 年 10 月 15 日，第 3 版。

⑨ 《国内专电》，《申报》1925 年 10 月 15 日，第 3 版。

认为"大局可从此转危为安"①。

对奉军的退让,孙传芳并不理会,盖出师是否有名此时已无关紧要。浙方也清楚主动撤退是奉军作战之策略,故决定于其抽调未完成前,迅速发动攻击②。15日,正当邢士廉部撤退之际,孙传芳通电就任五省联军总司令,下达总攻击令,令第一、二路军向上海,第四、五路军向宜兴进发,对奉军发动袭击③。

在南京,杨宇霆正召集奉军姜登选、丁喜春、郑谦等人开紧急军事会议,决令邢部快速退回镇江,丁喜春之第八师则开出南京,免为苏军所困,计划集中两师于浦口、蚌埠一带④。16日,联军之第二路谢鸿勋部由松江进占上海。奉军淞沪警察厅长常之英部宪兵第一营,未及撤退,被全部缴械,常亦被扣留。孙传芳委严春阳为淞沪临时戒严司令。第四军卢香亭部则占领宜兴。

同时,孙传芳、夏超等公开通电讨奉,指斥奉张"以江南为私有,拥政柄以自恣",违反淞沪永不驻兵之规定,以至"喋血贩烟,腾笑中外",并宣称"万恶实由戎首","惟彼祸首张作霖一人是讨"⑤。段则在北京发布通令,表示邢部既已撤退,要"孙传芳所部应即回原防,以符本执政爱护和平之心,慰东南人民之望"⑥。但是并无效果。

17日,浙军暂编第七混成旅杨镇东部及陆军第二师师长李俊义部,开抵苏州,奉军第六十九团,则急速撤退⑦。按照约定,江苏第一师师长白宝山、第三师师长马玉仁、第四师师长陈调元、第十师师长郑俊彦、江宁镇守使朱熙等苏军将领通电响应孙传芳反奉,表示"全苏将士

①　《东南急变中之北京观察》,《申报》1925年10月20日,第4版。
②　《昨日浙方军事行动之严重》,《申报》1925年10月16日,第9版。
③　《国内专电》,《申报》1925年10月16日,第3版。
④　《江苏军事之近状》,《申报》1925年10月19日,第4版。
⑤　孙曜编:《中华民国史料》,文海出版社1975年版,第693—694页。
⑥　《国内专电》,《申报》1925年10月18日,第4版。
⑦　《浙军抵苏情形》,《申报》1925年10月19日,第4版。

愿听指挥"①。19日,湖北、安徽、江西三省也随后通电响应。湖北督军萧耀南并率全省军官电请吴佩孚出山领导反奉。

浙江方面,15日,孙传芳令宁台镇守使孟昭月由宁波到杭州担任省防治安,任卫成司令一职,后又兼全省警备总司令。自17日起,宣布全省戒严。孟以骑兵团长高建勋所部为守备军,与省署之保安队,负责治安。同时,闽军之一部已抵杭,加强防守②。宁台方面,由第十混成旅第一团韩光裕部负责。各县则要承担代募夫役及招募新兵的紧急任务③。

由于苏军公开反奉,18日,杨宇霆离开南京,并令奉军第八师北返。驻宁之陈调元、郑俊彦等部立即发动攻击,未及撤出之奉军第八师部队被其全数解除武装,师长丁喜春,旅长田得胜等被俘④。孙军第二路谢鸿勋部在苏军陈调元部的配合下,占领镇江。奉军第二十师,则在丹阳遭到孙军之堵截,损失较重⑤。

20日,孙传芳抵南京,令联军第二军渡江追击奉军。而奉方对孙之通电及进军,仍表示"不变更政策","决不因少数未及退尽之兵被缴械,而穷天下之兵"⑥。诚如时人所云:"孙之入苏后一泻千里,实非战争之力,盖对方之杨宇霆决计自行退兵,故孙军如入无人之境。"⑦

---

①　《江苏陆军第一师师长白宝山等为响应浙军会师浦镇驱逐奉军通电》,1925年10月17日,《中华民国史档案资料汇编》军事(三),第378—379页。

②　《浙军抵苏后之浙讯》,《申报》1925年10月19日,第5版。

③　《浙军抵苏后之浙讯》,《申报》1925年10月19日,第5版。

④　《郑俊彦等关于解除南京奉军武装及杨宇霆郑谦潜逃暂由陈调元维持秩序等情通电》,1925年10月19日,《中华民国史档案资料汇编》军事(三),第380页。

⑤　《要电》,《申报》1925年10月20日,第3版。

⑥　《国内专电》,《申报》1925年10月19日,第3版。

⑦　公展:《东南风云与全国大局》,章伯锋、李宗一主编:《北洋军阀(1912—1928)》第5卷,武汉出版社1990年版,第237页。

三　战事的进展与停滞

　　10月20日孙传芳等通电,特设"讨贼联军总司令"一职,推吴担任[①]。21日,吴佩孚乘舰至汉口,通电全国,受十四省推戴,任讨贼联军总司令,通电讨奉。继而任命萧耀南就任鄂军讨贼军总司令。稍后又任寇英杰为鄂军讨贼军第一路总司令,陈嘉谟为第二路总司令,卢金山为第三路总司令,马济为桂军讨贼军第一路总司令,并决定假道河南会攻徐州。萧耀南、白宝山等人复通电推齐燮元为讨贼联军副司令。而江西邓如琢在九江就赣皖联军前敌总指挥,准备入皖助皖军攻姜登选部奉军。浙奉战争有发展成为第三次直奉大战的趋势。25日海军杜锡珪亦通电讨奉,海军第二舰队集中南京,接受孙传芳指挥。

　　奉系对大江以南既决定放弃,准备集中姜登选部与张宗昌部于蚌、徐之间,等待时局之变化。然21日皖军倪朝荣部由泗县开至临淮关,电告姜登选部,已与孙传芳取同一行动,要姜自动解除武装。23日,姜登选率部离蚌埠北上。张宗昌则率师抵徐州,以白俄军加奉军,共十万人,分三路备战,东面守邳县,西面守砀山,南面置于宿县、夹沟一线。张作霖旋任命张宗昌为直鲁苏皖防御总司令。杨宇霆抵奉后,即召集军事会议,决派四师二混成旅进关,守京奉、津浦两路。而以吉、黑两省军队集中奉天,以十至十五师兵力分十七队应敌[②]。

　　北京方面,和平的呼声仍未中断。21日,赵尔巽、王士珍及临时参议院发表和平通电[③]。赵并分电孙传芳与张作霖,想作个人调停。孙

　　①　《孙传芳等通电》,《申报》1925年10月26日,第4版。
　　②　张安庆:《浙奉战争初探》,《武汉大学学报》1985年第5期,第101页。
　　③　松涛:《战事形势与和平运动》,《东方杂志》第22卷第21号,1925年11月10日,第3—5页。

提出只要张作霖率军出关,即可息战①。而张在复电中则斥孙"名为对奉宣战,实则与国为仇","祸国之中,实含有卖国意味,蛛丝马迹,线索可寻。"似乎暗指孙传芳与苏俄之联络②。对立如此,赵尔巽的调停便无甚希望。

10月22日,孙传芳渡江督战,联军司令部移浦口。31日,孙传芳进临淮关,对奉军发动总攻击令,战事在南宿州附近开始。但因奉军主力在南宿州夹沟中间,两军屡进屡退,没有进展。

11月1日,孙传芳急电河南岳维峻,催促其下动员令,协攻徐州③。但是岳维峻并没有按照约定加入,暂时表示中立④。对吴佩孚表示要假道河南会师徐州,岳更不允,传闻战事初期有"浙孙攻其头,豫岳攻其腰,西北攻其尾"的计划⑤。但是到徐州之战爆发,此传闻并未证实。吴佩孚在汉口除了发布一些空头任命外,没有办法筹措到军费⑥。在一筹莫展之际,外界便有吴佩孚赴南京坐镇指挥联军之说,但孙传芳可能不大能真正同意,故吴最终未能赴宁。在此种情况下,徐州之战最后便成为孙传芳之联军与张宗昌率领的奉鲁军之间的对抗了。

11月2日,联军与奉军在固镇发生激战,孙军截断张宗昌之白俄车队,奉军第一军军长施从滨被俘,解至南京斩首,奉鲁军退据乾山、鹤口、夹沟一带。3日,在津浦路一线,两军复有激战。5日孙传芳下第二次总攻击令,联军迫夹沟,两军复有大战。奉鲁军方面,兵力主要有四混成旅及白俄军千人,张宗昌亲出督师。联军第一、第五两军为右路,

①　《孙传芳关于举兵讨奉问题复赵尔巽等电》,1925年10月29日,《中华民国史档案资料汇编》军事(三),第391页。

②　《张作霖复赵尔巽等电》,《申报》1925年11月1日,第5版。

③　《关于时局之本埠消息》,《申报》1925年11月2日,第9版。

④　李泰棻:《国民军史稿》,文海出版社1971年版,第261页。

⑤　《东南急变中之北京观察》,《申报》1925年10月20日,第4版。

⑥　松涛:《战事形势与和平运动》,《东方杂志》第22卷第21号,1925年11月10日,第3—5页。

第二军为左路,第四军及第三军之一部,直冲正面。激战经一昼夜,奉鲁军之防线被联军冲断,遭其优势兵力合围,遂大败,被俘者约三千余名①。随后,张宗昌部队所退守之宿县也失去。张宗昌下令奉鲁军全部撤回山东。11月7日,五省联军第一军即陈仪部兵不血刃攻占徐州。

　　11月9日,孙传芳进驻徐州,即召开军事会议。当时奉军正向韩庄、兖州方向退却,联军决定以五万人正面攻击,而请豫军进攻曹州、兖州奉军后路。但由于国民军冯、岳两部态度均不明朗,岳维峻部迟迟没有出兵,前线军事便开始呈现停滞。而北方的和平运动则正在加紧进行。

四　北方冯张妥协与孙传芳撤兵

　　浙奉战争一开始,便有人在报纸上撰文指出“战事的范围不仅止于江浙,主力的决战亦不必为孙、杨两军,这是明白形势的人都能知道的”。认为战事胜负的关键实际上操于冯玉祥之手②。第二次直奉之战后,国民军与奉军虽然有和平协议,但是两者在北方利权与地盘的争夺始终没有停止,而国、奉开战的谣言亦一直在坊间流传。

　　孙传芳在发动浙奉战争前,在与广东方面联络的同时,与冯玉祥、岳维峻等人曾再三接洽③。事实上,孙之举兵后来亦似乎成为苏联在中国极力推动的反奉运动的组成部分。10月22日与26日,俄共中央政治局会议曾两次决议,先后拨给孙传芳德国型子弹300万发④,给予

---

　　①　《孙传芳击溃张宗昌占领徐州通电》,1925年11月9日,《中华民国史档案资料汇编》军事(三),第393页。

　　②　《昨日浙方军事行动之严重》,《申报》1925年10月16日,第9版。

　　③　俄共(布)中央政治局中国委员会会议第13号记录,1925年10月19日,《联共(布)、共产国际与中国国民革命运动(1920-1925)》,第719页;《浙孙作战之由来》,《申报》1925年10月19日,第4版。

　　④　《联共(布)、共产国际与中国国民革命运动(1920-1925)》,第725-727页。

孙传芳反奉战争直接的军火援助。10月底,冯玉祥在张家口曾与共产国际代表维经斯基及苏联驻华北军事顾问团的负责人 H. M. 沃罗宁、国民党政治委员会的三名代表等举行了一次绝密的军政会议,表示要"从政治上来实现它们同直隶盟军的军事联系",对孙传芳和萧耀南进行援助。然而冯把苏联方面想加以联络利用的吴佩孚仍看作敌人,不同意与吴建立联系①。冯的坚决反对也许是吴后来没法动作的根本原因。

但是,冯玉祥无疑在观察当时的风向,选择最佳时机加入战争。孙传芳与奉鲁军作战时,冯玉祥正在与郭松龄等人谈判从内部合作倒奉的更为惊人的计划②。所以,冯在此际,一面向外界表示对浙奉双方力持中立,一面准备利用浙奉战争的时机同张作霖达成暂时的妥协,逼迫奉张对国民军自动作重要让步。

而沈阳方面的军事会议上,奉系首脑已明白"此次反难者虽长江直系,但国民军已加入",所以奉张派代表与冯玉祥协商,"许以极优厚之条件",准备将热河、山西、京兆之统治权交冯支配,但奉方的要求是冯必须通电与张合作,并且拒绝吴佩孚与岳维峻部联络,给奉系在军事行动上提供便利③。在此情形下,冯表示愿意与奉方合作。19日,冯电张作霖,表示自己"惟盼和平",请其主持中原各事④。21日,冯玉祥又向外界表示希望和平,依段祺瑞所请,电张作霖、孙传芳调停战事。24日,张作霖派代表到包头向冯疏通。冯也派人到奉天,双方开始了讨价还价的谈判。

冯、张之和谈与段祺瑞政府中和平派的竭力劝说亦有一定关系⑤。

---

①　《维经斯基的书面报告》,1925年11月11日。《联共(布)、共产国际与中国国民革命运动(1920—1925)》,北京图书馆出版社1997年版,第735页。

②　刘敬忠、王树才:《试论冯玉祥及国民军在1925—1927年的政治态度》,《历史研究》2000年第5期;李泰棻:《国民军史稿》,第271、275页。

③　《东南剧变中之北京观察》,《申报》1925年10月27日,第5版。

④　《中华民国资料丛稿——电稿·奉系军阀密电》第2册,第193页。

⑤　松涛:《战事形势与和平运动》,《东方杂志》第22卷第21号,1925年11月10日,第3—5页。

1924 年底,段祺瑞出山时,其政府中人即分武力统一与和平统一两派,武力统一以奉军规取江浙,国民军规取豫鄂;和平统一派以善后会议治标,以国民会议治本。浙奉战事发生后,和平派遭到武力派猛烈抨击。但仍未放弃努力,并且得到段本人的尽力支持①。段请双方息战,当然也有不愿当时各派的势力均衡被打破的企图,而"谋使临时政府长久站立在各派均势的三脚架上"②。11 月 1 日,在段系和平派之工作下,张作霖、冯玉祥、岳维峻三方各派代表同段政府之姚震等在北京开会磋商和平问题。国民军代表在会议中提出会勘两军现有防地,避免冲突;奉军自保定、大名等地撤防等条件。

　　会议进行的同时,张作霖为防御计,亦开始作战争准备。6 日,任李景林为第一方面军团司令,警戒近畿及直隶南部;张宗昌为第二方面军团司令,警戒徐海经砀山至曹州一带;张学良为第三方面军团司令,警戒京通及直隶口北一带;姜登选为第四方面军团司令,警戒津浦路北段并援助第二方面;张作相为第五方面军团司令,警戒热河西部至古北口一线。

　　11 月 12 日,张学良奉动员令入关。但当日夜,张作霖忽令张学良收回动员令,在天津的奉军军事会议中,有撤兵之决议作出,与李景林、郭松龄态度变化有密切关系③。13 日,段祺瑞下令孙传芳停止军事行动。并责成冯玉祥、岳维峻、张作霖、李景林等人解决兵争④。15 日,张、冯、李等电段,表示服从命令,李景林并报告已撤退京汉路一部奉军。孙传芳代表亦表示可以和平⑤。16 日,奉、国两军签订八条和平协议,以免除战事为宗旨,并合组北京办事处。当时舆论猜想,冯、张可

---

　　①　《东南战起后之段方政策》,《申报》1925 年 11 月 4 日,第 5 版。
　　②　松涛:《战事形势与和平运动》,《东方杂志》第 22 卷第 21 号,1925 年 11 月 10 日,第 3—5 页。
　　③　李泰棻:《国民军史稿》,第 270—271 页。
　　④　《中华民国史事纪要》(初稿),1925 年 9 月—11 月,第 531—532 页。
　　⑤　《中华民国史事纪要》(初稿),1925 年 9 月—11 月,第 531—532 页。

能是均从关税会议着想,不愿因战事而使关会停止,收入没有希望。而且冯因去年倒戈在国人眼中声誉极坏,也不想再与奉军作战①。但从后事来看,实际上冯此时是以退为进,只等郭松龄先起事了。

徐州攻下后,孙传芳集中徐州附近的联军统计不下七八万人,包括第一军司令陈仪部,第二军谢鸿勋,第三军孙总司令,第四军卢香亭,第五军周凤歧,炮兵张国威,苏军第一支队陈光祖部,皖军第四混成旅高世读所部等②,做好三路攻奉之准备,能否大战,则视北京冯、张妥协能否成功③。另一方面,孙传芳亦向岳维峻表示愿助其协攻山东,以为东南屏障④。

但冯、张既趋向和平,互相撤兵,孙传芳之战略随之发生变化。联军乃以徐州为界,不再进攻,同时将徐州以南军队,抽调三分之一于宁、沪、松、杭等地,以巩固江浙。徐蚌一带由邓如琢负责,山东战事则准备交岳维峻军负责⑤。除冯、张妥协外,据说孙之自动转圜亦与段祺瑞承诺苏督一席将任命孙氏有关,而章太炎分析孙可能是怕广东蒋介石入闽⑥。但从当时战情而言,事实上与孙军江浙后方受到奉军攻击也有密切关系。

10月28日,张宗昌之东路军邢士廉部与海军合作由山东曾攻入江苏海州,联军第六军白宝山部疏于防范,败退大伊山,邢士廉部及海军占领海州,直攻清江浦,苏沪震动。海军方面,东北海军沈鸿烈部镇海舰队自10月底起,南下攻击苏浙沿海。先是炮击吴淞,"连续轰击,威力颇巨",驻沪港之南方军舰"应瑞"、"建康"两舰未出来迎战,仅通电

①　《冯张两方隐忍言和之原因》,《申报》1925年11月19日,第5版。
②　《联军攻奉之最近消息》,《申报》1925年11月19日,第6版。
③　《联军三路攻奉之形势》,《申报》1925年11月18日,第5版。
④　松涛:《时局的转变》,《东方杂志》第22卷第22号,1925年11月25日,第1—4页。
⑤　《关于时局之本埠消息》,《申报》1925年11月17日,第13版。
⑥　《关于时局之本埠消息》,《申报》1925年11月17日,第13版。

淞沪军事机关准备。11月初。沈鸿烈部开到浙江洋面舟山附近,10日再至临近杭州之乍浦,刚好浙江兵轮海靖、超武两舰在此备战,两军即接火,沈部击沉海靖轮,复重创超武舰。据沈鸿烈报告,"现浙海无船可守",准备运兵自吴淞乍浦登陆,"俾敌军后方动摇"①。奉军对联军之后方攻击,无疑使孙传芳感到不安,而急急于调兵加强防守了。

11月15日,岳维峻至徐州,与孙传芳暗商军事,讨论国民军第二军出兵及换防事项。当天,孙传芳即抽调徐州前线浙军一部回防沪杭。16日,岳军出兵,北路占直隶邯郸,中路已过大名,东路过曹州、济宁。随即,国民军第二军北路与李景林军发生冲突,李军退让,国民军占保定;东路王为蔚部开抵徐州,接替孙传芳部队担任向津浦路正面攻山东。

21日,孙传芳通电即日由徐州过宁回杭州,前线委总指挥卢香亭、白宝山担任,徐州防务委陈仪担任。次日,奉军郭松龄部发动兵变,通电请张作霖下野,冯玉祥亦趁势向奉军发动攻击。北方局势发生剧变。但孙传芳却已回到南京,将视线转向其内部,准备先消化其胜利成果了。临时执政段祺瑞承认孙传芳获胜的既成事实,11月25日任命孙传芳为江苏军务督办。当月底,孙传芳在南京宣布出任苏、皖、赣、闽、浙五省联军总司令,成为北洋时代后期新崛起的控制东南,实力与北方的张作霖、冯玉祥和退居长江中游的吴佩孚等比肩的军阀派系首领。

第二节　北京临时执政府的终结

一　大沽炮击事件与中外交涉

北京政变之后,冯玉祥统领的国民军成为北方重要的政治军事力量。在苏俄的支持下(苏俄希望利用国民军的力量平衡亲日的奉系并

---

①　《奉舰窥伺淞乍之告捷电》,《申报》1925年11月19日,第6版。

稳定蒙古边境的形势,向国民军派出顾问,提供了数量不菲的军事援助),利用各地反奉倒段运动高涨的形势,到1926年初,国民军的力量发展到鼎盛,数量达五个军30万人,以西北为中心,控制或影响着河南、陕西、甘肃、察哈尔、绥远、热河等西北和华北省份(这也是以后以国民军为中心演变而成的所谓西北军的由来)及京津地区。此时,国民军开始与国民党有一定程度的政治合作,国民党政工人员在国民军中担任部分政治宣传教育工作。中共也认为国民军表现"进步",开始争取国民军的工作,以冯玉祥为北方地区可能的合作对象。

与此同时,中国北方的民众运动在国共两党发动下日渐高涨。奉军将领郭松龄因奉系内部矛盾,抑郁不得志,乃利用高涨的反奉形势,与国民军联络,率部倒戈。郭松龄属奉系新派将领,该派在第一次直奉战后渐渐取代老派在奉系的地位,郭松龄在其中风头甚劲,并与张学良关系甚笃,手中掌握着奉军的精锐部队。冯玉祥利用奉系内部矛盾,疏通与郭松龄的关系,许其利益,促其倒戈。1925年11月22日,郭松龄发出倒张通电,要求张作霖下野,由张学良继任奉系领袖,随即督率所部大举出击奉天,势头甚猛。25日,冯玉祥通电呼应郭的主张,但未按事前承诺及时出兵支援,反而部署所部攻击郭的盟友、驻津奉军李景林部。面对郭军的攻势,张作霖手足无措,奉军无力抵挡,只能以出让东北权益,乞求日本援助。在日本驻东北部队的干预和支持下,郭军反胜为败,郭松龄被捕,12月24日,郭松龄夫妇同被处决。郭松龄起事的失败对冯玉祥颇为不利,冯部虽然通过驱逐李景林在华北尤其是京津地区扩大了自己的地盘,却在郭失败后受到强势奉系的挤压与威胁。

北方形势的发展,使直奉各派军阀感到"赤化"的威胁,而国民军及其首领冯玉祥则被视为重要"祸源"。直、奉之间曾两度发生战争,吴佩孚与张作霖结怨甚深,但第二次直奉战争直系实败于冯玉祥倒戈,因而吴仇冯更甚于怨张。而张在浙奉战争中惨败,几至覆没,亦与冯玉祥暗中联络郭松龄倒戈有关,故张对冯亦极为仇视。对冯的共同仇恨以及对"赤化"的一致担忧,加之各自力量严重削弱,迫使吴、张走上"释嫌修好,合力对冯"的道路①。1926年1月,奉张、直吴化干戈为玉帛,达成谅解,开始联合对付国民军。

为暂避奉直联盟之锋镝,1926年1月1日,冯玉祥请辞本兼各职,通电下野。9日,执政府通令派冯往欧美考察实业,任张之江接冯的西北边防督办职。但张作霖和吴佩孚均不原谅冯玉祥。1月中下旬,张作霖的奉军、吴佩孚的直军和张宗昌、李景林的直鲁联军,分三路向冯部发动攻击。3月初,国民军在河南失败,丢失开封、郑州,18日,直军又进占石家庄。与此同时,直鲁联军突破马厂,逼近天津。3月初,奉军渤海舰队司令毕庶澄率军舰五艘、商船八艘运送张宗昌部,企图在大沽口登陆,随即袭击北塘。这两次军事行动导致了国民军与奉直军队的直接军事冲突②。为防备奉军军舰从海上进攻,3月9日晨,国民军"敷设水雷十个于河口,完全将河口封锁"。奉鲁军舰则于当日驶近海岸,向大沽炮台开炮,国民军起而应战,"该地全然化为战场,轮船航行极感危险,交通杜绝"③。同日上午,驻津英、日总领事会商,决定向鹿钟麟提出抗议,鹿表示只须奉舰退出,"所埋水雷,即可起出"。驻津英、日总领事复致电两国驻奉领事,"嘱其向张作霖交涉,劝张即日撤回军舰,俾交通得以恢复"。下午4时,毕庶澄因北塘陆路战事不利,"知事不可为",率舰队离开大沽,返回青岛④。10日,驻京公使团向北京政府提交抗议书,抗议国民军封锁大沽口,抗议奉军与国民军在天津至秦皇岛一带交战,致使"北京与海道之交通已完全拆断,实违反《辛丑条

---

　　① 吴虬:《北洋派之起源及其崩溃》,见荣孟源等主编《近代稗海》第六辑,四川人民出版社1987年版,第258页。

　　② 《北塘方面昨日续战》,《顺天时报》1926年3月10日;《塘沽大战与国际交涉》,《益世报》1926年3月10日。

　　③ 《国民军水雷封锁大沽口》,《顺天时报》1926年3月10日;《奉军各队上陆均被阻》,《晨报》1926年3月10日。

　　④ 《塘沽大战与国际交涉》,《益世报》1926年3月10日。

约》之规定"，要求北京政府"迅即制止中国之交战军队，停止阻断经行大沽海口之海道自由交通之行动"。抗议书威胁道："设中政府未能进行完成此种目的，以符《辛丑条约》之规定，则各代表保留保护外国船只及维护天津港口出入自由之讨论权。"①当天，鹿钟麟通告在津各国领事，大沽河口所埋水雷已全部起出②。

3月12日，国民军致电北京国务院，对封锁大沽口的原因作了以下解释："查国际惯例，对交战团体，素以平等待遇为主。近乃迭据报，敌军每倚界外人，在天津沿海地方，对于国民军有种种危险行为，甚至外舰运兵，由北塘上陆，外交团迄未加制止。国民军迫不得已，暂将海口封锁，以为自卫之计。"③国民军同时表示："为尊重邦交条约起见，将以自动的开放大沽口岸。"但提出三项条件："一、外轮通行海口时，必须有一引水船为前驱，此引水船行近炮台时，须吹哨为号，向国民军示意；二、外船出入必须悬持其本国国旗，不可混淆；三、入口轮中之华人，须经国民军一度检查，方许通过。"④

同日，日本驻天津领事与鹿钟麟交涉，称日本第十五舰队驱逐舰"藤"号行将入港，请转饬驻防塘沽之国民军，得到鹿氏同意。鹿并电饬炮台驻军遵照放行。日领嗣派驻塘沽的日总领事馆员藤井书记生于12日午前(7时)协同驻大沽的日本陆军运输部员杉本少佐前往塘沽炮台接洽。国民军则派军官一名前往日舰具体交涉。双方商定了入港的时间、旗号，并约定入口时须先停靠某地，入口后须缓行，以便炮台士兵辨认。下午3时40分，日舰"藤"号与"吹雪"号驶近大沽口，该两舰"俱悬有日本军舰旗及鹿钟麟所预定之暗号 C 旗"，但炮台士兵认为舰数不符(认为只谈妥"藤"号一艘入港)，时间不对(认为商定的入口时间为

---

① 《驻京外交团为国民军封锁大沽口致北京政府抗议书》(1926 年 3 月 10日)，章伯锋主编《北洋军阀》第 5 卷，第 178—179 页。

② 《大沽河口水雷昨日已启出》，《顺天时报》1926 年 3 月 11 日。

③ 《国民军致国务院急电》(1926 年 3 月 12 日)，《京报》1926 年 3 月 14 日。

④ 《国民新报》1926 年 3 月 19 日;《京报》1926 年 3 月 14 日。

上午 10 时），且入口时又不暂停，"乃发空炮警告，令其停止，盖炮台守军深恐另一舰系奉舰尾随其后，若任其驶入口内，必酿成重大事变也。讵料日舰以机关枪应战，致炮台愈形恐慌，惧有或种企图，不得已亦用实弹还击。日舰见炮台强硬禁止，始退出口外"①。此次双方炮击的结果，国民军方面受伤十余人，日军受伤四人。

　　事件发生后，鹿钟麟即电告外交部，嘱令速向日本公使提出严重抗议。外交次长曾宗鉴乃于当晚 7 时派秘书沈觐鼎赴日本使馆，向芳泽公使口头提出抗议。17 日，发表《国民第三军情报课告日本人士书》，详述事件经过，宣称这次事件"日本应负完全责任"②。日本方面对事件作出更加强烈的反应。炮击事件发生次日，日本驻华公使芳泽便向北京政府外交部提出抗议，声称日本军舰进入大沽口，是为了"保障船只航行之自由"，要求中国政府采取"最有效之手段"，"遏止这种不祥事件之再发"③。16 日下午 4 时，日本联合英、美、德、意、荷等《辛丑条约》签字国，向北京政府外交部提出抗议，要求中国：一、停止自大沽口至天津一带的一切战斗行为；二、拆除该区域内的所有水雷、地雷及其他障碍物；三、恢复所有航路标识，保证不再发生妨碍轮船航行之行为；四、所有作战船只须驻泊大沽口外，不得干涉外国轮船的行动；五、除海关官吏之外，对外国船舶的一切检查，均应停止。上述各条，限中国方面在 3 月 18 日正午前给予满意答复，否则"关系各国海军当局，决采取认为必要之手段，以除去其阻碍天津及海滨间之航海自由及安全上一

---

　　①　《大沽口炮击事件真相》，《晨报》1926 年 3 月 14 日；《大沽事件之经过详报》，《顺天时报》1926 年 3 月 14 日；《日舰炮击大沽炮台》，《晨报》1926 年 3 月 13 日。这次冲突，日本方面认为炮台守军首先实弹射击，击伤日军数人，并非空炮警告。参见《日本公使为大沽口事件抗议书》，《时报》1926 年 3 月 19 日。日本人办的《顺天时报》也声称"确由炮台先射击"，日舰主计上尉"当场……负重伤"，日舰"不得已，乃行还击"。详见《大沽事件之经过详报》，《顺天时报》1926 年 3 月 14 日。

　　②　《国民第三军情报课告日本人士书》，《国民新报》1926 年 3 月 19 日。

　　③　《日本公使为大沽口事件抗议书》（1926 年 3 月 16 日），《时报》1926 年 3 月 19 日。

切障碍，或其他的禁止与压迫"①。同日，驻津各国海军司令向国民军和奉军发出警告，"限于一二日内，设法保证外轮在白河航行之自由，若届期无何答复，则将采取自由行动"②。与此同时，各国军舰二十余艘，结集大沽口，进行武装恫吓。中外关系顿行紧张。

八国通牒发出次日，北京外交部致函各国公使，一方面表示将按《辛丑条约》规定，设法"恢复由京通海之自由交通"。另一方面又表示，在中国正致力解决问题之时，各国公使"竟令驻津海军司令官提出限期答复之通牒。阅该通牒内容，各国驻津海军司令官所采取之态度，本国政府视为超越辛丑和约之范围，不能认为适当"。希望各国公使"转行驻津海军司令官与地方军事当局，从容妥商，维持至海通道之稳妥交通办法，勿取激切之措置，以重亲睦之邦交"③。北京政府的立场，是在《辛丑条约》框架内谋求问题的解决，但民众却不愿接受这种解决办法，大规模的抗议运动很快展开。

二　"三一八"惨案与段祺瑞执政府的垮台

大沽炮击事件及八国公使的最后通牒，在中国社会各界激起强烈反应，声势浩大的抗议运动很快在各地展开。大沽炮击事件发生次日，北京举行了有 25 万人参加的国民反日大会，抗议日舰炮击大沽口。3 月 16 日，即最后通牒发出当晚，国民党北京特别党部召开宣传会议，决定在 3 月 18 日中午最后通牒期满前，召开国民大会，督促段政府严厉驳复八国通牒。会议决定由市党部联合北京学生总会、北京总工会等团体，登报发出召开北京各团体联席会议的通知，商量抗争的具体办

---

① 《八国通牒》(1926 年 3 月 16 日)，《顺天时报》1926 年 3 月 17 日。

② 《驻津各国司令官向国奉双方警告》，《顺天时报》1926 年 3 月 16 日。

③ 《执政府外交部致首席荷使函》(1926 年 3 月 17 日)，《顺天时报》1926 年 3 月 19 日。

法。与此同时,中共北京地委在北大一院召开紧急会议,决定发动各界投入抗议斗争,鉴于组织活动尚未公开且中共党员已加入国民党,决定由国民党出面组织这场运动。3月17日,国民党北京特别市党部、北京学生联合会、北京总工会等一百五十余团体代表在北京大学三院召开紧急联席会议。会议商定次日上午10点在天安门召开国民大会,并推举国民党人徐谦、顾孟馀、黄昌谷、丁惟汾,共产党人李大钊以及学生总会、总工会、总商会代表共十三人组成大会主席团。会后,与会代表除留十五人筹备国民会议之外,其余代表分两路前往国务院和外交部请愿①。

赴国务院的代表未能如愿见到临时执政段祺瑞和国务总理贾德耀,反而在铁狮子胡同国务院大门外与卫兵冲突,多人被打伤。赴外交部的代表几经周折,见到外交次长曾宗鉴,并通过曾联系上贾德耀,随后前往贾宅交涉。贾出示政府驳复八国通牒的文稿,代表认为过于软弱,不能承认。离开贾宅时已是18日凌晨5点,交涉未果。两组代表返回国民大会筹备处之后,相互通报情况,一致认为政府已不足依靠,不动员民众的力量,断难获得外交胜利。遂决定倾全力开好国民大会,会后举行游行示威,并推举徐谦、陈日新、陈资一三人为游行总指挥②。当天清早,国民党北京市党部联合北京学生总会、总工会、外交代表团等一百八十余团体在《国民新报》上刊登紧急启事,决定当天上午在天安门前召开国民大会,"誓死反对此帝国主义第二次八国联军之暴行"③。

上午10点,各方人士渐集天安门前,与会者有北大、师大、法大、女师大、女大、中大、朝大、艺专等八十余公私立大中小学校学生,以及国

---

① 《国务院门前伏尸遍地》,《时报》1926年3月26日。另参阅共青团北京市委青年运动史研究室编《北京青年运动史(1919—1949)》,北京出版社1989年版,第114—115页。

② 陈日新时为留日学生讨张反日归国代表团总负责人,国民党员,"三一八"事件之后加入共产党;陈资一时为国民党北京特别市党部成员。

③ 《反对八国通牒国民大会紧急启事》,《国民新报》1926年3月18日。

民党北京市党部、市总工会等数十团体代表共五千余人,其中多数是学生①。大会主席台上悬挂着昨日在国务院门前被卫兵打伤的杨伯伦的血衣,和"反对八国最后通牒国民大会"、"反对八国最后通牒大示威"两条横幅,群情激动。10点多钟,大会开始。先由徐谦说明会议宗旨,继由徐季龙、顾孟馀演讲抗议理由。徐、孟俱言《辛丑条约》是列强压迫中国的工具,各国要求中国遵守,但日本援助奉军在山海关内与国民军作战,各国默不作声,表明列强"已默认辛丑条约无效"。现在各国反过来以大沽事件为由,指责中国破坏条约,并提出最后通牒,实属无理之尤。因而号召国民群起反对②。接着辛焕文、赵晋三等报告17日前往国务院和外交部请愿的经过。最后,大会宣读并通过大会议决案八条③。

当各界群众在天安门集会时,贾德耀正召集政府要员开国务会议。会议进行中,贾派往天安门"慰问"的代表潘某回国务院陈述天安门情形,谓国民大会议决解散执政府卫队、驱逐八国公使等。贾德耀感觉事态严重,当即会同财政总长贺得霖电话询问李鸣钟是否已派兵弹压。贺得霖表示若无法维持秩序,则内阁唯有总辞职,李鸣钟亦同此议。午

---

①　关于集会人数,段永林《三一八惨案与执政府的垮台》一文说是两万多人(见王维礼主编《中国现代史大事纪事本末》上,黑龙江人民出版社1987年版,第376页)。而《北京青年运动史(1919—1949)》一书则称仅有三千人(见前引该书第118页)。两说俱未提供资料来源。不敢引为依据。五千人说见《国务院门前伏尸遍地》,《时报》1926年3月26日。

②　《徐季龙、顾孟馀演说词》,《国民新报》1926年3月19日。

③　其内容包括:一、通电全国民众,一致反对八国通牒;二、通电各国,一致反对八国进攻中国;三、督促北京政府,严重驳复八国通牒;四、将署名最后通牒的八国公使驱逐出境;五、宣布《辛丑条约》无效;六、驳复八国通牒最后的要求:1. 废除《辛丑条约》及一切不平等条约;2. 立即撤退驻在京津及各地之外兵外舰;3. 惩办大沽口肇事祸首;抚恤大沽国民军伤亡将士及其家属;为死亡将士建立纪念碑;在被难将士出殡日,八国驻华各机关下半旗志哀;各国政府向中国道歉。七、严惩17日执政府卫队枪伤各团体代表之祸首;八、电勉国民军为反帝国主义而战。载《京报》1926年3月19日。

前,有学生代表六十余人赴院请愿,面呈答复外交团通牒之请愿书一件。国务会议遂将请愿书会同 17 日王一飞等所提意见,一并在会中讨论。关于如何答复外交团之通牒,"众意可以由外交部提出"。关于如何应对前来国务院示威的群众,与会者"金谓去年学生至吉兆胡同数次,皆经鹿总司令派兵居间不使接触,未酿成大事,此次仍可照办"。按照此议,贾德耀即与贺得霖电催李鸣钟派兵并接洽答复使团抗议之事。国务会议很快结束①。

中午,天安门国民大会议程完毕,主席宣告游行示威开始。因游行总指挥徐谦称"痔疮大流血",提前离去②;顾孟馀、黄昌谷等领袖亦接踵而去,游行总指挥一职遂由广东外交代表团团长王一飞接替③。对于后来的事态发展,北京《时报》作了如下报道:当时,在王一飞的带领下,游行群众约两千余人,"狂呼口号,散发传单,直趋铁狮子胡同"。行至国务院,已是下午 1 时 20 分。众推丁惟汾、安体诚、陈公翊等五人为代表,要求入见总理贾德耀。卫兵见群众至,即将栅门紧闭,"群众立门首大呼见贾德耀,卫队长官自门内答贾总理不在院,众大哗"。"当是时,忽有人在群众后大呼'冲锋!''杀进去!'于是后面群众向前猛拥。……卫队与群众既逼,始则互报以恶声,俄而冲突愈烈,卫队向空鸣枪,群众仍奋勇向前,不稍畏缩。至是,卫队乃实弹开枪,向群众射击,而空前惨剧遂开幕矣"。此乃第一次开枪。"时应弹而倒者数人,群众大扰,纷纷后退"。"群众既退,乃有人在后大呼'不要散!'"群众又重新回到国务院门前,且愈聚愈众,渐逼栅门。"遂又与卫兵发生冲突,卫队复开枪,弹丸纷飞,有如雨下",群众"遂纷向东门狂奔逃避","而卫兵枪弹向群众继续轰击至十余分钟之久"。"一时国务院门前及东门口外,血花

① 《贾德耀关于惨案的谈话》(1926 年 3 月 20 日),《顺天时报》1926 年 3 月 21 日。
② 徐英:《我的父亲徐谦》,见《中华文史资料文库》第 11 卷,中国文史出版社 1996 年版,第 2074 页。
③ 《北京青年运动史(1919—1949)》,北京出版社 1989 年版,第 119 页。

飞溅,陈尸累累"①。这就是震惊全国的"三一八惨案"。

此次惨案,当场死亡二十六人,因伤势过重在医院陆续死亡二十一人,共计四十七人,伤约二百人。死亡的四十七人中,有三人系混杂在游行队伍中被误杀的警宪,三人系中流弹致死的附近居民和过往行人,四人身份不明,其余三十六人为游行请愿者②。

惨案发生后,社会各界对段祺瑞政府表示出极大的愤慨。当晚,即有二百余团体在北大一院召开联席会议,公推国民党北京市党部、广东外交代表团、中国济难会、国际工人后援会、国民新报社、北京学生总会、北京总工会等七团体,组织北京惨案善后委员会,负责办理善后事宜。19日,北京各学校一律停课,抗议执政府暴行。22日,全国学生总会致电北京卫戍司令李鸣钟,要求"迅即扣留京案首犯段祺瑞及其爪牙章士钊,以凭尽法惩办"③。23日,北京各界群众在北大三院举行死难烈士追悼大会,到会近千人。北京学生联合总会决定通电全国,发表宣言,组织演讲队进行宣传,派代表慰问死伤者家属。24日,国会非常会议通电宣布段祺瑞"十大罪恶",主张"所有此案,政治责任,应由段祺瑞一人担负,听从国民处分;其刑事责任,应由法庭分别首从,依法审判"④。25日,参政院提出《为惨案质问贾德耀意见书》,要求贾德耀到院就事件进行说明并提供证据⑤。同日,清华大学包国华等350名学

---

① 《国务院门前伏尸遍地》,《时报》1926年3月26日。

② 参见《三一八惨案死亡人数和党团员牺牲人数考证》,载《青运史研究》1985年第1期。"三一八烈士墓表"及"烈士名单"记载死亡烈士为三十九人,加上误伤者八人,全部死亡者为四十七人。详见江长仁编《三一八惨案资料汇编》,北京出版社1985年版,第115—127页。

③ 《全国学生总会致李鸣钟请速扣段等罪犯电》(1926年3月22日),上海《民国日报》1926年3月23日。

④ 《国会非常会通电宣布段祺瑞十大罪恶》(1926年3月24日),见江长仁编《三一八惨案资料汇编》,第98—100页。

⑤ 《参政院为惨案质问贾德耀意见书》(1926年3月25日),见《三一八惨案资料汇编》,第100—101页。

生对贾德耀及全体国务员提起诉状,并要求京师检察厅对全体国务员,"不问自然人为谁,一并提起公诉"①。北大学生也就惨案向段祺瑞、贾德耀等提起诉状,由著名律师潘大道草状,认为段、贾诸人,均应同负"造意杀人之责",要求检察厅对之提起公诉②。与此同时,北京各界成立"起诉委员会"。一些地方实力派人士也参与其间。例如孙传芳就曾致电总检厅,要求检举证据,依法对"凶犯祸首"提起公诉,"以平民愤"③。

也有人对徐谦等国民党"左派"在事件中的表现提出批评。周传儒在《三月十八案之责任问题》中引用"外间传闻"说:事变的发生,是"群众领袖"早就料及并渴望者;天安门大会时,主持人曾告诉群众,卫队已解除武装,去国务院游行示威,毫无危险,有欺骗群众的嫌疑;事变既出,领袖无一人受伤,亦无一人自首者。本来,为了革命事业的需要,以群众运动作为手段亦无不可,但须谨慎从事。特别应当有牺牲精神,"果实临阵上前,遇难留后,与一般人共生死,则责言自少矣"④。梁启超也提出类似意见。事件发生时,梁正生病住院,在他隔壁的病房里,"就躺着一个半死的青年,胸膈间中着子弹",尚未取出。在病房里,梁启超听参加请愿的学生讲述了事件的经过。对段祺瑞政府残害学生的暴行,他表示极大的愤慨和强烈的谴责。同时,他认为,"那天主席报告卫队已经解除武装那件事",也是惨祸发生的"一个关键"。认为这是"几方逼成一个境地,叫一班无辜的青年们自投坑井"。如果自命领袖的人能"领袖到底,同生同死,也还是一个说法,何况临到实际犯难时,

① 《清华大学学生控告贾德耀及全体国务员诉状书》(1926年3月25日),见《三一八惨案资料汇编》,第101—102页。

② 《北大学生对惨案诉状书》(1926年4月6日),见《三一八惨案资料汇编》,第109—112页。

③ 《孙传芳致总检厅请检举电》(1926年3月29日),见《三一八惨案资料汇编》,第113页。

④ 周传儒:《三月十八案之责任问题》,《清华周刊》第25卷第5号,1926年3月26日。

领袖们早已不见踪迹。又听说那位主席先生的报告是根据李鸣钟的一封信。假定那封信是真的，那就是相信人造谣陷害的责任；若不是真的，那主席的责任就不可逃"①。对此，被批评一方以徐谦的女儿及李大钊等均参与游行，进行辩解②。

政府方面亦很快作出反应。惨案发生后，因事件异常重大，贾德耀于当日下午3时在吉兆胡同段宅召开紧急会议，并邀李鸣钟出席。段祺瑞亲自到会，力言非从严惩办，殊难维持政府威信。"讨论结果，大家均觉此事倘非有一卸责方法，则死者如是之多，责任所在，无以自明。遂决定将历次在天安门以'群众领袖'自命之徐谦、李大钊、李煜瀛、易培基、顾兆熊等明令通缉，加以'共产党'尊号，此事便算有了归结"③。3月19日，国务院发出"临时执政令"，通电缉拿徐谦等人。电文如下：

> 近年以来，徐谦、李大钊、李煜瀛、易培基、顾兆熊等，假借共产学说，啸聚群众，屡肇事端。本日由徐谦以共产党执行委员会名义，散发传单，率领暴徒数百人，闯袭国务院，泼灌火油，抛掷炸弹，手枪木棍，丛击军警。各军警因正当防卫，以致互有死伤。似此聚众扰乱，危害国家，实属目无法纪，殊堪痛恨。查该暴徒等，潜伏各省区，迭有阴谋发见，国家秩序，岌岌可危。此次变乱，除由京师军警竭力防卫外，各省区事同一律，应由该各军民长官，督饬所属，严重查究，以杜乱源而安地方。徐谦等，并着京外一体严拿，尽法惩办，用儆效尤。此令。④

但政府的说法与京师检察厅侦查取证得出的结论不能吻合。事件发生当天下午，京师检察厅即派检察官前往案发地点勘察取证。获取大量警方人员的供词：内左四区巡长赫长山19日供称："昨日我在国务

① 《梁任公对惨案的谈话》(徐志摩记)，《晨报》1926年3月31日。
② 李灿辉：《是不可不辩》，《清华周刊》第25卷第6号，1926年4月2日。
③ 《国务院门前伏尸遍地》，《时报》1926年3月26日。
④ 《政府公报》命令第3570号，1926年3月20日。

院门前石狮子旁边指挥,在卫队开枪以前,学生仅喊口号,没有别的动作。"同日侦缉分队侦探赫良玉供称:"我从天安门跟着学生赴执政府,混在学生队伍中间,只见学生拿着喇叭、旗子、传单,没有别的东西,凶器及放火的东西,都没有看见,我们是随学生去的。"巡警赵德顺、聂森、尹文海,巡长孔忠秀、张纪宽及保安队排长张辅臣的口供,亦复相同。"之数人者,皆属警察官员,或系在场照料,或系沿途探察"。另外,写真新闻馆摄影师陆世益供称:"那日,我没看见学生有手枪,放火的东西亦绝对没有。我在学生卫兵中间,往来照相看得很清楚,那日秩序,亦甚整齐。"关于死伤情况查验,检察厅指出:"查验断书所载,仰面枪弹伤痕,多系皮肉向外,足见从后身穿入者居多。此项枪击行为,似不生防卫问题。"虽然执政府20日函送手枪、木棍等"凶器"到厅,但"据前述在场弹压之警察官员等供述,学生方面除木棍所粘旗子、号筒、传单外,别无凶器及放火物件。反复质询,众口一词"。据此,检察厅在致陆军部的公函中作出如下结论:

> 总之,学生人等少不更事,平日言行容有轻躁失检之处。然此次集会请愿,宗旨尚属正当,又无不正侵害之行为,而卫队官兵遽行枪击,死伤多人,实有触犯刑律第三百一十一条之重大嫌疑。惟事关军人犯罪,依据陆军审判条例第一条及陆军刑事条例第一条,应归军事审判机关审理……。请即查明行凶人犯,依法审判,以肃法纪。国务总理贾德耀等,被诉命令杀人部分,仍由本厅另案办理①。

20日,贾德耀内阁因惨案发生,事关重大,"联带引咎",向段祺瑞提出"总辞职"。24日,段祺瑞令贾德耀等妥筹善后,不允辞职。但政府的行政职能已难继续发挥。

在事件的发生和善后处理问题上,国民军的态度至为关键。前已述明,国民军因接受苏俄的援助,曾遭到激烈的"赤化"攻击。为了自身利益需要,1925年7月13日,冯玉祥曾通电所部防范"赤化",以避开

---

① 《京师检察厅公函》(1926年4月3日),《京报》1926年4月3日。

舆论批评。1926 年元旦，冯玉祥通电辞职，将国民军指挥权交给张之江。3 月 6 日，张之江致电段祺瑞和贾德耀，希望设法制止日益高涨的学生运动，以整顿学风。3 月 18 日国民大会召开时，担任代理京畿警卫总司令兼京师警察总监的国民军高级将领李鸣钟曾致函为 17 日的事件向群众道歉，表示今后将尽保护之责。但国民军并没有履行诺言。惨案发生后，李鸣钟又曾张贴告示，禁止群众集会。国民军的做法，遭到各界的谴责。

值得注意的是，当惨案发生时，国民军正与奉军及直鲁联军展开激烈战斗。奉军李景林部在天津部署进攻北京，国民军表示要固守京畿，决不放弃。奉军及直鲁联军围攻北京不下，乃以飞机向城内抛掷炸弹。形势对国民军不利，国民军遂提出罢兵求和并于 3 月 20 日通电撤兵。在国民军将领中，鹿钟麟反对和奉，认为与直系和解较为有利。国民军第三军将领何遂亦主张和直并为之作出努力，但吴佩孚反应冷漠。何与第三军其他将领"金以非倒段释曹，不足以迎合吴氏而得其欢心"。而张绍曾的策士张延谔则以"倒段释曹"劝鹿，谓如此即可动吴，即或不能，亦可借曹锟、张绍曾之力，缓和吴氏。此外，段祺瑞以北京警卫司令一职为诱饵，诱使唐之道脱离国民军，以及将担任执政府卫队长的戴光升调回北京准备对国民军采取非常手段的传闻，对国民军亦是一大刺激。在此情况下，国民军逐渐形成"倒段和直"的政治谋略①。

奉、直两方的态度对形势变化发展产生了重要作用。3 月 29 日，张作霖抵秦皇岛，召张宗昌、李景林、张学良、褚玉璞等会议，讨论形势与对策。对于中央政权，张作霖主张推王士珍为总统，靳云鹏为内阁总

---

① 政之：《北京政坛蜕嬗纪》（上），见章伯锋主编《北洋军阀》第 5 卷，第 343—349 页。

理,但形式上仍由吴佩孚主持改造政局,以符合直奉同盟协定①。4月8日,奉军与直鲁军在黄村与国民军交火,国民军败退,奉军与直鲁军占领南苑三间房和长辛店等处,进逼北京。同日,吴佩孚派蒋百里赴奉,磋商国民军求和问题,吴提出的媾和条件主要包括:一、恢复约法;二、释放曹锟;三、国民军全体改编,将领由吴任命;四、以王士珍为临时海陆军大元帅;五、限五个月内召开新国会,七个月组织大选会。对此,张作霖表示大致赞同②。

在奉、直两方均主张"改造"中央政权,而国民军又希望通过迎合奉直以改变自身处境的情况下,段祺瑞执政府的命运,可想而知。4月9日,北京发生政变。是日夜,鹿钟麟派兵包围执政府,段祺瑞及安福系要人逃入东交民巷。执政府卫队被鹿钟麟改编。10日,鹿钟麟发布警备司令部布告,称段祺瑞"祸国殃民,无所不至","迫不得已采用严正办法严行制止。一面恢复曹公自由,并电请吴玉帅即日移节入都,主持一切"。

尽管国民军作出倒段放曹的非常举动,吴佩孚并未改变对国民军的成见。11日,吴致电张学良、张宗昌:"国民军无和平诚意,请按照原定计划从速进兵,扫荡赤巢。"13日,李景林、张学良、褚玉璞联名通电,指斥鹿钟麟"前日拥段,今日驱段,前日捉曹,今日放曹,一年之间,一人贤否前后大异,一日之间,两公地位彼此互易。好恶无常,恩仇不定"③。在奉直两方巨大的军事及政治压力下,国民军被迫于4月15日撤出北京。国民军撤离之后,段祺瑞回到吉兆胡同私邸并于17日宣告复职。18日,奉军及直鲁联军开进北京。同日吴佩孚表示,段祺瑞毁法,包庇"赤化",无可维持,决定委任王怀庆为京师警备总司令,并命

---

①　中国社会科学院近代史研究所中华民国史研究室编:《中华民国史资料丛稿·大事记》第十二辑,中华书局1982年版,第57页。

②　《中华民国史资料丛稿·大事记》第十二辑,第63页。

③　《中华民国史资料丛稿·大事记》第十二辑,第67页。

令拘留安福系人士,监视段祺瑞。20日,北京临时执政府改组,段祺瑞被迫下野离京。临行前下令准免国务总理兼陆军总长贾德耀本兼各职,任命胡惟德兼署国务总理,并下令由国务院摄行临时执政职权。胡"未敢奉命"。26日,吴提出由颜惠庆"摄政组阁"的主张。5月1日,曹锟依吴佩孚之意,宣言"下野"。13日,颜惠庆内阁在北京怀仁堂复职,颜复就国务总理,摄行总统职务。但奉方则反对颜惠庆等人以"复职"方式到任。这使多数内阁成员都不愿或不敢就职,国务院政务无法正常进行。6月22日,颜惠庆获准辞去国务总理兼代外交总长职,海军总长杜锡珪兼代国务总理。8月15日,张宗昌致函吴佩孚,指责杜锡珪无能,推荐孙宝琦继任内阁总理。10月1日,北京政府改组,国务院以摄行大总统令准免杜锡珪兼代国务总理职,特任外交总长顾维钧兼代国务总理。之后一段时间,北京又先后产生了靳云鹏、潘复两届内阁。12月1日,张作霖在天津就任"安国军"总司令职。1927年6月18日,张作霖在北京宣布就任安国军政府大元帅,成为北洋时代的末代统治者。

第七章　南北军政格局的攻守势易

1924 年至 1926 年三年间是南北武装力量权势更迭相当快速激烈的时期,北伐时南北双方的主要军事将领至少有一半都是在这两年才崛起。北方的张宗昌和孙传芳大约即在这两年才逐渐成为全国性的人物;就是冯玉祥也基本是在这段时间才成为中国军政不可或缺的要角,所谓国民军体系同样是在此期间形成并壮大;而南方的唐生智、李宗仁、黄绍竑、白崇禧、李济深(李济琛)等更是在这段时间开始在其所在区域树立其地位,到北伐时暴得大名而成为全国性人物。就是后来长期维持国民政府领袖地位的蒋介石,也是在这段时间才逐渐广为人知。如果在 1923 年底综论中国军政局势,上述人中除冯玉祥外恐怕很少会出现在讨论之中,而当时的冯玉祥也还不具备左右局势的实力。

这些新兴军人中的大部分也是在这两年中因确立实际控制的地盘而得区域军事领袖的认同。冯玉祥的国民军逐渐向西北发展并最后获得"西北军"的区域称号,孙传芳以江浙两省为核心的五省联军防区,张宗昌那半独立的鲁军及稍后的直鲁联军,唐生智的盘踞湘南,李、白、黄的掌握广西而成为"新桂系",以及国民党黄埔系的党军和许崇智、李济深部粤军通过两次东征真正控制广东(从而奠定了蒋介石在国民党体系中的地位),大多在这短短的两三年间。

当时一位高级将领魏益三后来回忆说:"1926 年,在中国近代史上是动荡最激烈的一年。在这一年,北洋军阀的统治已经处于崩溃的前夕,军阀混战的次数最多,动员的人数最大,涉及的地域也最广,而大小军阀之间互相火并、离合拥拒的形势也发展到最微妙的程度。"魏氏本

人在"这一年中间的变化也是极为复杂剧烈的",其所辖部队在一年之
内先后五次转换隶属关系:在这年的1月,参与郭松龄反张作霖失败的
魏部退出了奉军,在山海关接受"国民四军"的番号;到3月间又改组为
半独立的"正义军";再到5月间又投到吴佩孚"讨贼军"的麾下,随后即
参加了打国民军的战役;到这年年底,又因北伐军的胜利而参与国民革
命,转为国民革命军的第三十军①。

　　如果不计"军阀混战"的定义②,魏氏所述大致不差。而且除"正义
军"那次改组外,魏部每次转换隶属关系都是倒戈转向敌对方面,这样
一种"离合拥拒的形势"的确已发展到"最微妙的程度"。北伐前两三年
间南北军政格局的演化如此曲折复杂,显然值得专章讨论。而所谓军
政格局,主要指因军事的发展演化而导致的相对宏观的政局转变,故下
面的具体讨论将以军事为主。在北伐前后的数年之中,北伐前一年和
北伐第一年的局势变化又可以说最为剧烈,本章仅侧重考察北伐前一
年的情况,北伐第一年的变化将在下一卷里讨论③。由于内容的特殊
性,本章的表述方式与结构与先前各章叙述的风格或有所不同,相对偏
重分析,但所有分析仍会落实在叙述之上。

第一节　北洋军阀的新陈代谢

　　《申报》主笔杨荫杭在1920年说,中国传统"右文而贱武,故成文弱
之国"。自甲午为日本所败,国人为矫文弱之弊而大声疾呼"尚武";但
民国后的共和制却导致军阀割据,国人乃"知右文之说,尚未可厚非",

---

　　①　魏益三:《我由反奉到投冯投吴投蒋的经过》,《文史资料选辑》(我所用的是
中国文史出版社1986年合订本)第51辑,215页。

　　②　比如1929年—1930年间中原大战的主要人物也曾被称为"新军阀",那次
大战动员的人数就远超出这一次的混战,涉及的地域也相当宽广。

　　③　关于北伐,也可参见罗志田:《南北新旧与北伐成功的再诠释》,收入其《乱世
潜流:民族主义与民国政治》,上海古籍出版社2001年版,第185—225页。

又大声疾呼曰"文治"！不过问题不在是否应该尚武,在于"当使武力操于有教育者之手,而其国乃强"①。文武关系的转变,尤其军人地位的上升,是近代中国较大的变化之一,而"使武力操于有教育者之手"的确是北伐前许多国人特别关注的问题。

中国虽然有"教而后战"的古训,不过更多是指一般参与作战者;同时也有所谓"出将入相"的传统典范,理想的读书人应能"上马杀贼下马做露布",但通常似不以为军人非读书不可。关羽燃烛读《春秋》的形象画面能够长期流传,正反映出某种可遇而不可求的理想。因此,军人特别是军官应受系统的军事教育而后能胜任,大致是近代从外国传入的新知,多少带有把"教而后战"的古训缩小范围而直接落实到带兵者身上的意思。

在清季"兵学"大兴的影响下,军官须受系统教育的观念日益普及,从"讲武堂"到武备学堂的各类速成军事培训机构遍及全国。近代多数西方事物引进到中国后都有所调整改变,从清季到民国建立的保定军官学校及其配套教育系统的产生,正具有鲜明的"中国特色"。保定生入学前要求五至七年的陆军小学和陆军中学教育(毕业后随营实习半年到二年),入校后要学习二年整②。从陆军小学开始到军官学校毕业,不计随营实习也有七至九年的在校军事教育(若加上陆军大学系统历时更长)。尤其正规军事教育从"小学"阶段(当然和今日的小学概念有所不同)开始,具有相当的独特性③。虽然具体的年限在执行中或有缩短,足量完成设计学制的或并不多,仍充分体现出新型的"教而后战"思想。

---

①　1920年12月24日《申报》,收入杨荫杭:《老圃遗文辑》,长江文艺出版社1993年版,第166页。

②　参见张力云:《从北洋武备学堂到保定陆军军官学校》,收入河北省和保定市政协文史资料委员会合编:《保定陆军军官学校》(以下径引书名),河北人民出版社1987年版,第1—39页。下面关于北洋军事教育的内容也多本此文。

③　陆军小学的设置大体是仿照日本军事教育体制中士官学校前的初级军校,这一点承徐勇教授指教。

　　不过,与多数近代中国的改革相类,越是成系统而健全的设计就越不适应当年各方面变化皆剧烈而频繁的时代特征。从清季开始的北洋军事教育体系,其设计者用心不可谓不良苦,然这样长久的训练,待稍具规模初见成效时已是进入民国十年以后,北洋体系本身也已接近崩溃,实非草创者始料所及。这其中的一个原因,就是北洋军事教育体系之设计虽充分体现出新型的"教而后战"思想,北洋军事领袖的发展恰反之,后来明显是武力越来越操于无教育者之手(这只是就北洋最上层的发展倾向言,同时当然也有一些受过军事教育的将领在兴起)①。

　　通常所谓"北洋军阀"中,最早一批如段祺瑞、冯国璋、王士珍等毕业于李鸿章在光绪十一年(约 1885 年)在天津创办的北洋武备学堂,他们是袁世凯在天津小站练新军的主要操控者,此后才是保定北洋速成武备学堂、保定军官学堂培训的军人,再后又有民国保定军官学校的毕业生。但北洋内斗的结果,在小站系统和保定系统之间出现了某种断层,在最上层是军校毕业一辈老成凋谢,到 20 年代新兴起来一批基本未受过教育的特殊军人,不仅行伍出身的老北洋曹锟做了总统②,更有张作霖、张宗昌、冯玉祥等新兴者。这与晚清从湘军到淮军的发展稍类似而不全同,淮军将领的科举功名远逊湘军将领,然多少还受过正规教育(以当年标准言);北洋后起的二张与冯则或识字不多,或竟基本不识字,结果出现"绿林之剧盗通电而论时事"的情形③。

　　这样的情形也有其内在的原因,早期的北洋军事首领虽多受过西式

<hr>

　　① 　也有人认为"拔差弁为军官"是袁世凯有意为之,盖其以为"到底不识字的人靠得住"。参见吴虬:《北洋派之起源及其崩溃》,海天出版社,1937 年,收入荣孟源、章伯锋主编:《近代稗海》第 6 辑,四川人民出版社 1987 年版,第 221－222 页。

　　② 　据说曹锟 1890 年毕业于天津武备学堂(来新夏等:《北洋军阀史》,南开大学出版社 2000 年版,第 1166 页),也有人说曹锟早年曾任塾师,而顾维钧则以他的亲身经历婉转印证曹锟是文盲的说法(《顾维钧回忆录》第 1 册,中华书局 1983 年版,第 266 页);大概曹所受军事教育不够系统,故本文暂采用"行伍出身"的一般说法。

　　③ 　1920 年 12 月 29 日《申报》,杨荫杭:《老圃遗文辑》,第 173 页。

或日本式的军事训练,实际掌握军权者多数并未接受"武力操于有教育者之手"的观念,甚至反其道而行之。曾任保定军校队长的日本士官生何柱国回忆说,"当时北洋军阀一般都喜欢行伍出身的人带兵,学生出身的人只能用作参谋之类的幕僚"。而北洋派系争斗也直接影响到保定军校的命运,民国保定军校历任校长多是日本士官出身的人,1922 年直系控制局面,改派北洋老武备出身的张鸿绪为校长。据说因张氏排挤士官派激起风潮,"大部分士官派的教官和队长离职他去。他们一般都是从人事关系即同学、同乡和亲友等关系选择去向,其中钱大钧和黄奇翔等少数人去广东,戴联玺、杨正治、赵巽、梁济和毛福成等二十余人则去东北投向奉军",何本人即后者中的一个,而保定军校自身也在次年即告结束①。

　　排斥军校毕业生的现象不仅存在于北方,在南方的两广及湖南,保定军校及与之相关的所谓"四校"系统的毕业生在既存军事系统中不仅不易得到升迁,有时甚至找不到工作,即或找到也多非实际带兵的工作②。这样一种体制和实际社会需求的疏离正是南北"旧军阀"系统的问题所在,也是南方新军事力量得到整合的契机。前述钱大均和黄奇翔稍后都成为国民革命军的重要将领,黄埔军校许多教官即来自保定军校。而湖南的唐生智,广西的黄绍竑和白崇禧也都是保定军校毕业生,另一广西主要军事首领李宗

---

①　何柱国:《孙、段、张联合倒曹、吴的经过》,《文史资料选辑》第 51 辑,第 3 页;直系要员白坚武稍后在总结直系失败原因时也表示,他即曾闻"陆军学生为直系所排斥不用,出关者相继不绝"。《白坚武日记》,杜春和、耿来金整理,江苏古籍出版社1992 年版,1927 年 8 月补录 1924 年日记,第 498 页。参见张力云:《从北洋武备学堂到保定陆军军官学校》,《保定陆军军官学校》,第 34—35 页。

②　所谓"四校",即清季开办的陆军小学堂、陆军中学堂(拟设四所:一北京清河、二西安、三武昌、四南京,然西安实未办),入民国后各地陆小停办,已办的陆军中学改为陆军军官预备学校,再加上保定军官学校。这"四校"皆清季开始创立的新式军校系统,注意其有意识地区别于各地讲武堂、武备学堂一类军事培训机构的自我认同,其实讲武堂等也是新型的"教而后战"思想的产物。

仁则是陆军小学堂毕业，他们的主要干部队伍即是在既存体系中受到排斥的"四校"系统毕业生（详后）。

不过，近代中国一个重要特点即多歧性，北洋体系也不是铁板一块。身处南方的北洋孙传芳部将领马宝珩就强调，孙军战斗力强的一个重要因素，即"各部重要军官，多是保定军校出身的青年军官"①。据何柱国观察，东北军中也有以日本士官生杨宇霆为首的新派，"大量吸收各国陆军留学生和国内陆大、保定军校等出身的军官，特别是原籍东北而散在关内各方面担任军职的人"。奉军在第一次直奉战争失败后即整军经武，"全军各师旅的参谋长和各团管教育的中校团附全数改由军校学生出身的人充任，其中保定军校各期毕业生为数最多，来自关内的各国陆军留学生和陆大出身的人次之；并且，以后遇有团、营长出缺，一般皆由各部队的参谋长、团附以及讲武堂的教官和队长调充"。与其他北洋军中军校毕业生多只能作幕僚不同，奉军中"很多学生出身的人都直接带了兵"②。

孙传芳军，特别是奉军，在后来北伐战争时期都是北洋方面以能战著称的部队。相比之下，有些北方军队则大不同。据苏联顾问勃拉戈达托夫观察，在冯玉祥的"国民军第一军里，在国外受过教育的将军和军官一个也没有，只有不多几个人是从保定军官学校毕业的。在这几个人中，鹿钟麟将军和唐之道将军的军事知识出众。总的来说，冯军军官们文化水平都很低，只能从自己的亲身体验中吸取军事知识。他们都不会独立研究作战方针或制定战斗计划，因此总是同

---

① 马宝珩：《孙传芳五省联军的形成与消灭》，《文史资料选辑》第 18 辑，第 170 页。

② 何柱国：《孙、段、张联合倒曹、吴的经过》，《文史资料选辑》第 51 辑，第 3、6 页。并参见文公直：《最近三十年中国军事史》第二编，台北文星书店 1962 年影印，第 53—54 页。按当时军中分新旧两派的似不少，湖南亦同，详后。

意那些从军校毕业出来的参谋人员的意见"①。最后一语可能还需要界定,所谓"总是同意"大概仅指狭义的"制定战斗计划"而已,在具体指挥作战时"计划"常常不起作用,勃拉戈达托夫自己便经常抱怨这一点。

　　在实际作战中,行伍出身的指挥员往往回避其所不擅长者,有时甚至对其有利的条件也不加利用。例如,当时许多军队中炮兵的作用便未能得到足够的重视,部分或即因为炮兵官长"须略具军事学识",行伍出身难以胜任,故各部炮兵官长皆军校出身②。尽管在两次直奉战争中均已较多使用大炮和机关枪,甚至飞机也用于投弹③,但重兵器的使用与否及是否得法,很多时候仍视指挥官而定。直到北伐时,汉阳湖北守军的仓库里放着"十二门连同全份炮弹的日本坂野炮(七十五毫米)",这样的重火力竟然并未用于作战,在汉阳失守后被唐生智的国民革命军第八军全数缴获。极有意思的是,这批大炮同样没有用于北伐军稍后进攻武昌的战斗④!

　　在某种程度上可以说,到北伐前夕,已是保定毕业生鼎盛之时。那时保定毕业生任职于全国,保定二期的何遂在1926年春的通电中便说"国内袍泽,半属同年学友"⑤。但这更多是各军队的中高层,最上层则不然;在有些军队如国民军中,连下层也不然。需要说明的是,军队首领的"出身"未必就决定了其所辖队伍的行为,比如"绿林之剧盗"领导的奉军就是北方装备最好可能也是军事观念最"现代"者(即接近第一

　　①　A.B.勃拉戈达托夫:《中国革命纪事(1925-1927年)》,李辉译,三联书店1982年版,第55页。

　　②　于学忠:《我在北洋时期与直系奉系的关系》,《文史资料选辑》第51辑,第194页。

　　③　参见文公直:《最近三十年中国军事史》第三编,第115-132、180-199页。

　　④　勃拉戈达托夫:《中国革命纪事》,第203页。按唐生智不使用这批大炮或许出于保存自己力量的考虑,或许因为进攻武昌的战斗由蒋介石指挥,唐无意配合,当然也不排除受过正规军事教育的唐氏也并不重视炮兵这一因素。

　　⑤　《晨报》1926年3月26日,第2版。

次世界大战中形成的作战观念），实际战斗力大概也最强①。但北洋体系老成凋谢、未受或少受教育及职业军事训练的一批新军人的兴起，终意味着行为准则的转变。

张作霖、张宗昌、冯玉祥等人的一个共同特点是不甚顾及北洋自身的传统行事准则（关于二张详后）。有"倒戈将军"之称的冯玉祥，对几乎所有的上司和同盟者，皆有不同程度的倒戈行为，他自己最后也因部下倒戈而失势。刚到中国的苏俄顾问"感到奇怪的是，国民军第一军军长冯玉祥是一个信基督教的将军，然而却称自己是孙中山的信徒，他同中国人民的公敌张作霖签订了协议，反对自己的上司吴佩孚"。这位顾问发现，"冯经常在琐事上耗费精力"，他"不仅经常出尔反尔，而且还像罗马的太阳神一样耍两面手法"。因此，"任何时候你都说不清楚他明天会有什么举动"②。

这样的行为方式可能为当时变动剧烈的时局所促成，同时又反过来推进了军政局势的不稳定，在某种程度上甚至可以说还比较适应当时变化频仍的军政格局。冯玉祥和国民军的兴起就是一个显著的例证。本来缩居山西一隅而进退于各派军事力量之间的阎锡山在北伐结束时地位和影响都明显上升，一度起到举足轻重的作用，则是另一类型的例子。

这一变化若置于北洋内争发展史中考察当更为清晰，简单回顾北伐前数年各地军阀，特别是北洋体系内部的争斗历程，一个明显的特点是两次直奉战争期间北洋内斗较前远更激烈。以前北洋军阀内斗向有"电报战"之称，战争双方通常是雷声大、雨点小，通电多于交战。杨荫杭在1920年即注意到，当时战事"直与演戏无异"，各方并不"出其全力

　　①　然而，毕业于保定陆军速成学堂的张钫观察到，吴佩孚"有着浓厚的北洋陆军正统观念，一向把张作霖不当作北洋正统"。在这样的正统观念影响下，别人"对他说张作霖如何延用人才，精炼军队，他都不相信，说张胡子懂得什么练兵"。张钫：《风雨漫漫四十年》，中国文史出版社1986年版，第225页。

　　②　勃拉戈达托夫：《中国革命纪事》，第48、52、55页。

以从事于战",反倒是"用其全力于打电报"。实是"诸公好'滑稽',以国事为儿戏"①。西人稍后亦尝称之为"天朝滑稽剧"②。但两次直奉战争,特别是第二次,则动员的兵力是以前战争的数倍,而伤亡则数十倍之。不仅战争的规模扩大,作战的方式也更现代化,战斗多发生在交通最发达可迅速调动军队的东部省区。致使自太平天国以后基本未受战争骚扰也是中国最富庶的江浙地区遭受战争重创,民生被严重扰乱,社会元气大伤③。

　　同时,第二次直奉战争时出现了民国政治史上一个崭新的现象,即中央政府第一次在军阀战争中正式站在其中一方(直系)的立场上。当时吴佩孚要求内阁在其司令部召开办公会议,并在会上对政府总理和部长随意指示,使与会的部长顾维钧得到"一番新的阅历"④。这个现象的表面含义是中央政府对派系政争态度的转变,但还有更深远的意义:直系以中央名义讨奉,乃使中央政府从虚悬在各派系之上的象征性权威移位到为一派所利用,大致类似于古代的"挟天子以令诸侯",当时或增强了这一战争的正当性,实际却从根本上损毁了中央政府自身的

　　① 《申报》1920 年 8 月 27 日、11 月 12 日,杨荫杭:《老圃遗文辑》,第 95、126 页。

　　② Ethel A. Munphy, "Celestial Opera Bouff," *Travel Magazine* (Floval Park, N. Y.), 40(April 1923), p. 15. 此文出处承林霨(Arthur N. Waldron)教授指点。

　　③ Hsi - sheng Chi(齐锡生), *Warlord Politics in China, 1916 - 1928*, Stanford Calif.: Stanford University Press, 1976, pp. 135 - 141, 此书有中译本,杨云若、萧延中译,中国人民大学出版社,1991 年,127 - 134 页。关于第二次直奉战争,除本卷第一章外,并参见 Arthur N. Waldron, *From War to Nationalism: China's Turning Point, 1924 - 1925*, New York: Cambridge University Press, 1995, pp. 91 - 118.

　　④ 顾维钧:《顾维钧回忆录》第 1 册,第 274 页。

统治合道性(political legitimacy)①。

　　在整个北洋体系的发展之中,自有派系产生,皖系早败而奉系后起,唯一一个自始至终参与竞争北洋控制权的大派就是直系。从字面意义看,北洋体系本诞生于直隶,直系的形成虽较皖系为后,实际是最"正宗"的北洋嫡派。皖系需要自创所谓"参战军"(后改边防军),奉系则基本自建于边远地区,若以狭义论恐怕算不得北洋军,两者不同程度上皆具边缘挑战正统的意味②。同时直系领袖的代际传承也较为成功,产生出吴佩孚这样的后期领袖,在当时军阀中的确可以说是文韬武略兼具的佼佼者。直系打败皖系后又取得第一次直奉战争的胜利,在

──────────

　　①　章太炎稍后即指出,"自袁世凯以后,北京久无政纲。财政操于外人之手,国政听于骄帅之言。所谓政府者,即近畿军阀之差遣"。但他也注意到,起初政府也还"微有主权",后来则黎元洪被逐,曹锟被囚,而段祺瑞被软禁;这些主政者的法律地位虽有真伪之别,其受军人凌犯则同。"是北京之有政府,只为乱人俎上肉耳"("太炎论时局",《民国日报》1926 年 1 月 21 日,汤志钧:《章太炎年谱长编》[以下仅引书名],中华书局1979 年版,下册,第 846−848 页)。有势力的军人干预政治甚至操纵中央政府是袁世凯之后北洋政象的一个常态,且愈演愈烈,但在军队司令部由军人主持召开内阁会议这样前所未有的事仍可视为一个关键的转折点。后来军人自己执政,复出现囚曹锟释曹锟、拥段祺瑞驱段祺瑞的现象,大致也是逻辑的发展。

　　②　参见丁文江:《民国军事近纪》,商务印书馆1926 年版,其作者增订本收入荣孟源、章伯锋主编:《近代稗海》,第 6 辑,第 293−306 页;文公直:《最近三十年中国军事史》,第二编,第 10−12 页。由于段祺瑞是袁世凯之后北洋体系的实际主持人,也有学者认为"皖系军阀在北洋各派军阀中资格最老、势力最大"(来新夏等:《北洋军阀史》,第 47 页)。"资格最老"自然无问题,"势力最大"或主要是从其控制中央带来的综合实力着眼,若以军队特别是当年极重视的"地盘"言,皖系显然一开始就不如直系。虽然西北和东南沿海一些省份之军政领袖被视为皖系,然其真正的嫡系,如所谓"四大金刚"的靳云鹏、徐树铮、曲同丰和傅良佐,除傅良佐短暂据湖南外基本无其"地盘",且徐、曲二人的主要带兵经历也限于参战军。作为北洋体系的整体领袖,段祺瑞本应具有相当程度的超越性,但一方面他明显感觉到无自身实力则地位不稳固,同时他试图建立自身军事派系的努力也削弱了其作为整体领袖的超脱性,这一难以解决的矛盾只能另文分析,有一点可以肯定,与北洋六镇自然扩展产生的军队相比,"参战军"是后起的新事物;从历史渊源看,两者的正统和边缘地位大致可立。

第二次直奉战争中期并不居劣势，其利用海军攻奉的战略也相当有见地，如果不是冯玉祥的倒戈，也许直系真能统一中国，亦未可知，至少或能统一北洋控制地区①。

假如直系后来真能统一全国并控制之，则其统一可以说在战前已开始。如果从直系最终失败的角度看，则其失败即始于破坏了北洋军阀自身的政治伦理和政治体制：袁世凯去世后逐渐形成的在地方割据基础上维持"虚"中央政府这一北洋体制在第二次直奉战前已经崩溃了。以前中央政府能相对独立，即因其不全为一派势力所造成。而1924年时中央政府已公开为一派所造成并控制，行事既没有以前那么多顾忌，其名义上的合道性也不复存在，为后来的北伐预留了"有道伐无道"的先机。

第二次直奉战争虽因冯玉祥的阵前倒戈而以直系失败告终，但整场战争未能产生出一个确定的赢家，反呈现出北洋体系的崩裂之相：以冯玉祥部为中心的国民军体系的形成和稍后奉系主力郭松龄部的倒戈反奉，使奉系战胜的意义大打折扣；奉系乘战胜之机向东南扩充的努力

---

① 按：关于第二次直奉战争，各家所述颇不一致，文公直的叙述似乎自始至终都是奉军在取胜（《最近三十年中国军事史》第三编，第191—199页），来新夏等也持基本相同的看法（《北洋军阀史》，第802—811页）。丁文江的叙述稍更平实，指出了直军的准备不足和初期作战不利，然承认在冯玉祥倒戈前战局已成胶着状态（《民国军事近纪》，第321—327页）。近年林霨对战争前期的论述所见又不同，他以为冯玉祥倒戈前直系更具战略优势，参见 Waldron, *From War to Nationalism*：*China's Turning Point*，*1924-1925*，pp. 115-118。林霨所见不可谓无据，奉方傅兴沛的记述是在奉军在热河一线取胜，但在山海关主战场则形势对奉军不利（傅兴沛：《第二次直奉战争纪实》，《文史资料选辑》第4辑，第35—37页）；直方李藻麟的结论是"自十一月上旬起，直、奉两军在山海关战场上基本上打成了对峙局面"（李藻麟：《二次直奉战争中山海关战役亲历记》，《文史资料选辑》第4辑，第49页）。且美国军事情报人员的报告也认为直系此时形势占优，若冯玉祥一线进兵则直系可能胜利攻入满洲（引自林霨书117页）。应该说吴佩孚的战略计划似较高明，后来郭松龄反奉，文公直即认为其"似有与前岁奉直战争时之直军敷设同一计划"（文公直书第三编，第209页）。郭部兵力远逊于直军，且无海军支援，而能一度取得超过直军的胜利，似提示着若无冯玉祥倒戈，吴佩孚取胜的可能性也较大。本卷第一章的叙述较中立，可以参看。

并未成功,然张宗昌、李景林部却因此而形成实际的半独立状态(不久联合成为直鲁联军,北伐将结束时张宗昌部欲退入东北而为张学良拒之门外)。更重要的是,直奉双方冯、郭这样的高级将领先后率大部队倒戈而试图组合成新主流的尝试虽未成功,却有力地揭示出北洋体系中强烈的不稳定因素①。

对北洋体系来说,没有确定赢家的结果或可说是毁灭性的,即北洋内部对于一个有力军人可武力统一中国的信心基本丧失。孙传芳稍后曾说:"中国之所以弄到如此地步者,皆蒋介石、吴子玉二人之过。"②盖蒋、吴均有武力统一中国之决心③,而北洋方面自吴佩孚式微之后,即不复有任何军阀仍有统一全国的雄心④。不仅统一全国已不再是北洋

———————

① 吴虬已注意到北洋"纲纪"不再,"倒戈"已成流行的行为模式这一现象,参其《北洋派之起源及其崩溃》,第284页。

② 《晨报》,1927年7月20日,第3版。

③ "九一八"后某次蒋介石到北平,各界的欢迎会上有吴佩孚,并请吴佩孚讲话,他说,"说起来我和蒋委员长可算是志同道合,完全一致。因为我讲的是武力统一,他也接受了武力统一"。魏益三:《我由反奉到投冯投吴投蒋的经过》,《文史资料选辑》第51辑,第251页。

④ 比如,后来实力最强的奉系张作霖虽控制北京,其心目中仍以东北为第一考虑,并不曾摆脱客居的性质。张作霖虽开府于北京,其子张学良则公开表明,张之所以任大元帅而不就总统,"即表示其为临时的位置"。《晨报》,1927年7月20日,2版。北伐时及北伐后的不少军事领袖可以说都曾有"问鼎"的机遇,但他们大多数与张作霖一样仍偏于地方意识,并无太大的"野心",故往往不能充分利用其所遇到的崛起时机。他们在时势运会所推之时,一度也曾有主持全国之念,但正因其在很多方面缺乏为此而做的准备,因而所措多差。北方的阎锡山、南方的李宗仁便有类似经历。在后孙中山时代的国民党里,两人都是所谓"带艺投师",代表着非正宗的国民党势力,也都有在国民政府体系内争取"独立"的愿望和努力,并部分取得了成功,但确实少有"彼可取而代之"的愿望及为实现此目标的准备。李阎的第一次"合作"在北伐后的中原大战期间,差一点推翻蒋;第二次合作则是20世纪40年代后期李任代总统而阎任行政院长,一度真正成为国民政府的主持人。对于后者,过去一般皆从蒋实际并未放权来认识这一"过渡阶段",故未见深入有力的研究。其实观李阎的实际举措,的确缺乏主持全国事务的气度和能力,毕竟还是没有"问鼎"的准备。

目标,即使统一北洋体系自身,也几乎是可望而不可即了。北京政府既已失去实际的统驭能力和名义上的正当性,北洋体系实处于群龙无首的状态。

结果,各地中小军阀也频繁互斗,使北洋体系进一步分裂,阀下有系,系下有派,各不相让①。有些军阀并不想争独霸之地位,但也不能让别人有此地位(直奉战争后渐成多数军阀的共同心态)。各方所争,不再是要争取一人一阀独大,毋宁是防止任何一人一阀独大②。北京的社会学教授许仕廉1926年观察到,"目下中国心理的环境,最为悲惨,其原因就是无英雄可崇拜。现在一般大头目小头目,谁也不崇拜谁"③。如许氏所具体指出的,"谁也不崇拜谁"的心态主要存在于各大小头目之中④。

这样的风气形成后,相互的猜忌甚于合作。结果是乱象更甚,而竞争各方又都受到这种混乱局势的影响。证以前述魏益三的回忆,1925年－1926年间军事局势的确变化极快,各势力之间的分与合有时真是仅以日计。那时一般所谓军阀似乎相当盛行先联合共除一敌,旋即内斗;其间又有分合,又重组一联合体共除一敌,再继续争斗。其联合时

① 古蔚孙在1924年出版的《甲子内乱始末纪实》中已描述当时情形为"一系之中分为数派,一派之中分为数党;各私其私,无复有国家观念"。该书收入荣孟源、章伯锋主编:《近代稗海》第5辑,四川人民出版社1985年版,第256页。

② 英国外交部远东司长S. P. Waterlow当时也注意到这一现象,参见William R. Louis, *British Strategy in the Far East*, *1919-1939*, Oxford: Clarendon, 1971, p. 110.

③ 许仕廉:《再论武力统一》,《晨报副刊》,1926年5月11日,7版。

④ 与此相伴随的现象是这些拥有地盘者又相对缺乏自信,故一些基本失去武力也无地盘者反可能受到表面的拥戴,如直奉战争后张作霖、冯玉祥拥段祺瑞出山,北伐前孙传芳等要讨奉时竟有十四省共举吴佩孚为总司令。对段、吴二人言乃其一生地位最高的时段,但真正的权力皆不如以前,两人的实际操控能力均有限,尤其涉及被指挥者自身权益的时候就更有限;拥戴者主要是尊其历史形成的名位,希望其更多作"虚君"式的"共主"。

期或反复的周期都不长,且临阵倒戈现象相当频繁;每一力量均思随时利用当下局势以利己(退则自保,进则扩充自身实力),而不甚考虑自己五分钟前的立场。冯玉祥支持郭松龄反对其上司而合作不成的过程,就可以说是上述心态比较典型的表现(详后)。

这是一幅均势已去,故任何一股力量均可影响大局的典型图像。在北洋体系控制了全国多数地区而南方(西南)在全国事务中渐无足轻重时,北洋军阀内部的皖直或直奉两极均势既予以各中小军阀依附一派的便利,也给予其在体系中不时转换立场或保持相对中立的实际选择,局部的争夺即使诉诸战争,也不一定会危及整体局势。一旦均势开始崩溃,一支小部队的立场转换就可能发挥影响全局的大作用。比如,江浙战争的导火线即是驻闽军臧致平、杨化昭不足万人的残部投奔占据上海的皖系卢永祥,而本可视为直皖之争余波的江浙战争随即引发更大规模的第二次直奉战争。

国民党当时即注意到这一变化,其1925年5月的时局宣言在指责"中国之内乱,由依赖帝国主义以为生存之军阀所造成"后说:"军阀之大者,把持中央政柄,藉统一之名义以迷惑国人;军阀之小者,割据地方,藉联省自治之名义迷惑国人。其名义虽不同,其为造成内乱则一。本党向持根本解决之旨,对于把持中央之大军阀,从事挞伐;其割据地方之小军阀,有敢凭陵自恣及窥伺革命政府根据地、受帝国主义者之嗾使以图倡乱者,本党必联合国民痛击之。"[①]这样一种试图区分大小军阀并拟采取不同对策的努力恰反证出北洋军阀的分化,也意味着"小军阀"作用的增强。

对民国前期的实际作战情形而言,直到北伐时每一具体战役所涉兵员多不过数万,战斗规模并不甚大。故那时只要有万人甚至数千人

---

① 《中国国民党对于时局宣言》(1925年5月22日),中国第二历史档案馆编:《中华民国史档案资料汇编》第4辑(上),江苏古籍出版社1986年版,第120页。

的军队且敢战肯战,就是非常重要或至少不可忽视的力量①。这大概是卢永祥不惜冒战争风险而收编臧、杨余部的一个重要因素。另一方面,由于名义属国家的军队已出现向区域化甚至个人化发展的趋势,万人规模的军事力量必须有自己控制的"地盘"以养育和补充队伍;如果没有,则只能投靠已有地盘的更大军阀,否则就不得不尝试以武力开拓自己的地盘。在当年的军政术语中,"地盘"算得上一个关键词,出现频率非常高。北洋军阀的各大派系本身即依地域命名,从地缘分布视角看北洋体系的后期演化,或能有较前更深入的认识②。

第二节　北方边缘挑战中央的地理态势

民初交通已成为军事要素,地理分布对军事的重要因此而凸显,交通不甚便之西南(指四川、云南和贵州,非时人口中的"西南")、西北及热河、察哈尔、绥远等基本未入北洋主流。西南之中,最接近中原的四川向有"军阀混战"最剧的不良声誉,表面上的特征之一是军队人数居全国各省之冠而几乎足不出蜀,更实质性的缘故则因川省久为南北双方所持续争夺,川军间错综复杂的内斗往往不过是南北各方之争的反映,结果整体的四川或南或北的认同始终不那么明显③。而热、察、绥和西北则因与中原接近,通常成为北方无地盘而有实力者首先争取的

---

①　张国焘从另一侧面观察到,尽管旧官僚仍"盘据中国政治舞台",但他们当时已"不是政治上的真正有力成分"。而是军队"把中国的政治夺在手里",有时"一个拥有万数并无战斗力的军官便能在政治舞台上横行"。国焘:《知识阶级在政治上的地位及其责任》,《向导》12 期(1922 年 12 月 6 日),人民出版社 1954 年影印向导周报社汇刊本,第 98 页(以下所引该刊页码均汇刊本页)。

②　齐锡生已注意到那段时期地理与军事政治的关系,参见 Chi, *Warlord Politics in China*, *1916‑1928*, pp. 143‑149, 中译本,135—140 页。

③　文公直:《最近三十年中国军事史》,第二编,407—428 页。关于四川在南北之间的地位,参见陈志让:《军绅政权——近代中国的军阀时期》,香港三联书店 1979 年版,第 27—29 页。

地区，从地域言也可说很早就有一个据边缘以挑战中央的意思。

当时热河、绥远、察哈尔一方面成为中央用以安插无地盘者之处所，同时也是各类无地盘者欲借以发展的基础；如徐树铮、冯玉祥等皆先后试图以热、察、绥为基地，冯在得察、绥后又致力于陕甘，终获得"西北军"的认同①。这一趋势既可说是边缘挑战中央，也可说是礼失求诸野，就看从哪方面立言。北伐后实际留存的北方军队除较特殊的阎锡山晋军外，恰即所谓东北军和西北军，提示着这一地域发展趋势似还值得思考和探索。

实力不甚强却能长期维持其地盘者，派系不明朗的山西阎锡山是个典型的成功代表。尤其在第二次直奉战争后吴佩孚失败、冯玉祥下野、张作霖出关那段时间，阎锡山成为北方唯一的不倒翁，其重要性可见明显的增加②。山西距北京甚近，阎锡山多次坐观他人争斗的结果是自己的地位逐步提高，到 1926 年初已大致达到几乎可据京师的程度。这样一种战略性的地理优势，承平时作用不明显，乱世则可能有大用。后来阎锡山甚晚参加北伐方面，却成为四大集团军之一并首先进据北京，实非偶然③。

----

①　岑春煊于 1924 年 11 月 21 日和 25 日两电段祺瑞等，主张以"移军殖边"和"军工筑路"为解决裁兵废督的方式，并明确建议雨亭、焕章"分任东、北两方开拓富源大任"；而吴佩孚则让其实行移兵实边的素志，以"开拓西北"任之。岑春煊致段祺瑞等，1924 年 11 月 21 日、25 日，《申报》，1924 年 11 月 23 日、26 日，均 13 版。东三省固久为张作霖所据，这一建议很能体现热、察、绥这类边缘地带在解决军政问题中的用处，而"西北"尚可供重新布局，也得以凸显。

②　当时已无兵力的段祺瑞一度想组织一支第三势力，而以阎部为首，参阎锡山档案，台北"国史馆"藏（以下径引档名），微卷 7，第 548 页。

③　按阎锡山能确保其地位当然与其无意参与外在竞争有很大关系，同时其治晋也确有特色。据文公直说，山西是当时全国唯一实行按人口定额之征兵制者，即实行"寓兵于农"的所谓"乡兵制"，每年"向各县征募，同时按年编老兵入后备。军械则与时俱增，储之库中"，故战时能用之兵较多。同时"阎锡山对于军队教育，素极注重"。不仅"以孔教部勒军队，更使全军学生化，所有士兵均须补习国民教育，以二年为期，毕业后，再授以普通科学及军事教育"。若文公直的观察不错，山西是少数真正

这一特殊的战略性地理优势在冯玉祥军队崛起中也起到了重要作用,且最初不过是偶然形成而已。1922 年冯玉祥被取消河南督军,授陆军检阅使,包括冯本人在内的一般人皆视为吃亏,然冯部因此而驻北京南苑,稍用其兵力即可挟制中央政府,造成了超过其军事实力的地理优势和战略影响,对国民军以至"西北军"的崛起帮助实大。这从一个侧面体现出那几年北洋统治的急速崩溃实超出多数人的预料,盖局势大体稳定时很少有人会考虑一支有力部队驻扎京畿的战略作用;另一方面,此前较出格的政治军事行为多是倪嗣冲、张勋这样的旧军人所为,北洋军人自有其行事准则,当时的主政者恐怕也低估了冯玉祥挑战北洋传统的胆略①。

这样,冯玉祥军队实创北洋新典范:一方面军事力量不断壮大,同时却几乎没有自身的地盘,复因其驻扎区域的战略性地位而获得意料之外的回报。当然,冯部寻求地盘的愿望和努力是持续的,也是促使这一军事力量发展壮大的主要动因,其最终成为"西北军"尤说明固定的地盘意识并未因国民革命这样的政治鼎革而改变,而是相当持续有力("西北军"认同的取得在北伐前夕,而其确定则还在北伐结束之后)。简单回顾冯部从直系到国民军再到"西北军"的兴起进程,应有助于了解北伐前北方军事格局的突破性演变,这一进程又与原处西北的各军事力量有着千丝万缕的瓜葛。

冯玉祥早在 1914 年随陆建章第七师入陕西,后升第十六混成旅长

贯彻实施儒家"教而后战"思想的区域。实际上,阎锡山的"保境安民"政策的确给山西人带来差不多二十年的和平,这在北洋时期是非常罕见的。参见文公直:《最近三十年中国军事史》第二编,第 124—128 页。关于阎锡山的研究,参见 Donald G. Gillin,*Warlord：Yen His-shan in Shansi Province*，*1911 - 1949*，Princeton University Press,1967；曾华璧:《民初时期的阎锡山,民国元年至十六年》,台湾大学文史丛刊,1981 年,后者使用了前引阎锡山档案,惜所用不多,所论也不详。

①　到冯玉祥在第二次直奉战争班师回京改变中央政府这一新举措后,许多人才领会到驻军京畿的作用,此后各大军阀关于划分实力范围的谈判中,京兆不驻兵成为一个常见的条款。

于 1916 年率部入川,到 1921 年再入陕西时已是第十一师师长,任督军约一年,收编的陕军编成胡景翼、田维勤、曹士英三个混成旅,1922 年夏冯督豫时带入河南,然三人皆有部属留陕。故冯部与陕西本有较深的渊源。继冯玉祥任陕西督军的刘镇华本豫人,1918 年率所部镇嵩军入陕,任陕西省长,然陕西驻军复杂,刘之权威常受挑战,故其势力增长后反欲回乡督豫。两次直奉战争期间刘部受吴佩孚命出入陕、豫,甚为活跃,直系战败后刘又借驱吴之名进兵河南,但作为战果的河南地盘却为国民第二、第三军所得,于是形成镇嵩军与国民军第二、第三军争夺河南、陕西的持续战争①。

二次直奉战后,冯玉祥在 1924 年 11 月的天津会议上分得向京汉铁路沿线发展的权益,但由于奉军实力太强,终迫使他将主要发展方向定在西北。1924 年 12 月,冯玉祥通电取消国民军称号②,被段祺瑞任命为西北边防督办;1925 年初,段祺瑞复任命孙岳为豫陕甘剿匪司令。这些任命显然不会是执政府的一厢情愿,而是顺应国民军方面的意思。不久冯部先后得察哈尔、绥远,并使之纳入“西北边防”辖区,冯玉祥乃移驻张家口,国民军渐被称为西北军③。此后陕西的争夺主要在镇嵩军和国民军第二、第三军之间进行。段祺瑞任执政之时,国民军常能迫使中央颁布对其有利的命令,其在陕西初胜后即曾试图罢免刘镇华而由孙岳继任陕督,因张作霖反对而未果(但冯部向陕西开拓在一定程度上也得到奉方的鼓励或容忍,因为国民军第三军原驻直隶的保定、大

<hr />

① 参见王宗华、刘曼荣:《国民军史》,武汉大学出版社 1996 年版;James E. Sheridan, *Chinese Warlord*: *The Career of Feng Yu-hsiang*, Stanford University Press,1966;文公直:《最近三十年中国军事史》第二编,第 96－110 页。这段历史的基本轮廓似已清除,然其中各方面曲折复杂的相互关系,还有不少需深入探索之处,拟另文探讨。

② 《冯玉祥致段祺瑞电》,1924 年 12 月 9 日,中国第二历史档案馆编:《中华民国史档案资料汇编》,第 3 辑《军事(三)》,江苏古籍出版社 1991 年版,第 317 页。

③ 参见王宗华、刘曼荣:《国民军史》,第 44－45 页;刘敬忠、王树才:《试论冯玉祥及国民军在 1925－1927 年的政治态度》,《历史研究》2000 年第 5 期。

名,若无处发展便不会"让防")①。

　　由于山西与陕、豫临近,阎锡山又是执政段祺瑞的主要支持者之一,晋阎在双方的争斗中扮演了重要的角色,而双方也都努力争取山西的支持。阎一方面与国民军胡景翼互派代表联络,并表示"赞成晋豫两省携手合作"②;但基本站在刘镇华一方,不仅代其向执政府说项③,且以子弹接济,盖阎自认"与陕联合,自属胜着",惟对镇嵩军进一步的参战要求,又以"无中央命令不好出兵"而推托④。

　　阎部晋东盐运使马骏当时分析陕豫之争说:"刘胜则中央可将陕付吴(新田)、孔(繁锦),败亦可付吴、孔。如能乘胡疲竭时中央明命鄂皖鲁苏陕各省以讨其破坏大局,一鼓歼之,最好。上策即以豫畀冯。胡胜后颇可虑。"⑤按马氏较有战略眼光,其实就是希望刘、胡两败俱伤,给山西一个相对安宁的周边环境;其最后提到的"各省"讨胡竟然不包括晋省,甚能得阎锡山不主动干预外事之宗旨。且胡本陕人,若胜而据豫

---

　　① 李庆芳(山西驻京代表)电阎锡山,1925年3月22日(本文电报日期均取发报人所署日期,这样更符合一般人的思维习惯,也更能与电文相符合。然因电报为二十四小时发出,半夜发出者电报局已署次日日期,且有时写完并未马上发出,到实发报时日期或也有变,故电报局实发日期或稍异),阎锡山档案,微卷8,第623页。按段祺瑞有对刘镇华不利的政令也不完全因冯玉祥的压迫,时在陕西的中央第七师吴新田部大致属皖系,实力虽不足,亦久欲督陕,刘去则利吴也。

　　② 胡景翼电阎锡山,1925年3月5日、1925年3月26日,阎锡山档案,微卷7,第1300、第1351页。

　　③ 阎锡山电温寿泉(山西驻京代表),1925年2月9日、1925年2月16日,阎锡山档案,微卷7,第716、764页。

　　④ 阎锡山电马骏(晋东盐运使,时驻翼城,常与陕方联络),1925年2月27日,阎锡山档案,微卷7,第924页。实际上"中央"即使内心偏向镇嵩军,也不可能明令支持;相反,正如瞿秋白指出的,"照理段氏应当下令讨伐憨玉琨,因为胡景翼是他正式任命的河南督办"。但执政府对这样明确挑战其权威的军事行动却"只说调停",充分体现其对局势已失驾驭能力。参见双林(瞿秋白):《胡适之与善后会议》,《向导》106期(1925年3月14日),第884页。

　　⑤ 马骏(晋东盐运使)电阎锡山,1925年3月13日,阎锡山档案,微卷7,第985页。

又兼领部分陕地,则对山西形成夹击态势。战事的结局正是马骏所忧虑的,不过胡景翼新胜据豫后,本可大展宏图,却于1925年4月因病身故,使时局发生相当大的变化①。

陕豫间的战局刚告一段落,奉军于1925年四五月再次入关,张作霖到京,确定"政局商定后再讲地盘"的方针,试图"先恢复国务院,以新旧交通系为阁员"。段祺瑞虽"态度消极",仍不能不勉予同意。而冯玉祥则"一味退让,希图保存"②。实际上冯玉祥大体仍在实施其主要向西北发展的既定政策,故在"商定政局"的同时,基本维持着奉向东南发展而冯向西北开拓这样一种各忙其事的态势。不过,奉系在东南的发展最初虽较顺利,迅速取得数省地盘,却遭遇到远更强有力的抵抗,盖东南久为北洋所据,其对手皆驻扎在此的正统北洋部队;而西北本未入北洋主流,国民军所遭遇的主要是北洋边缘部队,相较而言,国民军的西北开拓更具实际成效。

胡胜刘败后陕西的结局确如马骏所料,段政府准战败的刘镇华辞职,以吴新田继任督办。惟吴部实力不够,始终未能真正控制陕西局面,不久陕西也为国民军第三军所得。1925年8月执政府正式任命孙岳为陕西督办,冯玉祥兼任甘肃督办,在名分上和实际上进一步确认了冯部在西北的地位,惟陕西之外的西北"地盘"还须继续开拓③。国民军既得陕、甘、豫,北有察哈尔、绥远,形势看上去甚好,但其并未集中全力于巩固在西北的地位,而是更有所图,其拓展方向又回向山东和直

---

①　国民二军的新首领是非胡系的岳维峻,与直系的关系尚好,也非民党出身,但他在军内并不具备胡的威信,似也不如胡那样敢作敢为,故其后来使山西及其他方面"可虑"的并非有多少特别进取性的作为,而是其态度的犹疑不定。

②　钱桐(孟材)电阎锡山,1925年5月24日,阎锡山档案,微卷8,第1645页。按本卷第一章认为增设国务院,由国务总理主持国务会议是迫于国民军控制直隶全省的形势,段祺瑞为了争取冯玉祥的支持而被迫如此。国务院究竟是张所要求还是冯所要求,抑或两人均要求,尚可探索。

③　王宗华、刘曼荣:《国民军史》,第59—61页。

隶,甚至可能包括山西。

因奉系对东南的占据显现出较大野心,引起各军阀不快,终推动新据江南五省的孙传芳与其余直系剩余力量的联合,吴佩孚乃乘间而再起,出任讨贼联军总司令以攻奉①。孙传芳讨奉时,国民军第二军曾参与攻鲁;战胜后的徐州会议,岳维峻也曾出席。这就使国民军和奉军终难共处,国奉之间战争很难避免。同时,整个国民军与山西的矛盾也日趋激烈。盖国民军既得陕、甘、豫、察、绥,北京也有驻军,在地缘分布上已置山西于其夹击态势之下;不论其在山东、直隶的进展如何,国民军若图将地盘连成一片,最容易也最可能的下一兼并对象就是山西。晋阎欲图自保,就只能联奉。在国民军又将李景林逐出保定、大名后,奉张决定联吴佩孚打击冯玉祥。1925 年 11 月 22 日,阎锡山驻汉口吴佩孚处的代表报告说:"奉派某要人来汉协商解决〈国民〉第一军,此间令其先行攻击。"②

且国民军内部并不团结,前引晋东盐运使马骏将国民军之冯、胡二部分别看待,并非无因。冯玉祥就曾自别于国民军第二军,他致电阎锡山说,"二军分子复杂,唯利是图,久为世人所诟病",与冯氏自己"十数

---

① 吴佩孚再起,段祺瑞立刻感到威胁,其子段骏良说,虽"杨文恺日前来电谓吴只讨奉,决不反对执政,万勿信挑拨等因。但吴屡次通电均带护宪彩色,此话亦难遽信"。苏体仁、潘连茹电阎锡山,1925 年 11 月 3 日 1 点 40 分发,阎锡山档案,微卷 9,第 441 页。这里所说的"护宪",指的是曹锟任总统颁布的宪法,从法理上当然针对着段的"临时执政"之正当性。有意思的是,段的支持者吴新田和刘镇华余部柴云陞、张治公两师也联名通电参与讨奉:"我浙闽苏皖赣五省联军由孙总司令统率首先发动,义旗一举,薄海歌呼;桴鼓之声,万方同应。新田等屯兵秦陇,凤赋同仇,愿竭驽骀,共脆凶逆。"(吴新田等讨奉通电,1925 年 10 月 24 日,阎锡山档案,微卷 7,第 1938—1940 页)。吴新田此举未必代表段祺瑞态度,但多少反映出许多军阀对奉系的不欣赏,一因张作霖出身"胡子",二因其与日本明显的关系。

② 汉口曹步章(倬云)、梁汝舟电阎锡山,1925 年 11 月 22 日,阎锡山档案,微卷 8,第 1926 页。一般多说张作霖因郭松龄反戈而与吴佩孚联合,看来双方的联合要更早也更主动。

年心血教练而成"的第一军不可同日而语；并力辩自己不仅未参与国民军第二军对山西的军事行动，且曾屡次劝阻之①。另一方面，胡景翼、孙岳皆曾参与同盟会反清革命，自视与纯北洋出身的冯玉祥不同，反与也曾加入同盟会反清的阎锡山同属"民党"。就在国民军与奉、晋开战前不久，国民军第二、第三军的代表谷仲言曾与阎在北京的代表联络，对"山西与冯合作而不与民党之二、三军携手，深致不满"。他强调，第二、第三军的"军队虽极复杂，军官确系民党主义，以主义与之拉拢，必可奏效"。故"山西应以民党关系，脱开冯方，与二、三军切实合作"②。

可知国民军第一、第二、第三军之间的关系确不十分和谐，而胡景翼去世后接掌国民军第二军的岳维峻与"民党"无瓜葛，他不仅联孙传芳讨奉，且亦公开列名于拥戴吴佩孚出山的通电之中③。这样，国民军内既不和，外将面临与奉、晋、直三方同时作战的不利局面，形势相当不

---

① 冯玉祥致阎锡山，1925 年 3 月 7 日，阎锡山档案，转引自曾华璧：《民初时期的阎锡山》，第 110 页。

② 温寿泉、苏体仁、潘连茹电阎锡山，1925 年 11 月 3 日，阎锡山档案，微卷 9，第 421－422 页。但当时不久就有"陕县敌军约近一师，刻以山西军务长景梅九名义密印安民布告"（马洪电阎锡山，1925 年 12 月 4 日，阎锡山档案，微卷 7，1964 页。按马洪似为茅津县知事，确否待考）；旋ब属于国民二军的樊钟秀大举攻晋，而景梅九、樊钟秀亦皆老"民党"，故阎锡山此时对这类历史联系不能有太多的实际考虑。另一方面，尽管国民二、三军的主官皆出身同盟会，理论上应与南方更亲近，但在苏俄眼里（或许也反映部分国民党人的观念），却是比一军更不可靠的部队。莫斯科一度相当担心广东方面北伐可能导致国民革命军和国民军的军事冲突，驻华武官处的特里福诺夫曾问加拉罕，"一旦广东军队向北推进"，他是否确信国民"第二军和第一军不会进行抵抗"？加拉罕认为，当有着共同的敌人吴佩孚和张作霖时，至少国民一军和广东军队"会找到共同语言并创造一些因素和条件，使他们能够避免发生这样的冲突"。但北伐军与国民二、三军相遇，则"可能发生误会"，也许需要像解除许崇智粤军武装那样将二、三军缴械。加拉罕：《在联共（布）中央政治局使团会议上的报告》，1926 年 2 月，中共中央党史研究室第一研究部译：《联共（布）、共产国际与中国国民革命运动（1926－1927）》（以下径引书名），北京图书馆出版社 1998 年版，上册，第 90 页。

③ 按冯玉祥也暗中与孙传芳联络，赞成其反奉，然自己不出兵，参见杨文恺：《孙传芳反奉联奉始末》，《文史资料选辑》第 35 辑，第 104 页。

妙。恰在此时,奉军郭松龄于 11 月 22 日(即阎锡山得知直、奉联合的当天)正式发出反奉通电,此举对国民军的存亡有重大意义。据勃拉戈达托夫对国民军第二军的观察,该军"只能对付土匪",实"无力同正规军作战"。若与奉军战,恐难取胜。"多亏郭松龄采取了行动,才将部队从困境中拯救了出来"①。这一观察或许有些过分,第二军中李济才、李云龙部皆甚有战斗力②;且如冯玉祥所言,国民军第一军的战斗力应超过第二、第三军;但总体上国民军并不具备同时多方作战的实力。

尽管郭松龄反奉对国民军非常有利,冯玉祥仍拒绝了苏俄顾问提出的以骑兵援助郭松龄的建议,认为郭"自己完全能应付"。此时国民军的所有军事行动均涉及地盘:国民军第一军出兵接管了热河,这还算是对付奉方地盘;同时国民军第一、第二、第三军又联合进攻支持郭松龄的李景林"地盘",这一"违约"行为导致李部由支持郭而转向"中立",继则转向支持张作霖而向冯宣战。勃拉戈达托夫认为冯玉祥"没有充分利用"郭松龄反奉的"有利局面"而在作战上"及时援助郭松龄",冯后来也承认"他低估了自己敌手李景林的力量",竟将一半的军队留在远距离的后方③。

其实冯玉祥和苏俄顾问所认知的大到战略利益小到"有利局面"皆不一致④,冯恐怕恰恰是在"充分利用"他眼中的"有利局面",试图占领与

---

① 勃拉戈达托夫:《中国革命纪事》,第 88—90 页。

② 参见丁文江:《民国军事近纪》,第 360 页。

③ 勃拉戈达托夫:《中国革命纪事》,第 90、99 页。冯玉祥虽支持郭松龄反对其上司,双方的合作却不够成功,很大程度上实即因打李此举。这一点冯玉祥自己也承认,他后来也说这次进攻友军是"反友为敌,以私演公,开出了一场莫明其妙的战争"。冯玉祥:《我的生活》(下),第 441 页,转引自王宗华、刘曼荣:《国民军史》,第 115—116 页,关于冯玉祥不援助郭松龄而打李景林,参见《国民军史》第 108—115 页。

④ 郭松龄反奉一事涉及复杂的国际关系,过去一般多注意日本在此次战斗中扮演的角色,其实郭松龄反奉大概也与苏俄有关,据北伐前夕被任命为驻日使馆代办的白思多夫斯基说,远东司长梅尔尼科夫 1926 年 4 月告诉他,郭松龄的妻子是哈尔滨贸易学院(俄办?)的学生,加拉罕曾许诺支持郭松龄。后郭军事吃紧时加拉罕要求苏俄出兵齐齐哈尔以逐吴振中(音)回沈阳,得到梅尔尼科夫支持,因政治局怕触怒

自己最接近的地盘,以解决其兵多地少的矛盾。从冯部与奉军终不能不一战的战略眼光看,若冯玉祥真出大力援郭而推翻张作霖,则不论是郭松龄拥张学良主政或其自主,皆必致力于巩固东北,暂无暇顾及关内,国民军在华北的地位会相当优越。直鲁联军南有孙传芳虎视眈眈,是否能自保尚成问题,不能对国民军构成太大的威胁;此时以优势兵力再图直隶地盘不迟,并挟中央政府以与势力尚松散的吴佩孚战,胜负实难逆料。

不过,冯玉祥那时仍在强化其对西北的控制。1925 年 8 月执政府刚任命他兼任甘肃督办,冯即派主力之一的刘郁芬师出征甘肃[1]。10月间,阎锡山派往冯部的代表观察到,“冯军连日向西开军队甚多,向东开只昨日有骑兵二连”[2]。究竟冒险逐鹿华北还是确立其对西北的控制,这恐怕才是冯玉祥面临的最大战略抉择。郭松龄不过奉军之一部,其反奉能迅速取胜大概很少会在时人事先意料之中,故真正援郭反奉可能需要倾国民军全力以赴,而胜败尚难逆料,具有相当的冒险性;若进兵西北则所遇对手实力相对较弱,且冯具有中央任命的督办职务,可以说是在自己属地进行“内部清理”,以当时军政运作规范言,颇具正当性。比较而言,在其他主要军事力量竞争华北甚至东北之时,倾全力以控制西北,是比较稳妥的现实选择。

然冯玉祥计不出此。他不援郭或因其对全国性战略地位竞争的冒

日本而不批准。张作霖逮捕中东路局长伊万诺夫时,加拉罕又要求苏俄出兵哈尔滨,并得到伏罗希洛夫支持,兵已发至中苏边境,但齐切林在征询了驻日大使意见后,估计日本会立即占领长春并派兵至哈尔滨,政治局乃决定撤军。参见 Grigory Bessedovsky, *Revelations of a Soviet Diplomat*, Tr., by Mathew Norgate, Reprint ed., Westport, Conn.: Hyperion Press, 1977, pp. 123‑124. 到 1926 年 5 月,驻日大使卡普(Kopp)也告诉白氏,苏俄支持了郭松龄反奉及其与冯玉祥的联合,参见《国民军史》,第 134—135 页。

　　[1]　曹之杰:《冯玉祥部国民军入甘纪略》,《文史资料选辑》第 27 辑,第 21—23 页。
　　[2]　孙焕嵛(道尹)电阎锡山,梅焯敏参谋电阎锡山,1925 年 10 月 21 日,阎锡山档案,微卷 7,第 2452 页。

险性考虑较多,但他又不想放弃当时华北的有利局面,也没有真正全力西进。也许他想让郭松龄与张作霖两败俱伤,自己则一面巩固西北,同时抓住可乘之机在华北据地(以国民军第一、第二、第三军之间的矛盾及各自意图的不同,此时或也不完全能由冯决策)。这一战略选择的结果几乎是毁灭性的,郭败而国民军不得不面临奉、直两系的夹击,而且还加上新近转向的阎锡山。山西的总兵力并不甚强,却最接近国民各军的实际地盘,具有非常直接的威胁;阎的出兵随时可将国民军在华北前线和陕西、河南的部队分隔开来,使其无法集中兵力对付奉、直任何一方,而不得不同时分别与奉、直、晋三方作战。国民军处于这样的劣势,很大程度上实因冯玉祥在郭松龄反奉时缺乏战略眼光而太顾及眼前地盘利益所致①。

　　在郭松龄兵败被杀的 1925 年 12 月 24 日,国民军第一、第二、第三军联合进攻李景林取胜,并占领天津。次日,段祺瑞循冯玉祥之意任命孙岳为直隶督办,据说引起国民军第一军内部不满,数日后冯玉祥通电下野,移居平地泉,拟赴苏联考察②。勃拉戈达托夫多次表述了对冯玉祥在部队面临奉、直夹攻而最吃紧时宣布脱离军队远赴苏联一点不理

————————

　　①　即使不从战略角度而仅从地盘角度看,由于郭松龄失败后其残部魏益三军转为国民四军,必须有地方安置,冯玉祥反不得不将保定一带让给魏益三部,使原已不够的地盘更加吃紧。且魏部无论在对直对奉的战事中都未必能起实际作用,也未必愿意卖力拼命。

　　②　冯的战略眼光似较其一军部属为高,盖国民军即将面临各路围攻,若此时多顾一军利益,必影响其整体团结,难以共同对敌。退而言之,此时直隶乃众矢之的,直接面临各军之锋矢,能否守得住还是个问题。真能稳据,孙岳也不能不倾其全力,则国民一军很有可能从甘肃入据陕西;若战而不胜,孙岳本曾隶属于直系,似较易解决善后问题,受损失的也是国民三军。三军的何遂曾说,他和孙岳早就认为直隶、河南皆四战之地,乃各方争夺的焦点,三军实力不足以据之,而"甘肃以西没有一支新式军队",易于发展,故拟定了向西北发展的计划。但这一计划与冯玉祥自己的西北计划冲突,盖"冯把甘肃当作他发展势力的地区",反对三军向西北扩张,故力促孙岳重返直隶。后来国民二、三军皆瓦解,结果使"国民军变作冯玉祥的西北军"。参见何遂:《关于国民军的几段回忆》,《文史资料选辑》第 51 辑,第 73—75 页。

解,然冯或自有其算计,他认为"吴佩孚和张作霖是'死敌'",不可能有认真长久的合作;他显然希望这两个"死敌"面对面的接触会导致实际利益的冲突,从而爆发战斗,自己则置身事外,坐山观虎斗,待其两败俱伤后再回来收拾残局[1]。这也不无所见,但当时奉直双方恐怕都已视冯为更可怕的敌人[2],如果不是北伐这一新因素的迅速改变局势,直奉间"不可避免的冲突"多半只会爆发在冯部被基本"解决"之后。

对国民军尚有利的,是奉、直、晋三方内部也有类似国民军的自身困难,其相互配合显然不足。先是李景林由中立转而通电讨冯后,阎锡山即连电其驻汉口代表探询吴佩孚是否真与奉方结合,不久即得"津李、鲁张、汉吴、苏孙确已联络对付国民军"的确信。阎锡山于是提出,冯李既然开火,"玉帅非速动不可,否则张(宗昌)、李(景林)不支,更无办法"。但他很快发现吴佩孚其实指挥不动其名下的军队,尤其实际控制湖北的萧耀南与吴之间"感情日恶",萧并不实际支持吴的对北作战[3]。不过,这一障碍因萧耀南在1926年2月中旬突然因病逝世而解决。

更直接的困难是已表示接受吴统辖的岳维峻在河南不动,盖当时欲谋豫督地位者众,在岳氏看来,"战之胜败,豫之地盘均非所有",故不欲北上。"吴对岳极悲观,无办法。吴之鄂豫旧部以岳失信,欲以兵力

---

① 勃拉戈达托夫:《中国革命纪事》,第109页。并参见王宗华、刘曼荣:《国民军史》,第110—114、125—131页。

② 据说吴佩孚和张作霖由敌手变为同盟并全力灭冯,即因吴从郭松龄联冯反奉这一"叛乱相寻"现象看出反叛上司已成北洋趋势,乃提出与奉方对反叛者"共张挞伐"。刘云芬:《民国政史拾遗》,台北文海出版社(沈云龙主编《近代中国史料丛刊》第68辑),1971年,第83页。李剑农也有类似记载,参其《中国近百年政治史》,台北商务印书馆,1959年,第673页。

③ 阎锡山电汉口曹步章,1925年12月6日、1925年12月9日,阎锡山电贾济川(镇嵩军师长,时在运城),1925年12月9日,汉口曹步章电阎锡山,1925年12月26日,阎锡山档案,微卷8,第1965、1967—1968、1974、2000—2001页。当然,萧虽不欲实际支持作战,大概仍希望吴能离鄂北上,免除其对湖北的辖制,故其对吴之北向作战,恐怕是取一种"半肯半不肯"的态度。

压迫,吴不允"①。这一困难竟由国民军无意中代为解决:那段时间段祺瑞几次试图下野不成,执政府益受占据京津的国民军操纵;在萧耀南病逝后,吴佩孚任命了临时继承人,段则循冯意另任卢金山、刘佐龙为湖北军民两长,并正式下令卢、刘讨伐吴佩孚,命岳维峻等"督饬部队会同进剿"②。此前吴佩孚的部队"借道"河南北上不成,直接攻打岳维峻又显得正当性不足,此时反有直取河南的理由了。

在各方的夹击攻势下,国民军与直奉晋三方皆边打边谈,在作战的同时尝试与各方和平解决的联络始终不断,景象相当奇特③。1926年3月中旬王士珍等北洋大老提出和平息争主张(详后),冯部将领迅速在3月20日通电表示接受,愿意"将所部队伍撤回原防地,专力开发西北,不欲内争"④。国民军并于4月上旬在北京逐段祺瑞而释曹锟,希望获得吴佩孚谅解;直系内部也有主张容纳冯部的主张和实际的努力,但遭吴拒绝。此时军事上集中于消灭冯玉祥已成为直奉晋三方高层的共识,阎锡山连电吴佩孚,主张迅速合力灭冯,他说:"合肥既去,政治上不成问题。鄙见根本上歼敌计划,总应贯彻到底。极盼转电雨帅,迅电前方各军,戮力同心,灭此朝食。"在得到吴、张"所见相同、主张一致"的确讯后,阎一面指出"敌虽狡猾善变,必无幸存之理",一面更强调"彻底灭敌,务绝根株"的必要性,希望吴佩孚"旌麾北上,就近指挥,于战胜攻

---

①　汉口曹步章电阎锡山,1925年12月26日,阎锡山档案,微卷8,第2000—2001页。

②　李新总编、韩信夫、姜克夫主编:《中华民国大事记》,中国文史出版社1997年版,第2册,第434页。

③　参见王宗华、刘曼荣:《国民军史》,152—167页。这段时间国民军与直奉晋三方的谈判和文电往来以及直奉晋三方自身的文电往来未必仅限于当时当下的实际利益,更揭示出各"军阀"对实际政治军事及更一般的政治军事"规则"的一些常规认知,还可深入挖掘,特别是两方文电中对第三方的描述(因"第三方"随时在转换中,可资对比处极多),非常有提示性。

④　张之江等通电,1926年3月20日,原载《国闻周报》,收入《北洋军阀》,第5卷,第345页。

克,收效尤大"①。

　　4月中旬,国民军被迫退出北京,但各路军队围剿国民军的战斗并未停息。稍后张学良到京,再次"向齐燮元陈述目前先急军事,政治后题"的方针②。5月17日,冯部将领又一次宣言表示愿意保境安民,努力开发西北③。次日却以晋军阻断其退路为由,分六路大举攻晋,占据了晋北大部分地区,至6月在雁门关一带与晋军形成相持局面④。5月底至6月底,直奉双方分别罢免了各自内部倾向于联合国民军的靳云鹗和李景林,吴佩孚和张作霖于6月底在北京会晤,由吴佩孚亲自指挥南口一线直奉联军与国民军的决战。至8月底,国民军全线溃退,各军星散⑤。

---

　　①　阎锡山电吴佩孚,1926年4月13日、4月14日,阎锡山档案,微卷11,第323,334页。按一旦国民军与直系或奉系和解,则热河、直隶、河南皆将归奉、直,山西靠近察、绥和陕西的地盘很可能成为各方与国民军妥协的筹码,晋阎大概也了解这一可能,故如此积极也。

　　②　钱桐电阎锡山,1926年5月4日,阎锡山档案,微卷11,第2206页。按钱氏的报告中也说到"直方甚不满意",但此"直方"或齐个人意见,盖吴佩孚正有类似主张,而齐则已无兵力,自多着眼于"政治"也。

　　③　《西北将领之宣言》,《申报》,1926年5月20日,第4版。

　　④　苏联方面认为国民军进攻山西有物质利益或地盘方面的动机,因为从战略上言,"向山西进军只会促进中国反动势力的结合",加拉罕曾千方百计不厌其烦地劝说冯玉祥的外交代表唐悦良,希望能"放弃这次进攻"。但"丧失富饶都城地区的国民军的极其困难的物质状况迫使它不顾各种劝告"仍然进军山西。参见索洛维约夫:《向联共(布)中央政治局中国委员会提出的关于中国形势的书面报告》,1926年7月7日,《联共(布)、共产国际与中国国民革命运动(1926－1927)》,上册,第330页。按直奉双方皆有主张与国民军妥协的一派,国民军攻晋有可能得到其默许,徐新六1926年6月报告说:"西北军事当有一番表示,终恐仍归于和。大概大同入于西北之手,京绥在握,暂行实做'西北'二字,对方谅亦只能就此了事。"徐新六致丁文江,1926年6月12日,台北中研院史语所藏丁文江档案,卷10,件5,承杜正胜所长惠允使用。按此系徐从上海到天津搜集消息后的报告,或者更多反映与孙传芳较接近的主张。

　　⑤　参见《国闻周报》第13卷12－31期关于这段时间战局的综述,收入《北洋军阀》,第5卷,第332－345页;王宗华、刘曼荣:《国民军史》,第175－181页。

　　就在国民军前途堪忧之时,北方不甚重视的国民革命军北伐却取得了超出多数人预料的迅速进展,结果不仅冯部未能彻底消灭,直奉集全力于北方战事的方针反成为战略上的败笔,确非先前所能逆料。国民军充分利用了南军北伐的机会,在败退中尚能肃清甘肃,保存了再起的基础;尽管直奉夹击之下的国民军主力出陕使刘镇华复起占据陕西大部,国民军李云龙(字虎臣)、杨彪(字虎城)仍能固守西安,直到北伐开始后冯玉祥从苏俄返国,1926 年 9 月誓师五原,新的国民联军逐渐重新据有陕甘①。

　　细核国民军 1926 年春夏各通电,有一个值得注意的新现象,即其一再表示愿致力于“开发西北”。这意味着他们终于有了自己后退的“地盘”,并在此基础之上确立了他们的区域认同——当时的谈判和各方往来电报中,不仅国民军自身以“西北方面”自称,他方也多以“西北军”称之,报刊舆论亦然。在陕甘再起的冯部虽一度自称国民联军,不久且正式并入国民革命军,后来一般仍称其为“西北军”,就是其自身军人也如此②。

　　简言之,在第二次直奉战争因冯倒戈促成吴垮台后,段虽出山,皖系并未能再起,北洋中后起的奉系成为大主角;而原较边缘的西北各军也应运而出,一度颇能影响国是,阎锡山的晋军也在这段时间日益活跃。吴佩孚的复出未能挽救正崩解中的直系,此时中原争夺的主要角色是奉军(北伐后改称东北军)和国民军(形成中的西北军)。北伐后还能长期存在的北方军事力量正是东北军、西北军和阎锡山的晋军三部分,在北洋系统内可以说皆非正统。故北伐结束后所发生的情形其实早已形成势头,说此后十年的军事格局大体奠定于此时,或亦不为过。

---

　　①　王宗华、刘曼荣:《国民军史》,第 203—249 页;来新夏等:《北洋军阀史》,第 1008—1015 页。

　　②　如冯部的凌勉之和孙桐萱在后来回忆中原大战时,对已成国民革命军一部分的冯玉祥部,皆以“西北军”称之。参见凌勉之:《中原大战之前的冯玉祥》、孙桐萱:《韩复榘叛冯投蒋纪略》,均载《文史资料选辑》第 52 辑,第 134—140、141—150 页。

第三节　反赤旗帜下北方军政的整合尝试

在此混战期间,"五卅"后出现的"反赤"倾向一度给北洋体系提供了新的整合机会,在此旗帜下北方政治和军事皆曾有实际的整合尝试,但基本未能成功。尤其奉军利用"五卅事件"这一机会进驻上海,破坏各方原先达成的上海不驻兵的协议,凸显了奉方觊觎江南的野心,是江浙反奉战争的直接起因之一,也使北方在"反赤"旗帜下实行非武力整合的希望相当渺茫。不过,在政治活动中有意识地运用民族主义已渐成当时中国政治的一个倾向。杨荫杭在 1922 年就注意到,"近人滥用'卖国'字,凡异己者,即以此头衔加之";各派军阀所发文电在"攻击他党"时,便常指责对方"卖国"①。由此视角看,"反赤"至少是一个可资利用的政治口号②。

---

①　《申报》,1922 年 2 月 26 日、12 月 21 日,杨荫杭:《老圃遗文辑》,第 530、696 页。

②　民初的中国,列强实际已成中国权势结构的一个组成部分。当年即有人指出:"内政与外交,在我国今日实已打成一片,不可复分"(平:《内乱与外患》,原载《市声周刊》,转载于《北洋军阀》第 5 卷,第 300 页)。1925 年的"五卅事件"向国人提示了帝国主义侵略的现实存在,本有助于正在中国大力鼓吹反帝的苏俄;但苏俄本身首先也是个外国,当时一般人并不很能区分"反帝"与"排外"的差异,强调反帝很容易使人产生排外的观念,在一定程度上致使北方舆论对国民党和国民军的联俄予以较前更多的关注。说详罗志田:《北伐前后章太炎的"反赤"活动与言论》,收入其《乱世潜流:民族主义与民国政治》,第 281—288 页。据共产国际的维经斯基观察,反赤是在1925 年春兴起的,他注意到反赤与民族主义的关联:"几个月前由帝国主义者、军阀和部分中国民族主义分子(买办分子、国民党右派和具有沙文主义情绪的青年)发起的大规模反赤色运动现在几乎销声匿迹。"维经斯基:《给联共(布)驻共产国际执行委员会代表团核心小组的信》,1926 年 7 月 18 日,《联共(布)、共产国际与中国国民革命运动(1926—1927)》,上册,第 345 页。非常有意思的是,具有阶级分析思想武器的维经斯基把"买办分子"算作"中国民族主义分子"的一部分,而一般中国人眼中,买办显然是个最不具民族主义的社群。

1925 年 12 月 4 日,正与冯玉祥争夺京、津地区的军阀李景林通电讨冯,说冯"利用赤化邪说,以破坏纲常名教之大防";其"助长赤化风潮,扰乱邦家;若不及时剿除,势将危及国本"。而李本人则"荷戈卫国……不为党争,不为利战,惟持此人道主义,……以期殄灭世界之公敌,而挽我五千年来纪纲名教之坠落"①。这里"赤化"与"纲常名教"的对立更多隐喻着中外矛盾,时服务于逊清朝廷的郑孝胥立刻注意到"此极好题目,惜吴佩孚不解出此"②。此后各军阀的通电中以"反赤"为其军事行动正名者便日见增多。

那时"反赤"舆论在北方也确有一定的威慑力,国民军就一方面努力从俄国获得武器弹药,一方面试图淡化其"赤色"。国民军第二军的岳维峻在 1925 年底对苏俄顾问斯卡洛夫说:"很多人都认为我是一个共产党人(?)〔原文如此,盖表执笔者之疑问态度也〕,这对工作是有害的,会使敌人借口同以我和冯为代表的'赤色危险'做斗争来网罗反对派。"若说岳维峻本非民党,身为国民党员的国民军第三军军长孙岳也对俄国顾问说,我"不能让你们到部队中去,因为人们可能猜疑我这个直隶督军同情红党。你们是不是最好去北京"? 他明言:"我们在思想上是朋友,但现在不是表露这一点的时候。"故孙岳也曾拒绝出席苏联驻天津领事的宴会,并对苏俄顾问利沃失解释说"这是因为不想让敌人找到攻击我们亲近的借口"③。

有时"讨赤"似有助于反国民军各方的军事整合,据说直奉晋等各

① 《李景林讨冯通电》,1925 年 12 月 4 日,收入《北洋军阀》第 5 卷,第 319—320 页。

② 《郑孝胥日记》第 4 册,劳祖德整理,中华书局 1993 年版,第 2075 页,李电录在第 2075—2076 页。

③ 孙岳并对苏俄顾问允诺,"等我们打败了敌人,我们在北京举行一个盛大宴会,庆贺我们的友谊"。有意思的是,河南督军岳维峻甚至对苏俄顾问说,"等战事结束以后,俄国顾问就能够开展工作"。这是单纯的往后推托还是真认为俄国人将来在非军事领域可以有所作为,待考;但他们都不愿张扬其与苏俄的关系,认为这会招致攻击的意思则非常明显。参见勃拉戈达托夫:《中国革命纪事》,第 71、104—105 页。

方 5 月 10 日在北京成立了"讨赤各军联合办事处",各派驻一全权代
表,以"谋军事上之统一,以期彻底的讨伐赤化"①。由于直奉双方基本
认可先军事后政治的方针,故军事整合相对容易,而政治整合就困难得
多了。先是段祺瑞政权因与国民军过于密切的联系而渐失直奉两方的
拥戴,尽管本来也更多是名义上的,张作霖在 1926 年初已正式宣布不
受命于执政府,实行东三省自治②;在段祺瑞在 2 月下令讨伐吴佩孚
后,吴氏也于 3 月通电讨伐段祺瑞和冯玉祥。但真要达成政治解决,段
祺瑞的政治地位仍是一个棘手的问题。国民军自己驱段释曹,为各方
的政治解决扫清了一个障碍。

　　在这样的思想环境和政治背景下,北洋元老王士珍等在 3 月中旬
曾出面发起全国和平会议,倡导北洋内部息争,各军停战后退,划直隶、
京兆、热河为缓冲区,各不驻兵。处于劣势的国民军一再表示接受响应
和平通电,但张作霖要求国民军还直隶、热河于奉,方可停兵。由于各
方反应并不理想,国务总理贾德耀率阁员于 3 月 25 日再次通电主和。
这一通电经王士珍等修改后发出,有意思的是内阁通电初拟递达者有
冯玉祥而无吴佩孚,电文中并有"雨帅焕帅,国家柱石"等语。王士珍等
认为冯已下野,不应列名,吴则应加入,遂改电文为"雨帅玉帅,国家柱
石";原电说"执政委托聘老诸公主持和议",亦以免除"其他误会"为由
删去"执政委托"四字③。

　　一日之间的电文更易,最足见当时势力消长盈虚之瞬息万变。冯、

　　①　《申报》,1926 年 5 月 12 日,5 版。这是该报引东方社电,机构名原译为"赤
化讨伐各军联合办事处",与当时通行中文不顺,故改。按《申报》本身在此前后并无
相关报道,疑此机构即使存在,也最多是联络性质,不具有多大的实际作用。
　　②　张作霖通令(大意),1926 年 1 月 25 日,收在《中华民国史档案资料汇编》,
第 3 辑《军事(三)》,第 400 页。
　　③　《晨报》,1926 年 3 月 26、27 日,均 2 版。按段祺瑞在 1925 年 12 月底已被迫
改组临时执政府,增设国务院,由国务总理负责国务会议,实际上是一种责任内阁制。
而其善后会议系统中有军事善后委员,王士珍即任职其间,这一委员会也成为这段
时间主和的主要推动机关。

吴的一退一进，直接反映出军事形势的异变。而贾德耀本出身皖系，王士珍等却有意要切断与段祺瑞执政府的关联；尤其贾氏不久前曾附署讨伐吴佩孚的通电，今忽又通电改称其为"国家柱石"，不仅贾氏个人甚感难堪，当时"内阁"之几无地位亦可见一斑。

王士珍等和平息争的主张终因各方实际利益冲突太甚而收效甚微，这批元老只是在国民军退出北京到新内阁成立期间起到了维持治安的作用。且"其他误会"也未能免除，段祺瑞的影响虽被删去，吴佩孚又猜测和议是出于冯玉祥的主张，以为"聘老言和，系受赤党所包围，非其自由主张"①。的确，在直奉晋三方联合讨冯之时提倡北方息争，当下的实际受益者首先是国民军，吴佩孚有此认知实不足怪；但这也可能只是他拒绝息争而不正面对抗王士珍等大老的推托之辞而已。

直奉双方对政治问题也一直在讨论，但在"护宪"还是"护法"这一问题上的不妥协立场使政治解决的达成相当困难②。当时的政治情形相当复杂，直系主张"护宪"，即承认曹锟时所颁布的"宪法"，然可以接受让曹退位，即所谓"旧法新选"；另有不少人主张以更早的"约法"为国家基本法（当然也就不承认"宪法"），是谓"护法"；两者都进而牵涉到已不存在的国会问题③。奉系先前曾"讨伐贿选"，现在若承认曹锟宪法，则与此前的行为有冲突，故张学良对阎锡山的代表"面称护法不护宪"，

---

① 吴佩孚电阎锡山，1926年4月4日支，阎锡山档案，微卷11，第209页。

② 关于这段时间北京政局的演变，胡霖（政之）当时有较仔细的描述，参见政之：《北京政局蜕嬗记》，原刊《国闻周报》，收入《北洋军阀》，第5卷，第343—368页。

③ 关于这方面的背景及一些具体运作，参见本书第一、第四两章。据说吴佩孚本不赞成曹贿选，吴再起时已被释放的曹有意复位，吴却要求其主动辞职，王士珍即指出，"这个门楼虽然破旧，可是，一经拆除，再想盖起来就不容易了"（李炳之：《吴佩孚之再起与溃败》，《文史资料选辑》第41辑，第168页）。按王有识见，曹锟任总统虽出于贿选，至少名义上是选举出来的总统，多少有其象征意义。此后直到北伐统一，北京政府再无总统名目。到1927年6月，张作霖开府北京，任海陆军大元帅。郑孝胥注意到："宪法、约法皆废除，共和民国以今日亡。"《郑孝胥日记》第4册，第2149页。

致后者得出"政局恐一时难有办法"的结论①。

昔日的老民党章太炎此时也颇致力于"恢复法统",试图拥黎元洪复位。盖黎氏为武昌首义正宗,又是当选副总统,其复位后再据《约法》新选国会,最能体现"法统"之恢复。从这个角度言,太炎与不赞成"护宪"的奉系主张相对接近。他曾于1926年4月下旬函杨宇霆商拥黎事,杨复函支持,但不愿公开主张,仅欲"观成"。太炎以为即此也足,故觉"甚为满意"②。其实黎元洪能否重新出山正取决于究竟有无实力派的真正支持,在直系明确主张"护宪"之时,奉系虽主"护法",其仅欲"观成"的态度显然不足以恢复黎元洪的地位,结果吴佩孚坚持的以颜惠庆内阁摄政获得成功。

颜内阁摄政虽然只是个过渡性的安排,仍表明直奉双方在政治上确实有所合作。在北京地区奉系军事实力远大于直系的形势下,奉系在政治方面对直系显然有所退让。的确,若将南方发展中的变化计入长远考虑,北洋系此时真能携手,其实对大家都有利。但那时北方尚少有人认真顾及南方军事格局的变化,他们的眼光仍多关注于北方,且各方成见皆已较深而相互信任不足,其大致共同之处,即集中全力先消灭国民军。

章太炎反对颜内阁摄政而未果,其设想的由黎元洪任命一新国务总理在南方摄政也不为北方有实力者所接受,但他仍强调继续反赤的优先性,以为国内各事可于"南北二赤次第荡定"之后徐议之③。盖太炎以为,中外矛盾大于国内政争,"今日国内问题",已不在什么护宪护法,"而在注意如何打倒赤化。护法倒段题目虽大,而以打倒赤化相较,则后者尤

---

① 钱桐电阎锡山,1926年4月28日,阎锡山档案,微卷11,第2149页;李庆芳电阎锡山,1926年4月28日,阎锡山档案,微卷11,第2165页。关于当时的"护法"与"护宪"之争,还有许多可深入探索之处,其中也包括明显的国际影响,法国因"金佛郎案"、日本因西原借款等案,皆牵涉到实际利益,故不欲倾向直系的政府上台。参见徐新六致丁文江,1926年6月12日,丁文江档案,卷10,件5。

② 章太炎致李根源,1926年5月7日,《章太炎年谱长编》下册,第864页。

③ 章太炎致李根源,1925年12月6日,《近代史资料》,总36号(1978年1期),第146页。

易【宜?】引人注意。十余年来之战争,尚系内部之争;今兹之事,则已搀入外力。偶一不慎,即足断送国家主权,此与历次战争绝对不同"①。

到 1926 年四五月间,章太炎与各类在野士绅组织起"反赤救国大联合",要联合全国各界同志起来"共除国贼"。从"赤化"角度看,当时本存在所谓"南北二赤",即北方的国民军和南方的国民党,后者"赤化"的程度远超过前者。当时直奉之反赤者地域意识甚强,更多瞩目于"北赤";太炎与这些北方军人最不同之处即在于他将"南北二赤"共同看待,实际越来越更看重"南赤"上升中的力量②。

或许预见到其"拥黎"的努力难以成功,章太炎从 1925 年末就提出,处于"赤化时代"的中国大势"宜分而不宜合",故"不如废置中央,暂各分立",分别反赤③。他在 1926 年初解释"恢复法统"之义说,"吾所主者,不在去段一人,而在否认北京之政府"。自袁世凯以后,"国政听于骄帅之言"渐成北京政治常态,"所谓政府者,即近畿军阀之差遣"。本来"总统国会,法之所当有;而非法之总统国会,则法之所不许。故暂缺中央政府者,所以尊法,非违法毁法也"。只要大家都反赤,实行区域分治或者比有名无实的统一更有效率④。到 1926 年 5 月,章仍主张:"以事势观之,吴(佩孚)处果能退让无过,暂缺中央,任王士珍等维持治安,即所谓三分之局也。若南北二赤果尽解决,彼时或再有可议尔。"⑤

---

①　《申报》,1926 年 1 月 31 日,《章太炎年谱长编》下册,第 849 页。

②　章太炎这段时间政治活动的一个特点即非常强调"反赤"的重要性和优先性,说详罗志田:《北伐前后章太炎的"反赤"活动与言论》,收入其《乱世潜流:民族主义与民国政治》,第 288—295 页。

③　章太炎致李根源,1925 年 12 月 6 日,《近代史资料》,总 36 号(1978 年 1 期),第 146 页。

④　"太炎论时局",《民国日报》1926 年 1 月 21 日,《章太炎年谱长编》,下册,第846—848 页。按太炎所谓"政府即近畿军阀之差遣"其实是稍晚近的事,至少当在徐世昌被迫退位之后。关于在中华民国名义下可以"割据"一语,部分也可视为太炎的雄辩之辞,实际他后来也劝孙传芳应回避割据之名。

⑤　章太炎致李根源,1926年5月4日,《近代史资料》,总36号(1978年1期),第148页。

这样一种先解决"南北二赤"再及其余的主张与奉直双方先军事后政治的方针在思路上有接近之处,但许多实际掌军权者并未接受"先反赤后内争"这一次序,他们在落实"先军事"之时甚至可能藉"反赤"之名而争夺地盘。太炎认为,吴佩孚坚持颜惠庆内阁摄政,就是置内争于"讨赤"之先,他电驳吴氏说:"方今赤党犹存,军事未了;山西有累卵之危,湖南有舐糠之急。为将帅者,不以此时戮力救国,同恤简书,而欲树置官僚,宴安鸩毒,吾辈当责其根本之误。"稍后他又痛责颜惠庆道:"此次兴师讨贼,原为救国,非以营私。今赤军在郊,而种种借款政策,授赤党以有词;种种揽政行为,开赤军以生路";实已构成"误国之罪"①。

既然中央政府也以讨赤而"营私",则讨赤之不能成功地整合北方,已可见一斑。故反赤运动不仅没有让太炎得出需要统一的认识,反成为他主张分治的新理由。不过,即使各地分别"反赤"也需要较大规模的跨省跨派系军事行动,这与区域分治多少有些矛盾。随着"反赤"的重点逐渐从言论口号转向实际的行动,这些问题迅速凸显出来。到北伐军已占据江南、直逼北方后,奉直各方的关注开始越来越转向南方,直到吴佩孚在湖北大败于北伐军,所有剩余的反赤力量才真正开始联合起来;但反赤方面联合的一个重要基础,倒未必是章太炎所期望的"以夏攘夷",恐怕更多是中国国内的南北之分②。

若简单总结1924年—1926年间北方军政格局的演变,第二次直奉战争是一个转折的关键。共产党人瞿秋白稍后即认为那次战争表现出军阀"开始分化和崩溃",而北方国民军的形成则是"中国军阀战争史中最重要的现象"。在"中国军阀之中,居然发现一派较与民众接近的武力——虽然他们不能直接算是国民的武力,然而他们在四围复杂的

---

①　致吴佩孚电,1926年5月9日,致颜惠庆电,1926年5月18日,《章太炎年谱长编》下册,第866、870页。

②　参见罗志田:《南北新旧与北伐成功的再诠释》,收入其《乱世潜流:民族主义与民国政治》,第193—203页。

环境里,全国民众的反帝国主义和反军阀的要求里,不能不如此表示,始终可以说:即使不是民众武力的形成,至少也是军阀武力的崩溃;即使不是民众方面增加一部分武力,至少也是军阀方面减少一部分武力"。因此,"这是中国革命史上一个较重要的关键"①。

　　前面说过,在北洋两大派系相持的均势下,各中小军阀虽不断转移其立场,却无伤大局;同理也适合于南北双方的均势。冯玉祥和郭松龄的先后倒戈直接导致了北方均势的瓦解,到两极体系中一方优势明显时,居弱势的一方会在体系内外有意识地努力寻求(长期的或暂时的)同盟,以取得平衡或优势。同时,危迫的局势也可能促使居弱势的一方采取一些非常规的行动方式。惟政治规则即使在对付敌手时也不宜随意"突破",只要开了先例,则对敌之方略也可能随时转而对己。

　　南方固然曾试图在北洋体系中寻找可以联络的对象,北洋人也可能往南方寻求支援。在直系倒段祺瑞时,吴佩孚等已开始有意识地利用南方军阀的力量,这就在北洋体系的内争中引入了外力,增加了北洋内斗的复杂性。后来直系占优势时,奉、皖两系也联络在南方开府的国民党孙中山系,同时吴也曾试图联合与孙对立的陈炯明②。第二次直奉战争的大规模杀伤毁掉了北洋体系的元气,此后新主政的段祺瑞和

---

　　① 瞿秋白:《国民会议与五卅运动——中国革命史上的一九二五年》,《新青年》第3号(1926年3月),人民出版社1954年影印本,第2—3页。值得注意的是瞿秋白此时仍将国民军视为"军阀"的一部分,实际上他对国民军的正式表态是否代表其"衷心"尚持怀疑态度。

　　② 吴佩孚与陈炯明的"联合"究竟到何种程度,还可以深入探讨。陈炯明特别提倡联省自治,而吴佩孚主张武力统一,两人在政治观念上有根本的冲突。陈炯明在1924年5月对吴稚晖说,当时的军事形势,国民党"本来具有与敌对抗之局势及其能力(即反直派大联合,最少限度亦以西南奉浙为主干)。惜孙先生不取,必以广州局面而当之,不独徒劳无成,行且同归于尽。孙先生及其谋者如果觉悟,及今图之,尚未为晚"(陈炯明答吴敬恒书,1924年5月13日,收入陈定炎编:《陈竞存(炯明)先生年谱》,台北李敖出版社1995年版,第1157—1158页)。似乎三角同盟事本陈所提出,孙初不赞成,后来才接受。无论如何,陈炯明此时仍提倡"反直派大联合"则不误。

张作霖不得不将国民党视为重要力量而加以联络,邀请孙中山北上谈合作,使当时所谓"三角同盟"进入实际运作层面。外间对改组后的国民党的认真注视,多半自此始(国民党以东征确立其在广东的军政控制,还在此后)。此时南北虽仍对立,但已互相援引利用,南北均势已逐渐是名义多于实际了。

在一定程度上,第二次直奉战争可以视为北洋军阀内部最后一次武力统一的尝试,而其后的"善后会议"及大约同时各种召开"国民会议"的要求则是南北双方各政治力量最后一次和平统一的努力(参见本卷前面各章的讨论)。国民党1925年5月发表的《时局宣言》说:"总理既怀与人为善之诚,躬自北行,与之商决国事。倘使北京临时执政肯以诚意与本党合作,接受总理所提倡之开国民会议及废除不平等条约两大原则,本党敢信,不但中国之政治的统一早已实现,而国民革命进步,亦必以一日千里之势克底于成。"①孙中山的逝世可能是这次和平统一努力不能成功的一个重要因素②,没有南方参加的善后会议本已大减其影响力,而会议始开,河南镇嵩军和国民军已经开战,自然很难再谈什么和平建国。于此益可见那时原较边缘的"西北"对大局的影响。

两次统一努力的失败不仅促成北洋体系的崩散,也更使时人感觉到北洋政府统治合道性的丧失,故后来的北伐军在长江流域取得出人意料的大胜后,不少读书人便产生出"有道伐无道"的想法③。同时,北洋新陈代谢的结果和南北既对立又互相利用这一局面的出现,使局势

---

① 《中国国民党对于时局宣言》(1925年5月22日),《中华民国史档案资料汇编》第4辑(上),第118页。

② 从阎锡山档案中的许多文电看,段孙妥协当时似已基本达成,而孙中山已逝世,其余在京国民党人的威望恐怕对内对外均不足以确保与北方的协议得到落实,其中不少人的个人态度似也更不倾向于和平解决问题。关于"善后会议"请参见本卷第二章,该章论述已有明显的突破,似仍有可深入发掘的余地。

③ 详后,并参见罗志田:《南北新旧与北伐成功的再诠释》,收入其《乱世潜流:民族主义与民国政治》,第191、214—215页。

进一步复杂化。北伐前夕的一般舆论所说的"北方"实与前已有较大的差异，而"南方"的变化或者还更大，至少是更明显。可以说，北伐前数年的"南北"双方都有些今非昔比，下面就考察一下南方军政局势的发展演变。

第四节　南方新兴武装势力的整合

南北军事系统的一大差异是对军校毕业生的态度有别（此仅就倾向性的态度大体言之，具体到特定军队则各有异同）。前面说过，北洋系统（包括南方一些"旧军阀"）的一个具体问题是体制和实际需求的疏离，即现代军队需要训练有素的带兵者，而军校毕业生实际又受到排斥。但许多北洋体系的"弃才"却为南方各新兴军事力量所充分利用，北洋系统自身不甚重视的军事教育实际起到了为南方培训军事骨干的作用。

孙中山很早就注意到保定军校的作用，1916 年夏，孙中山在上海与任职滇军的革命党人李宗黄谈话，希望李氏将保定军校学生组织起来，由他们练成一支劲旅来推翻北洋军阀。李介绍说，清季开办的陆军小学、中学等学生多文武兼资，且不少向往革命，入民国后更经保定军校系统培训，必堪大用，而北洋军阀则对军校生嫉视和排斥。孙乃提出可将陆军小学、中学和预备学校学生一并包括在内，于是李宗黄开始筹组"陆军四校同学会"，后于 1918 年 2 月在上海正式成立，然该会主要的发展却不在北方而在西南各省①。

在孙中山和段祺瑞、张作霖联合反对直系而有所谓"三角同盟"期

---

①　李宗黄：《李宗黄回忆录：八十三年奋斗史》（二），台北中国地方自治学会，1972 年，第 324—328 页。按：孙中山重视军校学生的一个例证是，当时广州大总统警卫团的三位营长薛岳、叶挺和张发奎皆四校同学。李宗黄：《李宗黄回忆录》（三），第 33 页。

间,段祺瑞派前保定军校校长曲同丰到广州联络,李宗黄在广州四校同学会(成立于1923年3月)举行的欢迎会上说,北洋政府以十一年的时间和大量人力财力,训练出六千余名军官,但由于北洋军阀对保定生不予重用甚至排斥,而孙中山却对他们信任关怀,结果这些学生泰半投向革命阵营,以与北洋军阀战,真是莫大的讽刺①。"泰半"或不必是准确数字,但保定生在北洋体系中少得重用而在南方却能迅速崛起这一基本事实大致不差,且李所指出的北洋斥资训练大量军官而自身不用,反为对手所用以与己战,虽带讽刺意味,的确有据可立。

苏俄顾问勃拉戈达托夫稍后即注意到保定军校毕业生在北伐军中的影响,他发现,"由于保定军校的关系,第四军同第七军互有来往。新建的第八军加入了这一派"②。鲍罗廷在1926年5月也承认,第四、第七和第八军是国民革命军中的"保定派"③。第四军主要是许崇智、李济深等指挥的建国粤军改编而成,据李宗黄观察,其"团以上的军官,几于无一不出身陆军四校"。第七军即"新桂系"部队,从军长、纵队司令以下,"所有的团、营、连长,一律全是四校同学"。而第八军则为湖南唐生智部,其军官也从上到下几乎全是四校同学。这些新兴军事力量皆非黄埔系统,是北伐的主力。其实黄埔军校不少教官即来自保定军校,且在黄埔系统的第一军中,上级军官也"俱为四校出身",只有中下级干部才是黄埔军校早期毕业生④。

不过,上述军校学生带领的南方新兴武装也大多是在与当地既存

①　李宗黄:《李宗黄回忆录》(二),第333页;《李宗黄回忆录》(三),第36页。

②　勃拉戈达托夫:《中国革命纪事》,第190—191页。

③　他将新加入的贵州袁祖铭部也算入此派之中。鲍罗廷:《给加拉罕的信》,1926年5月30日,《联共(布)、共产国际与中国国民革命运动(1926—1927)》上册,第281页。

④　李宗黄:《李宗黄回忆录》(三),第38页。李宗黄注意到,谭延闿的第二军、朱培德的第三军、李福林的第五军和程潜的第六军就较少任命四校同学。这四个军并非北伐主力,战斗力较弱且组织方式也相对偏旧,可知当时北伐军内部的新旧之分也是很明显的。

军事力量的斗争中成长起来的。1925年—1926年间,仍居正统的北洋体系在内争规模不断扩大的同时,也因久战无胜者而有人提倡内部息争讲和;在基本处于"争天下"地位的南方,似更流行以新兴者挑战既存势力为特征的武力整合方式。北洋军既无暇顾及南方,国民党及亲近的粤军乃能从容以新武力统一广东。李宗仁等新桂系以武力取代旧桂系控制广西后,两广新兴军事力量进而联合在三民主义旗帜之下。适唐生智在湖南驱逐赵恒惕,虽未得全省也占有湘南,并与两广势力联合。结果,南方形成比原来集中得多的三个新兴政治军事集团,并造成一个相对统一的数省势力范围,与北方的四分五裂适成对照①。

这一北分南合的趋势是后来北伐能够成功的一个重要因素,同时也是"南方"自身权势转移的结果。从地理视角看,民初北洋的对立面有一个从"西南"向"南方"转换的过程,这一应该说是显著的转变过去却不十分受人注意。若仔细考察,稍早的"西南"称谓实际地反映了其实力的构成,即以滇、黔、桂三省的军事力量为主(四川部分因为其与滇黔驻军的矛盾,稍后起者更多偏于北洋一边),而国民党所在的广东虽然也在"西南"集团之中,却不仅有互不统辖的各类粤军,还多为"西南"

---

① 这主要是指发展倾向而言,即南方比过去呈现出更集中的态势,而北方则明显较前更趋于分裂。其实南方内部自不免矛盾重重,而北方也不乏"集中"的因素。从表面看,北方形成了各辖有数省地盘的几大势力集团,且各自的兵力多胜过整合后的南方全部;然奉系虽经郭松龄反叛的打击,直系吴佩孚虽受拥戴而号令难行,新兴的孙传芳部看起来最具朝气,惟其外来征服者的"暴发户"意味太明显,辖区内的地方军队与其貌合神离,后来成为致其败落的重要因素。重要的是,北方此时仍具有中央政府的名号,理论上正应号令行于天下,若号令不行则罅漏立显;而南方虽也自诩正统(许多受国民党影响的史学论述实际也如此叙说),时人一般仍多视其为"造反"者,地位完全不同,其整合的成功处反易为人所见。同样,我们不能据国民党的后见之明把冯玉祥部视为"南方"势力之一部,时人当然已注意到"南北二赤"的共性,然冯部固北洋正宗(其正统性还超过奉系),也一直被视为"北方"之一部分(实际上北方尤其是直系内一直有"收回"冯部的主张)。可以说,冯玉祥部对北洋体系的挑战及其引发的大战正是北方"分裂"最明显的表征。

范围内各省失势军队的避难所（当然也就意味着广东地盘的进一步划分），实在只是所谓"西南"的外围而已①。

　　上述粤、桂、湘三省的军事整合从根本上改变了"西南"的军政格局，基本统一的两广和湘南三者都拥戴国民党的新领导核心，大致成为一体，并于1925年击退滇军的进犯，意味着"西南"之中的"西部"衰落而"东部"兴起②。最能追随时势的舆论之表述即明显可见在"西南"范围内由西向东移动，逐渐以"南方"代替"西南"来称谓北洋的对立面。三省军事整合的一个共同倾向，即都由当地层次相对偏低而又较"新"的力量取代偏"旧"的既存上层势力。此前的"西南"无论怎样与北洋系统对立，其上层人物与北方仍有许多割不断的联系。新兴的"南方"少壮领袖与北洋较少瓜葛（两广尤少），南北军政联系远不如前，利于战而不利于和。下面即简单考察导致南方局势转折的湘、桂、粤三省军事整合进程。

　　1920年湘军在直系吴佩孚的默许下驱逐皖系张敬尧，实现所谓湖南自治。谭延闿短暂掌权后于年底被部下赵恒惕所迫出走，由赵接任

-----

①　陈训正描述广东"客军"林立的状况说：那时广东不仅有正宗的革命党，"凡富有革命性或与革命领袖有渊源之军队，亦相率而来此土；甚至假革命反革命之部队，亦冀暂图生存，徐谋发展，揭革命之旗帜而来，混迹其间。以故同一区域，同一革命队伍，乃竟有粤军、湘军、滇军、桂军及鄂军、豫军等等不同之旗帜"（陈训正：《国民革命军战史初稿》，沈云龙主编《近代中国史料丛刊》第79辑，台北文海出版社，未著出版年，卷二，第35页）。这一概括已相当形象，实际情形还更复杂，在这些以地域命名的客军中，来自同一地域者也常有不同系统不相统辖的军队，如驻粤湘军便有程潜系和谭延闿系两部。后唐生智加入则北伐军中湘军凡三部，各立一军，因唐拒绝程、谭部入湘，乃不得不令此二军指向江西。

②　这一格局的形成还受到另外一些因素的影响，例如原来在"西南"中最活跃也最具军事实力的云南因唐继尧、顾品珍内部争权之战而实力大损；在联省自治运动兴盛而"西南"各省纷纷宣布"自治"时，云南也曾有类似宣告，此虽无实质性的约束力量，多少也使其干预他省事务不那么名正言顺；当然最关键的转折还是1925年的滇桂之战。关于联省自治，参见李达嘉：《民国初年的联省自治运动》，台北弘文馆1986年版；胡春惠：《民初的地方意识与联省自治》，台北正中书局1983年版。

湘军总司令,实际控制湖南直到 1926 年初,赵又被其部下唐生智迫走。两次权力转移的共同特点是最具军事实力的部下迫走上司而自己基本以和平方式接任。这样一种相对和平的权力转移大概因为 20 年代前期的湖南主要为湘人自治,省内各地则实行半独立的防区制,各镇守使在其防区内握有大权,省最高领导的易位对各防区实际控制的转换影响较小①。

这段时间湖南权势争夺情形比较复杂,其中当然包括参与者政治观念的差异;且湖南虽然"自治",仍一直受到南北两大势力对峙格局的影响(湖南提倡"自治"的一个重要考虑就是希望避免成为南北交锋的战场);同时流亡在外的老革命将领程潜也不断纵横捭阖其间,遥控其所属派系参与竞争。可以说湖南省内的权力争夺主要在程潜、谭延闿和赵恒惕三派军人中进行,尤以曾同属一派的后二者势力较强,其间的斗争也更激烈。

当事人赵恒惕后来回忆说,"湘军分新旧两派:新派多为保定军校出身,水准较齐,知识亦较高";"旧派则分子复杂,有湖南速成学堂、武备学堂卒业者,有学兵,亦有行伍出身者"②。此说大致不误。时任职湘军的保定军校毕业生李品仙也说军官分新旧两派,"高级的将领以旧派居多,拥谭就是这批人物。新派大部都是保定军校的学生,多数担任旅、团、营长",都是拥赵的。盖赵恒惕为部下信赖,湘军军官多是"经他手里训练乳育起来,旅团长以下的干部大多数都是拥戴他的"③。

---

① 参见姚大慈:《赵恒惕上台的阴谋和血手》,《文史资料选辑》第 30 辑,第 145－156 页;陶菊隐:《记者生活三十年》,中华书局 1984 年版,第 85－113 页;黄士衡:《赵恒惕的省宪活动》,《文史资料选辑》第 30 辑,第 157－164 页。

② 郭廷以等,"赵恒惕(炎午)先生访问纪录",台北中研院近史所档案馆藏"赵恒惕先生档案",档号 58－003－002－001,第 23 页。

③ 李品仙:《李品仙回忆录》,台北中外图书出版社 1975 年版,第 56 页。时在湖南任记者的陶菊隐也回忆说,"当时论者认为,谭派军人多为师长或镇守使级",而"赵派军人多为旅团长级"。陶菊隐:《记者生活三十年》,第 95 页。

另一位任职湘军的保定军校毕业生龚浩的回忆稍不同,赵、李所说的"旧派"在他看来是"士官派,都是年纪较大的军人"。而新派又可细分为二:一是"保定派,都是保定学生";一是"干部派,是广西干部学堂出身,赵恒惕的学生"。保定派和干部派联合拥赵,士官派及其他无所属的则拥谭。龚浩特别指出,保定派"当时已有十六个团长,此外都担任营连长等中级干部",而拥谭派则"部下官佐素质较差"①。若不计细节的差异,当时湖南军官有新旧之分,且新派以保定军校毕业生为主是大家的共识。

赵恒惕以为,当年"新派军官因程度较高,遂渐成湖南军政之重心"。1923年谭延闿受南方政府命由粤入湘,旧派谋拥谭重握政权,唐生智等新派中坚认为,"如以旧派军官为中心,拥谭出任省长,则新派军官必遭排除"。事实上"湖南历次之得以靖乱自保,多赖新派军官之效力,旧系军人实不足以言安定内部而御外侮也"。后两派终开战,是为"护宪战争"或"谭赵之战",由于"新派军官之学识较胜于旧派",战争以新派获胜结束,拥谭的鲁涤平等退出湖南撤到广东②。

此次战争后湘军重新整编,由二师扩为四师,唐生智升任第四师师长。赵恒惕似将其注意力集中于"省内的各项建设,主要在轻徭薄赋与民休息"。在军事方面未曾继续"扩充部队,武器装备也没有什么增购"。但唐生智则不然,他先已在龚浩建议下联络全省十六位担任团长的保定同学,结拜兄弟,所有同谱兄弟家庭无论本省外省都由他接济,已形成以唐为领袖的团体,"有举足轻重之势"。此时更致力于军队的训练和充实。整编后湘军各师均辖二旅,独唐生智的第四师辖三旅,"在兵力上比其他的师几乎多一倍";其他三师各只有枪七八千支,而唐

---

① 沈云龙等:《龚浩先生访问纪录》,《口述历史》(台北中研院近史所),第7期(1996年6月),第89页。

② 郭廷以等,"赵恒惕(炎午)先生访问纪录","赵恒惕先生档案",第24-25页。

部有枪一万多支;再加上驻防衡阳,"防地广、财源足(军饷有廿多万,其他各区不过十几万)",又尽量从各处添购武器,终"成为湖南最大的势力"①。

赵恒惕已指出新派军官"学识较胜于旧派",而唐部军官更是"清一色保定同学",并因此与保定前校长蒋方震(百里)结下长期的联系,蒋百里本认为"湖南是中国的普鲁士",对唐生智也特别看重,因唐的关系而成为"湖南新力量的指导,大家奉之若神明"。实际上唐生智还真求助于神明,他"在军队中宣扬佛法作为精神教育,并令全体官兵一律入教",尊奉顾和尚为师。长期任其参谋长的龚浩对此很不以为然,他认为"唐信任顾,也是少读书之故。最初的动机,只想效法北方的基督将军冯玉祥,也来个佛教将军",以巩固其对军队的控制②。

湖南地处南北之间,不仅北方的冯玉祥成为效法对象,南方的两广也成湖南模仿的榜样。为打破湖南的防区制,时任赵恒惕参谋长的龚浩"建议仿照广西办法,将军财统一"。赵表示只要唐生智赞成就可以办。于是龚浩找到唐,得其同意后召开会议,"决定军队核实点验,每师派一团到省城接受训练,并仿行广东革命军的办法,请刘文岛为政治部主任。税收方面,由省统一办理,第一个月各师由省发饷,第二个月起由省收税发"③。

龚浩本是唐的谋士,拟请来的刘文岛亦保定毕业生,曾受过唐的馈

----

① 本段与下段,李品仙:《李品仙回忆录》,第58—59页;沈云龙等:《龚浩先生访问纪录》,《口述历史》第7期,第89—91、103页。

② 按唐生智后来投入国民党仍主张"佛化革命",其军队号称"大慈大悲军队",有"佛化省政府"、"佛化省党部"之说,曾引起教育会和通俗报馆等机构的反弹,此事尚未见专门研究,可参见李品仙:《李品仙回忆录》,第59—62页;陶菊隐:《北洋军阀统治时期史话》卷三,三联书店1983年重印三卷本,第1589页;《晨报》,1927年7月15日3版,10月18日6版,12月20日6版,12月27日6版,1928年2月24日6版。

③ 沈云龙等:《龚浩先生访问纪录》,《口述历史》第7期,第91页。

赠,后来更任唐生智驻广东代表。当时赵恒惕已有让位于唐的表示,若唐接位,这些"军财统一"的措施也对他控制全省有利,但赵唐之间的互不信任已较强,唐在会议之后又违反前言,两人之间的冲突乃无法避免。这里一个重要原因,即唐已和两广、特别是广西新政权有了较密切的接触。

先是赵恒惕派旅长叶琪于 1925 年冬访问广西,意在居粤之湘军程、谭两部,希望进则助广西攻广东,顺便消灭在粤湘军,退亦求广西在以后湘粤交战中保持中立。但此时广西已正式加入国民革命阵营,故一面以各种"新气象"予叶琪以深刻印象,一面四处散布叶琪是代表唐生智来商谈湘粤桂合作的消息①,并拉叶琪参加广西方面在梧州为国民政府代表汪精卫、谭延闿举行的欢迎会,最后叶还与谭一起访问广州。叶琪也是保定军校学生,此行本带有唐的书信,一些人大概也就弄假成真。其实在 1926 年 2 月中旬,唐生智自己也秘派代表至粤,与国民政府联络。不久唐正式电请广西方面在他进兵讨赵时派兵遥相呼应,并得到广西的允诺②。

赵恒惕外受南北压力(在双方对立日益明显的情形下湖南要保持"自治"并置身事外越来越困难),内为强势部下之"兵谏"所迫,乃于 1926 年 3 月初下令任命唐生智代省长;但长沙随即出现国民党推动的要求废除省宪、彻底改造湖南政局的市民游行。游行的举措提示着两

---

① 这一宣传大致是成功的,《申报》1926 年 3 月 5 日 9 版一篇署名铜驼的广州通信(2 月 24 日)就说叶琪是唐生智的代表。陶菊隐即说当时"我们在长沙所闻,叶琪确系唐生智的秘密代表"。参其《记者生活三十年》,第 108 页注二。但叶琪的访问和所谓梧州会谈都比李宗仁所述更为复杂,后面还会论及。

② 李宗仁:《李宗仁回忆录》,政协广西文史资料委员会 1980 年版,第 276—284、290—292 页。李宗仁并说,复起于湖北的吴佩孚对唐生智讨赵也持默许态度。以蒋百里与唐的特殊关系,当时又任职吴之总部,应能撮合此事。关于唐生智秘派代表至粤,见毛思诚编:《民国十五年以前之蒋介石先生》,香港龙门书店 1965 年重印本,第620 页。

广的新兴政治方式已传入湖南,也表明唐生智不接受"不彻底"的安排①。赵恒惕终不得不辞职出走,唐生智于三月中旬入主长沙。在下旬的军事会议上,唐生智逮捕第二、第三师师旅长等五人,杀其中三人,终导致湘军其他师的军事反弹。复因唐生智公开联合广东政府(3月25日两广代表白崇禧、陈铭枢已到长沙公开活动),反唐湘军得到吴佩孚的军事支持,唐生智在夹击下迅速败退,在广西援军的支持下才立足衡阳,保持其对湘南的控制直至北伐②。

当时广西全境已在李宗仁、黄绍竑和白崇禧为首的"新桂系"控制之下。李是广西陆小毕业,黄、白皆保定军校毕业,三人在旧桂系军队中仅至营连长级,不甚得志。后李、黄各带千余人的小部队起家,两次结合,其部军官以陆军四校同学为骨干,作战能力强,发展壮大较快。其势力兴起的转折点在1923年,先是黄绍竑部于1923年春与广东革命政府联络,受任为广西讨贼军,是年冬李宗仁部改称定桂军,两者名义上都以广西全境为目标,气魄上已非小区域割据之主。当年末,两军在驻防西江的粤军李济深部支持下消灭陆云高部,控制邻近广东的西江上游地区,成为沈鸿英和陆荣廷两大势力外的广西第三大力量。1924年春,陆荣廷和沈鸿英为争广西而战,李、黄、白等采取联沈倒陆的策略,乘陆、沈激战于桂林方向时一举占据南宁,不久肃清陆荣廷残部,正式组成统一的定桂讨贼联军,据地颇宽,在广西形成与沈鸿英对

---

　　①　《赵恒惕出走前之湘局》(3月10日长沙通信),《申报》,1926年3月15日,9版;陶菊隐:《记者生活三十年》,第109—113页。不过,蔡和森则认为,国民党提出废除省宪的口号不但没有帮助唐生智,反而可能将唐"推向反动派方面"。参见蔡和森:《在远东书记处1926年4月27日会议上的报告》,1926年4月24日,《联共(布)、共产国际与中国国民革命运动(1926—1927)》上册,第230页。

　　②　李品仙:《李品仙回忆录》,第66—70页;李宗仁:《李宗仁回忆录》,第292—295页。关于白崇禧、陈铭枢在长沙的活动,参见黄嘉谟编:《白崇禧将军北伐史料》,台北中研院近史所1994年版,第1—9页;《各公团欢迎陈、白两代表盛况》,《大公报》(长沙),1926年3月29日,第6版。

峙的局面①。

　　然而孙中山在北上与段祺瑞会谈前于 1924 年 11 月任命在粤桂军将领刘震寰为广西省长,令其率部返桂。李、黄、白等派胡宗铎赴广州向代元帅胡汉民表示强烈反对,黄绍竑也于 11 月到广州参加国民党,胡汉民乃以大元帅名义任命李宗仁为广西绥靖督办,黄绍竑为会办,白崇禧为参谋长。实际上,广东客军林立的状况不仅使广州政府号令不行,名实不副,更是广东不能安宁的重要原因:滇、桂、湘等省主政的军人都因有该省失势军队在粤而觊觎广东,总思一举解决后患。刘震寰和杨希闵两部是击退陈炯明拥孙中山返回广州的主力,故与孙关系密切,但他们与少壮新领导的关系就相对疏远。胡汉民告诉胡宗铎,对刘震寰的任命"不过是名义而已。我们不让他去,你们不让他来,就行了"。而驻扎西江的粤军李济深部本是李、黄、白的后盾,刘虽有图桂之心,却不能越李部而过,于是一面联络沈鸿英,一面邀约云南唐继尧。

　　唐本有意出兵广东解决(征服或收服)当地滇军,更思在孙中山北上后控制大元帅府,遂决定进兵广东,曾数派代表与李、黄、白部联络"借道"之事,并许以厚报,未得同意。沈鸿英则于 1925 年初主动向李、黄、白部发起进攻,反被后者于 2 月中旬攻占桂林。3 月中孙中山逝世后,唐继尧通电就任广东政府副元帅,号称要到广州视事。先期入广西的滇军龙云部已于 2 月下旬不战而据有南宁。至 4 月下旬李、黄、白部

──────────

　　①　本段与下两段,参见李宗仁:《李宗仁回忆录》,第 165—272 页;黄绍竑:《新桂系的崛起》,《文史资料选辑》第 52 辑,第 1—63 页;尹承纲等人的多篇回忆文章,收入《新桂系纪实》(《广西文史资料选辑》第 29 辑)上册,第 18—132 页;郭廷以等:《胡宗铎先生访问纪录》,《口述历史》第 7 期,第 63—68 页;莫济杰、陈福霖主编:《新桂系史》,广西人民出版社 1995 年版,第 1 卷,第 35—105 页;Diana Lary, *Region and Nation: The Kwangsi Clique in Chinese Politics*, *1925 - 1937*, Cambridge: Cambridge University Press, 1974, pp. 43 - 63; Donald S. Sutton, *Provincial Militarism and the Chinese Republic: The Yunnan Army*, 1905 - 25, Ann Arbor: The University of Michigan Press, 1980, pp. 284 - 285.

基本肃清沈部,乃回师攻击龙云,经昆仑关激战后将南宁包围。此时滇军唐继虞部又逼近柳州,李、黄、白部主力转向柳州迎击,于6月4日在沙埔血战,击溃唐部主力。滇军兵力虽众,然两路不能结合,终被各个击破;到7月下旬滇军全部退出广西,至此广西全境为李、黄、白部所控制。

　　"新桂系"能在这样短的时间里以少胜多、屡破强敌而统一广西,出乎多数人的意料。广东方面此前除粤军李济深部对"新桂系"的军事行动一直予以实际支持外,大约并未十分认真对待这支力量①。广西统一后,湖南赵恒惕和贵州袁祖铭的代表迅速到达广西,广东也于1926年1月派出以国民政府主席汪精卫和谭延闿、甘乃光为首的高规格代表团到梧州"慰劳",与"新桂系"领导人会谈。这次"梧州会议"外间传言甚多,各人所见不同,李宗仁等散布叶琪代表唐生智来谈合作的做法虽较成功;但在广东方面看来,这恰证实了"新桂系"倾向联省自治的印象(据说叶琪随汪、谭到广州后还因鼓吹联省自治与三民主义的共性而遭其保定同学邓演达面斥)②。

　　在叶琪和非国民党势力看来,这样的讲话应代表着湘、粤、桂三省合作的意向,而在邓演达等广州国民党人看来,这显然意味着不够革命的妥协倾向。的确,广西新当局在1925年曾专门派副官长吕竞存到北京联络段祺瑞,李宗仁也多次坚持要求"督办"的头衔,这都让广州的少

――――――――――

　　① 蒋介石在1925年4月27日即认为,由粤入桂与唐继尧军作战的滇军范石生部将"全军覆没。唐可能取胜。范军残部有的将投诚唐继尧,有的将四处逃散。李、黄二将军的队伍,其命运也是如此,所不同的只是他们的士兵有的将解甲归田,有的将加入土匪群"。加伦:《广东战事随笔(1924年12月―1925年7月)》,中共中央党史研究室第一研究部编:《共产国际、联共(布)与中国革命文献资料选辑(1917―1925)》(2),北京图书馆出版社1997年版(以下径引书名),第670页。

　　② 黄绍竑:《新桂系的崛起》,《文史资料选辑》第52辑,第35―37、49―50页;陈雄:《新桂系形成时期亲历忆述》,《新桂系纪实》上册,第95―96页。

壮国民党人感觉其与旧式军阀的接近①。但"新桂系"也确有其"新"，如叶琪对广西的群众运动便甚感新颖，尤其在群众大会上演讲获得热烈掌声和欢呼，使他颇受感动，体会到了什么是"革命运动"②。可知当时从"旧军阀"到激进的革命"新军人"之间有许多层次，在广东革命军人眼中仍偏"旧"的"新桂系"，在湖南军人眼中已相当新奇了。

　　"新桂系"之"新"更多表现在军事方面，即各级军官以军校毕业生为主，注重军事训练和战术运用。这是他们与旧桂系最大的区别，也是广东方面一些人从很早起即对其另眼相看的重要原因。李、黄、白在广东的主要支持者是李济深部粤军，尤其是其中的保定等四校同学③。李宗黄说，白崇禧等最初到广州谒见孙中山，"从事前的联络，届期安排，一切都由四校同学会为之代办"。广西驻粤代表陈雄便是保定军校毕业生，也是广州四校同学会会员④。邓演达在黄绍竑部初下梧州时即向孙中山报告说，该部"虽原有基干仅千余人，而其干部均系学生为多，皆青年有志之士，自命为广西陆军正派，目沈鸿英、林廷俊【俊廷】等人直为土匪流氓而不肯与为伍"⑤。

　　这样的身份认同和强烈的"正邪之分"感觉固因其所接受的新型军事教育，也源自旧桂系对他们的排斥。正因此，"新桂系"在推进军队新陈代谢方面有着较强的主动感，他们还在与滇军作战时就多次致电广

---

　　①　尽管黄绍竑已在1924年11月亲赴广州参加国民党，苏俄军事顾问加伦将军在1925年初仍视其为军阀，他的军事报告说，"广西东部为两个军阀所瓜分，一个在西江以东，一个在西江以西，双方对广州都持友好中立态度"。这"两个军阀"即是李宗仁和黄绍竑。加伦：《军事政治形势》，1925年1月10日，《共产国际、联共（布）与中国革命文献资料选辑（1917－1925）》(2)，第636页。

　　②　李宗仁：《李宗仁回忆录》，第278页。

　　③　黄绍竑：《新桂系的崛起》，《文史资料选辑》第52辑，第2—4页；尹承纲：《李宗仁起家经过》，《新桂系纪实》上册，第18—20页。

　　④　李宗黄：《李宗黄回忆录》（三），第37页。

　　⑤　邓演达致孙中山，1923年7月29日，转引自莫济杰、陈福霖主编：《新桂系史》第1卷，第54页。

东国民党中央领导，要求以军事手段取缔在粤滇军杨希闵和桂军刘震寰，并表示愿抽调军队入粤助战。后广州的杨、刘之役出乎意料的在数日内顺利解决（详后），广西军队又协助广东以武力解决了由湘西转入广东的建国川军熊克武部①，并积极参与对粤南邓本殷和驻钦廉之桂军申葆藩之战，协助以少壮派为主的新广州政府确立对广东的全面控制②。

　　在此基础上，白崇禧和黄绍竑在 1926 年初先后到广州谈判，终于在 3 月中旬达成协议，正式对外公布了两广的统一，使刚刚获得对广东真正控制的广州国民政府管辖范围扩大到两个省。两广的统一与北方的混战适成鲜明对照，其实也是象征意义超过实质意义。广西方面成功地保持了军事、党务、政务的基本独立，但其希望与广东实行财政统一借以"沾光"的设想也被否决，同样不得不"自理"。后者使广西方面相当失望，因广西的天下基本是他们自己打下的，现在拱手"送"给中央，所得回报甚少。被任命为广西军务督办的李宗仁后来认为，迫使广西财政自理的先例使"国家法度全失"，此后经济丰裕的省份如湖南等在纳入国民政府治下时也循例要求自理，"闹出各省割据之局"，而始作俑者竟是中央政府自己③！其实党政等自理对以党治国的国民政府

---

　　① 值得注意的是，在 1925 年 4 月底广东国民党核心圈子的讨论中，老同盟会员熊克武率领川军入粤被认为是唐继尧图粤的第五纵队。加伦：《广东战事随笔（1924 年 12 月－1925 年 7 月）》，《共产国际、联共（布）与中国革命文献资料选辑（1917－1925）》(2)，第 678－679 页。

　　② 李宗仁：《李宗仁回忆录》，第 258－261 页；黄绍竑：《新桂系的崛起》，《文史资料选辑》第 52 辑，第 45－47 页；郭廷以等：《胡宗铎先生访问纪录》，《口述历史》第 7 期，第 67－68 页；莫济杰、陈福霖主编：《新桂系史》第 1 卷，第 106－113 页。鲍罗廷充分肯定了广西军在南征中的作用，他认为如果没有广西援助，"结局对我们来说可能是凄惨的"。鲍罗廷：《在联共（布）中央政治局使团会议上的报告》，1926 年 2 月，《联共（布）、共产国际与中国国民革命运动(1926－1927)》上册，第 141 页。

　　③ 黄绍竑：《新桂系的崛起》，《文史资料选辑》第 52 辑，第 51－57 页；李宗仁：《李宗仁回忆录》，第 284－289 页。

"法度"至少是同样的挑战,李氏晚年的总结更多反映出其当年失望极深,也伏下"新桂系"后来与中央疏离的潜因。

在各自都外临强敌的情形下,两广的统一对双方的自保都有明显的好处;从南北对峙的视角看,两广统一对外的象征性威慑作用尤其不可低估。不过,那时大概很少有人能预计到不久后国民政府北伐能迅速取胜,所以广州未必具有充分的中央政府心态,仍更多关注广东一省,而广西也并不完全服从和依赖其拥戴的中央。在正式参与国民革命的同时,广西方面也在努力与云南唐继尧修好,并联络自1926年春实际执政贵州的周西成,在湖南则"因唐方多是同学"而明确支持唐生智①。广州的新政权也正在努力巩固其对广东的控制,这一控制的取得主要通过两次东征陈炯明及肃清杨、刘等客军。

在过去明显受国民党意识形态影响的历史叙述中,这些作战都是以"革命"讨伐"反革命"为基调的;其实从陈炯明到刘震寰、熊克武等,皆从同盟会时代就参加"革命",杨希闵也从"二次革命"时便进入革命阵营,在国民党"一大"上当选为中央委员,其革命资格并不算浅②。与"新桂系"在广东革命者和湖南将军叶琪的眼中的新旧差距相类,这些"反革命"力量虽不时与北洋方面联络,然在外间特别是北方人看来,恐怕还是"革命"的一面偏多。杨、刘等以客军身份驻扎广东,时常不免因资格老势力大而以客凌主,且其治军方式偏旧,故若将东征、杨、刘事

---

① 黄绍竑:《新桂系的崛起》,《文史资料选辑》第52辑,第62页。

② 曾济宽当时即说:"我曾记得我们做留学生的时代,也曾听见熊克武、余际唐这一般忘〔志?〕愿陆海军的人,抱匡时救国之志,加入推倒满清之同盟会。曾几何时,自许为革命军人之熊、余,遂以反革命之罪名见弃于国民。即如今日大多数之军阀,曷尝不是当日高唱爱国之志士,何前后竟判若两人!"曾济宽:《读过了日本东京寄来一封信后的感想》,《国民革命汇刊》,孙文主义学会编,第1卷(1926年1月),第99页。曾氏的出发点虽不同,其所云却表明这些人本是"革命军人",不过最近才成为"见弃于国民"的"反革命"。

件,驱逐熊克武,讨伐邓本殷等一系列作战合观,其一个共相便是以军校学生为核心的新兴军队以武力取代旧式军队,或也可视为南方革命阵营自身的军事新陈代谢。

　　国民党在 1923 年末改组联俄以后,军事上最大的变化是在苏俄顾问的提议和资助下开办了黄埔军校,并在此基础上创立了国民党自己的武装。在此之前,从同盟会时代以来,孙中山等革命党人主要采取的是"运动"会党和既存军队的方式,并不十分成功。蒋介石在 1923 年 8 月以为,中国革命"不能藉今日南方之革命军为主力军",因为这些军队"囿于一城,已成为地方军队,不惟无革命之精神,而且借革命名义以谋其私人之权利。流弊至极,其障碍革命之为害,实甚于北方军阀之抵抗吾革命"[1]。孙中山也分享着既存"革命军"不可靠的观念,他稍后在黄埔军校开学典礼的演说中说:中国革命十多年不能成功,就是因为"只有革命党的奋斗,没有革命军的奋斗"。尽管"现在同我们革命党奋斗的军队"并不少,他却"不敢说他们是革命军"[2]。

　　孙中山决心通过黄埔军校的开办"把革命的事业重新来创造,要用这个学校内的学生做根本,成立革命军"。他特别指出,作革命军"不是专从学问中求出来的",盖"革命是非常事业,不是寻常事业,非常的事业决不可以寻常的道理一概而论。现在求学的时代,能够学得多少便是多少。只要另外加以革命精神,便可以利用"。孙承认,就军事因素言,黄埔军校不能与保定军校和陆军大学比,故要战胜北洋军阀,"根本上还要有革命精神",而革命精神之"秘诀就在不怕死"。人人都要作"一个不怕死的革命军人",视死如归,立舍身成仁之志,就"能够一百人

---

　　① 蒋介石:《致苏俄党政负责人员书》,1923 年 8 月 5 日,台北"国史馆"藏蒋中正档案(以下简作蒋中正档案),档号 2010.10/4450.01—001—1。
　　② 本段与下段,孙中山:《陆军军官学校开学典礼的演说》,《孙中山全集》(10),中华书局 1986 年版,第 291—299 页。

打一万人，用一万人打一百万人。假若我们现在有一万人的革命军，马上便可以定中国"。这样的革命奋斗，"是古今中外各国兵法所没有的，只有革命历史中才有这种创例"。

这的确是黄埔精神的鲜明写照。黄埔生多系各地主动投军的热血青年，并不要求入校前的军事教育，入校后只半年就毕业，其在校半年间学习也不十分正规，故其特有的素质正体现在不怕死的"革命精神"，这也是黄埔军与其他军队的重大差别。民初社会变动甚剧，当兵"吃粮"已成为一条生活的重要出路。但当兵既为"吃粮"，则作战时必以自保为目的。以北伐前后的军事装备和技术而言，尤其在多数领军作战者常怀保存实力之心时，"不怕死"常是决定胜负的第一要素，在此基础上树立起来的"能战"之名往往能够起到使对手"闻风丧胆"的作用。黄埔校军首次作战即1925年初的第一次东征，正是在那次战斗中树立起了不怕死的名声。

陈炯明在孙中山北上后有意重返广州夺权，广州大元帅府决定主动实施东征。作战开始前孙中山尚在世，杨希闵素得孙信任，其所部滇军实力也最强，被任命为联军总司令，担任左路进攻，桂军刘震寰担任中路，而许崇智部粤军和黄埔校军为右路军。因左、中两路并不积极，实际作战主要在右路进行。正像那时多数人没有预料到"新桂系"能以少胜多击败军威甚壮的唐继尧军一样，东征时大概也很少有人想到小规模的黄埔校军和部分粤军竟能大破陈炯明军主力①。

参加东征的黄埔校军仅两教导团及学生队约三千人，据文公直观察，官兵皆"怀抱为主义而奋斗之决心，以为能杀敌，虽死亦不足计"。尤其在2月15日冒死进攻淡水，一战闻名，"黄埔两教导团能战之名自

---

①　本段与下两段，参见文公直：《最近三十年中国军事史》第三编，第233—252页（下段引文在第234—235页）；陈训正：《国民革命军战史初稿》，卷一，第125—292页；毛思诚编：《民国十五年以前之蒋介石先生》，第370—425页。

此始"。香港《华字日报》也说："此次蒋介石督率学生军二三千人,长驱攻入潮汕,观者皆叹学生军临阵骁勇,而不知淡水、揭阳两役,学生军葬身枪炮之林者,已逾千人。盖蒋每次作战,皆驱学生军打前锋,故死伤独多也。此等少年军人若确自动的为主义而死,本来值得褒赞。惟闻其中十之六七,皆强迫入伍者。"①该报亲陈炯明的倾向明显,虽欲否定学生军是"自动的为主义而死",终不能不承认学生军"不怕死"这一事实②。从1月下旬到3月下旬,右路军连战连捷,基本控制了东江地区,蒋介石被任命为潮汕督办,是为国民党中央真正"染指"的第一块"地盘"。黄埔校军也正式扩编为国民党"党军"第一旅,何应钦升任旅长。

　　杨希闵和刘震寰长期以来对陈炯明部采取的是养虎自重策略,故多次参与讨陈而屡不积极。然而这一策略的要点是"虎"的存在,一旦陈部受重创而虎威不再,则杨、刘本身的存在价值也就锐减。东征初胜,以黄埔校军和粤军结合的右翼东征军声威大震,适孙中山逝世而"三角同盟"废,继任的国民党新军政领袖不仅与北方的军政联系剧减,其与驻粤客军的关联也相对疏远,乃挟战胜之威,回师攻击杨、刘。后者本是1922年击退陈炯明拥孙中山返回广东的主力,孙若在世或不致决裂;反过来,杨、刘自恃功高势强,孙在世时已呈尾大不掉之相,对孙之继任者更不放在眼里。其东征之役采取引而不发之势,已是无视大元帅府之举;更重要的是在唐继尧表明入粤夺权之意后,刘震寰公开表示了对唐的支持,希望能借此返桂掌权③。

────────

①　《蒋介石招学生军之内幕》,《华字日报》1925年3月23日,转引自陈定炎:《陈竞存(炯明)先生年谱》,第888—889页。
②　按东征一役,黄埔生(一至三期)2327人中战死者即达217人,约近十分之一。参见罗志田:《南北新旧与北伐成功的再诠释》,收入其《乱世潜流:民族主义与民国政治》,第211页。
③　本段与下段,Sutton, *Provincial Militarism and the Chinese Republic：The Yunnan Army*, 1905-25, pp. 285-287.

本来杨、刘对唐继尧入粤夺权态度不同,杨希闵是滇军顾品珍的部下,原与唐继尧对立,且解决杨部恐怕还是滇唐入粤的重要动机。然而在国民党内部却始终担心杨部会与刘震寰部一起在广州以政变方式夺权,然后配合唐继尧(以副元帅身份)统治广东,对杨、刘有着整体的不信任。本可分而对付甚至使杨、刘对立的局势却未加利用,也表明国民党新领导群在东征初胜后自信上升。在 4 月底的讨论中,蒋介石和廖仲恺都主张与唐继尧妥协,让其入主广州,而将革命根据地东迁至粤东,以巩固新获得的地盘(蒋明确指出让已得地盘的将领离开防地去打一次无希望的仗非常困难),并向闽南发展。待唐继尧与留驻广州一带其余客军和粤军发生内讧时,再回来收复广州。但鲍罗廷反对这一计划,主张在唐继尧逼近广东前倾全力击溃在粤之滇桂军。蒋、廖被说服后,许崇智又反对,仍主向福建发展。但鲍罗廷的意见最后获得通过,并确定了此役由蒋介石指挥①。

正像杨、刘讨陈不积极而丧失其地位一样,许崇智对讨伐杨、刘的消极态度成为其后来失去军事指挥权的重要潜因——蒋败自然无话可说,许既得地盘也保留了与各方斡旋的余地;若蒋胜则功勋与声誉俱增,局势就将完全不同。值得注意的是当时所有各方皆预计唐继尧会轻易消灭广西军队并迅速抵达广州。可知"新桂系"击败滇唐大军是整个南方局势至关重要的大逆转,它决定了北洋的对立面由"西南"向"南方"的地域转变,促进了广东新兴力量解决杨、刘的决心并确保其在没有外敌威胁的形势下完成。到 5 月初,范石生发回的电报表明广西军事发展与所有人预料的相反,"新桂系"正取得胜利。在唐继尧的威胁不复存在后,苏俄顾问及其支持者提出肃清客军以扩大地盘、增加税收、实现广东人统一广东的口号,以区域意识和物质利益为讨伐杨、刘

① 本段与下段,加伦:《广东战事随笔(1924 年 12 月—1925 年 7 月)》,《共产国际、联共(布)与中国革命文献资料选辑(1917—1925)》(2),第 669—691 页。

的驱动力①。

　　鲍罗廷注意到粤籍军政人物中一个长期流行的观点,即"广东人的广东"。孙中山和陈炯明的一个主要矛盾就是孙始终考虑全国问题,而陈则侧重广东一地,主张先把广东建成模范省,然后再考虑其他地区②。蒋介石更早在1924年即看出,"今日驻粤客军,日谋抵制主军,以延长其生命,跋扈之势已成"。对此"如不谋所以消弭之道,未有不可为吾党制命伤者"。故粤局"不患在外敌之强,而患在内部之杂";国民党"不患在对外之难,而患在治内之艰"。他那时向孙中山提出的对策与陈炯明的先内后外取向实相近,即"姑不必就全国着想,而当为粤局急筹补救之方"③。既存此见,蒋此时自能赞同利用广东地方意识讨伐杨、刘之策。

　　蒋、鲍二人确有所见,6月初开始的讨伐杨、刘之役顺利得出人意料,实际战斗不及十天就以大元帅府方面的完胜结束④。杨、刘两部本

---

　　① 过去国民党及受国民党影响的史学叙述多称杨、刘"叛乱",实际上讨伐杨、刘的决策早在4月初已制定,实在杨、刘有"叛乱阴谋"之前,此役更多可视为革命阵营内部的新陈代谢和权势转移。蒋介石当时说:打倒杨、刘,"岂止为他们把守地盘,把持财政,最要的原因,他最大的罪恶,还是因为他们联络北方军阀段祺瑞、勾结云南土酋唐继尧,还要与香港政府勾通,甘心做卖国奴,服从香港帝国主义者命令来推翻我们革命根据地"。蒋介石:《在军事委员会讲演》,1925年7月26日,收入贾伯涛编《蒋中正先生演说集》,上海三民出版部1925年版,第100—101页。其实主要是因为杨、刘不听命于新政权,刘震寰也有配合唐继尧夺权之意,再次则确为把守地盘和把持财政。其余两项是今日多数史学论著关于此事的基调,然而香港不过为这些人开会的地点,联段则孙中山比杨、刘有过之而无不及,谈不上多大"罪恶"。

　　② 鲍罗廷:《在联共(布)中央政治局使团会议上的报告》,1926年2月,《联共(布)、共产国际与中国国民革命运动(1926—1927)》上册,第108—110页。按鲍罗廷是个长期从事实际工作的革命者,他虽然认为实行"广东人的广东"这一口号是"堕落",但并不影响他利用这一口号来吸引粤军参与打击杨、刘(参见前引加伦的叙述)。

　　③ 蒋介石致孙中山,1924年3月2日;蒋介石致廖仲恺,1924年3月14日,均收在毛思诚编:《民国十五年以前之蒋介石先生》,第238、242页。

　　④ 参见《陆海军大元帅大本营公报》第14号的各项文件,收入黄季陆主编:《中华民国史料丛编》,台北国民党中央党史史料编纂委员会印,1969年,第12册,第6549—6748页;陈训正:《国民革命军战史初稿》,卷一,第298—301页;毛思诚编:《民国十五年以前之蒋介石先生》,第429—451页。

身未必行动一致应是其失败的重要原因，而地方意识也起了相当重要的作用。黄埔校军的宋希濂观察到，广州市民久受客军盘剥，闻其败而奋起，"多有持铁棒、菜刀、扁担等为武器，将其击毙，为数颇多"。身逢其事的滇军将领李宗黄更形象地描述说，广州市民因"近几年了受够了客军盘踞欺凌压榨的恶气，一旦有了可乘之机，无不怒眉横目……揭竿而起，但知泄忿雪耻，见到了戴红边军帽的滇军是一拥而上，挥刀猛砍，甚而至于用牙齿一口口咬死人"①。

杨、刘的覆灭使广东军政局势发生根本的改变，党军利用杨、刘溃散后的兵员军械，一举由一旅扩编为两个师。有此基础，大元帅府随即要求统一广东民、财两权（即要各军交出其所控制的地方行政权和财权），并正式决定成立掌管全国政务的国民政府、废除地方军称号而改组为统一的国民革命军。国民政府于7月1日正式成立，得到苏俄顾问支持的汪精卫担任主席，对讨伐杨、刘不积极的代元帅胡汉民退居外交部长，许崇智任军事部长，然已失去实际统兵权。数日后成立了由八人组成的军事委员会，主席仍是汪精卫②。以具有正式国家政府名义的国民政府取代临时性的大元帅府当然有其长远的建设性意义，但在当时恐怕也是着意于告别"大元帅"体制的一种权宜举措——"大元帅"

① 宋希濂：《大革命时期统一广东的斗争》，《文史资料选辑》第77辑，第96页；李宗黄：《李宗黄回忆录》（三），第112页。按李宗黄时任滇军范石生部参谋长，留守广州。因范石生部主力在广西参与对抗唐继尧之战，李部本身未受打击，但李还是在事变后随即避难上海。毛思诚所编书也记载了类似情形，黄埔军本也结红领带，因避民怨株连乃不得不取消。蒋介石对此甚为愤怒，与宋希濂基本以赞扬的口吻叙述此事态度相当不同，他或许已感觉到广东地方意识同样可以延伸到针对黄埔军。参见《民国十五年以前之蒋介石先生》，第451页。

② 关于国民政府和军事委员会组建的一系列相关法令均收入《中华民国国民政府公报》第1号（1925年7月1日），国民政府秘书处编、文官处印；并参见陈公博：《苦笑录》，李锷注，香港大学亚洲研究中心1979年，第22－29页；曾庆榴：《广州国民政府》，广东人民出版社1996年版，第135－141页；陈训正：《国民革命军战史初稿》，卷一，第301－303页。

体制既然不复存在,唐继尧欲以副元帅入主广东之正当性也随之而逝。

不过,统一财权对参与讨伐杨、刘各军来说意味着原来用以作为驱动力的税收等物质利益落了空,而杨、刘的消失使作为另一驱动力的地方意识也转换了针对目标,因为"客军"的定义可以是广泛的,与其讨伐对象陈炯明粤军相比,黄埔军本身也不脱"客军"意味,只是没有其他客军那样鲜明的地域色彩罢了①。未曾参与讨伐杨、刘的许崇智已基本失去兵权,他和梁鸿楷、魏邦平等原在孙、陈之间亲孙中山的本地土军将领都具有危机感,遂在"土军排斥客军"的口号下结合在一起。他们对再次东征陈炯明并不积极(这也可能是师法杨、刘"养虎自重"的策略),甚至不排除与陈炯明部联合的可能,因陈部亦土军也②。

在此背景下,我们一般史学论述中主要视为国民党左、右派斗争的廖仲恺被暗杀事件就与土客军之争发生了密切关联,而争夺的核心利益正是消灭杨、刘之后如何支配广东的"财权"。当时就敏锐地注意到这一"土客矛盾"及财权问题的鲍罗廷说,梁鸿楷等粤军将领为实现"广东人的广东",自消灭杨、刘后即"试图夺取政权。对他们来说,政权首先表现在财权上。政治委员会任命的财政部长是廖仲恺,这就是说需要排除廖仲恺,于是他们就把他干掉了"。但"客方"在这一次的权势争夺中显得更高明,他们利用许崇智和胡汉民两位粤人的矛盾,以放逐胡的方式换取许对解除粤军梁鸿楷部的默许,于 1925 年 8 月成功地将梁

---

① 陈独秀在解释广州讨平杨、刘之战并非"粤军排斥客军之战争"的"误解"时举例说,这次"参加讨伐杨、刘的,不但有谭延闿所统率的湘军和蒋介石所统率的教导团,并且还有朱培德所统率的滇军,这绝对说不上是什么排斥客军的话"(陈独秀:《广州战争之意义》,1925 年 7 月,原载《向导》,收入任建树等编:《陈独秀著作选》,上海人民出版社 1993 年版,第 2 卷,第 889 页)。此语实已明确了黄埔军的"客军"性质。

② 本段与下段,鲍罗廷:《在联共(布)中央政治局使团会议上的报告》,1926 年 2 月,《联共(布)、共产国际与中国国民革命运动(1926—1927)》上册,第 108—116 页,下段引文在第 111 页。

部缴械①。

梁鸿楷部有上万人的兵力，是当时国民政府治下粤军中最强者。与此同时，黄埔军在李济深部粤军的配合下，将东莞郑润琦部、石龙莫雄部、广州梁士锋部粤军缴械；梁、魏等被捕，失去基础的许崇智被迫出走。党军利用粤军力量再次扩编一个师，不过数月的时间，黄埔军从东征开始时的两个团扩充为三师九团②。许、梁、魏等的失势意味着广东驻军的新陈代谢以激烈的方式又迈进一大步，当地军事形势完全改观。梁鸿楷部等被缴械后数日，新成立的国民政府正式组建国民革命军五个军，党军为第一军，蒋介石任军长，除李福林军之外的粤军组成第四军，李济深升任军长，这两军是国民革命军的主力。

1925 年秋，以第一、第四两军为主进行了二次东征，至年底完全占领东江地区，陈炯明余部溃退入福建。其间国民政府在新桂系军队支援下首先解决了熊克武的建国川军，10 月，又以朱培德第三军、第四军陈铭枢师和谭延闿第二军一部组织南路军和广西军队一起讨伐邓本殷，至 1926 年初南征结束，国民政府第一次真正控制广东全省。不过，黄埔军在某种程度上是地域色彩不明显的"客军"这一点并未改变，也意味着其走出广东的潜在必要性。稍后包括黄埔军在内的所有"客军"皆参与北伐，先后离开广东寻求发展，多少也受到上述土客矛盾的影响。

以两次东征为核心的一系列争战在许多方面都是重要转折点，最能体现广东革命阵营内部的新陈代谢。从地域视角看，它代表着地域色彩明显的"客军"从广东军政事务中淡出（余下的区域"客军"基本不具备挑战政府的能力，多半也无此愿望，但图自保而已）；从军事角度

①　尽管廖仲恺亦粤籍，但他此时更多代表着国民党和国民政府"中央"的利益，亦即在"土客矛盾"中站在"客"方一边。

②　关于土客矛盾及解决粤军，并参见宋希濂：《大革命时期统一广东的斗争》，《文史资料选辑》第 77 辑，第 98－104 页。

看,它标志着黄埔军声誉的确立和一批军校训练的广东少壮将领的兴起①。就国民党及其主导的整体革命事业言,它见证了孙中山时代的结束(这一结束是广泛的:孙本人的弃世及国民党新领导层的形成是一方面;更直接的转变是孙的最大挑战者陈炯明势力的终结以及与孙陈相争有关的一系列反陈军人、包括粤军内部的许崇智和客军的杨、刘,皆随之退出权势争夺第一线)和后孙中山时代的开始。所有这一切转折中的新兴因素都与蒋介石多少相关,他不久即在国民革命事业中疾速上升,显非无因而至。

东征结束后不久,陈潜、李宗仁、唐生智部先后成为国民革命军第六至八军,各军基本受国民政府节制。两广和湘南的结成一体意味着南方的军事新陈代谢告一段落,随着各地新兴少壮军人的崛起,过去的"西南"色彩也基本褪去;广西已无旧桂系,有功劳势力大的在粤客军纷纷被灭,过去作用不大力量较弱者反得以保存(主要是湘军,然后来也均逸出广东,且因与唐生智有约在先,皆未能染指湖南)。粤军在一定程度上也有类似的演变,许崇智所属各部除一直亲黄埔的陈铭枢旅成建制地转入第四军扩大为第十师外,余多被"消化",反倒是非核心而实力有限的李福林部保存较久②。

大体而言,南方的军事新陈代谢中,广西和湖南的军事领导人以保定军校毕业生为主,且作用明显。广东也有相当数量的保定军校毕业生发挥实际指挥作用,但作战方面的作用或相对不那么明显,或较少为

---

　　①　北伐时期粤军出身的名将如邓演达、陈铭枢、张发奎、叶挺、薛岳等在东征时为旅团长级骨干,然皆未见于丁文江叙述到1924年底的《广东军事纪》(收入荣孟源、章伯锋主编:《近代稗海》第6辑,第431—458页)。

　　②　最缺乏"革命"性的李福林部从未得到国民党中央和国民政府的信任,从1925年讨伐杨、刘之前开始,长期被列入拟缴械消除的名单之中,然因其实力太有限,每次都因重要性不足而暂予保留,直到北伐仍存在。加伦:《今后南方工作展望或曰1926年国民党军事规划》,1925年9月(罗按:据内容看,写作时间应为6月),《联共(布)、共产国际与中国国民革命运动(1926—1927)》上册,第197—202页;鲍罗廷:《在联共(布)中央政治局使团会议上的报告》,同前书上册,第109页。

当事人所述及①；这里除黄埔军校的作用外,一个重要原因可能是有苏俄军事顾问在起作用②。与此同时,国民党本身的新陈代谢也围绕着新领导中心之确立在进行,苏俄顾问和当时加入国民党的共产党人在其中起着重要的作用,但仍有不少超出国民党左右之争和国共之争的因素需要考察③。

第五节　中山舰事件与广州政局的新陈代谢

孙中山的逝世和广东两次东征的胜利加速了国民党内派系的新陈代谢,更早的转折点是 1923 年末开始的联俄与国共合作。国民党在 1916 年后因宋教仁被刺及其他主要领袖被迫流亡国外,一度与国内的政治文化主流疏离。新文化运动期间,国民党也大体上在运动之外④。

---

①　前引广西、湖南两省军人的回忆录基本是一开始就叙述旧军队与军校生的矛盾,但党军体系的军人则较少述及其与四校的关联(其实蒋介石也有保定渊源,而早期党军高级将领也多四校同学),或因北伐及其后具有"天子门生"认同的黄埔系与其他系统军人之间的持续矛盾致使其历史记忆的无意识压抑,当然也不排除有意不述。

②　具体有多大作用尚待考,盖作为东征主力之一的粤军似较少得到苏俄顾问的具体指导,但整体的作战部署有苏俄顾问参与是无疑的。孙科在很多年后认为,当年苏俄援助的顾问(咨询参谋)作用超过其军火及货币的物质支援(这是孙科在 1966 年一次采访中对研究北伐的美国学者朱丹所说,参见 Donald A. Jordan, *The Northern Expedition: China's National Revolution of 1926 - 1928*, Honolulu: University of Hawaii Press, 1976, p. 302, note 6)。

③　尽管国民党"左派"和"右派"在当时言说中和后来的研究中都是非常习见的标签,但在当年苏俄、中共和国民党本身三方的认知中,包括领袖层次在内的"左派"和"右派"的人员构成并不完全相同,而且一直处于波动变化之中。在承认其确实存在的前提下,使用这类术语尚须谨慎。同时还要认识到,那时的"左"和"右"本身就是相对的和多层次的,即使在特定一方的认知中,通常"左派"和"右派"的内部也都还可有进一步的左右之分。

④　参见罗志田:《"二十一条"时期的反日运动与辛亥五四期间的社会思潮》,收入其《乱世潜流:民族主义与民国政治》,第 97—98 页。

其在地域上既未能偏安于一隅,思想上亦基本疏离于新文化运动这一主流,实处于一种相对边缘的地位①。正是 1923 年－1924 年的国民党改组转变了国民党在全国的形象及其在全国思想言说中的地位,尤其联俄一点恰是胡适等一些西化自由主义者肯定国民党之处,知识精英的认可使国民党与五四新文化运动主流部分汇合②。

　　国民党的成员组成和领导核心也因改组而有较大的改变。国民党第一次在中央委员会里设置了青年部,凸显了对知识青年的重视,在接受共产党集体加入的同时成功地吸收了大量的边缘知识分子③。由于国民党元老大多反对联俄容共,故主动或被迫逐渐疏离于党的权势核心。结果在广州出现一个由孙中山的文武幕僚及亲戚组成的新领导核心:胡汉民、汪精卫、蒋介石、陈友仁和邓演达均是孙的文武幕僚,孙科、宋子文和孔祥熙则是孙的亲属。在联俄容共之前,这些人除资格较老的胡、汪外大多不过是孙中山身边工作人员而已。其在党内的地位,多因与孙的关系而致。

　　广东的局势有其特殊的复杂之处:毗邻的香港在经济上与广东已渐成一体,然港英当局又提示着帝国主义的具体威胁;苏俄的顾问和援助是外国势力在广东的直接体现,并带来明显的“世界革命”意味。1925 年的“五卅事件”和 6 月“沙基惨案”影响了广州的政局,外患的深

---

　　①　最明显的表征,就是国民党领袖孙中山那时也拟对时局“取消极态度”而“暂不过问”。参见孙中山致孙科、汪兆铭致梁士诒,均转引自吕芳上:《革命之再起:中国国民党改组前对新思潮的回应(1914－1924)》,台北中研院近史所,1989 年,第 22 页。

　　②　参见罗志田:《北伐前后胡适政治态度之转变》,收入其《乱世潜流:民族主义与民国政治》,第 233－238 页。

　　③　边缘知识分子恐怕是 20 世纪 20 年代唯一一个参与意识既强,其数量又大到足以左右其所在政治运动的社会群体(知识分子参与意识强而数量有限,工农人数多而参与意识不甚强)。参见罗志田:《近代中国社会权势的转移:知识分子的边缘化与边缘知识分子的兴起》,收入其《权势转移:近代中国的思想、社会与学术》,湖北人民出版社 1999 年版,第 236－237 页。

化增强了"一致对外"的必要性,促使国民党的权势竞争尽快达成一个结果①;两次事件促成的民族主义情绪显然有助于国民党权力争斗中偏于激进的一派掌权——反帝的要求愈迫切,苏俄援助的重要性就愈得到凸显②。另一方面,大量边缘知识青年从全国各地涌入广东这一革命基地固然增强了国民党的全国性,也使前述广东"客籍"成分林立的状况进一步复杂化。这么多饱含冲突对立的外国和外省的新老因素聚集于广东一隅并相互纠缠争夺,使广东在某种意义上变成他人之战场,凸显出外来者的"客籍"共性,又与原处竞争中的各类新旧本土因素产生了矛盾。

当年的"土客矛盾"中隐伏着一个潜在但至关紧要的大问题,即究竟哪一方面才具有统治广东的正当性。大元帅时代的广东是所谓非常时期,可以不言法度。而国民政府却正式举起"国家中央政府"的大旗,以中央政府名义而号令不过刚及广西,且因不允广西在财政

---

① 陈独秀当时就注意到,革命阵营内对讨伐杨、刘之战有不少"误解",在此基础上"发生一个共同的错误见解,即是:五卅惨变起广州政府即应停止内争一致对外"。持此主张者并进而"拿一致对外的理由来非难广州政府讨伐杨、刘"。他解释说,"当外人压迫我们之时,在理论上,我们一致对外是必要的,是应该的;这时不去对外,反以武力对内扩张自己的势力与地盘,当然是万分混账";但杨、刘等"在内的敌人"却"要勾结外人一致对内",如果"杨、刘叛军得了胜利,迎来滇唐占据广州,即是英日势力占据了广州,则南方的爱国运动不是根本消灭,便是大受屠杀";只有平定杨、刘,"国民党政府才能够支配广州,广州才能够变成了与上海同样是中国反帝国主义的两个重镇"。故此时说"什么'停止内争一致对外'便是帝国主义奸细的宣传"。这样费尽周折地陈述"攘外必先安内",恰凸显出"一致对外"口号在那时造成的压力。参见陈独秀:《广州战争之意义》,《陈独秀著作选》第2卷,第889—891页。
② 蒋介石对此有充分而清晰的认识,他在1926年初论联俄的意义说,"现在中国问题,完全是一个世界问题",故"中国革命完全是世界革命;我们要中国革命成功,一定要联合世界的革命同志,才能打倒世界的帝国主义"。由于"苏俄是世界革命的策源地,亦是世界革命的中心点",故联俄就是"联合世界革命党"。蒋介石:《再论联俄》,1926年1月10日,收入《蒋校长演讲集》,(广州)中央政治军事学校,1927年,第13—14页。

方面"沾光"而自失"国家法度"(前引李宗仁语),其统治的正当性原本有限。当时又是各省"自治"主张流行的时代,广东人的地方意识决不弱于他省。国民党曾利用这一地方意识讨伐客籍的杨、刘,但当其需要树立中央政府的权威时,广东地方意识却成为其统治正当性的一个强力障碍。

　　蒋介石1925年7月在军事委员会分析当时的局势说,全国整体上有南北之分,在南方有革命军与反革命军阀之分,在广东内部还有真革命军和假革命军之分。帝国主义惯用其买中国人打中国人之策,当时已"愈用愈精了,不但是他们买北军来打南军,买反革命的军阀来打革命军,还要买假革命军的军队,来打真革命军"①。从国民党立场言,这一分析对各种力量的划分可以说相当清晰,却未曾述及至关紧要的土客因素(也可能是正式演讲中不便言及)。在孙中山逝世后的大半年中,广东权势演变的大趋势即以国民党和黄埔军为核心的新型"客籍"势力击溃相对偏旧的"客军"和本土军,用蒋介石的词汇表述就是"真革命军"打垮了"反革命军"和"假革命军"。

　　然而这一权势转移实在太快,数月间权力核心的人事更迭和军事将领的新陈代谢频繁得使人眼花缭乱,其一个直接社会后果即造成大量从政者和军人突然"失职",尤其是军官(数万客军和数量相近的粤军在短期内"消失",积累下来的"闲散"军官为数甚众)。许多客籍军政人士本避难于粤土,不易返回故地;更重要的是不论本土还是客籍,这些人鲜有其他谋生特长,主要的希望就是以某种方式"复职"。更因"世界革命"落实在广东一隅,港英方面非常乐于以各种方式支持这批"失职"军政人员,以扰乱甚至威胁新兴的国民政府,后者支持的省港大罢工直接影响着香港经济,且有着鲜明的共产革命色彩,在港英当局眼中多少代表着苏俄利益。

---

　　①　蒋介石:《在军事委员会讲演》,1925年7月26日,收入《蒋中正先生演说集》,第100页。

这样，后孙中山时代的广州政局并不稳定，1926 年初南征结束后的几个月间，广州一直处于相当复杂的权力斗争之中。持不同观念的各种团体或派系的关系至为曲折，而其分合也常常转瞬即变；主要特征是各方都既联合又斗争，每次联合或斗争多是相机而动，未见十分明显的持续性。这里当然有明显的意识形态即"主义"的分歧和冲突，这也是过去史家关注较多者；但左、右两派的主义之争并不能涵盖当时权力斗争的全部，有时甚至不一定是主导因素。关键是新从杨、刘和陈炯明等手中夺来的广东仅一省之地，而各方皆欲染指，或试图掌握全部权力，或至少分一杯羹；不仅失意或失职者力图恢复昔日的地位，新兴者或仍在努力想要兴起者为数并不更少。

这些权力斗争的一次大爆发就是 3 月 20 日的中山舰事件，关于这一事件的研究已较深入①，但整体上都相对忽视那些不能以"左右之争"来涵盖的因素，比如前述的"土客矛盾"及以此为基础的"蒋李交

①　关于中山舰事件，参见《蒋介石日记类钞·党政》，1926 年 1—5 月，《民国档案》1998 年 4 期，第 7—10 页；毛思诚：《民国十五年以前之蒋介石先生》，第 617—658 页；周恩来：《关于 1924 至 1926 年对国民党的关系》，《周恩来选集》，人民出版社 1980 年版，第 112—124 页；包惠僧：《中山舰事件前后》，《文史资料选辑》第 2 辑，第 40—53 页；陈公博：《苦笑录》，第 57—78 页；张国焘：《我的回忆》，香港明报月刊出版社 1971 年版，第 489—526 页。相关专题论文有 Tien-wei Wu(吴天威)，*Chiang Kai-shek's March Twentieth Cou PD'etat of* 1926，Journal of Asian Studies，27（May 1968），pp. 585 - 602；蒋永敬：《三月二十日事件之研究》，《中华民国初期历史研讨会论文集》，台北中研院近代史所，1984 年，第 159—184 页；杨天石：《"中山舰事件"之谜》，《历史研究》1988 年 2 期；裴京汉：《中山舰事件的真相和汪精卫出洋的原因》，《民国研究》第 4 辑（1998 年 6 月）；余敏玲：《蒋介石与联俄政策之再思》，《中央研究院近代史研究所集刊》第 34 期（2000 年 12 月）；杨奎松：《走向"三·二〇"之路》，《历史研究》2002 年 6 期；相关著作较多，主要有 Leang-Li T'ang，*The Inner History of the Chinese Revolution*，New York：E. P. Dutton，1930，pp. 241 - 249；Harold R. Issacs，*The Tragedy of the Chinese Revolution*，Stanford，Calif.：Stanford University Press，1951，pp. 91 - 96；Chung-gi Kwei，*The Kuomintang-Communist Struggle in China*，1922 -1949，The Hague：Martinus Nijhoff，1970，pp. 37 - 42. 本卷三章也从国共合作的角度述及此事，可以参阅。

恶",便应得到进一步的重视①。当年京沪各报如《晨报》、《时报》和《申报》上常见关于蒋介石和李济深"交恶"的报道,其具体的陈述或时有误差(特别是因对广东复杂的派系关系认识不足而区分双方的"敌友"失误)②,惟"蒋李交恶"之事大致是存在的③。

---

①　黄埔军和粤军之间的"土客矛盾"一直延续下去,1927年中共发动的广州起义在国民党内被认为是"粤方委员"支持张发奎所致,此后1930年蒋介石在南京扣留李济深解除其兵权,终造成李济深在1933年末联合粤籍将领蒋光鼐、蔡廷锴等发动福建事变,以及1936年陈济棠反蒋的两广事件,多少都与此相关。这一矛盾直到抗战爆发才在外患的压力下缓解,但日渐边缘化的粤军那不平之气仍未熄灭,可参见第四军纪实编纂委员会:《第四军纪实》,广州怀远文化事业服务社,1949年。

②　以今日的后见之明看,《晨报》和《时报》的报道相对近真,《申报》的则参差不齐。当年沪报的外埠通讯员各色人等都有,有的确实能获悉当地内情,有的不过据道听途说以为谋生之计,且某地通讯员未必即驻当地,如驻汉口者即可能兼顾湖南、四川(参见陶菊隐:《记者生活三十年》,第27—28页),故所报消息未必准确。如《申报》一位署名铜驼的虽专言广东事,其人似乎并不在广州,语多隔膜,他于3月21日首次报道中山舰事件时仍不清楚蒋介石同时针对俄人,到3月25日的通信虽已改述为左派和右派之争,仍说王懋功是孙文主义学会首领。参见《广州政局骤变之内幕》(铜驼3月21日通信),《申报》,1926年3月28日,7版;《广州事变之经过与内幕》(铜驼3月25日通信),《申报》,1926年3月31日,第9—10版。但道听途说亦不妨其时有所得,至少可告诉我们当时传言如何,这也同样重要。同时,《申报》也有一些通讯员的报道大致准确,基本经得起今日后见之明的检验。

③　沈雁冰回忆说,毛泽东在中山舰事件后主张对蒋持强硬态度,其依据之一即第二至第五军"都与蒋介石面和心不和,李济深与蒋还有宿怨"。茅盾:《我走过的道路》上册,人民文学出版社1997年2版,第342页。从毛思诚所编蒋介石年谱摘录的蒋日记看,蒋对李济深其人印象相当不佳:1926年2月21日,与李济深谈两广统一一事,"客去,惆怅殊甚。既而曰:'人惟在于自强。安乐难共,乃人情之常,吾何怪彼哉'"(按次日李济深就被正式任命为参谋总长,这次很可能谈及此事)。同年4月4日,"黄绍竑、李济深来辞行。公谓:用人难,察言尤难。天下惟狡诈人不可用,察狡诈人之言更难,吾为之惧"。毛思诚编:《民国十五年以前之蒋介石先生》,第620—621、642页。按此句原稿为"天下惟狡诈人不可用,听狡诈人之言更宜注意,否则未有不为所败者,吾为此惧"。则原稿对李之猜忌更加明显,参见中国第二历史档案馆编:《蒋介石年谱初稿》(以下径引书名,按本书是毛思诚编《民国十五年以前之蒋介石先生》一书的稿本,以下凡内容相同者仍引正式出版本),档案出版社1992年版,第559页。

　　两次东征胜利后,蒋介石的个人地位有了根本的提高,他自己说,东江打下之后,"从前许多学生敢来规劝我、责备我的,现在都没有了,当作我是一个特殊阶级看待。所以我想以党来做中心的,而今反以我一个人来做中心;所谓团体化、纪律化的方针,完全做不到,这是非常惭愧的一件事。大家要晓得,我们革命党的危险就是在这个地方! 要是大家不赶紧觉悟,仍旧是认人做中心,那末,校长一死,这中心就失掉了"①。这一新出现的"个人中心"最初主要还是在党军系统之中,在整个广东党政军体系中,蒋的资望实不够。不过,每次清洗掉一些老资格,他的地位就提高一次,到中山舰事件前蒋介石在国民党内已实际居于第二位,这样的快速擢升引起许多人的侧目②。

　　其实李济深也是新近才疾速擢升为粤军领袖的。广东久为革命根据地,本土革命军在此长期奋斗;尽管粤军自身的争斗不断,但各次内斗主要是将领的兴衰,下层的兵员仍多在内部"消化"(讨伐"反叛"粤军时往往有另一部粤军参加,通常比他部更易接收本土溃兵),特别是与许崇智长期不和的李济深,其部在讨伐杨刘后历次解决"反叛"粤军(尤其是第二次东征和南征)都积极参加,所获最丰,实力陡增数倍,已成为国民革命军中兵力最强的一军。李氏以广西人而任职粤军,在粤军内

---

　　①　蒋介石:《黄埔同学会成立纪念训话》,1926 年 6 月 27 日,收入《蒋校长演讲集》,第 123—124 页。

　　②　陈洁如在其回忆录中有多次述及蒋的快速擢升以及他人的敌视态度,参见 Chen Che-yu, *My Memoirs*, *collected in the Chang Hsin-hai Papers*, Hoover Institution, Stanford University, pp. 259-260, 278-279, 294-296. 这一回忆录有中译本,名为《我做了七年蒋介石夫人——陈洁如回忆录》(团结出版社 1996 年,相应内容在第 167、179、191—193 页)。该书"出版说明"称此书是从得自陈洁如女儿的英文原本全文译出,然前面的中文书名却很可能是译者妄加,中译本的内容与我所用的英文本偶有不甚同处,不排除是另一文本,但有些几乎可以肯定是有意的(也许是善意的)修改,如回忆录中将邓演达和徐谦误忆为黄埔学生(第 258—259 页),中译本将 students 译为"助手",并将 young men 径译为"人"而略去"年轻"二字(中译本第 165 页),译者大概是希望这样更接近"历史真相",却反使"回忆"本身异化了。

部多少也有些"客"的意味,但在粤军与中央政府的"土客"竞争中,李济深此时已成长为本土军的代表人物。再加上李因其广西人的关系长期支持新桂系,广西统一后屯兵西江上游的新桂军反过来又成为李氏的有力后盾,更强化了其在广东的地位①。

　　作为东征主力的黄埔军和粤军,在联合中也有竞争,取胜之后权力分配问题更日益凸显。国民党新中央真正控制广东后,在军事、政治、财政等方面都提出"统一"的要求,这对基本据有防区全权的粤军是直接的"侵犯";过去中央政府和梁鸿楷等的矛盾再次出现,不过这次落在李济深身上了。东征后何应钦以军功升第一军军长,蒋介石被任命为革命军总监,军事"统一"对他有利,当然支持;蒋既身处中央,其余的"统一"他也不能不支持。有时李济深等既得权力受到的挑战并不直接来自蒋,但也往往被认为与蒋一致。比如宋子文试图"统一财政",意味着李部交出驻区财权,就并非蒋欲得利②;又如汪精卫任全军总党代表,并命令各军一律由中央党部派任权限甚大的党代表,也是蒋表面支持而暗中头痛的问题③;而南征后原邓本殷的地盘现为李济深掌管,中央所派南路行政委员甘乃光以"统一政治"之名撤换李所任命之县长而

---

　　①　在两广统一的谈判中,原定广西组建两个军,后改为仅组一军,部分或亦因"蒋李交恶",广西力量大则意味着李的后盾强;前之谈判无蒋参与,而后一次谈判则蒋的影响非常明显。参见黄绍竑:《新桂系的崛起》,《文史资料选辑》第52辑,第54页。

　　②　罗加乔夫稍后认为,"把从军队手中接管的整个财政机关移交和集中到财政部手里"这一措施受到商界的欢迎,并以对广州政府"给予全面的支持"作为回报。罗加乔夫:《关于广州1926年3月20日事件的书面报告》,1926年4月28日,《联共(布)、共产国际与中国国民革命运动(1926—1927)》上册,第235页。但此举显然使新获得"财权"的李济深等军人极为不满。

　　③　鲍罗廷后来发现,蒋介石削弱党代表在军队中的地位得到军官的支持,因为"指挥官一直讨厌政治委员、政治指导员和一切其他'人手'",他们对蒋介石的行动感到"非常高兴"。鲍罗廷:《给加拉罕的信》,1926年5月30日,《联共(布)、共产国际与中国国民革命运动(1926—1927)》上册,第281—282页。

代以新人,甘本亲汪,从派系言也更多反映汪的扩充势力而已①。

　　军事方面的蒋李之争,蒋也不很占先。尽管李济深在东征时曾为蒋之下属,据说他对蒋被任为总监颇感不服和不满,谭延闿、朱培德也不表态支持蒋②。国民政府面临的困难在于,黄埔军虽是国民党之党军,其他各军利益也不能不考虑。曾负责参谋团的苏俄顾问罗加乔夫分析说,"为了所有其他军的利益,就不能允许蒋介石搞独裁"。他特别指出,各军之中最需要顾及的是"由广东人组成的第四军",盖在广东人眼中,"蒋介石本人及其军队都是北方人"。故中央政府在推行"军事集中管理"时相当注意"土客矛盾"和平衡各方利益,军事委员会即在这样的原则下调整:参谋团改为参谋部,李济深任总长;升军需监为部,朱培德为部长;谭延闿则自许崇智离粤后即任国民政府军事部长。他们担任中央级职务后皆仍兼军长,独蒋基本为空衔(总监虽预示着可能改为总司令,然其职责及管辖范围当时并不明确),仅兼广州卫戍司令。罗加乔夫承认,蒋在此前一直受到俄方特别优待,这次的安排却"使蒋介石权力受到削弱"③。

　　　　①　又如实行军民分治,很可能就反映先后主持广州市政的伍朝枢和孙科支持之意,仍与蒋无关。所有这些矛盾参见执中:《粤省蒋李交恶之因果》,《晨报》,1926年3月25日(3月12日稿);执中:《蒋李交哄与粤局》,《晨报》,1926年3月28日(3月15日稿),均第5版。维岳:《广州市风云之一瞥》,《时报》,1926年3月30日,第1版。《广州民国日报》的社论也指出,在军政、民政、财政统一等"革命之形势进展"下,"失败军人和无聊政客"等反革命派深感不幸,乃制造蒋李交恶的谣言以"挑拨离间"。献声:《可哂之无意识的谣言》,《广州民国日报》,1926年3月10日,2版。可知上述矛盾的主要渊源正是军、政、财的"统一"。

　　　　②　维岳:《粤省最近之政局》,《时报》,1926年3月8日,第1版。

　　　　③　罗加乔夫:《关于广州1926年3月20日事件的书面报告》,1926年4月28日,《联共(布)、共产国际与中国国民革命运动(1926-1927)》上册,第233-234页。按参谋团改组时撤换了过去直接担任长官的俄人,蒋介石将此作为他主导的一项措施记录在案(毛思诚编:《民国十五年以前之蒋介石先生》,第619页),但从蒋、李竞争看实际获利的是李济深。在中俄关系方面,由于俄人在很大程度上仍以顾问身份掌握着总部各部门,苏俄方面对此无强烈反应。并参见执中:《粤军界四头争雄》,《晨报》,1926年3月18日(3月4日稿),第5版。

　　有报道说，"蒋李交恶"的一个原因即蒋认为参谋部隶属总监，而李则认为两者平级①。实则只要没有隶属关系，即使蒋的总监等级更高，也因不直接带兵而多少有些失势的感觉。这样的"军事统一"显然使蒋不满，他一面设法扩大卫戍司令部规模，希望以此为基础改编为总监府（此虽报纸传闻，大致可信。2月6日，由粤军改编的黄埔教导师改称第二十师，划归卫戍司令指挥）②；同时于1926年2月9日辞去黄埔校长外一切军职，正式表达其不快。但蒋以辞职表抗议的方式未得预期反应，其辞呈被汪精卫留中不退③。2月22日，蒋介石又单独呈请解除东征军总指挥职，这或有暗示李济深的南路总指挥亦不必存在之意，同时又似乎意味着前之总辞职已部分取消，仍可以总监身份执事④。

　　2月24日，国民政府与广西达成两广统一事项，在原有的六个军的基础上，留出第七军名义，而改编广西军队为第八、第九军⑤。此时

---

　　① 《粤省北伐声中之暗潮》，《申报》，1926年3月16日（木庵3月9日通信），第6版。

　　② 《申报》，1926年3月3日（约2月24日通信），第9版。

　　③ 蒋介石对其辞职未得到他所期望的关注和反应耿耿于怀，且辞职后身份尴尬，倘不管非其所愿，继续管事又似乎不那么名正言顺。他在3月9日即发现，"吾辞职已认我军事处置失其自动能力，而陷于被动地位者"（《蒋介石日记类钞·党政》，1926年3月9日，《民国档案》1998年4期，第7页）。稍后在其1926年4月9日致汪精卫函中，再次指责汪对其辞职"滞迟延搁，既不批准，使弟不能辞责引退；而又留中不发，使弟又不能负责整理。卒之军纪废弛，整顿无方，以致三月二十日之事，一发而不可收拾"。蒋介石致汪精卫（稿），1926年4月9日，南京第二历史档案馆，全宗号3041，卷号85。

　　④ 本段与下段，参见毛思诚编：《民国十五年以前之蒋介石先生》，第617—621页；《申报》，1926年3月3日（约2月24日通信），第9版；杨奎松：《中共与莫斯科的关系（1920—1960）》，台北东大图书公司1997年，第79—81页；李云汉：《从容共到清党》，台北中国学术著作奖助委员会1966年，第488页。

　　⑤ 关于两广统一议决事项，参见"中华民国国民政府令"第124号（1926年3月19日），收入《中华民国国民政府公报》第27号，第23—25页。

广东方面若组建第七军,以卫戍司令部所辖第二师和第二十师为宜,两师皆有较大的粤军成分,则以本为粤军出身的第二师师长兼卫戍司令部参谋长王懋功任军长似较顺理成章。但在外间纷杂的传言中,王懋功已被卷入"蒋李交恶"的漩涡之中。有说李济深部下师长陈济棠反蒋甚力,曾拟联合王懋功部反,因谭延闿、朱培德中立,李不肯发;有说王联络何应钦欲反,被周恩来告密①。更复杂的是王懋功同时还牵涉到国民党和黄埔军队内的左右之争,以及蒋介石和苏俄顾问季山嘉的矛盾。

　　蒋在中山舰事件后就指责汪精卫和季山嘉试图诱王叛蒋②。其实汪等试图拉拢扶植王懋功大约是实,然看不出有倒蒋之意。就王本人而言,他较早参与黄埔军校事务,从入伍生总队长做起,其后颇得蒋信任,屡膺重任。王本许崇智部下,时人多认为他积极参与倒许,他自己也承认蒋在倒许前"曾一度见商",他"力劝慎重,并言须得政治同情",可知确曾出谋划策③。以此背景看,那时若在蒋、汪之间选择,他未必肯定站在汪一边。不过,有实力的部下"叛上"已成当时南北军界的流

---

①　关于王懋功与何应钦相关而不稳等说法,可参见《时报》1926 年 3 月 12 日"本馆专电"之香港 3 月 9 日电,第 1 版;维岳:《广州市风云之一瞥》,《时报》,1926 年 3 月 30 日,第 1 版;《晨报》,1926 年 3 月 11、12、13、17 日,均 2 版,3 月 28 日(执中 3 月 15 日稿),第 5 版;《王懋功解职后之东江问题》(3 月 10 日铜驼通信),《申报》,1926 年 3 月 20 日,第 9 版。

②　蒋介石在 1926 年 4 月 9 日致汪精卫函中,举例十项指责汪精卫受季山嘉影响而不能自主,其中两项涉及拉拢王懋功叛蒋,一是预留第七军长一缺以为报酬,一是更改军事委员会议决的经费预算,从黄埔军校经费中减去三万元而拨给第二师,当蒋提出质问时汪则顾左右而言他。蒋介石致汪精卫(稿),1926 年 4 月 9 日,南京第二历史档案馆,全宗号 3041,卷号 85。稍后在对第一军党代表的演说中,蒋又不指名地重复了这两项指责。参见蒋介石:《关于中山舰案对全体党代表演说词》,1926 年 4 月 20 日,收入《蒋介石先生最近之言论》,北京民社 1926 年版,第 20—22 页。

③　王懋功致张静江,1926 年 3 月 7 日,《中华民国史档案资料汇编》第 4 辑(上),第 360 页。

行模式,王虽未必有意背叛,外在诱惑力若增强,难保其不受影响。同时王在第二师内部也坐不稳,那时该师内孙文主义学会反王倾向很甚,已导致部队的不安定①。重要的是黄埔军主力在东征后仍留潮汕,仅王懋功率领的第二师留驻广州。蒋当时已辞广州卫戍司令职,虽未批准也未不准,身份尴尬,而王以参谋长身份理论上还可指挥最近划归卫戍司令属下的第二十师。

　　在这样的情形下,王懋功一身实为许多不稳定因素的结合点,尤其黄埔第二师和卫戍司令部是蒋在广州唯一可依靠的力量,也是蒋继续发展壮大其势力的凭借,不能不予以特别的重视;若去王,则各种可能致乱的因素皆散而难聚。蒋介石于2月26日断然撤去王之第二师师长职,以副师长刘峙接任,次日即将王押送上海。蒋在将王懋功押送上海后自认:“凡事皆有要着。要着一破,则纠纷不解自决。一月以来,心坎憧忧,至此略定。”②其实这一“要着”只是稳定本阵营的预防性措施,它并未使外在的“纠纷不解自决”,但毕竟为蒋采取进一步行动奠定了基础。

　　蒋的另一预防性措施也与防止“叛上”相关,即落实何应钦的态度。以潮梅绥靖委员身份率第一军主力驻防东江的何应钦那时也算获得了“地盘”,一定程度上面临与李济深等相类的问题,他恐怕未必欣赏“统一”民、财两权的措施。当时各报言反蒋事扯上何应钦的不少,何对蒋个人态度虽不必与李济深等同,从那时起多少有些若即若离则不差。时任何部秘书长的李仲公说,蒋介石在中山舰事件前曾密电何应钦,说

---

　　①　鲍罗廷即注意到孙文主义学会在第二师中力量甚大,与一些团、营长相关。鲍罗廷:《在联共(布)中央政治局使团会议上的报告》,1926年2月,《联共(布)、共产国际与中国国民革命运动(1926—1927)》上册,第140页。王懋功自己也说,孙文主义学会曾劝说他入会,王未允,该会“继则散布非学会份子不能指挥第二师之言”,与其极为对立。参见王懋功致张静江,1926年3月7日,《中华民国史档案资料汇编》第4辑(上),第358—360页。

　　②　毛思诚编:《民国十五年以前之蒋介石先生》,第621—622页。

广州有要人联合重要方面反对他,欲避而无容身之地,愿何赐教。何乃誓言忠诚,为蒋后盾,必要时请蒋到汕头指挥①。这一密电往来恐不像李仲公诠释的那样两人"完全一致",而是意味着蒋对何不放心,两人之间的关系已到需要"核实"的程度②。

　　逐去王懋功及何的表态为蒋可能采取的行动增加了安全系数,后防基本稳定的蒋介石当时可以有多种选择,首先他可以进一步联俄。苏俄在国民党和政府中的影响有目共睹,同时意味着当下和以后源源不断的物质援助,其在军事技术方面的指导正使中国与欧洲的新战术"接轨"③;更重要的是面临帝国主义威胁的中国革命必须是"世界革命"的一部分,俄援乃是后者最鲜明的体现。此前蒋一直被认为是联俄最积极者之一,其部所得到的俄援也最多。鲍罗廷在中山舰事件前夕就认为蒋不但左,甚至可说"极左"。反之,李济深长期驻扎西江地区,不仅个人显露头角稍晚,且显然与苏俄顾问保持着相当的距离,以致鲍罗廷到 1926 年 2 月似乎根本不知有此人,他在一份重要报告中两次把

---

　　①　李仲公:《我所知道的何应钦》,《文史资料选辑》第 36 辑,第 208 页。

　　②　按据蒋日记,他在 3 月 19 日确曾"准备回汕休养",半路上想到"对方设法陷害,必欲使我容身无地",又决定回去采取镇压行动(《蒋介石日记类钞·党政》,1926 年 3 月 19 日,《民国档案》1998 年 4 期,第 8 页)。这说明蒋介石大致信任何应钦,但在路上想到"容身无地"而折返,仍有些耐人寻味。

　　③　勃拉戈达托夫考察国民二军河南军校时发现,学员们进行军事训练所依据的规章还是辛亥革命前制定的,"很明显,这些规章都是从日俄战争期间的日本规章翻译过来的,因此,它们没有反映出第一次世界大战的经验"(勃拉戈达托夫:《中国革命纪事》,第 83 页)。这是一个很重要的观察,中国军校训练的确特别受日本影响,而日本基本未参与第一次世界大战,因而也就缺少直接的"经验",更多是间接获得欧洲新的军事观念。恰好中国此后较多依赖自身的军校,于是连间接的新军事观念也接受较少。遍观当年苏俄军事顾问的回忆录,一个最显著的观点即中国军队的训练和作战方式基本仍受日本过去的影响,在战术上已落后于欧洲;相反,在改造沙俄旧军队基础上组建的苏联红军则充分吸收了第一次世界大战的新型战术,故苏俄顾问所带来的训练和作战方式的确更"先进"。

李济深说成是另一粤籍将领吴铁城①。

　　但蒋若强化联俄,需要苏俄方面也有类似意向的"配合",季山嘉在苏俄顾问内争中的胜出基本断绝了这一可能性。与久在欧洲帝国主义阵营里进行革命的鲍罗廷不同,季山嘉倾向于苏联红军那种更加直接的处事方式,且在与鲍罗廷的竞争中占了上风,而蒋最能接受的加伦先已离开广东②。当时苏俄明显在加强对谭延闿和朱培德之第二、第三

---

①　鲍罗廷1926年2月说,放逐胡汉民和许崇智后,广州政权的首领是"始终最忠诚最积极的汪精卫、明确表示自己是国民党左派信徒,甚至可以说是极左派信徒的蒋介石、和湘军将领谭延闿"。鲍罗廷:《在联共(布)中央政治局使团会议上的报告》,1926年2月,《联共(布)、共产国际与中国国民革命运动(1926—1927)》上册,第116页;关于鲍罗廷把李济深说成是吴铁城,参见同一文件,第113、141页。按鲍罗廷等对蒋的认知不能说是"受蒙蔽",蒋那时思想上确实左倾,1926年3月初,当邓演达表示中国革命的结果是"本党必归于乌有,而以共产派起而代之;吾军惟有领导青年左倾,共图国民革命之成"时,蒋"亦以为其判断之有所见"(《蒋介石日记类钞·党政》,1926年3月4日,《民国档案》1998年4期,第7页)。另外,当时为争取苏俄信任(其潜在因素当然包括俄援),国民党与共产党在"革命性"方面竞争渐成常态。苏俄的穆辛即担心"极左倾向不仅可能在中国共产党中存在,而且也可能在国民党左派的某些人士中存在",后者实际上"多多少少已有表现"。他观察到,"国民党左派首领经常热衷于玩弄左的和极左的革命词藻,似乎试图以此来表明自己在'革命性'上超过中国共产党"。穆辛:《关于中共在广州的任务的提纲》,1926年4月24日,《联共(布)、共产国际与中国国民革命运动(1926—1927)》上册,第213页。其实岂止"国民党左派"如此,一般认知中的"右派"胡汉民在莫斯科主动提出让国民党加入共产国际,更是显例。

②　可以认为鲍罗廷在1926年初的北上(原拟回国述职,后因中山舰事件返回广东)是为季山嘉所迫,后者在1926年1月自称近来与鲍罗廷"很少争吵,因为他在我的强大攻势下认输了,基本不再干预我的工作"。但他仍以为鲍罗廷能力已尽,"以后会跟不上事态和形势的发展",主张将其撤换。古比雪夫(季山嘉):《给叶戈罗夫的信》,1926年1月,《联共(布)、共产国际与中国国民革命运动(1926—1927)》上册,第15—16页。而鲍罗廷自己则拟回国寻求支持,他强调,尽管当时的实际工作的确已军事为主,但还是应该有"一个人为全部工作负责"。他在行前明确对汪精卫保证,谁是苏俄在粤领导这个问题会在一个月后得到比较确定的解决。鲍罗廷:《在联共(布)中央政治局使团会议上的报告》,1926年2月,《联共(布)、共产国际与中国国民革命运动(1926—1927)》上册,第142—144页。按苏俄在粤顾问的内斗牵涉至为宽广,非

军的工作,这意味着物质援助的分享,蒋对此也不满意①。联系到上述军事委员会的人事安排,1926年初苏俄工作的整体形象是对黄埔军的重视较前降低,而更注重其他各军。在这样的情形下,进一步联俄显得不那么切实可行,何况还有蒋与季山嘉的个人恩怨横亘其间。

然而,在一般人眼里,蒋介石又恰是联俄的主要象征之一。在3月20日行动相对准确的消息披露之前,京沪各报关于蒋捕王懋功的传闻大都说王是孙文主义学会成员,可知蒋被外间视为孙文主义学会的对立面。也有说陈济棠联合李福林、吴铁城、何应钦等通电要求蒋宣布反赤宗旨、召回胡汉民、裁削赤俄军官实权、释放反赤政治犯等。甚至有报道说蒋拟辞职赴港,而俄籍军官和军校学生劝蒋以武力解决,蒋为所

本文所能详述。它首先与苏联驻华使馆中加拉罕与武官处之间、再往上则更涉及联共(布)中央和共产国际、斯大林和托洛茨基对于中国局势的观念歧异。大体而言,尽管加拉罕和鲍罗廷也有不少矛盾,他们仍共同代表着一个从"世界革命"即国际角度思考中国问题的取向,其一个代表性的表述即加拉罕指出的,当土耳其的凯末尔枪杀共产党人时,苏联仍对其提供物质援助,因为凯末尔正在反帝;也应该以同一思路来处理中国问题(加拉罕:《在联共(布)中央政治局使团会议上的报告》,1926年2月,《联共(布)、共产国际与中国国民革命运动(1926—1927)》上册,第69—70页)。根据这一思路,广东不如北方重要,国民革命军不如国民军重要。这一取向为苏共中央派出的布勃诺夫使团首肯(虽然布勃诺夫尽量采纳了从使馆武官处到驻粤军事顾问团的主张),也大致得到斯大林的支持。这是莫斯科一再反对广东北伐的重要出发点,因为北伐非常可能导致国民革命军和国民军的军事冲突,而在国民军打败后又可能妨碍苏联正与张作霖进行的谈判(这可以从前书整个"第一部分"的一系列文件中看出,参见第13—297页)。关于莫斯科反对北伐,并参见杨奎松:《中共与莫斯科的关系(1920—1960)》,第74—78页。

①　过去俄援基本为黄埔军所垄断,蒋介石明显不愿他军多得。斯切潘诺夫曾说季山嘉负责时苏俄曾秘密帮助云南、广西,并保守秘密不令蒋介石知,终为蒋所悉,并以此责备季山嘉反对北伐。按此若指杨、刘,时间稍早,且与其他文献所述冲突,疑翻译有误,大概是指对朱培德军等帮助较多,待考。参见斯切潘诺夫:《关于三二〇事件后广东情况的报告》,1926年4月,中共中央党史研究室第一研究部编:《共产国际、联共(布)与中国国民革命文献资料选辑(1926—1927)》,北京图书馆出版社1998年版,第157页。

动,乃在黄埔设行营,集中各处党军准备采取行动①。这些虽为传闻,多少也事出有因,尤其最后所述蒋几乎赴港事,陈立夫曾多次述及,视为秘闻②;要么蒋类似的反复有多次,要么此事在中山舰事件前早已外传,故为报人所探知。这一传闻说蒋之几乎出走是为右派所迫而得到左派及俄方支持,相当能体现广东以外地区对蒋介石政治倾向的认知。

　　外在的认知当然有来自广东本地的渊源,既然鲍罗廷也视蒋为极左派,在李济深等人眼里,统一财政等强化中央权力的举措多少与蒋相关,也较正常。当时广东关于"蒋李交恶"的谣言颇盛,到3月上旬已出现第四军的讨蒋文电,兼及李济深部下师长陈铭枢(据说陈与李不和而亲蒋),至少以传单或揭贴形式在广州一带散布,上有第四军主要军官姓名,李济深本人未署名,然在广州政府说李部通电是挑拨时,李初不表态。后经汪精卫调停,同意李部所辖西江和南路之财政行政暂不"统一",仍由李支配,李部党代表由其荐任等。陈铭枢本人也到广州面见李济深,李遂表示要通电辟谣。此意甫露,《广州民国日报》立即以社论方式宣布蒋、李或李、陈"交恶"乃失职军人之谣言。数日后李济深正式率第四军将领(包括陈铭枢)通电,电文历数一、四两军的友谊,宣称"只知有革命反革命之分,并不知有军与军之别"③。

_____

　　①　《王懋功解职后之东江问题》(铜驼3月10日通信),《申报》,1926年3月20日,9版;《晨报》,1926年3月12日、3月17日,均第2版。

　　②　最近一次是在他的回忆录中,参见陈立夫:《成败之鉴:陈立夫回忆录》,台北正中书局1994年版,第52页。

　　③　献声:《可哂之无意识的谣言》(社论),《广州民国日报》,1926年3月10日,第2版,相关报道在第3版,李之通电全文载该报1926年3月15日3版。并参见《晨报》,1926年3月11、12、13、17日,均第2版,3月28日(执中3月15日稿),第5版;《粤省军界暗潮续闻》(木庵3月11日通信)、《粤省军界暗潮又趋和缓》(毅庐3月15日通信及铜驼未署日期之通信),《申报》,1926年3月18、21日,均第9版。陈铭枢可能叛李之事又是那时南北皆流行"叛上"行为模式的一例,不论陈是否有意,当事人及解读时局者多会有此想。此事当时流传较广,俄人勃拉戈达托夫也提到蒋介石试图拉拢"右派"陈铭枢。勃拉戈达托夫:《中国革命纪事》,第190页。

"蒋李交恶"的化解当然只是表面的妥协①，此事的产生、发展及"解决"却透露出不少当日政治运作的消息：各方的矛盾显然更多是实际利益的冲突和权势争夺，后来的妥协也侧重于此；但其表述却基本回避实质性的内容，而是诉诸民族主义等更为高远的政治理念，在思想上与当时北方的"反赤"运动隐相呼应（作反蒋宣传者与北方实际的联系或不能说没有，然更多仍只是观念上的借鉴）。苏俄及其"赤化"的外国特性被有意渲染，提示着以香港为基地的港英舆论的积极参与和推动；"赤化"既是外来的，联俄也就随之带有不够"独立自主"的潜义，后一观念的兴起却是在中国鼓吹反帝的苏俄所促成。这样，以实际利益为基础的"土客矛盾"因俄、英的卷入而国际化，地方因素和国际因素的奇特结合使广州政局的纠葛更加错综复杂，而其解决似也不能不与外国在粤存在相关②。

现在尚不清楚汪精卫对李济深的让步是否得到蒋介石的赞同，但从后来蒋指责汪"离间各军感情"看③，汪的处置显然让蒋不满，尤其在他渐悉广东出现"反蒋运动"之时。还在送走王懋功的次日，蒋即注意到"忽又发生一件戒心事，无法解决，最后决用强制手段，否则为害于党国，不可名状"。此事究何所指尚待考证，观其次晨即"与邓演达议处置军械办法"，则多半与军事相关④。现虽不清楚蒋拟实施的"强制手段"是什么，但他此时应已准备做出较大的举动。3月7日，蒋从刘峙和邓

---

①　如前所述，黄埔军和粤军时隐时显的矛盾至少持续到抗战爆发。

②　部分由于"世界革命"直接表现在广东一隅，当时广东政治的"国际化"已深入不少人的思维之中。从蒋介石在那段时间的日记、演讲以及他人对蒋的观察可以看到，他相当关注法国大革命和不久前的土耳其革命，不时借助这两次外国革命的现象对比和思考中国正在进行的革命，详另文。

③　《蒋介石日记类钞·党政》，1926年3月28日，《民国档案》1998年4期，第9页。

④　《蒋介石年谱初稿》，第540—541页。据当时任海军民生舰舰长的舒宗鎏说，该舰在中山舰事件前确曾受命到黄埔将大宗苏俄援助的军械（计三八式步枪一万枝和俄式重机枪二百挺）搬运上舰，蒋介石亲往察看，并指示无其本人命令不得交给任何人。这大概即此前蒋与邓演达所议之事。参见覃异之：《记舒宗鎏等谈中山舰事件》，《文史资料选辑》第2辑，第54—55页。

演达那里得知"有人以油印传单分送各处,作反蒋宣传,此心反得安适"。这应非故作镇定,此前数日他曾感自身处境如"单枪匹马,前虎后狼,孤孽颠危"。此后两三天他发现,"近日反蒋运动传单不一,疑我、谤我、忌我、诬我、排我、害我者,亦渐显明"①。则其心"反得安适"或是弄明白了反蒋者究为何人之后的感觉。

这样,2月底那件"戒心事"有可能指各方的"反蒋运动"。今日不少史家多据蒋介石后来的叙述,似接受这些反蒋宣传来自中共方面②。其实由上文可知,应基本来自粤军方面。而广州更早就出现过指责蒋左倾的"倒蒋口号",更可能出自孙文主义学会方面③。有意思的是蒋

---

① 《蒋介石日记类钞·党政》,1926 年 3 月 7 日、5 日、10 日,《民国档案》1998 年 4 期,第 7—8 页。

② 曾庆榴是少数持不同看法者,他认为"这类传单不可能是中共方面散发的"。参见其《广州国民政府》,第 343—344 页。

③ 王懋功在 1926 年 3 月给张静江的信中说,孙文主义学会曾拟鼓动军人武装游行,反对国民党二大选出不少中共党人,同时"广州市内发现倒蒋口号"。时东征刚结束,蒋尚未回到广州,王以师长兼代卫戍司令部事,乃奉蒋、汪命采取"严重制裁之手段,解此危难"(王懋功致张静江,1926 年 3 月 7 日,《中华民国史档案资料汇编》第 4 辑(上),第 358—359 页)。从王信看,此"倒蒋口号"当然是指责蒋左倾,大致应出自孙文主义学会方面。按:孙文主义学会在中山舰事件前活动确实非常积极,尤其在第二师中力量甚大,但该学会起初本未必具有反共性质,与其对立的青年军人联合会最初也不是纯"左派"组织。当时情形相当复杂,以黄埔学生为主的青年军人联合会本是面向驻粤各军的讲武堂学生,原来所针对的大概是"四校同学会"那样的组织(后来成立的黄埔同学会也因实际停办的四校同学会试图复起而不得不解散),蒋介石自己最初也很支持,后来黄埔生中又有孙文主义学会产生,鲍罗廷说其一个主要领导人(编者注说可能是贺衷寒)曾八次申请加入共产党,皆遭拒绝。鲍罗廷向中共询问原因,也没有获得令他满意的答复。他认为"这是个错误。如果让他加入共产党,他会对这个学会产生另一种影响,然而他却被拒之门外"。可知青年军人联合会和孙文主义学会之间演变成左右冲突有一个过程。参见黄雍:《黄埔学生的政治组织及其演变》,《文史资料选辑》第 11 辑,第 6—8 页;曾扩情《黄埔同学会始末》,《文史资料选辑》第 19 辑,第 169、182 页;鲍罗廷:《在联共(布)中央政治局使团会议上的报告》,1926 年 2 月,《联共(布)、共产国际与中国国民革命运动(1926—1927)》上册,第 140 页。

从"反蒋运动"中认识到,从前在政治组织方面不曾用心,"完全信任同志",如今始知"事事非精明审虑,皆为人之傀儡"①。这时他已有"上当"的感觉,且其不满并非指向反蒋者,却是让他作"傀儡"的汪精卫。这一思路预示着他后来以相当奇特的方式处置"反蒋运动",即先不直接反击"作反蒋宣传"之人,而是釜底抽薪,使反蒋者不再能攻击他亲俄左倾。

　　由于黄埔系统内左右矛盾日益尖锐,在季山嘉主政的前提下,进一步联俄对蒋又不够现实(这也意味着他无法依靠中共),在当时的状态下他就不能不向右派靠拢了。鲍罗廷后来也说,夹杂在左派、中派和右派之间的蒋介石那时处境"极为困难,他必须对孙主义学派或对共产党人采取措施"②。研究北伐的朱丹以为,中山舰事件时蒋若不出而站在右翼一方发挥领导作用,则年轻的孙文主义学会分子也会照样动手,甚至可能连蒋一起扫除③。按朱丹未作进一步分析,亦未引证材料,似有些夸大孙文主义学会的力量,然其大致把握到当时那种箭在弦上、不得不发的情景④。

---

　　① 《蒋介石日记类钞·党政》,1926 年 3 月 10 日,《民国档案》1998 年 4 期,第 8 页。

　　② 鲍罗廷:《给加拉罕的信》,1926 年 5 月 30 日,《联共(布)、共产国际与中国国民革命运动(1926－1927)》上册,第 282 页。

　　③ Jordan, *The Northern Expedition: China's National Revolution of 1926 - 1928*, p. 40. 又朱丹相当看重省港罢工在国共关系中的作用,他认为中共视罢工委员会为基地以与国民党争,故这是中山舰事件的重要原因之一(pp. 35 - 39)。此说或无意中受索克斯基影响,后者认为十万有组织、有政治理念并被中共领导的工人已成为广东具有控制性的政治力量,中共常利用此力量来操纵广州政府(George E. Sokolsky, Tinder Box of Asia, Garden City, N. Y.: Doubleday, 1932, pp. 334 - 335)。但目前所见中共领导人关于此事件的论述,似未将省港罢工放到这样重要的地位,后之革命史史家亦然。

　　④ 对蒋来说威胁更大的恐怕仍是各军不稳的传闻,主要的当然是李济深部的敌视传单,同时也包括李福林和吴铁城等粤军拟以武力支持反赤,以及广西李、黄屯兵梧州阴助李济深等(参见前引京沪粤各报的通讯);与作为"北方人"的黄埔军相比,所有这些军队都带有本土性,这样的一致性在"土客矛盾"尖锐化时更会得到凸显。在这样严峻的形势下,黄埔军内部的"统一"就更为急迫了。

　　这样一种紧张的态势部分是人为所造成。从杨、刘之役到梁鸿楷部等粤军解散后之失职军人甚众,成为出产谣言的温床。广州当局在中山舰事件前就已采取措施,大量拘捕失职军人,并将非粤籍者押登沪轮,递解出境。唯利用和传播谣言造势似已成为当时广东政治的一个特色,邹鲁就曾告诉陈公博,中山舰事件前蒋对汪的猜疑是伍朝枢有意编造谣言所促成[①]。其说未可全信,但仍从一个侧面揭示出造谣传谣是当时广东政治运作的一种流行方式。到中山舰事件后鲍罗廷与蒋介石再次合作,仍感觉有必要就此达成协议,"采取最严厉的惩罚手段,根除有人经常在省内散布恶毒谣言,以破坏政府的威信、稳定和财力的现象"。其具体做法就包括逮捕吴铁城和驱逐伍朝枢,这或者是伍朝枢始料未及的[②]。

　　蒋介石在事后认为,汪精卫"始以利用王懋功背叛不成,继以利用教育长陷害又不成,毁坏余之名节,离间各军感情,鼓动空气,谓余欲灭某党、欲叛政府"[③]。这里最核心的两点就是"各军感情"已不佳,而蒋与"某党"的关系也可能出问题。蒋并正式指责说:汪在三月初旬召集孙文主义学会及青年军人联合会员训话时,曾说"土耳其革命成功,乃杀共产党;中国革命未成功,又欲杀共产党乎? 此言也,不知兄何所指? 而军官听者,无不惊骇,皆认兄此语是引起共产党与各军官之恶感,无异使本军本校自相残杀也。所以三月二十之事一触即发,以为共产党

---

　　① 陈公博:《苦笑录》,第77—78页。按邹鲁之说的核心是关于蒋介石访俄事,此事现有蒋介石日记及其致汪精卫书等众多材料,可证明邹说不确,至少漏洞颇多。

　　② 《广州市之弭谣办法》(铜驼3月18日通信),《申报》,1926年3月26日,第9版;鲍罗廷:《给加拉罕的信》,1926年5月30日,《联共(布)、共产国际与中国国民革命运动(1926—1927)》上册,第275页。

　　③ 《蒋介石日记类钞·党政》,1926年3月28日,《民国档案》1998年4期,第9页。关于"利用教育长陷害"一事尚不清楚,既存研究中山舰事件各家对此也语焉不详,待考。

员闻兄之言必有准备,所以各军官亦不得不出于自卫之道"①。杨奎松以为,"不得不出于自卫"一语"表面上是说各军官,其实正是蒋这时心理的写照"②,确有所见。

　　一方面来自各方的压力确实很大,另一方面蒋也做了采取行动的准备,中山舰的调动乃成事件发生的导火线。既存的研究已不少,尤其近十多年的研究使我们对史实的了解进一步深入③,但现在仍不能确证究竟是谁发动了这一事件。看来事件因误会而起的可能性极大,然既不排除确有针对蒋的某种阴谋存在④,也不排除蒋介石利用中山舰的调动以发难⑤。事从海军而起似也有些前因,据陈洁如回忆,她处理的蒋介石密信中有一函称,对蒋的"快速窜升"取敌视态度的人中,以海军司令部之人为最。海军曾由苏俄人员直接管理,在被中国军官替换后又是当时国民党内左右斗争冲突最激烈的场所之一,从3月上旬起

---

　　①　蒋介石致汪精卫(稿),1926年4月9日,南京第二历史档案馆,全宗号3041,卷号85。不知蒋介石是否熟知苏联对凯末尔的政策是即使杀共产党人也要支持,若已知,则其所为正可检验苏俄是否对中国也如此;若不知,则他实在是"歪打正着",后来的发展表明,苏俄对中国革命采取的是同样政策。

　　②　杨奎松:《蒋介石从"三二〇"到"四一二"的心路历程》,《史学月刊》2002年6—7期连载,我看到的是作者的原稿,谨向杨先生致谢。

　　③　特别值得提请注意的是前引杨天石、裴京汉和杨奎松的研究。

　　④　陈洁如说事前陈璧君多次打电话确有其事,使蒋介石感到有阴谋。Chen Che-yu,*My Memoirs*,pp. 300-301;中译本,第193—195页。而陈公博的叙述提示着陈璧君确有嫌疑,因为汪精卫虽然身体不好,但3月18日晚还表示不会请假休息,次日却因陈璧君不肯放其出门而不再办公。这正是事件的前一日,即汪的突然不出门还在蒋采取行动之前,多少让人怀疑。后来蒋介石明确对陈公博说汪精卫那次是要谋害他,陈不久"将此事面质汪先生,汪先生愕然了半天,只能答:'公博,你信不信?'"如果这是汪的全部回答,似不能像陈自己那样理解为"极力否认"。参见陈公博:《苦笑录》,第58—59、72—73页。

　　⑤　尽管陈公博试图暗示蒋介石策划和"发动"了中山舰事件,他所举出的依据并不能证明其假说。参见陈公博:《苦笑录》,第73—76页。

海军主要领导更迭频繁,与"蒋、李交恶"一起成为各报最关注的两个焦点①。

3月20日事件过程各家叙述已详(并请参阅本卷三章三节),此不赘。当时上海各报对事件的认识进程却值得关注:《申报》到3月30日(据3月23日港讯)仍说事件乃李之龙试图组织工人政府失败②,次日发表毅庐发自3月21日、23日、25日三封长篇通信,算是了解到事件乃是"民党左派分裂",蒋介石转变了信任共产派态度,依靠左派打击极左派③。《时报》之报道则仍说何应钦和王懋功是孙文主义学会首领,并联络李济深、朱培德、谭延闿等欲采取行动,蒋为其所迫,乃派兵搜索各右派要人住宅。但因党军中本有两派,出发后各派均借机搜捕对方(故实际发生的一系列针对左派和苏俄顾问的行动,皆被说成是孙文主义学会矫令行事),及搜得之文件表明左派将在北伐开始后发动政变夺权,"蒋氏察悉共派阴谋,态度复立变"而转为反共④。这些本非"事实真相"的叙述说明,对一般外人而言,要接受一贯亲俄左倾的蒋介石突然反共,实在相当困难,故不得不努力搜集各方传言,以圆其说。

事稍平息后,3月22日召开的国民党政治委员会"决议令俄顾问

①　Chen Che-yu, *My Memoirs*, pp. 278-279;中译本,第179页。并参见前引京沪各报的通讯报道。实际上关于海军的纠葛还有超出左右之争的复杂因素,它牵涉到黄埔系统这一陆军试图控制海军的努力以及久已自成系统的海军对此的抵御,这些问题只能今后再详考了。

②　《广州政局急变之内幕》(3月23日港讯),《申报》,1926年3月30日,第9版。

③　《广州事变之经过与内幕》(毅庐3月21、23、25日通信),《申报》,1926年3月31日,第9版。按毅庐明确了李之龙是在睡梦中被捕,可知消息来源相当可靠。

④　维岳:《广州市风云之一瞥》,《时报》,1926年3月30日,1版。有意思的是当时各报刊载关于中山舰事件之内容甚众,独此一篇被全文收入《中华民国史事纪要(民国十五年)》(中华民国史事纪要编委会编,台北中华民国史料研究中心,1978年,第247-249页)之中。按:此文所说党军各部矫令行事也非全然无据,蒋介石自己就承认,"军队不出动则已,如一出动即不能事事制止,必有自由及不轨之行也,以后戒之"。《蒋介石日记类钞·党政》,1926年3月21日,《民国档案》1998年4期,第8页。

主动引去,第二师党代表撤回,对不规军官查办"①。这是一个妥协的决定,最后查办"不规军官"一条至少部分是针对包围苏俄顾问团等行动,它既可为逮捕李之龙的行为正名,也为后来逮捕欧阳格埋下了伏笔②。从国民党改组以来,蒋介石的一贯态度就是革命阵营内部应尽可能妥协③,尤其黄埔系统内左右双方都是他借以兴起的部下,俱难轻易舍弃。蒋在3月21日即觉"人才缺乏,实无改造一切之工具,孤苦伶仃,至于此极,可堪痛心"。二十天后,他仍感"对于退出军队之共产分子甚难为怀",因为这牵涉到"以后政治方针究应如何决定"。但蒋也认识到,自3月20日的行动后,"团体分裂,操戈同室,损失莫大焉。二年心血尽于此矣"! 这应是发自内心的老实话。团体已分裂的现实迫使蒋不得不在二者中选择依靠其一,鲍罗廷以为,蒋在采取了3月20日行动后就"只能(违背自己的意志)反共",这一观察大致接近真相④。

　　此前苏俄推动的军事改革限制了蒋介石的权力,这一次蒋也借中

　　① 《蒋介石日记类钞·党政》,1926年3月22日,《民国档案》1998年4期,第8页。

　　② 两人后均释放也说明中山舰事件偶发的可能性甚大,即使真有"阴谋"或"预谋",不论出自哪一方,应都不在海军和中山舰这一层次。

　　③ 蒋在1924年国共合作之初就对孙中山进言:"吾党自去岁以来,不可谓非新旧过渡之时期,然无论将来新势力扩张至如何地步,皆不能抹杀此旧日之系统。何况新势力尚未扩张,且其成败犹在不可知之数,岂能置旧日系统于不顾乎?"蒋介石致孙中山,1924年3月2日,毛思诚编:《民国十五年以前之蒋介石先生》,第235—236页。

　　④ 《蒋介石日记类钞·党政》,1926年3月21日、4月10日,《民国档案》1998年4期,第8、9页;鲍罗廷:《给加拉罕的信》,1926年5月30日,《联共(布)、共产国际与中国国民革命运动(1926—1927)》上册,第282页。按蒋介石稍后对汪精卫说,黄埔出身之军官对共产党行为固多不满意,"谓其有杀共产党之心,则弟保其绝无之事。盖一般军官皆知革命战线之不能撤〔拆〕散,与其杀共产党,不如谓其自杀也"。参见蒋介石致汪精卫(稿),1926年4月9日,南京第二历史档案馆,全宗号3041,卷号85。这话在那时不能认为是虚伪,蒋确实希望黄埔学生能超越于国共之上,以收鱼与熊掌兼得之效,他后来要黄埔军中的共产党员退党而以国民党左派身份继续效力就是这一愿望的体现;但早已不满的共产党方面决不会接受这一方式,尽管蒋与中共的合作还要持续一段时间,双方的矛盾却不能不以决裂告终。

山舰事件削弱苏俄在军内的实际控制权。对此苏俄方面基本接受,苏共中央代表布勃诺夫到广东后承认,中山舰事件的确有苏俄方面的错误,特别是"军事工作中的过火行为"非常明显,主要体现在设置参谋部、军需部和政治部等"军事集中管理搞得太快",引起军官上层暗中反对。他认为,上述三部及党代表和顾问就像"给中国将领脖子上套上了五条锁链",当俄国(即外国)顾问对中国将军表现专横时,等于提醒中国军人的民族主义情绪;过去曾发生让中国主官或军校校长在队列前向俄国顾问报告的情形,实在过分,简直是"反革命行为"。布勃诺夫强调,必须认识到中国的"国民革命军不是工农红军"①。苏共中央政治局的中国委员会后来也同意,"蒋介石将军的 3 月 30 日行动是由我们军事顾问们的错误引起的"②。

在这样的认识下,苏俄方面自然希望继续与蒋介石合作。一度担任广州苏俄临时负责人的索洛维约夫从北京到广州前已与加拉罕取得共识,"蒋介石能够留在国民政府内,也应该留在国民政府内;蒋介石能

---

① 布勃诺夫:《在广州苏联顾问团全体人员大会上的报告》,1926 年 3 月,《联共(布)、共产国际与中国国民革命运动(1926—1927)》上册,第 168—172 页。按这里所说的参谋部原书译为"司令部"、军需部原书译为"后勤部",据内容看应是军事委员会的参谋部和军需部。类似的观点也见于布勃诺夫:《给鲍罗廷的信》,1926 年 3 月 27 日,同前书,第 186—187 页;苏俄内部相反的观点则见于拉兹贡:《关于广州 1926 年 3 月 20 日事件的书面报告》,1926 年 4 月 25 日,同前书,第 222—225 页。关于布勃诺夫使团对事件的看法,并参见亚·伊·切列潘诺夫:《中国国民革命军的北伐》,中国社会科学院近代史研究所翻译室译,中国社会科学出版社 1981 年版,第 372—376 页。

② 除季山嘉等的过火行为外,俄方承认的"错误"还包括在黄埔军校讲授马列主义而不讲授三民主义。这些行为造成的"满腔怒火被国民党右派所利用,蒋介石这时就成了他们的客观工具"。索洛维约夫:《向联共(布)中央政治局中国委员会提出的关于中国形势的书面报告》,1926 年 7 月 7 日,《联共(布)、共产国际与中国国民革命运动(1926—1927)》上册,第 332 页。类似的见解也见于穆辛在关于中共在广州任务的提纲,参见穆辛:《关于中共在广州的任务的提纲》,1926 年 4 月 24 日,同前书,第 210 页。

够同我们共事,也将会同我们共事"。他注意到,蒋在 3 月 20 日态度不很合作,但在 24 日得知布勃诺夫使团要走而鲍罗廷尚不知何时返回后,主动表示要与布勃诺夫面谈。谈话的结果强化了上述共识,尽管"使团决定迁就蒋介石并召回季山嘉,是将此举作为一个策略步骤,以便赢得时间和做好准备除掉这位将军"。索洛维约夫却以为,既然错处主要在苏俄方面,"现在我们应当设法以自己受点损失和作出一定的牺牲来挽回失去的信任和恢复以前的局面"。这需要人际关系中的"个人威望",只有鲍罗廷具有这种威望,因为"蒋介石和汪精卫都信任他,他能胜任这个任务"①。

　　索洛维约夫反映的是不少在粤苏俄人员的共识,美国记者索克思恰在中山舰事件后不久到广州,他在舞会上与俄国人交谈,后者以为一切都完了,中共党人多藏匿或逃逸,反共势力兴高采烈,扭转局势的唯一可能是鲍罗廷返粤②。鲍罗廷受命立即从北方返粤,这意味着他在与季山嘉的竞争中最后胜出。4 月 29 日鲍罗廷抵达广州,未见中共而先往见蒋。张国焘闻讯到鲍府等候,显然不满鲍罗廷的态度。数日后鲍罗廷告诉张,蒋介石和孙中山都是国民党中派,且都有较强的反共意识。若孙中山在,也会采取某种步骤来限制中共的活动。张国焘发现,鲍罗廷最关切的是苏俄与国民党的关系及苏俄是否会因此被迫离开广东,而视国共关系和汪精卫的地位等为次要问题。鲍罗廷并确信自己有维持与国民党关系的办法,那就是他手中有钱③。

　　①　索洛维约夫:《给加拉罕的信》,1926 年 3 月 24 日,《联共(布)、共产国际与中国国民革命运动(1926-1927)》上册,第 177-179 页。索洛维约夫的意见得到布勃诺夫使团的确认了,参见布勃诺夫:《给鲍罗廷的信》(1926 年 3 月 27 日),同前书,第 188 页。

　　②　Sokolsky, *Tinder Box of Asia*, Garden City, p. 336.

　　③　张国焘:《我的回忆》,第 512-515 页。按:物质援助的确是任何国民党主政者之所必需,不过以此为基础的关系,其延续性也视双方在供需上的相互满足而定,一旦鲍罗廷的钱不足国民党所需或其找到足以取代的财源,这样的关系便未必能持久。

　　在以往蒋介石与在粤各军的资源争夺中，鲍罗廷始终支持黄埔军，后者是俄援的主要接收者①，这是蒋、鲍关系尚好的基础。同时老革命家鲍罗廷算计甚深，他带回了久已离粤的胡汉民②。胡在莫斯科时屡有相当激进而左倾的表述，若蒋介石不与苏俄妥协，鲍罗廷也可尝试拥胡汉民任领袖；若蒋逼俄退出而使国民党右转，他本人将立刻面对资望高于他的胡氏，后者本国民党右派代表，在反左派方面尤具"政治正确性"（political correctness）。同时，包括物资弹药和军事技术的俄援是黄埔军力量的重要支柱，失去俄援则黄埔军力量顿减。而中共和左倾的青年军人在黄埔军中的潜势力仍不可小视，宋子文、谭延闿等新老中间派均持调和态度。这样，不论文斗武斗，蒋在中山舰事件后均无独自胜出的把握，除联俄外也别无出路。

　　其实蒋介石在逐王懋功后与汪精卫谈季山嘉专横时，已"料其为个人行动，决非其当局者之意"。3月22日，当苏俄参议来问蒋中山舰事件的作为是"对人"还是"对俄"，蒋"答以对人"。俄参议表示"只得此语，心已大安"，并称要将季山嘉等遣送回国③，结果双方很快达成继续合作的协议。

　　蒋介石与苏俄的妥协当然不仅着眼于权势之争，他是那时较少认真考虑了帝国主义威胁和攘外与安内关系的国民党领袖。如果中

---

　　① Vera V. Vishnyakova Akimova, *Two Years in Revolutionary China*, 1925-1927, tr. by Steven I. Levine, Cambridge, Mass.：Harvard University Press, 1971, p. 220.

　　② 据伴随胡汉民的朱和中回忆，莫斯科最初打算将胡汉民召回苏联，是鲍罗廷决定将其带回广州。但胡汉民在广州日子并不好过，观望月余，其外交部长职也被陈友仁代理，遂于5月11日避走香港。蒋永敬：《胡汉民先生年谱》，台北国民党党史会，1978年版，第373—378页。

　　③ 《蒋介石日记类钞·党政》，1926年2月27日、3月22日，《民国档案》1998年4期，第7、第8页。陈洁如则说，事发后俄方曾有人来问蒋介石此举是针对汪精卫还是针对苏俄，蒋介石答是针对汪精卫。Chen Che-yu, *My Memoirs*, pp. 302-303；陈洁如：《陈洁如回忆录》，第195—196页。

国革命与帝国主义的矛盾甚至正面冲突是无法避免的,任何一个革命领导人都不能忽视苏俄援助的重要性,包括物质的和心理的。蒋介石早在 1925 年 7 月就认为,沙基惨案的发生表明"英帝国主义者与我实际上盖已入于交战状态",故"我政府亦惟有认英帝国主义为当前之大敌"①。在面临帝国主义近在咫尺的直接威胁时,革命事业也有邻近的大国援助这一象征作用并不低于物质的和军事技术的援助。

　　蒋介石的民族主义情绪原本较强,他在 1924 年谈及联俄时就对一些"中国人只崇拜外人,而抹杀本国人之人格"表示不满②。这样的民族主义情绪既可针对俄国人,也可针对任何外国人。对多数中外观察家来说,蒋本人正是联俄的主要推动者和直接受益者。他自 1925 年以来表现出的强烈民族主义情绪及其对收回主权的激进主张颇令各国担心,美国亦其一。1926 年初,美国《国民》杂志记者根内特(Lewis S. Gannett)在广州采访蒋介石,蒋在得出根内特尚属"真诚"的结论后,宣称要告诉根内特从别人那里听不到的真话:"中国有思想的人恨美国更甚于恨日本。"因为美国人是两面派,虽然甘言笑脸,却和日本人行动一致③。由于蒋介石至少认为他自己是中国有思想的人,这个信息是非常明显的。

　　在中山舰事件后的几个月中,美国驻广州总领事精琦士(Douglas

---

　　①　毛思诚编:《民国十五年以前之蒋介石先生》,第 464 页。

　　②　蒋介石致廖仲恺,1924 年 3 月 14 日,毛思诚编:《民国十五年以前之蒋介石先生》,第 244 页。

　　③　Lewis S. Gannett, *Looking at America in China*, The Survey, L（May 1926）,pp. 181‐182. 根氏后来成为名记者,当时虽尚未成大名,已初具影响。他与蒋的谈话发表在颇有影响的《概览》杂志 1926 年 5 月的东西方专号上,自然不会不引起美国国务院有关人员的重视(实际上此文正收在美国外交文件中)。据蒋介石自己的记载,他在 1926 年 1 月 7 日曾接见美国记者,谈约两小时,"痛诋美国外交政策之错误及基督教之虚伪"(毛思诚编:《民国十五年以前之蒋介石先生》,第 594 页),或即指此次见面。

Jenkins)对蒋的认知一直处于变化之中①。到 1926 年 6 月,精琦士终于有了初步的结论,即蒋就是"广州的政府",他不会容忍"不管来自温和派还是激进派的干涉和反对"。精琦士认为,蒋与共产党人和俄国人的暂时联盟不过是为了得到军火和资金。但他也在那次报告中明确指出,蒋本人恰以"排外而特别是反美"著称②。《纽约时报》驻华记者亚朋德(Hallett Abend)后来回忆:"1926 年时的蒋介石是以从内心里讨厌所有外国人而著称的。"③这或能反映那时多数外国人对蒋的观感。

　　蒋的表现与五卅事件后全国民族主义情绪高涨的外在大环境非常合拍,在政治活动中有意识地运用民族主义成为当时中国政治的一个日渐流行的倾向。1926 年初即有人指出:"郭松龄打张作霖便是打日本。无论中国怎样一个军阀,敢和外国抵抗,是我们十分钦佩的。不幸抵抗外国而失败,是我们十分惋惜的。"④在民族主义情绪高涨之时代,能与外国人一战,即可得民心,胜负还是其次的问题。那时北方一般军阀对此显然认识不足,南方的蒋介石却表现出明显更敏锐的政治识力,已意识到对外作战即使不胜,仍可得人心。

---

　　① 参见 Jenkins to Kellogg, Mar. 27, Apr. 7, May 19, May 25, 1926, U. S. Department of State, *Records of the Department of State Relating to Internal Affairs of China*, *1910 - 1929*, National Archives Microfilm Publications, No. 329, (hereafter as SDF, including *Records of the Department of State Relating to Political Relations Between the United States and China*, *1910 - 1929*, National Archives Microfilm Publications, No. 339) 893. 00/7358, /7400, /7469, /7473; MacMurray to Kellogg, May 4, 1926, SDF 893. 00/7439。此后的几个月中,精琦士对蒋介石的观感仍维持摇摆不定的状态。

　　② Jenkins to MacMurray, June 11, 1926, SDF 893. 00/7522.

　　③ Hallett Abend, *My Life in China*, *1926 - 1941*, New York: Harcourt, Brace, 1943, p. 20.

　　④ 杨汝楫:《奉告东省同胞》,《现代评论》,第 3 卷 56 期(1926 年 1 月 2 日),第 19 页。

　　据报载,1926年2月,广东政府因粤海关案与列强成对峙之势,在决策会议上,蒋介石力主采取强硬手段与外人一战。他分析说:"外国对粤用兵甚难,未必因此即以武力为后盾。就令用武,而广东全省新胜之兵,不下六七万;且有俄员之指挥,俄械为之接济,大可以拼命而战。若幸而战胜,则东方第二土耳其,匪异人任矣。若不幸而败,极其量亦不过将广州政府退移于韶州。外兵人地生疏,万不敢深入国内,终须退出。然因此一战影响,已博得全国排外者之同情,目前虽稍吃亏,而将来声势,必从此更为浩大。盖能与外国人开仗,其地位已增高不知几许也。"谭延闿和孙科极力反对,他们认为,"若谓藉一战以博取国人之同情,则将来之价值未必得,而目下之地盘先不保,岂非以大局为孤注"。陈公博和谭平山等支持蒋,而李济深、伍朝枢、宋子文等则附和后一见解。汪精卫初偏于蒋,后"为谭、孙所战胜,亦表赞同"。结果会议决定向海关税务司妥协,蒋即"突然辞职,宣言不问政治"①。

　　这一会议的情形目前虽仅见于报纸,但与蒋介石那时的一贯识见相通,他更早就认识到攘外可以安内,主张在政治中有意识地运用民族主义。蒋在1925年7月初上书国民政府说,"中国革命,其浅近目标,固在军阀。舆论皆谓内政不修,无以对外。实则内政之坏,大半由于军阀得帝国主义强力之助,方敢肆行无忌。"故"今后革命目标,应注重此点,认定帝国主义为当然大敌,誓与奋斗。盖必先杜绝帝国主义与军阀勾结之途径,则军阀不攻而自倒。故今日革命,以对帝国主义为主要目的,而对军阀不过为一枝叶问题耳"。他特别指出,与英帝国主义战,"无论胜负谁属,皆足引起全国及全世界革命群众之注意"②。

　　①　维岳:《粤省最近之政局》,《时报》,1926年3月8日,第1版;执中:《粤战未起前之局面》,《晨报》,1926年3月16日(3月1日稿),第5版。两则报道内容相近,后者较详。

　　②　毛思诚编:《民国十五年以前之蒋介石先生》,第464—465、468页。

　　到 7 月下旬,蒋介石在军事委员会的讲演中进而阐述说,打倒帝国主义不仅是必要的,也是可能的:"即使英帝国主义真与我们开起战来,我们据大陆与他相持,他未必能离开海岸线制胜我们。"英国所恃为军舰大炮,只要离海岸线一百里,军舰即失作用;除铁路沿线外,中国一般道路狭小,大炮难以移动,其余军用品也输送不便,只要再离开铁路,英军便难取胜。有意思的是蒋的表述中也有一些晚清观念的"再生",他列举的英军可以战胜的原因也包括吃面粉的英军不能在吃米的南方持久,以及英军"穿不惯草鞋,走不了山路蹊径"等①,大致是当年夷狄离不开大黄,腿直不便走山路等说法的现代翻版。

　　在蒋看来,中国革命"是今日世界帝国主义与反帝国主义一场最后的大激战",军阀不过是帝国主义的傀儡,"吾党革命目标,与其革军阀的命,无宁先革北京东交民巷太上政府帝国主义的命。擒贼先擒王,所以吾党革命当自打倒帝国主义始"。只有"我们能打倒帝国主义,才为革命的真成功;我们敢同帝国主义作战,方为革命的真起首"。他说:"人之爱国,谁不如我? 北方军人必有爱国者,西南军人亦必有爱国者。"若大家团结在国民党周围"共同救国",就可以逼迫帝国主义"本国自己的军队直接来同我们打仗",革命军就是"希望同外国帝国主义者直接来打一仗"! 到"外国与我们革命军开仗的时候,我们革命军成功的日子就不远了"。这是因为,无论中国"哪一省一处与帝国主义开仗,就是燃着了中国大革命成功的导火线,亦就燃着了世界大革命成功的导火线。世界革命一起,帝国主义再没有幸存的道理"。

　　从这些言论看,前述报载关于粤海关案的争论中蒋介石的发言基本符合其一贯主张,他的确希望通过与帝国主义直接开战而获取全国的支持。并且他也认为,如果在中国内地打持久战,帝国主义未必不可

---

　　①　本段与下段,蒋介石:《在军事委员会讲演》,1925 年 7 月 26 日,收入《蒋中正先生演说集》,第 99—112 页。

战胜。苏俄带来的"世界革命"观念进一步武装和提升了蒋介石的思想,既然中国革命是世界帝国主义与反帝国主义之战,则中国任一军队与帝国主义开战,不仅可以博得全国同情和政治支持,更能点燃"世界大革命成功的导火线",这就意味着世界革命基地苏俄的卷入和参与。由此看来,国民党领导的革命不能没有苏俄的援助,蒋介石此时不与苏俄决裂,所思虑者应较为深远①。

　　若前述关于粤海关案的争论属实,则不仅与中山舰事件有所关联,且反映出广州当时权势之争的某些面向,尤其各类人物的分野值得注意。在讨论中支持蒋的谭平山和陈公博皆粤籍少壮新锐,谭乃共产党,中山舰事件后仍未失势(直到整理党务案提出后才与其他共产党一起退出政府);而陈也是前共产党,他回忆说,中山舰事件后不久,蒋介石让邓演达找到他,"说要组织一个左派的核心,因为一面要防备右派,一面限制共产党,因此不能不有一个坚强的组织"。其成员有十二人,蒋、邓、陈外,还有谭延闿、朱培德、何香凝、陈果夫、邵力子等,并在何香凝家里开过一次会②。

　　不过这一"左派核心"还缺少当时广州政治中一个重要团体,即作为孙中山亲戚的宋氏家族。不久孔祥熙夫人宋蔼龄第一次请蒋介石夫妇吃饭,陈洁如多年后仍记得蒋对此大感兴奋,表现得非常激动,盖其"从未想到"能有机会与这样的名流共餐,真是"妙得难以置信"。蒋告诉陈,"这些年来我与领袖(孙中山)的关系一直不如我所希望的那样密

---

　　①　到国民党占领长江流域大部之后,一方面其控制地域的广阔使得苏俄物质援助显得数量渐少因而也就不那么重要(同时国民党也开始从中国金融中心上海以各种方式直接摄取钱财),另一方面列强在北伐军占领武汉后竞相做出亲南方的政策转变,致使实际层面的"帝国主义威胁"大大减轻,以蒋介石为首的国民党派系乃能决定与苏俄以及中共决裂。详另文,一些初步的讨论参见罗志田:《北伐前期美国政府对中国国民革命的认知与对策》,收入其《乱世潜流:民族主义与民国政治》,第311—335页。

　　②　陈公博:《苦笑录》,第66页。按邵力子似与鲍罗廷同时于4月29日抵粤,则此会召开应在此后。

切"，现在终有机会接近他的亲属；与宋氏家族的亲近非常重要，可以说是建立"重大功业的开端"①。此事若与前引陈公博说蒋组织"左派核心"的聚会共观，则其重要性更高，两次聚会都参与者确有一直左倾的何香凝。从陈洁如对当时气候甚热的描述中，可知这次吃饭应在前次"左派核心"的聚会之后。在旁人看来已大权在握的蒋介石尚乏充分的自信，他也相当清楚广州的实际权力核心在哪里。

若把中共及其在国民党中的同情者作为左派，则陈公博所说的"左派核心"加上宋氏家族，恰好是那时广州温和而偏左的中间派②。可见此时温和而偏左的中间派已隐居主流，中山舰事件后正是这些人出来收拾局势，调解各方。其中谭延闿、朱培德和宋子文三人是那段时间几乎每份关于广东局势的苏俄文件都要提到的人，既说明三人的活跃，也无意中印证了苏俄对第二、第三军的持续关注。在蒋介石自己的日记中，那段时间他也不时与谭、宋、朱三人议事。在3月26日蒋又一度辞职出走时，就是宋子文漏夜赶往虎门将其挽留③。这里一个重要的例外是第四军的李济深，他在苏俄文件中仅偶尔被提到，在蒋的记述中更几乎不及李济深，偶尔碰面也只说点场面话，体现出"蒋李交恶"其实余波未息。

不过，上述温和而偏左之人虽已显出结合之势，其思想观念和实

————

①　Chen Che‐yu, *My Memoirs*, pp. 305‐318，引文在 pp. 305‐306；中译本，第197—208页。

②　在穆辛当时的分类中，就视蒋介石为一方，而汪精卫、谭延闿、朱培德和宋子文为另一方。他虽认为双方的关系已破裂，但仍将两者皆看作"国民党左派"，主张"客观地把蒋介石看作是革命运动方面的一个重要力量"，以团结包括汪、蒋在内的整个左派。穆辛：《关于中共在广州的任务的提纲》，1926年4月24日，《联共(布)、共产国际与中国国民革命运动(1926—1927)》上册，第210—211页。但穆辛认知中双方关系的"破裂"显然有误，破裂的只是蒋、汪关系，蒋成功地维持了与其余诸位的合作关系。

③　《蒋介石日记类钞·党政》，1926年3月26日，《民国档案》1998年4期，第8—9页。

际利益等各方面都差距甚大,更群龙无首。正因此,蒋才得以倚靠此派力量分击左右两派,同时将此派逐渐置于其控制之下。周恩来后来总结说,中山舰事件时,鲍罗廷和加伦均离粤,陈独秀也不在,左派除汪精卫外群龙无首,当时各方军政力量皆不欲蒋得势,惟无人牵头,致蒋坐大,并击败左右两方,其权力基础乃得以巩固①。此说基本符合当时的实际情况,特别凸显出汪精卫临阵逃避对事态发展的影响。

蒋介石早就感觉到胡汉民、汪精卫等人有着与"旧势力"瓜葛太深和魄力不够等"书生"缺点。事发后汪隐匿不出,蒋即认为"此种不负责任之所为,非当大事者之行径也。无怪总理平生笑其为书生"②。不过,汪精卫那时也有其困窘之处。索洛维约夫一面指出汪有遇事不够理智的性格弱点,同时也承认,在汪已感觉在蒋介石面前丢脸之时,苏俄向蒋让步更使汪感到受委屈,尤其循蒋之意召回汪竭力要保留的季山嘉使他感觉受了侮辱,故而隐匿不出③。

汪精卫在 3 月 20 日当天曾说:"我在党有我的地位和历史,并不是蒋介石能反对掉的。"④蒋在 4 月给汪的信中也承认:"一年以来,吾兄对党对国之功绩,为总理逝世后之第一人,此不论何人不能否认。"⑤关

---

① 周恩来:《关于 1924 至 1926 年对国民党的关系》,《周恩来选集》,第 119—121 页。

② 《蒋介石日记类钞·党政》,1926 年 3 月 31 日,《民国档案》1998 年 4 期,9 页。反之,蒋自己早在 1924 年尚未得势时就表示,他"虽不能料敌如神,决胜千里;然而进战退守,应变致方,自以为有一日之长。断不致临时纷乱,以陷危境"。参见蒋介石致孙中山,1924 年 3 月 2 日,毛思诚编:《民国十五年以前之蒋介石先生》,第 235 页。

③ 索洛维约夫:《给加拉罕的信》,1926 年 3 月 24 日,《联共(布)、共产国际与中国国民革命运动(1926—1927)》,178 页。并参见杨天石:《中山舰事件之后》,《历史研究》1992 年 5 期。

④ 陈公博:《苦笑录》,第 60 页。

⑤ 但蒋同时又指出汪的"优柔寡断"使其"大权旁落,竟使事事陷于被动地位"。蒋介石致汪精卫,1926 年 4 月 9 日,南京第二历史档案馆,全宗号 3041,卷号 85。

键在于当时广东政治行为模式已大变,党内的"历史"早已不那么受重视,基本被当下的事功所压倒:不过几个月前,是否积极参与东征决定了杨、刘的命运,是否积极参与讨伐杨、刘更决定了胡汉民、许崇智等几位在党内同样有"地位和历史"之人的退隐。汪本人正是在这讲究事功而轻视党内"地位和历史"的趋势中上升到党政军第一的位置。然若论那段时间的具体事功,汪似不如蒋,其上升在很大程度上依靠苏俄的支持。一旦苏俄据事功之需而定取舍,失去支持的汪精卫自然也难以仅靠革命"历史"以维持其地位。

蒋介石在中山舰事件期间的作为似乎也不能完全视作个人争权,对国民党领导的国民革命事业来说,蒋确实代表着国民党改组以来相对蓬勃向上的少壮力量,而且是那时位居前列又不具地方色彩的领导人当中唯一的军人。蒋介石并不欣赏的罗加乔夫就看到了蒋的独特之处:"作为同孙逸仙联系最密切的人和作为最有军事素养的人",他是"指挥北伐的唯一候选人",故应该"为国民革命运动留住蒋介石"①。尽管苏俄方面一直注重对第二、第三、第四军的工作,他们仍然清楚,论及与孙中山的关系,谭、朱、李均不能与蒋竞争,而汪、胡则缺乏军事素养。在"革命"主要意味着武装夺取政权时,军事知识是一项非常重要的参考因素。

鲍罗廷敏锐地观察到,"对蒋介石来说,北伐是他3月20日行动的基础。他指责汪精卫反对北伐",以此为"汪的主要罪状"。在看见蒋"已把自己的命运同北伐问题紧密地联系在一起"之后,鲍罗廷也只能一面指出北伐的不易成功,一面表示将给蒋以"一切可能的支持"助其北伐成功②。1926年初蒋介石在多大程度上真正将北伐列为最近就

---

①　罗加乔夫:《关于广州1926年3月20日事件的书面报告》,1926年4月28日,《联共(布)、共产国际与中国国民革命运动(1926—1927)》上册,第234页。

②　鲍罗廷:《在同共产国际执行委员会远东局委员会会晤时的讲话》,1926年8月,《联共(布)、共产国际与中国国民革命运动(1926—1927)》上册,第369页。

要实施的要事恐怕还可推敲,但这无疑有助于使军事总监变为总司令。更重要的是,一旦战事成为中央政府主要的政略,就必然大大增强军方在决策中的重要性,包括对财权的整体支配。这就牵涉到当时国民革命阵营内部的文武之争,在这方面蒋介石和李济深利益基本一致,故李在事件中既不支持蒋,也不支持汪精卫。

蒋介石自己就发现,事前并不赞成他对苏俄顾问采取行动的谭、朱、李各军长,在3月22日获悉他对俄顾问及共产党的处理后,"皆赞成余意"①。这里各军长赞成的大概就包括前述限制党代表权限的内容。其实蒋、李之争仍在继续,蒋对握有军权的"地方主义"也不能不有所让步。他在4月11日呈请设置中央军校副校长,以李济深兼任。同日日记中便"深思广东现局甚难处置,党务军事裂痕已明,右派与共产派两者之间固难调融,土匪与地方主义更难消除,实无善后之策"②。这里很明确地将"地方主义"作为比左右派分裂更难解决的困难,非常能呈现他内心关注之所在。

不过,蒋至少在文官方面成功地打击了广东的"地方主义",经过3月的中山舰事件和5月一般认为向右派妥协的国民党二届二中全会,实际的结果是:张静江任中央政治委员会主席,同为江浙籍且曾参与西山会议的邵元冲、戴季陶、叶楚伧等参与广州政权的领导工作;与广州孙文主义学会关系密切的广东人伍朝枢、吴铁城等或被逐或被捕,孙科在表态与这些人分手后才免于放逐的命运(当然也因为他是孙中山之子)。用朱培德的话说,以广东人为主的既存政治"重心"已失。鲍罗廷更明言:"除少数例外,广东人不适合作革

---

①　《蒋介石日记类钞·党政》,1926年3月22日,《民国档案》1998年4期,第8页。据蒋日记,谭延闿在3月20日明确对他的举动不以为然,蒋则认为这是其"书生浅见"。《蒋介石日记类钞·党政》,1926年3月20日,同前刊前页。

②　《蒋介石日记类钞·党政》,1926年4月11日,《民国档案》1998年4期,第9页。毛思诚所编书改为"广东现局,右派与共产两者之间显树敌帜,土匪与地方主义常伏暗礁,深用焦虑"。《民国十五年以前之蒋介石先生》,第645页。

命者;其他省的国民党人只好利用广东的基地,把广东本地人排除在外。"①

　　在两三个月的时间里,蒋介石成功地利用中山舰事件事件巩固了自己的领导地位:左倾的汪精卫被驱逐,右倾的胡汉民一度返回广州又失意离去,在逮捕吴铁城驱逐伍朝枢等偏右领导人后,国民党有竞争力的主要领导人都从广州"消失",蒋的地位明显提高②。1926 年 4 月,谭延闿致信蒋介石商量军事预算问题,蒋复函说:"本月预算似应确定,请由吾公主持一切,不必事事商量,使弟更不安于心。"但蒋随即"贡献"了三条具体处置意见,虽然他最后又说"未知尊意如何? 请与益之、任潮二公核定,弟无不遵照决议",然前面三条口气相当直接,并无太多商量余地③。可知蒋此时已大权在握,代理汪精卫的谭延闿宁愿"事事商量"(几天后蒋才于 4 月 16 日正式当选军事委员会主席,谭当选为政治委员会主席)。到 5 月下旬,蒋自己也忍不住说:"我近来听许多同志谬奖说,黄埔军校已成为党的重心。"④黄埔军校与蒋的个人关联众皆知晓,"近来"二字尤说明问题。

────────────

　　①　邵元冲等的回到中央是蒋介石和鲍罗廷妥协的后果之一,当邵受命担任国民党青年部长、戴受任中山大学校长时,大多数"国民党左派"试图抵制,而许多共产党人则因略知真情而先有了思想准备。参见鲍罗廷:《给加拉罕的信》,1926 年 5 月30 日,《联共(布)、共产国际与中国国民革命运动(1926—1927)》上册,第 272—278页。按本段所说广东,原件均译为广州,疑为误译,径改。又孙科一度被派往浙江联络孙传芳,蒋介石告诉未及与闻此事的谭延闿,此事"是弟提议,彼即赞成,并催其速行"(蒋介石致谭延闿,1926 年 4 月 10 日,蒋中正档案,2010.10/4450.01—001—6),但在驱逐伍朝枢后得以继任其遗下的广州市长。

　　②　关于蒋介石这段时间的作为,还可参阅杨天石:《中山舰事件之后》,《历史研究》1992 年 5 期;杨奎松:《蒋介石从"三二〇"到"四一二"的心路历程》,《史学月刊》2002 年 6—7 期。

　　③　蒋介石致谭延闿,1926 年 4 月 11 日,蒋中正档案,2010.10/4450.01—001—7。

　　④　蒋介石:《中执委全会闭会演词》,1926 年 5 月 22 日,收入《蒋校长演讲集》,第 81 页。

　　1925年3月孙中山弃世意味着国民党革命事业之孙中山时代的结束,经过一年多"后孙中山时期"的短暂过渡,中山舰事件最重要的后果是开启了蒋介石时代,确立了以孙中山的少壮幕僚和家属为核心的派系在党和政府中的领导地位。不久前获得正式领袖地位的胡、汪转瞬即淡出权力中心是非常重大的代际转折,后来所谓的蒋、宋、孔、陈"四大家族"此时皆开始出现在前台;他们中除蒋介石外皆能说英语,故能与仍处权力核心的鲍罗廷直接交流,孙科和陈友仁以同样原因此时至少与宋、孔一样重要,邓演达则能操德语故可与苏俄顾问中高阶的铁罗尼对话,也是权力核心的成员,凸显了俄国顾问的势力仍相当强大[1]。这些皆是孙中山的幕僚和亲戚,绝大部分相当年轻,在1927年"四一二"事变前他们基本偏左[2]。

　　但蒋介石掌权的道路还不平坦,鲍罗廷观察到,蒋提出"整理党务案",本希望"使军队保持平静,实际结果却适得其反。左派更生气了"。而孙文主义学会则要求蒋采取进一步措施来限制共产党;蒋"成了他们的俘虏",以"保持军内团结"为由要求军内共产党人退党,以国民党身份工作,于是共产党更怀疑他右倾。蒋介石"每天都向我抱怨,说什么

---

　　[1]　李宗仁于1926年5月到广州,仍发现那里崇俄风气仍甚,"俄国顾问们在广州真被敬若神明,尤其是鲍罗廷的公馆,大家都以一进为荣。一般干部如能和鲍某若片语交谈或同席共餐,都引为殊荣"。(《李宗仁回忆录》,第322页)李宗仁的观察相当敏锐,实际上这个权力核心本身也是一个不随意开放的社交圈子,得以参与其中确实有助于政治竞争的上升,参见前引陈洁如所述宋蔼龄第一次请蒋介石夫妇吃饭使蒋大感兴奋事。

　　[2]　相对而言,这些人中只有孙科通常被认为是右派,然孙科多次主持广州市政,在民、财两权的"统一"方面主要是站在中央政府一边。而且,在所谓右派之粤籍人士中,向有以孙科为首的"太子派"和以胡汉民为首的"元老派"之分,两者势同水火。"太子派"的聚会地是当时广州有名的南堤俱乐部,胡汉民不敢入内,而廖仲恺和宋子文倒是常客。可知少壮的"太子派"本相对亲近左派。参见赖泽涵:《孙科与广州市的现代化》,收入张玉法主编:《中国现代史论集》,台北联经出版公司1982年版,第7辑,第97—98页。

共产党人和左派都不相信他,不相信他是愿意为革命而献身的"①。其实蒋在与鲍罗廷达成妥协后,即以捕吴铁城逐伍朝枢并公开宣言反对西山会议派表明其已再向左转,鲍罗廷的回报是承认蒋所获取的权力并支持北伐。

此时新败于湖南的唐生智正式加入了国民革命军,外在形势的变化促使北伐进入实施阶段。盖唐部若被消灭,则两广将立刻受到北军威胁;唐如果退入广东或广西,这一新增的"客军"会使当地形势更为复杂。从全国看,北洋军正倾全力攻冯玉祥,在南方的兵力较弱,此时不出兵则冯败后南方亦势孤。这些因素都使本可安居广州以巩固其地位的蒋介石做出迅速进兵的决定。如前所述,战事既然成为主要政略,军方在决策中的重要性即大大增强。蒋在6月5日被任命为国民革命军总司令,一个月后即出任国民党中常会主席,正式确立其领袖地位。

尽管广东政局仍不稳定,但局势最不利时蒋也可率军打出广东另谋发展。不过在北伐之初,蒋并未让黄埔军出击②,而是派出李济深的第四军和广西第七军先行③。素以不怕死著称的黄埔第一军并未安排在北伐第一线是个相当耐人寻味的现象,它提示着蒋介石一直鼓吹北

---

　　① 鲍罗廷:《给加拉罕的信》,1926年5月30日,《联共(布)、共产国际与中国国民革命运动(1926—1927)》上册,第282页。

　　② 第一军的第一、第二两师作为总预备队留在蒋身边,这既增强了蒋的安全感,也削弱了军长何应钦直辖的力量。何应钦只能率领第一军余部驻守其潮汕地盘,同时防备可能来自福建方面的攻击;后因北伐出乎意料地顺利,在整体格局激变后改为向福建、浙江方向主动进攻,是为北伐的东征军。参见《东路军北伐作战纪实》,台北"国防部"史政编译局编印,1981年,第10—15页。

　　③ 据李宗仁的回忆,第四军先出兵是在他鼓动下由李济深主动提出的,而其动员李济深的言辞相当值得玩味:"第四军乃广东的主人翁,主人且自告奋勇,出省效命疆场,驻粤其他友军系属客人地位,实无不参加北伐而在广东恋栈的道理。"李济深听了不禁"脱口而出,连声说赞成此一办法"(《李宗仁回忆录》,第310页)。这一分析的思想基础正是广东的"土客矛盾",主人出省乃是迫使客军离粤的先发制人手段,很能体现一些时人的心态和思路。

伐或不过希望借此营造一种引而不发的态势，或并未充分认识到战机已至，仍试图进一步巩固其在广东的领袖地位，然后再定是否北上[①]。大体而言，北伐虽然经过相当时间的准备和计划，其最后的决定更多因为唐生智的突然加盟，并非完全是谋定而后动的有计划的作战。而且，对那时国民革命阵营各方面言，北伐本身有着颇不相同的意义。

共产国际的维经斯基分析说，对蒋介石而言，北伐有利于其大权独揽；而"广东的政治工作也都是由其余所有人以准备进行北伐的这场革命进攻战的名义进行的；我们在邻近省份的组织也都在等待广州军队的到来，要反对这种情绪将是极其困难的"。在广州，不同的人围绕着北伐都有着自己的打算："右派希望蒋介石率领军队北上，部分左派和部分共产党人鉴于有必要对群众进行革命的动员，幻想把恢复原来局面的希望同战争联系起来。蒋介石则指望利用这场战争把反对派将领派到华北去和筹集资金"。中共中央对北伐的"态度一度摇摆不定"，直到派往广州调查中山舰事件的使团6月返回，其"总的情绪又主张进行北伐，认为是使广州摆脱内外威胁的唯一出路"[②]。

以北伐求生存乃广东革命根据地一个长期存在的思路，孙中山1924年北伐的主要考虑即是"在粤有三死因"，故不得不"舍去一切，另谋生路。现有之生路，即以北伐为最善"[③]。中共中央1926年2月在北京召开的特别会议上，即主张广东政府"只有向外发展的北伐……才能维持

---

①　这一方略后来证明对蒋介石相当不利，他大约未曾预料到湖南作战取胜会那样神速，故长沙攻克时他的总司令部尚滞留广州未发。待蒋急趋长沙时，则发现唐生智已在那里巩固自己的势力。身为总司令的蒋，不久即被迫放弃胜算在握的湖北战役的指挥权，不得不领偏师去进攻江西实力更强的孙传芳部。

②　维经斯基：《给联共(布)驻共产国际执行委员会代表团核心小组的电报》，1926年7月1日，《联共(布)、共产国际与中国国民革命运动(1926—1927)》上册，第320—321页。

③　孙中山致蒋介石，1924年9月9日，毛思诚编《民国十五年以前之蒋介石先生》，第301页。

自己的存在,否则必为反动势力所包围而陷落"①。蒋介石自己在许多年后也回顾说,当时俄共谋夺在广州的政权,"所以我们必须突破这限于广东一隅的危局,实行出师北伐"②。双方所认知的在广州的危险虽迥异(一为"反动势力",一为"俄共"),其以北伐求生存的思路则相同。且其忧虑的重点,都在革命阵营自身③。故北伐的发动,实亦有不得不为的苦衷。

在国民党对外宣传中,北伐是以统一全国为号召的,然而所有上述具体思虑没有一种与"统一"相关,当时国民革命阵营中恐怕很少有人真以为近期即可统一。李品仙后来回忆说:"国民革命军誓师之初,虽号称十万之众,实际上不过五六万人。而势如破竹、所向披靡,竟以前后不过八个月的时间,领有长江以南,真非始料所及。"④李氏的话,颇能代表当时南北多数人的共识⑤。美国军事情报人员当时已分析说:"在中国的军事角逐中,兵员和装备的优势未必是决定的因素。"⑥若不仅仅看兵员装备,则北伐军能以弱胜强的一个重要制胜因素,恐怕恰是国民党长期坚持对武装统一的正面提倡,适应了久乱思安定的社会需求。

---

① 转引自顾群、龙秋初:《北伐战争在湖南》,湖南人民出版社 1986 年版,第 10 页。

② 蒋介石:《苏俄在中国》,台北"中央文物供应社"1978 年再版,第 168 页。

③ 勃拉戈达托夫从另一侧面观察到,"所有的人都把北伐看成是缓和广东紧张的经济局势的机会",这仍是一种借北伐以解决其他问题的思路。(勃拉戈达托夫:《中国革命纪事》,第 198 页)

④ 李品仙:《李品仙回忆录》,第 83 页。

⑤ 北洋方面即因不重视南军北伐而错过了战机,文公直认为,吴佩孚在北伐初起时"藐视革命军,轻离其根据地之武汉,率其比较能战之直系旧军北上而攻南口,舍己耘人,其愚孰甚"(文公直:《最近三十年中国军事史》第三编,第 255－256 页)。文氏本站在南方立场上写作,无意中却说出了吴氏"舍己耘人"的真相。

⑥ *United States Military Intelligence*, *1917-1927*, multi-volumes, with introduction by Richard D. Challener for each volume, New York: Garland, 1978, vol. 26, p. 11821.

第六节　南北统一的愿望与可能性

20 世纪 20 年代初的中国政治出现了一个近代前所未有的新现象，即中央政府渐失驾驭力，而南北大小军阀已实际形成占地而治的割据局面。尽管武力统一在北方已被表述为破产的"迷梦"，对久乱的中国来说，统一又是代表着许多人愿望的广泛社会要求，成为温和、保守与激进的社会各阶层和各政治流派一个相对共同的目标。故对统一的提倡在很大程度上适应了全社会的时代要求，并影响着此后数年以至许多年中国政治局势的演变①。

在一般人心目中，相对宁静安定的生活乃是一统局面下的题中应有之义，至少来自"兵"或"匪"方面的骚扰可以大大减轻。中共在 1922 年就提出："现在最大多数中国人民所要的是什么？我们敢说是要统一与和平。为什么要和平？因为和平的反面就是战乱，全国因连年战乱的缘故，学生不能求学，工业家渐渐减少了制造品的销路，商人不能安心做买卖，工人农民感受物价昂贵及失业的痛苦，兵士无故丧失了无数的性命，所以大家都要和平。为什么要统一？因为在军阀割据互争地盘互争雄长互相猜忌的现状之下，战乱是必不能免的，只有将军权统一政权统一，构成一个力量能够统一全国的中央政府，然后国内和平才能够实现，所以大家都要统一。"②

---

① 自袁世凯弃世后出现的分裂局面，北伐前大约有两三次真正实现统一的机会，主要因各方面"存异"的实际考量超过了求同的愿望而错失（有时也受一些偶然因素的影响），然而统一的社会要求始终存在。从长远看，北伐的进行以及此后的蒋、桂战争和蒋、冯、阎大战恐怕都是袁世凯弃世后为填补中央权势空缺的各军政势力较量的继续。这其间有两个关键性的变化影响了竞争的进程，一是国民党在改组后成为一种中国历史上前所未有的新型政治力量，一是日本帝国主义的直接入侵造成外患压倒内忧的大格局。

② 《本报宣言》，《向导》1 期（1922 年 9 月 13 日），第 1 页。

　　到北伐前两年,以北洋内斗为主的军阀混战进一步加剧,战争规模越来越大,作战方式也日益现代化,故战斗多发生在交通最发达可迅速调动军队的东部和中部省区。结果是中国最富庶的地区受战争之创伤也最重,民生被严重扰乱。胡政之在北伐开始后得出与中共几年前的见解非常接近的看法,他分析说,过去多年“虽乱而未甚,虽恶而可忍”,各行业之人尚能苟安。至内乱加剧,“商不能商,工不能工,农不能农;甚至官亦不能官,教亦不能教,于是全国各业之人虽欲偷生苟安。忘大义取小利而不可能”。结果“全社会之态度一变”,而“统一意识与全国意识兴矣”①。

　　中国传统向主“思不出其位”,但其前提是至少要有可以苟安于其位的社会条件。到天下大乱,则庶人要议政,匹夫有责于保天下,是思不出其位而不可能。这样一种因思出其位而产生的全国意识,乃是一种思变求变且极富能动性的焦虑思绪。其建设性的一面,是促进了全国性思想言说的形成,并寻求一种全国性的解决;其破坏性的一面,是对既存政权的否定性判断(即判定其已“失道”或失去了统治的正当性,这对于任何当局者都是不利的)。

　　时人对怎样获致统一怀有矛盾的心态:一方面,武人当政是造成民初社会混乱的原因之一,故文人多倡“弭兵”;但要想统一,历史上最常见也有效的方式正是使用武力,这又可能意味着武人当政的延续。一些读书人或仍主“弭兵”,而厌乱者已思能以任何方式统一之人。杨荫杭在 1920 年已提出,若能统一全国,军阀也可接受:“使段家将而果有统一全国之武力,段家将亦未可厚非。”他分析说:“不战而能统一者,上也;战而后统一者,次也;既不能战,又不能和,而苟延残喘者,下也;既

---

　　① 　记者(胡政之),《国庆辞》,《国闻周报》,1926 年 10 月 10 日(该刊无统一页码,故不引页数)。

不能战，又欲强战，战线延长，民不聊生，又其下也。"①

对不少人来说，久乱之后，目的渐重于手段，统一是否以武力达成变得不那么重要了。当时武力统一的主张在北方不得人心，更多是因为持此论者无此能力。力既不足，在此寻求全国性解决的思绪形成之时，北洋军阀恰失去了统一全国的信心。由于中枢的自毁，遂给处于边缘者造成了机会。如前所述，第二次直奉战争和其后的善后会议两次统一努力的失败为此后的北伐预留了先机，主张且能够实行武力统一的新来者仍有尝试的余地和成功的机会。

北伐前既有统一愿望又有相当实力的政治军事力量恐怕只有国民党：1923 年底开始的国共合作引进了苏俄式的紧密组织起来的政治团体，使中国整个政治运作状况发生了根本的革命性改变。改组后的国民党以三民主义为既定意识形态，又有接近苏俄模式的政党组织扮演动员民众及沟通军政、军民等因素的整合角色；新型政治带来的动员整合力量大大推动了国民革命军这一新型军事力量的形成，也提示了武力解决统一问题的可能性。国民革命的一个主要感召力未必像以前许多人认为的那样在其反帝的一面，而恰在其强调统一，并以军事胜利证明其具有统一的能力②。

前引国民党《时局宣言》已指出："军阀之大者，把持中央政柄，藉统一之名义以迷惑国人；军阀之小者，割据地方，藉联省自治之名义迷惑国人。"稍后的《国民政府监察委员就职宣言》又说："中国军阀，凭藉帝

---

①　1920 年 6 月 14 日、1921 年 8 月 25 日《申报》，杨荫杭：《老圃遗文辑》，第 17、393 页。

②　过去许多中外研究，尤其是西方的中国研究比较重视国民党的民族主义面相，而说到民族主义时则多想到其因抵御外侮而起的救国观念及卫国运动，但民族主义从来还有国家建构（nation－building）的一面；自北洋时中国处于实际的分裂局面后，中国民族主义这建构一面的主要反映就是国家的统一。

国主义之后援,割据自雄;或揭武力统一之名,或标联省自治之号。"①可知国民党和国民政府充分认识到"武力统一"和"联省自治"都是能够迷惑国人的口号,由于北伐实质上仍是一种"武力统一",广东当局既要针对带有"西南"特色的"联省自治"(介乎于蒋介石所说的"反革命"和"假革命"之间),又要区别于北方的"武力统一",故特别致力于树立其"革命"的合道性②。

北伐出师前,国民党"郑重向全国民众宣言"说:"中国人民一切困苦之总原因,在帝国主义者之侵略及其工具卖国军阀之暴虐。中国人民之唯一的需要,在建设人民的统一政府。"③蒋介石也强调,中国统一,"除了中国国民党以外,也再无别个团体可以胜任",因为只有国民党是有"主义"的团体④。他稍后就任总司令时进而说,"曩昔革命之失败,皆由于我军人不知革命之需要,不明战争之目的,不求牺牲之代价,尤不知主义为救亡唯一之生路,迷信武力为统一中国之张本,受军阀至微薄之豢养,而甘为帝国主义者效死命"。如今,"国民革命以主义为依归,绝不同于军阀武力统一之梦想"。⑤

————————————

① 《中国国民党对于时局宣言》,1925 年 5 月 22 日;《国民政府监察委员就职宣言》,1925 年 8 月 1 日,均收在《中华民国史档案资料汇编》第 4 辑(上),第 120、41 页。

② 当时一位热血青年曾广菜看到"中国现时专凭武力以征服敌人,不是以武力扶持正义,以致世道人心只知趋附强权而蔑公理",乃决定弃医改学军事,希望今后能"以武力扶持正义",大致体现了社会上对武力正当性的某种期望。参见曾广菜致曾济宽,约 1925 年秋冬,引在曾济宽:《读过了日本东京寄来一封信后的感想》,《国民革命汇刊》第 1 卷,第 98—99 页。按:曾广菜应为四川人,是郭廷以在河南念中学时的同学,关于曾从日本读士官回来后的经历,参见张朋园等:《郭廷以先生访问纪录》,台北中研院近代史所,1987 年,第 182—186 页。

③ 《中国国民党为国民革命军出师北伐宣言》,1926 年 7 月 4 日,罗家伦主编:《革命文献》第 12 辑,未著出版机构,1956 年,第 51 页。

④ 蒋介石:《在国民政府公宴上的演讲》,1926 年 1 月 4 日,节录在毛思诚编:《民国十五年以前之蒋介石先生》,第 588—589 页。

⑤ 《蒋总司令就职宣言》,1926 年 7 月 9 日,《革命文献》第 12 辑,第 56 页。

　　同样是"武力统一",有"主义"的一方便既正确也能够胜任,"主义"的功用真是神奇。从实用层面看,民初的中国社会,因政治鼎革造成整体性的制度转换,加上传统的崩坏,一统的意识形态不复存在,结果是各种新兴的"主义"起而填补思想领域的空白,并出现各类西方主义以中国为战场的现象。① 当年比较成功的军阀,多少也有些"主义"用以整合其部队。与思想界多采西方观念不同,军阀中除冯玉祥以基督教统一部属外,吴佩孚是以关羽、岳飞精神号召全军,唐生智则有"佛化"的军队,到北伐时还曾临时出现孙传芳军系的"三爱主义"和奉鲁军系的"四民主义"②。后两种"主义"显然是模仿三民主义,提示出国民党运用"主义"的成功。

　　这的确是那时南北双方治军方略不同之所在,1924 年初伍朝枢代表孙中山访奉时,曾问担任接待的何柱国:"你们奉军的官兵信仰不信仰三民主义?"何答曰否。伍乃"用一种异乎寻常的目光盯住"何追问,"官兵不知道为什么去死,怎么会打仗呢"? 何回答说,"我们奉军讲的是爱国,有的是义气",一样能打仗。张学良知道后,"满不在乎的说,'他们自然有他们的一套,我们也有我们的一套,各不相干'"③。各有各的"一套"是个很形象的说法,但后来北伐时北方试图学习南方的现象说明国民党那"一套"似更起作用。

　　蒋介石就认为,"军阀有必败之道,致败的原因甚多,最大的,就是他们内部自相冲突"。这都是"因为无主义做中心,一切都以自己利害

---

① 参见罗志田:《西方的分裂:国际风云与五四前后中国思想的演变》,《中国社会科学》1999 年 3 期。

② 参见 Chi,*Warlord Politics in China*,pp. 54-56,95-100,115;唐生智事详后,余可参阅《晨报》,1927 年 5 月 6 日 2 版,6 月 15 日 2 版,6 月 16 日 3 版,7 月 18 日 7 版,8 月 7 日 3 版,12 月 2 日 3 版,1928 年 1 月 1 日 2 版。

③ 何柱国:《孙、段、张联合倒曹、吴的经过》,《文史资料选辑》第 51 辑,第 9 页。按何柱国并非信口开河,北伐时奉军方面确曾提出"爱国党主义",参见罗志田:《南北新旧与北伐成功的再诠释》,收入其《乱世潜流:民族主义与民国政治》,第 212 页。

作主体。所以无论军队，无论什么，都须有主义、讲主义"①。除了"主义"的有无，南北军队另一个明显区别就是，南方有仿苏式的国民党组织，这一新因素虽然在一定程度上使南方的政治复杂化，同时对整合军队也起了较大作用。蒋稍后解释"为什么要有党"说："党是有主义的，运用主义的。没有主义，固然没有党；没有党，也不能运用主义。"②党的存在，有助于消弭当年南北皆存的文武之间的紧张和疏离，起到整合文武双方的功用，促进了南方的军政结合，使北伐军成为中国历史上第一支军事政治并行的军队③。

　　不过，主义、政党一类新因素的效力当时还在证明的过程中，国民革命的"合道性"很大程度上毋宁是由北洋方面的"失道"所反衬而成。前面说过，伴随着北洋体系老成凋谢和未受或少受教育及职业军事训练的一批新军阀兴起的，是行为准则的转变。特别是张宗昌、张作霖等一反北洋对文人忍让的旧则，随意捕杀记者、学生，严重损毁了北洋政府的统治基础④。其中影响最大的当属1926年3月的"三一八"惨案，

---

　　①　蒋介石：《在国民政府公宴上的演讲》，1926年1月4日，节录在毛思诚编：《民国十五年以前之蒋介石先生》，第589页。

　　②　蒋介石：《在湖南省党部欢宴大会讲演》，收入《蒋介石的革命工作》下册，文砥编，上海太平洋书店1928年版，第299页。

　　③　顾维钧后来回忆说，国民党以政治组织支持军事这样一种"前所未有的新因素"，极大地决定了北伐的胜利（《顾维钧回忆录》第1册，第297、303页）。并参见罗志田：《五代式的民国：一个忧国知识分子对北伐前数年政治格局的即时观察》，《近代史研究》1999年4期。

　　④　日本的芥川龙之介在1921年告诉胡适，他觉得"中国著作家享受的自由，比日本人得的自由大得多，他很羡慕"。胡适以为，"其实中国官吏并不是愿意给我们自由，只是他们一来不懂得我们说的什么，二来没有胆子与能力可干涉我们"（《胡适的日记》，1921年6月27日，中华书局1985年版，第206页）。此语很能表明几年前的民国政府大体尚秉承着历代朝廷对读书人的"忍让"，与此时直接捕杀的行为方式大不相同。

不论此事究竟该由哪一部分军警负责及其负有多大的直接和间接责任①，若将其与稍后4月间《京报》被封，名记者邵飘萍被负责治安的奉军杀害联系起来共观，便体现着某种类似而连续的行为模式。

关于"三一八"惨案可参见本书第六章，学生运动是民国的新事物，中央政府以这样的方式杀学生前所未见，连江南的北军孙传芳也认为政府应为此负责。他和陈陶遗联名通电说："政府早日既疏于化导，临时又过于张皇，枪杀多命，演成惨剧。谁无子弟，能不痛心！"且"年来政府对于学界举动，禁纵无常：利用则借为前卫，反对则视同大憝"。这是相当敏锐的观察，日益热心政治的学界当时已成为一股颇具影响力的社会和政治势力，连中央政府有时也试图利用而使"是非淆乱"，故"邪说异端，相因而至"；这一次就是因为"兵争不戢，驯至与学子为仇"。孙、陈希望"当局诸公，早知改图。平时教督防护，当负相当之责任；对于此次主使及行凶两方，必须实行公平之惩罚，勿徒以一纸空文，涂饰耳目"。若处置不当，则可能导致"上下乘【乖】离，祸至无日"的结果②。

孙氏等对学生运动的主使一方也主张实行惩罚，多少还站在北洋

---

①　该案的直接行为者虽然是段祺瑞的执政府卫队，当时北京的治安却是由冯玉祥部负责的。"中国全国国家主义团体联合会"当时即提出，"北京现状，完全在冯系军人控制之下"，故"冯系军人对北京治安应负绝对的责任"。该会注意到"在此事发生前一星期，冯系军人张之江曾有'整顿学风'的通电；所谓'整顿学风'，实即防止赤化，取缔共产的修辞。该电由章士钊转段祺瑞，冯系军人鹿钟麟亦表示赞成，愿以军警为后盾，故段氏始有屠杀民众的决心"。参见《中国全国国家主义团体联合会宣言》，原载上海《商报》1926年3月25日，收入江长仁编：《三一八惨案资料汇编》（以下径引书名），北京出版社1985年版，第208—209页。今人刘敬忠、王树才也认为国民军此时"追随段祺瑞政府公开反对群众革命斗争"，对"三一八"惨案负有一定的责任。参见其《试论冯玉祥及国民军在1925—1927年的政治态度》，《历史研究》，2000年第5期，第105—106页。关于"三一八"惨案，可参见李健民：《北京三一八惨案（民国十五年）》，《中央研究院近代史研究所集刊》，16期（1987年6月），第297—319页。

②　《孙传芳、陈陶遗对惨案通电》（1926年3月23日，原载《益世报》，1926年3月26日），《三一八惨案资料汇编》，第215—216页。

体系的立场上。他们对政府的批评虽已相当严厉,毕竟仍承认既存中央政府的地位。梁启超则认为,"这次惨案显然是卫队得在上的指使惨杀无辜的青年",故必须"赶速督成严密的法律的制裁;上自居最高位的头儿,下至杀人的屠夫,一概不予幸免"①。这已露出否认执政府之意了。上海商界表述得更直接,其致全国公电明言:"自段氏窃据首都,述其所为,对外则一味奉承,对内则动辄压迫;今竟听令卫队惨杀爱国运动者至百余人之多,如此媚外残民,罪恶滔天,实全国之公敌,亦法律所不容。除即应驱令下野外,我全国人民宜急起监视其行动,或设法拘禁,以待国民会议之公判。"②

梁启超与上海商界的表述虽稍异,其观念大致相类,即基本否定执政的段祺瑞,然尚大致承认民国这一法统。北京国家主义派的立场则更进一步,他们认为,过去的"军事协约、参战借款、唆使和利用国奉的战争等等事件"已证明,"段祺瑞和他的爪牙媚外卖国,残民以逞"。此次更"穷凶极恶,用枪炮大刀将无辜民众杀死了这样多,这种样人不但是毫无法律,简直是毫无天良"!该派明确宣布:"我们不去希望法律式的制裁——固然被难的家属们仅【尽】可以去告状,——因为法律对于军阀早已失了效力;并且法律式的解决究使生出效果,也不痛快。"③

此次事件本因外国军舰封锁大沽口而起,孙传芳和陈陶遗已注意到外侮与内争的关联,他们就认为这次"外侮之来,亦由内争所召"④。重要的是这使一些人将此次惨案与不久前的五卅事件相比,结果更凸

①　徐志摩记:《梁任公对惨案的谈话》(1926 年 3 月 30 日,原载《晨报》,1926 年 3 月 31 日),《三一八惨案资料汇编》,第 221 页。按梁启超当时正住院治病,他也审慎地指出了其评论和判断是据其听闻而出。

②　《上海各路商界总联合会致全国各公团电》(1926 年 3 月 22 日,原载《申报》,1926 年 3 月 23 日),《三一八惨案资料汇编》,第 214 页。

③　《国家主义青年团北京部对惨案宣言》(1926 年 3 月 28 日,原载《国魂周刊》第 10 期,1926 年 3 月 25 日),《三一八惨案资料汇编》,第 209—210 页。

④　《孙传芳、陈陶遗对惨案通电》,《三一八惨案资料汇编》,第 215 页。按这一判断与胡适、丁文江等的观念接近,或受丁之影响。

显出北京政府的失道。梁启超评论说："试想去年五卅的血案还是现鲜鲜的放着,那时我们全国人民怎样一致的呼吁反抗,我们也取得国际间一部分真挚的同情。谁知紧接着英国人的残杀行为,我们自家的政府演出这样更荒唐的惨剧! 这正当各国调查法权的时候,我们这国家此后还有什么威信可讲,什么脸面见人?"①

北京国家主义派更认为,这样的人在中国当执政,"不但是国家之羞,而且是人类之耻";必除掉以"为国家人类雪了羞耻"②。当时正被国家主义派攻击的中共,其见解也非常相近,中共告全国民众说,"爱国同胞死于帝国主义者之手,已足使人愤不欲生;今爱国同胞为爱国示威而死于自称中国执政之手,全国民众又将何如? 段祺瑞早已不是中国人民的执政,现在又变成彰明较著的卖国凶犯",这样"杀人的卖国凶犯"当然应该讨伐③。

爱国者死于本国政府之手,且其惨烈更甚于帝国主义,这在民族主义情绪高涨的年代对北洋统治合道性的打击实在太大。梁启超等还希望依靠既存体系的法律制裁,国家主义派和共产党在许多问题上立场对立,却皆得出以革命的方式推翻现政权的结论。这两个政治团体在当时都没有足以将造反落实到行动上的军事力量,结果这一局势最有利于正与共产党合作的国民党,后者不仅有自己的军队,且已取得区域性的政治控制。

北洋政权的"失道"行为从反面衬托出国民革命的合道性,使北伐在一定程度上带有汤武"革命"那种"有道伐无道"的意味。当年一些知识精英的态度颇能提示出国民党在几年间从政治边缘走向中心的进程。任职清华的张彭春在1925年分享着社会对"统一权力"的期盼,他

---

①　徐志摩记:《梁任公对惨案的谈话》,《三一八惨案资料汇编》,第221页。

②　《国家主义青年团北京部对惨案宣言》,《三一八惨案资料汇编》,第210页。

③　《中国共产党为段祺瑞屠杀人民告全国民众》(1926年3月20日,原载《向导》147期,1926年3月27日),《三一八惨案资料汇编》,第143页。

对"国家到这步田地，没有创造的、中国的、可以统一全国精神的方略和领袖人物出现"甚为感叹，认为"无论什么能统一的权力总比没有好。社会这样不安宁，什么实业、教育都不能发展"。到当年11月张氏已发现"北京国民党得势"，这大概与冯玉祥对北京政局的影响相关；不久他进而感到"共产主义快到临头，必须研究它了"，于是"专看俄国革命书"①。

张彭春或因当时国民军利用郭松龄反奉攻占天津而感觉共产主义将临（这从一个侧面反映出北方"反赤"的部分"成功"——即学界中有人已接受冯部"赤化"的宣传），故预为适应"新朝"作准备。但国民军之得势带有回光返照的意味，其很快就败退西北，倒是更加"赤化"的南方国民党愈来愈显现出"得道"的趋势。倾向自由主义的胡适在1922年尚与人共同表示："我们不承认南北的统一是可以用武力做到的。"他后来却承认："民十五六年之间，全国多数人心的倾向中国国民党，真是六七十年来所没有的新气象。"②胡适自己就是这些人中的一个，他那时对"新俄"和国民革命的积极赞许恐怕还超过一般读书人③。

对相当数量的新老知识精英来说，20世纪20年代实未出现一个足以使其从内心折服的政治力量。他们此时的心态，大约可以"两害相权取其轻"来形容。据沈刚伯回忆，胡适1926年秋在英国大说国民党的好话，即因为他本人虽"反对武力革命同一党专政，但是革命既爆发，便只有助其早日完成，才能减少战争，从事建设。目前中国所急需

---

① 张彭春：《日程草案》（即其日记，原件藏美国哈佛燕京图书馆，我所用的是台北中研院近代史所的微缩胶卷），1925年6月29日、10月25日、11月30日、12月27日。

② 胡适等：《我们的政治主张》，《努力周报》，2期（1922年5月14日），1版；胡适：《惨痛的回忆与反省》，《独立评论》第18号（1932年9月18日），第9页（两刊皆用岳麓书社1999年影印本）。

③ 说详罗志田：《北伐前后胡适政治态度之转变》，收入其《乱世潜流：民族主义与民国政治》，第226—238页。

的是一个现代化的政府,国民党总比北洋军阀有现代知识。只要他们真能实行三民主义,便可有利于国,一般知识分子是应该加以支持的"①。

最初反对后又转而支持北伐的共产党人陈独秀也分享着类似心态,他认为,"与民众合作的军事势力,即不幸也形成军事独裁的局面,他们的军事独裁比北洋军阀的军事独裁总要开明一些"。陈氏知道开明的军事独裁"至多只能造成统一的中国",而"不能造成民主的中国";但一个由武力统一的中国至少可以结束战乱的局面,为一个"民主的中国"打下基础②。

简言之,中国当时政治局势的错综复杂有增无减,实处分裂的南北双方虽皆主张南北应统一,其实自身也很难统一。当时的情形是谁能先统一内部,始可言统一全国。苏共中央考察中国状况的布勃诺夫使团总结其对中国的观察说,北方(包括华中)和南方"存在着两种基本上不同的政治局势":南方"已经度过了某些中国军阀(军事买办)连绵不断的武装冲突时期",日益强化的国民政府在发生作用;而北方的情形正"与此相反",那里作为"独立的社会政治力量"的"各派军阀之间的战争仍接连不断"③。这一观察基本看到了北分南合的发展趋势,特别是两广和湘南的结合已形成一个相对统一的数省势力范围,而其政府的领导作用也强过北方。

当然,南方的军事政治整合虽皆取得一定成效,仍尚不足以结合成一个相对稳固的整体,北伐在某种程度上还是一种解决内部矛盾的权宜之计;但这一权宜之计能够提出并付诸实践,正因国民党尚存统一全

---

①　沈刚伯:《我所认识到的胡适之先生》,转引自胡颂平编:《胡适之先生年谱长编初稿》,第 2 册,台北联经出版公司,1990 年修订版,第 664—665 页。

②　陈独秀:《革命与武力》(1926 年 11 月),原载《向导》,收在《陈独秀著作选》第 2 卷,第 1144 页。

③　《布勃诺夫使团的总的结论和具体建议》,1926 年 5 月,《联共(布)、共产国际与中国国民革命运动(1926—1927)》上册,第 246—247 页。

国的愿望。后来北伐渐得人心,在很大程度上即因其提示了实现全国统一的可能。此时南北双方又一区别在于,北方共同的"反赤"较多停留在口头上,而南方共同的北伐却进入实际操作;北洋已消极,而国民党正积极(皆相对而言);北洋的失道,更使国民党的北伐不再是地方对抗中央,反成为有道伐无道。攻守之势既易,北伐胜利的基础已经奠定了。

　　本章所使用的一些资料,承汪朝光、谢国兴、杨奎松、王奇生、冯筱才指点,特致谢忱!也非常感谢南京第二历史档案馆(特别是万仁元馆长)、斯坦福大学胡佛研究所图书档案馆(特别是馆长马若孟教授)、台北国史馆、台北中研院近史所档案馆(特别是庄素华小姐)、中研院史语所图书档案馆的热情帮助!中研院近史所张淑雅教授的研究助理林志菁小姐拨冗协助复印资料,极为细致周到,亦甚感激!

参考文献 *

中文档案文献

北洋政府外交部档案,中研院近代史所藏,台北

丁文江档案,中研院史语所藏,台北

关税特别会议议事录,中研院近代史所藏,台北

蒋中正档案,"国史馆"藏,台北

阎锡山档案,"国史馆"藏,台北

赵恒惕先生档案,中研院近代史所藏,台北

中国第二历史档案馆藏档,南京

中文著作

《白崇禧将军北伐史料》,黄嘉谟编,台北中研院近代史所,1994

《白坚武日记》,杜春和等整理,南京,江苏古籍出版社,1992

《保定陆军军官学校》,河北省和保定市政协文史资料委员会合编,石家庄,河北人
    民出版社,1987

《鲍威尔对华回忆录》,[美]鲍威尔著,邢建榕等译,北京,知识出版社,1994

《北伐战争在湖南》,顾群、龙秋初著,长沙,湖南人民出版社,1986

《北洋军阀史》,来新夏著,天津,南开大学出版社,2000

---

    * 本书目所收为本卷所引的主要参考文献。中文和日文书目以书名汉字的音序
排列,西文书目以作者姓氏字母顺序排列。

《北洋军阀统治时期史话》,陶菊隐著,北京,三联书店,1983

《北洋政府时期的政治制度》,钱实甫著,北京,中华书局,1984

《陈独秀著作选》第2卷,任建树、张统模等编,上海人民出版社,1993

《陈竞存(炯明)先生年谱》,陈定炎著,台北,李敖出版社,1995

《从容共到清党》,李云汉著,台北,"中国学术著作奖助委员会",1966

《党史研究资料》第1辑,中国革命博物馆党史研究室编,成都,四川人民出版社,
　　1980

《第四军纪实》,第四军纪实编纂委员会编,广州,怀远文化事业服务社,1949

《帝国主义与中国政治》,胡绳著,北京,人民出版社,1978

《奉系军阀密稿》,辽宁省档案馆编,北京,中华书局,1985

《冯玉祥自传》,北京,军事科学出版社,1988

《风雨漫漫四十年》,张钫著,北京,中国文史出版社,1986

《革命之再起——中国国民党改组前对新思潮的回应(1914—1924)》,吕芳上著,
　　台北中研院近代史所,1989

《共产国际、联共(布)与中国革命文献资料选辑(1917—1925)》,中共中央党史研
　　究室第一研究部编,北京图书馆出版社,1997

《共产国际、联共(布)与中国革命文献资料选辑(1926—1927)》,中共中央党史研
　　究室第一研究部编,北京图书馆出版社,1998

《广州国民政府》,曾庆榴著,广州,广东人民出版社,1996

《国共关系七十年》,黄修荣著,广州,广东教育出版社,1998

《国民军史》,王宗华、刘曼荣著,武汉大学出版社,1996

《国民军史稿》,李泰棻著,台北,文海出版社,1971

《顾维钧回忆录》第1分册,中国社会科学院近代史研究所译,北京,中华书局,
　　1983

《胡适文集》,欧阳哲生编,北京大学出版社,1998

《黄膺白先生年谱长编》,沈云龙著,台北,联经出版事业公司,1976

《记者生活三十年》,陶菊隐著,北京,中华书局,1984

《近代稗海》第5、6辑,荣孟源、章伯锋主编,成都,四川人民出版社,1985、1987

《近代中国国内外大事记》(民国十三年至十六年),李振华著,台北,文海出版社,
　　1979

《近代中国史料丛刊》第 3 编第 5 辑,沈云龙编,台北,文海出版社有限公司,1985

《蒋介石年谱初稿》,中国第二历史档案馆编,北京,档案出版社,1992

《蒋中正先生演说集》,贾伯涛编,上海,三民出版部,1925

《蒋校长演讲集》,蒋介石著,武汉,中央军事政治学校,1927

《蒋总统秘录》,〔日〕古屋奎二编,台北,"中央日报社",1976

《苦笑录》,陈公博著,李锷编注,香港大学亚洲研究中心,1979

《老圃遗文集》,杨荫杭著,武汉,长江文艺出版社,1993

《李品仙回忆录》,李品仙著,台北,中外图书出版社,1975

《李宗黄回忆录:八十三年奋斗史》,李宗黄著,台北"中国地方自治学会",1972

《李宗仁回忆录》,李宗仁著,南宁,政协广西文史资料委员会,1980

《联共(布)、共产国际与中国国民革命运动(1920－1925)》第 1 卷,中共中央党史
    研究室第一研究部译,北京图书馆出版社,1997

《联共(布)、共产国际与中国国民革命运动(1926－1927)》,中共中央党史研究室
    第一研究部译,北京图书馆出版社,1998

《梁启超年谱长编》,丁文江、赵丰田编,上海人民出版社,1983

《乱世潜流:民族主义与民国政治》,罗志田著,上海古籍出版社,2001

《民国军事近纪》,丁文江编,上海,商务印书馆,1926

《民国政史拾遗》,刘以芬著,《近代中国史料丛刊》第 68 辑,台北,文海出版社,
    1971

《民国十五年以前之蒋介石先生》,毛思诚著,香港,龙门书店,1965

《三一八惨案资料汇编》,江长仁编,北京出版社,1985

《上海大学史料》,黄美真、石源华、张云编,上海,复旦大学出版社,1984

《上海工人运动史》,沈以行、姜佩南、郑庆声主编,沈阳,辽宁人民出版社,1991

《十九世纪西方资本主义对中国的经济侵略》,汪敬虞著,北京,人民出版社,1983

《孙中山与共产国际》,李玉贞著,台北中研院近代史所,1996

《孙中山全集》,北京,中华书局,1981－1986

《文史资料选辑》(合订本),全国政协文史资料研究委员会编,北京,中国文史出版
    社,1986

《我的回忆》,张国焘著,北京,东方出版社,1998

《我的生活》,冯玉祥著,哈尔滨,黑龙江人民出版社,1981

《五卅痛史》,晨报编辑处、清华学生会编,台北,文海出版社,1986

《五卅运动史料》,上海市档案馆编,上海人民出版社,1991

《五卅运动六十周年纪念集》,上海市总工会、上海工人运动史料委员会编,出版地不详,1985

《吴佩孚传》,陶菊隐著,上海书店出版社,1998

《新桂系史》,莫济杰、陈福霖主编,南宁,广西人民出版社,1995

《亦云回忆》,沈亦云著,台北,传记文学出版社,1968

《饮冰室文集》,梁启超著,北京,中华书局,1989

《章太炎政论选辑》,汤志钧编,北京,中华书局,1977

《章太炎年谱长编》,汤志钧编,北京,中华书局,1979

《章太炎全集》,上海人民出版社,1985

《张作霖和奉系军阀》,王鸿宾主编,郑州,河南人民出版社,1989

《政党建置与民国政制走向》,杨天宏著,北京,社会科学文献出版社,2008

《中共中央文件选集》,中央档案馆编,北京,中共中央党校出版社,1981

《中共与莫斯科的关系(1920—1960)》,杨奎松著,台北,东大图书公司,1997

《中国半封建半殖民地经济形态研究》,王亚南著,北京,人民出版社,1957

《中国大革命史(1924—1927)》,王宗华主编,北京,人民出版社,1990

《中国的军阀政治(1916—1928)》,〔美〕齐锡生著,杨云若等译,北京,中国人民大学出版社,1991

《中国革命纪事(1925—1927)》,〔苏〕A. B. 勃达戈拉托夫著,李辉译,北京,三联书店,1982

《中国共产党上海史(1920—1949)》,中共上海市委党史研究室编,上海人民出版社,1999

《中国共产党史稿》(第一编),王健民著,台北,汉京文化事业有限公司,1988

《中国国民党第一次全国代表大会史料专辑》,黄季陆著,台北,1984

《中国国民党历次代表大会及中央全会资料》,荣孟源主编,北京,光明日报出版社,1985

《中国国民党史》(1894—1988),苗建寅著,西安,西安交通大学出版社,1990

《中国国民革命军的北伐》,〔苏〕切列潘诺夫著,北京,中国社会科学出版社,1984

《中国近百年政治史》,李剑农著,上海,商务印书馆,1948

《中国税制史》,吴兆莘著,上海,商务印书馆,1937

《中华民国大事记》,李新总编,北京,中国文史出版社,1997

《中华民国史料丛编》,黄季陆著,台北,国民党中央党史史料编纂委员会,1969

《中华民国史史料外编》中文第 68 册,季啸风、沈友益主编,桂林,广西师范大学出版社,1996

《中华民国史史料长编》第 23 辑,万仁元、方庆秋著,南京大学出版社,1993

《中华民国史档案资料汇编》第 3、4 辑,中国第二历史档案馆编,南京,江苏古籍出版社,1991

《中华民国史事纪要(民国十五年)》,中华民国史事纪要编委会编,台北"中华民国史料研究中心",1978

《中苏国家关系史资料汇编(1917－1924)》,薛衔天等编,北京,中国社会科学出版社,1993

《中苏外交的序幕——从优林到越飞》,王聿均著,台北中研院近代史所,1963

《中西文化与教会大学》,章开沅等著,武汉,湖北教育出版社,1991

《周恩来选集》,北京,人民出版社,1980

《最近三十年中国军事史》,文直公著,台北,文星出版社,1962

中文报纸

《晨报》,北京

《重庆商务日报》,重庆

《大公报》,天津、长沙

《国民新报》,北京

《华字日报》,香港

《京报》,北京

《民国日报》,广州、长沙、上海

《申报》,上海

《时报》,上海

《市声周报》,武汉

《顺天时报》,奉天

《益世报》,天津

中文期刊

《政府公报》,北京
《参议院公报》,北京
《东方杂志》,上海
《国闻周报》,上海
《近代史研究》,北京
《历史研究》,北京
《民国研究》,南京
《南开学报》,天津
《文史丛刊》,台北
《文史资料选辑》,全国及各省市
《武汉大学学报》,武汉
《向导》,上海
《新青年》,上海
《政治生活》,北京
《中央研究院近代史研究所集刊》,台北

英文著作

Abend, Hallett, *My life in China*, 1926 - 1941, New York: Harcourt, Brace, 1943.

Akimova, Vera V. Vishnyakova, *Two Years in Revolutionary China*, 1925 - 1927, tr. by Steven Levine, Cambridge, Mass.: Harvard University Press, 1971.

Buckley, Thomas, *The United States and the Washington Conference*, 1921 - 1922, Knoxville: University of Tennessee Press, 1970.

Chen Che‐yu, *My memoirs*, collected in the Chang Hsin‐hai Paper, Hoover Institution, Stanford University.

Chi His-sheng, *Warlord Politics in China*, *1916-1928*, Stanford Calif. : Stanford University Press, 1976.

Ch'ien Tuan-sheng, *The Government and Politics of China*, Harvard University Press, Cambridge, Massachusetts,1967.

Chung-gi Kwei, *The Kuomintang-Communist Struggle in China*, *1922-1949*, The Hague: Martinus Nijhoff, 1970.

Clifford, Nicholas R. ,*Spoilt Children of Empire*: *Westerns in Shanghai and the Chinese Revolution of the* 1920s, Hanoven, New England University Press, 1991.

Dingmen, Roger, *Power in the Pacific*: *the Origins of Naval Arms Limitation*, *1914-1922*, Chicago: University of Chicago Press, 1976.

Fairbank, John K. , *The Chinese World Order*: *Traditional China's Foreign Relations*, Cambridge, Mass. : Harvard University Press, 1968.

Fitzgerald,John, *Awakening China*: *Politics, Culture, and Class in the Nationalist Revolution*, Stanford Calif: Stanford University Press, 1946.

Geertz, Clifford, *Local Knowledge*: *Further Essays in Interpretive Anthropology*, New York: Basic Books,1983.

Gillin, Donald G. , *Warlord*: *Yen His-shan in Shanxi Province*, *1911-1949*, Princeton University Press, 1967.

Iriye, Akira, *After Imperialism*: *The Search for a New Order in the Far East*, *1921-1931*,Cambridge, Mass. : Harvard University Press, 1965.

Issacs, Harold R. , *The Tragedy of the Chinese Revolution*, Stanford, Calif. : Stanford University Press, 1951.

Jordan, Donald A. , *The Northern Expedition*: *China's National Revolution of 1926-1928*, The University Press of Hawaii, Honolulu,1976.

Kapp, Robert A. , *Szechwan and the Chinese Republic*: *Provincial Militarism and Central Power*, *1911-1938*, New Haven and London, Yale University Press, 1973.

Kirby, William C. , *Germany and Republican China*, Stanford, Calif. : Stanford

University Press, 1984.

Lary, Diana, *Region and Nation: The Kwangsi Clique in Chinese Politics, 1925 -1937*, Cambridge University Press, 1974.

Levin, Gordon, *Woodrow Wilson and World Politics*, New York: Oxford University Press, 1968.

Loh, Martin Munloong, "*American Officials in China*, 1923 - 1927: Their Use of Bolshevism to Explain the Rise of the Kuomintang and Chinese Anti - foreignism", ph. D. dissertation, University of Washington, 1984.

Louis, William R. , *British Strategy in the Far East, 1919 -1939*, Oxford: Clarendon, 1971.

Miller, Stuart C. , *Ends and Means: Missionary Justification of Force in Nineteenth Century China*, in John K. Fairbank ed, The Missionary Enterprise in China and America, Cambridge , Mass. : Harvard University Press, 1974.

Murphey, Rhoads, *The Outsides: The Western Experience in India and China*, Ann Arbor: University of Michigan Press, 1977.

Pye, Lucian W. , *Warlord Politics: Conflict and Coalition in the Modernization of Republican China*, Praeger Publisher, Inc. , 1971.

Schiffrin, Harold Z. , "*Military and Politics in China: is the warlord Model Pertient?*" Asia Quarterly: A Journal from Europe, 3, 1975.

Sheridan, James E. , *Chinese Warlord: The Career of Feng Yu -hsiang*, Stanford University Press, 1966.

Sutton, Donald S. , *Provincial Militarism and the Chinese Republic: The Yunnan Army, 1905 -1925*, Ann Arbor: The University of Michigan Press, 1980.

T'ang Leang - Li, *The Inner History of the Chinese Revolution*, New York: E. P. Dutton, 1930.

Ulam, Adam B. , *The Bolsheviks: The Intellectual and Political History of Triumph of Communism in Russia*, New York: Macmillan, 1965.

Waldron, Arthur N. , *From War to Nationalism: China's Turning Point, 1924 - 1925*, New York: Cambridge University Press, 1995.

Wilbur, Martin C. , "*Military Separatism and the Process of Reunification un-*

der the Nationalist Regime, 1922 - 1937", in Ho P'ing - ti and Tsou Tang, eds. China in crisis, Vol. 1,Chicago University Press 1968.

英文报刊

Ku Hung - Ting, *Urban mass movement*: *the May Thirtieth movement on Shanghai*, Modern Asia studies, Vol. 13, No. 2, 1979. p. 211

Pugach, Noel H. , "*Anglo American Aircraft Competition and the China Arms Embargo*, 1919 - 1921 ", Diplomatic History, II, Fall 1978. "*American Friendship for China and the Shantung Question at the Washington Conference*", The Journal of American History, LXIV,June 1977.

人名索引 *

A

爱活生（Edward W. Everson） 207、226—227

安格联（F. A. Aglen） 355

安体诚 149、438

B

白宝山 418、421—422、424

白崇禧 450、492—493、495—496

白坚武 17

白慕德（Charles Michael Palairet） 223

柏文蔚 157

包国华 439

包惠僧 149

鲍罗廷（М. М. Бородин） 130、136、152、155—157、165—166、174、179、183—184、187、190、250、252、270、301、328、418、485、501—502、519—520、525—526、531—532、539—540、543—544

弁 琳 20

勃拉戈达托夫（А. В. Благодатов） 468、470、485

布雷特 236

C

蔡成勋 5、13

蔡廷幹 209、213、216—218、224、361—362、375

蔡元培 47、147、173

曹 锟 1—2、5—6、19、23、25、28、30、32、36、43、45、52—53、68、129、171、302、323、339、356、443—445、449、472、478

曹汝霖 54

曹士英 463

岑春煊 76—77、92

陈 复 150

---

* 本索引收入本卷中出现的人名，中国、日本、朝鲜、越南人名以其汉字的音序排列，其他国家的人名以其译音汉字的音序排列，并附其原文，少数不知原文者暂付阙如。

X

Y